宋郁文詩文選集

方漢奇

劉家林◎主編

王明亮　劉　佩◎副主編

暨南大學出版社
JINAN UNIVERSITY PRESS

中國·廣州

圖書在版編目（CIP）數據

宋郁文詩文選集/劉家林主編；王明亮，劉佩副主編．—廣州：暨南大學出版社，2016.11

ISBN 978-7-5668-1745-7

Ⅰ.①宋… Ⅱ.①劉…②王…③劉… Ⅲ.①社會科學—文集 Ⅳ.①C53

中國版本圖書館CIP數據核字（2016）第026955號

宋郁文詩文選集

SONGYUWEN SHIWEN XUANJI

主　編：劉家林　副主編：王明亮　劉　佩

出 版 人：徐義雄
策劃編輯：史學英
責任編輯：顏　彥　黃　球
責任校對：何　力
責任印製：湯慧君　周一丹

出版發行：暨南大學出版社（510630）
電　　話：總編室（8620）85221601
營銷部（8620）85225284　85228291　85228292（郵購）
傳　　真：（8620）85221583（辦公室）　85223774（營銷部）
網　　址：http://www.jnupress.com　http://press.jnu.edu.cn
排　　版：廣州良弓廣告有限公司
印　　刷：佛山市浩文彩色印刷有限公司
開　　本：787mm×1092mm　1/16
印　　張：27.5
字　　數：580千
版　　次：2016年11月第1版
印　　次：2016年11月第1次
定　　價：98.00圓

宋郁文先生（1917—1985）

宋郁文先生記者證

宋郁文先生工作照

宋郁文（右）與陳錫餘先生（原《大光報》社長、香港珠海學院新聞及傳播學系創系時系主任）

宋郁文先生伏案工作照

宋郁文先生電台、電視台主持節目

與著名演員楊帆、歸亞蕾合照

於樹仁大學（前身樹仁書院）編輯學課上講標題製作法

宋郁文先生（後排左三）與珠海書院新聞系師生冬季旅行

與前《星島晚報》總編輯唐碧川先生（左一）等合照

與前《天天日報》總編輯湯仲光（左二）合照

宋郁文（前排左三）與前廣州記者在香港聚會合照

在《成報》酒會上與前港督柏立基交談

與前港督尤德握手

與拳王阿里交流

宋郁文家居照

宋郁文伉儷

宋郁文夫婦與兒女合照

宋郁文先生全家福

宋郁文夫婦早年與兒女合照

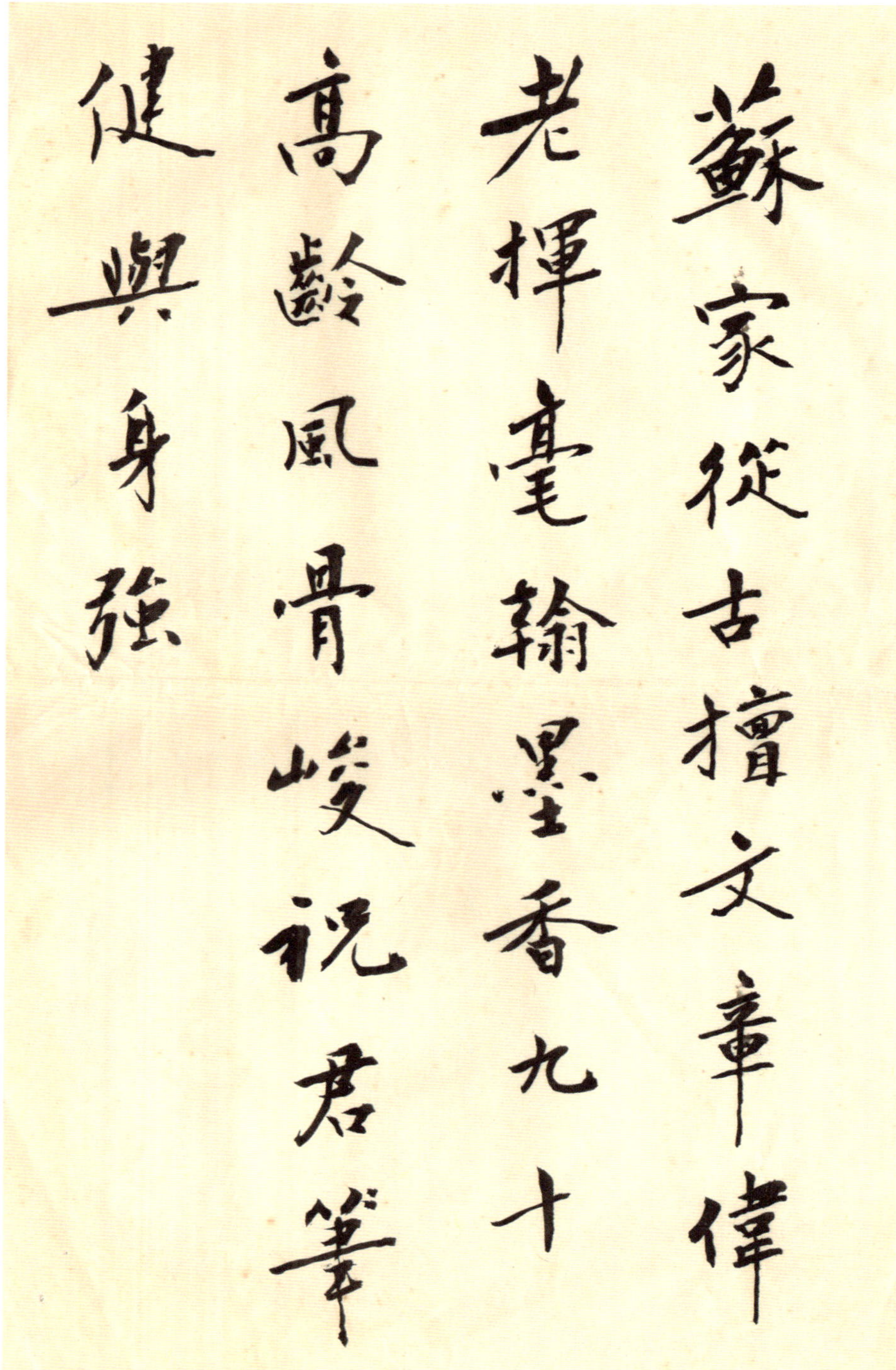

宋郁文先生書法作品真迹

序言一

一代報人宋郁文

粵港澳地區是我國近代報（刊）業的發祥地，在鴉片戰爭前後、辛亥革命時期、抗日戰爭時期，以迄20世紀的60年代至80年代，曾興起好多次辦報（刊）高潮，對當時的政治、經濟、社會、文化產生過重大影響，也涌現出眾多著名的報業企業家、報人、記者、專欄作家及新聞評論家。此詩文選集的作者宋郁文即屬其中的佼佼者。

宋郁文先生是抗戰時期及20世紀50年代至80年代粵港地區著名報人、戰地記者、報刊編輯、專欄作家、新聞教育家，亦是語言文字、粵方言和文史研究專家。

宋郁文，名湘，原籍廣東鶴山縣雅瑤鎮崑東平岡村人，1917年1月21日出生於廣州一個小康之家，父親是一個經營廣東、廣西土藥材的藥店老闆①。童年及少年時在廣州私塾就學，13歲喪父。1933年，年僅16歲的宋郁文便許身報業，進入廣州《共和報》（1912年7月創刊，至1938年停刊），開始其新聞記者的生涯，歷任校對、採訪、編輯等職。1937年抗戰全面爆發後，宋郁文積極從事抗戰宣傳，參加第四戰區政治部攝影大隊（時第四戰區司令長官為張發奎），兼主編《鐵血畫報》。後又兼《大公報》廣州分館記者（時《大公報》廣州分館社長為陳錫餘）。

1938年10月，日軍攻佔廣州。廣州失守後，國民黨廣東省黨政軍等省級機關俱遷到戰時廣東省會曲江（今韶關市）。1939年7月7日，在香港停刊的著名《大光報》在韶關正式復刊。該報由陳錫餘主持並擔任社長②。宋郁文也於此時進入《大光報》，先後擔任該報編輯、戰地特派員、採訪主任、編輯主任、總編輯各職。當時，以"戰地特派員宋郁文"名義採寫的戰地通訊在《大光報》上發表後，轟動一時。

抗戰時期，《大光報》分別在粵南、粵北（樂昌坪石、連縣）、粵東（興寧）

---

① 宋郁文：《新歲憶童年》，《大人》1972年第22期，第48－52頁。

② 陳錫餘：《廣東〈大光報〉》，《報學》1955年第1卷第7期。

設立分社，先後分別出六個分版。1941 年 4 月 1 日，《大光報》粵南版在廣州灣（今湛江）① 華界創刊，宋郁文任該報副主任兼總經理，同時先後兼辦《西南日報》（1943 年 9 月 20 日創刊）、《前鋒日報》（1943 年 12 月 31 日創刊）。1945 年 1 月 18 日，韶關淪陷，《大光報》總社遷往龍川縣老隆鎮，宋郁文又主編了這一時期的《大光報》②。

抗戰勝利後，宋郁文仍任《大光報》編輯主任，還兼辦過《天行報》（1946 年 8 月 14 日創刊）、《原子能》雜誌。此時，其知名度漸高，1946 年被推舉為旅廣州鶴山同鄉會理事長。1949 年 10 月 14 日午夜到港，不久受星系報業老闆胡文虎特聘，轉往曼谷，進僑報《星暹日報》《星泰晚報》擔任編輯工作，後返香港。

從 1952 年起，宋郁文任香港《成報》編輯兼主筆。1952—1985 年間，他前後在《成報》服務供職達 33 年之久。在此期間，“他除了主編電訊外，還寫短評、社論及副刊稿件。除此，又替別間報紙撰稿和在珠海書院、樹仁學院、信義宗書院、港大及中大（香港中文大学）校外課程擔任新聞學課程，主講編輯學。而且，每日凌晨兩時以後從報社收工回家，還讀書、閱報、看雜誌，往往在天亮才睡”③。宋郁文勤奮至極！

1966 年 10 月，宋郁文任“中華學術院”詩學研究所委員。1969 年起任香港廣播電台第五台晚間《咬文嚼字》節目主持人，前後垂十四年之久。該節目深受廣大香港聽眾的歡迎，成為香港電台的王牌節目。與此同時，他還在《天天日報》開闢《咬文嚼字》專欄，每天發表一篇有關語言文字考據的精短文章④。1978 年 10 月，時任《成報》總編輯的宋郁文與他的老朋友、香港新聞界另一位老前輩、《天天日報》總編輯李家園合辦《名流》雜誌。

宋郁文先生是粵港新聞業界刻苦自學、勵志成才的典範。他少時只唸過幾年私塾，以後幾十年中靠堅強的毅力，“發憤自修”（宋郁文語）刻苦自學成才。他有着深厚的國學根柢，對古典詩詞及古代文史有深入的研究，也創作了大量的格律詩、古體詩及駢體文章。他對粵方言也有深入獨到的研究，其在報刊專欄上發表的大量有關文章，是研究方言學的珍貴素材。

---

① 湛江地區舊稱“廣州灣”。此名稱形成於明清時期，有學者考證認為是因南三島有“廣州灣”村坊而得名，亦有學者認為是因高雷府屬廣州管轄，地圖上在“廣州”的中部而得名。1899 年，湛江市區被法國“租借”，當時名字叫“廣州灣”，對外貿易曾繁盛一時。1943 年，廣州灣為日軍所佔領。1945 年“抗戰”勝利，廣州灣回歸，從此定名為“湛江”。

② 詳見重甦：《戰時〈大光報〉懷舊》，自 1985 年 1 月 15 日起在《香港時報》副刊連載，收入本書附錄。

③ 李家園：《陳錫餘與宋郁文》，《星島晚報》，1985 年 8 月 23 日第 16 版《香港雜談》專欄。

④ 李家園：《宋郁文生平軼事：四十年前是沙聲仔　後來卻變為大聲公》，《星島晚報》，1985 年 8 月 21 日第 13 版《香港雜談》專欄。

晚年退休後，宋郁文先生曾用一首小詩來總結自己一生的業績，詩云：“教書編報兩勞心，煮字之餘又播音；今日諸般皆放下，如潮詩思作高吟。”

1985 年 8 月 10 日，粵港地區一代報人宋郁文先生因患肺癌在港溘然長逝，享年僅 68 歲。他一生服務新聞業，朝斯夕斯，念茲在茲，長達 52 年（1933—1985）之久，終身以之，成就卓著。這一詩文選集的出版，為粵港地區新聞史及中國新聞史研究，提供了一份寶貴資料。

劉家林
中國新聞史學會副會長
暨南大學新聞與傳播學院教授、博士生導師

序言二

治學誨人均不倦——家父宋郁文

浮生若夢，回首前塵，家父宋郁文離世匆匆已有三十年了。每年的清明節，一家大小都到墳前拜祭，而每年他的冥誕冥忌，亦有在家中拜祭。但人天永隔，只能聊表思念而已。

家父在 1985 年秋，因肺癌不治，撒手塵寰，當時我正在浸會大專任教，又在無綫電視兼任節目主持，工作繁忙，未能在他的病榻之前好好照顧，所以一直悔疚於心。

我是家中長子，家父對我期望較深，但因為求學關係，我在家中的日子並不多。計算起來，在台灣度過了四年大學生涯之後，又在美國唸研究所，一去便羈旅九年才鳥倦回巢，所以我與家父是聚少離多，但這不影響父子感情，只可惜因此對父親的前半生了解不多，故惟有從記憶的片段中，把家父的形象描繪出來，聊表心意。

家父說他全靠自學成才，因為他十六歲便離鄉，到廣州在報館任職；抗戰期間，他曾擔任戰地記者，其後才輾轉來到香港。他一生奔波，並沒有機會接受正規教育；但他好學不倦，並且能融會貫通，故此他的學問根柢甚為深厚。他的詩、詞、對聯、駢文均卓然成家，而《成報》每日的社論亦是出自他的手筆。

記得年少的時候，站在家父的書桌旁看他寫稿，眼見他運筆如飛，迅即成章，非常欽佩；但此情此景已不可能重現了。家父時常以杜甫的“讀書破萬卷，下筆如有神”來勉勵我多用功讀書，而他自己一生亦以這兩句詩奉為圭臬。

很多人讀書不求甚解，但家父喜歡深入研究，尋根究底。所以在他的書桌上，一定有十多本字典及詞典，例如《辭海》《辭源》《康熙字典》《中文大辭典》《中國人名大辭典》《中國地名大辭典》《成語典》等，必先查明確有根據，才肯下筆成章。這種嚴謹的治學方法，他一直持之以恒。

家父治學深入淺出，他把精心研究的文字學心得，在香港電台以“咬文嚼字”為題播放，用淺白的言辭令全港聽眾得以加深對中國文字的認識，因此節目數年來均深受歡迎。其間無論多麼忙碌，家父均努力堅持，這主要是因為他有誨人不倦的濃厚興趣。

除了在香港電台傳播文字知識之外，家父還在珠海書院新聞系擔任教授，講授“新聞編輯學”，把他從事新聞業數十年的心得和經驗，傾囊傳授給青年學子，可謂桃李滿門。至今，他的弟子們很多都對這位喜穿長袍的老師，仍然記憶猶新。

家父雖然治學嚴謹，誨人不倦，但他平易近人，樂天知命。他常對我說，他時常提醒自己：“你的笑容在哪裏?”所以他並不會板着面孔做人。

留在我心目中最深刻的，是家父和藹可親的形象，以及自學、誨人均不倦的精神。

我近年薄有名聲，其實是受了家父的訓誨熏陶；比較起來，家父的成就更為難能可貴。因為我從小學、中學、大學以至研究所，受過十多年的學院正規教育，略有成就是理所當然。但家父只在家鄉讀過兩三年私塾，其後便全靠自學成才，所以我常自愧不如！

內子宋陳妙玲甚為熱心，盡力把家父生前散見在報章雜誌的詩詞文字收集起來，希望刊印出來，能對後學有所啓發。付印前，叮囑我寫篇序言作為開篇，於是我便以手寫我心，寫成此文。

又附：

在內子宋陳妙玲的敦促下，“宋郁文獎學基金”在暨南大學新聞系設立，希望家父在天之靈，看到新聞後輩源源不絕地培養成才，亦可含笑無憾。

宋韶光①

2015 年 6 月 26 日於香港

---

① 宋韶光：宋郁文先生長子（宋郁文先生共有五個兒女）、香港地區著名玄學家。祖籍廣東省鶴山縣雅瑤鎮崑東平岡村。台灣大學歷史學學士、美國伊利諾伊大學歷史學研究所碩士。曾任教於香港珠海書院、浸會大學歷史系。他以科學理性的態度來探討中國傳統玄學，蜚聲中外。曾擔任香港無線電視《風生水起》《紅星掌相》以及亞洲電視《談風論水》《風水面面觀》《句句妙》等節目主持，深受廣大觀眾歡迎。

目　錄

粵方言研究

古詩文評鑒

文史掌故及考據

詩文選粹

新聞學術研究

附　錄

語言文字研究

為民請命應怎樣講

每個人天天忙着，都不過為了名，為了利，也有為了妻子兒女的，也有為了聲色犬馬的。

以上所說的幾個“為了”，大家都會懂得說是“謂了”的。把“為”字說是“謂”，是因為也，替也，或是幫助也。

然而，許多人都會在某些常用的詞語裏，直說是“惟”。例如，“為國爭光”“為民造福”“為民除害”“為民請命”“為虎作倀”等。其實“為國爭光”是替國家爭光，“為民造福”是替人民謀求幸福，以下幾句，則是替人民除害，替人民請求事情，替猛虎去作惡食人。

這些“為”字，有一些也可以作幫助解，例如“為虎作倀”可以解作幫助猛虎去食人。還有“官官相為”一語，則解作官員和官員之間，互相幫助。所以，直說是“惟”，是不對的。

還有，《唐詩三百首》中的李商隱《為有》詩，第一句是“為有雲屏無限嬌”，意思是：因為有一座雲母鑲嵌的屏風遮掩着，更顯出了無限的嬌嬈。“為有”也不讀作“惟有”的。

有的詞句，不可聽人家怎麼讀，自己就跟着讀，而應該逐個字去理解一下，就可以發現人家這樣讀是解不通的，即使是很常用的語句。但越是常用，越不經意。

不能混淆蹈與滔

在某電視台新聞報道中，聽到主持人把“重蹈覆轍”講作“重滔覆轍”。在此之前，我也聽過兩次誤把“蹈”讀作“滔”的。不過，之前兩次在私人談話中，而對方不是很相熟的朋友，假如我當面指出，可能有些尷尬；但是在熒光幕上報道新聞，就會有很大的影響，不能亂講。

“蹈”字音“導”。它只有一個讀音，意思是踐踏。“重蹈覆轍”是說前頭的車輛翻倒了，後來的還是跟着它的軋迹去走，不知鑒戒，定然也會翻倒。

還有一個成語，也用“蹈”字的，就是“赴湯蹈火”，意思是奔赴熱湯和烈火之中。而湯、火是會傷人的，這成語是冒着危險的意思。這成語中的“蹈”字，可以作踐踏解，但也可以和赴湯的“赴”字同義，作奔赴解。

“蹈”字還常常和“舞”字相聯結，成為“舞蹈”一詞。“舞”是手的動作，“蹈”是足的動作。無論古代的舞蹈還是現代的舞蹈，手足都是有動作的。

“蹈”又可以作履行解，例如曹植《輔臣論》：“遭變則以斷蹈義。”

“滔”的字形，它的右半邊誠然和“蹈”的右半邊相同，而這兩字的讀音，卻不相同。字形相似未必就同音。

唔好意思

“思”字通常有兩音：一個音是“司”，另一個音是“試”。讀作“司”的時候，通常是動詞，如“思想”“思慮”“思念”“思憶”“思人”“思鄉”“思家”等。讀作“試”的時候，通常是名詞如“意思”“客思”“秋思”“鄉思”“旅思”。

我們通常表示“過意不去”時，就說“唔好意思（試）”。但是現在一般人都說“唔好意思（司）”。至於“客思”“旅思”，都是表示作客的心情，和羈旅的心情的。而“秋思”“鄉思”，就是秋天的心情，和久別家鄉的心情。

有一天，到北角品茗，一個賣點心的女工友，把我所要的點心送錯了，她說了一句“唔好意思（試）”，我馬上問她是否新從廣州來的。她說是在香港出生，也久居香港。還反問我：“為何問是否新從廣州來?”我就說明，從前廣州習慣說“唔好意思（試）”，大家口頭相傳，說得非常正確。而現在香港人一般把“意思”的“思”字直說為“司”。甚至從廣州來而久居香港的都是這樣。她的回答是，她從小就這樣說的，她家裏的人，全是這樣說。我就想到，從前全是口頭語，但現在小說和劇本都把“意思”用作書面語，故有這樣的錯誤。

贍與瞻的分別

有人從電話中告訴我：一張申請免稅額的稅單上，“贍養費”被錯印為“瞻養費”。

“贍”字音“善”，也可以讀“蟾去聲”，是供給也，滿足也，富厚也，安撫也。

“贍養費”，可以解作供養費，供養妻子、兒女，都叫“贍養”。例如《晉書·陶潛傳》：“後欲見，輒於林澤間候之；至於米酒乏絕，亦時相贍。”

假如作滿足解，則《孟子·梁惠王》篇有說：“樂歲終身苦，凶年不免於死亡；此惟救死而恐不贍，奚暇治禮義哉?”

作厚富解，例如《後漢書·班固傳》：“鄧晨代以吏二千石為豪，李通家富為贍也。”

離婚案件中，常有提到“贍養費”，多數為男方給女方的，但也有女方給男方的。

不過，“贍”字和“瞻”字形體很相似，於是不少人把“贍養費”錯讀為“瞻養費”。

其實，“瞻”字音“尖”，是望也，觀察也。如《詩經·邶風》：“瞻彼日月，悠悠我思。”又如《論語·堯曰》：“君子正其衣冠，尊其瞻視。”

“贍”的左旁從“貝”，表示與錢財有關。“瞻”的左旁從“目”，表示和眼睛有關。只要小心，便可分辨。

戳和戮

“戳破陰謀”是報刊上常用的詞語，意思是把人家的陰謀刺破了。

然而“戳”字不但有許多人讀作“戮”字，也有許多人會寫作“戮”字。這樣讀、這樣寫，都是錯誤的。

首先我們要分清字形，這兩個字的形體雖然很相似，但是細心看看，是不同的。“戳”字含光耀的“耀”字的右半邊；“戮”字則含荒謬的“謬”字的右半邊。認字的第一步，是要把字形分辨清楚。

現在講“戳”字，它的讀音是“蒼”入聲，即“蒼廠創戳”。假如用廣州話切音是“斥角切”。

“戳”字的字義，是用尖銳之物刺之也。例如《水滸傳・四二回》說：“李逵……把刀朝母大蟲（雌老虎）尾底下，盡平生氣力，捨命一戳，正中那母大蟲命門。”另一個字義，則是圓章也，如戳子、戳記。郵政局在信箋上所打的印章，我們通常把它說成是“郵戳”。

至於“戮”字，音“鹿”。它本來的意義，是殺也。例如唐人杜甫《佳人》詩說：“關中昔喪亂，兄弟遭殺戮。”另一個字義則是勉也。例如“戮力從事”，就是勉盡其力量去幹。

調查不讀“條查”

聽某電台新聞報告，把“調查”說是“條查”，這是錯誤的，但這錯誤是常有的，不能獨怪那電台的新聞報告小姐。不過作為一個廣播員，如果把字音讀錯，則會使聽眾跟着錯了。這則是每一個廣播員不可不知的。假如知道了自己在社會上有那麼大的影響力，就非“小心翼翼”不可。也許那位小姐是受了人家錯讀的影響而出錯，但也不要因此而忽略了自己對聽眾的影響力。為了減少或者避免讀錯字音，最好先去了解那詞語。這工作要在平時做好，不能在“咪”前做的。“調查”一詞，是十分常用的。要去理解它為甚麼叫作“調查”。調，是調集也；查，是查察也。調集證據而查察之，謂之“調查”。要做這樣的功夫，就非要常常借助工具書不可。例如“調查”一詞在《辭源》裏是有的。《辭源》解釋為“考察也”，並且註明：“調者，發取之義。”又引出“調查”一詞的出處，說：“《漢書・王莽傳》註：故今謂刺取輿論，或徵集文卷，以求事物之實情，曰調查。”

因此，“調”字在這個詞語裏不能讀作“條”，而應該讀作“掉”。這一點，又要在同一工具書裏查“調”字的讀音和意義。“調”字一個讀音是“題堯切”，即“條”，第一個解釋是“和”也；另一個讀音是“第料切”，即“掉”，第一個解釋是“徵發”也。

戳破怎讀

“戳破陰謀”一詞，常在報刊上出現。刺穿了一種不法圖謀，這些新聞常有發生。而寫作或是編輯新聞的，都喜歡使用這詞語。

但是，有些人會使用它，卻並不深入認識它。從何見得呢？因為有些人讀錯了，甚至連寫也寫錯了。戳字就寫成戮字，連讀的時候，也把戳字讀作戮字。由此，就可知認識並不深入。

其實，戳和戮的字形雖然相似，讀音卻並不相同。而且兩者之間，差別很大。

戳字的讀音是“敕角切”，也即是瘡字中入聲。它的意義，以尖銳的東西相刺破也。也有把圖章說是戳記的。例如郵政局所使用的圖章，一般人就說是郵戳。

至於戮字的讀音是“錄”，殺也。例如杜甫《佳人》詩有“關中昔喪亂，兄弟遭殺戮”。又如歐陽修《秋聲賦》：“夷，戮也，物過盛而當殺。”

但這個戮字的意義相當多，在報刊中我們又會見到“戮力同心”一詞。“戮力”就作為努力解，而不做殺戮解。還有其他的意義是不常用的，在這里因篇幅關係，不再一一介紹了。

發行應怎讀

新的一圓硬幣已發行了，因此，在新聞上有“發行新一圓硬幣”詞句。我聽了兩個電視台和一個廣播台的新聞報告，同樣把“發行”說成是“發杭”。

在十多年前，香港電台的工作人員就曾對我說，把“發行”說是“發恒”，經常會被聽眾打電話來責駡，說是“發杭”，不是“發恒”。

我不知道那些打電話到電台去“糾正”的是甚麼人，“發行”讀如“發恒”是一個詞語，讀如“發杭”，則是另一個詞語。這兩個詞語的意義是不同的。甚至有一位任職商務印書館數十年的先生，也曾向我詢問，商務印書館的版權頁上印着的“發行人王雲五”，“行”字應該怎讀。

這里先解釋“發行”的意義，“發行”在商業上是和零售的意義相對的，也即是整批的發售。再解釋讀如“發恒”的意義，是“發出”和“推行”也。書店和報社的主管人都叫發行人，就是使用後一個意義的。

就拿“發行新一圓硬幣”來說吧，就是發出和推行新款的一圓硬幣，其道理也像郵政局發行一種新郵票一般。難道郵政局的新郵票，要整批發售的嗎？

發行怎讀

“發行”一詞怎麼讀呢？例如說從前商務印書館出版書籍的版權頁中，照例有“發行人王雲五”字樣，有人讀作“發杭人王雲五”。其實，這樣讀是不正確的，應該讀如“發衡人王雲五”。

那麼，“發行（杭）”一詞不通嗎？這又不然。這個詞語，有兩個讀音：一個讀如“發杭”，一個讀如“發衡”。但是，讀音不同，兩個詞語的意義就有極大分別。

讀如“發杭”，這個是和“零售”相對應的詞語。即批發給售賣這類貨品的行業，而不是零售的。

讀如“發衡”，這個是發出與推行的意思。所以書籍的“發行人”，就是發出和推行的負責人。所謂“發行（衡）人王雲五”，假如讀作“發行（杭）人”，難道你到商務印書館去買一本書，售貨員會拒絕零售，一定要你整批去買嗎？

又如說，某某銀行發行一種新鈔票，假如讀如“發杭一種新鈔票”，然則銀行是否不肯給一張新鈔票給客户？當然是不可能的。

所以，同是“發行”字樣，把“行”字讀如“杭”，或把“行”字讀如“衡”，意義就不相同。不應該一口咬定就是“發行（杭）”。

發行大鈔

“發行”這個詞語，有兩個意義，有兩個讀音。一個是發出和推行的意思，另一個是批發貨物的意思，這個意思，是和零售相對的，因此，兩個意義的讀音都不相同。

就第一個意義來說，它是常見、常用的。以前商務印書館的版權頁上，例有“發行人王雲五”印明。以前大陸出版的報紙，現在台灣出版的報紙，在報名之下，例有“發行人某某某”字樣，這個“發行”，應該讀如“發衡”。再舉兩個例：假如說銀行發行千圓面額的一種新鈔票，又假如郵局發行一種新郵票，假如不讀作“發衡”，而讀作“發杭”，那麼，這些新鈔票或新郵票，難道要整批發售嗎？到銀行以相等數量的零票調換一張千圓面額的新鈔票，到郵局以相等價值的貨幣買一張新郵票不可以嗎？當然是可以的。然而，卻有一些人說“發衡”是不對的，“發杭”才是對的。其實，自己說人家不對，實際自己才不對呀。

因此，對於這個詞語，必先了解它是甚麼意義，然後才可以決定其讀音，不可隨便說人家不對。

亟應讀擊

“亟需改革”“亟需實行”這些字樣，在報刊上是常見的。然而，一般人都會把“亟”字讀作“極”。當然，作為“極”字，整個語句還是可以解得通的，如“亟需改善”，解作極需要加以改善；“亟需實行”，解作極需要加以執行。不過，“亟”字發音並不是“極”[①]，同時，它的含義，也不是“極”也、“甚”也。

它實際音“擊”，它的意義是“急”也。“亟需改善”是急切需要加以改善，“亟需實行”是急切需要加以實行。“極”或是“甚”的意思，和“急”的意思似乎有點相近，但實在有很大的距離。

例如《詩經・大雅》：“經始靈台，經之營之，庶民攻之，不日成之，經始勿亟，庶民子來。”所謂“經始勿亟”，是開初經營靈台的時候，就叫老百姓，慢慢地進行，不要太急迫。因此，如果把“經始勿亟”的“亟”字解作“極”也、“甚”也，是解不通的。

又如《左傳・定公五年》“歸粟於蔡以周亟”，“周亟”，解作救急。

“亟”字還有一個音是“器”，廣州音讀如“冀”，是“屢”也。例如《左傳・隱公元年》：“亟請於武公，公弗許。”

掉不讀驟

“尾大不掉”是比喻下強上弱的一個成語。從表面去解釋，是尾巴太大了，大於頭部或大於身體，所以不能擺動。

但不少人會把它讀作“尾大不驟”，這是錯誤的。為甚麼這樣錯呢？原因是由“棹”字來，粵語“扒艇”也有說“棹艇”的。“棹”字音“驟”，是行船的工具，即槳也。用槳撥水，船艇便會進退。因此，“棹艇”的“棹”字，是把名詞變作動詞用。自作聰明的人，以為“棹艇”的“棹”字既然是動詞，當然是“扌”邊的。於是，寫起來，自然也寫錯了。

例如讀陶淵明的《歸去來兮辭》：“或命巾車，或棹孤舟。”粗心大意的人，就會誤將“棹”字作“掉”字。

實際“棹”是一個字，“掉”則是另一個字。“掉”字是“第料切”，音為曲調的“調”、才調的“調”、唱高調的“調”。它的意義有許多，在這個成語裏，是搖動也。例如真山民《春行》詩說：“東風若欲招人醉，頻掉橋西賣酒旗。”意思是：春天裏吹起的東風，似乎有意招人來買醉，頻頻搖動橋西賣酒家的旗幟。

它又常常作為後附助動詞，如“賣掉”“拋掉”“砍掉”等等。不過這些是普通話常用而粵語少用的。

掉不讀驟

一個很常用的字“掉”，常會被人錯用、錯讀。許多錯用的字，都是由於錯

① 編者註：“亟”根據《現代漢語詞典》解釋，今讀作“極”。

讀而來的。例如浸漬的"漬"字，有些人錯讀為"迹"，於是"血迹""污迹""油迹""墨迹"等，一律以"漬"字誤作"迹"字。自己無法改正，影響到接受文字傳播的人，也"以訛傳訛"地讀錯了、認錯了而不自知。

最近有一些研究文學、聲韵學的權威人士向我說，有人專教人讀錯字，將引導一般人走入迷途，這是一大禍害。我說，我也知道，而且，也有指出其錯誤，但我並不看得太過認真，因為他有他一個自由的天地，我們雖有言責，卻不能干預他的自由，所以也不便多言了。正如社會上有許多不顧商譽的商人，以不正當的貨品推出在市場上獲利，消費者委員會除了提醒市民慎重採購之外，也就奈何不得。

"掉"字的本音，就如"曲調""聲調"等的"調"字，但是，有些人把它讀作"驟"。例如"棹艇"的"棹"字，他們以為"棹"是動詞，所以，應該是從"扌"旁的，於是，把"棹艇"的"棹"字寫為"掉"，就連黃錫凌先生的《粵音韵彙》，也把"掉"字和"棹"字同列。而廣州話中的"驟忌"也被寫成"掉忌"。

誼字就義

中越邊界糾紛發生在友誼關。由於糾紛擴大，於是報上和熒光幕上的新聞報告裏，常提到它的名字。

然而，友誼關的"誼"字，不少人讀作"宜"。不但把"友誼關"讀作"友宜關"，就是平常說到"友誼深厚"和"友誼萬歲"，也把"誼"讀作"宜"。

這個"誼"字，實際就是"義"字。"誼"和"義"，本來是古今字。古代仁義的"義"，都是寫作"誼"的。在《史記》和《漢書》裏，都是這樣。例如《漢書・霍光傳》說："光甚誼之；明日，詔增此郎秩二等。"又說："反微文諷刺，貶損當世，非誼士也。"《後漢書・郭泰傳》也有說："林宗乃訓之誼方。"《說苑・政理》說："此治國之道，使民之誼也。"張衡《炫思賦》說："願竭力守誼兮，雖貧賤而不改。"又如《釋名・釋言語》說："會集眾采以成錦綉，會集眾字以成詞誼，如文綉然也。"這許許多多的例子中，"誼"字也就是"義"字。

而所謂"友誼"者，朋友的情義也。簡單地說，"友誼"也就是"朋情"，就是把"友誼"寫作"友義"亦無不可的。

那麼，"誼"字讀作"宜"可以嗎？"誼"字確有一個音是"宜"，但意思不同了，是作謀度解的。

塑膠的讀音

"塑膠"的發明，使得許多器物的製造都簡單化，也使得許多器物的使用都變得輕便。從前製造一隻木水桶、鐵水桶，不知費多少功夫，才可以成功；現在不同了，只要將機器一按，立即整個水桶造好了，又美麗，又輕便。因此，我們的生活中，似乎不可能不接觸到塑膠。然而，關於塑膠的“塑”字，大家都讀作“朔”。這是因為它上半槪是個“朔”。人們很喜歡用“有邊讀邊，無邊讀槪”的方法去定出字音來。

“塑”字，音“素”，是用泥土塑造出人物的形狀也。“塑膠”則是用膠質塑造出人物形狀也。

塑膠業的人們，全部把“塑膠”說成“朔膠”，假如你說是“素膠”，幾乎没有人曉得是甚麼。因此，有許多人都藉以為口實，說字音可以“積非成是”，不必理會它正確不正確。其實，這是似是而非的。我曾經聽過本港某大塑膠廠的電視廣告，把“朔膠”改正為“塑膠”，人們只知“積非成是”，何不想想“積是勝非”呢？我們不是苛求每一個人都把“朔膠”讀正做“素膠”，但是我們希望大家都知道“塑”的正確讀音，在別的詞語裏不能再說是“朔”。正如“大嶼山”的“嶼”字，如果“島嶼”，就應該說是“島序”，不說“島如”。

褫字不讀遞

“褫奪”一詞，在報刊中常常使用，在電視新聞與廣播新聞中，也是慣見的。例如“褫奪公權”“褫奪榮銜”“褫奪官職”等等。然而，有些人會把“褫”字讀作“第”字。最近，牙擦拳王奇利與另一個拳王斯冰克斯爭奪拳王寶座時，某電視台的旁述，就把“褫奪”說是“遞奪”。

這必然是因為“褫”字的表聲部分，和“遞”字相同之故。其實，表聲部分相同的，未必就字音相同。最常見的“陳”字，它的表聲部分不是和“棟”字、“凍”字相同嗎？但“陳”字音“塵”，和“棟”字、“凍”字絕不相同。只此一個例子，已足證明字形近似的字並不一定同音，也並不一定讀音近似。所以，“褫奪”，不能說是“遞奪”。

“遞”字音“第”，是大家所熟知的；至於“褫”字則是音“雌”。這是一個形聲字。左邊的“衣”字，是表義的；右邊的“虒”字，音“斯”，是表聲的。但形聲字的聲旁所表的讀音，絕大多是表相近的音，並不絕對準確的；絕對準確，只有一小部分。所以，也不能讀它的聲旁，以為是準確的。

“褫”字的本義，是“奪衣”也，也即是強令脱衣也。因此，革除官職，也叫“褫奪官職”。

怙惡不悛應該怎讀

“怙惡不悛”這是一個極常用的成語，作惡多端，特別是常常犯案的人，報刊上常用這成語去形容。有些人，做了惡事，受過法律的懲處以後，便會改過自新；但是也有一些人，這邊出獄，那邊又去犯案了。這樣的行為，就叫“怙惡不悛”。不過，這成語雖是常用、常見，但有許多人會讀錯，也許你也讀錯。我曾經聽人錯讀不少，甚至高級的知識分子，也讀錯了。有一次，我和一位紳士談起社會問題。我說，要防止罪惡的發生，應該多用嚴峻的刑罰。那紳士說，這雖然是一種阻嚇的方法，但是，有些邪惡的人，常常是“古惡不俊”。我心裏想，那紳士的社會地位很高，假如他在大庭廣眾中演講，豈不鬧出笑話？鬧笑話還是他個人的事，最可怕的是別人聽到他說“古惡不俊”，也效仿他說“古惡不俊”，這樣一傳十，十傳百，就會錯得“一塌糊塗”。

我們要講對這成語的字音，首先該了解它的意義。所謂“怙惡不悛”者，就是“恃惡不改”也。

“怙”字音“户”，“恃”也。“悛”有兩音：一音“全”，一音“酸”。這兩個音的意義是相同的，它的意義是“改”也。人有所恃而作惡，始終不肯改過，就是“怙惡不悛”。四個字的成語，讀錯了兩個，若用口頭說出，人家可能聽不懂的。

渣滓讀如渣子

渣滓，果類所食餘的叫渣滓。凡是沈澱於水底的泥叫滓。許多東西，都有渣滓的。因此，渣滓兩字常用也常見，大概没有人會懷疑它的字義。

但是，講到讀音方面，許多人字寫得没錯，其實，讀錯的人很多，讀對的人很少。

渣字，是“之移切”，音“遮”，而滓字，則是“之使切”，音“子”。可是，人們以為它的右半部是個“宰”字，於是自作聰明，就讀作“宰”，或者是人云亦云，聽到人家讀作“宰”字，自己也再無疑問地讀作“宰”。“秀才識字認半邊”，這不是聰明的認字方法，雖然有時候認半邊是對了，但對的情形少，不對的情形多。

“滓”字的右半邊雖然是“宰”，但實際它的讀音是“子”，也有些強辯的人，以為“約定俗成”，大家這樣讀，自己也可以這樣讀了。其實大謬不然，你以為是“大家”，你要知道所謂“大家”是否都是通人，假如不是，我們就不能依從大家，在幼稚園裏，大家說“一加一是三”，你都以為“一加一是三”嗎？

我希望大家都對語文講得較準確，否則“以訛傳訛”，我們還要字典做甚麼？

鍥字兩讀

“鍥而不捨”，是一個比喻以永恒的精神努力去做的成語。鍥，刻也，斷也。

這成語出自《荀子・勸學篇》：“鍥而捨之，朽木不折；鍥而不捨，金石可鏤。”意思是：鍥刻而中途停止了，則雖然是腐朽的木頭，也不可以使之折斷；假如鍥刻而不斷地進行，則雖然是金的堅，石的硬，也可以鏤刻。

“鍥而不捨”的“鍥”字，音揭。它的本來意義是鐮刀。根據揚子《方言》說：“刈鉤，或謂之鐮，或謂之鍥。”

因為鐮刀是用金屬製成的，所以它的左旁從“金”，又因為契約是分開兩邊的，用鐮刀刈割禾稻，自然分開兩截。所以，這個字可以說是會意字。但同時，又可以說是形聲字。左旁的“金”，是形符，表示意義的。右旁的“契”，是聲符，表示讀音的。“契”字是個破音字。它有一個音是“孑”，也即是“揭”，所以讀作“揭”。同時，也有一個音是田契、屋契的“契”，所以，也可以讀作“契”的。讀如“揭而不捨”也可以，讀如“契而不捨”也可以。

不過，“鍥而不捨”的“鍥”字，是通假字。是假借它作“栔”字，“栔”字也可以讀“揭”和“契”的。兩個音義相同。

阿字兩音

由於英國與阿根廷對福克蘭群島的糾紛，英、阿兩國的名字近來人們閑談中常有提及。“阿”字有些人說是“柯”。實際，應該說是“亞”。

“阿”字雖然有“柯”音，但也有“亞”音。很可惜人們只知其一，不知其二。

例如“阿嬌”“阿斗”，不少人都說是“柯嬌”“柯斗”。又如《幼學故事瓊林》中有說“不痴不聾，不做阿姑阿翁”，他們都說是“柯姑柯翁”。

實則“阿嬌”，亦即“亞嬌”；“阿斗”，亦即“亞斗”；“阿姑阿翁”，亦即“亞婆亞公”。

人的名字之上，常加上“阿”字作發語詞。現在我們口頭語上還是這樣的，例如“亞媽”“亞爹”“亞仔”“亞女”，而俗語上，還有“亞貓亞狗”等等。只要大家深思一下，便會領悟，不必多費唇舌去解釋。

至於地名、國名，“阿”字作首，也多數讀作“亞”。這是譯音的緣故。

舉例言之，如“阿根廷”“阿爾及利亞”“阿富汗”“阿拉伯”等，都應該說是“亞”的。所以，就是這樣簡單的字音，大家很容易忽略。

阿嬌怎讀

“阿”這個字你是常見的吧！在報紙上恐怕沒有一天不會遇到它。但是，你確信對它很熟識嗎？尤其是在讀音上沒有讀錯它嗎？

可能你有很強的自信，自以為“熟之稔矣”。

你是讀它作“柯”（粵音）是嗎？假如這樣讀，是一點也不錯的。例如《詩經·小雅》：“菁菁者莪，在彼中阿。”在這裏，“阿”字作大土山解。

又如屈原《九歌》："若有人兮山之阿。"則作山的曲處解。

陸機《從軍行》："南陟五嶺巔，北戍長城阿。"則作城墻的曲處解。

此外，宮殿的角處也說是"阿"。例如《周書・作雒》："鹹有四阿。"

又解作曲意附和也。例如《孟子・公孫丑》說："不至阿其所好。"

"阿"讀如"柯"，是多義的。

但"阿"字又讀如"亞"，在稱謂上、在名字上，作發語詞用，稱謂上如"阿姑阿翁"，如元好問《姨母生日》詩："阿姨懷袖阿孃香。"在名字上如陳皇后稱"阿嬌"，曹操稱"阿瞞"，劉後主禪稱"阿斗"。《三國誌・吳書・呂蒙傳註》："非復吳下阿蒙。"國外的譯音如"阿根廷""阿爾及利亞"，音都是"亞"。

阿姑阿翁

有人轉述"阿"字，特別指出"阿姑阿翁"一詞，可讀"亞"，也可讀"柯"。他舉出可讀"柯"的例子有，是他祖父這樣讀過，並說《三國演義》的"百萬軍中藏阿斗"可以為證。此人不但不曾研究過"阿"字讀"亞"音的時候，它的詞性是甚麼，而且揭他祖父的瘡疤，實在大可不必。

在"阿姑阿翁"一詞裏，"阿"的詞性是助詞，用來發語的。例如元好問詩中有"阿姨懷袖阿孃香"。這是用在稱謂上；也有用在姓名上的，例如"百萬軍中藏阿斗""非復吳下阿蒙""阿嬌"；也有用在代名詞上的，例如"阿誰""阿儂"便是。

其實，就在"阿姨懷袖阿孃香"一語裏，也可以求出它是讀平聲或者是去聲的，因為律詩的句法是"平平仄仄仄平平"的，第一個"阿"字，本為平聲，但用了仄聲，因此，以第三個本為仄聲的字，改用"懷"字平聲來補救第一個字的改變。至於第二個"阿"字，就必然不能讀作"柯"字。

現在粵人口語彙總，常用"亞陳""亞李""亞馮""亞瞞""阿蒙""阿嬌"這一類，是姓名上的發語詞，這是大眾所共識的。

掣字兩音

"或看翡翠蘭苕上，未掣鯨魚碧海中"，這是唐代詩人杜甫《戲為六絕句》中的詩句。意思是：也許你們只能看到前賢如翡翠戲蘭苕那纖巧的辭句，而未曾看到他們牽掣鯨魚在大海之中的氣雄力大的作品。

其中的"掣"字，我們讀廣州音，習慣了讀如"制"。

但在一些字典裏，往往是音作"澈"的。

而在廣州話中，如電掣、水掣、按掣、煞掣，所有都讀作"制"。和字典相對，豈不是牛頭不對馬嘴？

其實這個字是兩音的。讀作“澈”的時候，解作“閃”也，報刊上常用，如“風馳電掣”。又如承德《清平樂》詞有說：“過去年乘如電掣，兼得番數離別。”

解作“牽曳”也，如開頭所舉的例句：“未掣鯨魚碧海中。”又如《晉書·王獻之傳》說：“七歲學書，羲之從後掣其筆不得。”

又當受到別人牽制留難之時，就說是受到“掣肘”。在《幼學故事瓊林》裏有這一句：“受人牽制四掣肘。”又如《新唐書·陸贄傳》：“可任則當要之於終，不宜掣肘於內也。”廣州話裏，也習慣讀如“制肘”。

禡不讀牙

本年二月二日，是農曆的十二月十六日。十二月十六，謂之尾牙。所謂牙者，是牙旗也。古代軍中旗幟，以象牙來裝飾，所以說是“牙旗”。

而所謂尾牙，是一年之中最後的一次牙祭也。

《辭源》“牙祭”條說：“工商家對於夥友、學徒、佃作之膳食，恒以每月初二、十六為當葷，始具肉食，謂之牙祭。”《常談叢錄》，有“牙祭肉”條。此語似始於楚、蜀，四方競傳之。按安福黃斑《拾慧錄》引《匯東手談》，載葉石林謂節度使藏節之堂，每於朔、望之次日祭之，號牙祭日。“衙，古原作牙。今直省官值朔、望承祭，吏役之有供事者，恒以次日祀神於衙舍，度必用祭餘以餉其徒。而衙祭肉之稱，遂以懸用於市肆耳。”

由此，可見“尾牙”由來已久。葉石林即葉夢得，是宋人。而節度使為唐的官職，宋雖有之，但僅是虛銜。所以，即不始於唐代，亦當始於宋代。

至於有人寫“尾牙”為“尾禡”，“禡”字音“罵”，並不音“牙”。宋代出師之時，雖有“禡牙”之舉，但只在於出師之時，及行軍之所止才有“禡牙”的。它沒有一定的日期，和所謂初二、十六的“牙祭”不同。顯然有人誤讀“禡”為“牙”，才有此錯誤。

尾牙非尾禡

讀錯字固然不好，寫錯字，同樣不好。我們這個專欄除了叫人不可讀錯字之外，也叫人不可寫錯字。而今天講“尾牙”的“牙”字，則與讀錯固然有關，同時與寫錯也有關。一年容易，尾牙已經過去了。所謂“尾牙”者，就是每逢舊曆初二、十六，舉行“牙祭”，一般老式的商店（新式的也有之，特別是飲食業），都多辦一些酒肴，祭祀土地、財神之類。因此，初二、十六叫作“牙期”，也有叫“做牙”的。而十二月十六日，就是一年中最後的一個“牙”，酒肉特別豐富。

“牙祭”的風氣，在宋代已有記錄。宋朝節度使的節賞，每月於初一、十五兩天的第二日，要舉行祭祀，號“牙祭日”。衙門的“衙”字，在古代是用“牙”字的。“牙”就是以象牙為裝備的東西。而旗幟也用象牙裝飾，故叫作“牙旗”，軍營之外，插着牙旗，所以軍營叫“牙門”，後來因為治安關係，許多文官都兼管武事，所以都有牙旗，因此凡官署都叫“牙門”，後來才改作“衙門”。

“牙祭”後的祭肉，大家拿來分吃，這一個風氣，逐漸傳到民間。但廣東人一般將“尾牙”寫作“尾禡”。“禡”音“罵”，不音“牙”，“禡”也是祭祀，但是不定期的。

尾禡怎讀

“尾牙”過了，但在“尾牙”前後，報上所見的有關“尾牙”的新聞大都寫作“尾禡”。

“禡”字讀“罵”，並不讀“牙”。“禡”是古代祭祀禮之一種，軍隊移動之前，必先祭祀軍前的牙旗，而軍隊到達其所駐的地方，同樣要舉行“禡”的禮節。這種禮節，在古書裏成為“禡”，也有稱為“禡牙”的。總的來說，軍隊出發和駐定之時，都有這種祭禮。

“尾牙”則不同。每月的初二、十六兩天，都有“牙祭”。這種風俗起源於古代的節度使牙門。每逢初一、十五的第二天，也即是初二和十六兩日，都祭拜牙門裏藏節之堂，祭後的肉類，分餉牙門中的公務人員。

可能由於古代社會大量食肉的機會不多，人們覺得每月大量食肉兩次，是合理的。於是，依照節度使初二、十六舉行牙祭的例規，也舉行牙祭了。

當然，民間沒有牙旗，也就無牙可祭，但沿用了牙門所慣用的名稱，則是可以理解的。

至於“尾牙”這名稱，因為十二月十六日是一年中最後一次的牙期，所以說是“尾牙”。

上面，已把“禡”和“牙”分辨清楚。本來若干人都已說過“牙”的起源，但有些報紙的編輯先生，還要“尾禡”一番，可見承認錯誤是少有的。

蒐不讀鬼

“蒐羅百貨”是聚集各種貨物的意思。百貨店的招牌和招紙上，常會使用它。

“蒐”字粵音“收”。它只有這一個音，並無別音。然而往往有讀錯的，讀作“鬼”，讀作“魁”，以讀作“鬼”為多。

其實認字，不能以意度之的，對於不認識的字，最好去問人。特別需要的，應養成查字典的習慣。假如是居家，則字典可以隨時檢查的，假如要問字，則不是隨時有人可問的。

“蒐”是一種可以染紅色的草，也即是“茜（音倩）草”。古代流傳說，人血入地所生的草為茅蒐。

“蒐”字又解作田鼠也。據《爾雅·釋天》說:“春鼠回蒐。”又張衡《東京賦》:“歧陽之蒐又何足數。”

核計也叫作“蒐”。例如《左傳·襄公廿四年》說:“齊社蒐軍實,使客觀之。”

至於作“聚集”解,如朱熹《小學序》說:“今頗蒐輯以為此書。”而目前流行的“蒐羅百貨”,也就是使用這個意義的。

黔驢怎讀

認字最壞的習慣,莫如“有邊讀邊”。誠然,漢字中形聲字佔了百分之九十以上,形聲字的原則是有半邊或半橛用以表示讀音,但所表示的大都是相近的讀音,它不同於直接注音的,因此,表聲部分,並不等於整個字的讀音。例如“汕”字並不音“山”,而是音“傘”。我對此雖已不斷呼籲,但這個壞習慣還沒有盡除。

最近又聽到有人將“黔驢之技”教人讀作“黔廬之技”。雖然照這樣讀的人相當普遍,但把“驢”字讀作“廬”是不正確的。一般人依照“有邊讀邊”的壞習慣去讀,已經不是事實所能容許,何況運用最能“深入民間”的傳播媒體去教人的先生也不免有此陋習,我自不能已於言的。

在日常口語中,“捱驢仔”一詞是常用、常聽的。對這口語,大家都正確地說是“捱雷仔”,從沒有人說是“捱廬仔”的。因此,這就成為“驢”字音“雷”的一個旁證。

我懇切希望教人識字的先生,多盡點責,不可“信口開河”。加入每一個以語言傳播的人,都認識自身大眾的影響力有多大,都能夠認識自身對大眾的責任有多大,就應該做好自己的工作。須知誤己事小、誤人事大。我之所以不憚煩地說話,並不在揭人的瘡疤,而全是為大眾設想,謀求不再有錯誤的引導。

驢不讀盧

宋人陸放翁詩:“此身合是詩人未?細雨騎驢入劍門。”意思是:我這個人稱得上詩人了嗎?你看,在細雨之中,騎着驢子,正在走入劍門山。因為這個時候,這種行徑,這個地點,都充滿了詩的意境。

“驢”字,這是我們常見的,也是常說的。但是很奇怪,見了它之時常弄錯了它的讀音;說到它的時候,卻說得對了。

因為“驢”字的右邊是“盧”,所以很多人見了它,都讀成“盧”。而在字書中,例如在《辭海》,它所注的直音是“廬”。“廬”字一般人習慣讀“盧”,所以很多人見了它,都讀它是“盧”。其實,“廬”字有兩音:一個音是“盧”,是古代兵器矛戟的柄也;一個音是“閭”,是廬舍也,亦即是屋宇也。

《辭海》將“廬”字作為“驢”字的直音，是使用“驢舍”的“廬”字音；換言之，是音“閭”。因此，“驢”字的正確讀音是“閭”，不是“盧”。

那麼，我們為甚麼說話時會讀對了呢？廣州話有一句俗語，做雇員，說是“捱牛工”，也說是“捱驢仔”，因為牛和驢都是使用勞力的。當我們說“捱驢仔”之時，自然而然地會說是“捱閭仔”，沒有人說是“捱盧仔”的。其實在《千字文》中，“驢騾犢特”四種動物，早已教我們分清楚了。

筠不讀均

唐代著名詩人溫庭筠，相信許多人都讀過他的作品了，然而，對於他的名字，有些人會錯讀，讀如“溫庭均”。

其實它的讀音是“匀”，它本來的意義，是竹筠青皮也，例如謝朓《紀功曹中園》傳說：“丹櫻猶照樹，綠筠方解籮。”意思是：紅色的櫻桃還是映照着樹木；綠色的竹皮，正在解開包着外層的殼。不過在這一句詩裏，也有直接把“綠筠”解作綠竹的。

用竹來編織成的容器，也有叫“筠籠”的，例如杜甫《野人送朱櫻》詩說：“西蜀櫻桃也自紅，野人相贈滿筠籠。”意思是西蜀出產的櫻桃，也自然成熟到紅色了，鄉人拿這佳品來贈送，纍纍然滿竹籠那麼多。

這一個字的讀音，無論國語、粵語，一樣是讀“匀”才正確的。假如讀作“均”，那是“有邊讀邊，無邊讀櫪”的壞習慣所造成的。人們以為它的下半部分是個“均”字，於是讀作“均”。其實這樣的認字方法是最不好的。同樣的例子，“均”字的右半邊是個“匀”字，然則“均衡”可以讀作“匀衡”嗎？再舉一例：“何”字的右半邊是“可”，然則“何淡如”可以說是“可淡如”嗎？

讀者游佳然先生來信問及，僅此作答。

筠不讀均

每一學年開始，向學生點名的時候，有好幾個字我例必問其家人怎樣叫其名字，如“甫”字、“銘”字、“筠”字等，大多數回答是“浦”“茗”“均”。我就依照其家人的叫法，“照讀如儀”，然後，告訴其正確的讀音依次為“府”“名”“雲”。而我所以將其不正確的讀法，“照讀如儀”者，是因為“名從主人”，並不是正式承認它們是正確的讀音。

我近幾天和一位中學的國文老師有點接觸，從談話中，我聽到他滿口都是俗讀的字音，第一個，我已老實不客氣地給他解釋了，他也表示謝意，以後連續幾個，我覺得連續指出，有傷他的自尊心。因此，再不給他改正。

有些時候，朋友讀錯了字音，我會當面說出；有些時候，我當是聽不到就算。但亦有些時候朋友會不耻下問，我就很樂意解釋。

今天所講的“筠”字，是現代女性喜用的，但又偏偏用得不正確。所以，替子女命名之時，最好向喜歡研究字音的人問問。有時候我的聽眾，也會打電話問問我，然後為子女命名，更有人索性就叫我代起一個名字，我也樂於從命。

筠字怎讀

讀者游佳然先生來信，吩咐解答“筠”字，如晚唐詩人溫庭筠，或今電視藝員毛舜筠、電視經理黃榮筠的粵語的正確發音。

來信是一九七八年十二月十五日發出的。現在才答復，罪甚，罪甚。稽延的原因，是文具箱積信太多，不慎被塞進抽屜的後頭，今始發現。這當然是我的疏忽，萬望原諒。

“筠”字的讀音如粵語的“雲”。許多人把溫飛卿的名字讀作“溫庭均”，錯了，錯了。

現在一般人還有讀作“均”的，但不能算是正確。假如是普通人這樣讀，識者會加以原諒；假如是文人、詩人這樣讀，就不免被恥笑。

至於毛舜筠、黃榮筠兩位的名字，正確的讀音應該是“雲”，但是“名從主人”，怎樣讀，先要問其本人。我上講堂時，在學生名冊上發現有“甫”字、“銘”字等都照例是他本人怎讀，我然後隨着去讀。假如名“甫”的他自已說是“普”，名“銘”的自己說“皿”，我只好同樣稱之為“普”，稱為“皿”，而不讀為“府”，不讀為“名”。

費字兩姓

在交際場合中，初見的朋友互問姓名，人多音雜，未必聽得很清楚，要認真認識對方，有時只能靠交換名片。也有一些盛大的酒會，主事人預先替客人寫好了一張名片，各人掛在襟頭，使人一望而知為姓甚名誰。這兩樣，都不失為好辦法。

但有時還有問題，如果名片上的姓氏是個“費”字，你就不能不多問一句：“貴姓怎讀?”

為甚麼呢？因為“費”字有兩姓：一姓讀作費用的“費”，另一姓則讀如秘密的“秘”。

有一些人，以為“費”姓只該讀“秘”，假如你直讀費用的“費”，他以為你是錯讀。也有一些人，以為“費”姓直讀費用的“費”才對，而讀作“秘”的則是錯誤的。其實，這兩者都失於片面。

這兩個姓，各有其木本水源。直讀作費用的“費”的，據《姓纂》說：“系出姒姓，禹後。”夏末有費仲、費昌，望出江夏。也有一說，是楚大夫費無極之後。而諸葛亮《出師表》裏所提到的費禕，也是這個姓。

至於讀如“秘”，則是魯桓公子季友為大夫，有功，封於費，其後以“費”為氏。費的故城在今山東省費縣西南，字亦作“肹”，或亦作“鄪”。

費字兩姓

“費”字是十分常用的。如消費、車費、船費、水費、電費等。假如在這類詞語中，大家不會錯讀，都一致地讀作“肺”。但假如在姓氏上，就可能弄錯了。用這個字作姓氏的，根本就有兩姓。其中一個直讀是“肺”，系出姒姓，係大禹之後。這是根據《姓纂》的。夏朝的末葉，有費仲、費昌，望出江夏。現在有一位出名的女歌唱家費明儀，她姓氏的讀音就是“肺”。

另據《急就篇註》說，費（肺）姓是楚大夫費無極之後。至於三國時蜀漢的費禕，在諸葛亮《出師表》裏有提到的，根據《資治通鑑》胡三省註，也是這個讀音。

費姓的另一個讀音，是“秘”。魯桓公子季友為大夫，有功，封於費邑，其後人因以為氏。此說見《梁相費汎碑》。

因此，你如果見到人家名片上寫作“費”姓氏，就應該問他姓氏的讀音怎樣，不可隨便讀“肺”或“秘”。

至於費邑，故城在今山東省費（秘）縣西北。又今山東省有費亭，這地方則讀如“肺”。

“費”還有一個讀音是“弗”或“佛”，例如在《中庸》裏，有“君子之道費而隱”這一句，句中的“費”就是這樣讀的。它的意義，是違戾也。

皈不讀販

唐人李欣《禪房聞梵》詩說：“頓令心地欲皈依。”意思是說：在禪房裏聽聞梵音，頓然使得心地上想歸依佛法。

這個“皈”字，音“歸”，它的本來意義，就是“女嫁”也。現在嫁女的人家，門楣上還貼有“之子於歸”，就是出自《詩經》的。至於《幼學故事瓊林》也有說：“女嫁曰於歸，男婚曰完娶。”

實際上，“歸”字和“皈”字，是同字而異體。例如“皈依佛法”，也可以寫作“歸依佛法”。

在《魏書・釋老誌》裏，有這樣說：“其始修心，則歸依佛、法、僧，謂之三歸。”由此，可知“皈依”和“歸依”是一樣的。

但是，有一些人覺得“皈”字和“販”字的字形很相似，於是一知半解地把“皈依”讀作“販依”。其實，字形相似，未必是字音相同的。這一點，在我們認字的時候，不可不知。

“皈”字的右半邊誠然和“販”的右半邊相同，但是，左半邊則絕不相同，

“皈”字的左半邊是“白”字，而“販”字的左半邊則是“貝”字。因此，兩字的讀音既不相同，含義也大有差別。

歲聿云暮

歲晚之時，所謂“急景殘年”，“歲聿云暮”這詞語就會使用得較多了。這是從何而來的呢？見於《詩經・唐風》：“蟋蟀在堂，歲聿其莫。”意思是：蟋蟀已在堂中鳴叫，年月已到歲晚了。

這里使用的“聿”字，一般人（以說廣東話的來講）大都讀作“律”。其實，這是錯讀，雖然錯得相當普遍，但總不能當作正確的讀音。

它充其量，說是俗讀罷了。正確的讀音，應該是“核”，在四聲里面，他是“云”字的入聲。用“云”字調四聲，應該是“云、允、混、核”的。

這個字在《詩經》《書經》裏，經常出現。例如《詩經・大雅》裏有說：“無念爾祖，聿修厥德。”又如《書經・湯誥》裏也有這樣說：“聿求元聖，與之戮力。”

在古書裏使用這個字，有好幾個解釋，有解作述也，有解作自也，有解作遂也，有解作惟也。其實，是没有意義的，只不過用來助語氣罷了。有在於句首的，如“聿修厥德”“聿求元聖”。有位在句中的，如“歲聿云暮”。近人楊樹達，認為它不含有甚麼意義，只是用來助語氣。

“鷸蚌相持”的“鷸”字，字典中有直音“聿”，因此，也有人誤讀為“律蚌相持”。

歲聿云暮

“歲聿云暮”，是歲時已晚的意思。

“聿”字，廣州音有些人讀作“律”。其實它正確的讀音是“核”，即“云”字的入聲。“云、允、運、聿”。

它是助語詞，有在句首的，如“聿修厥德”；有在句中的，如“歲聿其暮”。

有些人以為讀音可以隨便，只要大家可以這樣讀，自己也可以這樣讀。其實，讀音不正確，常常會引致誤會。而這個“聿”字的誤讀更引致另一個字的誤讀。

成語中有“鷸蚌相持”一語，它的正確讀音，應該是“核（云入聲）蚌相持”。但是在若干字典、詞典中，“鷸”字注音為“聿”，如此一來，變為“律蚌相持”了。

這不是注音的錯誤，而是檢查字典、詞典的人，因錯讀了“聿”字作“律”之故。一個“聿”字錯了，連累“鷸”字都錯了。由此見，字音是不可以隨便的，除了少數的例外，也不可以“從眾”的。

我們在上頭說過：“聿”字是助語詞，或在句首，或在句中，本來没有意義。古人雖有解作“遂”字的，其實是望文生義罷了。“聿”字另一個意義，則是“筆”也。

恭賀新釐

舊曆新年快到了。在新年中，我們總會說一聲“恭賀新禧!”或者出於口頭語，或者出於書面語。出於書面語的，可能變成“恭賀新釐”，你對於這個“恭賀新釐”，也許不會陌生吧？是的，常有這樣寫的。但是這樣的書面語，再轉為口頭語時，就會變成“恭賀新離”，換言之，就是把“新釐”的“釐”字，直讀成“差以毫釐，謬以千里”的“釐”字。這樣讀“釐”字，它就是一個數量詞，例如我們說“半毫子”，也即是“半形錢”，習慣叫“三分六”，實際就是“三分六釐”。這是從前用白銀作貨幣的計演算法之一。

不過，“恭賀新釐”的“釐”字，並不讀作“離”，它和“禧”字相通，所以，實際就是“恭賀新禧”。而所謂“恭賀新禧”者，是恭賀新年納福的意思。

在古代的書籍裏，“釐”字常常代作“禧”字。

例如在《漢書・文帝紀》裏，有“祠官祝釐”之語。而“祝釐”，也就是說“祝禧”。唐人顏師古說：“本作禧，假借用。”至於所謂“祝禧”者，則是祝福也。又如《漢書・賈誼傳》：“上方受釐，坐宣室。”“釐”就是祭祀的福胙，也即是祭祀的豬、牛等肉類。其實，直用“恭賀新禧”好了，何必假借“釐”字?

恭賀新釐

新年賀柬上，常有“恭賀新釐”字樣，一般人都會照着字面讀為“恭賀新釐（離)”，即把“釐”字當作“兩、錢、分、釐”的“釐”。如果把“釐”字直讀，那麼，它是作為地理的“理”字也。又作為度名或衡名的十毫為釐解，又作改變解、治理解、賜予解，或者作為無夫之婦解（與“嫠”字通)。因此，整句恭賀語，都是解不通的。

實則“恭賀新釐”的“釐”字，音“禧”，和“禧”字相通。換言之，即是“恭賀新禧”，解作福也，即恭賀人家新年納福也。例如《漢書・文帝紀》有“祠官祝釐”之語，也即是“祠官祝福”的意思。

它又可以作動詞用，例如楊雄《甘泉賦》裏有“逆釐三神者”之語。這裏的“釐”字，是作“福之”解的。

“釐”字讀作“禧”字，又解作祭餘之肉也。例如《漢書・賈誼傳》：“上方受釐，坐宣室。”應劭就解作“祭餘之肉”。

不過，我總以為，把“新禧”寫成“新釐”，是不適用於現代的。因為既然有了“禧”字，又何必寫作“釐”呢？寫成“新釐”的“釐”字，不過是個假借字罷了。正如口袋裏既然有足用的錢，就不必向人假借。

銘不讀茗

“山不在高，有仙則名；水不在深，有龍則靈。”這是唐人劉禹錫《陋室銘》開頭的四句。

《陋室銘》的“銘”字，不少人讀作“茗”。這是錯讀的。

有不少人將“銘”字用作名字，如汪精衞原名叫“兆銘”，又如前廣東省主席“陳銘樞”。一般人都把他們的名字讀如“汪兆茗”“陳茗樞”。

我也有一些學生，以“銘”為名字，當我第一次拿起名冊點名時，假如遇到這一個字，便會問問那學生，他家裏怎讀他的名字，幾乎可以說，每一個人的答復都是“茗”的。“名從主人”，我不能把人家的名字讀音擅為改正，但我一定告訴他：“讀作‘茗’是俗讀，讀作‘名’才是正讀。”

“銘”字的本義，根據《字林》說，是“題勒”也。題勒文字於金石之上，以垂後世者也。

也有人解釋說：“銘，名也，名其功也。”

我不明白，“銘”字在《千字文》裏就已有“策功茂實，勒碑刻銘”之句，《千字文》是五六十年代童蒙必讀的三本“紅皮書”之一，凡是讀書人，大家都讀過的，在《千字文》裏没有讀錯，為甚麼偏在別處讀誤呢？

有人解釋說：“‘銘’是名詞，‘茗’是動詞。”我查無實據。

恪正讀確

《新唐書·源乾曜傳》：“歷官皆以清慎恪敏得名。”

意思是說：歷任官職，都以清廉、謹慎、誠敬、敏捷而得享盛名。

又《新唐書·崔元綜傳》：“性恪慎，坐政事堂，束帶，終日不休偃。”

意思是：性格敬謹，坐在政事堂上，束着腰帶，整日都不休息偃卧。

這兩個例子的“恪”字，雖然筆畫簡單，但讀起字音來，卻是錯的多，對的少。因為它字形和“洛”字頗為相近，人們懶得檢查字書，就直接讀如“洛”字。例如說“恪遵訓誨”，即是誠敬遵守訓導教誨，但很容易讀如“洛遵訓誨”。

有一些人讀字音，常常“人云亦云”，人家怎麼様讀，自己也毫不懷疑地跟着去讀，這様一來，就很容易蹈襲了人家的錯誤而不自知。

自己未認識的字，胡亂去讀，固然不好；“人云亦云”地去讀，除非深信那人有高深學養的，否則也是不好的，而應該養成查字典的習慣，從字典去認識，是比較好的一個方法。

字典裏的“恪”字，本來不讀作“洛”的。

恪不讀洛

“洛”字和“駱”字都是以“各”字表聲的，於是，有些人把“恪”字讀如“洛”，這是錯誤的。

雖然，“恪”字也是以“各”字表聲，但它不同於“洛”“駱”等字。它的正確讀音是“確”。

例如“恪遵”，就應該讀作“確遵”。它的本義，是恭謹也。因此，“恪遵”應該解作“恭謹遵守”。

有些人以為，一個字只要讀出來人家了解其意思便可以，不必要求它正確。其實，“一哄之市，必立之平（讀如“並”），一本之書，必玄之師”，正確讀出字音來，不是罪過。否則，恐怕將來能夠正確讀出漢字讀音的，可能不是中國人，而是外國的“漢學家”，或者是外國根據中文字典認字的人。

當然，學習檢查字典常會遭遇困難，因此，檢查中文字典的人並不多，而檢查英文字典的反而覺得普遍。一般人大都有畏難心理，隨便讀字音，以致漢字的讀音，成了無政府狀態。

在上一期中，我說有一本字書只有以一“捺”作部首，除了部首之外，根本上這個部首是沒有別的字統屬的。但由於寫稿時間匆忙，一“捺”，誤作一“撇”，這是需要更正的，還請讀者諸君多多見諒。

提倡怎讀

“提倡”，是鼓勵和領導的意思。

例如“倡言”，是首先主張也。《三國誌・魏書・陳思王植傳》說：“臣獨倡不蒙施之物。”

《禮記・樂記》說：“一倡而三嘆。”“倡，發歌句也。”

根據《廣韵》說：“倡，導引先。”《國語・吳語》說：“越大夫種乃倡謀。”註解說：“發始為倡。”

《史記・陳涉世家》說：“為天下倡。”據《史記索隱》說：“倡，謂先也。”

以上所舉許多的例子，“倡”字作領導解，作主張解的，都讀作“唱”，也可以和“唱”字相通。

然而，一般人大都讀作“提昌”。

誠然，“倡”字是兩音的：一個音是“昌”，一個音是“唱”，但是兩個音的意義不同。

讀作“昌”字的時候，是俳優也，樂人也。例如《漢書・廣川惠王越傳》：“令倡俳羸戲坐中。”顏師古註說：“倡，俳優也。”“倡”又是“娼”的本字。《正字通》說：“娼，俗倡字。”《古詩》說：“昔為倡家女，今為蕩子婦。”

不字多音

“不”字經常用，就是小學生，通常都會讀，會解。

最簡單的用法，例如“路不通行”“不准吸煙”“明知不可為而為之”。又如蘇東坡《題西林壁》詩：“不識廬山真面目，只緣身在此山中。”

這些例句中，“不”字都讀“筆”，都和廣州方言中的“唔”字意義相同。

但是，“不”字卻是個破音字。它有一個讀音是“苦鳩切”。例如古詩《日出東南行》有句說：“還可共載不?”又陶淵明《遊斜川》詩說：“未知從今去，當復如此不?”第一個“不”字，就讀平聲，“苦鳩切”，是個未定之詞。

同時，又讀“苦有切”，音“否”，和“否”字相通。例如《漢書・于定國傳》說：“公卿有可以防其未然，救其已然者不?”在這例句裏，作疑問詞用。

這有一個音，讀如“鄙”，和“鄙”字相通，例如《荀子・賦論》說：“君子所敬而小人所不者歟?”

又音“夫”。例如《詩經・小雅・常棣》說：“常棣之花，鄂不韡韡。”花的最外部叫萼，萼的蒂叫“不”。

韋不讀偉

在大眾傳播事業中，韋基舜的名字，不少讀者、聽眾、觀眾，都會知道。

他的名字，不少人都讀作“偉基舜”。有時候，他也自說是“偉基舜”。其實，這不過是他從俗讀罷了。

實際上，韋字讀音如違。韋是古國名，夏少康時顓頊（zhuān xū）之後所建之國。因此，韋國之後，以韋為姓，望出彭城。又漢朝時候，疏勒國也有韋姓。

唐代著名詩人韋應物、韋莊，一般讀如違。廣東中山縣有韋姓，如著名馬評家韋耀章，他的鄉音也是讀違的。不過多少馬迷，都說他是偉耀章，像韋基舜一般。這不是準確的讀音。

至於韋字的本來意義，是柔皮也。牛皮去毛經熟的叫韋。因此，孔子讀《易經》，韋編三絕。所謂韋編，是用柔皮作繩，來連綴竹簡，以成書本。三絕者，是因為閱讀太多，頻頻翻檢，以致柔皮的繩索，曾經三次斷絕了。

鼓吹怎讀

“吹”字是常用的，小學生都會認識它，了解它。它的讀音是“炊”，“出虛切”。

凡是用口吁氣，便說是吹。例如唐代詩人李白有“黃鶴樓中吹玉笛，江城五月落梅花”之句，又如杜牧，則有“二十四橋明月夜，玉人何處教吹簫”之句。這些都是名句。所謂“吹笛”，是用口吁氣於笛管中，使之發聲；同樣，“吹簫”，也是用口吁氣於簫管中使之發聲。風起的時候也叫“吹”。

然而，它還有一個讀音，是“趣”，即“吹”的去聲，“出去切”。

由於讀音不同，意義也不同了。讀作“趣”的時候，是名詞。凡通氣發聲的樂器，如笛、簫、笙等，以及現代的喇叭、口琴，都概括而名之為“吹”。例如《禮記・月令》：“上丁，命樂正入學習吹。”

至於“鼓吹”，“鼓”是敲擊而發聲的樂器。因它的聲音動眾，所以移作宣傳之用。如“宣傳革命”，說是“鼓吹革命”。胡適《遊白鹿洞》詩有“長松鼓吹尋常事，最喜山花滿眼開”之句，是說松樹發聲如樂器。

鼓吹怎讀

“鼓吹”一詞，是我們常見、常用的。它的意義和“宣傳”相等。例如“鼓吹革命”，就是“宣傳革命”。這個詞義，相信多數人會懂得。

然而，“鼓吹”的讀音是怎樣，卻是一個問題。有若干人，甚至涉獵過一些綫裝書的，都可能讀錯，他們把它直讀作“古崔”。其實，正確的讀音，應該是“古趣”。“吹”字讀去聲。

“鼓吹”，本來是古代軍中的樂器。以敲擊而發聲的樂器，稱之為“鼓”；以吹氣而發聲的樂器，就稱之為“吹”。而“吹”字不直讀為“崔”，因為它的詞性改變了，所以它的讀音也改變了，變成“趣”音。

“鼓吹革命”，我們既然解作“宣傳革命”，那麼，它的詞性，豈不是動詞嗎？誠然，“宣傳”是動詞，但“鼓吹”既然成為軍中的樂器，它已經成了名詞。再假借名詞作動詞用，所以，它還是屬於名詞。所謂“鼓吹革命”，就是像軍中樂器一般響亮，使革命的道理得以傳播。

胡適是提倡白話的，他有過這樣的一首詩：“長松鼓吹（趣）尋常事，最喜山花滿眼開；嫩紫鮮紅都可愛，此行應為杜鵑來。”他也是讀“趣”的。

簋字音鬼

五十年前，食“九大簋”，是普通人家的盛宴了，是九大碗的肴饌也。

十多年前，赤柱飯店，還有“九大簋”可食，不過，要預訂，並不隨時呼之則來。現在，“九大簋”之名，還偶然掛於六七十歲的人的口，恐怕五十歲以下的，根本不知其為何物了。

但是，一般人只是口頭說“九大簋”，假如在書面語上，單獨一個“簋”字，認識的人不會很多。可能因它的當中是個“根”字，就讀作“根”，這是錯讀，其實它的讀音是“鬼”。

簋，是古代祭祀用以盛黍的容器。它的形狀或圓，或方，或外圓內方，沒有一定的制度。

據清人段玉裁說：簋，本以木為之，大夫刻其文為龜形，諸侯刻龜而飾以象齒，天子刻龜而飾以玉。其後乃有瓦簋，乃有竹簋，方因叢竹之簋字。木簋、竹簋，禮器；瓦簋，常用器也。”

傳世的彝器，也有銅簋，用來盛肴饌的。而近世之所謂“九大簋”，則慣用較粗的瓷器。

糾紛怎讀

“糾紛”，有人會讀成“鬥紛”，也有人會讀成“矯紛”。這兩個讀音都不正確。

大概讀成“糾紛”的，以為“糾”的右半邊是個“鬥”字，其實它是“丩”字。“丩”字的本音讀如“鳩”，它的意義是相纏繞也。它是個象形字，象徵瓜瓠的蔓藤，遇到竹竿之類，便會牽附纏繞，向上引伸的形狀，所以含有交互鈎連的意思。那麼，“糾紛”粵音怎麼讀呢？應該是“九紛”。“糾紛”，是雜亂的樣子，人與人之間，發生了問題，你有你的意見，我有我的意見，互相纏繞，難以分解開來，這情形便叫“糾紛”。

李華《弔古戰場文》裏有說：“群山糾紛。”意思是：一座連着一座的山嶺在互相交錯。

那麼，讀作“矯紛”又怎樣呢？

“糾”字，誠然另有“矯”這個音，但是讀這個音的時候，它是另有意義的。它和“窈”字相聯結，成為“窈糾”這個疊韵謎語。這種疊韵謎語，要合成兩個字才表達一個意義的。朱子把“糾”解作“愁結”，蘇東坡則當作“窈窕”同義。我以為朱子所解，只不過望文生義罷了。

侃字音罕

“侃”字，看來筆畫很簡單，只不過八畫罷了，但是，有人會不認識它；也有人會把讀音搞錯，讀作“況”，這樣一來，差之毫釐，謬之千里。

它雖然和“況”的字形頗相近似，但並不表示它們讀音相同。甲某的樣貌面口圓圓的，而乙某的樣貌也是面口圓圓的。但我們不能因此而將甲某的姓名，移作乙某的姓名。

“侃”字是讀“罕”的。它的意義，是剛毅正直而言也。

例如我們覺得別人剛毅正直地講話，便會說是“侃侃而談”。

在《論語·鄉黨篇》中有這樣的兩句：“與下大夫言，‘侃侃如也’。”意思是：孔子和下大夫講話，是剛毅正直地講的。

大詩人陶淵明的曾祖父，就名陶侃。他是晉朝人，曾經做過廣州刺史。據《晉書·陶侃傳》說：“侃刺廣州，無事，輒朝連百甓（磚瓦也）於齋外，暮連百甓於齋內。人問其故，曰：‘吾方致力中原，過樂優逸，恐不堪事。’其勵志勤力，皆此類也。”

至於“侃侃”，又作光明磊落解。《漢書·韋賢傳》：“我徒侃侃爾。”

疆場非疆場

關於戰場、沙場，都是兵爭之地。例如，唐詩裏：“醉卧沙場君莫笑，古來征戰幾人回?”

為甚麼戰場叫沙場呢? 因為古代用刀、槍作武器，都是短距離相互戰鬥的，所以選擇平沙的場地，使用隊形作戰。假如不是平沙廣場，就不能運用大隊形了。

除了“戰場”和“沙場”之外，也有一些人寫作“疆場”，而誦讀的時候也是“疆場”。其實，“疆”字後的不是“場”字，而是“場”字，它的右半邊，是姓易的“易”字。在“日”字和“勿”字之間，是少了長長的一横畫的。這個“場”字的讀音就是“易”。

“場”字的意義，是“界”也。大的界叫“疆”，小的界叫“場”。田畝的界限可以叫“疆場”，國與國的邊界也可以叫“疆場”。軍人“效命疆場”，是效命守衛國家的疆界。而國與國之間開仗，首先就在邊界打起來的。

但由於“場”字和“場”字，只是一畫之差，稍不留心，便會誤認“疆場”為“疆場”。無論寫或讀作“疆場”，都是錯誤的。

疆場怎讀

“疆場”一詞，是邊界也。“疆”字讀如“羌”，這是大家都懂得的。“場”字讀如“亦”① 則一般人往往不察，於是把整個詞，讀如“羌長”，而把它解釋為“戰場”。在使用時，也就錯誤了。

誠然，古代作戰，大都在“疆場”進行，也即是在邊界上進行。目前蘇聯沿着中國大陸的邊界陳設百萬大軍，因此，中國政府也用重兵防守邊界，很容易就會衝突起來。

同樣，韩国与朝鲜也常在分界綫上交火。因此，人們誤以為“疆場”就是“戰場”。其實，田界也有說是“疆場”的。例如《詩經·小雅》，就有“疆場翼翼”之句。

要弄清楚這個詞，首先要弄清楚“場”字和“場”字的分別。“場”字的右半邊是“易”；“場”字的右半邊是“易”，和“楊”字、“陽”字的右半邊相同。前者是没有中間的横畫的，後者是有横畫的。所以，認字的第一步，就要認清楚字的筆畫；有時候多了一筆少了一筆也無問題，這是書法家為了美觀而將字形改變了；有時候一筆的加減，就會大大不同，例如“太”字之與“大”字、“犬”字、“天”字。因此，“疆場”一詞，誤讀、誤用，全是出於誤認。

① 《辭源》第330頁：“場”音 yì，指“田界，邊界”——編者註。

不少人以為漢字難認，實則拼音文字也有同樣情形。

貞操怎讀

學校的考績，有“操行”一項，有些人說是“粗杏”一項，甚或有些教書先生也這樣說。

同樣情形，女性婚前的性行為，或婚外的性行為，都被有人視為沒有“貞操”，而“貞操”一詞，一般人常說是“貞粗”，甚或有些法律界人士當辯論到這個問題時，也是這樣說。

實則“操行”說成“粗杏”，“貞操”說成“貞粗”都是說錯了的。

“操行”和“貞操”的“操”，都應該讀如“燥”的。

讀“燥”的時候，它的意義是品德也。所謂“操行”，是“品行”“德行”也。所謂“貞操”，是堅貞的節操也。

“操”字讀“燥”，另一個解釋，是格調也，例如《南史・袁瓌傳》：“整潔有風操。”是整齊高潔而有風格的意思。

又如《宋史・文同傳》：“操韵高潔。”是格調清高的意思。

此外，琴曲名，也有說是“燥”的，例如《龜山操》《漪蘭操》都是。

至於讀作“粗”，是把持也，運用也，持用也，操練也。

身無長物

“身無長物”是說自身之外，便一無所有了。換句話說，就是：只得一條光棍。這句話是時常使用的。

但是，有些人只知道這樣說，卻不懷疑字音有無說錯。它正確的讀音，“長”字是讀作“象”，意思是自身之外，沒有多的東西了。

這話是出自《世說新語・德行》的。而說這話的人則是晉朝人王恭。他說：“丈人不悉恭，恭作人無長物。”他的意思是說：“老先生不了解我，我做人，一身之外，別無多餘物件的。”

唐人白居易《無長物》詩：“只緣無長物，始得做閑人。”意思是：只因為没有多餘的東西，才可以做一個閑逸的人。

又在《論語・鄉黨》篇中，有這樣的話語：“必有寢衣，長一身有半。”意思是：孔子睡眠時，必有一張小卧被，它的長度蓋過全身，還多餘出一半。在這話裏，“長”字讀如“象”，“有”字讀“又”。

在報紙上，常見“冗長的聲明”等字樣，這是用錯了的，“冗”讀如“涌”，閑也，“長”讀如“象”，多餘也。

身無長物

說一個人身外空無一物，有一句成語是“身無長物”，其中的“長”字，有不少人會讀錯，直讀為長短的長。這樣的讀音是不正確的。

它正確的讀法，應該是“丈”①。讀這個音的時候，它的意義是多餘也。而“身無長物”這個成語，其意義就是身外没有多餘的物件，極言其窮也。

這成語出自《世說新語・德行》：“王恭從會稽還，王大看之，見其坐六尺簟，因語恭：‘卿東來，故應有此物，可以一領及我?’恭無言。大去後，即舉所坐者送之；既無餘席，便坐薦上。後大聞之，甚驚，曰：‘吾本謂卿多，故求耳。’對曰：‘丈人不悉恭，恭作人無長物。’”

意思是：王恭從會稽回來，王大去探望他，看見他坐着六尺長的竹席，便對他說：“你從東來，所以應該有這樣的東西，可否給我一張?”王恭没有說話，到王大離去了，就將所坐的送給王大。送了給人家，自己也没有多餘的一張，只好坐在草薦上頭，後來王大聽到這事情，極為感動，曰：“我本來以為你有多餘的，所以開口向你求取了。”王恭說：“老先生不知道我這個人，我平時做人，是没有多餘東西的。”所以不能把“長”字讀作長短的長。

彧字怎讀

“或”字大家都懂得讀了，但是加上兩撇，成為“彧”字，你懂得讀嗎?

除非你讀過，否則，如果你小心，你就會說不懂得，如果你是大膽的，你就會說是“或”字。因為有許多人只要認得一個自行相近的字，他就大膽地照讀了。

讀作“或”是否對呢?不對！不對！而且不對得離譜。

它應該讀作“郁”字，也和“郁”字同一意義。它的本來意義，就是形容文采奕奕的樣子。

例如，《論語・八佾》篇說：“郁郁乎文哉，吾從周。”

又如何晏《景福殿賦》有說：“羌朅瑋以壯麗，紛彧彧其難分。”假如你寫作“紛郁郁其難分”，一樣可以的。

漢朝時候，有名人叫“荀彧”。有人笑他的孫子：“為甚麼不把‘郁郁乎文哉’讀作‘爺爺乎文哉’呢?”原因是荀彧的孫子主張避免讀出家中尊長的名字，這叫作家諱。

說服怎讀

一位親愛的讀者來信，對於前幾期所講的“斤斤計較”的“斤”字音“靳”，是“記印切”，有所批評。其實關於注音問題，我們當時已做了兩重功夫：第一重是直音，音“靳”，這即是直接用一個同音的字來注音；第二重是切

① “長物”之“長”舊讀 zhàng——編者註。

音，是“記印切”。因恐怕所注的直音“靳”字還有人不懂，所以輔以切音，把“記印”兩個字急讀，好像拼音一般，這樣一來，就有切出“靳”這個音來。

那位讀者以為我們這樣做，讀國語的人不懂。其實，這個字的直音“靳”和切音“記印切”，粵音、國音都一樣可行的。

這個專欄叫“唔好讀錯字”，只看欄目，便可知完全是廣州話。換言之，這專欄所講的以廣州音為主。因為在香港的中國人大多數以廣州話作為第一語言。我們介紹某一個字的廣州音怎樣讀，是便利人們查不出粵音來可以因此而得知，也便利講國語的人學習廣州字音。

這一期為“遊說”“說服”的“說”字。它的本音是“雪”，而在以上的詞語裏，就要讀如“稅”。它的意義是用言語使人服也。所謂“說服力”是勸服別人的力量。

說服怎讀

“說”字是說話的“說”，這個字是十分常用的，也是人人懂得讀的。

但是，它是一個多音多義的字。在《論語・學而》篇中，有“不亦說乎”之句，而《詩經・小雅》中，也有“我心不說”之句。在這兩句中，“說”字都讀“悅”，和“悅”字相通，即喜悅的意思。

此外，還有一個音是“稅”。戰國時候，很多遊說之士，去向各國諸侯遊說，在《孟子・盡心》篇裏，就有“說大人則藐之”之句。意思是：要去遊說那些在上者，就要有藐視他的心理存在。假如不存有此心，你先畏懼了他，又怎能加以說服呢？

“說服”這一個詞語，現在還很常用。一般人很容易把它說是“雪服”。在他們的理解中，以為是用言語去向人講明，使之服從自己也。誠然，意思差不多是這樣了。其實在這個詞語裏，“說”字應該讀“稅”。它的意思是用言語曉喻別人，使之從己也。古代遊說之士，就是用這種方法，去使諸侯聽從他的計策。所以，讀作“稅服”是對的，讀作“雪服”，即使不算大錯，到底，是不正確的。此外還有別的音義，但不常用，這裏不說了。

說服怎讀

從電視機中看到新聞報告：一蘇聯工程師持獵槍衝入美國大使館，要求政府庇護，否則自殺。使館人員經過五個小時，然後說服他離開。

“說服”一詞，新聞報告員說是“雪伏”，這是不正確的。電視的新聞報告，誠然有許多錯讀的字已經改正過來，但是最常用而又最簡單的，還有不少繼續錯下去。假如詞語是陌生的，讀錯了還可以原諒，常用的就不能原諒了，既然是一個大眾傳播工作者，為甚麼不把常用詞語弄清楚呢？因為你讀錯了，許多人會受你的影響，於是以訛傳訛，大眾都受你的影響而弄錯。

“說”字是一個破音字。它的本音，誠然是“雪”。例如“論說”“小說”“演說”“胡說”這都是慣用的。但你不可不知，它還有一個音是“月”，和“悅”字相通。在《論語》第一篇，就有“有朋自遠方來，不亦說乎”這話。這里的“說”字，就是當“悅”字用的。

至於“說服”的“說”字，正確的讀音是“稅”。“說（稅）服”，是勸喻也、誘導也，以言語喻人，使之從己也。例如在《孟子・盡心篇》中，就有“說大人則藐之”之句。這里就要讀作“稅”了。

另外它又音“脫”，和“脫”字相通。例如《儀禮》：“說（脫）履乃升。”

眨眼怎讀

廣州有一句俗語：“眨眼嬌。”意思是說：一個女子，驟眼看來，覺得她嬌艷；然而，仔細端詳，實際並不美麗。

在《水滸傳》裏也說，武都頭是個“殺人不眨眼的”。這個“眨”字，假如你不是從書面語上看到，而是隨口講出來的，那麼，你可能沒有說錯。

但假如從書面語上看到這個“眨”字，就可能出錯，把它讀作“貶”，甚至把它讀作“販”。

其實，它的正確讀音是“霎”，即和港島鵝頸區“霎東街”“霎西街”的“霎”字同音。

“眨眼”是轉動一下眼睛或者開合一下眼睛的意思。

假如你連“霎”字也不認識，可以拿一“時甲”兩個字來切音，也即是把這兩個字像英文拼音一般，急讀起來，便成為“眨”字的音。

你可能懷疑，“眨”字和“貶”字有甚麼分別呢？誠然，這兩個字似乎差別不大，實則是有分別的。“眨眼”的“眨”字，是“目”字旁，而貨幣“貶值”的“貶”字，是“貝”字旁，兩個字的部首是不相同的。所以，認字的時候，首先就要認清楚字形，有時候，點畫之微，就不同了。

一抔怎讀

唐朝駱賓王為徐敬業所寫討伐武則天的檄文，有兩句說：“一抔之土未乾，六尺之孤何託？”意思是說：唐高宗死了，陵墓的泥土還沒有乾透，然則唐中宗年幼，這小小的孤兒何所寄託呢？

這兩句話，是全篇文章的警策之句。因此，現在說墳墓，就說是“一抔黃土”。但是，一般人可能說它是“一杯黃土”。

漢字裏有時候，多一點一畫，或是少了一點一畫，就會差之毫釐，謬以千里。

大家切仔細看看，“一抔之土”的“抔”字，是所謂“扌”邊的，而“一杯”的“杯”字，則是“木”字邊的。如此一來，把“一抔”讀作“一杯”，就成為極大的問題。

“抔”字音“剖”，“扶歐切”。把“扶歐”兩個音拼起來，就成為“剖”音，也就是“抔”這個字的正確讀音。

“一抔”，是一掬也。所謂“一掬”，使用兩手掌放平合起來捧物也。然則一座墳墓的泥土何止“一抔”呢？這要追溯到《漢書》去。所謂“取長陵一抔土”而來的，意思是：盜取漢高祖陵墓一掬的泥土。

酹又音賴

我們日常生活中，有一種食品叫“瀨粉”，假如加上燒鵝，就是“燒鵝瀨粉”，價廉而雋永，與雲吞麵售價相差不大。

瀨粉的“瀨”字，無論專門供麵粉麵食的店，抑或是食店裏，都是這樣寫。

但我很早就有這個想法：它的製作，是煮沸了一大鍋清水，然後將開得稀稀的粉漿，像一條粉綫般注入沸水裏去。不過，我不敢確定，有一天到市上買瀨粉時問老闆，最初瀨粉製法是都這樣？老闆說，從前是這樣的，現在全用機器製造了。因此，我認定“瀨粉”實際是“酹粉”。

這個“酹”字，我們只懂得讀作“捋”字。誠然，它有“捋”這個音，例如蘇軾《念奴嬌》詞：“人生如夢，一尊還酹江月。”恐怕十分之八九的人，都是讀作“一尊還捋江月”。其實它還有一個讀音是“賴”。它的意義，是把酒注到地上。讀作“捋”，意義還是相同。但粵語口語中，使用“酹”（賴）字很多。例如“酹的油”或是“酹的豉油”。在食品中，我們要說是“賴”，不能說它是“捋”了。

至於“瀨”字，是淺可見底的水流也，急流也，深水也。

舐犢怎讀

“老牛舐犢”或者“舐犢情深”，都是表示父母疼愛子女的成語。

“犢”字音“讀”，幼小的牛也。在農村的田野間，常見母牛用舌頭揩向小牛的身上，小牛就會有很舒服的感覺。在人看來，這是老牛疼愛小牛的一種動作，所以疼愛子女的，就叫“老牛舐犢”。也有人說是“舐犢情深”，這就進一步加深了愛子之心的意思。它是說：疼愛子女的心情，非常地深厚。這句話是出自《三國誌·魏書》的。曹操見了他的朋友楊彪，便問他為甚麼近來那麼瘦弱。楊彪的兒子楊修本來是曹操的下屬，十分聰明。曹操說過自己的才學比楊修差了三十里那麼遠。但曹操最終還是殺害了楊修。所以楊彪就說：“猶有老牛舐犢之痛。”意思是你殺了我的兒子，我到現在還有愛惜兒子的悲痛，才會這樣瘦弱。

“舐”字的讀音，是“曬”字的上下聲，也即是“士蟹切”，把“士蟹”兩音拼起來就是了。它的意思，是“以舌取食”也。它另外有一個字形，就是“舓”。但這個“舓”不很通行。

口在路邊

這個專欄定名為“唔好讀錯字”，但有時候也會講到“唔好寫錯字”，常常是先由“讀錯字”而來。

這一期，真的越出範圍了。因為奉了張老總之命，他說有一位伍小姐提出問題，平常說“口在路邊”，究竟是這樣對呢，還是“路在口邊”對呢？要我作出圓滿的解答。

其實，兩句都是通的。所謂“口在路邊”，就是提醒你：你的嘴巴是在路邊，假如你不識路途，你可以利用你的口在路旁問問，就知道去向了。

而所謂“路在口邊”，就是告訴你：你不認識路途嗎？只要你開口問問人家，人家也會指導你道路的去向。

所以，兩者都可以解得通。但是一般人習慣使用“口在路邊”，所以依從習慣比較好。“路邊”是比較常用的詞，“口邊”比較不常用，除非說“唇邊”。

有一些習慣的用語，常常顛倒過來，例如“問非所答”，又如講臨時架設的床鋪，都是說“朝行晚拆”。除非我們報人，否則睡覺都在晚上，所以應是“晚行朝拆”，但人們都習慣說“朝行晚拆”。

澀字怎讀

“澀”字是我們經常接觸到的，廣州人通常把它讀作“劫”。橄欖的味，特別是余甘子的味，廣州音都說是“澀”（劫）。這種味近於苦，但和苦味卻不同。

王禹偁《咏橄欖》詩說：“皮肉苦且澀，歷口復棄遺（國音讀作‘怡’）；良久有回味，始覺甘如飴。”

意思是：橄欖的皮肉吃來苦且澀，入口吃過，就會把它吐棄；但是，經過一段較長的時間，就有回味了：這時才覺得它的味道甜得像糖漿一般。

成語中有“諫果回甘”一語，就是指這情形，也即是說：橄欖的味，先苦後甜。

其實在字典裏，“澀”字並沒有“劫”這個音，它本來的讀音是“濕”或者“圾”，不滑利也。

陸放翁《夜坐聞湖中漁歌》詩有說：“少年嗜書竭目力，老去觀書澀如棘。”

意思是：少年喜歡讀書，盡量耗費眼力，到老看書時雙眼就不滑利，有如荊棘一般。

現在廣州話形容疲倦得眼睛不能支持時，是說“眼澀（劫）”的。舌頭不滑利時，會說“譖十十”，實則是“譖（譖音）濕濕”。

剛愎自用

一個人個性堅強，固執成見，而自行其是的，在成語中就有“剛愎自用”一語以形容之。

然而，“愎”字就常常被人錯讀了。由於它和“複”字、“復”字字形相似，於是把它讀作“複”。說人家“剛愎自用”，就往往說是“剛複自用”。

其實，“愎”字正確的讀音是“壁”。所以，這成語應該讀如“剛壁自用”。

憑着字形相似而將甲字的讀音，當作乙字的去讀，這樣一來，錯誤的機會就多。雖然，有可能是對的，例如“複”字和“復”字、“腹”字等，都是字形相似，而又字音相同的。但是這不可以作為定例。假如就“復”字來說：“復”字有許多時候不讀作“複”。崔顥《黃鶴樓》詩：“黃鶴一去不復返，白雲千載空悠悠。”就要讀如“不阜返”了。“復”字更有時候讀如“腹”，例如韓愈《送李願歸盤穀序》說“繚而曲，如往如復”就是。

總而言之，因字形相似而亂讀，對的機會未必没有，不過，並不是絕對性的。凡是未經認識的字，都需要查字典。養成了查字典的習慣，可以一生受用不盡。懶於查字典的，常常讀錯字音。

惴惴不安

“惴惴不安”，是一個成語。這成語的意思是：憂疑恐懼地不能安心也。

這成語在書報上，是常用的。然而，我們很容易把它讀作“喘喘不安”。那就是差之毫釐，謬以千里了。“惴惴”和“喘喘”，所差別的，只是字的偏旁，則是“口”字邊。

因此，兩個字音，讀起來就不相同了。“喘”字讀如“忖”，而“惴”字則讀如“最”。“惴惴不安”，應該讀作“最最不安”，而不能讀作“忖忖不安”的。

“惴”字的意思，是畏懼也，憂也。例如朱熹《與林澤之書》有說：“朝夕惴懼，不知所以為計。”意思是：由早到晚，都是憂懼不安，不知道怎樣謀度出好的方法來。

又如《史記·項羽本紀》有說：“楚兵呼聲動天，諸侯軍無人不惴恐。”意思是項羽的兵眾高呼的聲音，震動了天空，諸侯的武裝部隊，没有不憂心恐懼的。

“惴”字在古代漢語中常用，而在現代漢語中，許多人依然沿用“惴惴不安”這成語。

涯字三音

“涯”字有三個讀音，而三個讀音都是同一意義的。三個讀音最常讀的是“厓”，例如“天涯海角”。此外的兩個讀音是“牙”和“而”。

讀作“牙”的，舉例來說：韓愈《進學解》裏說：“沈浸醲郁，含英咀華。作為文章，其書滿家。上規姚姒，渾渾無涯。周誥殷盤，佶屈聱牙，春秋謹嚴，左氏浮誇。易奇而法，詩正而葩。”加入其中的“涯”字讀作“牙”，讀起來就和諧得多。

讀作“而”的，例如李華《弔古戰場文》說：“其存其没，家莫聞知。人或有言，將信將疑。悁悁心目，寢寐見之。布奠傾觴，哭望天涯。天地為愁，草木淒悲。弔祭不至，精魂何依？必有兇年，人其流離。”假如其中的“涯”字讀作“宜”，就完全諧協了。

時代曲中有一首《一水隔天涯》。唱的人都唱作“厓”，那麼同“相思”的“思”和“時”字等，就不諧協。假如唱作“而”，就全首曲的韵腳都諧協了。

有些人以為假如不從眾，人們聽起來就會詫異，於是常常不敢正讀，寧可從俗讀。不知歌曲最重音韵，我聽過兩句歌曲，“半斤八兩，飲到我不辨東西”，唱的人把“東西”變了調作“凍細”，就是取其諧協了吧。

臍字怎讀

這時，在香港吃大閘蟹已過時了，在秋冬之交，才是合時。吃大閘蟹的，都喜歡吃膏，在九月時候，膏較肥美，在十月時候，吃雄性的，則較雌性為佳。所以吃蟹的人，就有“九月圓臍十月尖”之說。所謂“圓臍”，指蟹腹下的一片硬甲，是略帶圓形的，就是雌性的蟹；而“尖”，則是指那硬甲，略帶尖鋭，那就是雄性的蟹。

然則“臍”字怎讀呢？它的讀音，在一般字典裏，是讀作“齊”。但是，在粵語中，它讀作“池”。

胎兒初生之時，有臍帶系於胞衣，待脱之處，就是臍，一般而言，臍眼是凹陷的，俗話是肚臍。

因此，有人問我，假如用粵語教學，應怎樣讀？我就以為，應該讀作“池”，原因是學生們大都習慣使用粵語，他們都習慣讀“肚池”了。但是，你應該告訴學生們，這“臍”字在一般字典裏，是讀“齊”的。這樣一來，學生查起字典來，就不致有所疑惑了。

其實在許多方言區，所讀的字音和字典裏都會有出入的。如“昭”字，粵音“超”，字典是音“招”的。

轉捩怎讀

“轉捩點”，有些人會讀作“轉淚點”。這是因為“捩”字和“淚”字的形體相近似之故。字形相近似，有時候讀音是相同的，但是，大多數情形，讀音是相異的。正如這個“捩”字，它和“淚”的字形相近似，但讀音就不同了。

“捩”字有兩個讀音：一個音是“麗”，另一個音是“列”。這兩個音，意義不同。讀作“麗”的時候，是琵琶撥也。不過，在《康熙字典》中，“捩”字讀作“麗”，解作琵琶撥，而在同一字典中，“捩”字又作“棙”，也是解作琵琶撥。而且“捩”字同時又音“裂”，是樹木的名稱。

至於“捩”字讀作“列”的時候，解作抑也，又解作轉也。所謂“轉”，是用力使事物扭轉過來的意思。

因此，“轉捩”，應該讀作“轉列”。報刊上或者口頭語上，常常使用“轉捩點”這個名詞。它的含義，是扭轉情勢的要點。假如不讀“轉列點”，而讀作“轉棙點”，那是把字音讀錯了。我們認字時候就要小心，雖然“捩”字也有一個音讀作“麗”同時也有一個音讀作“列”，但是意義已不同了。

轉捩怎讀

許多人對於旁形相近的字，就以為二而一，一而二。例如對於“泠”字，因為其字形與“冷”字相近似，於是把“泠”字讀作“冷”字。又如見了“沴”，和“診”字形體相近似，於是又把“診”字的讀音加上“沴”字去，還以為這是百分之百正確的。

我也聽過人讀文天祥的《正氣歌》，其中有“如此再寒暑，百沴自辟易”的詞句，居然讀成“如此再寒暑，百診自辟易”。我問他是不是老師這樣教的，他說是，而且說，不獨他一個是這樣的，全體同學都是這樣。我聽了，心中暗嘆：天啊！為甚麼會有這樣糊塗的老師？

在報刊上，常有“轉捩點”這個詞語出現，於是，人們在交談中，甚至在演說中，也會使用這一詞語。報刊是書面語言，而它又不是用在語文中，對於“捩”字的讀音應該怎樣，無從知道。但是交談或者演說，則變成口頭語，每一個字音都要出諸口頭的，我們就常常聽到把“轉捩點”，說成“轉淚點”。

很明顯，這是由於“捩”的字形和“淚”字很相近似，所以把“捩”字說成是“淚”。其實這在讀音上，有很大差異。“捩”字正確的讀音是“列”，雖然“淚”和“列”的發音相同，但是收音不同。而且，“淚”在粵音上是去聲，“列”在粵音上是入聲。

鰂本音賊

港島東區有一個地名，是“鰂魚涌”，大家都說成“則魚涌”。其實，這是很大的錯誤。

這錯誤有兩個原因：第一，是這個字的表聲部分，是個“則”字，於是，一般人依從“有邊讀邊”的壞習慣，讀它的右半邊；第二，是另外有一種魚類，廣州人在口頭語上說是“則魚”，於是見了“鰂”字，便誤以為是口頭語上所說之“則魚”。其實，所謂“則魚”者，在書面語上是“鯽魚”，所謂“過江名士，多如過江之鯽”是也。鯽魚的形態，略如廣東特產的土鯪魚，也即是所謂“鯽魚”也，“鯽”音“積”。

而“鰂魚”，我們慣說牠是墨魚，是軟體動物頭足類，全體分頭和軀幹二部；頭部有大眼一對，又有觸角十條，列生於口的邊緣，其中有兩條特長。軀幹為囊狀，卵圓而扁平，兩側擴張為魚鰭。腹面有膜及外套膜；膜內稱外套口腔；腔口出以漏斗形的直管，肛門近處，有一銀色腺，內貯墨液，遇敵則噴出墨液，以作煙幕式的自衛。這種魚，也稱“烏鰂魚”，也有寫作“烏賊”的。

所以，“鰂魚涌”正確的讀法，應該是“賊魚涌”。但是，人名和地名要名從主人。大家都說是“則魚涌”，就只好從俗說是“則魚涌”。假如單拈出個“鰂”字來，就應讀作“賊”。

形聲字怎讀

漢字中形聲字大約佔了百分之九十。形聲字的字形，是表示意義的；聲符，是用以表讀音的。例如“鯉”字，它的左半邊是“魚”字，就是形符；它的右半邊是“里”字，就是表示讀音的，因此，這個字就是鯉魚的“鯉”。

又如“鱸”字，它的形符是“魚”，它的聲符是“盧”，也就是“半江紅樹賣鱸魚”的“鱸”字了。

有人說：那麼，漢字不是很好認嗎？只認它的半邊，就可以識得它的讀音了。

這樣情形，就變成“秀才識字認半邊”，常常會鬧出笑話來。我們必要知道，聲符，並不是每一個都百分之百表示直接相同的讀音，許多時候，只不過表相近的音。例如“涷”字，並不直接音“東”，而是用“東”字表相近的音，如棟樑的“棟”。

同時，也有一些合體字，看似形聲字，實則是根據會意的原則創造的。例如“酗”字，就不是以“凶”表音，而是以“酉”“凶”兩部分使人會意，它應該讀如“煦”。所以“秀才識字認半邊”，並不是識字的好方法。

港島東區的“鰂魚涌”不必說是“賊魚涌”。

滄浪怎讀

“浪”字音“晾”。假如用切音，它是“勒宕切”。它的本來意義是大波也。

“波浪”一詞，是常用的。假如混合來用，“波浪”是同一意義；但假如分開來用，則大的說是“浪”，小的說是“波”。這是形容江河的水涌現的。“浪”又可以解作為遊蕩無業的，例如《輟耕錄》有說：“浪子不唱及時曲。”

放浪不羈的人，也說是“浪”。例如《唐書·元結傳》有說：“自稱浪士。”

“浪”又作“浪漫”解，例如杜牧《見三十宅中庭海流花謝》詩：“堪恨王孫浪遊去，落英狼藉始歸來。”又《詩經·邶風》有說：“謔浪笑敖，中心是悼。”

至於王羲之《蘭亭集序》所謂“放浪形骸之外”，這和《唐書·元結傳》裏的“自稱浪士”一般。

“浪”字又解作“濫”也，“虛耗”也，例如“浪費公款”“浪費金錢”。

“浪”字又有一個音讀“郎”。例如屈原《漁父詞》裏，有“滄浪之水清兮，可以濯我纓。滄浪之水濁兮，可以濯我足”之句。

同時，屈原《離騷》裏也有說：“攬茹蕙以掩涕兮，沾余襟之浪浪。”都是讀如“郎”的。

莽蒼怎讀

“蒼”字音“倉”。它的意義，是薄青的顏色也。例如《呂覽·當染》有說：“染於蒼則蒼。”

另外一個意義，就是天也。例如韓愈《祭十二郎文》有說：“彼蒼者天，曷其有極!”

又如《詩經·王風》有說：“悠悠蒼天，此何人哉?”

又有“蒼生”一詞，是說民眾也。例如《晉書·王衍傳》有說：“然誤天下蒼生者，未必非此人也。”

“蒼生”本來指草木的生長是蒼蒼的，但轉以之稱一般人民。

“蒼蒼”，則是草木茂盛的的形狀，例如《詩經·秦風》有說：“蒹葭蒼蒼，白露為霜。”

“蒼”，又用來形容老。例如歐陽修《醉翁亭記》：“蒼顏白髮，頹然乎其間者，太守醉也。”

杜甫《贈衛八處士》詩有說：“少壯能幾時，鬢髮各已蒼。”是說鬢髮蒼白了。

《祭十二郎文》裏又有說：“吾年未四十，而視茫茫，而髮蒼蒼，而齒牙動搖。”也是同一意義。

但是“蒼”字另一個讀音是“廠”。例如《莊子·逍遙遊》有說：“適莽蒼者，三餐而返。”那就要讀“廠”字。因為“莽蒼”是疊韵字。天然的疊韵字，是上下兩字同聲的。

諼字音喧

有一位讀友來信問“諼”字的讀音，還問“咏諼”這名字有甚麽意義。

首先要致歉的，就是忙亂中將這封信遺失了，記不起這位讀友的姓名。為甚麽忙亂呢？第一，因我每天的工作很多；第二，報社因改建關係，暫時要搬家；第三，因過舊曆年，舍下照例大掃除。不止遺失了這位讀友的大函，還有一些常用的書本變得雜亂，一時檢不出來。有此原因，希望讀友原諒。

現在言歸正傳了。“諼”字音“喧”，它有好幾個意義。它的本義，是欺詐也。例如《公羊傳・文公三年》有說：“晉處父帥師伐楚救江；此伐楚也，而言救江何？為諼也，其為諼奈何？伐楚為救江也。”

第二個意義，是諼草也。諼草也即是萱草。古人說諼草食之可使人忘憂。例如《詩經・衛風》：“焉得諼草，言樹之背。”意思是怎樣求得了諼草，種植在北堂呢？母親所居的地方古稱北堂，故“萱”字代表母親。

因此，“咏諼”這名字，可以解作吟咏《詩經》“焉得諼草”這一章。又阮籍《咏懷》詩有“感激生憂思，諼草樹蘭房”，也可以取這意義。

第三個意義，是喧譁也。

赳和糾字

《詩經》：“赳赳武夫，公侯干城。”因此，“赳赳”這詞語是我們慣用的。例如說人家非常威武，便用“雄風赳赳”字樣，所謂“赳赳”，就是很威武的樣子。

但是，我們常常聽到人把這詞語讀如“鬥鬥”，那是不正確的。有些人讀《詩經》，包括我在幼小的時候讀《詩經》，也這樣讀錯。

實際上，它的讀音是“九九”。至於它的字音，是從它的字形，是從“走”從“丩”的，並不是從“走”從“鬥”的。正如“糾正”“糾察”的“糾”字，它的右半邊，也是從“丩”，而不是從“鬥”的。

可是，由於一時大意，誤認字形，於是“糾正”誤讀作“鬥正”，“糾察”誤讀作“鬥察”，“雄風赳赳”誤讀作“雄風鬥鬥”，“赳赳武夫”誤讀作“鬥鬥武夫”，於是以訛傳訛，不少人都訛誤了。

雖然有人加以指正，而一般人也有“從眾”的心理，有膽讀錯字，没有膽讀正字。不知“過而能改，善莫大焉”，我們大家都要有決心，把讀錯了的字，正確地讀出來，以後就可以把錯誤改正了，何樂而不為呢？

況且，由錯誤了的“鬥”，改正為“九”，是輕而易舉的事，為甚麽我們不勇於改錯呢？改過來吧！改過來吧！

昶字兩音

“昶”字有些人拿來作名字的，如後蜀主孟昶，從前廣州的一位官員陳同昶。還有香港新聞界有一位區昶，但許久不聞其消息了。

不過，這些人的名字怎讀呢？它的正確讀音是“敞”，至於它的意義是怎樣呢？就是日長也：它的左半邊是“永”，是“長”，“永”就有“長”的意思。它的右半邊是“日”，古人就根據六個造字原則中的“會意”這原則，創造出這個字來，說它是日長的意思。

在《說文》新附字中，就解作晝間特長也。

假如有人拿來作名字，就是多數採取這個意義。

但是，這個字是不止一個音的。它還有一個音是“唱”。它的意義，和“暢”字相同，即通達也。例如嵇康《琴賦》裏有“雅昶唐堯”，就是讀作“唱”，不能讀作“敞”。而所謂“雅昶唐堯”者，也就是“暢達”的意思。

除了作通達解之外，又作舒暢解。在嵇康的《琴賦》中同時還有一句“固以和昶而足耽矣”，就是用舒暢的意義。

最近我看過一本新出版的書籍，序文中有“一字一音”的話，這話說得似乎不夠完全，因為漢字中有一字數音的。

仔細怎讀

聽已故伶人薛覺先的舊曲：“你睇迴欄曲折，都要仔細凝眸。”“仔”字唱出“雞仔”“鴨仔”的“仔”，也即“子矮切”，假如用四聲，便是“擠”的上聲。

不但薛覺先如此，現在不少人讀到這個詞語，也像薛覺先一樣。我推想，這是書面語對口頭語的影響。當我們用口頭語表達“小心”的時候，例如說：“這東西十分貴重，你要仔細安放，否則便會破碎。”但是，書面語寫作“仔細”，那麼你會受到“灣仔”“香港仔”“仔女”的“仔”字影響，不讀作“子”，而讀作“子矮切”了。

其實應該讀作“子細”的。如杜甫《山水圖》詩說：“野橋分仔細，沙岸繞微茫。”又如白居易詩：“世路風波仔細諳。”有些版本寫作“仔細”，有些版本寫作“子細”，所謂“仔細”，是“精細”也，在廣州俗語裏，將“精細”之意義，引申為“小心”的意思。

還有“仔肩”一詞，在這詞語裏，可以將“仔”字讀作“子”，也可以將“仔”讀作“支”，這兩個讀音，它的意義都是“責任”也。“仔肩”即肩膀上的責任。

仔字讀法

仔字，任何認得漢字的人，尤其是在香港的人，都不會覺得陌生。因為它是一個常用字，見報率非常高，如男仔、女仔、生仔、仔女，以至刀仔、公仔、擦鞋仔、乞兒仔、賣花仔之類，真的不勝枚舉。假如以地方名來說，那麼香港仔、九龍仔、灣仔、元洲仔、氹仔，都是人所共知的。若說動物，則牛仔、豬仔、狗仔、貓仔、雞仔、鴨仔、老虎仔、馬騮仔，十分繁多。至於建築物，也有屋仔、寮仔、房仔、閣仔、客廳仔、騎樓仔等名詞，大家都已熟悉了。

然而，仔字還有兩個讀音。一個音子。一個音孜。這兩個讀音，是解作任也，即責任的意思。例如說放下仔肩，也就是放下責任。因此，仔肩的仔字，再不與狗仔、貓仔、鵝仔、雞仔的仔字同音了。

另有一個詞語，仔細，是小心的意思，精細的意思。杜甫詩句中有“野橋分仔細”，也有“醉把茱萸仔細看”，也俱作精細、小心等解釋的。已故粵劇紅伶薛覺先唱“你睇迴欄曲折，都要仔細凝眸”，仔細的仔字，唱出如刀仔、公仔的仔字，那是錯誤的，也許因此而引致許多愛聽此曲的人，以訛傳訛，這恐怕不是薛伶始料所及的。

仔細也有直寫為子細的，《北史・源思禮傳》：“為政當舉大綱，何必太子細也?”

洗馬怎讀

有一位老行尊告訴我，在一套電視片集中，藝員把“洗馬”讀作“銑馬”。聽他的語氣，好像是指那藝員讀錯了字音。我便說：“那藝員的讀音是對的。假如讀作洗滌的‘洗’，那就不對了。”

那老行尊問是怎樣解釋，我說：這是漢朝時候東宮的屬官，太子出行，他的責任是乘着馬匹作前導的。那老行尊道：“不是漢朝，那片集是講隋唐時候的故事的。”

我說，隋唐時候，那官名還是相同，但是，他的職務，有些不同了。自晉以後，就變成了掌管圖籍之官。隋的時候，叫司經局洗馬；歷代還是相同沿用下去，清朝光緒年間，還有這個官職。現在我們擲“升官圖”，圖表上是有這個官名的。

李密《陳情表》裏，有“除臣洗馬”之句。

“洗馬”，也有寫作“先馬”的，但是，它的讀音，還是“銑”。漢代有寫“先馬”，也有寫作“洗馬”的，讀音還是一樣。

有許多人，籠統地說漢字是“一字一音”的，誠然每一個字，表達一個音；但是並非一個字只有一個讀音，例如“洗”字，在“洗馬”這詞語裏，就要讀“銑”了。

祧字怎讀

《周禮・春官》有說：“守，掌守先王先公之廟祧。”意思是：守祧這官職，是掌管守衛先王先公的始祖廟宇的。

其中的“祧”字，有些人會讀作“桃”，也有些人會讀作“姚”。這兩個讀音，都不正確。它的正確讀音是“挑”。假如用切音，則是“梯幺切”。

這個“祧”字，有三個解釋。第一個解釋，是始祖的廟堂。例如《左傳・襄公九年》有說：“以先君之祧處之。”根據杜預的註解說：“諸侯以始祖之廟為祧。”

另外一個解釋，就是遷廟為“祧”。凡遠祖世次逾定制的，則遷移神主於別廟。這別廟就說是“祧”。有所謂“不祧之祖”的，就是不遷移別廟的祖先。

至於第三個解釋，則是子嗣也。例如本身没有兒子的，以兄弟所生的兒子繼承自己的世系，這叫“繼祧”。在中國的舊風俗裏，又有所謂“兼祧”的。兼祧的意思，是兄弟没有子嗣，而以自己的兒子承繼自己，同時，也承繼没有子嗣的兄弟，這謂之“兼祧”。“兼祧”的前時，可以娶兩個妻子的。

荷槍怎讀

新聞上形容軍警實施戒備時，常用“荷槍實彈”一詞。假如在報紙上這樣寫，不必讀出字音來，便無問題；但是假如廣播台、電視台，要用語言傳播的，就常聽到把“荷槍”的“荷”字，讀成荷花的“荷”字音，這樣就是不對的。

大家都知道，“荷”槍的荷字，是動詞，而我們的漢字，往往因詞性之不同，而致讀音也不同了。例如“衣服”的“衣”字，是名詞，讀如“伊”，但如果把“衣”字的詞性改變了，例如“解衣衣我”，那麼第二個“衣”字，變成動詞，因此不讀作“伊”，而讀作“意”。整句成語是解開你的衣服，來穿到我的身上。假如你明白這個道理，便會了解，“荷槍”的“荷”字因為變了詞性，所以讀音也不同。

當然，詞性改變，並不一定讀音也改變，但是大多數的情形下，都會改變。那麼，“荷”字的讀音變作怎樣呢？廣州音是讀作“賀”。而所謂“荷槍實彈”者，就是把槍枝托在肩膊上，而槍枝已經裝上了子彈，隨時準備瞄準發射。由此，可以反映情形的緊張嚴重。

“荷”字作動詞用的例子，如《論語・憲問篇》說：“有荷蕢而過孔氏之門者。”

麕集怎讀

報紙上常見“麕集”字樣，意思是一堆人聚集也。然而，“麕”字不知怎讀。其實，它是一個破音字，而在這個詞語裏，就讀作“群”，至於它的意義，也是群也。因此，“麕集”一詞，也可以使用“群集”的，但相信大多數大眾傳播工作者，都不知道“麕集”就是“群集”，大家只知沿用“群集”一詞，也約略懂得這個詞的意義，而不知“麕集”實際是“群集”，不是勝於“麕集”多多嗎？

何以證明“麕集”等於“群集”呢？《左傳・昭公五年》有說：“求諸侯而麕至。”根據杜預的註解：“麕，群也。”

正如報紙上常見的另一個詞語：“蠭起”。人們對於“蠭”字，也是只知沿用，人家這樣使用，我也這樣使用，而對於“蠭”字的讀音和含義，大多數是不懂，一部分則是懂與不懂之間。其實“蠭”字就和“蜂”字相同。“蠭起”，也就是“蜂起”，好像一群蜂子飛起來。

比翼怎讀

白居易《長恨歌》裏有“在天願為比翼鳥，在地願為連理枝”這兩句，有不少人可能讀過了，然而，“比翼”的“比”字，人們很容易就讀錯成“彼翼”。誠然，“比”的本音是“彼”；但是，這個“比”字，是一個破音字，在這個詞語里面，它不是“比較”的“比”，應該讀如“避翼”。讀作“避”的時候，也有若干個意義。而在“比翼”這詞語裏，則是“並”也。換言之，“比翼”就是“並翼”也。據《爾雅・釋地》說：“南方有比翼鳥焉，不比不飛，其名謂之鶼鶼。”同樣有一種魚類，謂之“比目魚”，“比”字也是讀如“避”的。《爾雅・釋地》說：“東方有比目魚焉，其名謂之鰈鰈。”這種魚，即酒家所稱的“龍利”，而俗語則說是“撻沙”。“龍利”俗寫“利”字加“肉”旁，實在大可不必的。因為牠的形狀像一條龍的舌頭。“舌”和“蝕”在口語上同音，因此諱“舌”為“利”，那麼，何必加“肉”旁呢？改“舌”為“利”，是取吉利的意思罷了。

“比”讀作“避”，又解作近也。例如王勃的名句：“海內存知己，天涯若比鄰。”所謂“比鄰”者，是近鄰的意思。至於《論語・為政》篇：“君子周而不比。”“比”就是阿黨的意思。

蓍不音耆

“無待蓍龜”是次常用的成語。不過，那是有舊學修養的人，才會使用的。所以，我說是次常用，而不是常用。這話的意思是，不必等待占卜，便可以斷定其結果了。

蓍和龜同樣是用來占卜的工具。古代的人迷信，甚麼事情都要經過占卜，以定其凶吉，以求知其過去未來。

“龜”字，只要讀過書的人都會懂得了。但是“蓍”字呢？許多人以為是“耆”字。我常常都說，對於未認識的文字，只讀它的一半，不是絕對不對，但大多數情形下，是不對的。“蓍”字下頭雖是個“耆”字，但假如你把這個成語讀作“無待耆龜”，那就會為識者所笑。因為這個讀音和“耆”有相當大的距離。

“蓍”字音“司”。它是一種草名，是菊科，多年生草本，莖勁直，高二三尺，葉互生，形細長，羽狀分裂如鋸齒，秋月開白色花，也有淡紅色花的，頭狀花序，結實如艾實，古人取它的莖，作為占筮之用。《群芳譜》說：“蓍，神草也，能知凶吉。”《史記·龜策傳》說：“聞生滿百莖者，其下必有神龜守之，其上常有青雲覆之。”

蓍字音詩

在舊文學裏，常有“無待蓍龜”之句，這樣的詞句比較難懂。要翻譯成比較通俗的話，則是“未卜先知”。意思是：不必占卜，就已先行知道。

故人相信占卜的多，甚麼事情，都要經過占卜，然後才去做。所以“無待蓍龜”就是說，不必等待到占卜，就可以知道了。但是，這詞句裏的“蓍”字，常常會有人錯讀，把它當作“耆”字。不錯，它是從“耆”字得聲的，但並不直讀為“耆”。它的正確讀音，就是“詩”。“蓍”是一種草本的植物。古人占卜的時候，固然用龜殼，同時，也用“蓍”草的莖，換言之，“蓍”和“龜”，是用來占卜的工具。但在這成語里面，它變成動詞，也即是作占卜解，亦即是：不必等待占卜，便可知道。

有許多人都以為漢字難懂。其實並無難懂的地方，那麼，為甚麼會把“蓍”字當作“耆”字讀呢？這不能證明“蓍”字是難懂的，問題卻是，這些誤讀的人，根本没有用工夫去認識它，就把“蓍”字當作“耆”字。假如你肯去查一下字典，你會很容易地認識“蓍”字。它的讀音怎樣，它的意思怎樣，字典都會教懂你的。

第不同第

人當大病之時，文字上每以“纏綿床笫”一語來形容。纏綿，是纏結而不可解的意思。床，是睡的床笫，則是用竹來編成的床板。所以這句成語的意思，是疾病纏繞而不能消除，惟有長時間卧病在床上。

然而，“笫”字人們常會錯讀，說它是“第一”“第二”的“第”字，不知差之毫釐，謬以千里。“第”字和“床笫”的“笫”字，字形誠然有點相同，但是字形相同，不一定就是字音相同的。

“笫”字的字形，它的上半橛和兄弟的“弟”字下半橛相同。而“笫”字的字形，和姊妹的“姊”字的右半邊相同。換言之：“姊妹”的“姊”字的表音部分，和“床笫”的“笫”字的表音部分相同。

試想：“第”字和“笫”字的讀音，不是有很大的差別嗎？因此，如果你想避免或減少讀錯字音，第一就要做到先行認清字形。如果不認清字形，往往會產生這樣的錯誤。

有許多時候，只是一念之差，就會有極大的不同，不要說別的，“刀”字和“力”字，“人”字和“入”字，所差不是很微小嗎？但誰都知道有分別的。

骶字怎讀

讀者岑安妮女士，來函問“骶”字。據指出，刊登於香港醫學會《性與健康》手冊。我只能解答得出第一個；至於第二個，就不是舍下的工具書所能查得出來的。

那麼，第一個怎樣讀、怎樣解呢？它的讀音有三個：一是音“帝”；二是音“底”；三是音“膪”。但我以為，廣州話應該是音“底”的。

最簡單的解釋，是“骶”者，“背後”也，廣州話常說：“收埋背後骶。”意思是將東西收藏在背後，不使人輕易看到。

根據《廣雅・釋親》說：“背謂之骶。”骶骨在人體內，上連腹椎，下連尾骨。也有人稱為“尾骨”。因此《集韵》解為“臀”（音團）也，《字彙》就解釋為“脊尾四骶”。

這個“骶”字，廣州話常用，在廣州市東門有一個地方名“寺背骶”，也許有人讀作“底”，實則“背骶”才是正確。

骶部色素斑，也稱為“蒙古斑”或“腰骶斑”。胎兒和嬰兒的臀部或骶部以及其他部分的皮膚呈現灰藍色素斑，多隨年齡增長而漸消失，僅少數人保存到成年期。

蒐不讀愧

“‘釐山之多險多蒐。’註：‘蒐音搜，茅蒐，今之蒨草。’”這是出於《山海經・中山經》的。意思是：釐山的背面，生長了很多蒨草，而在註解上，“蒐”字音“搜”。這個“搜”字，我們說廣州話的多說是“手”，其實它的正確讀音是“收”。假如用切音，它是“師謳切”，所以切出的字音是平聲的，應讀如“收”，假如讀作“手”，變成了上聲。

蒨草，一名茜草。而“茜”字不讀作“西”，而是讀作“倩”的。茜草作為紅色的染料，等於藍草作為青色的染料，故有“青出於藍”這成語。

“蒐”字，又作田鼠解。據《爾雅・釋天》說：“春鼠曰蒐。”但《公羊傳・桓公四年》：“秋（田）曰蒐。”

“蒐”字又解作數也，亦即核計也。《左傳・襄公廿四年》有說：“齊社蒐軍實，使客觀之。”

“蒐”字是一個多義的字，這里我們只是講解較常用的意義。它的常用義是聚集也。例如“蒐集歷史資料”，是聚集歷史資料的意思。如朱熹《小學序》：“今頗蒐輯以為此書。”

有些人讀作“愧”，也有些人讀作“餽”，都是錯誤的。

歙縣怎讀

歐陽修《硯譜》論：“歙石出龍尾溪，以金星為貴。”這個“歙”字，有些人不知怎讀，但也有一些人查過辭書或字典，所得的結果有兩個：一個音是“吸”，另一個音是“攝”。那麼，“歙石”應該做“吸石”還是“攝石”呢？

還有一個問題，就是安徽省有一個“歙縣”，以出徽墨著名的，然則是“吸縣”還是“攝縣”呢？抑或兩個都可以呢？

其實，兩個讀音的意義是不同的。讀作“吸”的時候，是歛氣也，和“吸”字的意義相同。例如《老子・卅六章》說：“將欲歙之，固必張之。”

另一個意義，則是脅也。例如《後漢書・張衡傳》說：“干進苟容，我不忍以歙肩。”根據注釋：“歙，脅也。”

又有“歙然”一詞，如《漢書・匡衡傳》：“歙然歸仁。”就是和合的樣子。

那麼，“歙縣”怎讀呢？就要讀作“攝縣”。“歙石”或“歙硯”是出產自“歙溪”的，所以讀作“攝”。假如讀作“吸”，便不對了。

有汪姓的友人原籍是歙縣的，他問我應怎讀，所以我提出來講。

熨不讀淥

“熨斗”是家庭中必需品，因此，每人必識此物，但未必每人皆識“熨”字。

由於“熨斗”是用來熨衣物的，人們因其所用，而把“熨斗”說成“淥門”。

其實，“熨”字音並不是“趟”。它的字音，應該是“鬱”。它的意義，是“火展帛”也。所謂“火展帛”，指由於布帛有皺紋，縮而不伸，於是以“火”使“熨斗”熾熱，於布帛上前後左右移動，使皺紋伸展變為平直。

“熨”另外有一個讀音是“尉”。讀這個音時，是“以物熨貼也”。《史記・扁鵲傳》有說：“案杭毒熨。”根據註解：“毒熨，謂毒病之處，以藥物熨貼也。”

關於“熨斗”的“熨”字，例如《晉書・韓伯傳》有說：“大寒，母為作襦，令伯提熨斗。”

又如蘇軾《四時詞・秋》有句說：“象床素手熨寒衣，爍爍風燈動華屋。”

又尹似村《贖出典裘》有句詩說：“姬人持热升（熨斗），殷勤熨袖底。”

至於《紅樓夢・廿八回》說：“那塊綢子角兒還不好呢，再熨熨罷！”“熨熨罷”也即是“淥淥罷”。

郇字怎讀

有一夜我從家裏返報社，路過一個汽油站，忽然有人從横閃出，攔住去路，連叫“宋先生”。我停了下來，問他有何貴幹，他說要問一個字，是“旬”字在邊加一個所謂“斧頭邊”，應該怎讀？

我告訴他，是“詢”音，他又問怎樣解？我說是姓氏，又是地名。他再想問一個字，說是剛從《星島晚報》副刊上讀到的，但他想來想去，想不出字形來，只好問我每天甚麼時候會經過那汽油站，我告訴了他，就告別了。

事後我很感動，因為有些人有機會讀書，卻不肯留心認字，而這一位仁兄，就那麼有興趣攔途問字，很顯然他感覺到不認字的苦處。

“郇”字也不是一個冷僻的字，因為走到酒樓或食店之中，當有“郇廚”這個詞語出現。大概是這位仁兄也是看了這個詞語，而不認識“郇”字。所謂“郇廚”，是唐代韋陟的廚房，也說是“郇公廚”。他襲封“郇國公”。他的廚裏飲食，香味錯雜，人入其中，多飽飲而歸。時人便說：“人欲不飯筋骨舒，夤緣須入郇公廚。”①

“郇”是古國名，後分為二邑，郇在今山西省臨猗縣西南。周文王之子封為郇侯，後以國為氏。

覷不讀虛

“面面相覷”這個成語，在報刊上經常出現。意思是你望着我，我望着你，驚懼得不知所措。例如，《三國演義・第十一回》：“此時人困馬乏，大家面面相覷，各欲逃生。”又如《孽海花・第二十九回》：“忽見門上通報道：‘有一位外國人在門外要求見。’眾皆面面相覷。”又《水滸傳・第十五回》：“只見這十五個人，頭重腳輕，一個個面面廝覷，都軟倒了。”

這成語的意思，大多數人都會懂得，然而，對“覷”字，雖是常常相見，都是不大認識，有些人看到他的左半邊好像個“虛”字，甚至也有人就寫個“虛”字加上一個“見”字便算是個“覷”字，於是，把“覷”字讀作“虛”字，這是錯讀。

“覷”字的粵語讀音是“趣”。它的本義，是窺伺的意思，例如《新唐書・張說傳》有說：“北寇覷邊。”是說北邊的寇盜窺伺邊境。

但如鄭板橋《七夕》詩說：“一年一會多離隔，好把牛郎覷得真。”那就作“視”字、“看”字解了。又《紅拂夜奔》有說：“夜深誰個扣柴扉，只得顛倒衣裳試覷渠。”《聊齋志異・西湖主》：“君子小覷貧措人，不能發迹耶？”

---

① 參見《新唐書・韋陟傳》。

倉卒怎讀

讀者垂問：李陵《答蘇武書》裏“前書倉卒，未盡所懷”的“卒”字怎讀。

它的本音，應該讀兵卒的“卒”，也即是“樽”字的入聲：“樽准進卒。”

它的意義，是供役事的人也，例如“販夫走卒”。又解作兵士也，例如《史記·白起列傳》：“坑趙卒四十萬人。”所謂“趙卒”，是趙國的兵士。

在戰國時候，民户三百家為卒。例如《國語·齊語》說：“三十家為邑，邑有司；十邑為卒，卒有卒帥。”

又事情完畢也。例如《荀子·仲尼》說：“周公卒業。”現在還有人說在學校一個階段中畢業為“卒業”的。

又終竟也。例如《史記·周本紀》說：“管仲卒受下卿之禮而還。”

又解作死亡也。例如《左傳·襄公廿六年》說：“許靈公……卒於楚。”

它另有一個音讀作“猝”，實際和“猝”字相通。例如開頭所舉的例“前書倉卒”，也就是“前書倉猝”，再舉一個例，《孟子·梁惠王篇》說：“卒然問曰：‘天下惡乎定？’”“卒然”也就是“猝然”，即突然也。

觥字怎讀

歐陽修《醉翁亭記》有“觥籌交錯，起坐而喧譁者，眾賓歡也”等句。意思是：酒杯和酒籌交相錯雜，一會兒站起來，一會兒又坐下去，嘩喇嘩喇地嘈吵着的，是許多賓客的歡樂情景。

其中“觥”字，音“轟”（粵音）。它的字義是酒杯也，是用兕牛的角來造成的，所以從“角”旁，但也有用銅質製成的，這恐怕是後起的了。據《三禮圖》說：“觥，受七升。”但許慎說：“觥，罰有過，一飲而盡，七升過多，當為五升。”因此，它的容量是五升還是七升，在古人解釋裏，成了各執一詞。我以為其始既以兕角來造成的，則兕角的大小，不可能有定量。

不過，問題並不在此，而是一位讀者楊鴻生先生來函指出：“傳播界教育性節目之《觥籌交錯》，將‘觥’字錯讀為‘晃’者。”假如真的是這樣讀，而且是教育性的節目，可以說是錯得達到誤人子弟的程度了。

為了小心起見，我特別查字典，看看有没有別個讀音。假如是葉韵[①]關係，也有讀作“光”字的，但止限於葉韵。至於讀“晃”，就大錯特錯。

縱横怎讀

“登臨縱目，正故國晚秋，天氣初肅。”這是出自王安石《桂枝香》詞的。

① “葉韵”之“葉”讀 xié，“協”之古字——編者註。

意思是：登上高處，放開眼睛遠望，深秋的天初露肅殺之象。

現在講的是“縱”字，這個字的正確粵音是“眾”。它有放開的意思。上面所舉的例句，就是用這意思的。

又如王勃的《秋日宴季處士宅序》說：“丈夫不縱志於生平，何屈節於名利?”意思是：大丈夫於平時不伸展大志向，為甚麼要屈曲其志節於浮名和功利呢?

“縱”又解作放肆，例如《晉書·胡毋輔之傳》說：“謙之才學不及父，而傲縱過之。”意思是：他的才學不及得上他的父親，而他的驕傲和放肆，就有過之而無不及。

喁喁怎讀

“喁喁細語”是報刊上常見的詞句。

“喁喁”的讀音是“容容”①。可是，有些人受了“偶”字的影響，常常讀作“偶偶細語”，這樣是錯誤的。

“喁”字的本義，是魚口向上也。當魚類用口浮向水面之時，就說它是“喁”。

但是，魚口向水面吞吐之時，不一定有聲，或發出很響亮的聲音，因此，兩人低聲交談，便以“喁喁細語”來形容。

“喁喁”一詞，又用來比喻眾人所向慕。例如“喁喁望活”這一詞，是表示一般人民希望天下太平。《史記·司馬相如傳》“延頸舉踵，喁喁然皆爭歸義”就是一個例。大概以群魚張口向上，來比喻希望天下太平的情形。

“喁喁”一詞，也有解作平凡的。例如《史記·日者列傳》說：“公等喁喁者也，何知長者之道乎?”

此外，“喁”字另一例如《莊子·齊物論》：“前者唱於，而後者唱喁。”“於”和“喁”兩個字都是同一發音的，假如用拼音，彼此都是“Y”音的。在漢語裏這叫“雙聲字”。

毆不讀謳

“及父後娶……至被毆杖，不得已廬於舍外。”這幾句是出於《顏氏家訓·後娶》的。

其中的“毆”字，音“嘔”。

然而，我有一天在電視新聞報告中，聽到講少年犯罪問題時，新聞報告員說是“謳打”。

這樣讀，是錯誤的，這個字在《康熙字典》裏，在《辭海》裏，在《中華

---

① “喁喁”在現代漢語中有兩種讀音：一作 yóng yóng，仰望期待的樣子，如“大家喁喁地盼望着發糧”；在“喁喁細語”中讀 yú yú，形容說話低聲柔和細微。

大字典》裏，在《中文大辭典》裏，以至在近人喬硯農《廣州音、國音中文字典》和黃錫陵的《粵音韵彙》裏，作毆打解的都是音作“嘔”，和“嘔吐”的“嘔”字同音。最後我還檢查《辭源》，一樣音“嘔”，没有音“謳”的。

我雖然未有將舍下的字書全部檢查過，但我認為比較權威的現代流行的字書都看過了，都没有音“謳”的，只有兩本音“謳”。一本是《形音義綜合大字典》，這一本是以國音為主的。至於粵音字典，就只有馮思禹先生的《廣州音字彙》是音“謳”的，這本是我經常用來參考的，我和馮先生雖不相識，但和馮先生的親侄曾有過通訊，他也贈給我一些馮先生的遺作，我也將一度斷版的《廣州音彙》贈給他，這一點是錯誤的，我已在原書中改了。假如再版，希望改正。

天衣無縫

“天衣無縫”是常用、常見的成語，大家都可能懂得使用，也可能懂得它的大意。不過，會不會讀錯呢？

我可以説：十有九人，都會讀錯。錯在哪裏？錯在“縫”字。“縫”字本來不是個冷僻的字，如“裁縫”，如“縫紉”，大家都懂得讀的，通常都把它讀作“逢”。所以，對於這個成語也讀作“天衣無逢”。

其實，漢字中許多是破音字，多數的破音字，讀音不同，意義也就不同了。

假如用作動詞，讀作“逢”，是一點也不錯的。例如孟浩然《閨情》詩説：“一別隔炎涼，君衣忘短長；裁縫無處等，以意忖情量。”其中的“縫”這樣讀的。

如果作名詞用，如開頭的成語，就要讀作“天衣無鳳”了。為甚麽“縫”字要讀“鳳”呢？是罅隙也。所謂“天衣無縫（鳳）”是説天仙所穿的衣服，是没有針線痕迹的。詩人所謂“裁縫滅盡針綫迹”，也即是衣服的“縫合處，没有露出針綫的痕迹”來。所以，普通話説門的罅隙，就叫作“門縫（鳳）兒”。墻壁上假如發現了裂痕，就説是“牆縫（鳳）”。又如《警世通言·第六卷》有説：“昨日發怒，朕無地縫（鳳）可入。”讀作“逢”就不合了。

一行人等

“發行大鈔”的“行”字已經講過了，它和“貨品發行”的“行”字不同。前者讀如“發衡”，後者讀如“發杭”。

又有朋友問道：“然則‘一行人等’，或者‘一行十餘眾’應該怎讀呢？”

這些詞句，也常在書報上使用的。人們對於這些詞句中的“一行”，也有不少困惑。是讀如“一衡”，還是讀如“一杭”呢？

同樣，“一行”也有兩個讀音，兩個讀音意義是不同的。假如是“一行十餘眾”，那麽，應該説是“一行（衡）十餘眾”，它的意義，是“一群”也。例如

《宣和遺事・巳集》說:“差縣尉馬安國一行,人擔奔至京師。”這就是說:“差遣縣的警察局長馬安國一群。”

但也有這樣的詞句出現:“一行作吏”,則是解作一經入仕也。它也應該讀如“一衡”。宋人蘇軾《再次韵趙德麟新開西湖》詩說:“一行作吏人不識。”初去作官就說是“一行作吏”。

至於杜甫《絕句》有說:“兩個黃鸝鳴翠柳,一行白鷺上青天。”這個“行”字就是讀如“杭”的。因為它是行列的“行”也,所以兩個“一行”,不同讀音。

沯字怎讀

讀者梁君來函,問“沯”字怎樣讀,怎樣解,他說,曾查閱字典,但沒有這個字。

我不知他查的是甚麼字典。這樣冷僻的字,恐怕非一般字典所有的。就算是《辭源》《辭海》,所收的冷僻單字也不多。像他所問的,可能查不到了。

除非你不想多認識文字,否則,至少要常備一本《康熙字典》,“水”部,五畫,你就可以發現這個字。但是,這個字的正確字形,卻不是這樣,而是左右兩邊都是一個“水”字,中間夾着一個“石”字,而“水”字下頭加一個“石”字的“沯”只是一個省寫的字形。所謂省寫,也即是現代語的簡體字。所以,在《康熙字典》裏,簡體字是沒有注音,也沒有解釋它是甚麼意義的。它只是介紹你去檢查那個繁體字,即左右兩個“水”字,中間一個“石”字那個字。它的切音是“子末切”,而它所注的直音,也是一個很冷僻的字,我們對於這情形,只好使用切音去尋求它的讀音。所謂切音,大概像英文的拼音一樣,將“子”字和“末”字急讀便是了。

至於它的字義,據註解,是“水激石貌”,意思是:流動中的水,沖擊水裏石塊的樣子。

飲鴆止渴

“飲鴆止渴”是一個常用的成語。它是比喻喝入了最毒的酒來解渴,雖然不致渴死,但是必然毒死。

這個意義,很多人都會懂得,所以,不但在書面語上出現,也常常在口頭語上出現。

例如說一個患病的人,吸鴉片去治病,人們就會這樣說:“這真是‘飲鴆止渴’!”有些緊急應支的錢,沒有辦法籌得來,而去向那些所謂“大耳窿”借高利貸,其害也是“飲鴆止渴”一般。

然而,“鴆”字,常常就會被人誤讀,有些人會說是:“飲鴆止渴”,是因為字形看似而有此錯；也有一些人會說是“飲岑止渴”，這是因為它的表音部分，是個“冘”字，所以也有此錯。

其實，它的正確粵音是“朕”。

鴆是一種毒鳥，另一個名稱是“運日”。據《山海經·中山經》說：“女兀之山，其上多鴆。”根據註解：“鴆大如鵰，紫綠色，長頸赤喙，食蝮蛇類。”又屈原《離騷》王逸註說：“鴆，運日也，羽有毒，可殺人。”

所以，古代以鴆的羽毛來製造毒酒殺人。而“飲鴆止渴”這一成語，則是出自《後漢書》的。

抒不讀舒

“抒情”是常用的詞語，例如說“抒情詩”是發泄個人情感的詩歌。

然而，對於“抒”字的讀音我們大都“人云亦云”，聽了人家這樣說，自己也這樣說，把它讀如“舒”。其實，這是個上聲字，不是個平聲字。所以，把“抒情詩”讀作“舒情詩”是讀錯了的，就連一些新派詩人或是寫作舊詩的人，都是因人之錯，而自己也蹈襲其錯。這樣的習慣是不好的。

有些人會把這樣的情形說是“約定俗成”，這是濫用成語以為藉口罷了。至少在權威的字書和辭書裏，不跟你“約定”，也不承認已“俗成”。例如大家都會具備的《康熙字典》和《辭源》《辭海》等書都把這個字音作“杼”和“佇”，總之都是上聲的。它的含義，則是“挹”也；也即是“挹彼注此”的“挹”字的意思。

此外，還有一個含義是“泄”也。“舒”也，例如《漢書·劉向傳》說“一抒愚意”。又可以解釋為“解除”也，例如《左傳·文公六年》說：“難必抒矣。”

也許有人會說：“抒”既有“舒”的意義，那麼，把“抒情詩”讀作“舒情詩”不可以嗎？這是把字義當作字音，終歸不是“抒”字的讀音。除非你把它寫成“舒情詩”。

抒情怎讀

“抒情詩”，是發泄情感的詩歌。庾信曾說：“窮者欲達其辭，勞者須歌其事。”許多詩歌，都是為了發泄情感的，現在的人，特別寫新詩的作家們，都喜愛寫“抒情詩”。但是，對於“抒”字，十有九人，都可能讀作“舒”，甚至我常常認為比較好的一本廣州音字典，即喬硯農先生所著的，也把“抒”字音作“舒”。

“抒”字和“舒”字的形體雖然有些近似，實際上“抒”和“舒”是不同音的。“抒”的正確讀音是“柱”，是一個上聲字，在詩韵中，它是屬於“語韵”

的。所以，讀作“舒情詩”實在是錯誤。

不過，有一些人不明白“約定俗成”的定義，隨便就以“約定俗成”為口實，說大家都這樣讀，何必改正？我認為有膽量讀錯字，没有膽量讀正確的字音，這是不可理解的。

在人所謂“過而能改，善莫大焉”。改正錯讀的字，是每一個人都有責任的。舉一例以明之，隨地吐痰，是一種壞習慣，隨處抛棄廢物，也是一種壞習慣，這些壞習慣，難道也因違背習慣而没有膽量去改正？

況且學習漢語的外國人越來越多，如果大家不正確讀出字音來，可能外國人讀得比中國人更正確。

檄的粵音

檄文，是古時徵召或曉諭的文書。東漢時，陳琳為袁紹草檄，責罵曹操，連帶他的祖父和父親都責罵了。後來曹操打敗了袁紹，便問陳琳道：你替袁紹草檄，只要責罵我就算了，為甚麼要罵到我祖宗三代？陳琳說：“如箭在弦，不得不發。”還有在唐朝時，駱賓王為徐敬業寫了一篇討武則天的檄文，罵得武則天狗血淋頭，當她讀到“一抔之土未乾，六尺之孤何託?”時，向侍臣問是誰人寫的文章，侍臣說是駱賓王，武則天說：“宰相安得失此人?”這兩篇檄文，都是很有名、很流行的文章。

這個“檄”字，我們粵音是“轄”，也即是與核算的“核”字同音。然而，有些人寫字典，根本就没有這個音，在《康熙字典》裏，它的注音是“胡狄切”；在《辭海》裏，則是“系歷切”；而國音一般說是“席”。因此，有些人以為粵音讀“轄”，是錯誤的。其實，我雖然經常鼓勵人家要多查字典，但是，也有時不能專查字典，便可以讀出粵音來的。每一個方言區，都有一些字別有其讀音的，粵音“檄”字讀“轄”，就是一個例子。所以不能算是錯讀，我們只能夠說它是“粵讀”。在黃錫凌《粵音韵彙》中，就是這樣讀的。

渲染怎讀

寫文章或是寫新聞故意誇大其詞，就會被人說是“渲染”。而“渲”字，有人會讀如“宣”，也有人會讀“喧”。這兩個讀法，都是錯誤的。

它的正確讀音，應該是“算”，也即是“宣”字去聲。它絕對不是個平聲字。

有些人把它讀如“宣”，是“秀才識字認半邊”的方法。我時常都說：這樣的讀字方法，未必是對的，縱使是對，也不過是少數的，大多數都是不對的。雖然“宣”是形聲字的“聲符”，也即是表聲的部分。但是所有的聲，並不是百分之百準確的。

至於有人把它讀如“喧”，這因為字形相似的關係，字樣相似，有時候是字音相同，但有時候是不相同的，而且，不相同的較多，例如“疑”字和“欵”字，字音就不相同了，其不同的程度，真有“謬之千里”之遙。所以，這兩個認字方法，都是不好的，甚至會自欺欺人。

雖然“渲染”讀如“宣染”或“喧染”的相當普遍，但到底不是正確的。所以我們不可有膽量去讀錯字，没有膽量去讀正字。“渲染”應該讀“算染”，才是正確的讀音。我希望大家鼓起勇氣來，掃除錯讀的字。

禮券怎讀

親友有慶典請酒，為了簡便起見，大都用銀行“禮券”致賀，不再致送禮物了。

雖然“禮券”是那麼通行，而“券”字又是那麼通用，如入場券、代用券，證券之類，都和我們日常生活有着密切關係，但是，我們對於它的讀音、它的字形，常常都會讀錯了、寫錯了。

“券”字的正確讀音是“勸”。它們的收音是相同了，實際發音是不相同的，它在拼音上，是“何怨切”，並不是“基怨切”的。

這在讀音方面，雖然很接近，但是，我們不要說是“一音之轉”，便讓它“眷”下去，應該正確地“勸”它一“勸”才對的。

至於在字形方面，有些人把它的下半部寫作“力”，也有一些人寫作“刀”。雖然所差只不過是半筆，但是，它正確的字形，應該是從“刀”的，因為契券是分開兩邊的。古代的契券，就是要在分開之處用刀刻成了花紋，使必要時彼此合起來要相符。其作用等於現在的聯根，要蓋上一個騎縫印。

假如下頭是從“力”呢，那麼，它變成了疲倦的“倦”字的異體，不再是禮券的“券”、入場券的“券”了。

券字易錯

“券”字是一個極其常用的字，如“證券”“入場券”“禮券”等。但是，很多人對它的讀音和字形都會弄錯了。所以雖是一個極常用的字，也不應該忽略過去。“券”字，不少人會讀如“眷”。這是相當普遍的讀法，但這樣讀，是錯誤的。有些人對於字音，只是“人云亦云”，人家這樣讀，自己也這樣讀，實在極危險，不能以“約定俗成”來作口實。

“券”字的正確讀音是“勸”。例如《馮諼客孟嘗》裏的“載契券而行”和“焚其券”，都是這樣讀的。雖然“眷”和“勸”兩個字音很相近，但是，只是相近，並不相同。其所以分別之處，就是聲母不相同，也是發音並不相同。讀作“眷”，是“基怨切”；讀作“勸”，則是“虛怨切”。

也許有人認為這是文字學家之事，大眾不必認真。其實，許多事物，都要由專家認定了，然後傳播給大眾的。例如醫生認為某些食品不宜食或不宜多食，大眾就應該接受醫生的吩咐。文字學家就是教大眾怎樣認字，怎樣寫字，怎樣讀字音的。他們研究的結果，就是為大眾服務的。

“券”字的形體，其下從“刀”，不是從“力”的，假如從“力”，它變得和“倦”字同音同義。

券的形音

“券”字不但容易讀錯，更加容易寫錯。這個常用的字，常掛在一般人的口邊，也出現於一般人的筆下。

在這里，先談談讀錯的地方何在。一般人多讀如“眷”，如“證券”“禮券”，就很容易錯讀作“證眷”“禮眷”。這樣讀是不正確的。

它正確的讀音，是“勸”。例如“證券”“禮券”，就應該讀如“證勸”“禮勸”。

雖然“眷”和“勸”兩個音的差別不大，但到底是有差別的。有些人以為“一音之轉”，不必計較。其實所謂“一音之轉”，不是用為讀錯字音的掩飾物的。假如讀錯字音就以“一音之轉”為掩飾，則我們何必還要字典？何必要文字學？

另外，就是字形寫錯了，也應該要談談的。它的字形，是下半從“刀”，不是從“力”的。假如是從“力”，那麼，它的讀音是“倦”，和疲倦的“倦”字相同。換言之，“券”字和“倦”字是同字而異體。所以從“刀”和從“力”的形體差別是很微的，但讀音和意義，就有很大的分別。

至於“券”字的意義，是“契券”也，是“憑證”也。例如“入場券”，就是入場的憑證。

殿軍怎讀

在若干比賽中，有冠軍，也會有殿軍。得頭名的稱為冠軍，而最後一名得獎的名為殿軍。

“殿”字，我們經常說是“電”，如佛寺裏的“大雄寶殿”。然而，在“殿軍”這個詞語裏，不是讀“電”，而是讀“墊”的。假如用切音切出來，應該是“底宴切”，假如調四聲，它是“顛”的去聲，即“顛典墊跌”的第三個字。可是，能夠正確讀出這個字音的不會很多，大多數的人，都是“人云亦云”，人家這樣讀，自己也這樣讀。人家所讀的未必正確，而你不管正確與否，蹈襲別人的錯處，那就變成謬種流傳。

也有一些人，以“約定俗成”作為口實，不知所謂“俗成”有何根據，我以為至少在幾本公認為權威字典裏都是這樣讀，才可以說得上“約定俗成”，並不是在一部分人的口頭語上相同，就可以說是“俗成”。在《論語》裏，有“奔而殿”這句話，意思是走得最後。又如《左傳・襄公廿六年》有說：“析公奔晉，晉人諸戎軍之殿，以為謀主。”也是這個意思。雖然，“殿”字讀“電”和讀“墊”，所差不太遠，讀作“墊”，是上去聲，讀作“電”，是下去聲，但差不太遠，還是有差別的。所以，“殿軍”的正確讀音應讀如“墊軍”。

墮入彀中

中了別人的計，通常說是“墮入彀中”。“彀”字本來是很平常的，在有些地方，和“夠”字是相通的，例如《兒女英雄傳・十回》有說：“我鄧老九這就彀瞧的了！”這里的“彀瞧”，其實就是“夠瞧”，但“夠”字好懂，“彀”字就不好懂。現在一般報刊，假如用口頭語來表達的，更將“夠瞧”寫作“夠照”，這就連“瞧”字都錯用了。其實假如說廣州話，“夠瞧”就是“夠睇頭”的意思。

至於“彀”字的本來意義，是把弓弩開得滿滿的。例如《孟子・告子上》裏有說：“羿（音藝）教人射，必志於彀，學者亦必志於彀。”

至於“彀中”這個詞語，它的意思是弓箭的射程範圍以內。而“墮入彀中”一語，也可以說是入了別人的圈套之中。根據《唐摭言》說：“唐太宗貞觀中私幸端門，見新進士綴行而出，喜曰：‘天下英雄，入吾彀中矣。’”意思是說：天下英雄人物，都已走進我的籠絡里面了。

但是，有一些人，會把“彀”字讀作“殼”字，也有一些讀作“穀”字，這是因為字形相似之故。其實字形相似，不一定就是字音相同的，我們不可自作聰明。

魑魅魍魎

魑、魅、魍、魎這四個字是時常混在一起的，也可以說，這四個字已合成一個詞，也有只把“魑魅”兩字合成一個詞的，例如唐詩人杜甫的詩句說：“魑魅喜人過。”

然而，對於這四個字的讀音，一般人能讀對的，最多只有兩個，就是“魍魎”兩字，因為“有邊讀邊”的關係，一般人見它們的右半邊是“罔”“兩”，於是讀作“罔”“兩”，恰好讀對了。

本來“魅”字假如也是“有邊讀邊”，都讀得對，但一般卻不如此，反而讀作“昧”，例如說一個美人具有迷人的力量，就說是“魅力”。這“魅力”一般人都說是“昧力”，這就不對了，只讀它的半邊作“未”那就讀對了。因此，“魅力”的正確讀音，應該是“未力”。

繼續講“魑”字，也是讀它的右半邊便對，“魑”字音“痴”。但是，一般人對於“魑”字認識的不多，只見它和“離”字的左半邊相同，於是把“魑”讀作“離”。而把“魑魅魍魎”，讀作“離昧罔兩”，所以下頭兩字讀對了，上頭兩字讀得不對。我一向都反對“有邊讀邊”這個習慣的。不是說這樣讀完全不對；但是，讀對的少，讀不對的多。所以不能凡字都讀半邊。但說也奇怪，“魑魅魍魎”四個字剛好讀半邊就對了。

杜甫怎讀

唐代詩人有“詩聖”或“詩史”之稱的“杜甫”，廣州音一般人都說是“杜普”。

現在廣東人拿“甫”字作名字的還很多，我上課時，遇到有用“甫”字作名字的學生，例必問他，家長怎樣叫他的名字，幾乎可以說都說成“普”的。

本來廣州人把這個字讀作“普”也不奇。因為廣州城西有第二甫、第三甫，以及十七甫、十八甫這樣的街名。街名的牌子是這樣寫着的，大家都已經習慣了。其實那些街道之所以名為“甫”，是“鋪”字的簡寫。而所謂“鋪”者，是計路程長短的數量詞。十華里為“一鋪”，所以第二甫、第三甫，實際就是第二鋪路和第三鋪路。傳說清朝軍隊進攻廣州之時，因廣州人抵抗猛烈，所以聲言入城後要屠殺十八鋪路的人。人們知道這個消息，星夜把路程縮短了，把第二鋪、第三鋪等的牌子釘上，以免殺死太多無辜良民。

說到“甫”字讀“普”，只有借為“圃”字用的時候是這樣讀的。假如作美男子之稱，就應該讀作“府”的。有時候對於天主教的“神父”，也有寫成“神甫”的。可知讀“府”才正確。

妄不讀罔

諸葛亮《出師表》裏有說：“不宜妄自菲薄”之句。意思是：不應該輕妄地自己以為力量過分淺薄。

其中的“妄”字，一般人都讀作“罔”，其實這個讀音是不很準確的。不準確便是不準確了，為甚麼說是“不很準確”呢？因為不準確的程度並不大，所以這樣說。

把“妄”字讀作“罔”，是上聲。而它的正確讀音，本來就是去聲的，應該讀作“望”。上面所舉的例句，也應該讀作“不宜望自菲薄”才對。

然而，由於一般人習慣把“妄”字讀作“罔”，而“罔”和“望”之間，正是上聲和去聲之差，所差別的並不很大，於是，有些讀書人，也懶得去更正了。

但是，我們要知道，惟其所差別的並不很大，我們正好把它糾正過來。這個改正，只不過小小的更動，只要肯做，不會太勉強，也不會太艱難。就是更正了，聽的人也不會感到詫異。所以，我還是主張把它改正過來為好。

我常常都說：我們既有膽量讀錯字，為甚麼没有膽量讀正確的字音呢？你鼓起勇氣來，我也鼓起勇氣來，那麼，把錯讀了的字音改正，很容易便可達到目的了。大家把膽子放大一些吧！

究竟怎讀

“畢竟西湖六月中，風光不與四時同。”這是宋人蘇東坡的詩句。① 意思是：到底西子湖在六月當中，它的風光不同於四時。

其中的“竟”字，相信很少人用廣州話讀得正確。一般人都把它讀作“景”。例如說：“這個人竟然毫不講理！”就說：“這個人景然毫不講理！”

實則最正確的讀音，應該是“敬”。所以開頭的例句“畢竟西湖六月中”，應該讀作“畢敬西湖六月中”的。然而，大家都把“畢竟”讀作“畢景”了。

那麼，“竟”字是不是没有“景”這個音呢？答案是有的。不過讀作“景”的時候，它的字義就完全不同了。假如讀作“景”，它就是“出境”“入境”的“境”。和“畢竟”“究竟”“竟然”的“竟”字含義完全不同。

我們要知道：一個字常常有幾個音，而讀音不同的時候，它所含的字義就不相同，我們習慣把“究竟”“畢竟”的“竟”讀作“景”，其實是不正確的。雖然“竟”字讀作“景”是上聲，讀作“敬”則是去聲，上聲和去聲，差別並不很大，但是雖不大，始終是不正確的。假如你肯改正過來，並不困難。

歐風東漸

“歐風東漸，美雨西來。”這兩句話是說：歐洲的風氣向東而流入，同時，美洲的風氣也如雨水一般，自西方灑過來。

然而，“漸”字，卻被一般人錯讀了，以為“漸”是作“慢慢”解，於是把它的讀音，誤讀為“即驗切”。這實在是誤讀，它實際是個動詞，是作為“流入”解的。

漢字之中，許多字改變了字義，便改變了讀音。而這個“漸”字在這個詞語里面，應該讀作“尖”字。例如在《書經·禹貢》有“東漸於海”之句，是向東流入於大海裏的意思。近來有人寫詩，一開頭就用“歐風東漸”這個詞語，按照詩的聲律，顯然作仄聲讀，即是讀作“漸入佳境”，或者“漸見好轉”的“漸”用。假如這樣解釋，它便是一個副詞，連一個寫舊詩的人，也把“東漸”的“漸”字讀錯了，用錯了，真是可嘆。

① 應為楊萬里。

本來“漸”是一個破音字，它除了常用的“即驗切”這個讀音之外，還有“尖”這個讀音，“尖”這個讀音，和“潛”這個讀音，更有“側銜切”這個讀音。所以讀字音，常常要看它的字義如何，而有分別。

勞軍怎讀

“勞”是一個常用字，它通常的讀音是“牢”，如“勞工”“功勞”“勞動”“辛勞”。也有姓“勞”的人，我們通常聽人家說是姓“牢”的，便會追問下去，是“火頭勞”，還是“平底盧”。

又例如有一種茶葉，名叫“古勞”。這是一個地方名，在廣東省鶴山縣。這個地方之所以得名，是因為有兩姓的居民，一些居民是姓“古”的，一些居民是姓“勞”的，合起來便稱此地為“古勞”。而此地所出產的茶葉很好，因而叫這種茶為“古勞”。

但是，“勞”字有兩個讀音，另一個讀音是“路”。例如《幼學故事瓊林·武職》裏，就有“漢文帝嘗勞軍，親幸細柳營，按轡徐行”的語句。這個“勞軍”，便是慰問的意思。到周亞夫將軍的細柳營去慰問軍旅的意思，假如讀作“牢軍”，便是勞苦了軍旅，意思恰恰是相反的。

例如《禮記·曲禮》有“君勞之則拜”之句，同時，《禮記·月令》裏又有“勞農勸民”之句。這兩句語句裏，都是讀如“路”，作慰問解。

另外，“勞”字也作安適解，例如《詩經·大雅》有“豈弟君子，神所勞矣”之句。

鼉鼂不同

“鼉鼓三聲響，西山日又斜。黃泉無客店，今夜宿誰家?”相傳此為清人金聖歎臨刑時口占的詩，讀者馬銘瑚先生來函，問“鼉”字怎讀。

這個字的讀音是“佗”。是一種脊椎動物，屬爬蟲類。體長約五公尺，四足。背尾鱗甲，似短吻。一名鼉龍，又名豬婆龍。其皮可用蒙鼓，《詩經·靈台》有“鼉鼓逢逢”之句。

從前於夜間打更，因為是打鼉鼓的，所以，又有“鼉更”之稱。韓駒詩有“江南江北聽鼉更”之句。

這個字和“鼂”的字形頗相似，有人以為是“鼂”字。其實，字形相似，字音和字義未必相似。“鼉”字上頭是“獸”字左半邊的上半部，“鼂”字上頭是個“旦”字。

“鼂”字有兩音：一音“潮”，一音“招”。讀“潮”，是蟲名。又姓氏也，據《風俗通》說，是衛大夫史鼂之後；又據《通志·氏族略》是周景王子朝之後。

讀“招”，或作“晁”，也通“朝”，旦也。《楚辭·九章·哀郢》有“甲之鼂吾以行”之句。又《漢書·嚴助傳》有“鼂不及夕”之句。

藍蘋怎讀

江青在上海當明星之時，藝名藍蘋。當一九八一年一月廿五日宣判之時，香港兩個電視台都播映特輯，其中一個台的旁述者，把藍蘋的“蘋”字，讀作“萍”字。其實，藍蘋的名字，很多人都懂得，作為一個電視台的旁述員，為甚麼偏偏讀錯了？

“蘋”字只有一個音，並無別音。有之，只是廣東語把“蘋果”說是“萍果”，但這只是口頭說的語音，並不是讀音。口頭語的語音，不能拿來作標準的。例如我們在口頭語上把“跌打”說成“鐵打”，大家都說慣了，並沒有真讀為“跌打”的。但把“跌”說是“鐵”，只有在“跌打”這個名詞上是這樣，此外，都直讀了。例如說“在路上跌倒”，並不能說是“在路上鐵倒”的，相信也沒有人這樣說過。

同一個例：“蘋果”在口頭語上說是“萍果”，但除了在這個詞語之外，其他口頭語，也不說是“萍”的。例如報紙上說“江青最初是上海的九流明星藍蘋”，就沒有人說“江青最初是上海的九流明星藍萍”的。

雖然“蘋”字的意義，是“萍”的大者，根據《詩經·召南》中“於以採蘋，南澗之濱”的註疏：“大者謂之蘋，小者曰萍。”但我們不能把字義當作字音去讀。希望做大眾傳播工作的，小心字音，以免有壞的影響。

暴露怎讀

“萬里奔走，連年暴露。”這是出於李華《弔古戰場文》的，由於它被選入《古文評註》和《古文觀止》裏，所以許多人都讀過。這兩句的意思是：千里萬里那麼遙遠的路程上，不住地奔走着，一年又一年地暴曬和露出於郊野之間，沒有掩蔽。“暴”字的俗寫，就是“曝”。其實加“日”旁，是疊床架屋的，正如“橋梁”的“梁”字，加“木”旁作“樑”。實則“暴”字的上半部，已經從“日”了，而“梁”字的下半部，已經從“木”，所以“暴”字加“日”旁，是重複了；“梁”字加“木”旁，也是重複了。

這個“暴露”的詞語，我似乎已經講過，但是否確實，則記憶不清。現在為甚麼又拿出來講呢？因為林江集團判案之日，某電視台的特輯中，請了三位嘉賓加以評論，有一位大學教授（記不清是否講師）把“暴露”的“暴”說是殘暴的“暴”（音步）。天啊！連大學的歷史學家也把“暴露”這詞語說錯了，然則我們的年輕人，又怎樣不會讀錯字呢？我不是故意挑剔，只是提醒為人師表的，和幹大眾傳播工作的，不可隨便讀字音，應該知道自己責任之大和影響力之大，一旦錯了，人家也會跟着錯，就變成謬種流傳。

暴露怎讀

“暴”字的常用義是兇殘也，突然也。前者如“暴力”“暴動”“暴君”。後者如“暴窮”“暴富”“暴寒”“暴熱”。使用這兩個意義時，它的讀音是“步”。

然而，有兩個常用詞語：“暴光”“暴露”，它們的讀音是“僕”，卻有些人弄錯了，讀如“步光”“步露”。其實在這兩個詞語中，它的意義已經不同。在漢字裏，常常因為意義不同，讀音也就不同，例如“長短”“長命”“長途”“長期”的“長”讀如“祥”；“長大”“長輩”“長兄”“長子”的長讀如“掌”。所以，“暴光”“暴露”的“暴”正確的讀音應該是“僕”而不是“步”。

“暴”讀如“僕”時，它的意義是“曬”也。在《孟子》中，有“一日暴之，十日寒之，未有能生者也”一句，就是一天曬在太陽下，十天不讓它曬太陽，那植物就不會生長起來。“暴光”是攝影界術語，指開了快門，讓膠片感受光綫。“暴露”，是日間曬於太陽下，夜間置於露水下；也即是無所遮蔽的。所以，凡是無所遮蔽的都說是“暴露”。“暴”字本來已從“日”，但有些加“日”旁寫成“曝”，正如“梁”字寫成“樑”，都是俗寫。

數見不鮮

“數見不鮮”是個很常用、很常見的成語。然而，如果要讀起來，未必許多人會正確地讀得出。有些人很容易會讀成“素見不癬”，以為其意是已有好幾次見過，已經不是少數了。

其實，它的正確讀音，應該是“朔現不先”。

這話怎說呢？就是：頻頻來見你，必令作鮮美的食物，莫令見不鮮之物也。

“數”字是一個破音字，把它讀作“朔”，其意義是“頻”也，“屢”也；“鮮”字本音“先”，其意義是“新鮮”也，破音讀“癬”，其意義是“鮮少”也。至於把“見”字讀作“現”，也有許多意義，有時候解作“顯露”也，有時候解作“現在”也，此外還有好幾個解法，這里限於篇幅，不一一列舉。而它在“數見不鮮”之成語中，則作晉謁解。

這成語是出自《史記・陸賈傳》的：“數見不鮮，無久恩公為也。”根據《史記索隱》說：“數見，音朔現，謂時時來見汝也；不鮮，言必令鮮美作食，莫令見不鮮之物也。”

今稱事物之習見無奇者，輒曰“數見不鮮”，和本來的意義略有不同，所以又可說是“朔見不先”。“見”字照原字讀。

數見不鮮

“數見不鮮”，這是一個常用成語。由於文字淺顯，大家都不會有所懷疑，因此，有些人會讀作“素見不癬”，意思是已經幾次見到，並不是少見的。

實則正確的讀法，是“朔現不先”。

語出《史記・陸賈傳》。“數”字讀作“朔”，是頻頻也。“見”字讀作“現”，是以下見上也。“鮮”字讀作“先”，是新鮮也。把“數見不鮮”讀作“朔現不先”，是頻頻來進見，已不是新奇了的意思。這個解釋，是根據《史記索隱》的，不是筆者隨意標奇立異。以現代語來解釋，約略相當於是“慣見而不是新奇的事情了”。

所謂相當於，是因為“慣見”的“見”字，仍然是讀作“建”，不是讀作“現”。

其實“見”字讀作“現”，在四書裏，特別是在四書的《論語》一書中，大都如此。例如“童子見，門人惑”，這里的“見”字就讀作“現”了。

雖然有些語句，這也可以解，那也可以解，但是它既然是古代漢語，我們也只好依照古代註釋家的解釋。誠然，在古代註釋也有分歧的，則只有擇善而從了。至於對這一句，則並無分歧之處，只好依然照《史記索隱》。

彙不讀類

“彙”字有人讀作“類”，我曾經和一位國學教授交談，他一口咬定讀作“類”是最正確的。但我說：“彙”字的一個意義是“類”也。至於字音，則絕對不是這樣的。當時我和他在電台剛做好了節目，同乘的士離去，在行車中交談，我問他出自何經何典，他似乎說是出自《易經》的，因為事隔多年，我記憶不大清楚了，所以在這里說是“似乎”，但我當時對他說：《易經》没有注音的（就古本來說）。

其實“彙”的正確讀音是“胃”。例如我在電台擔任《咬文嚼字》節目十多年，經常提到黃錫凌先生的《粵音韵彙》和馮思禹先生的《廣州音字彙》，我都說是“胃”的。

“彙”字音“胃”，和“蝟”字相同，是一種獸類的名稱。據《爾雅・釋獸》說：“彙毛刺。”註解說：“今蝟，狀似鼠。”疏說：“彙即蝟也，其毛如針。”

“彙”既與“蝟”相同，自然是最正確的字音。但是，也有人讀作“會”。黃錫凌先生在他的《粵音韵彙》中兩個音都收，但在“胃”音下，註明是“正讀”，而在“會”音中，則未加註。“韵彙”“字彙”的“彙”，則解作“類”也。

傳奇怎讀

“傳奇”是小說體裁之一，而戲劇家將其故事寫成戲劇，也常常沿着它的舊名，寫為“傳奇”。近年的電視片集，也有以“傳奇”為名的。但是，報告節目時，常常把“傳”字讀去聲，成為“傳記”的“傳”。也許他們以為把奇怪的故事，撰作成為“傳記”，所以讀作去聲。

其實“傳奇”應該讀如“全奇”，意即奇異的故事，可以相傳也。中國的“傳奇”，一般指唐宋人用文言寫作的短篇小說，源出於六朝誌怪，內容已擴展到對人情世態和社會生活的描繪。據《宋元戲曲考》說：“傳奇之名，實始於唐，唐裴鉶作《傳奇》六卷，本小說家言；至宋，則以諸宮調為傳奇；元人則以元雜劇為傳奇；至明，則以戲曲之長者為傳奇，以與北雜劇相別。乾隆間，黃文暘編《曲海目》，遂分戲曲為雜劇、傳奇二種，蓋傳奇之名，至明凡四變矣。”

至於西洋文字中，“傳奇”指以冒險或驚奇事迹為要素而構成之故事，後發展到散文方面，浪漫主義全盛時代之小說，多屬於此類。

實則所謂“傳奇”，亦猶“傳疑”也。以己之所疑者，傳之他人就是“傳疑”。

嬲字音鳥

“嬲”字在多用俗語的報刊上常見，一般人讀作“尼鈞切”，也即是“紐”平聲，是惱怒的意思。其實，字音錯了，字義也錯了。這是否讀錯呢？驟然說起來，不是讀者讀錯，而是報刊上用錯了。但是嚴格說來，是編寫報刊的先讀錯了，然後才會用錯。

實際上，“嬲”音“鳥”，也音“腦”，是“擾”也，“戲弄”也。一般人以為一“女”處於兩“男”之間，必然會爭風吃醋而惱怒起來，所以用來表示惱怒。這樣只不過是“想當然”罷了。

在廣州話中，表示惱怒而說成“紐”平聲的，實際是個“獳”字。在《康熙字典》裏“犬”部十四畫，便可以查出這個字來。它引《廣韵》作“奴鈎切”，又引《玉篇》解釋為“犬怒”也。

可能有些“拗相公”反駁說，犬怒，可以解作人怒嗎？其實，字有本義，也有引申義的。作為人怒解，是引申義。假如“拗相公”還要追問下去：“亦有說乎？”當然是有的。例如說人勇猛的“猛”字，說人狠狼的“狼”字，說人瘋狂的“狂”字，說人狡猾的“狡猾”，是不是都用“犬”旁呢？既然有這麼多的例子，自然“獳”字，可以移用於人類方面。

剞劂怎讀

“剞劂”一詞在白話文中可能沒有人再用了。假如有，也是很少，或者是引用別人的作品而來。但是一些文言文中，或者在一些書刊中，還是會出現的。例如馬從善《兒女英雄傳序》裏說：“僅於友人處得此一篇，亟付剞劂，以存先生著作。”在這里，“剞劂”一詞，當作刻版刊印書籍解。實則假如我們現在使用“亟付剞劂”一語，何不用“急即付印”，不是有更淺白的表達嗎？

“剞劂”一詞，在書寫時筆畫固然多了，在讀者閱讀之時，頗不容易懂它的讀音和意義。

其實“剞”字音“基”，是曲刀也，這是刻鏤的工具。至於“劂”字，音“厥”，是曲鑿也，也是刻鏤的工具。

在嚴忌《哀時命》中，有“握剞劂而不用兮”之句，“剞劂”一詞，則是作名詞用，即是作曲刀、曲鑿解。但是在《兒女英雄傳序》裏，則不是這樣解釋，而引申為刊印解，作動詞用了。又有傅毅《琴賦》裏，有“施公輸之剞劂”這樣的詞句，則又作為雕琢的技術解了。

這個詞語，用處很多，但不是没有更顯淺的表達的。

回避怎讀

“回避”這詞語常見常用，而兩字的本音，也是大眾所習知的。在法律上，假如主審的法官與訴訟人或與訟人有關係的，那麼，訴訟或是與訟的律師，也可以聲請“回避”。在法律界人士口中，也照本音直讀，其實，“回”字直讀本音，在這詞語中是錯誤的。

“回”字在這詞語裏，應該讀如“會”，也有人讀如“畏”的，也有些字典音作“繢”。讀這些字音的時候，它的意義是曲繞也，還有一個意義是畏卻也。在“回避”這個詞語中，就作畏卻解。

所謂“回避”是有所畏卻而退避。例如聲請“回避”，就是要法官退避，以免牽涉了私情，也有時法官自行聲請“回避”的。

在《漢書·蓋寬饒傳》裏，就有“刺舉無所回避”之句。意思是糾舉過失，雖是有權勢的人，也不會因而畏卻退避的。

我碰過不少人，當他們讀錯字音的時候，就會以“積非成是”作為口實，而不肯改正。其實這是“斷章取義”，《法言》說：“以習非之勝是也，況習是之勝非乎？嗚呼，學者審其是而已矣。”

斡旋怎讀

“斡旋”，旋轉也。有些事情，爭論者彼此爭執不休，各持己見，於是有好行其德的人，加以調停，使得僵持之局，經過一番旋轉而圓滑。這個詞語，雖是常見，但是能夠正確讀出第一個字的人未必很多。

由於“斡”字和“幹”字的形體很相近似，所以，有些粗心大意的人，就把“斡旋”讀作“幹旋”。自然，這是讀錯了的。

實則“斡”字，它有兩個讀音：一個讀作“挖”，一個讀作“管”。有些人肯去查字典了，但查字典也要得其法，不得其法，還是會錯讀的。比如“斡旋”這詞語，應讀作“挖”，還是讀作“管”呢？我最近就聽過一位朋友當着五百多人演講，講得十分得體，而且十分有條理，很可惜的，對於“斡”字就讀錯了，他把這個詞語，讀作“管旋”。其實，“斡”字讀“管”的時候，和“管領”的“管”字相通。例如《漢書・食貨志下》說：“欲擅斡山海之貨。”根據注解說：“斡，謂主領也，讀與管同。”

“斡”讀作“挖”的時候，是旋轉也。例如朱熹文有“凌越古今，斡旋宇宙”之句。

鹿柴怎讀

《唐詩三百首》裏有一首王維作的《鹿柴》詩，是這樣的：“空山不見人，但聞人語響；返景入深林，復照青苔上。”只是寥寥二十字，表現出非常幽靜的意象。這內容是很顯淺的，並不艱深。然而，《鹿柴》的“柴”字怎讀呢？可能有些人直讀為柴炭的“柴”字。其實在這個詞語裏，它的讀音是“寨”，它和“寨”字、“砦”字都相通。九龍城寨，也有寫作九龍城“砦”的，甚至寫九龍城“柴”亦無不可。不過，在習慣上，一般人寫“寨”或“砦”，因此，我們使用一個慣用的字比較好，而不好故意標奇立異。

“柴”字讀作“寨”的時候，是列木成柵，用來阻隔外人不易走入範圍的意思。例如《三國誌・吳書・甘寧傳》，就有“關羽結柴營”之句。軍隊集結的地方，就要築起營柴來，阻禦敵人。《鹿柴》的“柴”字，也是使用這個意義。

它還有一個引申義，就是林也、塞也。閉門謝客，也有寫成“柴門謝客”的。例如《後漢書・楊震傳》，就有這一句。也有解作擋着門户而防禦之的意思。例如《淮南子・道應》，就有“柴箕子之門”之句。

此外，它有一個音是“恣”。例如《詩經・小雅》：“射夫既同，助我舉柴。”是堆積的意思。又有一個音是“雌”。例如“差池”，也有寫成“柴池”的。

瘐死獄中

北愛爾蘭共和軍領袖之一桑德斯，因藏械被捕入獄，要求作政治犯看待，實行絕食，經過六十六天，終於在獄中死亡。有些報紙寫他在獄中“瘦死”。誠然，絕食了那麼長的時間，就算是個巨無霸，也會變得瘦弱了。實則在獄中死亡的，無論其為飢寒、傷病而死，都是“瘐死”，見《漢書・宣帝紀》。而“瘐死”的“瘐”字，音“雨”，也音“如”。兩個讀音所表的意義，都是一樣的。

至於“瘦”字，音“秀”，是“肥”的反義詞。它和“瘐”字的形體十分相似，但是在字音上和字義上，則“差之毫釐，謬以千里”了。然則這是用錯，或是讀錯呢？這一定是註釋人員，先將“瘐”字讀錯了然後寫錯。否則，他縱然快筆寫錯了，也會改正，編輯先生編稿時，也會發現寫作“瘦”是錯誤的，而加以改正。所以我的看法，是先行讀錯了，然後寫錯。

我經常提醒大眾，對於認字，先要認清楚字形，特別不可因為甲的字形和乙的字形相似，而把甲的字音作為乙的字音。關於“瘐”“瘦”兩字的錯誤，就是不先行認清字形之故。

我們做大眾傳播工作的人，對於字音，不可不留意，假如是電台或電視台的新聞報告把“瘐死獄中”讀作“瘦死獄中”，更容易以訛傳訛。

慰勞怎讀

“慰勞”“犒勞”這等名詞，一般人容易將“勞”字直讀。實則這是錯誤的，例如《幼學故事瓊林》裏，有“漢文帝嘗勞軍”之句，假如直讀“勞”字作“牢”，那麼，意義近於相反了。原意是：漢文帝曾經去慰問軍隊。因此，直讀“勞軍”，就變成“勞動了軍隊”。

所以，“勞”寫在這些詞語中，要讀去聲，音“路”才對。它的意義，是慰也，慰問也。前方有戰事，後方的官民就會組織代表團去慰問，或者加以犒賞。而這些代表團，通常叫“勞軍團”。也即是犒賞軍隊的團體的意思。假如“勞”字直讀，意義是相反的。

“慰勞”“犒勞”等詞語，如果在書面語上，而書面語文是不規定平仄和韵腳的，那麼，還沒有問題。但如果在電視台、廣播台上，就需要用口頭語了。用口頭語時，“勞”字的讀音就必要求它正確。

在《禮記・曲禮》中，有“君勞之則拜”一語，意思是：當國君慰問他，則就要下拜以接受之。又在《禮記・月令》中有說“勞農勸民”，意思是慰問那些耕種的人，和勸勉人民努力去生產。試想想，在這兩個例句中，把“勞”字直讀可以嗎？直讀之時，就會解不通了。

“勞”字讀作“路”，還有安適的意思。例如《詩經・大雅》說：“豈弟君子，神所勞矣。”意思是那愷悌的君子，是神靈所要安適的。

鍥字怎讀

書刊上常有“鍥而不捨”這個成語，意思是不斷地努力。“鍥”字怎讀呢？最近有一位資深的老同業和一位很有地位的畫家垂詢。我感到一般人都可能對它的讀音有疑問；或者是根本不產生疑問，而運用“秀才識字認半邊”的“聰明笨伯”的方法，認它作契約的“契”字，也即是地契、屋契的“契”字。所以不能不提出來講講。

“鍥”字的正確讀音，是“揭”。它的本來意義，是鐮刀也，即用來割禾麥和草本植物的金屬利器。至於它的引申義，是“刻”也，“斷”也。因為用鐮刀去割禾麥和其他草本植物，都是要將之割斷的。

至於“鍥而不捨”這成語，是出自《荀子・勸學篇》的。原文是“鍥而捨之，朽木不折；鍥而不捨，金石可鏤”。意思是：假如雕刻而中途停止了，那麼，就算是腐朽了的木材，也不會折斷的；但假如雕刻而不斷地進行，那麼，即使是金屬和石質那樣堅硬的東西，也可以雕刻成你所喜歡的形狀；換言之，金石也可以雕刻的。鑽石不是很堅硬的東西嗎？但可以切割它。鋼鐵不是很堅硬的東西嗎？也都可以切割它。

許多事情，只要有“鍥而不捨”的精神，都可以成功的。不過，為了有更好的表達，我主張用“不斷地努力”，讀者易懂。

薄暮怎讀

傍晚的時候，在書面語上通常寫為“薄暮”。文言文是這樣，語體文也有這樣寫的。

然而，大眾都把“薄”字直讀作厚薄的“薄”。嚴格說起來，它的正確讀音應該是“博”，它的意義是“逼”也，“逼近”也。從整個詞語來說，應該是逼近暮夜的意思。

使用這個意義，在“薄暮”一詞裏，還可以隨便混過，但是，假如說是“義薄雲天”，那麼，讀作厚的反義詞，就不大好解了。在這成語裏，它應該解作大義凜然，一直逼近雲天那麼高，和“豪氣干雲”的意思有若干相近的成分。

還有，當國慶之時，就常會見到“普天同慶，薄海騰歡”的對偶詞句。意思是：普天之下，都共同慶祝；而遠到逼近海邊的地方，也一樣騰起了歡樂的氣氛。

近日接到一位朋友的電話，說有一位播音界朋友把這個字讀作“普”字，是根據我的讀法，可能我在做電台節目時，舉出“普天同慶，薄海騰歡”這兩句對偶的語言來，而他一時間記錯了“普天”的“普”字。所以，有些朋友和聽眾，希望我在節目中不可每一講只講一個字，而我則以為，假如一連講多個字，聽眾就容易混淆了。直到現在，我還是每講以講述一個字或是一個詞為原則，以免混淆。

昭的粵音

讀者黃俊偉先生來信問：“昭”字的廣州音怎樣讀？黃先生指出：在《辭海》一書中，“昭”字音“招”。這個問題，有不少朋友口頭上向我問過，我的解釋是“招”是回音；假如廣州音，應該是“超”。

雖然，黃錫凌先生的《粵音韵彙》裏兩個音兼收，既音“招”，也音“超”。但管見以為，黃先生可能因其他字典裏音“招”的多，所以，照廣州音作“超”之外，兼且音“招”。

其實，廣州音是讀“超”的，如“王昭君”“昭明太子”“昭明文選”“伍子胥橐載而出昭關”，没有不讀“超”的。《粤音韵彙》一書，本有註明“正讀”“俗讀”“粤讀”或“語音”“讀音”等的，可是黄先生對於“昭”字，模棱兩可地一處收入“招”音，另一處則收入“超”音裏，而没有註明哪一個才是“粤讀”，使人看起來，以為粤音對這個字可以讀“超”，也可以讀“招”。

我不是在這里故意挑剔黄先生的大作，相反地，我經常參考他的大作和馮思禹先生的《廣州音字彙》。但既然發現有了問題，就不能不將問題指出。試問哪一位讀過古籍的廣州人，不把“昭”字讀作“超”呢?

昭的粤音

或問“昭”字的讀音。顯然，一般使用廣州音的人士，常會因這個字而在若干字典上遭遇困擾。就是喬硯農的《廣州音、國音中文字典》是哪個，也對這個字的讀音攪不清楚。

本來，《康熙字典》的注音，不是哪一個方言區都適合的，這是就大體而論，但個别而言，有若干字音尤其是方言區的特殊讀音。因此，喬氏的字典中，也分别註為“國”音、“粤”音，有時候“國”“粤”音是一致的，有時候是不同的。

黄錫凌的《粤音韵彙》，也有些字特别註明為“粤讀”，以示與“國音”不同。

關於“昭”字，若干字典裏都是註直音為“招”，但是廣州讀音則是“超”。廣州人把“王昭君”讀如“王超君”，把“昭明文選”讀如“超明文選”，而没有讀“王招君”和“招明文選”的。

喬氏的字典中，“昭”字的直音“國”“粤”都是“招”，而部分為“招”“超”。黄氏書没有在身邊。至於馮思禹的《部身字典》，則註明“國”音是“朝”，“粤”音是“超”。當然，我把“昭”讀如“超”，定為“粤讀”“俗讀”“錯讀”之間，其前時曾用過一些功夫才可加以分辨。

紊不讀論

成語中的“有條不紊”，是解作很有條理而不亂。但是，“紊”字的讀音，就有不少人讀錯了。因為它的字形和“吝”字相似，而“吝”字的讀音是“論”(去聲)，是把“紊”字也錯讀為“論”。

實際上字形相同，未必就是字音相同的。比如人的面貌相同，其姓名未必都相同。所以憑字形相同去作為同音字，這不是認字的善法。雖則偶然也有對的地方，然而，對的可能性少，不對的可能性大。

“紊”字的正確讀音，和問答的“問”字相同。“有條不紊”，應讀如“有條不問”。而《集韵》這本書中，還有“文”這個讀音，其意義，也是“亂”也。不過，習慣上多數讀“問”，很少讀“文”的。

也許有人會說：“在《三字經》這本書中，不是有‘曰仁義，禮智信。此三常，不容紊’幾句嗎？假如讀作‘論’，那麼，就和第二句的‘順’字韵腳相符了；假如讀作‘問’或‘文’，韵腳便不諧了。”這樣說是對的，但“紊”字實實在在不是音“論”的。恕我大膽說句，可能寫作《三字經》的人弄錯了，我們不能根據它的錯，而讓它永遠錯下去。改正過來，勝於“以訛傳訛”，相信明智的讀者們是會同意的。

文過飾非

有些人可能有一種誤解，以為筆畫繁多的字體，是難於認識的。其實不然。例如“龍”字、“龜”字，是筆畫繁多的，但差不多每一個讀過中文的人都會認識，甚至在“龍”字下加上個“耳”字，或在左邊加上“月”字或三點水旁，都不容易讀錯，反之，筆畫較簡的，或者是常用的，常常會讀錯。

假如有人寫出“文過飾非”這個成語來，大家會都深信自己識得怎樣讀，怎樣解的。其實未必。為甚麼呢？因為第一個字，本來就是文武的“文”，文字的“文”，它的讀音就是“聞”。但在“文過飾非”這個成語中，它不再讀“聞”這個音，而要讀成“問”了，和問答的“問”字同音。讀這個音的時候，它的意義和“飾”相同。就在這個成語裏，是“掩飾”過錯、掩飾不對。

在《論語·子張》篇中，有“小人之過也必文”這一句，意思是：小人的過失，必然是加以掩飾的。

又如在《南史·孔範傳》裏有“每有惡事，範必曲為文飾”，意思是：每逢有不好的事情，孔範必然曲折地加以掩飾。

讀“問”的時候，另有一個字義，是“加”也。如《論語·憲問》篇有“冉求之藝，文之以禮樂”，就是這樣解的。

揠苗助長

“宋人有閔其苗之不長而揠之者。”這是出自《孟子·梁惠王》篇的。它的意思是：宋國有一個人，因為憂慮他所種的禾苗不容易長大，因而動起手來，將禾苗從田土中拔高了。

因此，就有一句成語說是“揠苗助長”。但是“揠”字的讀音，有些人讀作“偃”，其實“偃”字音“演”，“偃”的字形雖然和“揠”字相似，但讀音卻不相似，而且距離很遠。“揠”字正確的讀音為“押”。

我也見過有人把“揠苗助長”寫作“拔苗助長”的。這樣的寫法，我推測可能是下列兩個原因。第一個是寫作時候，一時“執筆忘字”，手頭上又沒有原書可查，寫不出“揠”字來，只好寫出一個同義的字，藉以應急。

還有第二個原因，當寫作之時，認為“揠”字不容易為讀者所接受，於是，把“揠”字改為“拔”字，使讀者易讀和容易了解。

不過，我本人就不喜歡這樣，假如寫作時一時“執筆忘字”，而手頭上又沒有原書可查，那麼，我就寧願不要這個成語。至於認為成語裏有一個字不容易為讀者所接受的，那麼，根本就不去使用這成語，也不把成語中的字改用一個同義的字來。我通常以為，除非是常用的成語，那就不妨使用，假如是冷僻的，那就不如不用為好。

宄字怎讀

“奸宄”，是指犯法作亂的人。但是，分言之，兩字還有分別的。根據《書經·舜典》說：“在內曰奸，在外曰宄。”所以，“奸”和“宄”雖然合起來是同義的，分開來，意義就不同了。但我卻有我的解釋，和上面所引的“傳”的說法不同。

怎樣不同呢？應該是在外為奸，在內為宄。原因是“宄”字它的上半部是個“宀”字，也即是俗語所說的“寶蓋頭”。這個寶蓋頭的本音是“綿”，它的意義是“交覆深屋也”。所以從字形的結構去分析，“宄”應該是在屋內的。

最近一宗千萬港圓的鑽石劫案，有些報紙說可能有“內鬼”，其實寫作“內宄”是對的，寫為“內鬼”是不對的。由於“宄”字音“鬼”，我們在口頭語上說慣了，以為“內鬼”者，是“內頭有人做鬼怪”，不知這個想法不對，在書面語上，應該寫為“內宄”，即“內奸”也。

然則“外奸內宄”。這說法，除了從字形的結構上分析外，還可以再拿出例子來嗎？可以的。《左傳·成公十七年》說：“臣聞亂在外為奸，在內為軌。”這是另一個例證。但讀者應該留意的，“軌”和“宄”字是同音假借。

有些人以為“宄”字和“究”字字形相似，就把“內宄”讀作“內究”，這是錯讀。

宄字怎讀

“宄”音“軌”，內奸也。最近有一宗截劫金器案，一家報紙的標題寫為“懷疑有內鬼”。“鬼”字顯然為“宄”字，也許編輯先生不知有“外奸內宄”這詞語，便以為鬼怪的鬼，於是寫成“內鬼”，在普通讀者看來，不會看出它寫錯了字，但是有識者，就會曉得應寫為“內宄”才對。

“內宄”這詞語在書面語上所用不多，但在口頭語上，就常會講出來。不過所謂“所用不多”，是就現在而言；在過去，也常用於報刊上，因為它是口頭慣用語之一。

但是，從前報刊上使用這個詞語時，有一些讀者就曾將“宄”字讀如“究”字。在形體上“宄”字和“究”字頗有相同的地方，所不同的，“宄”字是從

“宀”，而“究”字則是從“穴”，所分別之處，實際是很大的。

所以認字必先認清了字形，最要緊的是不可把字形相似的彼此誤認。俗語說：“人有相似，物有相同。”但是相似就是相似，甲和乙相似不是甲即是乙，也不是乙即是甲。明瞭這個道理，就可知字形相似的不好隨便亂讀。

質料上乘

在廣告上，或者在包裝用的所謂“公司紙”上，常有“質料上乘”的語句，意思是品質、材料都是上等的。相信這一語句，誰都懂得。然而，這語句中的字音，是不是每一個人都懂得呢？可能有錯的。

問題在於“上乘”的“乘”字，有不少人會直讀為“成”，如“乘車”“乘機”“乘船”“乘馬”的“乘”字。誠然，這是它的本音，但是在這個語句中，不是讀本音的。假如讀作“成”，那麽是個動詞，而在這個語句裏，它的詞性改變了，變成了名詞。在漢字中，有些文字的詞性改變了，讀音也跟着改變，例如行走的“行”字，它的本義是行走，它的本音讀“恒”，但是，當它由動詞變成名詞時，如“銀行”“洋行”“金行”“藥行”的“行”字，就要讀作“杭”。

同一情形，在“質料上乘”這語句裏，“乘”字就讀作“剩”，例如一部車輛，或者是一匹馬，都叫“一乘”，而所謂“上乘”者，是用四匹馬來拖動的車輛也。在《詩經・小雅》裏，有“元戎十乘，以先啓行”這兩句。一位主將，有十部由四匹馬拖動的車輛，這叫“元戎十乘”。

那麽，“上乘”的解釋，可否舉出例句來呢？是可以的。《左傳・哀公十七年》裏，有“嘗獻馬於季孫，不列上乘”之句。所以，上等的品質，也就是“上乘”。

贋品怎讀

“贋品”，是假造的東西也。“贋”字也有寫成“贗”字的，不過，從“鳥”的是正字，從“隹”的是俗字。這個字的讀音，就是“鴈”。

然而，有不少書刊把“贋品”錯作“膺品”。這似乎是屬於字形的錯誤，不屬於字音的錯誤。不過，我們卻可以推想，這字形的錯誤，是由字音的錯誤而來的，寫作書刊文章的，或者編輯這些文章的，先把“贋品”錯讀為“膺品”，然後才有這字形的錯誤發生。

我常常都會提醒大眾，認識一個字，先要認清它的形體，然後才去尋求它的正確讀音。否則很容易錯誤了。例如“戳”字和“戮”字，字形是相近似的，字音就相差太遠了。而這個“贋”字和“膺”字，字形也相近似，假如從俗寫成“贗”字，那麽字形就更加相近相似。

實則我們現在使用的，都是以現代漢語為標準，特別是寫語體文，除非在不得已的時候引用古代漢語，否則仍以平易暢達的文字為好。正如孔子所說“辭達而已矣”，寫文章只求表達我們的情意，不必走上艱深之路。所以，假如要寫“贗品”何不就寫“假物”或“偽造的東西”呢？故意舞文弄墨，常常就會“畫虎不成反類犬”，把“贗品”寫錯為“膺品”，那是自曝其短，是寫文章的大忌。

皇儲怎讀

英國查理斯王子結婚，轟動了整個世界。

不過報刊上使用了“皇儲”字樣，不少人把“儲”字說是“貯”。其實，這是錯誤的，它的正確讀音，應該是“躕”。例如唐人李商隱《籌筆驛》詩，就有“猿鳥猶疑畏簡書，風雲長為護儲胥”之句。假如“儲胥”讀作“貯胥”，那麼就不合平仄了。

“儲胥”是甚麼呢？是軍營外用以阻塞行人，不許闖入的，即也是現代有許多刺的鐵絲架（網）之類。

然則“皇儲”怎樣解呢？即儲君也，亦即是皇太子，繼承皇位的第一人也。

也有人姓儲的，是齊大夫儲子之後，望出河東。我有一位世伯母，就是姓儲的，她的子、孫、曾、玄，都移民到美國去了。她的二公子，最近才由美國返港，也正是我四十年以上的老朋友。

至於黃錫凌的《粵音韵彙》，把“儲”字收入了平聲，也收入了去聲。其實，在《康熙字典》和《辭海》中，“儲”字没有去聲的。假如說“儲蓄”，一般卻讀作“貯蓄”了，那麼，黃先生著書之時，應該把去聲的字音，註明是“語音”或“俗讀”才是。否則，有些人會誤以為兩個音都正確。

唳字怎讀

“風聲鶴唳”，是形容戰敗的軍隊，有甚麼風吹草動，都會驚慌起來。

關於“唳”字，如果查《康熙字典》，它會告訴我們，它的讀音是“麗”。至於它的字義，就是鵲鳥的鳴叫也。但是，假如檢查黃錫凌的《粵音韵彙》和檢查馮思禹的《廣州音字彙》，它的讀音是“淚”。那麼，把“風聲鶴唳（麗）”讀作“風聲鶴唳（淚）”，是否為錯讀呢？那不算是錯讀，而可以算是“粵讀”。

雖然《康熙字典》和《辭源》《辭海》等字書和辭書，有一部分是只適合國音的，但不能說，這些字書和辭書之中所註的字音，都不適合廣州音。

我是一個經常使用字書和辭書的人，若以我的經驗來說，不適合粵音的，只有百分之二十至三十。除了這百分之二三十外，大部分都可以國音、粵音通用，甚至其他方音也通用。

不過，粵音既與國音有所不同，自然有一些字音是不能死執以上三本字書和辭書了。我們在這個專欄中，講的以粵音為主。原因是在香港居住的人，甚或是北方人，他們在不是同鄉會的聚會中，都普遍使用廣州音，所以說“風聲鶴唳（淚）”，不算得是錯讀。

覆蓋怎讀

“覆”字的本音，是大眾都會懂得的。它的讀音是“福”。然而，漢字中有不少是破音字。當它的字義改變時，它的讀音也隨着轉變了。

最近聽電視新聞報告，說尖沙咀警匪槍戰中殉職的巴籍警員出殯，棺木上“覆蓋上英國國旗”。那報告員直讀作“福”，是不正確的。

其實在這個詞語中，它的讀音應該是“阜”。用物件將其他物件遮蓋着，就是“覆（阜）蓋”，再不把“覆”字讀作“福”了。

三國時，赤壁之戰中放火焚燒曹操與船的，就是黃蓋。看過《三國演義》的人都懂得了。他的別字叫“公覆”，也就要讀作“公阜”。因為古人的名和字，是相應的。他的名是“蓋”，所以別字用“覆”字。這等如諸葛亮字孔明一般。“明”和“亮”也是相應的。

所以棺木上蓋上國旗，就該說是“覆（阜）蓋”。

還有一句成語，說是“天覆地載”。天地間的萬物，都是蒼天覆蓋着，大地盛載着的。所以也要讀作“阜”。假如直讀作“天福”，那麼，就帶有點“天翻地覆”的意思了。我是幹大眾傳播工作的，我衷心希望同業們，正確讀出字音來，否則以訛傳訛，就會影響到大眾都錯誤了。

中肯怎讀

“中肯”是指說理說中其握要之處也。“中”字在這詞語中，是讀作“眾”。“肯”字在這詞語中，有兩個讀音：一個是讀作允肯的“肯”，也即是解作願意的“肯”；另一個讀作“海”，這才是正確的，讀作允肯的“肯”，是不正確的。

為甚麼這些人如此肯定讀作“海”才是正確呢？原來他們是在知與不知之間。因為《莊子・養生主》裏，有“技經肯綮之未嘗”一語。所以他們便說“肯”字讀“海”，“綮”字讀“戾”，是雙聲。誠然，“海”“戾”兩個音發音是相同的，但是，我們要知道，雙聲或疊韵連語，有自然的，有人為的。前者必要合成兩個字才可以表達一個意義，如“彷佛”，不能單有一個“彷”字或“佛”字，表達一個意義。後者，則每個字有幾個字的意義。如“肯”字是解作“着骨肉也”，即連着骨頭的肌肉也。“綮”字，是解作“結處也”，即聯結的地方也。

故說他們是在知與不知之間。“肯綮”一詞的“肯”字是兩讀的，但不是兩義的；換言之，讀作允肯的“肯”，可以解作着骨肉也，讀作“海”也是同一解釋。

至於有些人將這詞語中的“中”字直讀作中間的中，那又是錯誤的，它應該是讀如“中獎”的“中”。“中肯”就是說中了握要之處。

中肯怎讀

報刊上常有“中肯”一詞，比喻說對了事理握要之處也。“中”字讀“眾”，“肯”字讀“亨”的上聲，亦即允肯的“肯”。例如《莊子·養生主》裏說：“技經肯綮之未嘗。”然而，有人以為讀“亨”的上聲是錯的，應該讀如“凱”，而且“肯綮”一詞的“綮”字，應該讀如“罄”，“肯綮”讀如“凱罄”，是雙聲連語。這是一位國學大師對我講的。

這是對“雙聲”“疊韵”連語並不深入了解之故，須知“雙聲”“疊韵”連語，有天然的，這種天然的必要兩個字聯結起來，才可以表達一個意義。有人認為每一個字拆開來都可以表達一個意義的，例如“風花雪月”，“風花”是人為的雙聲，故可以拆開來解；“雪月”也是人為的疊韵，也可以拆開來解。“肯綮”（“綮”通“晵”），讀如“凱罄”，誠然是雙聲，但是可以拆開來解的。“肯”字讀如“亨”上聲或者讀如“凱”，其字義都是筋骨結合之處也，所以兩個音都可以讀。同樣，“晵”字讀如“啓”，是毫無問題的。因此，“中肯”讀如“眾亨（上聲）”，並無錯誤。

緩不讀桓

近來從電台和電視台中，常常聽到“緩（桓）慢”一詞，不止一次或是一人而已，幾乎長期如此，人人如此。

其實“緩”字正確的讀音是“換”，遲也，舒也。在四聲中，它是讀去聲的，没有平聲的讀音。但是不知為何，電台和電視台所傳播的，都說是“桓慢”。這是互相影響呢，還是誤以為這樣才合潮流呢？

電台和電視台，都有廣大的聽眾和觀眾，其影響力是十分大的。而大家接受這樣的錯誤傳播，就會變成謬種流傳。我們做大眾傳播工作的人，都應該知道怎樣正確使用詞語，正確讀出字音，使得每一個受傳播者，都不會跟着錯誤才是。

要做好這樣的工作，其實並不困難，只要養成一種查字典的習慣。這對自己固然有所補益，對於大眾，也更加有所補益。

“緩（換）慢”和“緩（桓）慢”，雖然僅僅是一個讀去聲，另一個讀平聲，但是一個音讀錯了，許多時候，是“差之毫釐，謬以千里”的。

從速改變過來，何樂而不為呢？我敢斷言，假如有一個電台或電視台，能夠準確讀出每一字音，必然會提高其收聽率或是收視率的。勇於改過，從今天起還不會遲。

蓬不讀逢

有一位電台聽眾游先生來電說：電台節目中有教人讀唐詩的，把“蓬萊”讀作“逢萊”，連字也讀錯了，他準備打電話去加以糾正。

“蓬”字正確的讀音，是 peng，不是 feng。在《康熙字典》中，引《廣韵》《正韵》是“蒲紅切”，又引《集韵》《韵會》，是“蒲蒙切”，都是“蒲”字發音的。換言之，也是拼音“p”音。總之，没有“f”音的。

雖然黄錫凌先生的《粵音韵彙》既把它收入“p”音裏，也把它收入“f”音裏，但是，根據甚麼而收入“f”音呢？卻没有加以說明。我對黄先生這本書，經常都是推崇的；但是，我們不能無條件地依從它。

同樣，我對喬硯農先生的《廣州音、國音中文字典》，也很重視。喬先生雖然不是廣東人，但他對廣州字音的研究功夫，在我看來，也是很好的。不過，同樣也有些微的缺點。而關於“蓬”字，喬先生就注音作 feng。就連“分韵”，也是把它和“芃”字當作同音字。

為了求得正確，我們再看《中華大字典》吧，它還是作“蒲蒙切”的。再檢查一下《中華大辭典》，它所注的“蓬”字讀音，還是和《康熙字典》所引的一般。

因此，我希望大家對於這個字音，能夠正確地向大眾傳播。

狙擊怎讀

在軍事上有“狙擊”和“狙擊兵”等詞語。因此，報紙上也常用這些詞語。但是，它的第一個字，有些讀者對於字形雖不感覺陌生，對於字音，卻不大清楚，甚而字義，也會產生問題。

“狙”的字形，和“阻”的字形，至少有一半相似，於是懶於檢查字典，或者認為檢查字典有困難的人，遇到這些詞語時，便會讀作“阻擊兵”。而事實上“狙擊”的一部分作用，是延滯敵人追擊的。於是，更加深了把“狙”字讀作“阻”字的信心。

其實，“狙”的正確讀音，是“追”。而“狙”字的本來意義，是獼猴也。而在“狙擊”這個詞語裏，它的詞性改變了，由名詞變成了副詞。所謂“狙擊”者，就是伏擊也。換言之，是埋伏在不容易被人發覺的地方，突然向人加以襲擊也。為甚麼“狙”字的詞性可以這樣變化呢？原因是獼猴的本性，是喜歡埋伏在不易為人所見的地方，而突然加以襲擊。

所以，“狙”字含有伺伏的意義，軍隊撤出了一個城市，還可能在那城市中，留下若干“狙擊兵”，使得進入城內的敵人在不知不覺中被射擊而傷亡。這就好像獼猴向人伺伏，準備進行襲擊。讀作“阻擊”，是錯誤的。

笑靨怎讀

報上，特別是小說上，常見有“靨”字出現。它的出現，常和“笑”字聯結起來，成為“笑靨”。但是，這雖然常見，許多人對於它的讀音卻會犯錯誤，把“靨”字讀作“臉”。這樣的讀法，不但不對，而且相差得非常遠。

我曾經聽過一位朋友把“笑靨”讀作“笑臉”。我問他為何這樣讀呢？他似乎理直氣壯地說：“靨字和臉字是同字而異體。”我再問下去：“為何同字而異體呢？”他說：“靨字從厭從面，面字表示意義，厭字就是表示讀音的。”

我問他出自哪一本書，他默然一陣，然後說：“我没有查過書，只不過是想當然罷了。”他又反問：“讀作臉不對嗎？”我笑着說：“你回家查查字典好嗎？”後來他遇到我，笑着說：“不是你提醒我，我對靨字會永遠錯下去。原來它不是臉的異體字，而是音‘醃’的（即‘靨’字的入聲）。同時，也不作‘臉’解，而是指一個人笑起來頰上現出的梨渦。”

我對他說：“‘想當然’”的事情，常常是大錯特錯的，尤其是在文字方面，一定要多檢查字典，並且要多加研究才可以的。那朋友連聲稱謝。我說，學問是要相互切磋的，何必多謝？他說，他對靨字讀錯多時了。

不勝感紉

“勝”字是勝敗的勝，一般人都會懂得它的讀音，例如杜牧《題烏江亭》詩：“勝敗兵家事不期。”讀音如姓氏的“姓”。但在不少語句中，要圈破聲讀，讀音如“升”。例如在《孟子・梁惠王》篇中說：“不違農時，穀不可勝食也。”意思是說：徵用民工，不違背農民做農作的時候，那麼，所收穫的穀物一定很豐富，穀物就會食之不盡了。在這一句裏，“勝”字就讀如“升”，作“盡”字解。

又例如寫信給人家時，信裏寫着“不勝感紉”，“勝”字也要讀“升”，是表示對人家不盡的感激和記掛在心裏。

至於說某一個人有很好的才幹，做起事來，能夠承擔職責，還有餘力可以做別的事情，就是說“勝任有餘”；又如說他承擔他的職責而不會感覺辛苦或是吃力的，那就說是“勝任愉快”。

所以，最常用的字，有時候也會讀錯，就因為它的詞義改變了，讀音也跟着改變了。

至於在史書上，有“勝國”一詞，“勝國”就解作被打敗的國家，例如明朝打敗了元朝，那麼，元朝就在史家筆下，寫作“勝國”，意思是明朝戰勝了的國家，讀作勝敗的勝。

洶涌怎讀

“波濤洶涌”，一般人都讀作“波濤洶（空）涌”，這讀法是不正確的。

誠然，在字典裏，“洶”字有“空”這個讀音。但是在“洶涌”這個詞語里面，它應該是音“孔”，或是音“聳”的。因為這是個疊韵連語。

所謂疊韵，是兩個字同一收音的。怎樣叫同一收音呢？例如把“洶”字讀如“孔”，那麼，它是“許拱切”。同樣，“涌”字是“如拱”。這樣一來，“洶涌”兩字，都是“拱”字收音的。

依照我個人研究的結果，凡是自然形成的疊韵連語，則上下兩個字，不但是同一收音，並且是在四聲中同聲的。例如“拱”字是上聲，把“洶涌”讀作“孔冗”就是兩個字同為上聲了。假如把“洶”字讀作“空”，那麼，“空”字是平聲，“冗”字是上聲，那就不合疊韵連語的規律。

比如說“辣撻”一詞吧，“辣”字是入聲，“撻”字也是入聲。又比如說“鶻突”一詞吧，“鶻”字是入聲，“突”字也是入聲。又比如說“嶙峋”一詞，“嶙”字和“峋”字都是平聲。凡是自然形成的疊韵連語，是兩個字才表達一個意義的。

阿房怎讀

在《古文評註》或是《古文觀止》這一類古文選本中，大都選入了晚唐杜牧所作的《阿房宮賦》，而“阿房宮”之所以著名於後世，也得力於杜牧這篇文章不少。有許多時候，人以地傳；也有許多時候，地以文傳。如果沒有了《阿房宮賦》，則這一所秦代帝皇之宮，恐怕只有少數史學家、文學家知道罷了，一般人是不得而知的。

然而，若是“阿房宮”這名字，能夠正確讀出字音的，恐怕不多。一般人都是直讀如“柯防工”，實際上這是不正確的。

問題就是這三個字，都是常用的。特別是“房”字，是房屋的房，閨房的房，洞房的房，庫房的房，書房的房，睡房的房，人們日常都慣於使用和閱讀了，不知在“阿房宮”這個名字裏，“房”字不再讀如“防”，而是讀如“傍”。整個讀起來，就如“柯傍工”。那麼，有甚麼根據呢？假如你不相信，試翻開《康熙字典》的“户”部，在這個部首的四畫中，便可查出它的讀音來。《康熙字典》根據《廣韵》，說這個“房”讀“傍”的時候，是秦宮名也。

時間怎讀

最近有人問我“時間”一詞怎讀，我說，“間”正確的讀法如空間的“間”字一樣。事實上“時間”和“空間”是相對的詞語。問者得到結果，並無異議，旁邊卻殺出一位先生來，他先承認“時間”與“空間”是相對的，但是，他說：請你知道，因為鴉片戰爭以後，我們遭遇的“時艱”太多，所以把“時間”改說是“時間（諫）”，正如把“絲瓜”改讀作“勝瓜”，是“絲”“輸”兩字音近之故。

我先反問，鴉片戰爭以後把“時間”讀如“時間（諫）”，是有甚麼根據的，那先生無法拿出證據來。我再問把時間的“間”改讀“諫”，有無別的例子可以支援，他也舉不出例子來。於是，我說，你剛才說把絲瓜轉說是勝瓜，是有文例的，即如把“通書”說是“通勝”。你所說的“諫”音，就是孤立的說法，而鴉片戰爭以後才把那字音改變之說，又拿不出證據來，所以，還應該從正讀為宜。

後來我再想想，“時間”“空間”等詞語，可能是鴉片戰爭以後才有的。更有一層若嫌“時間”和“時艱”音同，那麼，“空間”為甚麼不改說？“空”字是廣州語所常避的，例如“空屋出租”“空鋪出租”幾乎一致地改說是“吉屋”“吉鋪”的。“空間”不改說，只是“時間”改說，說來理由不足。

間字再論

“時間”的“間”字，引起不少爭論。其實肯虛心研究的，應該承認“時間”和“空間”是相對的名詞。陳孝威將軍主持《天文臺》報時，他是軍事評論專家。他的報紙有兩句話，是對偶式的，就是：“積小勝為大勝，以時間補空間。”以兩個“間”字和兩個“勝”字相對。不然的話，除非把“小勝”的“勝”字讀如“升”才可以。

時間的“間”字讀作“艱”，猶如“日間”“夜間”“晚間”“午間”“一陣間”“一息間”，文例甚多。因此，“時間”讀作“安得廣廈千萬間”的“間”字，實際是不爭之論。謂予不信，那麼，請教那些讀純粹國音的人，看看他們怎讀。

在國音辭典《辭彙》中，用國語注音符號，已有所說明。就是非廣東人而對廣州音著作最多的喬硯農先生的《廣州音、國音中文字典》中，也把“時間”的“間”字，讀作“日間”“夜間”的“間”。

這個詞語，我本來已講述過了，但是，為了一些人公開寫文章，教人不好把“時間”誤讀作“時間（諫）”，以致有一些人不知所從，所以我不能繼續把這些似是而非的議稿，加以糾正。以後如再有人提出意見來，我還會盡我的所能加以申訴的。

時間問題

“時間”一詞的粵音問題，有些人以為“間”字讀“諫”已經“約定俗成”。他們對於“約定俗成”的解釋，似乎只要“俗成”就算，而不知“約定”應作何解。“約定”者，據梁啟雄《荀子柬釋》引劉師培說，是界定也。我希望濫用“約定俗成”這成語的人，都詳細讀讀《荀子・正名》篇。

在這里，我不想把中華書局新編本的《辭海》和台灣商務印書館的《辭源》

對於這一個詞語的解釋介紹出來。原因是那些“固執”的人，認為“粵讀”大家都說是“時諫”了。

好吧，我們就看看喬硯農編的《廣州音、國音中文字典》吧，他這本書在香港流行了十多年，再版不知多少次了。他除了出版這本書外，還有《廣州話口語詞的研究》，對粵語下了不少的功夫。

此外，還有歐少華先生最近所編的《廣州話同音字彙》，也已經行世兩三年了。對於歐先生我認識不多，對於喬先生的著作，我認識比較深一點，認為他所下的功夫，不是隨便或草率的，確是經過研究的。這兩本“廣州音”的字書，都把“時間”讀作“時艱”。可見那些讀“諫”的人是不對的。

時間與空間

“時間”問題，爭論不休，關於廣州音字典的解釋介紹過了。

這裏，再介紹中華書局一九六五年新編本《辭海》的解釋。在“時間”一條裏，註明：“參閱‘時間和空間’。”這以下，就是“時間和空間”條的解釋：“運動是物質的存在形式。空間是物質存在的廣延性；時間是物質運動過程的持續性和順序性。同物質一樣：它們是不依賴於人的意識而存在的客觀實在，是永恒的，空間、時間同運動着的物質是不可機械分割的，没有脫離物質運動的空間和時間，也没有不在空間和時間中運動着的物質，空間和時間又是相互聯繫的。現代物理學的發展，特別是相對論的提出和得到證實，更表明空間和時間是無限和有限的統一。就宇宙而言，空間和時間是無限的，空間無邊無際，時間無始無終；就每一具體的個別事物而言，空間和時間都是有限的。度量空間和時間是科學的任務，通過量度單位的選定和參考的建立而進行。量度單位以某物質在一選定參考系中的尺度或穩定運動為依據。量度空間，以米（即公尺）或其分數（如厘米、微米）或倍數（如千米，即公里為單位。……）”由此可知“時間”一詞的產生。

嚮往怎讀

“嚮往”一詞，是十分常用的，不但在文言文中常用，就是白話文中，也常見它出現。

但是，人們雖然大略懂得詞意，對於它的讀音，則多出現錯誤。也有些人，連寫也寫錯了，把它寫成“響往”。“响”字是音響的“響”字簡寫，由於這樣寫，可見那些人把這個詞誤讀為“響往”。

其實“嚮往”的“嚮”字，和“向”字是古今字。因此，寫作“向往”，亦無不可。同時，“鄉”字在古代，也可以和“向”字相通，因此，寫作“鄉往”，在古代漢語中也是一樣。所以，如果將“嚮往”寫簡筆為“向往”，不是更加簡單，更加正確嗎？“嚮”字講過了，這里就要講講“往”字。在這個詞語裏，一般人都把它讀作往來的“往”。在粵音中，大家都把“往來”的“往”字讀作“王”上聲。其實在“嚮往”一詞中，它的讀音是“旺”，即“王”去聲。“嚮往”一詞正確地讀是“向旺”。把“往”字讀作“旺”的時候，它的意思是“歸向也”。

司馬遷在《孔子世家讚》中說：“雖不能至，然心嚮往之。”意思是：雖然不能做得到和孔子一般崇高和博大，但是，一心是歸向於孔子的道德和學行的。

愉不讀愈

近年來電視台、電台的報告員或藝員，都把“愉快”讀作“愈快”。

“愉”字從“心”，從“俞”；“愈”字也從“心”，從“俞”，似乎是相同的。誠然，有些字可以部首轉移，例如“慚”字，可以把“心”旁轉移到下面，作“慙”，仍然是慚愧解，字音和字義都相同。

又如“愜”字，也可以把“心”旁轉移到下面，作“悘”，仍然作愜意解，字音和字義是相同的。

再如“悃”字，也可以把“心”旁轉移到下面，作“悃”，一樣是作憂患解，字音字義也是相同的。

不過，這不能以偏概全。部首的位置轉移了，讀音有好些是不同的，意義也是不同的。

例如“忡”字，《詩經》：“憂心忡忡。”音沖，憂也。假如把部首轉移到下面，就變成“忠”，音中，是忠心的忠，忠誠也。字音不同，字義也不同。

又如“忪”字，音鍾，心動不定也，驚也。假如把部首轉移到下面，變成“忩”，音匆，作匆匆不暇解。字音和字義都不相同。

所以，“愉”字把“心”旁轉移了而成“愈”。“愉”字音如，快樂也。“愈”字音遇，是勝也，賢也，過也。

冗長怎讀

“冗長”一詞，現在一般報刊都作悠長解。例如開會時間長，說是“冗長會議”；演講時間長的，說是“冗長演說”；長篇的聲明或報告，說是“冗長報告”。這都是錯誤的。

“長”字誠然可以作長短的“長”字解，也可以作這樣用，但是，在“冗長”一詞中，假如把“長”字讀作“祥”，那是可以的了，不過，“冗”字作怎樣解呢？我們不能把它束之高閣而不加解釋，只用“長（祥）”字的意義。既然使用這個詞語，就要整個詞語都解釋清楚。只有一個例外，就是自然的雙聲、疊韵連語，才是兩個字合起來表達一個意義的。

因此，在這個詞語中，“宂”字讀如“涌”，是閒也。“長”字讀如“象”，是多餘也。整個詞語的意義，就是閒的、多餘的。舉例言之，唐人白居易詩篇裏，就有“通州海內悽惶地，司馬人間宂長官”兩句。意思是：元稹被貶謫到通州，是天下使人悽惶的地方。而唐代司馬這職位，就是人間多餘的官員。雖有官名，卻没有職守的。

所以“宂長會議”“宂長聲明”作悠長解釋是錯的。

誼義相同

人不可能没有朋友，既有朋友，就會發生情誼。人們常常都會說到“友誼萬歲”，也有一支歌曲以“友誼萬歲”為名的。然而，這樣常用的詞語，人們都會出錯，將“友誼”說是“友宜”。這可能是“秀才識字認半邊”的壞習慣所造成的。其實這樣認字，非常危險。雖然有可能說對了，但是，說對的機會少，說錯的機會多。就以“說”字為例，它的右半邊是“兑”，這和說話的“說”字讀音就相距甚大。同樣情形，把“友誼”說是“友宜”，也是不對的。雖然和它的本音距離並不太大，不過，始終是不對的。這個字的本音就是“義”。

實際說來，“誼”字和“義”字，是古今字。就是“友誼”一詞，也可以寫成“友義”的，唐人李商隱的詩篇，就有“平生風義兼師友”之句，只可惜，人們對於認字，都是馬馬虎虎，而不肯認認真真去吸收，去了解，去使用。再加上“秀才識字認半邊”的壞習慣，於是，常常錯讀，常常錯說，閙成極大笑話的也有之。我總希望人們，不可以“一音之轉”或“約定俗成”為口實，就去隨便讀出或者說出一個字音來。語文是人類溝通思想的工具，正確使用語文，是我們應有的觀念，切不可馬馬虎虎，自欺欺人，更不可隨便找尋藉口，文過飾非。

蓬勃怎讀

“蓬勃”一詞，雖是常見常用，但是，見的人未必能夠正確讀出，用的人也是一樣。

有不少人都讀作“馮撥”，也許，這樣讀的人相當普遍，其實，兩個字都讀錯了。

那麼，怎樣讀才是正確呢？“蓬勃”的“蓬”字應該讀作船篷、布篷、檐篷的“篷”，“勃”字應該讀作“潑”。這兩個字，是雙聲連語，都是同一發音的。

在漢語上，“蓬勃”兩個字的發音都是“蒲”。

在英語上，兩個字都是“P”發音的。

至於“蓬勃”一詞，是興盛的樣子。例如說：“這機構的營業真是蓬蓬勃勃。”就是說生意興盛。

“蓬”字讀作船篷的“篷”的人也不少；但是，“勃”字讀作“潑”的人，就屬於極少數了。

許多人都以為讀字音不必認真，隨隨便便就可以了，不知道語言是表情達意的工具，假如讀音不正確，可能引起誤會，而招致不可避免的損失。

一些世俗的人，有膽讀錯字，没膽讀正確的字。這是一種最壞的毛病。假如我們是用語言做傳播工作的，務求讀正了，大家都會正；如果讀錯了，大家也會受到感染而讀錯，何必固執呢？教書的人亦然。

磅礴怎讀

“氣勢磅礴”這個詞語，相信大家會時常看到，也許你曾使用過。但是，假如你使用過，也不過是模仿人家而使用的，並不是對這個詞語有比較深入的了解。而對於它的讀音，也不會很正確。我平常留意別人讀這個詞語時，都是讀作“旁薄”，而“薄”字則與厚薄的“薄”字讀音相同，這是錯誤的。

“磅”讀作“旁”，没有錯誤；“礴”讀作厚薄的“薄”，那就是錯誤了。

我經過研究，認定“磅礴”一詞，是個雙聲連語。所謂雙聲連語，是兩個字同一發音的。而且，一定要兩個字合起來，才表達一個意義。

“礴”字的正確讀音，應該是“撲”。而“磅礴”一詞，就讀作“旁撲”，假如用拼音，兩個字都是 p 發音的。至於它的意義，是廣大的樣子。“氣勢磅礴”整個詞解起來，就是氣勢廣大的意思。

也有一些舊文章裏，會有“解衣磅礴”這詞句。例如攀山太疲勞了，得到一個好地方休息，解了衣襟，領略大自然的空氣，或者披襟當風，那時候，整個人都覺得氣勢廣大了，就用“磅礴”的詞性，有些作“旁礴”或“旁魄”的。

臘獵怎讀

“臘”字你見得很多，在平常買燒肉的時候，你會在燒肉店的招牌上或者在包裹的紙袋上，和它相見。在現時冬天裏，特別是舊曆的十二月裏，你會見得更多。因為秋冬的時候，臘味已上市，而十二月，古代稱為臘月。至於燒肉店，通常叫“燒臘鋪”，它是專賣燒味、滷味、臘味的。

但不知是誰的聰明，把“臘”字寫作“腊”字，於是你寫我寫，而不知你錯我錯，甚至打獵的“獵”字，也寫成了“猎”，以為這是簡筆。誠然，“臘”字在字典中是“肉”部十五畫，而“腊”字去除部首，就只有八畫，加上部首四畫，只不過是十二畫；由十五畫而省作八畫，確實省了七畫。但是，“腊”字的讀音是“昔”，它的意義是“乾肉也”，而“臘肉”也是“乾肉也”。這樣一來，不但“臘”“腊”讀音不同，而且意義亦也有別。因為單一個“腊”字，已經是乾肉了，而單一個“臘”字，並不能作乾肉，一定要寫“臘肉”，才可以作乾肉解。

同一情形，而且更有甚之，則是“獵”“猎”的讀音和意義，根本上都不同。“猎”字音“藉”，又音“昔”，是一種獸類的名稱，和熊有點相似。至於“獵”字，音“鬣”，是獵捕禽獸也。因此，不能把“腊”“猎”作為“臘”“獵”的簡寫。

傳奇怎讀

“傳奇”一詞，在香港電視劇中，人們一律都把“傳”字讀去聲，如《左傳》《公羊傳》《穀梁傳》等。大概他們都解作傳記奇怪的故事也。

其實正確的讀音，應該是“傳（全）奇”，即“傳說”“傳聞”的“傳”。

如《兩般秋雨庵隨筆》說：“傳奇者，裴鉶（唐代）著小說，多奇異可以傳示，故號傳奇，而今之傳奇則曲本矣。”

又台灣中華書局最新增訂本《辭海》“傳奇”條說：“小說體裁。意即奇異故事，可以相傳者。一般指唐宋人用文言寫作之短篇小說。源出於六朝志怪，內容已擴展至人情世態和社會生活之描繪。”那麼，便可以證明“傳奇”的正確讀音了。

近人郭沫若贈給（二十世紀）三十年代末與四十年代初劇作家于伶（其作品有《大明英烈傳》《杏花春雨江南》《長夜行》《花濺淚》等）卅七歲生辰詩有說：

“大明英烈見傳奇，長夜行人路不迷；春雨江南卅七度，如花濺淚發新枝。”

根據七絕詩的平仄，第一句應該是“平（仄）平仄（平）仄仄平平”的，可見句中“傳奇”字讀作“全奇”了。

意思怎讀

“時間”粵音問題，爭論不休，一般堅持讀“時諫”的，大都是對語文一知半解，或者根本没有對語文下過工夫。我以前曾舉過兩本粵音字典為證，都是讀“時艱”的；最近偶然看到中華書局出版，而且已再版數次的《粵音國音新字典》，也是主張讀“時艱”的。不相信這三本“粵音”字典的著作者，都没有經過研究。

筆者再來提出一個詞語，就是“意思”。從前這詞語都是口頭傳播的，所以大眾隨口說出來，都是“意試”。例如說“唔好意思”，是心意上感到不好過也。又例如“客思”“旅思”“鄉思”，都讀如“試”，是作客的心情、羈旅的心情、懷鄉的心情也。從前廣州人，也故意把“唔好意思”，說是“唔好意三”的，因為“試”“四”音同，所以故意說歪了變成“意三”。但近三十年來，香港人都說“意絲”，可能因為由口頭語變作書面語而錯誤了。現在說“意絲”的為十分之七八；說“意試”的僅得十分之二三。然則任由它“絲”下去嗎？

《荀子·正名》篇中，也即是所謂“約定俗成”的出處，就痛責那些“析辭以亂正名”的。親愛的讀者們，“予豈好辯哉？予不得已也”。我不是好辯的人，但我們要知道，不能“析辭以亂正名”。每個人都是有責任的。

骰不音色

“扭計骰”① 在香港曾流行了一個時期，現在又傳到中國大陸去，青年人在街上時，也會拿起來玩弄，就連外國電訊社也拍發新聞圖片。

但是當讀者看到“扭計骰”這一個名詞時，便脱口而出地說是“扭計色”了。

到底“骰”字是否“色”字呢？當然不是的。論意義，“骰子”誠然是我們所說的“色仔”，但是“骰”② 字和“色”的讀音截然不同。其實，在香港馬場中，曾有一匹馬名為“骰博”，由那時開始，人們已懂得“骰博”實際就是“投博”。“色仔”何以稱“投子”呢？因我們玩“色仔”的時候，粵語說是“擲色”，而“投”者“擲”也。所以古代稱“色仔”為“投子”，當它用玉米製作時，也曾稱為“明瓊”。它有時用木做的，也有時用瓷做的，也有時用象牙做的，但當它改用骨做的時候，“投子”便被改為“骰子”，而“骰”字仍然被讀作“投”。所以，“扭計骰”應說是“扭計投”的。

然則“色仔”的名稱何來呢？原來“色仔”的點數，從來都是黑色的。據前人筆記說，因唐玄宗與楊貴妃玩“投子”，本來應大輸的，但如果擲得四點，就會反敗為勝，玄宗大呼，果然得四，後來就將四點改為紅色。其名由此而來。

漫長怎讀

“漫長”或是“長夜漫漫”的“漫”字，有些人讀如“萬”，實則在這些詞語裏，應讀如“蠻”。例如唐人岑參《逢入京使》詩：“故園東望路漫漫，雙袖龍鍾淚不乾。馬上相逢無紙筆，憑君傳語報平安。”如把“漫漫”直讀，便不合了。

我寫這稿件之前，剛接到郵政寄來一信。內有剪報，其小方塊的題目是“廣州方言”，說有兩本新出版的字書，一看“凡例”便知其“有無料”。不像那些“咬文嚼字”之徒，只憑字書上的反切音，便認定某字怎讀。

我主持《咬文嚼字》節目，是由（二十世纪）六十年代開始直至現在的；同時，這封信又是專寄給我的。我相信這又牽涉到“時間”問題去了。因此，我認為那寫稿的是以我為對象。在這裏，且說明我主持那節目，是分“正讀”

① 即魔方——編者註。

② “骰”音 tóu，即骰子——編者註。

“俗讀”“讀音”“語音”的，甚至有些“俗讀合法化”和“名從主人”的，十多年來，有不少聽眾都可以作證。

第二，請問那第一本“有料”的廣州方言字書裏，有没有“時間”一詞？也有一些廣州慣用語的僻字，是否把“嬲”字解作“怒”也。

第三，請問那第二本“有料”的字書，是否有一個字，只有一個部首，而没有其他字統屬的呢？一笑。

查姓讀渣

“查”字音茶，察也。如考察、調查、查察、查賬、查根問底之類。這是一個慣用字，相信大家都會懂得，也不會讀錯。

然而，當你看到一張名片，或是報刊上只看到一個人的姓名，“查”字作為姓氏時，你就不能“查”（茶）他一番了。因為在姓氏上，它是讀如“渣滓”的“渣”字的。在切音上，是“之鴉切”。如前清的“查嗣庭”，應該說是“查（渣）嗣庭”。但有些人不管怎樣，因為慣用“調查”“考查”“檢查”等詞語，就連人家的姓氏，都讀作“茶”，那是不對的。

最近有一位讀者來信，大意是問為甚麼報紙上常用“血淋淋”字樣，而不用“血灘灘”？這封信我是大略看過的，是相當長的，有好幾頁，但是非常抱歉，我在這里執筆為文，一時找不出大函，故全函的意思還是不大了之，只是記憶起多少就先行答復多少。更加抱歉的是，連讀者的貴姓大名也無從介紹出來。但我相信始終是會發現的，到時另行答復。我以為一個人身體損傷了，血液流出來，用“血淋淋”字樣。至於說“一灘血”，那是形容血液流滿了地上，才是這樣寫的。這個專欄本是專認字音，來函所問，原本不屬此範圍。

忐忑怎讀

“忐忑不安”是表示心情不安定的。漢字中，百分之八九十是形聲字，所謂形聲字，形符是表示意義，聲符是表示讀音的。因此，有許多自作聰明的人，以為“有邊讀邊，無邊讀槪”，是最好的辦法。如“鯉”字讀“裏”，“潢”字讀“黃”。這樣的讀法，誠然是對的。但要知道，表聲的符號，未必百分之百相同。如“陳”字不能讀“東”，“馮”字不能讀“馬”，“酗”字不能讀“凶”。

因此，“忐忑”一詞，不能讀作“上下”。第一，每一個聲符所表示的讀音，只是相近的，例如，“河”字、“江”字，其表聲部分，只是和字音相近。第二，未必每一個字的造字聲都屬於“六書”中的會意字。

同一情形，“忐忑”兩字，就是運用“會意”這個造字原則來創造的。心情不安，是上上下下地不安定的。廣州有一個隱語，說“十七個吊桶”，意思是心情“七上八落”，也即是心情上下不安。

所以，“忐忑”兩字的讀音，是“坦忒”。“坦忒”是同一發音的。在音韵學上這叫“雙聲”字。這樣的雙聲字，是兩個字合起來，才表示一個意思的，不能單用一個“忐”字，或是單用一個“忑”字，來表達心情不安。

忐忑怎讀

“忐忑”一詞，是形容心情不定的。它應該是一個變聲連語，讀如“坦剔”。然而，《康熙字典》和《辭源》《辭海》都引《字彙補》轉音《道藏三元經》說讀如“懇倒”（或作到），於是造成檢查字書和辭書者的混亂。其實在造字的原則上，詞中的兩個字，第一個是從“上”從“心”，第二個是從“下”從“心”，表示心情上上下下、不能安定的意思，所以基本上是屬於“會意”的。兩個字是一起製作，也一起使用的。

凡是“變聲”或是“疊韵”連語，必然要合起來才表達一個意義，例如“仿佛”就是變聲連語，通常都是兩個字連用。同一原因，“忐忑”一詞，通常都不會單獨使用任何一字。所以，讀如“坦剔”是很自然的。

如果讀如“懇倒（到）”，既不是變聲，也不是疊韵，更不符合造字原則。《字彙》是明代梅膺祚的著述，《字彙補》是誰的尚未查知，所轉引的《道藏三元經》更未過目。上述的字書和辭書輾轉引用，而没有明確的交代，所以“懇倒（到）”是否為讀音，亦或是詞義，還是疑問。

總之，在形容心情不定的詞義上，它的正確讀音，應該如“坦剔”。如果不認反切，而曉得汉語拼音的，都可了解“坦剔”發音相同。

彀不讀殼

“入彀”或是“墮其彀中”，這些詞語常在報刊上出現。但是“彀”字有些人會讀作“殼”，也有些人會讀作“穀”，這都是不對的。

它正確的讀音是“夠”。所謂“彀”，是引弓至滿也。在《孟子・告子》裏有說：“羿之教人射，必志於彀，學者亦必志於彀。”就是說，后羿之教人射箭，必以引弓至滿然後滿意，跟從他學射的人，也必以引弓至滿然後滿意。

至於“入彀”一詞，就是入了人家的弓箭射程之中，也可以解作入了人家的圈套，或是受了別人的籠絡。例如《唐摭言》有說：“唐太宗貞觀中私幸端門，見新進士綴行而出，喜曰：‘天下英雄，入吾彀中矣！’”意思就是說，天下的英雄人物，都已經進入我的籠絡中了。

由於“彀”字的本來意義，是引弓至滿也，故可以引申為“滿足”的意思，也即是和“夠”字的意義相通。例如《兒女英雄傳・第十六回》：“我鄧老九這就彀瞧的了！”所謂“彀瞧”，也即是“夠瞧”。又例如說：“這些錢已夠開支了。”“夠”字也可以寫為“彀”的，但是，“彀”字人家難懂，“夠”字較通行。

彀不讀㲉

“彀”字和“㲉”字的形體很相似，因此，有些人把“彀”字讀作“㲉”字。這樣的差錯，相距有十萬八千里之遙。字音既然相差得遠，字義也相差得很遠。

“彀”字的正確讀音是“夠”，是張弓使之滿也，也即是拉開弓弦，把它拉到最盡之處。《孟子·告子》篇中：“羿之教人射，必志於彀（音 gòu），學者亦必志於彀。”意思是：后羿之教人射箭，必要把弓弦拉盡了為最高目的；而學射的人，也必要以把弓弦拉盡了，才算是達到最高目的。

最常見而有關“彀”字的一個成語，就是“墮入彀中”，或是“入其彀中”。這個“彀”字，字義稍有一點引申，而作為弓箭射程解。而“彀中”，就是弓箭射程中。如說“墮入彀中”，則可以解作墮入別人的圈套中。至於說“入其彀中”，則解作入了別人的籠絡中。唐太宗曾見新科進士魚貫而行，便說道：“天下英雄，入吾彀中矣。”

“彀”字也和“夠”字相通，例如《兒女英雄傳·十六回》說：“我鄧老九這就彀瞧的了！”

現在有些人，常把“夠瞧”，誤作“夠照”。正確的寫法，應該是“夠瞧”或者是“彀瞧”。

艘不讀叟

船隻的數量詞，在口頭語上是用“隻”；在書面語上慣用“艘”。例如口頭上說英國遠征艦隊共有船艦四十多隻；但是書面語上就說四十多艘。“艘”字，在新聞報告中，一般都讀作“叟”。這讀音並不正確。它的正確讀音應該是“收”。

也許，有人會檢出《康熙字典》來，指出它有一個讀音是“搜”的。不錯，廣州語音是把“搜查”“搜身”“搜索”，都說是“叟”。實際它的讀音則是“收”。例如韓愈《進學解》裏有說：“獨旁搜而遠紹。”所以，一個字音不正確，假如拿來作別個字的直音時，就會牽連別的字也錯誤了。

舉例言之，“聿”字音“鷸”[①]，但人們有把“聿”字讀作“律”的，於是，看到字典裏的“鷸”字所注的直音為“聿”時，就把成語中的“鷸蚌相持”，讀作“律蚌相持”；“歲聿云暮”，讀作“歲律云暮”了。

一個字音不正確，就會株連別的字音都不正確，其影響之大如此。希望大家不可草率認字。

① “聿”“鷸”俱音 yù——編者註。

由於“搜”字廣州的語音說是“叟”，大家說慣了，於是見到“艘”字有一個直音是“叟”，也就照讀如“叟”。

艘不音叟

“艘”，是一個常見的字，主要作數量詞用，如說：“挪威海域水底發現一艘不明國籍的潛艇。”“一艘”，就是指船的數量詞，即一隻船的意思。這用於書面語居多，例如王粲《從軍》詩有說：“連舫逾萬艘，帶甲千萬人。”又如《三國志・吳書・周瑜傳》說：“乃取蒙衝鬥艦數十艘，實以薪草，膏油灌其中。”所謂“逾萬艘”“數十艘”，也即是“過萬隻”“數十隻”。

但是，無論在書面語或者口頭語上，“船隻”“艦隻”等字樣，也是常見的。最可惜的，就是以口頭語傳播的人們，通常都把“艘”字說是“叟”字，其實，它的正確讀音是“騷”，是“蕭”，是“收”。無論讀哪一個音，都是平聲，不是仄聲的。

雖然在《康熙字典》中，有一個音是“搜”，不過我們要知道，“搜”字至少有兩音：一音“收”，另一音“叟”，而《康熙字典》中把“艘”字注音為“搜”，這個注音實際是音“收”，並不是音“叟”。因此，我希望用口頭語傳播的朋友，如無必要，還是用“船隻”“艦隻”“一隻”“十隻”等字樣為好，不可把“艘”字讀作“叟”。

平上去入

在聲調中，有所謂四聲，即“平、上、去、入”。但是，“上”字雖然筆畫很簡單，而且也很常用，錯讀的人卻不少。

就算是詩翁騷客，他們對聲韵該是相當了解了，但把“平、上、去、入”的“上”字讀作“尚”，即上下的“上”，也是常有的。

“平、上、去、入”的“上”字，應該讀作上落的“上”，也是唐人王之渙《登鸛雀樓》詩中，“欲窮千里目，更上一層樓”的“上”。

首先，我們要知道：“四聲”中的四個字，每個字都代表一個聲調。例如“平”字，代表平聲；“上”字，代表上聲；“去”字，代表去聲；“入”字，代表入聲。因此，假如把四聲中的第二個聲的“上”字，讀作上下的“上”（尚），那麼，它便變成去聲，再不是上聲了。

四聲的歌訣是這樣的：“平聲平道莫低昂。上聲高呼猛烈強。去聲分明哀遠道。入聲短促急收藏。”因此，就可以知道“上聲”是要高呼，而其聲猛烈而強。所以，讀作上下的“上”，才把聲調提高了；假如把上聲的字讀如上下的“上”，就大大不同，更有悖於四聲歌訣。

戳戮不同

“戳破陰謀”，意思是把陰謀刺破了。然而，有些報刊常常弄成“戮破陰謀”。除非把責任推向“手民之誤”，否則，便是編輯先生或者校對先生分不開“戳”字和“戮”字的字形和字音。換言之，是把“戳”字誤認為“戮”字。字形攪不清楚，是認錯了字；字音攪不清楚，是讀錯了字。這兩個錯誤的結果，就連字義也不曉得了。

“戳”字，音“戚角切”，在廣州話的九聲中，它是個中入聲字，也即“蒼、廠、創、戳”。這個字除解作刺破之外，又解作圖記也。例如郵局中蓋在郵票上的圖記，大家都說是“郵戳”。

至於“戮”字，則是殺戮的“戮”字，音“鹿”，殺也。唐人杜甫《佳人》詩中，有“自云良家子，零落依草木。關中昔喪亂，兄弟遭殺戮”之句。

“戳”字和“戮”字的形體，雖然十分相似，但是要分別開來，也不困難。“戳”字的左半邊，是個“翟”字，而“戮”字的左半邊，則是一個“翏”字。因此，只要小心去辨認字形，就可以減少寫錯字、讀錯字了。假如粗心大意地去認字，就很容易會寫錯和讀錯了。有些人以為不必太認真，那是教壞人的，任何功夫，都要比較認真地做好的。

溺字怎讀

有老人家猝然問“溺”字是否讀“尿”，那時彼此正在向一個山坡“拾級而登”，我連忙說：“是的，但不能一概而論。”

他要我舉例，我就說：“如‘糞溺’‘便溺’這些詞語中就和‘尿’字同音同義。但如果用來表示沈溺在水中的意義，那麼，不能說‘沈尿在水中’，而應該讀如‘惄’（音 nì），假如用切音，就是‘尼歷切’。”

這老人家似覺奇怪。其實，這不是特異的情形。漢字中，一字多音、一字多義的例子很多，不過大家不很留意罷了。例如“咽”字，如“咽喉”一詞，讀如“煙喉”，但“嗚咽”，假如作“吞下”解，它就讀如“宴”，在《孟子・滕文公》篇中，有“三咽然後耳有聞、目有見”這一小節。我也聽人讀如“三噎然後……”，顯然讀錯了。也聽過人讀《幼學故事瓊林》：“咽喉右臂，皆言要害之區”把“咽喉”讀如“噎喉”。

由於當時是上山坡，我只解答如本文中第二段那麼簡單。上了山坡，大家都忙於和“捷足先登”的朋友打招呼，不暇交談下去。

又如前幾期所講的“雋”字，在“雋永”一詞中，要讀如“吮永”，而在“雋良”一詞中，則“雋”字與“俊”字同音同義。至於“雋李”這地名，則讀如“醉李”。

糞溺怎讀

“溺”字，音“尼亦切”，亦即是四聲中“寧”入聲，“寧、濘、佞、溺”，沈没於水中也。

例如《孟子》中，有“嫂溺援之以手乎”之句。意思是，既然說“男女授受不親”，然則嫂嫂墮於水中而沈，是否伸出手臂去把她牽引起來呢?

由於沈溺引申為沈迷的意義。現在不少人沈迷於吸毒，或者沈迷於飲酒，又或者沈迷於色情。任何一種沈迷，都可以說是“沈溺”。更有大多數人，沈迷於賭場，以為只有賭博，才可以贏得大錢，於是傾家蕩產去投注，這些人就是沈溺於賭博。因賭博而家破人亡的不知凡幾。

不能勝任的，也說是“溺”。例如說一些官吏，其能力不足以擔任其所應負起的責任，就說是“溺職”。

過分的愛憐也說是“溺愛”，有許多人過分愛憐其兒女，施以過度嚴格的監管，這樣的愛憐，就說是“溺愛”。而“溺愛”的結果，可能阻礙兒女智慧的發展。

“溺”字有時和“糞”字连結起來。它的意義和它的讀音，都有很大的改變。在字義上，是小便也；在字音上，是“尿”字的異體字。換言之，“糞溺”，即“屎尿”也。有些人以為它是沈溺的“溺”字，即是錯誤的。

剛愎自用

“剛愎自用”，是說剛強狠戾的人喜歡自行其是，而不聽從別人勸諫。

然而，“愎”字常常有人讀作“復”字。這是不正確的，它正確的字音是“碧”。它的意義是狠戾也。在黃錫凌《粤音韵彙》中，也將其收入了“福”字這一系列同音字中，只加上一個“俗讀”註解。我不同意這是“俗讀”，因為有一些人，以為“俗讀”是容許的。

把“愎”字讀作“福”，顯然是錯讀了。錯就是錯，俗就是俗。有些時候，是容許從“俗讀”的，但是，“錯讀”則是絕對不容許的。

我個人以為，“錯讀”是必然要更正的。特別是教書的人，和以語言來做大眾傳播工作的人，他們本身應該曉得其影響力很大，他們錯讀了一個字音，其學生、其聽眾，也都跟着錯誤了。

孟子曾說過：“大匠教人，必以規矩；學者亦必以規矩。”因此，教書的人和利用語言傳播的人，假如不自知其影響力之大，而亂讀字音，是“不以規矩”教人了。雖然電視台、廣播台是以娛樂大眾為目的，但是，同時也具有教育功用。可不慎歟?

上乘怎讀

有好些商品的廣告，都說是“質料上乘”。這里的“乘”字，不少人說是“成”。這樣的讀音是錯誤的。

“乘”字的本音確實是“成”，如“乘車”“乘船”“乘馬”“乘機”等等。但是，在漢字中，有不少字是破音字。有些字是同一意義，而有兩個或兩個以上讀音的。

但是，有些時候，不同讀音，便不同意義。例如“上下”的“上”，讀作“尚”；“上落”的“上”，便讀作上聲，即四聲中的第二個聲。至於“上乘”的“乘”字，它的字義已變化了，所以不再讀“成”，而改讀為“剩”。

所謂“質料上乘”者，是指品質和材料，都是上等的。在古代，用四匹馬共駕一輛車，就叫“上乘”；用兩匹馬駕一車，就叫“中乘”。例如《左傳・哀公十七年》“衷甸”句，唐孔穎達疏：“四馬為上乘，兩馬為中乘。”

此外，上等好馬，也叫“上乘”。例如《左傳・哀公六年》：“陽生駕而見南郭且於曰：‘嘗獻馬於季孫，不入於上乘，故又獻此，請與子乘之。’”其中“上乘”的“乘”讀“剩”；“乘之”的“乘”仍讀“成”。

縫字兩音

“天衣無縫”，是我們經常遇到或是使用的成語，然而，儘管大家這樣用，真正能夠了解它最後一個字“縫”的讀音的，恐怕不會很多。

我常常都聽到別人說“天衣無縫（逢）”，其實這不止是錯讀，而且是錯用了。

誠然，“縫”字音“逢”。但是，它不止一個讀音，也不止一個意義。還有一個讀音是“鳳”。假如把“縫”字讀作“鳳”，那麼，它的詞性也改變了；自然，連詞義也改變了。

讀作“縫”的時候，是作動詞用，縫紉也。例如《詩經・魏風》說：“摻摻女手，可以縫裳。”又如孟浩然《賦得盈盈樓上女》詩說：“妝成捲簾坐，愁思鉄縫衣。”

在《左傳・昭公二年》裏也有說：“敢拜子之彌縫敝邑，寡君有望矣。”註：“縫，補合也。”

假如讀作“鳳”的時候，它是衣冠縫合之處也。就以“天衣無縫”一個成語為例吧，它應該解釋為：天仙的衣服，没有縫合痕迹。所謂没有縫合痕迹，廣州話說是：看不見綫步的。

此外，凡是罅隙都可以說是“縫（鳳）”，例如門楣的罅隙，說是門縫（鳳），又如墻壁的罅隙，也可以這樣說。而杜牧《阿房宮賦》說：“瓦縫參差，多於周身之帛縷。”“縫”也該讀“鳳”。

朝鮮怎讀

“朝”字有兩音：其本音是“招”。根據字形，其左邊是日已出於草中，而月猶未沒也。所以早晨就說是“朝”（招）。例如唐人白居易《長恨歌》有說：“蜀江水碧蜀山青，聖主朝朝暮暮情。”又宋人范仲淹《岳陽樓記》說：“朝暉夕陰，氣象萬千。”

此外，“朝”字讀“招”，又作時日解。例如清人袁枚《二月十二日》詩說：“除卻女兒誰記得？百花生日是今朝。”意思是：今天就是百花生日了。

它的另一個字音是“潮”，讀這個音的時候，是朝廷的朝。現代民主國家，執政黨叫在朝黨，其餘的叫在野黨。古代供職於朝廷的人叫“在朝”，平民就叫“在野”。朝廷和民間都歡樂的，就叫“朝野歡娛”（見庾信《哀江南賦》）。

諸侯和臣子去見天子，就叫“朝見”，或叫“上朝”。但同輩過訪，也有說是“朝”的。例如《史記·司馬相如列傳》：“臨邛令繆為恭敬，日往朝相如。”

本來這兩個音，一般人都容易分出。但是韓國古稱“朝鮮”，不少人讀作“潮鮮”，是不正確的。正確的讀音，應該說是“朝（招）鮮”。

挑戰怎讀

“挑戰”一詞常見於報刊中，但“挑”一般人直讀如“祧”，即“肩挑背負”的“挑”。這樣的讀音是不正確的。在這個詞語裏，它的讀音應該是“窕”。“挑戰”，就是激起戰爭來。例如《史記·項羽本紀》：“漢欲挑戰，慎勿與戰。”

又如“挑逗”，也是讀如“窕”的。“挑”讀“窕”時，有引誘的意思。例如《戰國策·秦策》：“楚人有兩妻，挑其長者，長者詈之；挑其少者，少者許之。”又《漢書·司馬相如傳》：“卓王孫有女文君，相如以琴心挑之。”有一套外國影片，中文譯名是“午夜琴挑”，但大眾都直讀為“午夜琴挑（祧）”，其實應該讀作“琴窕”的，即午夜之時，以琴聲去加以引誘也。

還有，我們在口頭語或者在書面語上都常用“挑撥”一詞，即搬弄是非使兩方面發生惡感也。“挑撥”也應該說是“窕撥”。

還有“挑達”一語，就應該說是“滔撻”。例如《詩經·鄭風》：“挑兮達兮，在城闕兮。”“挑達”就是輕薄放肆的樣子。

有些人常常都說：“習慣這樣讀，又何必改？”其實近來電視台的新聞報告已改正若干。

驢子怎讀

“驢子”，一般人都說是“盧子”。陸放翁詩句有說：“此身合是詩人未？細雨騎驢入劍門。”這樣的境界，縱然不是詩人，至少，也有着很濃厚的詩意。

當細雨霏霏之時，騎着一匹驢子，進入現在四川省西北部的劍門山，真的有無限詩情畫意。

但是，把“驢”讀作“盧”，這是錯誤的，這是“秀才識字認半邊”的壞習慣所造成的。

我們有若干情形，是在口頭語上，把一個字音說得很對，而在書面語上讀起來，會說得不對。關於“驢”字，在口頭語上，實際市井之徒也說對了，例如說：“我的打工仔，實際是挨驢（閭）仔啫。”把“驢”字說是“閭”，說得對極，但是當讀書人讀到“驢”字時，就會讀作“盧”，這就不對了。

忠告怎讀

有一位接受西洋教育，而又愛好中國文化的好朋友，在一次宴會中，一見到我便問：“‘忠告（穀）’的‘告’要讀作‘穀’，那麼，‘警告’，是否也要說是‘警穀’呢?”

我對這位老朋友的不耻下問，常常都喜歡和他研究的。我說：“告”字讀“穀”，是有勸導的意思。他說：“‘警告’也是有勸導的意思啊!”

其實“警告”就不是勸導了，例如說“美國警告蘇聯”，這個“警告”，是可以當做一種不友好行動的先聲了。而“忠告”就完全不同於此。所謂“忠告而善道之，不可則止”，顯然不是有不友好的行動跟着而來的。

“告”字直讀如“誥”，是告訴給別人或大家知道，例如“奉告”“文告”“公告”“通告”“報告”“佈告”“宣告”等，都未必含有勸導的意義。所以，“警告”也應該讀如本音，不應該讀作“警穀”。

至於“告”字讀作“穀”這個音，也有稟明的意思，所謂“出必告（穀）”，就是做兒女的每次出門，都要向父母稟明，使得父母知道自己的去向，不致不見了兒女而徬徨起來。

所以，就是“告”字那麼簡單，也有不同的讀音和意義的。

竄改篡改

日本文部省把侵華史實加以修改，掩飾它的侵略和殘暴罪行。有些報刊使用“篡改”這一詞語，也有一些報刊使用“竄改”這一詞語。不少人以口頭或來信，或致電垂詢。他們大都知道“篡”字粵音是“傘”，例如《三字經》中有“王莽篡，光武興”之句。“篡”的意義是強奪也，是奪取也。戲台上臣子奪取君主的職位，就說是“謀朝篡位”。那麼，何以歪曲史實，也說是“篡（傘）改”呢？而電視新聞報告員，也把“篡改”，說是“傘改”。

同時，那些人又問到，“竄改”又是怎樣的意思呢？除了來信之外，那些當面或由電話垂詢的，我都一一奉答了。

要解決這個問題，首先就要了解，“篡”字的國語讀音就是“竄”。因此，有些報刊使用“篡改”，實際上因“篡”和“竄”是同音字之故，於是用錯了。

至於“竄”字，它有一個意義是“改易文字”也。例如李商隱《韓碑》詩，有“點竄堯典舜典字”之句。在《莊子·駢拇》篇裏也有“纍瓦結繩竄句，遊心於堅白同異之間”之句，也是指改易文字的語句而言的。用國音讀起“篡改”來，不覺有異，用粵音讀起來，就不同音了。

樂字多音

“樂”字為一般人所懂得的讀音，大約有兩個。一個是快樂的“樂”，音“落”。例如在《孟子·梁惠王》篇裏有說：“樂民之樂者，民亦樂其樂；憂民之憂者，民亦憂其憂。”意思是說：能夠注意百姓的快樂，百姓也就快樂國君的快樂；能夠憂愁百姓憂愁的事，百姓也就能夠憂愁國君所憂愁的事。

這個意思，宋人范仲淹在《岳陽樓記》中演變出來，成為“先天下之憂而憂，後天下之樂而樂”。

還有一個讀音是音樂的“樂”，音“嶽”。例如在《孟子·梁惠王》篇之中，有“獨樂樂，與人樂樂？孰樂？”開頭兩句第一個“樂”字，都是讀“嶽”的。意思是：獨自一人作音樂的快樂，比之和別的人共同作音樂的快樂，哪一種快樂些呢？

除此之外，還有兩個讀音：一個是“義效切”，即“肴”字去聲，是愛好也。例如《論語·雍也》篇說：“知者樂水，仁者樂山。”意思是：有智慧的人，愛好流水；有仁德的人，愛好高山。從前有一個音樂組織的名字，就叫“樂樂樂”，意思是：愛好的音樂為快樂。

另外一個音是“勞”，例如韓愈《雜說》裏有“世有伯樂，然後有千里馬”。“伯樂”有讀作“博勞”的。

析字音昔

“析”字音“昔”，但有些人讀作“戚”。雖然它們的讀音很相近，但是，“昔”和“戚”的發音不相同。所以，正確的讀音不能不分別開來。假如說音近便算了，然則“益”和“昔”的讀音不是也相近嗎？假如甲讀“昔”，乙讀“戚”，而丙讀“益”，試問各有不同的讀法，以哪一個為標準？我們求正確的讀音，就是要把字音讀得最合標準。不合標準，何不加以改正，而甘於永遠錯下去？我們應該有“擇善而固執之”的精神。

也曾聽過人家演講，把“分析”一詞，說是“分拆”。他連續使用這個詞語，我最初聽不懂，後來加以細想，然後想到他顯然把“分析”錯說是“分拆”。“析”字和“拆”字的形狀雖然很相近，但是“析”字音“昔”，而“拆”字音“冊”。字形是相近了，字音卻有極大的距離。

由此，我們就可以知道，字音即使相近，也要以最正確的為標準，此其一；同時，字形雖然相似，也應該把它認得清清楚楚，不能彼此混亂，此其二。

我們有一種壞習慣，以字形相似的字去混亂讀出，很多都不對。

喙啄有別

“勿庸置喙”，有不少人說是“勿庸置啄”。這是絕大的錯誤。在字形的分別上，“喙”和“啄”似乎分別不大，但在讀音上、字義上，就有極大的不同。“喙”在詞性上是名詞；“啄”在詞性上是動詞。所以，在這方面也有絕大的分別。

“喙”的讀音是“誨”；“啄”的讀音是“琢”。“喙”字的本來意義，是鳥類或獸類尖長的嘴也。而“啄”字的本來意義，則是鳥類啄食也。

例如在《戰國策·燕策》中，就有這樣的說法：“鷸啄其肉，蚌合而鉗其喙。”意思是說：鷸鳥伸長了嘴，去啄食蚌的肉，蚌把兩邊的殼合起來，鉗着鷸的長嘴。

至於“勿庸置喙”，就是說，不用加上一張嘴講話了，也就是不用多講的意思。然而，有些人不細心去認字，就隨便將“喙”字看成“啄”字，於是讀也錯了，意義也錯了。

這樣的錯誤，頗為普遍。假如你在社會上是個有地位的人，口快舌快地讀錯了字音，有識之士，就會看輕了你，知道你不是一個有真才實學的人只不過是個暴發户，身上多幾個臭銅錢，才取得社會的地位。

惴不同喘

“惴惴不安”，“惴”字音“醉”。“惴惴”是憂愁的樣子，也可以解作驚訝的樣子。整個詞語解釋起來，就是驚懼而不安定。例如在《孟子·公孫丑》篇中，就有“自反而不縮，雖褐寬博，吾不惴焉”之句。意思是：假如自己開心，道理確是不直，雖然對那穿粗布寬大衣服的平常人，我難道就不覺恐懼嗎?

然而，“惴惴不安”一詞，有些人常會讀作“喘喘不安”。“惴”字和“喘”字，在形體上確實有點相似，但是相似的字形讀音未必相同。所以，認字時必先認清字形，字形弄不清楚，則字音、字義，都會差之毫釐，謬以千里。

“喘”字音“竄”，是喘氣的“喘”，不能因其和“惴”字的形體相似，就把“喘”字的讀音，移易過去，作“惴”的讀音。

在香港，相信不少人的家中都會有一本《英漢字典》之類，不認識的英文單詞，就會翻開字典來查考。但是，家裏具備一本《康熙字典》的，究竟有多少呢？恐怕少之又少了。對於不認識的生字，就隨便去讀，而不肯去查一下《康熙字典》。彼此相習，安得不會錯讀錯解呢？養成查字典的習慣是好的。

湍不讀喘

前幾天一連接了三個電話，都是問字的，而且問的都是個“湍”字。我相信必然是最近有人爭論這個字的讀音，而打電話的也必然是直接或間接與這些爭論有關的。

以我所知，有些人把這個字讀成“喘”。例如“水流湍急”，讀作“水流忖急”。又在晉人王羲之《蘭亭集序》裏有“此地有崇山峻嶺，茂林修竹。又有清流激湍，映帶左右，引以為流觴曲水”這一節，也有不少人讀作“清流激喘”。其實，這個字根本就不是個去聲字，而是個平聲字。

它有兩個讀音，而兩個讀音是不同意義的。

第一個讀音是“團”字的陰平聲，在切音上是“他端切”，急流而旋轉的水也。在《蘭亭集序》中，應該讀這個音。又如在《孟子·告子》篇中，有“性猶湍水也”，也是讀這個音的。

第二個讀音是“專”，是水名也。這條“湍水”源出河南省內鄉縣西北界山中，東南流經縣城東，又東南流經鄧縣北，至新野縣合向河。據《水經注》說：“湍水出弘農界翼望山……至新野縣東入於淯。”所以讀“專”這個音，只是水名，其餘很少用到。

鸛不讀權

早幾年前，動植物公園有一隻紅鸛，孕育出一隻小紅鸛來，在電視新聞報告中，把“鸛”字讀作“權”字，後來小紅鸛被人擲石，折了一條腿，有關方面加以人道毀滅。於是，電視新聞報告又作為新聞，不再說是“紅權”而說是“紅鶴”了。

當我聽到把“鸛”字讀作“權”字時，我認為那位報告新聞的，太大意了，因為在《唐詩三百首》中有“白日依山盡，黃河入海流。欲窮千里目，更上一層樓”，那首詩的題目就是《登鸛雀樓》。這首詩連小孩子也會念的，怎會把“鸛”字讀作“權”呢？

到他把“紅鸛”說是“紅鶴”時，我立即起了反感。我認為他應該乘此機會更正的，說明“鸛”字應讀作“貫”。這樣，才不致把電視觀眾引導入錯誤的道路上，而把觀眾引導回正確的途徑。他只知在第二次報告中，掩飾自己的錯誤，而忽略了曾把觀眾引入錯誤的道路上，他有責任引導回正確途徑上去。

我認為“過而能改，善莫大焉”，沒有勇氣承認錯誤的，反映出其人沒有改過的決心。

斡旋怎讀

“斡旋”一詞，常有人讀錯。錯讀得最粗心大意的，就是把“斡”字錯讀為“幹”字。其實“斡旋”的“斡”字，其右旁是從“人”從“斗”，而“幹”字的右旁，則是從“人”從“干”的。字形的分別頗大。所以這樣的錯讀是太粗心大意，不認清楚字形，便隨口亂讀。

另外一個錯讀的原因，就是“斡”字有兩個讀音，而兩個讀音，意義不相同，所以不能混淆。它的第一個讀音是“握”，旋轉也；第二個讀音是“管”，管轄也。因此，有些人把“斡（握）旋”，錯讀為“斡（管）旋”，這樣讀，也是不對的。

對於“斡旋”一詞的意義，也有些人弄得不大清楚，以為是調停也。例如美國特使“斡旋”以色列和埃及的紛爭，誠然是進行調解的工作；但是，何不直接寫作“調解”呢？實際以、埃的紛爭，已經弄成僵局，而美國派出特使去調解，就是要使僵局扭轉，所以才用“斡旋”。

我常促請學生，必要學習查字書和辭書，多認識一點中國語文。不過，我所擔任的課程，並不是教學生認識語文的，所以，我不強逼學生必要做這功課，但我希望他們都能多認識語文。

曹操怎讀

“操”字，一般讀作“粗”，如“體操”“操作”“操舟”“操廣州話”“操國語”，都是這樣讀的。但是，它另有一個音是“燥”，如“操行”“貞操”“節操”等等。特別是三國時的“曹操”，一般人慣讀作“曹粗”。這已成為俗讀，我們並不排除俗讀。但假如要讀得正確，就要讀作“燥”了。其理由很簡單。古人的名和字，大都是相應的。例如“諸葛亮”字“孔明”、“魯肅”字“子敬”、“周瑜”字“公瑾”、“黃蓋”字“公覆”。“亮”與“明”、“肅”與“敬”、“瑜”與“瑾”、“蓋”與“覆”都是相應的。而“曹操”字“孟德”，“德”“操”也是相應的。

在《荀子·勸學篇》裏，有“生乎由是，死乎由是，夫是之謂德操”之說。大概“曹操”的名字，取義於此。然則是否還有別例證，可以證明其讀“燥”呢？第一，在《三國演義》的回目中，是對偶的，假如與“孔融”相對，便用“曹操”；假如與“劉備”或“呂布”相對，便用“曹公”。

宋人范仲淹《剔銀燈》詞中，有“昨夜因看蜀志，笑曹操孫權劉備”之語。近人郁達夫詩裏，也有“天下英雄君與操，富春江樹幻耶真”之句。

岫字怎讀

陶淵明《歸去來兮辭》中，有“雲無心而出岫，鳥倦飛而知還”之句。關於“岫”字，有些人讀作“軸”，也即與“逐”字同音，實際上這是受了“軸”字的影響。讀如“軸”，是不正確的。

它的正確讀音，應該是“袖”。讀這個音才是正確的。在例句中，“岫”是山上的岩穴也。全句解釋起來是，雲霧從岩穴中漂浮出來，本來就没有心意的，不過受到空氣的影響罷了。這是用來比喻他自己去做官，也不是自己的本意。

那麼，它還有别的意義嗎？有的。

除了作山上的岩穴解之外，也有作山峰解的。例如謝朓《郡内高齋閑坐答吕法曹》詩有句說：“窗中列遠岫。”就是在窗户之中可以看見遠處排列着高聳的山峰。所以並不作岩穴解。

再舉一個例，就是唐詩無名氏的《遊杜公林亭》詩有說：“高岫乍疑三峽近。”意思就是：高的山峰聳起，人們望見了，驟然間就會懷疑長江三峽的地方已經接近了。

所以，有些人以為“岫”字是專作山上的岩穴解，其實，也有作山峰解的。認字，關於字音和字義，都要留心。

沴不讀診

《古文評註》《古文觀止》這一類的書籍，不少人都讀過，有些人更會讀得滾瓜爛熟，但是，有些字會在粗心大意之下讀錯了，或者輾轉相傳，而至以訛傳訛。例如宋人文天祥的《正氣歌》，其中有“如此再寒暑，百沴自辟易”之句。“沴”字就很容易讀錯為“診”字。我童年時錯讀了，平常也聽人這樣讀，可是，他們從不知道是錯，自然，我童年也不知是錯。

其實，“沴”[①] 字的正確讀音是“厲”。如上面所引述的例句，就該讀作“如此再寒暑，百沴（厲）自辟易”了。它的意思是：在這樣的環境中，再經過一個年頭（以“寒來暑往”代表一年），雖然有百種邪惡之氣來侵襲，但它們因為遇到我的正氣，也會驚走了。

“沴”字的意義，是水不利也，又解作邪惡也、妖氣也。例如《莊子·大宗師》有說：“陰陽之氣有沴。”就是解作妖氣，或是邪惡之氣。

我們要知道，一個字有其本來的意義，也會有其别義，而其别義，多由本義引申而來。“百沴自辟易”句中的“沴”字，就是用引申義。

桄榔怎讀

香港屬於亞熱帶，所以桄榔樹生長得相當普遍。就是廣州一帶，也有不少這樣的植物。樹幹是一枝筆挺，不生横枝的。因此，婦人遇到丈夫好拈花惹草，或

① “沴”音 lì，惡氣，災害——編者註。

是已有情婦的，就去拜桄榔樹。據說，桄榔樹是一條心的。就希望拜過桄榔樹之後，丈夫只有一條心掛念妻子，不會多心愛上別人。

在廣州話中，一般都把“桄榔樹”讀如“恍榔樹”。而我自幼也是人云亦云地說是“恍榔樹”。近十餘年來，我發現“疊韵”字的規律，不但是同一韵母，而且上下兩字，是同一聲調的。這是我個人求出來的規律。在我所閱讀過的書籍中，從來没有直接指出這個規律來。前幾天，不知怎樣想起“恍榔樹”一名，我立即懷疑起來，“桄”字假如讀“恍”，變了上聲，而“榔”字，則是平聲，和“疊韵”字（自然形成的）的規律並不符合，於是懷疑“桄”字讀“恍”，是不正確的。但因為事忙，未暇立即求證。剛巧有一位女同事走來問字，我就說道，你問得正好，我正要追尋“桄榔樹”的“桄”字的正確讀音。於是，在辦公桌上的書架中拿起字典來求證，果然“桄”字音“光”。應該是讀作“光榔樹”才正確。

不設找續

海底隧道的收費站，有一個是“不設找續”的，但是，卻寫成“不設找贖”，我記起最初使用的，就是電車由一人控制之時，就寫出“不設找贖”來，於是，以訛傳訛，而到了海底隧道，所寫的字也特別大，大概有幾尺高，我相信受此影響的人不少。

“續”字音“俗”，“找續”的“續”字，是補其不足也，舉例言之，買定價六元的東西，而買物者給以十元的鈔票，所以賣方就要找續四元給買方，以補其物價之不足。

至於“贖”字，音“熟”，以財物脫罪也。也有用財物以換回其性命的。前者如法律上之“罰款贖罪”，後者如“擄人勒贖”。

這個“不設找續”，早在電車上出現之時，我曾想寫出來，但查“贖”字，在古籍上也可與“續”字相通的，因此，多年來没有寫出。友人柳傳仁博士數年前自（澳）大利亚回港，曾指出“不設找贖”的錯誤，但大眾置之不理。我總覺得“贖”字在古代漢語中雖可作“續”解，但既然有了“續”字，又何必借用“贖”字呢？因此，我還是希望大家改正過來，再不可以“古代漢語”用於這大眾使用的詞語中。

鼙不讀卑

在白居易《長恨歌》中，有“漁陽鼙鼓動地來，驚破霓裳羽衣曲”之句。“鼙”字有些人讀作“卑”，這是“有邊讀邊，無邊讀厥”的壞習慣所造成的錯誤。它的正確讀音是“皮”。所謂“鼙鼓”，是軍用的鼓，在馬上所敲擊的。

也作小鼓解。大鼓之側有小鼓，謂之應聲、朔鼙。

“鼙”又是一種舞的名稱。據《南齊書·樂志》，漢章帝造鼙舞。曹植的《鼙舞詩序》說，漢靈帝西園鼓吹，有李堅能鼙舞。

“鼙”又與“琵”字相通，“琵琶”古代有寫成“鼙婆”的。其實，“琵琶”是音韻學中的雙聲連語。所謂“雙聲”，是兩個字同一發音的。所以，古代對於“琵琶”的寫法有好幾種，而且有寫作“枇杷”果的“枇杷”的。而“枇杷”果之所以得名，就因為它的葉子好像樂器中的“琵琶”。但並非先有“琵琶”字，然後有“枇杷”，以上一個“琵琶”為樂器的名稱，以下一個“枇杷”為果子的名稱。實際上樂器的名稱，也有寫作“枇杷”的。所以“琵琶”，在古書中，也有寫作“鼙婆”的。

上頭講過“鼙舞”。現在仍然有敲擊小鼓而舞蹈的。在中國固然有之，我在韓國看過一次表演古代的舞蹈，參加表演的人，仍然有一邊舞一邊敲擊小鼓的。

媛字怎讀

“閨秀名媛”，是指良家的美女和有名聲的美女，也有尊稱別人的女兒為“令媛”。這個“媛”字，有人讀作“垣”，有人讀作“袁”。其實，“名媛”“令媛”等詞語裏，應該讀作“願”音。例如《詩經·鄘風·君子偕老》，有“邦之媛也”之句，就是讀“願”音的。

另外一個讀音，是“袁”，在“邦媛”一詞裏，就讀作“袁”。例如《楚辭·哀郢》有“心嬋媛而傷懷兮，眇不知其所蹠”之句，“嬋媛”是解作牽引的樣子。至於讀作“垣”字，在馮思禹的《廣州音字彙》、喬硯農的《廣州音、國音中文字典》，大部分都是正確的，但是，也有些微的缺點，例如馮思禹把“媛”字音作“袁”，又音作“願”，而不同其意義，都是正確，而將“嬋媛”音作“嬋垣”，就無所根據了。

女性的名字，有些是採用這個“媛”字的，但是，以讀作“願”為最好，因為這個讀音，是作美女解。讀作“袁”字，也没有錯誤，但是字的意義，就不如讀“願”。至於讀作“垣”，恕我腹儉，找不出根據來。

玫瑰正讀

“玫瑰”，一般人都讀作“玫貴”。其實，“瑰”字的正確讀音是“魁”，“玫瑰（魁）”是美玉、美珠、美石和一種花的名稱。但一般人都把“玫瑰”讀作“玫貴”。有一支國語時代曲是：“玫瑰、玫瑰我愛你。”也把“瑰”字唱出“貴”字音來。

其實把“玫瑰”花說是“玫貴”的，已不自今日始。明朝人張自烈的《正字通》裏，早就指出“玫瑰”有人讀作“玫貴”。因此，黃錫凌的《粵音韻彙》，把“玫瑰”當作“玫瑰（貴）”讀時，當是粵讀。由於《正字通》，以至國語時代曲，都是作為“玫瑰（貴）”，那麼，我反對這只是“粵讀”，就是“國音”也有這樣讀的。

然則我是不是堅持“玫瑰”必要說是“玫魁”呢？我對此並不固執，因為國音、粵音都有說是“玫瑰（貴）”的；而且，明朝以來就如此，因此不能不把它“合法化”。等於我們把“鰂（賊）魚涌”，說是“則魚涌”，不能不合法化了。

但如果我們將“烏鰂魚”（即墨魚），仍然說是“烏則魚”通不通呢？當然是不通的。

同一情形，假如我們把“瑰（魁）麗”一詞，說作“貴麗”是否也“合法化”呢？絕對不能這樣濫用的。在唐人的詩句中，“玫瑰”仍是讀作“玫魁”的。

神荼鬱壘

舊俗每於歲暮時，將原有家中的帖子，無論其為室內與室外的都清除了，然後換上新的。這些帖子，廣州話說是“揮春”。現在，香港的人家也有貼“揮春”的，不過，已不是全用紅色紙寫上黑字，有彩色印刷的，也有用塑膠製成的。塑膠最初由台灣傳來，近年中國大陸也有供應到本港。

“揮春”之中，有於左右兩扇門上貼上門神的。有的門神繪成人像，有的就寫成“文承”“武尉”，也有寫“神荼”“鬱壘”的，一般人都讀如“辰徒”“屈呂”，其實是讀作“伸舒”“鬱壘”的。據說，這兩個都是神名。在《幼學故事瓊林》中，就有“‘神荼’‘鬱律’，啖鬼之神”之句。從前人們敬神而怕鬼。在兩扇門上，一邊貼上“神荼”二字，一邊貼上“鬱壘”二字，據說，有這兩名啖鬼之神在門上，鬼怪就不敢來作惡。

但是，也有寫為“荼與”“鬱雷”的。不過，這是在《風俗通》和《戰國策註》裏出現。我從前在大陸所見的，都不是這樣，而是“神荼”“鬱壘”。

至於在香港，我雖然居於這里三十多年，至少在市區裏，没有見過貼這樣的門神。在新界或離島的鄉村裏，也許是有的，但我未曾深入，所以也没見過。

蝦蟆怎讀

廣東有一句俗語是“癩蝦蟆想食天鵝肉”，意思是形狀醜陋得像一隻蟾蜍的男子，居然想娶一個美女做妻子。而所謂“癩蝦蟆”者，在廣州話中，就說是“發瘋（指麻瘋）蠄蟝”。“癩蝦蟆”這個名詞，恐怕不是廣東省所本有的。而“蝦蟆”一詞，更不是粵人口頭語中所常用的。因為廣東人呼為蛙，或是青蛙，或是“蠄蟝”。其所以說是“蠄蟝”的，就是“蠄蟝”兩字的轉音。

這里所要講的，就是“蝦蟆”的“蟆”字。大多數人都讀“毛”字的陰平聲，也即是“迷高切”。可能因為“蟆”字和“謨”字、“模”字等，同是以“莫”字表聲之故。其實，“蟆”字正確讀音是“麻”。陝西省有“下馬陵”，人們訛說是“蝦蟆陵”。

而上述之所謂廣東俗語“癩蝦蟆想食天鵝肉”，在已故名伶薛覺先的曲詞中曾經用過，傳唱的人頗多，大概就因薛伶之錯，以致大眾也跟着錯讀了。因此可知，讀錯字音的影響很大。所以，一個有地位的人，或一個有地位的大眾傳播媒體，假如以語言傳播，而其字音不正確的話，就可能導致整個社會都讀得不正確了。其實“蝦蟆”一語，是個疊韵連語，假如讀作“蝦蟆（迷高切）”，那就不再是個疊韵連語，也不能表示它是蛙之一種。

行字多音

近日有若干朋友當面垂詢，也有些用電話來詢問：“行”字有幾個讀音？起初我以為是偶然的，後來覺得有異。曾反問為何提出這個字的問題來，才知道有教人認字的，只說“行”字有“衡”和“杭”這兩個讀音。

其實，在讀音方面，除了“衡”和“杭”之外，還有“杏”這個讀音，如在“品行”“德行”“操行”“無行”這一類詞語裏，都是讀作“杏”的。另一個音，則是“杭”，是次第也，如兄弟間稱“行一”“行二”“行三”之類。亦解作等輩也，例如《史記・匈奴傳》：“漢天子，我丈人行也。”又有“行行”一詞，是解作剛健的樣子。例如《論語・先進篇》有說：“子路行行如也。”①

除了“行行”一詞比較少用之外，其餘如“品行”的“行”字，“行一”“行二”的“行”字，都是常用的。因此，只教人讀“衡”“杭”兩個讀音，而略去了“杏”這個讀音，實在是不完全的。

教人正確地認識一個字，是一件非常好的事，但連常用的音和義都講得不完全，難怪有那麼多的人當面或者是用電話來查問。希望以後不再有這樣的情形。

遠字兩音

有些很常用的字，大家只知道它的常用意義和用這個意義時的讀音就算了，而不知道它還有別的意義和別的讀音。

例如“遠”字，一般人只知道它的意義是距離很大的，即“遙遠”的意思。而對其讀音，則讀如“軟”。不知它還有別個意義和別個讀音，就是讀如“縣”。讀這個音的時候，就是作“疏遠”解。

然則這一個意義和讀音，是不是很冷僻呢？並不然。例如在《論語》中，就有“敬鬼神而遠之”之句，還有，就是“恭敬於禮，遠耻辱也”。但是，大家

① “行行”一詞，“行”音 hàng——編者註。

讀起來時，就會直讀作遙遠的“遠”字，也會直作遙遠的“遠”字去解。

此外，在諸葛亮《出師表》中，有“親賢臣，遠小人，此先漢之所以興隆也；親小人，遠賢臣，此後漢之所以傾頹也”。其中的“遠小人”和“遠賢臣”的兩個“遠”字，都讀作“縣”，都是作“疏遠”解的。換言之，作為遙遠的“遠”字，則是讀“袁”上聲；作為疏遠的“遠”字，則是讀“袁”去聲。雖然上聲與去聲之分，差別並不很大，但是，意義不同，詞性也不同。所以越是常用的字，大家越是容易忽略。

叵字音頗

“叵”字和“巨”字的字形有點相似，因此，有些人就以為是“巨”字，但也有些人知道“叵”字當中是個“口”字，和“巨”字顯然不同。昨日遇到一位朋友，它就認清了這一點，卻不知是個甚麼字，特加垂詢。

我告訴他：它的正確讀音是“頗好”“頗多”的“頗”字，也即是“棵”字的上聲。而實際就是“不可”二字的合音。它的意義，是不可也。例如常見的成語“居心叵測”，就是居心不可測度的。他恍然大悟。

但是，它還有一個意義，和“遂”字是相同的。例如《後漢書・隗囂傳》：“帝知其終不爲用，叵欲討之。”在這個例句裏，就是“遂欲討之”的意思，也即是“於是欲加以討伐”的意思。

除了以上兩個意思之外，還有一個意義，就是“頗”也。例如《漢書・司馬遷傳》讚：“其是非叵繆於聖人。”即是“頗繆於聖人”的意思。

後來那朋友還問：“當作不可解，還有甚麼例子？”我說是有的，例如《後漢書・呂布傳》：“大耳兒最叵信。”“大耳兒”是指劉備。當時劉備主張曹操把呂布殺了，所以他就說劉備的話，最不可信。但後來曹操還是把呂布殺了。所以“最叵信”，就是最不可信的意思。

麕集怎讀

“途人麕集”這個成語常在報紙上出現。然而，一般讀者，以至寫作或編輯新聞的人，只是略知其意。實際“麕”字讀作“群”的，也和“群”字相通。“途人麕集”，也即是“途人群集”。

上頭說過，一般人都不大了了，為甚麼說得這樣肯定呢？假如記者先生、編輯先生是了解的，他們就不寫“麕集”那麼麻煩，而改寫“群集”就可以減省麻煩。例如“人群”“群眾”，記者先生和編輯先生都不用“麕眾”或“人麕”的。由此可以反映一些人對於“麕”字實際未曾深入了解。至於“麕”字就是這兩個讀音和意義嗎？還有，就是和“稛”[①]字相通，也即是“稛綁”的“稛”。而“稛綁”的“稛”也有寫成“緭”字的。所以這一個“麕”字，有兩個讀音，而有三個意義。不過，我以為不必因其相通而再使用，例如“途人麕集”何不就用“途人群集”呢？

煮豆燃萁

說人兄弟之間互相煎逼的，有一句成語叫“煮豆燃萁”。這成語就出自三國時魏國曹植，相傳他的哥哥曹丕，要他以行七步的時間，吟成一首詩，否則就要行大法（殺）。

曹植於是吟了以下的一首詩：

煮豆燃豆萁，漉菽以為汁。萁在釜底燃，豆在釜中泣。本是同根生，相煎何太急？

意思是：煮熟了豆，而燃燒豆莖，於是濾去了豆豉，而保留它的汁液。豆莖在釜下燃燒，而豆則在釜中因受熟而發出聲音，好像哭泣一般。豆和豆莖本來就是同一根本而生長的，為甚麼更相煎逼得這樣的急迫呢？

曹丕看了，對他没有奈何，就不敢加害他的弟弟曹植。這首詩，也有些版本是没有二、三兩句的，只是第一和第四、五、六等。

關於“萁”字，音“其”，是豆莖也。但是有一些人，就把它當作“箕”字，讀為“基”，這是誤認了字和誤讀了字音。就算是台灣商務印書館出版的《辭源》修訂本，也没有將“箕”字改正為“萁”，這是錯得無可饒恕的。

煮豆燃萁

“煮豆燃萁”這是比喻兄弟相煎的一句成語。

據傳說：魏文帝曹丕（曹操的兒子）因為要迫害他的弟弟曹植，就限他在七步之內，立即吟出一首詩來，否則要行大法。曹植是所謂“才高八斗”的，立即就吟出這樣一首詩：“煮豆持作羹，漉菽以為汁。萁在釜下燃，豆在釜中泣。本是同根生，相煎何太急？”

意思是：煮熟了豆拿來作羹湯，隔濾過煮熟了的豆，以作豆汁；由於要煮豆，所以，拿豆莖在釜下燃燒，而豆在釜裏因受熱力熬煎，發出聲來，好像在哭泣。豆和豆莖本來是同根生長出來的，為甚麼相煎那樣急迫呢？

在考證家說來，這故事是偽作的。然而，流傳太久遠了。事實上曹丕欲迫害

① “稛”同“捆”——編者註。

曹植，因而故事雖然假，人們也作為事實。也有把這成語說是“豆萁相煎”的。

不過，一般人容易將“萁”字讀作“箕”，寫也寫作“箕”。實則“萁”是“草”頭，“箕”是“竹”頭的，字形不同，字音不同，字義也不相同。“萁”字在這裏音讀“其”，是解作豆莖也。以豆莖去煮豆，來比喻兄弟相煎，是形容得最恰切的。

雖然“萁”也可讀“基”，但意義不同，是野草也。

綜不讀總

“綜合”是個很常用的詞語。惟其常用，大家就容易錯讀。也許是“合”字之故，大家以為“合”者，必然有“總”的意思，於是把“綜合”讀作“總合”。假如根據這一想法是適合的，那麼，寫作“總合”不是更好？何必寫成“綜合”？寫成“綜合”，就必須有它的原因。

有些人以為漢字常常會一字有兩個形體，所以，“總合”也可以寫成“綜合”。這樣的想法，也有它的道理。同字而異體的漢字有很多。不過，我們不想正確去認識漢字則已，否則，對於這樣的分歧，還是花點功夫，去檢索一下字書為好，切不可以“人云亦云”地亂讀一番。

“綜”字的正確讀音，應該是“縱”，而不是“總”。它們的分別為“總”字是上聲，而“縱”字則是去聲。在四聲之中，是有分別的。

有若干朋友，當我指出正確的讀音時，他們會這樣說：“這和大家的讀音不同，人家反會笑你是錯誤的。”我就會加以反問：“為甚麼你們有膽量去讀錯誤的字音，而没有膽量去讀正確的讀音呢?”他們也會自覺是好笑的。

披靡怎讀

“披”字是很常用的。如穿起衣服就叫“披衣”，又如解散了束起來的頭髮，就說是“披髮”。

然而，它是一個破音字，也是一個多義的字。在這裏，我們不準備把它所有的讀音和所有的意義介紹出來，反而使得讀者感到紛擾。不過，有一個很常用的成語，就是“望風披靡”，一般人都把它讀作“披衣”“披髮”的“披”，也即是讀作“批”，“披靡”，就讀作“批靡”，這是錯誤的。

所謂“望風披靡”者，就是望其威風，即已因而震伏也。例如一群匪徒進行劫掠，聽聞大批警察來到，就立即震伏而逃散，那就叫“望風披靡”。

在這個成語中，“披靡”的“披”字，應該讀作“鄙”音。“披靡”一詞，就是一個疊韵連語，在《漢書・項籍傳》中有說：“羽大呼馳下，漢軍皆披靡。”意思是：項羽大聲疾呼，疾馳而下，劉邦的軍隊，都因而震伏了。

凡是天然的疊韵連語，都要聯結起兩個字來，才可以表達一個意義。所以

“披”讀作“鄙”，並不是震也；“靡”，也不是“伏”也。

挑戰怎讀

美國太空梭“挑戰者”號，升空六天，繞飛地球九十六匝。由於天氣惡劣，不能在佛羅里達州降落，而改變地點，降落加利福尼亞州空軍基地。但其在太空中所應進行的任務，都已順利完成。關於它的名稱，所有用語言傳播或畫面傳播的，無不依照其本聲，其實是不正確的。

假如稍為用心，便知有一個破音字。每個讀音，都有它的意義。在“挑戰”這個詞語中，“挑”字正確的讀音，應該讀如“窈”，是引誘敵人，使之出而作戰的意思。例如《史記·項羽本紀》說：“願與漢王挑戰決雌雄。”

此外，《漢書·司馬相如傳》說：“故相如以琴心挑之。”是指司馬相如以琴聲引誘卓文君也。

還有很久之前，有過一齣電影，名為“午夜琴挑”，也就是說在午夜中，以琴聲去加以引誘也。

一般人錯讀，本來不足為異，而自詡為“字書飽讀”的人，也把“挑戰者”號直讀，不知對此有何感想。

銘甫兩字

“銘”字，不少人拿來作名字，而一般人都把它讀作上聲，如器皿的“皿”字音。其實，它只有平聲，讀如姓名的“名”字，才是正確的。

每一個學年開始，入學點名冊上有學生以此字為名的，我必先問其家長怎樣叫他的名字，所答的，大都是“皿”。我就必然告訴他，“皿”是錯讀，“名”才是正讀。然後說，根據“名從主人”的例子，我以後點名也照讀作“皿”。

從前廣東的軍政要人中，有兩人都以“銘”為名字，一為汪精衛，名“兆銘”；一為陳銘樞，字“真如”，但是一般人都把汪精衛稱為“汪兆銘（皿）”，陳真如稱為“陳銘（皿）樞”。

提起點名，又會遇到“甫”字。正確的讀音，應該是“府”的。如“杜甫”，應讀如“杜府”。廣州街名有“第二甫”以至“十八甫”的。那是清兵入關，因廣州人抵死抗拒，於是聲言入城後要屠殺十八鋪路的人，市人聞之，立即把路牌縮短了里程，本來十華里才是一鋪路，所以本應寫作“第二鋪”，為了簡便，便寫為“甫”，“甫”字有“普”音，但作“鋪”解，而“杜甫”字“子美”，那是美男子的意思，不能讀作“杜普”的。

聞人怎讀

“聞”字一般人只知讀其本音如“文”。如“新聞”“聽聞”“見聞”“知聞”

“只聞樓梯響，不見人下來”大都解作聽到。也有作嗅覺解的，例如《孔子家語》：“與善人居，如入芝蘭之室，久而不聞其香。”

但是，它還有一個讀音是“問”，是解作名譽也。如《論語》：“在邦必聞，在家必聞。”而最近報紙上又出現過“本港聞人”。這里都解作名譽，即在本港社會上有名譽的人。但是，有些人見了“聞人”字樣，就直讀作“聞（文）人”，這是不正確的。又如《孟子》：“令聞廣譽於諸身。”“令聞”和“廣譽”相提，則“令聞”的“聞”字，作為名譽解，就更顯而易見。

此外，讀作“問”音，也可以解作聲音所到達之處。例如《詩經》：“鶴鳴於九皋，聲聞於天。”是說鶴的鳴聲可以到達天空之上。

還有，諸葛亮《出師表》的“苟全性命於亂世，不求聞達於諸侯”，這里的“聞”字，也是讀作“問”，即聲名達到於諸侯。

常常讀錯的字，就是常見常用的字。而“聞”字也就是常見常用的，人們就容易忽略了它還有“問”的讀音。

“累積”怎讀

“累積一百二十日有薪病假”，現成為勞、資雙方爭論的問題。因此，在人們談話中，在傳播媒介中，都會提起“累積”這詞語來。而一般人容易說成“類積”。這是不正確的。

這個字雖有“類”的讀音，但不作“累積”解。

讀作“類”的時候，是解作疲勞也。例如說：“我今天工作很多，太累（類）了，要趕快休息。”

同時，這個音也解作牽連也。例如說：“某人因欠了很多債項，連累他的太太要將房子賣掉。”

另外一個例子，如說：“他做這些不法之事，累及無辜，有幾個人給他拖累得焦頭爛額。”

此外，這個“累”字又讀如“雷”，和“纍”字相通。《史記・仲尼弟子列傳》：“（公冶長）雖在累紲之中，非其罪也。”集解引孔安國曰：“累，黑索也，紲，攣也，所以拘罪人。”

“累紲”，也有寫作“縲紲”，或是寫作“纍紲”的，都是讀作“雷”。

話又得說回頭，然則“累積有薪病假”的“累”應該怎樣讀呢？正確的讀音應是“呂”。解作積聚也、增加也。例如說：“太肥的東西不要多吃，雖然每天少少，但是日積月累，膽固醇就會過多，對於健康有很大的影響。”

騎兵怎讀

每年荔枝上市時，人們一面啖荔，一面會想起“一騎紅塵妃子笑，無人知是荔枝來”的詩句。其中的“騎”字，可能有人會讀錯作平聲，也即是它的本音。

它的本音是“奇”。“跨”坐在牲畜的背上，藉以行走的，謂之“騎”。例如唐人張祜《集靈台》詩第一首說“虢國夫人承主恩，平明騎馬入宮門”。不過，讀作“奇”的人不很普遍，較為普遍的是讀如“茄”，即瓜類中茄子、番茄的“茄”。其實，讀作“茄”，只不過是語音，語音多用於口頭語。至於誦讀時，就應該依照讀音“奇”去讀，如“騎馬”“騎牛”“騎虎”“騎鶴”等等。而乘坐電單車、單車等交通工具，也都慣用“騎”字。近年來“騎劫飛機”的事件多了，一般人都是說“茄劫”，假如用讀音，就應該讀如“奇劫”。

至於“一騎紅塵妃子笑”的“騎”字，就不是讀平聲，而是讀去聲的，音“冀”。“一騎”就是一匹馬的意思。如“騎兵”，就是馬兵。又如白居易《長恨歌》中“千乘萬騎西南行”，“乘”讀去聲，如“剩”，是“車輛”也；“騎”讀去聲，如“冀”，是“馬匹”也。宋人陸放翁《書憤》詩，也有“樓船夜雪瓜州渡，鐵馬秋風大散關”之句，有些版本，“鐵馬”是寫成“鐵騎”的，是裝上了鐵甲的戰馬也。

騎有兩音

騎字音“奇”。這個字很適合於染上“有邊讀邊”這個壞習慣的人，因為它的表聲部分，是百分之百符合其字音的。由於有小部分形聲字是這樣的，於是養成了“有邊讀邊”的習慣，不知漢字中百分之九十的屬於形聲字。這一類字，其表聲部分大多數只表其相近的讀音，如“何”字並不音“可”，“江”字並不音“工”。所以這習慣絕不可染上。

不過，慣於使用廣州話的，又不會將“騎”讀作“奇”，而讀為“茄子”的“茄”。其實，這是語音，不是讀音。語音是交談時用的，不能用在書面語上。

騎字的意義是跨坐。如騎馬、騎牛、騎虎、騎象、騎膊馬、騎在人民頭上等等。

騎字另有一讀音是冀，是軍馬也。例如車騎，即是車馬的意思。杜甫詩中有“上客迴空騎，佳人滿近船”，迴騎，也就是迴馬的意思。

騎馬的士卒說是騎兵，騎馬的員警說是騎警。但這些名詞，一般人都會直讀為平聲，這是不正確的。

騎字讀冀之時，又是數量詞，如《長恨歌》中的“千乘萬騎西南行”，又如杜牧《過華清宮》詩中：“一騎紅塵妃子笑，無人知是荔枝來。”萬騎就是無數的馬匹，一騎就是一匹馬。這些例句中，都不會讀平聲的。

蛋的讀音

偶然從螢光幕上看到蛋字單獨出現，本不想繼續看下去，但是由於要看新聞報告，也不能姑妄聽之。於是花旦、王八蛋之聲連續傳入耳裏。

蛋字的形體原來就是這樣的：蛋，這是今體；至於古體，則是蜑。現時今體的蛋已流行，除了古籍外，“蜑”很少使用了，一般都寫成蛋字。我最初說不想看下去，是因為連正確的字形也寫不出，就沒有看的價值。

雖然不看，但電視機是會發聲的，對於聲音就不由不聽，於是聽下去。蛋（蜑）全被讀作上聲，也即是刀柬切。誠然，蛋字在我們的口頭語中，有些時候會發為上聲，如說鵝蛋、鴨蛋、鹹蛋之類，都是上聲。但是，這到底是語音，不是讀音。事實上我們在口頭語中，也不是百分之百把蛋字說成單的上聲，例如蛋黃色、鵝蛋散、蛋家都是讀“但”的，也即是讀去聲的。

教人認字，似不應該教人單讀語韵或單讀讀音，應該把語音、讀音、粵音、粵讀、俗讀等一一詳為交代。對字形也一樣，假如同字異體，或古今字，或俗字，都要一一交代清楚。寧可省卻無關宏旨如王八蛋這些話。

龜字三音

龜字是個筆畫繁複的字。但是，未上過小學的小孩子都可能認識它，因為幼兒的讀物已有這個字和烏龜的形象出現。由此可知，對於個別的字，不論其筆畫繁複到怎麼樣，只要是常見、常用的，大家都容易認識。再舉一個例，龍字的筆畫也不簡單，人們也容易認識它。

現在我們所要說的，不是字形繁簡問題，而是這個大多數人都認識的龜字，除了本音是烏龜的龜，讀音是“歸”之外，還有別的讀音。

也許有人不會相信，它是個破音字，實則還有一個讀音是“鳩”。龜茲就是漢代西域三十六國之一。這個國名的讀音是鳩茲。它在現時新疆庫車、沙雅二縣之間。也有龜茲縣，故城在今陝西省榆林縣北。

此外，龜字還有一個讀音是“軍（皸）”。在《莊子・逍遙遊》中，有“宋人善為不龜手之藥者”的語句。其中“龜手”的“龜”字，就是讀“軍”的。它是廣東人所說的手上凍裂的意思。寒冷時候，手上受不了凍就會裂開來，這就叫龜手。對於這個字的讀音和意義，古代訓詁學家有過分歧意見，而讀作“軍”字，則是分歧意見中的一個，是字典上所承認的。因此，我們對於常見、常用的字，也該多所留心，否則就會在某些情形下錯讀。

譽字兩讀

“譽”字的讀音，一般都讀如“預”，是個去聲字。其實，它還有一個讀音是“如”，是平聲的。

通常，一個字的讀音改變了，其意義也跟着改變。例如“飲”字，其本音是上聲，假如變為去聲，讀如“蔭”的時候，就是以飲料給別人喝的意思。又如“衣”字，讀平聲，是衣服的“衣”，讀如“伊”，是名詞，假如變為去聲，讀作“意”，那就成了穿衣服的意思，變成動詞。成語中的“解衣衣人”，意思是解下了自己所穿的衣服，給別人家去穿着。這樣一來，上一個“衣”字是名詞，下一個“衣”字是動詞。

這樣的變化，在古代漢語和現代漢語中是常見的。文字學家稱之為“四聲別義”，以“平上去入”四聲分別字的意義。

但是，也有例外的，就像這個“譽”字，不論它讀去聲如“預”，或是讀平聲如“如”，其意義是不變的，都是作名譽解，或是作稱揚解。

這一個字，在古代是一個多義詞，可以作多種解釋。上面所舉的兩個解釋，就是它的常用義。我們在這個園地裏，如果不是有必要，就不想舉出不常用的意義來。因為我們不想故示淵博，只想幫助大家準確讀出一個字音。如果不厭其詳地介紹不必要的東西，徒使大家紛亂。

關於有字

有人講解“有”字，他說到它另一個音讀“右”，其舉例是俗語所說的“死人燈籠報大數”，如“八十有九”，是這樣讀的。他寧把短短的節目時間，去講“廣東人習慣為死人加大三歲”這些無直接關係的話以充數，而不去解釋“有”字在這種情況下實際就和“又”字相同。《論語》中“吾十有五而志於學”，這是最有意義的例句，不比說那些沒有直接關係的話好嗎？向大眾解釋“有”讀“右”，是和“又”字相同，多好呢？他的講解時間顯然是有餘的，他應該說明這樣使用的時候其詞性為“連詞”，使整數和零數相連接。又如李密《陳情表》中：“臣密今年四十有四，祖母到今年九十有六……”也是有意義的舉例。他的節目時間那麼短，應該盡可能說些比較有教育性的話，特別是引導大眾多吸收一點和語言文字學有關的常識，才不浪費自己和別人的時間。

在古裝的電視娛樂節目中，常用“有請”“有勞”等詞，這些“有”字又作何解？他也沒有提及。其實這是“助詞”，用以幫助語氣的，根本沒有任何含義。有些時候，演員可能把“有請”只說是“請”，而不使用“有”字幫助語氣。這些都是做這種教育性節目應該講解的。但是，在我所聽他那天的節目中沒有。

緘默怎讀

“緘默”一詞，是閉口不言的意思。例如《孔子家語》：“有金人焉，三緘其口，而銘其背曰：‘古之慎言人也。’”所謂“三緘其口”，就是三重封閉着它的口。

有些人對於“緘”字的讀音不大了解，在“緘默”一詞裏，它是音“監”

的，也即是與“監督”“監察”的“監”字同音。如果讀如“針”，那是不正確的。可能因為“針”的另一字形是“鍼”，於是以為“緘”字也和“鍼”字同音，把“緘默”讀如“鍼默”，這是錯誤的。

有一位老前輩曾說他在家塾中，從一位翰林公讀書，翰林公就曾教他讀“針默”。雖然，在科舉時代，翰林公是高級知識分子，但他們的學問未必都是淵博的。肯做學問的人，就是一名“舉人”，或者就是一名布衣，都會成為權威的學者；反之，就算是狀元，也未必在學術上有成就。翰林公也許有一時之錯，把“緘”字讀作“針”字，卻不能說，這是權威的依據，因而“以訛傳訛”。

近年來人們讀錯的字音很多，也有人作錯誤的教導，這不是有益於大眾，而是有害於大眾的。因此，常以教導的口吻教人的，應該經過研究，戰戰兢兢地教導，不能把錯誤的教導，當作“家常便飯”。

澎湃怎讀

“澎湃”一詞，正確的讀音是“彭派”（péng pài），但是一般人很容易讀成“彭拜”，甚至有一些字典註明“拜”是“或讀”，而依鄙人研究變聲、疊韻字的結果，讀“派”才對。

理由很簡單，“澎派”是變聲的自然形成連詞，這一種變聲連詞，都是同一發音的。在香港，人們對於漢字的切音能夠運用的比較少，多數會運用英語拼音，因此，試用英語拼音方法去理解“澎湃”一詞，讀“彭派”則彼此發音不同，嚴格說來是誤讀。

也許有些未曉得甚麼是變聲、疊韻的人，會懷疑我所求出的規律。其實，這種自然形成的連詞，都是模擬自然的，或模擬形狀，或模擬聲音。由於是模擬自然，所以先有音然後有字，或者是先有音然後配字，而所配的字，但求表音，有時候是不顧字義的。

例如“叮噹”一詞，是模擬金屬製成品的聲響的，有寫成“丁當”，有寫成“丁鐺”。同樣，也是模擬聲響的，如“丁東”，也有寫成“丁冬”的。我們不能將每一個詞語的字分開解釋。由此可以證明先有音而後配字之一說。假如不都分此說，則“澎湃”只能讀作“彭派”，不能讀作“彭拜”，因為它是模擬水波激蕩的聲音的。

酗酒不讀虛

首先我要聲明的，就是希望大眾不要讀錯字音，正如編輯先生替我這個專欄所起的欄名“唔好讀錯字”。因此，對於別人正確讀出或是說出字音，我由衷地以喜悅的心情去欣賞。而聽到別人在字音上有錯誤時，就會因為其人的身份、地位而加以原諒或“心實非之”。

有時候我會在這里指出教人讀錯字音的，其用意只希望人家自我檢討，深切認識“以訛傳訛”會產生甚麼效果，並不是以“吹毛求疵”為樂事。

最近，聽到人家說，喬硯農先生教人讀“酗”字為“飫”，當然，我感到高興；但他接着又說，喬先生也教人讀“虛”，我心裏立即替喬先生叫一聲“冤枉啊大老爺”！

我知道喬先生不會有此錯誤，檢查他編著的《廣州音、國音中文字典》，關於“酗”字，在國音上所注的直音是“絮”，在粵音上用拼音注為“HEY3”或讀“飫”。

顯然，錯不在喬先生，而在人家没有細心查閱喬先生的字典。實際言之“酗”字的兩個讀音為“許”或為“飫”。又如“煦”字，廣州音同樣可讀“許”或“飫”的。但是，人們把“酗”錯讀為“凶”是往往有之的，錯讀為“虛”則是第一次聽到。我還要表明，我不是經常聽人教人讀字音的，只是偶然聽到，不料每次偶然都發現出錯。

鄱陽怎讀

偶然和兩位朋友談及“鄱陽湖”的“鄱”字讀音，三人都不同。一個是滿口廣州音的福建朋友，他是著名的出版界人士，他照廣州人習慣讀作“播”；一位是久居北京、新到香港的山東朋友，他是資深的書法金石家，讀作“潘”，還說是“番禺”的“番”；而我本人則說是童年時啓蒙老師叫讀作“播”，實際正讀是“婆”。

有許多人以為字的讀音只要依照習慣就算，他們還說甚麼“約定俗成”“積非成是”。不知香港是一個四方雜處的社會，即以粵籍的來說，有廣州話、潮州話、客家話、四邑話，也有海南話、高州話，此一方言區彼一方言區未必同樣“俗成”，未必同樣“成是”。就是上述的一次聚會，我們只有三人，而對同一個字的讀音，都有相異之處。所以，不是隨便可以“俗成”，隨便可以“成是”的；故必定有一個標準。

讀作“播”，實際是廣州話的“俗讀”。讀作“潘”，字典裏誠然有這樣的一個讀音，根據《集韵》，是“蒲官切”，所切出來的音正是“潘”。不過，它是趙國的地名，不只用於“鄱陽”一詞中。在這一詞中，它的正確讀音是“婆”。“婆”與“播”最大的分別是一個陽平聲，一個陰去聲。若在有韵的文字中，平仄有很大分別。

咄不音拙

“咄”字很簡單，也很常用，但是十人有九人都可能把它讀作“拙”。你這樣讀，我也這樣讀，習而不察，結果失去了正確的讀音。

這種情形，有些人會說成“約定俗成”“積非成是”，我不想對這些問題多作討論，只想研究一下，假如不把這“咄”字讀作“拙”，而依據字書作“都忽切”，讀如“肥腯腯”的“腯”字音，那就和我們口頭語中的“太太咄佢兩聲”的“咄”字百分之百相符，是否當作“拙”字音更好呢？

我們的口頭語，日常使用“咄”（都忽切）這個音相當多，例如說：“人家咄（都忽切）你兩聲，反為不美。”這個“咄”字的使用，是絕對正確的，因為你根據字音，它的意義是呵叱也。

假如把這個正確的字音棄而不用，而偏要把它錯讀作“拙”，那又有何意思？當我們寫到“咄咄”兩聲字，“咄”字反而變了有音無字，那又怎辦？

許多時候，寫文章的人遇到有音無字之時，就會用一個同音的字，或者近音的字去充數，而“咄”字則確有其本音、本義的，反而被錯誤的音掠奪了它的本音、本義，是否很大的不公平呢？我希望大家共同研究一下，我的主張是：把“咄”字的本音、本義恢復過來，而把“拙”音當作“非法入境者”。

潟不同瀉

最近我才說過：認字首先要認清字形，一筆一畫之多少，有時候還是那個字，有時候卻大不相同。這當然是漢字的缺點，但是，這缺點不是不能克服的，台灣目前正推行標準國字，大家依照標準去書寫，就不會出現上述現象。

因此，歸根到底，認清字形是認字的最基本原則。最近聽到一項新聞報告中，把日本的“新潟”，說是“新瀉”。“潟”字音“昔”，“瀉”字音“寫”，也音“卸”。“瀉”字的常用義為“泄瀉”“吐瀉”等。

那位新聞報告員把“新潟”誤讀作“新瀉”，很可能對字形没有認識清楚。作為以語言為傳播工具的傳播工作者，應該曉得其影響力的大小如何，假如讀錯了一個，就會使得接受傳播的大眾“以訛傳訛”，這是嚴重的錯誤；假使接受傳播的是有識之士，就不會容許“謬種傳播”。

我也聽過有人說：新聞報告員在倉促間不暇檢查字典。我承認這一說法，但不是每一則新聞都是來得倉促的，以“新潟”一詞為例，是報告日本大選中，前首相田中角榮在起選區當選的。那不是突發新聞，很有從容時間檢查字典或做其他準備工作。

論字兩讀

十二月廿六日下午，正在書房中寫作，家人因新聞時間已到，把電視機打開了，傳來教人識字的聲音，僅僅聽到結尾幾句，大意是：“又讀倫，杜甫詩中有‘千載琵琶作胡語，分明怨恨曲中論’，讀作倫是用來押韵的。”假如不講最後一句，則講得一點不錯；可是有了最後一句，則變成畫蛇添足。

我不是故意向人挑剔，也從不故意聆聽人家教人認字，可是偏偏就在無意中聽到，而每次聽到都遇到有問題，發覺有了問題，就想提出辯證，正如“骨鯁在喉，不吐不快”，為的是恐怕大家習染了錯失而不自知。

“論”字音“吝”，也音“倫”，在《康熙字典》中，兩個音意義都是一樣的。讀作“倫”，並不是用來押韵的。例如唐人羅隱咏蜂的詩，第一句便是“不論平地與山尖”，何嘗是押韵的？又如杜詩中的“重與細論文”，何嘗不是讀作“倫”？又何嘗是押韵的？

“論”字的兩個讀音，清人段玉裁已有明確結論，假如說為了押韵才讀作“倫”，那就使人家有錯誤的認識。一字兩讀的例子很多，例如同在《康熙字典·音部》中，“譽”字，音“預”，也音“餘”，不分去聲或平聲，都是同一意義的。希望教人認字的，多做好點準備工夫。

夸父怎讀

朋友告訴我：有人把“夸父”一詞，教人讀如“夸付”，即“父”字讀作父母的“父”。

“父”字很簡單，原則上說，人皆有父，而“父”字的結構，只有四筆，幼兒園的小朋友，都會認識的。

但人們往往如此，正因為字的簡單，字的常用，就容易輕視它，不肯深入認識它。不知“父”字除了音“付”之外，還音“府”。

在這裏應該特別指出：“付”是去聲字，“府”是上聲字，兩音雖然接近，但也不能混淆。

音“付”的字義，大家已常用，大家也深知，這裏不再特別介紹了。至於音“府”的常用意義，則說明一下：第一，是男子的美稱，例如“尚父”“仲父”“尼父”等等；第二，是野老的通稱，例如“田父”“漁父”“樵父”等等。此外，“祈父”，則為古代的官名，“武父”則為春秋時的地名，在河南省蘭儀縣東北；他如“鷄父”“黃父”“城父”，都是地名。至於“梁父”[①]，則為山名，在山東省新泰縣西四十里；他如“龍父”“瞿父”“杜父”等都是。又有“麢父”，則是獸名；他如“章父”“那父”等都是。

“夸父”，古書上有說是獸名，有說是神人名，有說是山名，不論何種，都含於以上的舉例。

蜃唇有別

“海市蜃樓”是一種常見的幻象，也是一句常用的成語。然而，不少人會把

① 又作“梁甫”——編者註。

“蜃”字讀錯，把整個成語，錯讀為“海市唇樓”，包括幼年的我在內。

這個錯是很自然的，因為“蜃”字和“唇”字形體十分相似，人們一時就大意起來，不加細察。

第二個原因，在一般人的讀本中，很少接觸到這個成語，更少接觸到“蜃”這個單字。所能認識的，大多是從報刊中來。人們看報刊時，因無老師指導，就更易於把“蜃”字錯認為“唇”字。

其實，兩個字形雖然相似，但相差有三畫之多。大概導人錯誤的主要在於上半部完全相同，因上半部同樣是一個“辰”字。而其下半部“海市蜃樓”的“蜃”字則是從“虫”，和桃唇的“唇”字不同的地方，則“唇”字其下半部實際是從“口”。仔細去看，分別是相當大的。

所以，認字的第一步工夫，最重要就是把字的形體一筆一畫都弄清楚，不容有半點含糊不清。一有混淆，就會“差之毫釐，謬以千里”。且這種情形，不是偶然，而是經常出現的。例如“抒”字和“杼”字，讀音雖同，而意義則迥然不同。

最後，還是要說明“蜃”字讀“辰”上聲，即“時忍切”。並不讀“唇”。

來函簡答

編輯先生轉來一函，照錄如下：

郁文先生閣下：

台端執筆“亞洲電視”之專文，教讀正字，每期必讀，引據淵博，敢不擁嘉。惟近日之第三四五期中，“黔驢”之讀音，則反對某君電視台之讀法，所謂互相激勉，乃進步之佳兆焉。查尊文中對“驢”字，一定須讀“雷”音，似屬固執，蓋《辭海》中所載“驢”只可讀律餘切，亦讀“廬”，如此，某君在電視之讀法，何得謂誤？且以“信口開河”之措詞，而評諸他人，乃學者無風度之表現，既是同業之人，何必如此相殘？弟雖執教卅多年，現且已退休，年老無用，亦不禁掩卷歇息也。頗閣下諒之。

白髮觀眾上

答一白髮觀眾：

謹拜嘉言，亦不勝“掩卷歇息”之至。因來函者執教卅多年，連《千字文》中“驢騾犢特”一語似乎也忘卻了。而在《辭海》中所載“驢”字可讀律餘切，亦讀“廬”，似不知《辭海》中“廬”字第一個注音為“律餘切，音閭，魚韵”。退休了的教書先生，尚且如此，請靜思之。大函中“廬”字寫“廠”部，“掩”字右旁應為八畫，並非十畫，彼函中“廬”字少了一點，“掩”字多了兩點，不知三十年教書生涯中是否如此授課。學術的辯論似宜用真實姓名，以示負責，今後如有賜教，幸勿匿名。匆匆奉答，請如不敬，並頌春禧。

倒有到音

又一次偶然，聽到人講解“施”字，其中一個例子是“倒行逆施”，把“倒”字讀如“搗”字。

誠然“倒”字有“搗”音，例如“打倒”“推倒”“跌倒”“病倒”“倒塌”“倒閉”等詞語，都是讀如“搗”的。

但它另一個讀音，是“到”。在口語中，大家都會說得正確，例如形容別人是一個“文盲”，就說“倒（到）吊都冇一滴墨水”。又如形容別人交上惡運，就說是“人衰行路打倒（到）退”。在駕駛技術上，有“車前倒（到）後”一語。司機座位前面和車旁供司機視察車後或車旁情形的鏡子，就說是“倒（到）後鏡”。大家都使用這些口頭語，都很自然地把“倒”字說是“到”。未受過高深教育的人，都會曉得。

也許有人會說：“搗”是上聲，“到”是去聲，只是“一音之轉”，何必那麼嚴格？

其實在文字學中，“四聲別義”很重要。出行的“行”字，和品行的“行”字，上一個是平聲，下一個是去聲，亦即所謂“一音之轉”，而其含義就有極大的差別。誰也不會容許把“出行”說是“出杏”，把“行動”說是“杏動”，或把“行路”說是“杏路”的。

雋永怎讀

“一白髮觀眾”先生：

二月廿七日大函奉悉，所說有“第二信”，根本未見，相信編輯先生亦未見到，否則必會轉下。

“第三信”中，沒有提及“驢”字正確讀音，也沒有提及“廬”字的正確讀音和正確字形（主要是部首“廠”或“廣”的問題），是否已不執拗呢？如在“第二信”中有高見，還望補錄，否則應該是默認了。

附來唐寅手寫本影印件，“掩”字作“掩”。這不是最好的辯護。因為書法家的字形，不盡是文字結構的標準，顏真卿的“藝”字不從“艸”，而從“X”；歐陽詢的“本”字不從“木”，而從“大”從“十”。文字學家都不會認為正確的。

唐寅是有名的書法家，比他更有名氣而年代更早的王羲之、王獻之所寫的行書與草書，“掩”字都沒有兩點的。做學問的通常不採用孤立例證。

本欄的宗旨是“實事求是”，希望大眾減少錯誤。今日有人講“朝”字，說及秦少遊的詞“雋（俊）永”，在這個詞語裏，“雋”字應讀如“吮”。又是一次偶然，又發覺一個錯誤。

再說雋字

上期講“雋永”一詞，“雋”字是“吮”音，而不是“俊”音，由於篇幅有限，只是概略地說，恐怕有些人還是不甚明瞭，詳細述說，也有必要。

“雋”的字形，是從“隼”從“弓”。“隼”（sǔn）是鳥類的短尾者，《說文》：“雋，肥肉也。從弓，所以射隹。”《漢書・蒯通傳》：“通論戰國時說士權變，亦自序其說，凡八十一首，號曰‘雋永’。”注：“雋，肥肉也，言其所論甘美而深長也。”

因此，“雋”字雖有“俊”音，也和“俊”“雋”兩字相通，但在“雋永”一詞中，讀如“吮永”才正確的。

也許有人以為我是存心挑剔。其實，我只在改正，盡我自己的所知希望大家不可讀錯字音。假如以為“改正”就是“挑剔”，那就請抱有此種見解的人，平心靜氣反省一下。

我已屢次聲明，當我發現有人教錯大眾認字時，都是很偶然的事。我每天的工作量已超過了，並無餘暇也無存心去聆聽別人教人，這是千真萬確的。我所期望的，只是大家都能夠小心認字。我童年、少年也認錯了不少字。但我正因為如此，才發奮去認字。我知道改正錯誤，是人生最大的樂事。

刊不讀罕

“刊”字粵語中一般都讀上聲如“罕”。我個人大概在三十二歲以前，也是這樣讀，從那以後，三十多年來，無論讀書時，對話時，我都讀平聲如“看更”“看守”的“看”。因為我從那時開始，發覺自己對字音大都是“人云亦云”地去讀，實際許多是讀錯了的。

“刊”的字形，是從“刂”從“干”，也即是從“刀”從“幹”。它的本義是“削也”“斫也”“刻也”。所以刻石叫“刊石”，刻書也叫“刊書”。後來詞性變化了，每日出版的印刷品叫“日刊”，每週出版的叫“週刊”，每月出版的叫“月刊”，定期出版的叫雜誌或專輯，與報紙合稱為“報刊”。正如“報”字一樣，由動詞轉為名詞。這是我對“刊”字的基本認識。

在一般報刊上，以至一般書法上，“刊”字的字形，都是從“幹”從“刀”的，而金文、小篆、漢碑上，這種情形很少出現，例如《曹全碑》裏則是從“刀”從“幹”的。

在字書上“刋”① 是別個字，和“刊”字並不相同。

---

① “刋”音 qiàn，七見切。《玉篇・刀部》謂：“刋，切也。”字義為“切”。《字彙・刀部》：“刋，俗為雕刻字，誤。”——編者註。

也許有些人持着“吾從眾”，或者“習非成是”和“約定俗成”的態度去對待語文。然則最初說這些話的先聖先賢，其原來的語意是怎樣的？希望大眾不要“斷章取義”地去誤用、濫用這些成語。

創字兩音

“創”字有兩音：其一音“倉”；其二音“倉”去聲，也即是“矢降切”。

就一般而言，它的常用意，是始也、造也。如“創始”“創造”“創作”。報刊最初出版的號數，成為“創刊號”，也即是“第一號”，凡是用這些意義的，其讀音都是“倉”去聲，也即是“矢降切”。

對於這個意義的讀音，一般人都會正確讀出，我也沒有聽過錯誤的。

其實，除了“創始”“創造”“創作”等意義常用之外，“創傷”“受創”“創病”這些意義，也是常用的。例如在流血案件中，若干人受傷，報刊上常寫為“若干人受創”。又例如在戰爭的新聞中，“阿艦遭受重創”，是表示阿根廷軍艦受着嚴重的“創傷”。

這些意義，就以讀平聲為好，也即是讀作“倉”。它的意義是“傷”也，“傷痕”也。事實上，它和“瘡”字是相通的。

在李陵《答蘇武書》中，有“然陵振臂一呼，創病皆起”的語句，就是“受傷的和患病的都起來作戰”的意思。球賽新聞中，也常用“創病皆起”之語。

調查怎讀

“調查”一詞有不少人讀如“條查”，特別在某一電台新聞廣播（去年八月一日下午八時）中，“條查”得使我吃驚。有人說，語文只要能達意便可以。誠然，它所播出的“條查”，我們是可以了解其意思的。但是，單單求達意，是否會有問題呢？我們不是吹毛求疵，我總以為語文的讀音，應該標準化好一點，因為大家都根據標準，則大家會有更好的了解。

就拿“條查”一詞來研究。“條”究竟是甚麼，恐怕認真解起來，如果被人問到，將會無詞以對。

假如“調查”的“調”字讀作“掉”，即曲調的“調”字音，調動的“調”字音，調看的“調”字音，那就容易了解得多。所謂“調查”，是調集證據、加以查察的意思。

如做偵探工作的，做審判工作的，做新聞工作的，做歷史工作的，做任何研究工作的，都應該調集各種證據加以查察，然後才容易得其真相。

我們在上面指出的，似乎專門針對某一電台。實際上何止電台？不過因為聽了該台的新聞報告後執筆為文，就以為是錯誤的例子罷了。

做大眾傳播工作的，都有責任使語文轉向標準化，切望不可亂讀。

漬絕非“跡”

有人明知“漬”音“恣”，而偏教人可作“水跡”“血跡”的“跡”字用。這是甚麼居心？極為費解。

“跡”的使用很廣泛。如“足跡”“蹤跡”“陳跡”“古跡”“騰跡”“王跡”“霸跡”“字跡”“筆跡”“污跡”等等。又在四字句中，如蛛絲馬跡、消聲匿跡，多至不勝枚舉的。然則都可以用“漬”字替代嗎？而且在古籍中，“跡”字更有作動詞用的。

我不否認，報刊的新聞上、廣告上、常有“水漬”“血漬”“煙漬”等字樣出現，這是作文者於倉促間造成的錯誤，大多是“人云亦云”地習染而來的。這種錯誤，是有可原諒的地方。

然而，明知“漬”字音“恣”，顯然是檢查過字書，了解過它的，而偏教人作“跡”字用。是不是想把“漬”字取代跡字呢？是不是認定“漬”字易認，而“跡”字難認呢？是不是認定“漬”字易寫而“跡”字難寫呢？“漬”字是十四筆的，“跡”字是十三筆的，“跡”字易讀易寫不可否認。雖然，與“跡”字同義而異體的，有“迹”“蹟”兩字，但古籍裏大多是採用“跡”，而少用其異體字。我們要使大家明白，所謂“水跡”“血跡”“煙跡”等，都是水的痕跡、血的痕跡、煙的痕跡或吸煙後在牙齒上所留下的痕跡也。

以少數人的錯誤，去教導大多數人都錯，這種心理難以理解。

漬不音積

有些人以為漢字難認，其實，這觀念是錯誤的。然則為甚麼這樣多的人讀錯字音呢？我以為這不是漢字難認的真正原因。真正原因，就是人們不肯去認字，只是“人云亦云”地因襲別人的錯誤。例如“水跡”“血跡”，最近波斯灣伊朗漏出原油的“油蹟”，看到人家寫作“水漬”“血漬”“油漬”，於是也把“漬”字毫無疑問地接受過來，認為它是音“積”的。但當認真識字的人指出“漬”字並不音“積”，而是音“恣”的時候，於是，他們長嘆一聲，說道：“中國字真難認!”

試問這些把“漬”字錯讀作“積”的人，有沒有下過認識“漬”字的工夫呢？當然沒有。所以，自己不認字，而亂讀字音。當別人指出其錯誤時，就說是“中國字真難認”而不檢討一下，自己根本就沒有下過認識“漬”字的工夫，就無意識地以為“中國字真難認”!

我常常都說，大眾不去認字，卻誤認漢字為難認，這是自己的不負責任，妄下評語。

其實，“污跡”不一定是液體的，例如剛拿過粉筆，就會染上粉筆的顏色，何嘗有水分在其中。所以寫痕跡（或“迹”或“蹟”）的“跡”字才對的。

離有多音

“離”字的常用義，是分離也，離別也。它的讀音如梨。然而，它還有一個讀音是麗。這個音常常被人忽略了。如“鸚鵡能言，不離飛鳥；猩猩能言，不離走獸”。在這個例子中，“離”字就讀去聲，捨去的意義，和基本義似乎相同，實則稍有分別。

例如諸葛亮《出師表》末段有“今當遠離”之句，就是讀去聲的。

在司馬相如《上林賦》中，“荔枝”寫成“離支”，有些寫舊詩的，以為“離”字可作平聲用，也是錯誤的。實則應讀如荔。不適宜作為平聲用。

我寫這個字的動機，是和朋友論述今年的荔枝而起的。今年很早就有報導，廣州從化縣四十萬株荔枝樹茂盛地開花。我說，這也不是很樂觀，因為今年雙雨水，雨水很多，在結果之前，就會將花打了。果然，直到六月二十六日，正式的名種荔枝如“桂味”和“糯米滋”還未見上市，市面有標其名而出賣的，都不是正種。說到這個問題時，朋友就以“離支”一詞下問，是否可以將離字讀平聲，我說，可能作詩的没有詳細檢查字典。假如檢查了，就不會有此現象。至於離字還音“癡”，那是借用為“螭”。

象齒焚身

“焚”字音“墳”，是燃燒也，如焚毀、焚香、焚書、玉石俱焚等。由於是常用字，也只有一個意義（這是就常用方面來說），所以形、音、義三者大都能正確地使用。然而，它也不是十足通用的，因為在“象齒焚身”這成語中，它不直讀如墳，而是讀如“奮”的。讀這個音時，是假借為“僨”① 字。

“象齒焚身”一語，是一個很好的比喻，通常用來比喻富有的人會遭遇賊人謀財害命。這一成語出自《左傳・襄公二十四年》：“象有齒以焚其身，賄也。”大概古代求取象牙，是把大象殺死的。根據服虔的註解：“焚讀曰僨。僨，僵也。謂生齒僵仆其身。”上面說它讀如墳不是十足通用，原因就在於此。

不過，除了這一個例子外，古今字書都找不出別一個例句，因此，現時有一本字典說焚字通“僨”，說得不很正確。應該說：焚字假借為僨。

又在《康熙字典》中，有“焚，古文燔”，意思是焚字的古代字形是“燔”。這又說得不很完滿，很容易使檢查字典的人，以為“焚”與“燔”是同一個字而形體有異的。其實在同一字典中，“燔”字音“煩”，字義也不盡相同。我們

① “僨”音 fèn，“倒仆”意——編者註。

查字典時要小心。

交惡怎讀

用語言傳播的工作者，對於字音已有若干改正，如糾紛不再說是“鬥紛”，擴大不再說是“抗大”，刊物不再說是“罕物”。這是可喜的現象。這種精神繼續發揚下去，社會上的錯讀，可望有消滅的一天。

我想像這種改正，不是工作者個別的主張，其原動力可能發自整體的，或是工作者集體的意見，或是主管部門的意見。假如這想像不錯，將會有繼續的發展，而且以高速度發展開去。

假如我這個園地也能具有一點影響力的話，則我想指出最近聽到一個錯讀的詞語：“交惡”一詞。好像是關於尼日利亞前運輸部長狄仁高被綁架事件，報告這新聞時，“英尼交惡”的“惡”字變成惡劣的“惡”字音。

遇到這一類詞語，有時候不容易倉促判定它的讀音的，因為讀入聲或去聲，所表的意義相差不很大。其實，“交惡”是交相憎惡的意思。例如《左傳》中的“周鄭交惡”①。

要改正這樣的錯誤，則工作者集體或是主管部門在平時應該多加留心。日積月累地增加上去，一年中就會有很可觀的成就。

回頭再講惡字，在古漢語中有讀如“污”的，是“何也”。例如：“惡乎可？”又感嘆詞，例如《孟子・公孫丑上》：“惡！是何言也？”

澄字兩音

“澄”的音義，大都會懂得。它音懲，水靜而清也。

在古代漢語裏，“澄清天下”，是使天下達到安定平靜的境界也。這是使渾濁的水，經過沈澱，變成清澈的意思，而引申到平定混亂的人世也。

例如《後漢書・范滂傳》：“登車攬轡，慨然有澄清天下之志。”

現在的天下終於混亂了，比之後漢，還亂得多，恐怕不是一二人可以加以澄清的，必要有不少“有澄清天下之志”的人，整個人類的世界，然後可以得到澄清。

不過，澄字本來有兩個音，而且兩個音的意義是相同的。可是，得知的人並不多。也有一些行業的人是知道的，但他們卻懷疑是錯讀。

那字音是“鄧”。製作薄皮的點心，如蝦餃、粉果之類，必要用一種作料，就是“澄面”，售賣和使用這些澄面的，大家都說是“鄧面”。但他們習慣了讀“澄”如“懲”，所以，以為讀如“鄧”是錯誤的。

---

① “惡”音 wù——編者註。

其實，“澄”字的右半邊是“登”，和“鄧”音比較相近，而和“懲”音比較遠得多，似乎不應該懷疑“鄧”音為錯誤，假如有所懷疑而肯檢查字典也很容易獲得解答的。但是，一般人不養成查字典的習慣，因而常常受到文字的困擾。

治字兩音

治字有兩個讀音。政治、治亂等讀如“自”。治家、治國等讀如“持”。這個分別，我在入學不久就已曉得。原因是在同一章書裏，“欲治其國者先齊其家”，在這里是讀“持”的；但是反過來，則是“家齊而後國治，國治而後平天下”，在這里是讀如“自”的。

有一些人讚美家庭主婦打理家務之美德的，索性就寫作持家，用其字音而改變字形，似乎屬於明智的做法。其實，不是每一個同一詞性的“治”字，都可以寫為“持”的。近來很多知識分子大發“港人治港”的議論，嚴格說來，治港的“治”和治家、治國的治是同一詞性的，也就是應該說是“港人持港”，但又不能援用持家為例，而寫為持港。

也是在我的童年，讀《幼學故事瓊林》時，讀到“五戊雞豚宴社，處處飲治聾之酒”，老師也是教我讀持聲的。陸放翁《秋社》詩有“酒為治聾醉一杯”之句，李濤春社詩也有“社公今日没心情，為乞治聾酒一瓶”之句，根據近體詩的規律，這兩個例句中治字都應是平聲讀如“持”，而不是去聲讀如“自”的。還有陸放翁更把治字作韵腳，其原句是“微聾自好不須治”，就更不能讀去聲了。

粤方言研究

托塔應承

意思是：無論甚麼重大的事情，都答應去做。

塔，是佛塔，本來是用來藏佛骨的。又稱為浮屠、浮圖，或佛圖。然而，傳入中國之後，它的建築就很普遍，形式也多種多樣，出現用來點綴風景的。中國人多信堪輿之術，所以也有很多塔是為了“風水”而建築的，叫“風水塔”。因此，中國各地的塔雖多，未必都是藏佛骨的。

塔的建築是高聳的，所以老遠、老遠的地方便可以望見。由於高聳，它的層數就多。俗語說：“救人一命，勝造七級浮屠。”意思是：救人一命，勝過建造一座七層的佛塔。廣州六榕寺的花塔，從外面看去，共有九級，實際共為十七層，建造於南朝梁大同三年（公元五三七年）。例如這樣崇高的一座塔，怎可以用手托得起呢？

因此，“托塔應承”，雖表示有大量重大事情都答應去做，實際是指那些力不能為的人，輕率地、狂妄地去答應別人家去做。

“托塔”兩字，不是廣州人憑空說出的。因為托塔天王，是佛家的一個名詞，在佛經中，有所謂四天王，俗語稱為“四大天王”，而托塔天王，就是四大天王之一，也即是北方多聞天王，梵名叫“毗沙門天”。在佛教中，是護法的天神，管領羅刹夜叉。佛叫塔掌擎古佛舍利塔。

他的形象有多種，有一種穿着甲胄，左掌有寶塔托着，右掌有寶棒執着。塔蓋供奉釋迦牟尼佛，俗稱托塔天王。

唐、宋時，敕諸府、州、軍建築天王堂奉祀他，元朝繪畫他的像在旗上，列於鹵簿（天子出行的仗儀）之內。

廣州河南一座古寺名海幢（粵讀堂）寺，就有四大天王殿，四大天王的塑像，高及屋瓦。其中，托塔天王的形象，和上頭所描述的相同。直到現在，相信還有存在。因此，我相信這俗語，是由“托塔天王”這名詞而來的。

床下底破柴

這是歇後語，後頭隱藏着的是“撞板”。

現在香港人睡板床的比較少，從前大家所睡的都是板床。

現在香港人烹飪時的燃料，不是電，就是煤，不是煤，便是石油產品，如“火水油”“石油氣”之類。這是就大多數而言。

在過去，多數用柴薪；如果就廣州來說，現在還是用柴薪的多。

從市面上買回來的柴薪，通常都是大枝的，要將大枝的破開才容易燃燒。

在床底下破柴，因為高度極其有限，向上舉的時候，必然撞着床板。

廣州話說的“撞板”，和普通話“碰釘子”的意義相同。做事失敗了，說是

"撞板"；出了任何不幸的事，都可以說是"撞板"。

"板"是甚麼呢？是樂曲的板，也就是樂曲的節拍。因此，所謂"撞板"，原意就是樂曲不合節拍。

滚水熫豬腸

這是歇後語。後頭隱藏着的，是"兩頭縮"。

意思是：兩邊都有所縮減。

一條生的豬腸，用沸水去熫熟它，其長度自然縮短，它的縮短，是從兩邊開始縮短的。

這俗語是形容一種經濟情形，是雙重不利的。舉例來說，做生意的休假一天，和幾個朋友去打牌，假如打牌輸了，那麼，不做一天生意，少了一天的收入；打牌輸了錢，又少了一筆老本，變成兩邊都縮減了。

這樣的情形是常常有的。

假如一個工廠的技工，收入遠比白領階級好過的。而做技工，衣飾可以隨便一些。但放棄了技工這份工作，改去做文員，收入減少了，在衣飾品方面也要講究一些，要多花一點錢。這情形，也是"滚水熫豬腸"。

這俗話的"滚"字，本該寫作"涫"。"涫"，水沸也。至於"腸"字，變調為上聲，說如"搶"。

有爺生，冇乸教

這是責罵人家頑童的話。

意思是：只有父親生養他，没有母親教養他。

在《三字經》裏，雖然說是"養不教，父之過"。

意思是：生養兒女而不去教導他，這是父親的過失。

但這俗語講得更為實在。在從前的社會裏，父親管外，母親管內。父親為了謀一家的生活，在外邊的時間比較多，因此，和子女的接觸相應地減少了。母親是一個家庭主婦，在家庭裏整天和子女們接觸，因此，教導子女的責任，落在母親的身上比較多。

所以，一個頑童做出不合理的事情，人家便會罵他"有爺生，冇乸教"。

"乸"①，也是廣東俗造的字。它的讀音，是"奴啞切"。它的字義，是雌性也，和"公"相對。如雄雞叫"雞公"，雌雞叫"雞乸"。

還有一個字義，是"母"也。如雛雞，叫"雞仔"，母雞，叫"雞乸"。

① "乸"，音 nǎ——編者註。

貼錯門神

意思是：彼此生了意氣，你不面向着我，我不面向着你。

描繪的門神，彼此都斜着面，貼在左邊的，面略斜向於右；貼在右邊的，面略斜向於左。換言之，彼此都關照門户內外的。

但假如貼錯了，貼在左邊的面斜向左，貼在右邊的面斜向右，就變成以背相向，不相關照了。

這俗語，多用來形容生了氣的夫妻，各不瞅睬。但對兄弟、朋友之間有此情形的，也可以這樣說。

一節淡三墟

意思是：經過一個盛大的節日，則三次墟期的生意都淡薄了。

“墟”，實則是“虛”，北方叫“集”。兩廣地方叫“趁墟”，北方就叫“趕集”。

清人屈大均《廣東新語・地語》說：“粵謂野市曰虛。市之所在，有人則滿，無人則虛。滿時少，虛時多，故曰虛也。虛即廛也。《周禮》註云：廛，市中空地也，即虛也。地之虛處為廛，天之虛處為辰，辰亦曰躔，其義一也。”

意思是：廣東說郊野間的市場為“虛”，是市場的所在，有人的時候就擠滿，無人的時候就空虛。擠滿人的時候少，空虛没有人的時候多，所以說是“虛”。虛，即是廛也。據《周禮》註解說：廛，是市場中的空地也，也即是虛也。地之虛處叫廛，天之虛處叫辰，辰也叫躔，它的意義是同一樣的。

唐代詩人柳宗元《柳州峒氓》詩：“青箬裹鹽歸峒客，綠荷包飯趁墟人。”

意思是：用青色的筍箬裹着鹽而回村落的行客，用綠色的荷葉包着飯而到墟場的下巴鄉人。即因路長，要包飯去趁墟。而趁墟時最主要的是買鹽，用筍箬裹着回來。

明代廣東大儒陳白沙，有“二、五、八、十江門墟，又買鋤頭又買書”的詩。意思是：每逢二、五、八、十，便是江門墟期，趁墟時買鋤來耕種，買書來閱讀。

墟，是有定期的，有十日中兩期，有十日中三期。這俗語是說：一次盛大的節日，大家用錢多了，物用也買多了，所以三個墟期的生意都冷淡。

借花敬佛

意思是：本來不是自己所有的東西，拿來餽贈別人。

或者是人家餽贈東西給自己，而自己拿去轉送別一個人。

這俗語出於《過現因果經》：“瞿夷寄二花於善慧仙人以獻佛。”

意思是：瞿夷寄兩朵花給善慧仙人，用來奉獻在佛前。

元曲《殺狗勸夫》說："既然哥哥有酒，我們借花獻佛，與哥哥上壽咱。"

意思是：既然哥哥有酒，我們就"借花獻佛"，拿這酒來向哥哥祝壽了。

有時候應邀參加飲宴，客氣的人就拿起酒杯來，向同座的賓客說："我借花敬佛，向各位敬一杯!"

到喉唔到肺

意思是：所得到的太少，不能滿足要求。

以飲食為例子：一個好酒量的人，假如不是三杯到肚，不會滿足的；可是，只得到點點滴滴，僅可以潤潤喉嚨，而不能到得肺臟裏，飽飲一番，這就叫"到喉唔到肺"。

"肺"，本來是呼吸的器官。不過，"肺腑""肺臟"，都習慣用來作為身體內各種器官的總稱。

這俗語在字面上，雖是表示飲食的，但它可以廣泛地使用。

例如在經濟上有問題，需要大量金錢去應支，你向人家借貸，人家只給你少少的一點，不能應付巨大的開支。這情形，也就是"到喉唔到肺"。

又例如你喜歡收看一個電視節目，而你又為了別的原因，只看得那節目少少的一部分，心裏不滿足，也可以說是"到喉唔到肺"。

錯就錯在百中經

意思是：做事是有正確根據的，假如有錯，則是由大眾認為可以依據的標準錯起。

《百中經》是一本講曆法的書，算命先生起四柱，一定要使用它。所謂四柱，是指一個人出生的年、月、日、時。假如四柱起錯，全盤都會出差錯了。

這本書，不知誰人撰作，也不知哪個時候開始流傳的，但在《四庫全書》裏，它也包括進去。我查問過一位懂得命理的人，他說《百中經》只是用來占算的，假如推算曆法，是要依據"萬年曆"。而我說它是講曆法的，是根據《四庫全書總目提要》而來的。

今年的中秋節，有真有假。真正的中秋節，是在陽曆九月十七日；假的中秋節，是在陽曆九月十六日，比真的早了一天。於是有些日曆是十七日，有些則是十六日的。

為甚麼會出錯呢？錯就錯在"萬年曆"。

我們要知道，陰曆是以月亮圓缺變化的週期，作為計算單位的。計算的一個重要課題，是校正朔望月，即是算準了一個陰曆月的週期，這種計算，是要算出"朔"和"望"這兩天的準確時間的。"朔"就是初一日，"望"就是十五日。

初一，是要在月球走到太陽和地球中間，呈現一直綫時作為起點的。這叫做“交朔”，或叫“合朔”。

今年陰曆八月“交朔”，是在陽曆九月三日零時六分。但是，“萬年曆”的推算，是在陽曆九月二日廿三時五十六分。這樣一來，雖然相差十分鍾左右，日子卻提前了一天。換言之，陰曆本來是七月大，有三十日的，“萬年曆”卻變成七月小，只有二十九日。由於七月少了一天，八月初一就提早了一天，自然，連帶八月十五日中秋節，也提早了一天。

但不能說我們中國的曆法不準確，因為權威的曆法學家蔡伯勵所編的《通勝》（曆書）和《通勝日曆》，中秋節是定在陽曆九月十七日的。而後來天文台也證實了十七日那一天是準確的。

所以，這一回的錯，可以說是“錯就錯在萬年曆”。假如使用廣州俗語，那就可以說是：“錯就錯在百中經。”

照我推想，這俗語可能就是算命先生講起的。因為算命先生推算的初步，要根據《百中經》來起四柱。他們自信推算沒有錯誤，所以說，假如有錯，只是《百中經》的錯。因此，人們自誇做事不會出錯，萬一有錯，不是自己的錯，而是從大眾公認的標準錯起的，便說是“錯就錯在百中經”。

未見官先打八十

意思是：未曾成事，先已有所損失。到底成功與否，還是未可知之數。

例如申請入學，先要繳交一筆報名費，究竟錄取與否，還是不得而知的。這情形，便可說是：“未見官先打八十。”

表面的意思是，打官司時，未曾見到官員，是非曲直還沒有判定，就先被杖責了八十大板。

杖刑，是五刑之一，用荊杖決打，始於梁武帝。有大杖、法杖、小杖三種，都是打向背部的。唐代分為脊杖，用來打向背部；法杖，用來分別打向背部、臀部和腿部；臀杖，專用來打向臀部；笞杖，專用來打向腿部。到清代，改用竹板折責，由六十到一百，分為五等，每一十為一等加減，所謂“罪加一等”，就是加打十板。因此，“先打八十”，就是第三等了。

滾水㶶豬腸

這是歇後語。後頭隱藏着的話，是“兩頭縮”。

“滾水”，是沸水也。根據《說文》，“涫”字是沸也。但是，沸水必轉動，所以“滾”字也可通用，而且比“涫”字更流行。

“爈”[1] 字，根據《集韵》：“音祿，煉也。”廣州話，烹煮的方法中，有“爈”的一種，即以沸水或沸油燙之使熟。

例如“魚生粥”，煮之久，味不鮮，貴乎“僅熟”，所以有“爈魚生粥”這話。

又例如“雲吞麵”，太熟了，餡裏的肉類，特別是鮮蝦，火候太老，失去鮮味。麵條煮得太熟，也不夠爽。因此，有“爈雲吞麵”這話。

“爈”的方法，通常是使火候恰好，不太生也不太熟。

“雲吞”一詞，這裏也附帶交代一下，任何字書、辭書，都寫作“餫飩”或“餛飩”的。其實“餫飩”也好，“餛飩”也好，“雲吞”也好，再加上食品以外的“渾沌”“混沌”“渾敦”“倱伅”等詞形，全都是疊韵連語。這樣的“疊韵連語”，只求表聲，所以詞形很不一定。

廣東人把“餫飩”寫作“雲吞”，詞形雖不同，詞義是一樣的。

“滾”字、“爈”字，以及“雲吞”一詞交代過了。這裏就要解釋“兩頭縮”的意義。

它是表示，因一宗事情，而有雙重的損失。

舉一個例，勞動大眾，告假一天而去尋求耍樂，第一，因為要請替工，那一天的工資沒有了；第二，因為要耍樂，那天的開支要增大了。

再舉一個例，僱員轉到了別個機構的工作單位，薪金較原來的少了；又因上下班方便，而遷入新工作機構附近的房屋，租金較原來的多了。

這都是“兩頭縮”的例子。

用滾水爈熟一條豬腸，自然是兩頭都縮短了。

最後要補充的，被沸火所燙，被火焰所灼，肌肉受到創傷，都說是“爈”。

“爈豬腸”的“腸”字，變調為“搶”。

鬼摑後尾煩

意思是：自己有不可告人之事，本來是極度守秘的，但是，終於自己泄露出來，或者更“和盤托出”了。

為甚麼自己的秘密終向別人泄露呢？一般迷信鬼神的人，就以為鬼神逼他供出的。

“摑”字，音“瑴客切”。在字典裏，解釋是“批”也。所謂“批”，是用掌擊也。有掌擊面頰的，有掌擊頭顱的。而掌擊頭顱，則多是掌擊頸項之後睡眠時受枕之處。廣州話，這個地方叫“後尾煩”。“煩”[2] 字音“枕”。也有叫“後煩”的。

---

① “爈”字有兩個音，一讀 lù，煉也；一讀 āo，熬煮——編者註。

② “煩”音 zhěn，枕骨——編者註。

據說，逼人招供，就掌摑其後煩。

然而，自己泄露秘密的人，實際是没有人向他逼供的，所以人家就說他是被“鬼摑後尾煩”所逼出的，因為所謂“鬼”，一般來說是無形的。

人怕出名豬怕肥

意思是：人當享得了盛名之時，容易受人嫉忌；當豬生長得肥大的時候，就要被人屠宰了。

這句俗語，是分開兩截的。上一截是“人怕出名”，下一截是“豬怕肥”。

人享得了盛名，一言一動，都會受人注意，假如有一些不檢點之處，就容易受別人的指摘，甚至小小的瑕疵，好事者也會故意加以挑剔的。

但是，這一點道理，未必人人都會領悟出來。所以加上了下一截“豬怕肥”，當豬生長得肥大的時候，拿去售賣，拿去屠宰，賺錢就特別多。這一點道理，誰都容易領悟得到。所以，“豬怕肥”這一截，就是拿來形容“人怕出名”這一截，使人較易了解。

憎人富貴厭人窮

意思是：既妒忌人家得意，也討厭人家失意。

這裏的“富貴”和“窮”字，固然可以直解，但也可以解釋得廣義一些，“富貴”解作人家“得志”，“窮”解作人家“失意”。

這一種“憎人富貴厭人窮”的人，最要不得。人家貧窮之時，失意之時，他不會去鼓勵，更不會去幫助，反之，假如在路上遠遠見了，就會急急避開，生怕人家向他賒，向他借，甚或影響他的面子。

但當人家一朝得志的時候，他就懷着一種妒忌心、憎恨心。不但不會替人家慶幸，反過來，希望人家的得志是一時的，不能永久的；希望人家的富貴是短暫的，朝夕之間便會消逝的。

這比之所謂“人情冷暖，世態炎涼”的心理更壞。因為這兩者見人家得志，只是趨附之，不會希望人家失去之。“憎人富貴厭人窮”的人，實在太多了。甚至有些可以稱為高級知識分子的，都不免於此。

不知“富貴”與“窮”，是無所謂的。孔子說：“不義而富且貴，於我如浮雲。”又說：“君子固窮。”只要“貧而無諂，富而無驕”，或是“貧而樂，富而好禮”，這才是做人的正當道理，若說是“憎人”“厭人”，那不過是小人的心理罷了。

食粥屙硬屎，肚餓軀胸行

意思是：雖在窘境，也有不屈不撓的表現。

唐人王勃《滕王閣序》："窮且益堅，不墜青雲之志。"

意思是：越窮越硬，到死也不失去高潔的志節。

然而，這是文言，一般人比較難以了解這個道理。而這兩句俗語，雖是俚鄙，一般知識較低的人都比較容易明瞭。

這俗語分上下兩句。上一句意思是：家窮不能吃飯，只能吃粥充飢。本來粥是水多米少的，吃入肚裏，拉出的屎自然是稀的。然而，硬骨頭的人，偏偏拉出硬的屎來。

"屙"字音"阿"，本為病名，但粵語"拉屎"說是"屙屎"，"拉尿"說是"屙尿"。

下一句的意思是：肚子飢餓時，自然軟弱無力，走路時腰也不能挺直，但為了表現堅強，故意挺起胸膛。

其中的"軀"字，音"堰"，也和"演"同音。根據《康熙字典》引《廣韵》《集韵》兩書，解作"身向前也"。而所謂"軀胸"，則是挺起胸膛來，使胸膛向前。

概括地說，這話意思就是"人窮志不窮"。

執輸行頭，慘過敗家

意思是：做事要爭先，假如不趕先去做，則其結果，有甚於傾敗了全副家產。

這俗語很常用。它有一些鼓勵性，鼓勵人做事，務求迅速，不可以慢吞吞。

例如《孫子兵法・作戰篇》說："故兵聞拙速，未睹巧之久也。"

意思是：用兵之道，只聽有拙而快速，未見巧而可以久延的。

據杜牧解釋說："攻取之間，雖拙於機智，然以神速為上。蓋無老師費材財，鈍兵之患，則為巧矣。"

雖然使用這俗語的人不少，但是，甚麼是"行頭"？則大眾未必很了解。如果是戲劇界，就會懂得。大體來說，戲劇的道具，戲劇界就說是"行頭"。

據《揚州畫舫錄》說："戲具謂之行頭。分衣、盔、雜、把四箱，衣箱、盔箱，均有文扮、武扮、女扮之分，雜箱皆用物，把箱中則鑾儀兵器，此為江湖行頭。"

意思是：戲劇用具說是行頭。行頭分為衣、盔、雜、把四種戲箱。載衣服的戲箱、載頭盔的戲箱，都有文裝、武裝、女裝的分別；雜箱裏就都是用物，至於把箱，則是盛載鑾儀和兵器的。這是江湖上的行頭。

因此，假如執拾行頭有錯失，或者執拾太遲緩，就有問題了。

據說，粵港的音樂界，連樂器也說是行頭。我朋友中雖有不少戲劇界、音樂界人士，但没有正式請教過他們，只是得之於書本中，或者耳食之言。

"執輸行頭"這俗語，相信是來自戲班的。

俗語中也有簡縮為“執輸”的。例如求職到遲了一些，已告滿額了，人家便說是：“你執輸了！”

亞蘭賣豬

這是歇後語。後頭隱藏着的，是“一千唔賣，賣八百”。也即是高價不賣出去，偏偏低價賣出去。例如，有一份高薪的工作不去做，而去做較低薪酬的。

亞蘭是誰，已不可考。也許是由一個事實而來，也許是由一個戲劇故事而來。假如按照一千、八百這個數字來推算，不可能是一千圓的，因為這話在數十年前已很流行了，那時一千圓已可買很多的東西，何止買一隻豬？更不可能是一千兩銀，因為一千兩比一千圓更多；最可能的，是一千錢，即一千枚銅錢，一千錢等於十圓。以一千錢、八百錢來計算一隻豬價，最遲是清末民初的時候，因為那時候還是以銅錢作為計算單位的。也許更早一些。由此，可以知得這俗語流行了最少已六七十年。

亞蘭的“蘭”字，說時變了調，是陰上聲，也即是“勞簡切”，和另一句俗語“亞蘭嫁亞瑞”的“蘭”字不同。

一物治一物，糯米治木虱

意思是：一種東西，能克制別一種東西；舉例言之，木虱是不容易杜絕的，只有用糯米去克制牠。

例如一個無法無天、橫行霸道的人，但是回到家裏，卻害怕太太，幾乎怕得要死。人家對於這種怕太太的人，常會說“一物治一物，糯米治木虱”，或者簡單地說“一物治一物”，而省略了“糯米治木虱”。

有一種木虱，一名吸木蟲，好吸食樹液、花蜜等，這不是廣州話中所說的木虱。廣州話所說的，也即是牀虱，亦有叫牀蟲或臭蟲的。這種木虱，白天匿伏於牀的空隙，或在帳篷和牆罅間，夜裏出動吸吮人血。被吸吮的地方呈現赤腫而且發癢，用手搔癢，常常成為濕疹狀。這種蟲類，極耐飢餓，就算絕食了一兩年，還有生命力。生殖很繁多，一隻雌性的一次產卵五十顆，每年生產三四次。因此，要清除牠，很不容易。

本來，糯米不可以治理木虱的。然而“糯米治木虱”這話已流行很久，大眾只是人云亦云，明知糯米是不能治木虱的，但說慣了，也不去管它。其實，是有一個小小故事的。一個少婦煮好了糯米飯，不想給家姑吃，自己偷偷吃了，還留下一碗，準備給丈夫吃，就收在牀上，家姑無意中發現了，便問為甚麼把糯米飯放在牀上，媳婦對她說：“一物治一物，糯米治木虱。”因為牀上木虱多，所以把糯米飯放到牀上去。

初婦心抱，落地孩兒

意思是：對於家裏新添的人口，應該及早加以管教；否則，養成了壞習慣然後才去管教，就不容易收效。

廣州話的“心抱”，實則是“新婦”的轉音。新婦初入門，對於夫家的一切規矩習慣，不盡懂得，因此，初入門的新婦便需要加以管教。同樣，小孩子在呱呱墜地的時候，便要施以管教，否則養成壞的習慣，加以改正就困難了。

阿駝行路

這是歇後語。後頭隱藏着的，是“中中地”。

“中中”，是“中等”的意思。也即是，既不是很好的，也不是很壞的。

“地”字，是語尾詞。如“麻麻地”“好好地”“乖乖地”中的“地”，同樣是語尾詞。

阿駝，是脊椎骨向上隆起如駝背的人，例如柳宗元《種樹郭橐駝傳註》：“人背駝，不能仰也。”

意思是：人的背脊骨隆起像橐駝（即駱駝），頭面俯向地下，不能仰起來的。

由於這情形，阿駝走起路來，頭部多是向下一舂一舂的。而“舂舂”和“中中”同音。所以，批評人物、事象不好不壞的，說是“阿駝行路”。

這俗語裏，“駝”字變上聲，“提可切”；“地”字也變上聲，“第起切”。

填飯窞

意思是：病人戒口，不能吃飯，一旦病好了，恢復了吃飯，這時候，飯量往往會大大增加，而且，體重也會增加。這情形，說是“填飯窞”。

所謂“窞”①，是凹陷的洞穴也，通常是就平面上的凹陷來講的。例如地面的凹陷，就說是一個“窞”。

又如開支太大，把預算中的錢用多了，或者是挪用了公款，要將虧空了的數目填補，這情形，也叫“填窞”。

“窞”字在廣州話中，是“徒撼切”。《康熙字典》引《廣韵》《集韵》《韵會》《正韵》都是“徒感切”。至於它的意義，則引《說文》解釋為“坎中小坎也”。又引《易經・坎卦》註說：“最處坎底，入坎窞者。”

現在一般用廣州話在文字上表達的，用“氹”字。如“一氹水”“水氹”；又如澳門有地名為“氹仔”，最近還建築了“澳氹”大橋。

這“氹”字在“《東輿地圖說》裏有收入，但它是俗造的字，而且“窞”不

① “窞”音 dàn，深坑也——編者註。

一定有水。

另一字形是“覃”，也是“徒感切”，解作“曲內也”。曲內和凹陷意思相近。

一子錯，滿盤皆落索

意思是：一點點的差錯，弄得全部都差錯了。

這是就珠算方面而講的。珠算有許多的運算元，而這些運算元，都裝置在算盤之內。

使用珠算去計數，只要撥錯了一粒運算元，那麼全盤數都不準確，而變成零星落索了。

這和成語中的“差之毫釐，謬以千里”意思是相近的。

這成語見於《史記·太史公自序》：“《易》曰：‘失之毫釐，差以千里。’”

毫和釐都是計算長短的細微單位。起初只是這樣細微的錯失，最後則差錯得千里之遙了。太空火箭的發射，常在中途改正偏差，就因為一點點偏差，就會不能達到目的。

太史公司馬遷引用這成語，是出自《易經》的，所以要加上“《易》曰”二字。

今年中秋節計算有錯誤，本來只是相差了十分鍾，但由於這十分鍾之差，成了一天之差，結果，整個中秋節日，竟然提前了一天。

有些人做事，以為些微的差錯不要緊，殊不知其結果，誤了全盤計劃，這就是“一子錯，滿盤皆落索”。

“錯”字在這裏，是“蒼”中入聲，也即是“持惡切”。

一醜兼百拙，米貴兼閏月

這俗語重在上一句，而以下一句作比喻，也作陪襯。（上一句）意思是，樣貌既是一醜，做起事來，兼且百般笨拙。下一句意思是，米貴難以維持生活，兼且遇到閏月，要多捱一個月苦。否則容易過年，新穀登場，可能解除糧荒。

㩒你唔知，話你唔好意思

意思是：心裏對你惱怒，你不知道，假如坦率地向你指摘，又恐怕彼此在心意上都不好過。

在交際場中，在人際關係上，這樣的情形常常出現。因此，這話常常使用。

也有用來指第三者的。例如自己遭遇到上述的情形，不好向那人直接說出，而心裏卻不高興，正如“骨鯁在喉，不吐不快”，於是訴諸別人。

這時候，話裏的“你”字就改為第三人稱“佢”字。變成“㩒佢唔知，話佢唔好意思”。

這話很簡單，不必解釋太多了。

然而，“獳”[①] 字看起來是個極陌生的字；在口頭語上，卻是極為常用的。

它是“紐”平聲，怒也。

我們用粵語寫作的朋友，慣於借用“嬲”字來代替這字，實則“嬲”字音“鳥”，意義擾也，雖然也有“惱”的意思，但《廣韵》《集韵》《康熙字典》都沒有採用“惱”這個意義。

至於“獳”字，《康熙字典》引《廣韵》：“奴鉤切。”它的含義，是“犬怒也”。它的讀韵和意義，都和廣州話所常說的相同。

也許有些人以為，“犬怒”和“人怒”怎可以相比呢？

但我們想想，“狂”字、“猛”字、“狡”字、“狠”字、“獃”字等，不是用來形容犬類的嗎？但也運用於人的行動和意態方面。

至於“意思”的“思”字，應讀如“試”，心意也。從前廣州人講話都是這樣的，近時不少人說是“意思（絲）”。“思”讀“絲”，是動詞。要改正過來，並無難處。

鐵無反覆力，人無過後恩

意思是：一個人受了別人的恩惠，事情過後，便會忘記得一乾二淨。

這是指寡情缺德的人來說的。

這俗語分成上下兩句，而着重在下一句。上一句是作為比喻的、陪襯的。有了上一句的比喻，下一句的意思就顯得鮮明。而上一句的意思是：鐵，雖然是十分堅硬的，但如果一枚鐵釘彎曲了，拔起來，用錘子再把它敲直，它的硬度已經不夠了。又如一條建築用的鋼筋，經過拗彎了，再使之伸直，它的力度已不如前。這俗語就是用這樣的形象，來比喻一種事理，比喻人受了別人的恩惠，過後就會忘記。

當然，也有“一飯之恩不可忘”的。漢代韓信在少年時候寒微，連飯也沒有得吃，在水邊漂衣服的一個婦人看到這情形，就給他飯吃。後來韓信佐漢高祖定了天下，他成為開國功臣，富而且貴，特別報了漂母的一飯之恩。所以，說“人無過後恩”，未必盡然的。不過在澆薄的世俗中，一般情形，都是忘恩的。

“反覆”的“反”字，這裏說是“翻”。

打場大風，執塊樹葉

意思是：一個很大的發展機會，本該有很豐盛的收穫的，可是，結果所得

① “獳”音 nòu，犬怒貌——編者註。

甚微。

清人屈大均《廣東新語》說："南海歲有舊風，亦曰風舊，蓋颶風也。"

意思是：南海（指廣東）每年有舊風，也有說是風舊的，實際就是颶風。

颶風，也有說是颱風的。因此，有人說"颱風"是"大風"的一音之轉。是否屬實，未暇考究，這裏只是聊備一說罷了。

每一次颱風，必會吹倒很多樹木，在鄉村裏，人們都以柴草作為炒飯的燃料，既然打風之後有樹木吹倒，就可以撿拾回來，作為燃料。而這俗語則說是"打場大風，執塊樹葉"，這一塊樹葉，自然不夠作炒飯烹茶之用。

這比喻有很好的機會，唾手可得的，但所得甚微，甚至微不足道。

沙蟲變蚊，妹仔變二安人

意思是：做婢女的，會被主人收作侍妾。而上一句，只是陪襯的話。

"妹仔"即婢女，現在已經没有蓄婢女的制度了。本來"安人"是古代婦女的封號，在明、清兩代，官階六品，他的妻子就可以稱為"安人"。但逐漸變為對一般家庭主婦的尊稱。而媳婦稱家姑，也是"安人"。若是侍妾，則說是"二安人"。

"沙蟲"，是污水中的小蟲"孑孓"，會化為蚊蟲，所以拿來比喻婢女變為侍妾。（現在粵港都没有侍妾的制度了）

在這俗語裏，"蟲"字變調為"寵"。"妹"字變調為陰平聲，即"姑灰切"。"人"字變調為"因"。

雷公劈都揞住荷包

意思是：寧願不保生命，還是需要保有其金錢。

據說，廣東是多雷的地方。清人屈大均《廣東新語·天語》說："東粵之地，陰陽之氣恒不得其和，而雷、瓊二州尤甚。雷州在海北，多陰，雷生於陰之極，故雷州多雷。"

意思是：東粵的地方，陰陽之氣時常不得調和，而雷、瓊兩州更甚。雷州在南中國海之北，多陰氣，雷生於陰氣之極處，所以雷州多雷。

至於雷公，據《雲仙雜記》說："雷曰天鼓，神曰雷公。"

意思是：雷，說是天上的鼓，雷神，說是雷公。

廣州話雷殛說是"雷劈"。被雷所劈，生命每多不保。然而愛財如命的人，聽得雷聲，明知生命有危險，亦所不顧，只恐荷包被劈開，錢財有所損失，那才不值。所以竭力用力揞着，以求錢財之保全。

"揞"字，音"黯"（ǎn）。《康熙字典》作"烏感切，庵上聲。手覆也"。根據《集韵》這本書，"掩"和"揜"字，也有兩音：一音"淹"上聲，另一音是“烏感切，庵上聲。覆取也”。

豬籠篾

這是歇後語。頭後隱藏着的，是“扭完一道又一道”。

鄉間的豬籠，是用竹篾造成的，它不是用編織之法，而是將竹篾扭成一個個像金錢眼的孔。因此，在製作之時，扭完了一道，又扭第二道。

這好比一個專門扭計的人，這樣扭人家一扭，那樣又扭人家一扭。

所謂“扭計”，是用奇謀詭計刁難人家的意思。從前有一些包攬訴訟的人，人家便說這種人是“扭計師爺”。

老樹枯柴

這是歇後語。後頭隱藏的，是“自己跌落來”。

樹木老了，便會枯朽，這些枯朽了的老樹，你不必去砍伐它，讓它枯朽到再經不起風雨的時候，就會自動跌下來，你便可以執拾起來，作柴薪之用。

這比喻一種個性強的人，你去請求他做某些事，或是去勸勉他做某些事，他是不接受的，但到若干時候，他就會自動去做了。

例如有一些義舉，是有關於社會公益的，有錢的人，很應該盡一點力量。但是，假如你去請求一個富豪去盡一份力量呢，他會不高興的。如果你不去請求他，他看到別的人都踴躍捐輸了，也會不甘人後，大解善囊。

這就好比老了的樹，枯了的柴，自動跌下來，不必去砍伐。

唔睇僧面睇佛面

意思是：不看在人家的情面上，但要看在他背後的人的情面上。

這俗語的正面意思，入佛寺裏，就要恭恭敬敬的，不看在僧人的情面上，也要看在佛爺的情面上。

例如對着朋友派來的人，他是粗魯的，無禮的，你本應該對他不客氣，申斥他一番。但是，為了你朋友的情面，免使朋友不安，因此，對那來人就不加深責了。

做咗鬼會迷人

意思是：未有權力的時候，就和大眾反抗權力，但一旦有了權力，就會運用權力去欺壓人家。

舉例來說：一個工友平時和一般工友反對管工的不合理壓力，但一旦升任了管工的職位，就會向平時一起工作的夥伴運用他的權力去壓迫眾人了。

由這個例子，相信大眾會了解這俗語的意思的。實則這俗語所包含的意義還很多，這個例子，似乎不能說明它的全部意思。但我匆促間又不能再舉別的例子，只能希望讀者“神而明之”。

假如單純從字面去理解，許多人就會“怕鬼”，即使是好朋友死了，即使是至親至愛的人死了，對於新死的人的所謂鬼魂，都會害怕。

但也許，由於許多人都存有這樣的心理，才有這俗語的產生。

“咗”字，音“左”，是廣東俗造的字，它的意義，和普通話的“了”字相當。它是在動詞後的語尾詞，是表示事情已經完成的。例如“吃過了飯”，就說是“食咗飯”。這個俗造字流行已久，香港報紙上如果用粵語傳播的，都會使用它。不過，任何一本字書，包括廣州音字典一類的字書，都沒有承認它。

我在這個專欄裡，也有用過，但從沒有加以說明。其實，我在報紙上曾經介紹過它的本字了。這一回，也趁機會在這裏講述一下。

它的本字就是“袓”[①]，即祖父的“祖”字加一點，也即是將“祖”字的“示”旁，改為“衣”旁。它在古代的字書裏音“咀”，也音“嗟”。“咗”字和“咀”字的發音相同，而收音也相近。同時如險阻的“阻”字，它和“咀”字的表聲部分同樣是“且”（這裏“且”字音追）。

至於“袓”字的含義，根據《說文》解釋，是“事好也”。

所謂“事好”，也即是上頭剛剛所說過的“表示事情已經完成”的意思。

我不想強人把已經流行頗久的俗造“咗”字改正為“袓”，只想在這裏說明廣州話只有些以為是“有音無字”的，實在不少有音也有字，只是我們只保存了它的音，而失去了它的字形。

至於這“袓”字能夠因此而再推行，則是我“喜出望外”的。

教老豆長鬚

意思是：一個不大懂事的人，自以為經驗豐富，反而去教導一個老行尊。

老豆，即老頭的轉音。廣州人說的老豆即父親。這俗語的意思，父親年老了，自然會長起鬍子來，而後生小子是不會長鬚的，反而教導父親如何長了鬍子，這就等如《孟子》裏所說的“教玉人雕琢玉”。

《孟子》裏面有說：“今有璞玉於此，雖萬鎰，必使玉人雕琢之。至於治國家，則曰：‘姑捨女所學而從我。’則何異於教玉人雕琢玉哉?”

意思是說：好比現在有一塊未經雕琢的玉石在這裏，雖然值得二十萬兩銀子，但一定要叫玉工去雕琢它，才可以成為美好的玉器。講到治理國家的事，卻說你暫且丟掉你學過的道理，去依照我的樣子做，那麼，同硬教玉工去雕刻玉石，有甚麼分別呢?

---

① “袓”音 jù，《說文·衣部》：“袓，事好也，從衣且聲。”——編者註。

老豆自會長鬚，等於玉工自會雕琢玉器，不必別的外行人去教他。

四邑話有一句俗語，和這俗語有一點相同，就是："使你教媽生仔?"

意思是：你的母親既然能夠生你出來，難道你還要去教導她生孩子?

然而，社會上就偏有那麼一知半解的人，不自知其淺薄，反而去教導經驗豐富的，所以說是"教老豆長鬚"。

少食多覺瞓

正面的意思是：寧願少食一點，而多一點睡眠。

這里面的"少食"，包含有少做無益的事的意思。"多覺瞓"，包含有多休息一點的意思。

例如有人在閑暇中，叫你打麻將消遣一番。雖然有人以為打麻將是娛樂，但到底是賭博，到底是勞神的，假如你不願意參加，便可以說是"少食多覺瞓"。

甚至有人鼓勵你去做一門容易賺錢的生意，而你不願意冒險，只想安分守己地過着安閑的生活。在這樣的情形下，也可以說"少食多覺瞓"。

"覺"字，讀作"教"，即睡覺的"覺"。廣州話"睡覺"叫"瞓覺"。唐人杜牧《遣懷》詩說："十年一覺揚州夢。""覺"字也是讀"教"，睡醒，也是"一覺醒來"。

水鬼升城隍

意思是，地位低微的人，一朝得志，富貴起來。

表面的意思雖然只是這樣，實際是指小人得志，作威作福。

城隍，本來就是城池。古代築城防守，城的外面，例必有池，使攻方不容易渡過。

清人趙翼《陔餘叢考》引王敬哉《冬夜箋記》："城隍之名，見於《易》，所謂'城復於隍'也。"意思是：城隍這個名字，最初見於《易經》，《易經》裏有"城復於隍"這語句。

至於城隍之神，《陔餘叢考》說："《北史》：慕容儼鎮郢城，梁大都督侯填等舟師至城外。城中先有神祠一所，俗號城隍神。儼於是順人心禱之，須臾，風浪大起，凡斷其荻洪鐵鎖三次，城人大喜，以為神助，遂破填等。"

意思是：北齊慕容儼，在文宣帝天保（公元五五〇—五五九年）初年鎮守郢城（今湖北省江陵縣東南）。南朝梁的大都督侯填等人，率領着水兵乘戰船到城外。在此之前，城裏有一所神廟，所供奉的神，世俗稱為城隍。慕容儼這時，為了應順人心，就向城隍神禱告。不多時，水面風浪大起，吹斷了以荻為篷的戰船鐵鎖三次之多。城裏的人大為高興，認為神靈扶助。

《陔餘叢考》又說："《隋書·五行志》：'梁武陵王紀祭城隍神，將烹牛，有赤蛇繞牛口。’是城隍之祀，蓋始於六朝也。至唐則漸遍。……則唐中葉，各州郡皆有城隍。……陸放翁《寧德縣城隍廟記》所謂‘唐以來，郡、縣皆祭城隍’是也。”

意思是，《隋書・五行志》說：“梁朝武陵王紀祭祀城隍神，將要屠牛，有一條赤色的蛇，環繞着牛口。可見祭祀城隍的風俗，從六朝時候開始，到唐朝漸普遍。唐代中葉，各州和郡，都有城隍廟。宋人陸放翁在《寧德縣城隍廟記》所說的‘自唐以來，各郡各縣都設廟祭祀城隍神’，就是這樣來的。”

大概各州、郡、縣的地方官，都要祭祀城隍神。可見城隍神的權威。

至於水鬼，是墮水中溺死的人的冤魂，上不得岸的，是迷信鬼神的人心目中最低微的鬼物。但是，一旦升任為城隍之神，不但滿城的人要拜他，連州、郡、縣的主管官都要拜他，他所顯示出的權威怎樣，就可見了。

罯　心

意思是：心裏悶悶不樂，也可以說是“不開心”。

“罯”（ǎn）字，廣州話音“庵”入聲。它在《康熙字典》裏入“網”部九畫。字典中引據《集韵》《類篇》是“遏合切。音始。覆也”。

用藥物掩蓋在瘡上，或受損的肌肉上，說是“罯藥”，或是“罯瘡”。衣服被雨水或汗水所濕，仍然穿在身上，也說是“罯”。因此，心裏被不好的情緒所掩蓋，說是“心罯”。

打得更多夜又長

從前夜裏報時以及巡察，都用打更的。一夜分為五更，即由初更至五更，也有打六更的，六更便叫蝦蟆更，已是天亮了。這俗語的正面意思是，打更越是打得多，越覺長夜漫漫，難以熬過。

為甚麼更有多有少呢？有的只打二更至五更，但是，也有的由初更打到五更，而五更之中，每更又分三點，如五更一點打一次，五更二點又打一次，五更三點再打一次。失眠的人，或是滿懷愁思而不能入寐的人，越是聽得多，越覺夜長難耐。

不過，這俗語正式的使用並不如此，就是用來比喻講話太多了，或是考慮太多了，就會不容易做成功一件事。舉例來說：有人要經營一事，這樣要考慮，那樣又要考慮，總是不見正正式式開始幹起來，這情形，就可以說是“打得更多夜又長”。

眼眉毛長過辮

意思是：一種長期的支票，很難得到兑現。

例如有人許諾，十多年之後，就會給你一筆大財；或是十年之後，就會升你一個更高的職位。這情形，都可以說是“眼眉毛長過辮”。

總而言之，凡是一種遙遠的希望，特別是一種没有把握的遠期希望，都可以這樣說。

換言之，就是長期的盼望，盼望得眼眉毛都生長得很長了，它的長度，和腦後拖着的辮子一般。清代男性都是拖着辮子的。這情形早已過去了，但這話還是在流傳。

扽蝦籠

意思是指妓女將嫖客腰包裏的錢財搜括淨盡。也有人把意義的範圍擴大，指妻子將丈夫腰包裏的錢財搜括淨盡。

蝦籠，是捕蝦的竹籠，也叫“蝦笱（音苟，廣東話是‘絞’）”。根據辭書的解釋：“笱與筐籠相似，口闊頸狹，腹大而長，施之，則以索束其尾，喉內編細竹而倒之，謂之曲簿，入則順，出則逆，故魚入其中而不能出。”

意思是：笱和竹籠相似，口闊大，頸狹窄，腹大而長。使用時，就用繩索綁緊它的尾部，編織細而尖的竹篾，尖的部分倒向它的頸喉內，這叫曲簿，魚蝦進去時是順的，假如想出來，則是逆的，所以魚（蝦）入了裏面，就不能走出。

這東西我也在鄉間見過，不過没有認真看個清楚。這東西不但用來沈在水裏捕魚，也可捕蝦。

至於“扽”字，它的讀音在《廣韵》《集韵》兩本書裏，都是“都困切，撼也”。把東西上上下下地撼動，廣州話說是“扽”。吸香煙的人，有將煙枝向桌上扽的，使它實一點。放在器物如瓶子裏的東西，放存太久了，不容易傾倒出來，也要用力“扽”出。

“扽”的另一字形，是“頓”。這“頓”字，我們慣讀如利鈍的“鈍”。其實，它的音也是“都困切”。也和上述的“扽”意義相同。《荀子·勸學》篇：“若挈裘領，詘五指而頓之，順者不可勝數也。”意思是：正如拿起一襲皮裘的領部，屈着五指執緊它，提舉高下振撼，則本來紛亂的皮裘的毛，順的不可以盡計了。

故“扽蝦籠”，也可以寫作“頓蝦籠”，但是“頓”字在廣州話中，習慣說是“鈍”。

而所謂“扽蝦籠”，是當蝦充滿蝦笱裏面後，便將綁着尾部的繩索解開，上上下下地撼動它，將所有的蝦，都傾倒出來。

用這樣的情形，去形容將腰包裏的錢財搜括淨盡，頗為恰當。

在這俗語裏，“籠”字變調為陰上聲，也即是“盧孔切”。

“扽蝦籠”這俗語，在《詩經·谷風》裏有頗相似的話：“毋逝我梁，毋發我笱。”

意思是：不要拆除我從前坐着釣魚的堤梁，不要打開我的魚笱、蝦笱，把我的魚蝦都捉去了。

黃生醫眼

這是歇後語。後頭隱藏着的，是“有突”的意思。而所謂“有突”，也相當於“有餘”，實際就是超出了數額。

所謂“黃生”，本來就是“黃綠醫生”，指那些醫學功夫不夠的醫生。而“先生”二字，說急時變了合音，而成為“生”字的語音。

人的眼眶，本是凹入的，但如果有了眼病，請一個醫學技術不夠的人去醫治，就會醫不好，眼珠子反而會凸出來。

至於“黃綠”二字，照一時的推想，可能是指果實未成熟的顏色，因而比喻醫學未成熟。

太平分局長躝街

同一物也，各地之稱謂每有不同。試以公共汽車言之，港人稱為巴士，穗人稱為長途車。穗之有長途車，已逾半世紀，然其始之名稱，則為“加拿大”也。“加拿大”者，蓋為汽車公司之名，而轉以為車名。意者，創辦人為加拿大之歸僑。及後，有模範公司長途車行駛，則市人又呼該公司之車輛為“模範”矣。

抗戰勝利後，長途車無專利權，固有大規模之公司，亦有小至一車、兩車公司者。公司之多，不復記憶矣。然正以其如此，不能不有所競爭，既有所競爭，則對乘客之服務，不能不講求。

其最顯著者，則為每到一地段，售票員必高聲報地名，使乘客不致有誤也。然粵人頗多幽默感，因此，高聲報地名時，每有諧語，使人發笑。

太平南路之普濟橋，原為大站，蓋一繁盛地區也。站之附近，為警察局太平分局，與太平分局斜對之路口，則為槳欄街。以意度之，當未填海時，當地為海旁，而專賣船槳者，乃有此名。售票員至此，則高聲報曰：“太平分局，槳欄街。”其初，人尚不覺也，其後乃悟其實以諧聲而有所辱罵焉。其意乃謂“太平分局長躝街”也。所謂躝街者，殆謂足不良於行，而須在街上爬行也。其有意辱罵乎？抑為博人一笑乎？則不可得而知矣。然，即有員警在車廂上，也如無之何矣。

單筷子夾豆腐

這是歇後語。後面所隱藏着的，是“攪𨂽”。

筷子，本是箸，食具也。據明人陸容《菽園雜記》說：“吳俗，行舟諱言住，箸與住同音，故謂箸為筷兒。”

意思是：吳中（即今之江蘇）的風俗，行船時候不喜歡講“住”，而箸和住兩字讀音相同，所以説箸是筷兒。

廣州話，“兒”字多説是“子”或“仔”的。所以筷兒，廣州話説成是“筷子”。

“筷子”是一雙的，用一雙筷子去夾取水豆腐，已不容易達到目的，假如只有一枝筷子，就會把水豆腐弄得粉碎，不再成固體，自然就夾不起來。

這裏，又要將“毈”字解釋一番。這個字，廣州話説是“和”上聲，也即是“胡我切”。事不成，便説是“毈”。然而，一般人只知口頭上表達這個聲，卻不知是怎樣寫的一個字。

這個字在《唐韵》《集韵》裏，都是“徒玩切”，音段。根據《說文》：“卵不孚也。”根據《玉篇》：“不成子曰毈。”根據《淮南子》高誘註：“胎不成獸曰殰（音獨），卵不成鳥曰毈。”

然則，“段”這個音，怎和“胡我切”這個音牽得上呢？

在《集韵》裏，這個字既是“徒玩切”，同時，又是“杜果切，音惰”。讀這個音的時候，意義和“段”音相同。而“惰”和“胡我切”這個音相近。廣州話，卵孵不成的説成“胡我切”這個音。雞卵、鴨卵的黃鬆散了，特別是發臭了的，都是這樣説。

由此引申，事不成，也説是“胡我切”這個音。所以，我認為“胡我切”這個音用書面語寫出來，就是“毈”① 字。而所謂“攪毈”，則是表示事情已經弄失敗了。

好就糖黏豆，唔好就水溝油

這是説友情的變化極大。相好的時候，分不開來；交惡的時候，合不起來。

糖黏豆，是從前的一種食品。煮成了糖膠，和炒香了的豆混合起來，一經凝結，就牢牢地黏緊，彼此不分離。

水溝油，是把清水混入油裏，任是怎樣搖動，結果都是水在容器的下面，油就浮在水的上面，不相混合。

所謂“糖黏豆”和“水溝油”，是把相好的情形和交惡的情形形象化了。經過形象化，聽的人就十分容易了解。

小孩子的來往，常常就是這樣，一陣子好得非常，一陣子又鬧翻了，如同仇敵。

至於現在，男女相愛，也常常是一陣子“糖黏豆”，一陣子“水溝油”。不但戀愛是如此，就是結婚也是如此。易合易離，已成通病。

---

① 《漢語大字典》縮印本第908頁：毈，音 duàn，“卵壞散，孵不成雛鳥”；《說文·卵部》：“毈，卵不孵也。”——編者註。

至於“溝”字，在廣州話中，是混合的意思。喝酒時，有混合冰水的，有混合汽水的，都說是“溝”。

“溝”有隔絕的意義；但是，也有融合的意義，例如“溝通”。

越窮越見鬼

意思是：當越是貧困的時候，越多不幸的事情臨到身上。

舉一個例：正當失業的時候，没有收入，而又遇到疾病，增加了醫藥的開支，也加心情之不好。

所謂“見鬼”，迷信鬼神的人認為是不好的。

恭喜奶奶打老爺

打之含義，乃毆擊也。雖然，此字之涵義甚廣泛，而毆擊則為常用義也。

在舊式社會中，家庭有糾紛，打老婆者大不乏人，而老婆打老公者，則極鮮矣。然舊日廣州“恭喜奶奶打老爺”一語，則甚流行，眾且心以為異。

奶奶雖為一家之主婦，而老爺更為一家之長，奶奶何為而打老爺哉？令人聽之，多感莫明其妙。況奶奶打老爺而恭喜之，其用意更難明矣。

原來從前習俗，人家有喜事，親友必遣僕役挑金漆禮盒，具備拜帖，前往拜賀。而此種事務，無論授受雙方，多為家庭主婦，而不操之男主人之手。

受差遣之僕役既至，先遞上拜帖，口中則恭謹而言曰：“恭喜奶奶打老爺!”其意蓋謂“恭喜奶奶，與恭喜老爺”也。“打”字在此，不作毆擊解，而作“共”解。

不知者，當深訝粵語之怪異。實則粵語中，“打”字作“共”解不止此一端。例如謂人分量不夠者，曰“二打六”，即二與六也。謂其技術，充其量僅得八成而已，未能十分充足也。

“打”此一意義，求之一般字典中，似不容易得之。而宋朝人丁謂有詩句云：“赤紅崖打白洪崖。”則可知“打”字在前人詩句中，亦有與“恭喜奶奶打老爺”之“打”字同義者。年節中送禮者，亦常用此語，今也則無。

“落”落一涿蘇州屎

這是說，辦事没有辦好，剩下殘局，不再負責，好讓人家去收拾。用廣州話解釋，則是“剩落一的手尾，等人同佢攪好”。

這俗語由一個笑話轉變而來。

這笑話是清代小石道人纂輯的。題目是“詩客留宿”。整個笑話是這樣的：

西湖勝景，盡為僧人所佔，叢林（即大的佛寺）方丈（佛寺裏的住持和尚，即寺裏最高的管理人)，頗有能詩者。一方丈好作詩，杜門(閉門)謝客，終日吟哦，非騷人咏士(都是詩人的別稱)，不肯相見。因避塵囂，移居山寺，屬(吩咐)沙彌(初出家受戒的男子。多作為小僧人的稱謂)候門，不准俗人擅入。一日天晚，一迷路人無處投宿，來山寺叩門。沙彌問曰："客從何來?"答曰："天晚迷途，欲在寶刹(佛寺稱刹)借宿一宵。"沙彌說："方丈有言：'非詩客，不見。'如果能詩，方敢相請。"其人自忖曰："若說不能，定不見納，只好充能，且住為佳。"乃對沙彌曰："我乃吟壇老手，特來拜訪尊師。"沙彌連忙請至客堂，去回方丈。方丈說："今日天晚，且請詩客用齋，明日再當領教。"沙彌轉達，請詩客用齋。其人行路飢渴，見素齋大啖，誰知吃多了，半夜進來登廁，連忙開門，門已倒關，窘迫之極，遂將佛前銅磬(寺觀中以銅為缽形，參拜念佛之時擊之發聲)端下痾屎，痾畢，仍放桌上。時已天明，惟恐見方丈出醜，不如潛逃，自好出不由户，越窗而逸。甫出山門，被沙彌看見，追問曰："詩翁因何逃走?想是不會作詩。"其人曰："我已作詩兩首，出自別腸，饒有盛唐風味，都在磬中。"沙彌一聞有詩，放之使去。回至廟中，恰值方丈來會詩人，沙彌說："詩客已走，留有詩稿，放在磬內。"方丈說："取來一觀。"沙彌走至桌前，用右手望磬內一摸，摸了一手，又用左手一摸，又是一手。方丈見沙彌不來，問："詩在何處?"沙彌曰："左也是一手(首)，右也是一手(首)，詩(屎)卻有兩首(手)，實在臭得難聞。"

這笑話所說的是西湖，西湖屬杭州，然則廣州俗語何以說是"蘇州屎"呢?實則笑話、佳話之流傳於民間的，每是因人因地而不同。此說杭州，彼說蘇州；此說是徐文長的，彼說是倫文敍的。又如廣州民間傳說，陳夢吉、劉華東、荒唐鏡等人的故事，有說是這個的，也有說是那個的，不能加以肯定。

其實上頭的笑話，也不是初見的，而是由東坡居士《艾子雜說》轉變而來的。這作品，相傳為宋時蘇軾所撰。其中有一笑話是這樣的：

艾子好為詩。一日，行齊魏間，宿逆旅(客店)，夜聞鄰房人言曰："一首也。"少間曰："又有一首也。"比曉(近天亮)六、七首。艾子意其必詩人，清夜吟咏，兼愛其敏思，凌晨，冠帶候謁。少頃，一人出，乃商賈也，危羸(疑為羸字之誤，即危弱也)若有疾者。艾子深感(疑為憾字之誤)之："豈有是人而能詩乎?"仰(疑為抑字之誤)又不可臆度，遂問曰："聞足下篇甚多，敢乞一覽。"其人曰："某負販也，安知詩為何物?"再三拒之。艾子曰："昨夜聞君房中自鳴曰一首也，須臾(稍後)又曰一首也，豈非詩乎?"其人笑言："君誤矣，昨日，每腹疾暴下，夜黑尋紙不及，因污其手，疾勢不止，殆六、七污手，其言曰非詩也。"艾子有慚色。門人因戲之曰："先生求騷雅，乃是大儒(愚)。"

這俗語的第一個“落”字，據黃錫凌《粵音韵彙》，語音“賴”，“遺下也”。想是有所本的，故從之。“涿”字音“篤”，粵語是便尿的數量詞。

人少好食飵

意思是：當飲食之時，人數越是少，則那些人越多口福。這和成語中之所謂“僧多粥少”，剛好相反。

這話雖然很流行，但會說的未必會寫。原因是“飵”字，太陌生。也許有人會寫出“作”字來，而且，對於所謂“作”，是似可解，又不可解的。

根據《說文》，“飵”字音“昨”，而且解釋說：“飵，楚人相謁食麥曰飵。從‘食’‘乍’聲。”

這俗語也不限於飲食，凡是有利可圖的事情，參加的人越少的，所分享的利潤越多，所以，也可說是“人少好食飵”。

擇　使

大意是指有問題的。

例如遇到有些問題的事情，就說：“呢件事擇使的嚠！”

從字面去解釋：“擇”，是揀擇；“使”，是使用。換言之，使用或不使用，需要經過揀擇的。

又例如，遇到有些問題的人物，就說：“呢個人擇使的嚠！”

這話是由從前以銀毫作貨幣之時而來的。

官版的銀毫，是十足通用的；但是私鑄的銀毫，銀的成份不足，甚而有些簡直以銅作銀，商場上就說是銅銀。

廣州銅銀之多，以民國十三年時候為最。那時候，有好幾個不同系統的駐軍駐於廣州，每一個駐軍，都有所謂“修械廠”，那些“修械廠”，多私鑄銀毫。因此，以銀毫交易的時候，收銀的一方，必先詳細審擇銀毫的成色，然後決定是否加以收受。假如懷疑銀的成銀不足的，就說：“呢個銀擇使的嚠！”要求付款的調換。這樣說，是比較婉轉的。因為不直指它是銅銀。

“使”字，廣州語音，多說是“洗”字的語音，變成為英文字母中的“D”。現在香港有些報刊文章，就用“D”作為“的”。

寧欺白鬚公，莫欺少年童

欺人，是不該有的態度，中國儒家的精神，甚至要做到“不欺暗室”的。所謂“不欺暗室”，是“暗室”之中，本無人見，也不可作欺人之事，也不可存欺人之心。

而這一俗語則意為：假如你要欺侮人家，則寧可欺侮一個白鬚的老公公，不可欺侮一個少年的小孩童。

它的本意不是鼓勵人欺侮老公公的。只不過是，白鬚公的進步已經到了盡頭了，你的進步，也許可以跨過他的。至於少年孩童，他的進步，是未可限量的，你雖然比他強得多，但當他長大的時候，他可能比你更強。

《論語・子罕》篇說："子曰：'後生可畏，焉知來者之不如今也？四十、五十而無聞焉，斯亦不足畏也已！'"

這一章書的意思是，孔子說："後生的人是可怕的，因為他現時正在努力學習，怎能斷定他的將來，不及得我們的現在呢？但是，到了他四五十歲的時候，而不聽聞人家稱道他有甚麼成就時，那就不足怕了。"

這和"寧欺白鬚公，莫欺少年童"是有若干相近似的地方的。

不過，我們必須弄清楚孔子講這番話的精神所在，是鼓勵後生小子，應該努力學習。假如能夠這樣，則其成就，是可以跨過前人的。

假如我們把這俗語，解作鼓勵人欺侮白鬚公的，那就錯誤了。

不管確實做到與否，商業中人，常以"童叟無欺"為標榜。即是說，對於無知的小孩童，和昏聵的老公公，都是公平交易，不加欺騙的。

江門豆腐

這是歇後語。它後頭隱藏着的，是"濞貨"兩字。

"濞貨"，假如譯成現在的廣州話，大約相當於"水野"，也即是不好的東西。

先解釋"江門"。地在廣東新會縣北，西江（即珠江的上流）經此入海，故稱江門。清時，縣丞駐於此地。光緒二十八年（公元一九〇二年），中英續議通商行船條約，先開為商埠，有江門關，新寧鐵路經之。

再解釋"豆腐"。《本草綱目・豆腐》中解：豆腐之法，始於漢淮南王劉安。凡黑豆、黄豆之類，皆可為之。造法：水浸，磑碎，濾去滓，煎成，澱以鹽鹵汁，就釜收之；又有入缸內以石膏末收者。其面上凝結者，揭取晾乾，名豆腐皮。

意思是：製豆腐的方法，始創於漢高祖的孫子淮南王劉安。凡是黑豆、黄豆之類，都可以製作。方法是將豆浸潤在水裏，磨碎，隔濾過渣滓，煮成，用鹽鹵汁使它沈澱，然後放在釜裏收縮它；也有放入瓦缸裏，用石膏粉去收縮它的。它上面凝結後，將凝結的部分揭起，晾乾，就名為豆腐皮。

再次解釋"濞貨"。"濞"字，據《唐韵》《集韵》《韵會》："匹備切，音淠。"據《說文》："水暴至聲。"所謂"水暴至聲"，是水流突然而來的聲音。

濞，廣州話是"鼻耶切"，是水分多的意思。例如膿瘡潰爛，流出水來，就說是"爛到濞濞聲"。又：水分多而不凝結的，說是"脸濞濞"。人性和善，不會動肝火的，也說是"脸濞濞"。

“貨”字，有時候作“東西”解，也即是作物品解的。大概江門的豆腐水分太多，所以稱作“潷貨”。

但是，這是貶義，不是褒義。上頭說過，“潷貨”，“是不好的東西”。

其實，廣州話中的“貨”字，還有指不好的女性而言的，如罵人為“賤貨”“臭貨”，都是指不好的女人。至於“潷貨”一詞，可能與所謂“賤貨”等詞為同義或近義。

好“腥”行

送行之時，特別是於婦孺老弱，便會叮囑一句：“好‘腥’行嗜。”意思是“小心地走路啊”。

“好‘腥’”二字，已和“小心”成了同義詞。例如吩咐人家移動或是安置珍貴的東西，都用這一詞語。

“腥”字和“聲”字，廣州話語音都變了調，許多時候，不直說是“升”的。

其實，“好‘腥’”，也即是“好生”。

“好生”在白話小說裏，作“甚”字解，也即是“極之”也。

例如《水滸傳·第十一回》說：“爭奈殺死三人，逃走在柴大官人家，好生相救。”

意思是：没奈何殺死了三個人，逃走到柴大官人的家裏，極之相救。

又如《兒女英雄傳·第四回》說：“這女子好生作怪，獨自一人，没個男伴，没些行李。”意思是：這個女子極之作怪，獨自一身，没有男人作伴，也没有攜帶一些行李。

實則“好”字和“生”字，都有“極”或是“最”的含義。“好”字作“極”解的例子很多，如“好多”“好大”“好奇”“好趣”等。

至於“生”字，在詩詞裏，例如宋人林逋《春陰》詩說：“苦憐燕子寒相並，生怕梨花晚不禁。”

意思是：極之憐憫燕子當春陰時候，感受寒氣相並而栖息。也最怕梨花當寒春的晚上，不勝冷氣之相逼。

而廣州話的“好生”，實際就是“極之小心”的意思，不過，省略了“小心”二字。

“好‘腥’行嗜”的“嗜”字，是廣東俗造字，語尾助詞，表叮囑的。近幾年來，不知為何，許多香港人作為表疑問的語尾助詞。

雞仔媒人

意思是：替別人做不大有成功把握的介紹人。

例如，替朋友甲向朋友乙借貸一筆巨款，明知乙是不會允諾的，但是也姑且嘗試一下。

又例如，替一個不合條件的朋友，向一個條件要求很高的女子說婚事，明知不會成功，但求嘗試一下，僥倖於萬一。這些事例，都可以說是做“雞仔媒人”。

媒人，是為人撮合婚姻的。引申為凡是居中介紹的，都可以說是媒。

而所謂“雞仔媒人”者，是雛雞的媒人。雞的交配，本來就不必藉賴媒人的；何況，雛雞未懂交配，要替牠做媒，根本就是多此一舉。

但是，有些人卻專好做這等事情，人們就會說：“專好做埋曬的鷄仔媒人！”

意思是：專門喜歡做許多不會成功的事情的介紹人。

“埋”字，是廣州話日常使用的。但“埋”字在字典裏，解作“藏也”“葬也”。而廣州話的“埋”字，則有盡也、多也、完也、好也，還有拍合也的意思。

所以，在這俗語中，“做埋曬”，解作“做許多的”。

打劫紅毛鬼，進貢法蘭西

意思是：從甲方巧取豪奪得來的財物，轉向乙方貢獻了。

“法蘭西”是法國，盡人皆知。然而，“紅毛”，卻有多個解釋：其一，是專指荷蘭；其二，是專指英國；其三，是專指法蘭西；其四是泛指歐、美。

在這俗語裏，以“紅毛鬼”和“法蘭西”對稱，則“紅毛”當然不是指法國了。

以意度之，可能是指英國而言。清光緒二十三年（公元一八九七年）鴉片戰爭中國失敗，依中英《南京條約》，廣州開闢為商埠，外國勢力，大大地伸入廣州。而租界，則在廣州城外西南面白鵝潭的岸邊。那裏有英租界、法租界。可見英、法勢力在廣州的強大。

所謂“打劫紅毛鬼”，是“搶掠了紅毛鬼子”的意思。“進貢法蘭西”，是劫掠了紅毛鬼子的財物，轉向法蘭西進貢。由於鴉片戰爭，廣州人流了不少鮮血，因此，對英國没好感。當然，對所有外人都没好感了。

不過這俗語的意思，只是取之甲方，供之乙方，並不實指英、法。但它是有歷史的。

見高就拜，見低就踹（踩）

意思是：看見了高貴的人便下拜，看見了低賤的人便踐踏。

社會上這樣的人正多着。一般人都以為，“見高就拜”，是成功之道。古往今來存有這種心理的很多。

然而，是否知道“見低就踹”是失敗之道呢？

人已經低賤了，如果你加以提攜，加以扶持，那不是很好的事情嗎？

即使對低賤的人不提攜，不扶持，但也不應該加以踐踏。能夠愛護低賤的人，可能比向高貴的人下拜，會更加成功的。對高貴的人，不諂媚，對低賤的人，多愛護，才是做人應有的態度。

如果踹低了人家，人家一個翻身，可能就將你壓倒。“踹”字，是“持解切”，也是差遣的“差”，讀上聲，踐踏也。

詐諦

“詐諦”是廣州話常用的，而且使用得十分廣泛。舉例來說，一個人明知一件事的真相，卻詐作不知，再舉一個例，一個人本來沒有病痛的，但以病痛為託詞，以蒙過人家，都可以說是“詐諦”。

但“詐諦”不一定是壞的，也可能是好的，比如人家侮辱了你，你詐作不知，饒恕了他，那不算是壞的事情。

這俗語見諸書面，都寫作“詐諦”。其實，“諦”是審察也，不是意義也，都不能表達這俗語的真義。

我以為是“詐獃”的變調。“獃”有兩音：一音“皚”；一音“勞埃切”，即“歹”平聲，字義是“癡”也。“詐獃”，即詐作癡聾也。

將你嘅拳頭，抌你嘅嘴

意思是：利用敵方的力量，去使敵方自行受到攻擊。

這似乎是矛盾的事情，實際上是一般人慣用的手段。例如借人家的錢，用來和那借錢的人賭博，假如贏了，所借的錢不但不必還，而且，贏回來的賬目，比所借的數目還要大。

更舉一個最近的事例，九龍電燈公司，據說要增設電廠，需要動用八十四億港元。因此，就表示將要增加電費。這樣一來，消費者出錢替它增設生產工具，而它利用增設的工具，去多賺消費者的金錢。

這兩個例子，都可以使用這俗語去形容。

有古代的成語，和這俗語意義有點相近，就是“以子之矛，攻子之盾”。

這成語出自《韓非子・勢難》：“人有鬻矛與楯者，譽其楯之堅，物莫能陷也。俄而，又譽其矛，曰：‘吾矛之利，物無不陷也。’人應之曰：‘以子之矛，陷子之楯，何如？’其人莫能應也。”

這一節書的意思是：有一個人出賣矛和盾（矛是古代攻擊性的武器；盾是防衛性的武器），他誇張他所賣盾牌堅硬，甚麼東西都不能夠將它攻破。後來，他又誇張他所出賣的矛，說：“我的矛銳利，無論是甚麼堅硬的東西，沒有不能攻破的。”後來有人問他：“用你所賣的矛，攻擊你所賣的盾，又將是怎樣呢？”那賣矛盾的，就不能自圓其說了。

這成語的本來意義，是用來說明人家所講的言論不一致，而自相抵觸的。但是，人們習慣用來比喻以別人的力量去使他打擊自己。這就和“將你嘅拳頭，抌你嘅嘴”意義相近，有時候更相同了。

“嘅”字，音“概”，“嘆”也。但在廣州俗語中，在字義上，相當於“的”字。因此，這俗語是“將你的拳頭，抌你的嘴巴”。

至於字音，則是“既借切”。大概利用“既”字的音相近，所以用來表聲。而加上左旁的“口”字，表示它是俗造字。廣東許多俗造字，或是譯音的字，都是加上“口”旁的。例如“連卡佛公司”，我就見過它的車幅上用“嗹咔喇咈”字樣。

“抌”（dǎn）字“都感切”，深擊也，即大力打擊的意思。俗造“揼”字，筆畫既多，不如用回原有的字為妙。

這俗語另有一個說法，是“將你嘅拳頭，掌你嘅嘴”。掌，是批摑也。

偷食唔會“撟”[①] 嘴

意思是不想讓別人知道的事，卻又不懂得掩藏其痕迹，終於給別人察覺出來。表面的意思，則是偷偷吃了東西，卻不懂得抹去嘴巴上留下的痕迹。

例如吃了肥膩的肉類，嘴唇和嘴角都可能留下一些油膩，被別人察看出來。

一首流行頗廣的唐詩，詩意和這俗語的妙處相同。

這是白居易的《池上》詩：

小娃撐小艇，偷採白蓮回。
不解藏踪迹，浮萍一道開。

飽死荷蘭豆

這話原本就是“飽死”。

“飽死”，是一個貶義詞。例如對於一個不夠分量，而裝作很有分量的人；一個不富有，而強行充濶的人，別人就會以“飽死”一詞加之。

更概括地說，凡是“空有其表”而受人輕視的，都可受到這樣的批評。

至於“荷蘭豆”，實際是小豌豆。它是莢生的植物。莢中包含着幾顆豆。碩大的豆，就會使兩莢顯得飽滿。

俗語為了加強“飽死”的形象，於是，有“飽死荷蘭豆”之稱。

“荷蘭”，就是歐洲荷蘭國，廣州對若干外來的物品，常常加以“荷蘭”一名，例如汽水，廣州是稱為“荷蘭水”的。香港人現在還把勛章或勛銜，都說

① “撟”音 jiǎo，舉手也——編者註。

是“荷蘭水蓋”。

“飽死”的“死”字，語音是“使幾切”。“荷蘭”的“蘭”字，語音是陰平聲，也即是“勞間切”。

這俗語還有對偶的。它的偶句是“餓死旱芹菜”。芹菜有水芹菜與旱芹菜之分，旱芹菜種在陸地上，所含水分不多，因此顯得很瘦，猶如餓瘦了一般。

但是，“餓死旱芹菜”是用來作上句的對偶，而没有表示其他的意義。

廣州人家常菜式，常有用荷蘭豆炒旱芹菜的。前者甘，後者香，是經濟而美味的食品，也有加上些肉片或肉絲同炒的。

口爽荷包“疒”

意思是：口頭上是豪爽的，但是要他拿出錢來，就難了。

“荷包”，也即是小囊，多數用來裝錢的，因此，也就等如“錢袋”。為甚麼稱為“荷”呢？因為宋人歐陽修的書啓中，有“紫荷垂橐”這句話。

“疒”[①]，是“尼厄切”，意思是“疾”也。因此，有了病，廣州話說是“疒油”，但是，“疒”字廣州話是“尼及切”。

“疒油”，即是機械的潤滑油乾了，運用起來，不夠靈活。廣州話的“疒”字有不滑利的意思。

但我僅是以意度之，未能肯定。也懷疑是“澀”字。這個字音“尼立切”，水文也。如水濕為“濕澀澀”。不過，我也不能肯定，都是因為音近而暫時借用的。

劖心劖肺

意思是，刺痛了心腸，刺痛了肺腑。

人有不如意的事情，而别人偏講及這些事情，觸動起自己的傷心事。或者是自己不喜歡看某些人物和某些事象，見了就會傷心，而偏偏接觸到，這叫“劖心劖肺”。

“劖”[②]字，音“蠶”上聲，刺也。它在字典裏，有兩個音，一是平聲，另一是上聲。

它可作名詞，是挖掘泥土的工具。可作動詞，是用尖鋭的東西刺人；或是被尖鋭的東西刺入，例如被針刺着，被魚骨刺着。但這樣用，粵音是上聲。

賣仔莫摸頭

意思是：由於急需，賤賣貨品，就不要再計較它的真正價值，或是本來的價

① “疒”音 nè，《廣韵・陽韵》：“疒，病也。”——編者註。

② “劖”音 chán，《説文・刀部》：“劖，斷也。”即用鋭利之器鑿或鏟——編者註。

值了。

這句話，廣州商人是常常用的。它的意義，近於香港商人之所謂“跳樓貨”。

“跳樓”是香港闢鍵的自殺方式之一。因此，“跳樓貨”，表示最大的犧牲，連生命也丟掉了。

不過，“跳樓貨”雖然成為香港商場中的慣用語，我卻對它產生恐懼心理。第一是“跳樓貨”多，顯示商場上不景氣；第二，跳樓是悲慘之事，意志薄弱而遭遇不好的人，容易受到感染而真的跳樓死去。

至於“賣仔莫摸頭”在字面上的意思，是家貧而被迫出賣孩子。最好就是硬着心腸，“不顧而去”，不要“依依不捨”地撫摸着孩子的頭顱，作“老牛舐犢”之態。

這俗語，也有多加一句，成為“賣仔莫摸頭，摸頭眼淚流”。

因此，這兩句聯結起來，是表示毫不痛惜地賤賣的意思。

好仔不如好心抱

意思是：有好的孩子，不如有好的媳婦。

“心抱”者，新婦也。實則新嫁娘叫新婦，而“心抱”就是“新婦”的轉音。廣州話這樣轉音的例子很多，例如“跌打”，任何人都不直說，而說是“鐵打”的。

至於媳婦，因她入門之時，是個新嫁娘，所以叫新婦，但是相沿下去，不管她入門多久，都說是“心抱”（新婦）。

清人屈大均《廣東新語・土言》說：“廣州謂新婦曰心抱。”

然則為甚麼說是“好仔不如好心抱”呢？因為兒子和父母有骨肉之親，多數“孝於親，所當識”。但是，心抱和翁姑沒有骨肉之親，她只知和丈夫相好，不知和翁姑相好。

特別是婆媳之間，極難相處的。

因此，心抱不好的，你就算有一個好的兒子，由於他要受到妻子的約束與影響，有時候想和父母好好相處，也不能了。

假如有好的心抱，知道為人媳婦的應如何善待翁姑，那麼，兒子也好，心抱也好，老人家不是安樂地度過晚年嗎？

最近聽到一個移民美國的朋友的故事。他的兒子娶了妻子，就申請父母到美國團聚。那朋友在香港有自置樓宇，把樓宇賣掉，將資金移到美國，買一座房子，兩老和兒媳同住。但因為自己年老，那房子始終會屬於兒子的，於是用自己的錢，而用兒子的名字去買那房子。

不料有一天，媳婦說不能和老人家相處，要兩老遷出，老人家便說：“房子是我出錢買的，我有權住下去！”媳婦卻說是用她丈夫名義購買的，她是這個家庭的主婦，所以有權逐客。這樣一來，“有好仔”又有何用呢？

有食就契，冇食打甩髻

這是說飲食相徵逐的朋友，彼此有飲食，時相歡敍，便結成契家；一旦沒有飲食了，就會變成冤家，彼此相打鬥。前時婦人是梳着髮髻的，打鬥起來時，連髮髻都打散了。

實際也不專指飲食相徵逐的，凡是利益相關的就彼此相好，一旦利害衝突就彼此相爭的，都可以這樣說。

而所謂“契家”，是兩個互相結契的家庭。或甲的子女契乙，或乙的子女契甲，於是有契爺、契娘、契仔、契女的名義。實即與乾爹、乾媽、乾子、乾女相同。

但是男女姘頭，人亦指為“契家佬”“契家婆”。

蛇頭鼠眼

指那些心地不好而且表現於形色的人。例如鬼鬼祟祟，到處張望，以求有可乘之機的，都是“蛇頭鼠眼”的一類。

何淡如是清末時人，以諧聯見稱於世，其作品到今猶傳誦不衰。

嘗與友人同行，見一舂米佬，面貌殊不善良，朋友說：“這舂米佬，蛇頭鼠眼，不是好人。”何淡如聽了，立得一諧聯，是：

蛇頭鼠眼舂米佬，豬骨雞毛換花生。

下一句是極現成的話。前時有小販專收買豬骨、雞毛二物的。此二者都是家庭裏無用之物，而收買佬收集之，轉售於人，人則加以利用。大概豬骨可作肥料，雞毛可作雞毛撣子。

至於這種收買方式，是以物易物，用花生換豬骨雞毛，故沿街叫着：“豬骨雞毛換花生!”何淡如信手拈來，竟成妙對，而且字字工穩，銖兩悉稱，殊屬難得。

有和所謂“蛇頭鼠眼”此語相近同的。《幼學故事瓊林・身體》說：“獐頭鼠目，草野之夫。”意思是：獐一般的頭顱，鼠一般的眼目，那不過是草野間的鄙夫罷了。

這話本是出自《新唐書・李揆傳》：“初，苗晉卿數薦元載，揆輕載地寒，謂晉卿曰：‘龍章鳳姿之士不見用，獐頭鼠目子乃求官邪?’載聞，銜之。”

李揆在唐肅宗乾元年間，拜中書侍郎、同平章事，美風儀，善奏對。帝曰：“卿門第、人物、文章，當世第一。”

苗晉卿於肅宗時拜左相，封韓國公。

元載於代宗時，累官中書侍郎，判天下元帥行軍司馬。後因謀反，縱諸子關道通貨賄，擠遣忠良，進貪猥，帝盡得其狀，嘗因其獨見，深戒之，載不改，賜自盡。

以上所引的一節《新唐書》，意思是：初時，苗晉卿頻頻薦舉元載，李揆輕視元載地位寒微，便對晉卿說："有龍質鳳姿的人，都不能登用，而獐頭鼠目這般奸猾之相的人希望求得官職嗎？"元載聽了，就含恨他。後來元載雖然做了高官，但終因圖謀造反，帝深戒之，也不悔改，而賜他自盡。由此一事看來，李揆說他是"獐頭鼠目"，果然有先見之明。

因此，我以為"獐頭鼠目"和"蛇頭鼠眼"，同是指心中不良而現於形色的。

唔計帶

意思是：並不牽掛在心裏。

"唔計帶"和"無所謂""冇問題"，常常是同義的。

舉例來說，人家借了錢，無力償還，向你表示歉意，你就會說："區區之數，唔計帶嘅！"或者說："區區之數，無所謂嘅！"又或說："區區之數，冇問題嘅！"

在這個例子裏，三個講法，都是一樣的。

然而，"唔計"，是可以解釋的。"計"，可以解釋為計算，因此，可以解釋為"不算是一回事"。

但是，"帶"字又作何解呢？就有疑難了。

照我的理解，"計帶"，實則為"芥蒂"。

"蒂"字有兩音：一音"帝"，瓜當也；一音"帶"，和"芥"字聯結起來，是一個疊韵連語。

所謂"疊韵連語"，是兩個字同一韵母的復詞。這種"疊韵連語"，是不能就各個字本來的意義去解釋的，而要兩個字合起來，才可以表達一個意義。

《辭海》解釋"芥蒂"為"鯁礙之物；因以為心懷嫌怨及不快意之喻"。

誠然，"心懷嫌怨及不快意"，可以說是"芥蒂"，但是，所謂"鯁礙之物"，是習用了前人的誤解的。

前人對於"疊韵連語"有些是明白的，有些是不很明白的。不明白的，就往往會就字面去解釋了。例如《詩經·關雎》中的"窈窕淑女"，是美麗賢淑的女子的意思。所謂"窈窕"，轉作平聲，也即是"苗條"。但有些註釋為"美心為窈，美貌為窕"。試問，一個品性很好的女子，可以說她是"窈女郎"嗎？一個容貌很好的女子，可以說她是"窕女郎"嗎？

"芥蒂"兩字，因為是"疊韵連語"，有寫為"蔕芥"的，有寫為"蔕葪（也音介）"的，也有寫為"蒂芥"的。

例如漢朝賈誼《鵩鳥賦》，在《史記・賈誼傳》裏，是這樣的："細故蔕芥兮，何足以疑?"意思是：小小的事故而有所牽掛，實在是何足疑慮呢?

而在《昭明文選・鵩鳥賦》裏，是這樣的："細故蔕芥，何足以疑?"又在《昭明文選・子虛賦》(漢司馬相如作)裏，是"於其胸中，曾不蔕芥"，唐人李善註解這兩個"蔕芥"，"都是刺鯁"也。我以為不很妥當。實際，這個連語，應該解為"嫌怨""不快"或"牽掛"的意思。

宋人蘇軾《送路都曹》詩："恨無乖崖老，一洗芥蔕胸。"意思是：可恨没有乖崖老人，一洗不愉快的心胸。

金人元好問《遊黄山華山》詩："懸流千尺忽當眼，芥蔕一洗平生胸。"意思是：掛着的流水(瀑布)有千尺那麼長，忽然出現在眼前，這樣的急流，可以盡洗我平生心中的不愉快。

元人吳師道《魯橋》詩："銜杯一洗胸芥蔕，浩歌目送吳天鴻。"意思是：銜着酒杯痛飲，盡洗心胸裏的不快，高聲歌唱，眼睛卻遠看着吳天飛鴻。

《書言故事・寬恕類》："望人豁略，曰：'幸勿蔕芥'"，意思是，希望人家對自己的不是之處，寬大一點，疏略一點，就說是："請您不要牽掛在心中。"

由於"計帶"兩字，和"芥蔕"只是一音之轉，所以俗語說是"唔計帶"。

親生仔，不如近身錢

意思是：在現實的社會裏，手頭上有錢是最要緊的；雖有親生兒子，也未必可靠。

有句"養兒防老，積穀防饑"的老話。親生的孩子，大都會供養年老的父母。

雖然如此，有親生兒子在，卻不如有貼近身邊的錢財。

換句話說：雖親的人卻未必可靠，而最可靠的，惟有手上的現金。

就算親生兒子可靠罷，往往是"遠水不能救近火"的。

不過，我們對這話不可太固執，死拿着身邊的錢，而不肯拿錢去讓親生兒子接受較高深的教育，或不肯讓親生兒子去發展他的事業。

實則這話的真意，也和"積穀防饑"相同。身邊多一點錢，心理上總是有較大的安全感。

賣田唔賣稅

正面的意思是賣了田畝給別人，卻不賣斷稅契，還是要自己負責繳納田稅。

這樣一來，自己没有了田，還要年年納稅，是十分吃虧的事。

然而，買田的人，自己不納稅，似乎是好的，但得不到官方的承認，未必是有利。

所以，這句話的真正意思，是做事拖泥帶水，並不徹底。

同時，糊糊塗塗的人，也會被人說是“賣田唔賣稅”的。

邊個皇帝都咁納糧

意思是：不管誰做皇帝，都是一樣納糧，一樣做個“一等良民大百姓”。

這是形容過去人民慣受專制的統治，無意管誰做皇帝的心理。

在過去，誠然有這樣的情形，人民慣於安樂，只求繳納了稅，就算盡了做國民的義務。因此，轉朝換代，與他无关。但是，現在不是那麼講了，朝代轉換了，連人民的生活方式都改變了，你想安安分分過着你從前的生活嗎？已經不可能了。統治者不但要你盡納糧的義務，還要你改變生活方式。“邊個”，就是“那個”。廣東話的“邊”字和“那”字是同義的。例如“那裏”，廣州話說是“邊處”。

是否就是這個“邊”呢？抑或還有別的字呢？我正在搜尋中、思索中。

見過鬼就怕黑

意思是：有過損害經驗的人，就會懂得不能隨便冒險。

有些人以為中國人從來都是迷信鬼神的，實則中國早辯就有“無鬼論者”。據《晉書·阮瞻傳》：瞻素執無鬼論，自謂此理足以辯正幽明；忽有一客謂瞻，談論名理，客甚有才辯，與言鬼神之事，反覆甚苦；客作色曰：“鬼神，古今聖賢所共傳，君何得獨言無？即僕便是鬼。”於是變為異形，須臾消滅。瞻默然，意色大惡，後歲餘，病卒。

意思是：晉朝時候，有阮瞻其人，素來抱無鬼的言論。他自己說，這個道理，足以辯正所謂地府與人世之說。忽然一天，有一客人到來相見，談論辯名推理之事，那客很有辯論的口才，一反一覆，兩人相辯得很劇烈。那客人表現出嚴肅的顏色說：“關於鬼和神之為物，是古今聖賢所共同流傳的，你為甚麼單獨說是没有鬼呢？而我就是鬼物了！”因此，變化為怪異的形狀，一陣之後，這鬼物便消失了。阮瞻無話可說，心意和面色都變得極為惡劣。後來經過一年多，便病死了。

同樣的故事，我在前人的著述中，閱讀過不少，都是同一結果的。

我很懷疑，這都是迷信鬼神的人編織出來的故事，藉以恫嚇那些“無鬼論”的信徒。

然而，不管怎樣，這些故事，都是這俗語的好註腳。

我個人在十六歲以前，是極端怕鬼的，但十六歲那年，忽然成了分水嶺，變為一個絕對不相信鬼神的人。雖然在下意識中，尤其是我在夜間工作或閱讀的時候，間中發現異狀，似有鬼物出現，但我是不驚不懼的，細意觀察一下，常常發現異狀的呈現，是一時頭昏眼花所產生出來的。

不過，話雖如此，我還覺得這俗語對於不知危險的人，有很強大的說服力。有許多不曾遭遇過危險的人，隨隨便便就去做他們的事。

就以走路來說罷，有些人不知馬路上的危險，但如果他遭遇過車禍或是親眼看見過一次嚴重的車禍，他以後就會小心過路了。

一個蜆一個肉

意思是：如果是定量的分配，每一個人只有一個機會，不會有剩餘出來，給超額的人。

例如通常的酒席，是每桌十二人的，十二人坐滿了，再不能增加一個席位。假如增加，就會不夠吃了。

一個蜆，雖然它的殼是兩片的，但是兩片殼剝了出來，就只有一個蜆肉，不會有兩個的。

這俗語的使用，並不只限於此，有些機構，一種工作只有一個人員負責去做，並没有一個可以代替的人。假如你不去上班，則這一份工作，便要停頓下來。

舉例來說，有朋友要你到郊外遊玩，你說因工作關係，不能參加。朋友對你說："你不可以找另一個同事暫代嗎?"你就可以這樣回答："一個蜆，一個肉。"

老虎都會瞌眼瞓

意思是：最精明的人，也會有一時失察的。

老虎在一般人印象中，是獸類中之最威猛的，所謂"龍精虎猛"。然而，像虎一般的威猛，也會有打瞌睡的時候，疏於察覺。

這俗語，可以用來解嘲。例如自命為精明的人，做錯了一件事情，便可以拿來做藉口。

同時，這俗語也可以用來警惕。假如有人常常自恃精明，不會失誤，朋友或是長輩們，就會告訴他："老虎都會瞌眼瞓。"提醒他須防萬有一危。

白鶴叫一聲，好過烏鴉叫一百聲

意思是：一個夠分量的人，只要講一句，就勝於一群分量不夠的，整天在吱吱喳喳地叫着。

白鶴是比喻夠分量的，烏鴉是比喻不夠分量的。

《詩經·小雅·鶴鳴》說："鶴鳴於九皋（gāo），聲聞於野。"

意思是：白鶴鳴聲的高亮，能達八九里。這兩句話是說：白鶴長鳴於九曲的水澤，它的聲音，可以傳播到四處郊野。

又說：“鶴鳴於九皋，聲聞於天。”

意思是：白鶴長鳴於九曲之澤，它的聲音，可以傳播到高空上去。

這說明了“白鶴叫一聲”的高朗。

例如有一群人，想向大眾或政府有所表達，甚或有所呼籲，縱然力竭聲嘶，也不會得到反應。然而，有分量的人，或是有權威的報紙，只要講幾句，就會產生好的結果。

這俗語多數用來央求人家替大家講話的。

意思是：只要你講一句話，其效力有過於我們講千百句。

豆腐鋪擔梯

這是一句歇後語。後頭隱藏着的是“成咗例”。

這俗語是有一個故事的。

從前科舉時代，縣試放榜，榜文要高高貼在牆上，這，自然要使用梯子，才可以張貼起來。但因沒有梯子，臨時向附近的豆腐鋪借一把。借了一次，第二年再考，又再借一次，於是一次又一次地，成了慣例，每逢出榜，豆腐鋪都要負起這個義務來。

所以，本來和自己没有關係的事情，只是替人盡過義務，一經長久服務了，便成了慣例，那就叫“豆腐鋪擔梯”。

齋口唔齋心

迷信神佛的人，有長年都吃素的，也有初一、十五吃素的。吃素就叫“食齋”。“食齋”的目的，在於減少殺生，可以積一些所謂“陰德”。

但是，有一種人很虔誠地吃齋，而心地裏卻很惡毒，經常存有“幸災樂禍”的意念。這一種人，就謂之“齋口唔齋心”。

口是齋戒了，而心腸卻不齋戒。

實際來說，立心食齋的人，就應該是心地善良的，但偏偏就不如此。

陳白沙駛牛

這是歇後語，後頭隱藏着的是“請吃”。“請吃”，是要別人離去，也即是逐客的意思。“吃”字，粵音是“近”入聲，也即是“基密切”。

講話不流利的叫“口吃”，粵語說是“吃口吃舌”。由此引申，走路不流利，說是“吃腳”。例如唐人孟郊的詩句“凍馬四蹄吃”，意思是：受不住寒冷的馬兒，四蹄行得不流利。

粵語中，“吃”有着走的意思。

陳白沙即是陳獻章，字公甫，明代廣東新會縣人，是儒學大家，有“活孟子”之稱。居於白沙里，門人稱他為白沙先生。

他本來是讀書人，他的學說，以靜為主。可是，民間關於他的怪異傳說很多，例如“厓門吟玉璽”，就是人們所津津樂道的。由於宋帝昺厓門失璽，人們就傳說陳白沙想得到這玉璽，而成皇帝。厓門是新會縣地方。陳白沙之吟玉璽，果然玉璽從海底浮了起來，他跪在船頭去接，但水鬼受不起他的一跪，終於玉璽又沈了下去。

還有一個傳說，是陳白沙剪了許多紙人紙馬，放進密室裏，叫他太太供應大批糧草進去。經過不少時候，太太認為糧草太多，要看個究竟，於是開放了密室，那些紙人紙馬已成了真的兵馬，只是没有眼睛，突然擁了出來，殺進京師。朝廷知道是陳白沙造反，就派欽差大臣捕捉他。他預知消息，詐作痴呆，在田間“駛牛”，口中不住地叫那耕牛“請吃”（是叱使耕牛走動的意思）。欽差大臣看到這樣子，認定他是個傻人，不會造反的，没有捕捉他。

這些離奇怪誕的傳說，自然不是一個儒學大家所要做的事。但是，“陳白沙駛牛”這話，就流傳至今。

不賭是贏錢

意思是：賭徒是希望贏錢的，但是，要贏錢並不容易。雖然希望是贏，而結果是輸的次數多，贏的次數少。

因此，有經驗的人，就有“不賭是贏錢”這至理名言。

雖然，也有一些人常常是贏錢的，但到底屬於少數，大多數都是輸錢的。

假如是幾個朋友經常打牌消遣，有的時候你贏了，你會大吃大喝地把贏來的錢花掉。假如你輸了，那就會“輸入肉”。

所以，不習染賭博這惡習的，才是贏錢的。

萬頃良田三碗飯，千間大屋半張床

這是中國人安於平淡生活的一種哲理。不必太多的家財，還不是一樣生活嗎？

這俗語的上一句是說：你有一萬頃那麼多的良田，一年的穀米收成，自然是很豐富了，然而，你每一餐，充其量只不過吃三碗大飯，其餘的，可以吃得完嗎？

下一句是說：你有廣廈千萬間，所佔的地方確實遼闊得可觀了，然而，你在夜晚，充其量只睡得半張床罷了，所能安睡的空間，還有許許多多，你都能睡得滿嗎？

生活平淡一些，不必有太多的家財，往往是心境比較愉快的，因為没有那麼多的慾念。慾念多了，是容易困人的。

一個蜆，一個肉

意思是：分量有一定，不能加多，也不能減少也。

例如說，一個機構裏，一種工作只有一個人去擔任，假如缺少了一個人，那工作便無人來代替了。

蜆子，雖然有兩片硬殼合起來，但蜆肉則只有一個。

廣東人很愛吃蜆，特別在農曆新年初二日開年的時候，家家户户必吃炒蜆。

從前還有怪異的傳說，說蜆子是從空中落下來的。

清人屈大均《廣東新語・介語》說：

番禺海中有白蜆塘，自獅子塔至西江口，凡二百餘里，皆產白蜆。歲二、三月，南風起，霞氣蔽空，輒有白蜆子飛落，微細如塵。然落田輒死，落海中得鹹潮之力乃生。秋長冬肥，積至數丈乃撈取。予有謠云："南風起，落蜆子，生於霧，成於水。北風瘦，南風肥。厚至丈，取不稀。殷勤祭沙潬，莫使蜆子飛。"外有黑蜆、黃蜆，一名扁蠃，遇風雨亦輒飛徙。蛋女率於黑沙泥處取之，貧者以為蔬，然味不如白蜆。凡生於海者曰白蜆，生於江者曰黑蜆、黃蜆。而金鋑蜆者，生大海中，獨珍。劉鋹時取以自奉，禁民不得採，亦曰金口蜆。有無耳蜆，產韋涌。相傳宋帝昺幸韋涌時，食蜆而美之，曰："惜不令其無耳。"至今帝泊舟處，蜆皆無耳，甘美異常。

意思是：番禺海裏有白蜆塘，從獅子塔到西江出口之處，二百多里，都生產白蜆。每年二、三月間，南風既起，霞氣遮蔽了天空，便有白蜆子飛下來，微細得像塵埃一般。但是，落到田裏便死了，落到海裏得到鹹的潮水之力就生長。秋天長大，冬天肥美，積聚起來有數丈高，就可以撈取。有一首歌謠是這樣的："南風吹起，就會落下蜆子，生產在霞霧，長成在潮水。北風時瘦，南風時肥。積聚到一丈，撈取得多而不稀。殷勤地祭祀沙灘，不要讓蜆子向別處飛。"此外，還有黑蜆、黃蜆，又有個名字叫扁蠃，遇到風雨，也就飛到別處。蛋家女相率在黑沙泥的地方撿拾牠，貧窮人家，當作蔬食，可是，鮮味不似白蜆。凡是生在海裏的叫白蜆，生在江河裏的叫黑蜆、黃蜆。而金鋑（音陵）蜆，生長在大海裏，獨特地珍貴。南漢主劉鋹（音廠）的時候，拿來自己享用，禁止人民採取。有一種無耳蜆，出產在韋涌（珠江三角洲地方）。相傳宋朝末代皇帝昺（音丙）到韋涌時，食蜆而認為鮮美，說道："可惜不該使牠没有耳。"直到現在，宋帝當年停船的地方，所生的蜆都是没有耳的（不知是否指没有殼），鮮美非常。

由於廣東人愛吃蜆，所以用"一個蜆，一個肉"來比喻一種限量，不能加多，不能減少。

事頭婆炒蜆

這是歇後語，後頭隱藏着的是“開曬”。

上一期說過，農曆新年初二開工的時候，家家户户必吃炒蜆。

在將到除夕的一兩天，便有小販沿街叫賣“發財大蜆”“黃沙大蜆”。

其實所謂“發財大蜆”，不過取“發財大顯”的意思，也就是黃沙大蜆，並非是另一種。

炒蜆用海鮮醬、辣椒醬、白醋、白糖、油、鹽、切碎了的生蒜，用豆粉水打芡（俗寫作“獻”，即稀滑的汁液）。炒時要講功夫，炒得不好的，蜆子的殼不盡開，這樣子就被認為不吉；功夫好的，所有蜆子的殼都張開了。因此，老闆娘（粵稱老闆為“事頭”）必然親自下廚，小心翼翼地用功夫，使所有蜆殼都開了兩片。這樣就象徵一年的營業充分地開展。

“開曬”的“曬”字，是完全也，盡也。

這俗語凡是完全開展了的都可用。例如花朵全都開放了，也可以這樣說。

打完齋唔要和尚

意思是：請人家替自己做事，做好了，就不需要人家，而且“置之不理”。

無論請僧人、道士、尼姑做法事，都說是打齋。

在打齋之時，就恭恭敬敬地去延請和尚到來，但是在打齋之後，就不再要和尚了。

許多人當有事之時就利用人家幫他的忙。這時候，甚至卑恭屈節，而去求人的。但是事情做好了，就會對那幫忙過自己的人，不聞不問。

這一俗語，和“過後媒人秋後扇”一語，可以說是意思完全相同的。

未結婚之前，特別是有對象之前，就請託人家，代找對象，人家替他（或她）找好了對象，而至於結婚，夫婦倆和和好好，那時候，就會對於當初的介紹人，忘記得一乾二淨。

扇子是夏天裏用來扇風取涼的，但是一到秋風起了，天氣已涼，扇子還要來做甚麼？

這兩種情形，都和“打完齋唔要和尚”是相同的，而且兩句俗語都形容得十分恰當。

假如說雅一點，則“蜚鳥盡，良弓藏；狡兔死，走狗烹”，語意也是相同的。

這兩句話，出於《史記·越王勾踐世家》。弓，是用來射取飛鳥的，飛鳥既然被射殺淨盡，那麼，好的弓，就收藏起來，不再使用。

至於後一句，就更為殘酷。走狗，也即是獵狗，狡兔既然被獵取和宰殺淨盡，那麼，用來獵兔的狗，也可烹而食之。

這兩句話，是用來比喻功臣，天下大定之後，皇帝就會棄之而不用。

用廣州話俗語，則是“打完齋唔要和尚”。

食齋不如講正話

意思是吃素的人，無非是想積一點所謂“陰德”，但是，他們只會吃素，心地卻不好，講話之時，喜用謊言去騙人。

這一類的人，就和上文的“齋口唔齋心”一樣。

其實，一個人正直無私，對於社會、對於天地，都可以無愧於心，那就是一件好事了，如果要積所謂“陰德”，那就是“陰德”了。

食齋而不講正話，專門花言巧語欺騙別人的，那還是不會有所謂“陰德”的。

人識和尚，和尚唔識人

和尚有他們的特別裝扮，因此，人人都會識得和尚；但是，社會上許許多多的人，無甚特異，所以和尚就不易認識一般人。

財多身子弱，錢多瞓唔着

這和上一條的意思，正好互相說明。

家財太多了，雖然吃得好，但是不如勞動的人身體那麼強壯。

現代越是富有的人，越是容易患上都市病，這也是“財多身子弱”的一個好例子。

至於下一句，一個人，生活平平淡淡，心裏自然想得不多。而錢多的人，既想這樣享受，又想那樣享受；既想家財怎樣運用，又想家財怎樣增多。這樣想，那樣想，很容易弄到失眠，睡覺也睡不着了。

而且錢多的人，有些是巧取豪奪的，你假如有這樣得來的錢，在現時的香港來說，隨時都會被廉政公署請去問話的。

就最近的新聞來說，報紙上不是說某一個逃走了的貪官，被律政司提出要求歸還九百多萬的贓款嗎？試想，他雖遠離香港，但可以安枕而睡嗎？這樣的人很多，不但會瞓唔着，可能睡着了，還整夜都會做惡夢，或者從惡夢中驚醒了，還是心驚膽跳的。

錢是生活所必需，但太多了每每是煩惱。以上兩條俗語，語雖俗，而理甚當。

盲拳打死老師傅

意思是：一個技術老練的人，也會有敗於技術不精之人的可能。

最近的一場拳賽中，有“牙擦拳王”之號的奇利，就敗在“初出茅廬”的史賓克斯手下。事後奇利表示：“因為估計對手太低。”這話可能是掩飾，也可能是真實，但如果是真實的話，則拳王寶座之失去，是活該的。《孫子兵法》有說：“驕兵必敗。”意思是：有驕傲之心的隊伍，必然招致失敗。奇利低估了對手，就是有輕敵之心。輕敵的人，就是“驕兵”。

雖然史賓克斯的技術，不算是“盲拳”，但也可說是“鋒鋩初試”的，所以用俗語“盲拳打死老師傅”說他，還是恰切的。

打麻將也好，“捉棋”（我以為粵語說玩象棋為“捉棋”，“捉”字用得十分傳神）也好，“盲拳打死老師傅”的情形常有出現的。特別以打麻將為然。因為這種賭博，不純粹基於技術，同時也基於所謂“牌運”的。而且所謂“盲拳”，没有章法可言，既然没有章法，則雖老於此道的，也無從加以捉摸，不能以常理去推測他、對付他。

禾杈髀兄弟

意思是叔伯兄弟，也有說是“堂兄弟”的。

換言之，是同胞兄弟所生的子女，屬於男性的，叫“禾杈髀兄弟”，屬於女性的，叫“禾杈髀姊妹”。

用“禾杈髀”來形容兄弟或姊妹的關係，是使之形象化。居住在都市，没有在農村生活過的人，就可能不覺得它的恰切，反而會有“莫明其妙”之感。我國自古以來以農業立國，從事過農業的人，都懂得“禾杈髀”的形狀是怎樣。

禾的生長，是一莖的，而一莖之上，則開杈成幾枝，分枝的就好像是股的分開。

這和日本文中的所謂“株式會社”意義有些相同。“株式會社”，實則是“股份公司”，一株樹，通常是一幹的，一幹之上，然後分枝，許多枝杈聚集在一株幹之上，恰如許多股份，聚集成一個商業機構。

而所謂“股者”，也即是“髀”，所以禾稻的枝杈，也就叫“禾杈髀”。

曹操亦有知心友，關公亦有對頭人

意思是：最奸險的人，也會有知心的朋友；最忠義的人，也會有對頭的敵人。

曹操和關公，都是三國時候的人。在《三國演義》裏，曹操被寫成一個大奸大惡的人，而關公，則是忠義仁勇的。

未有《演義》之前，說書人早就有這樣的觀點。例如據說是宋人蘇軾所著的《東坡志林》中說：小兒劣薄，為其家所厭苦，輒與數錢，令聚聽說古話。至说三國事，聞玄德敗，則有出涕者；聞曹操敗則喜。

意思是：頑劣的小孩子，令得家長厭惡和煩惱，通常給他幾枚銅錢，叫他聚集在人叢中聽“講古”。講到三國的故事，聽聞劉備打了敗仗，就會有人流淚；聽聞曹操打了敗仗，就高興了。

除了歷史學家，一般人都是尊蜀而抑魏的，而關公就是蜀漢的猛將，直到現在，關帝廟還是到處皆是。市井中有信奉關帝，香港的差館（警察局）裏也供奉關帝，連洋警司都有拜關帝的。

但是，這樣受人崇拜的一個人——“神”，也有和他作對的，所以，在社會上，最好的人也是有敵人的，最壞的人也是有朋友的。

口在路邊

意思是：假如不識路途，只要向路旁的人問問，就會懂得了。

一位姓周的讀者來信垂問：是“口在路邊”，還是“路在口邊”？

照常理“路在口邊”比較易於理解。意思是：你想要走的路，實際就在你的口邊，問問人家就曉得了。

周讀者的來信，也問及“俗語”和“成語”是否有分別，我想，不少人對於“成語”一詞會有些迷惑不明白，究竟甚麼才是成語。實則所謂成語，雖然多是出於經典，但是，常為人們所引用而廣泛流行於社會的古語或謠諺，都說是“成語”。

既然古語或謠諺都是成語，因此，俗語流傳久遠了，廣泛了，也可以說是成語的。

我所寫過的許多俗語，例如“一蟹不如一蟹”“一雞死，一雞鳴”，都是古代流傳下來的。

不過，成語多近於雅，俗語就有些不很雅的。

關於“口在路邊”或是“路在口邊”的問題，雖說照常理下一句較易理解，但事實上則以上一句較流行。

有些俗語流行太廣了，雖然於理似有不合，也順其自然，而不更改的。

例如沒有固定的床鋪，睡的時候才“行床”，早晨起來就要將它拆散。而人是晚上睡覺的，照常理，應說是“晚行朝拆”，但誰都習慣說是“朝行晚拆”。

還有一個例子：你提出問題來，人家所答復你的，卻是另一回事。這本來應該說是“答非所問”的，但是習慣說是“問非所答”。

周讀者因為附有回郵信封，我早經付郵大略回答了。這裏是較詳細地說，同時，也好讓別的讀者，都有機會看看。

財不入急門

意思是：錢財不會進入急需的人的家門。

有些人等着錢財去辦事，但是要借借不到，於是拿着不足用的錢財，向賭博場中試一試，每每就連本來已有的錢，都輸光了。

還有一些做出納的人，急於錢財應用，聽人說某一匹馬必會勝出，於是擅將公款拿去投注，以為一轉眼間，便可以贏回來，將本錢填補回挪借的公款，將多餘的利益作為急需。但是，越是急需，錢財越不來，輸了公款，無法填補，就會吃官司。

小財唔出，大財唔入

意思是：細碎的錢財都吝嗇着，不肯給予人家，那麼，大筆的錢財，就不會進入你的口袋裏。

有許多吝嗇的人，一些破費都不願意，那麼怎樣可以結交朋友呢？

更有許多大商店的老闆，給予員工的工資，微薄得很，員工就不會替他賣力，不能賺[①]更多的錢，為求得到大財，也必先破費小財。

實際上，每個人的錢財，都是取諸社會的，既然是取諸社會，就必要用於社會。假如做一個吝嗇鬼，做一個守財奴，那麼，他的事業成就將是極其有限的。

教會徒弟，餓死師傅

意思是：不把本領傳授給別人，否則，人家學會了，自己就因而餓死。

中國古代有許多技術，往往因而失傳，就是因為這種心理。

三國時名醫華佗的醫術，高深得幾乎使你不敢相信。在那時候，已有剖腹、斷腸、開腦等大手術了，假如不是載明史籍，你可能當作神話看待。何況這種手術，既要"施蒙"，又要縫針的，而華佗都能一手包辦。然而，到現在這樣的手術，為甚麼要靠西醫呢？原因是失傳了。

華佗不是不肯教人，只可惜想要教人時，已經太遲了。

據《三國誌·魏書·方技傳》說："佗臨死，出一卷書與獄吏，曰：'此可以活人。'吏畏法不受，佗亦不強，索火焚之。"

意思是說，當曹操要殺害華佗的時候，華佗拿出一卷書來給與監獄官，說："這卷書可以教你醫活病人的！"監獄官怕牽連受罪，不敢接受，華佗也不勉強他，只要求得一把火，將那卷書燒毀。

後來曹操的愛子倉舒病危，他才嗟嘆地說："我悔恨殺掉華佗，以致這好孩子不得救而死！"

這失傳的罪過，當在於曹操，也錯在華佗平常不將他的絕技教會徒弟。

在夏朝時候，還有"教會徒弟，殺死師傅"的事情。

---

① "賺"音 wàn，賺也——編者注。

據《孟子・離婁篇》："逄蒙學射於羿，盡羿之道；思天下惟羿為愈己，於是殺羿。"

意思是：夏朝時候有個逄（音旁）蒙，到有窮國的君主羿（音藝，傳說中的嫦娥是他的妻子）那裏學習射箭，完全學得了羿的射箭法，他想，全天下的人，只有羿的射箭法是高過自己的，於是把羿殺死了。

這俗語徒弟的"弟"字變調為"底"；師傅的"傅"字也變調為"苦"。

人算不如天算

意思是：人的打算，是周密了，可是，不似得天的打算。所以不似得"天的打算"，是包括了一切不容易計算的因素在內。

例如最近有一個週末的賽馬，賽馬會、練馬師、騎師，以至於千千萬萬的馬迷，大眾都有所打算了，特別是馬迷辛苦地鑽研"馬經"，探求"貼士"，以為必勝。可是，只跑了一場，老天爺卻潑下了滂沱大雨，賽事不能不中斷。

有些精於打算的人，計算好一個機會，可以做一筆大生意，獲得豐富的收入，可是或遇天氣不好，或遇其他事故，預計着的機會，頓告消失，於是所打的如意算盤，全部落空。

屎坑哥賣草紙

這是歇後語，後頭隱藏着的是"問心"，也即是自問良心之意。

"屎坑哥"是看管厠所的人，每每附帶售賣草紙，掛一疊草紙和一隻錢箱在壁上，寫上"問心"二字，你自己付錢，自己取貨。至於付錢不付，問問良心好了。

越撳越出屎

意思是：越是想掩藏，而越是顯露出來，使大眾都知道了。這俗語的本來意思是：當內急的時候，本來要如厠的，但由於不便抽身，或者一時間沒有"方便之門"，就不能不忍着。忍着便溺（溺即尿），可不容易的，急得太過時，以為用手掩着肚皮，便可以幫助忍的功夫了。用手掩着，俗語中許多說是"撳"，亦即"按"也。

當然，越是撳得緊，越是容易"落"（音賴）出屎來。

有些人做錯了事，或者有不想人知的事，於是力加掩飾；誰知越是掩飾，事情越是顯露。最常見的例子，就是一些報紙刊登了一個人的隱事，本來那刊登出來的新聞不大受人注意，但當事人卻要控訴報紙，或者要求報紙以顯著的方式"更正"或是道歉，更有要求刊登各報的。於是，反而更張揚了。

在成語裏，有這樣的一句："欲蓋彌彰"，這就和"越撳越出屎"的意思相同。

“欲蓋彌彰”一語，見於孫中山先生《宣佈粵變顛末表示統一宣言》：“觀其於文在軍艦時所上手書，稱大總統如故，可證其欲蓋彌彰已。”

意思是：看他當我在軍艦時他所上給我的親筆信，依然稱大總統，這可以證明他企圖掩飾，而更加顯露他的野心了。

“欲蓋彌彰”這話，本來出自《左傳·昭公三十一年》：“或求名而不得，或欲蓋而名章。”

意思是：或有想求名的，而不可得；或有想掩蓋的，而名字卻顯明出來。

這比“越揿越出屎”雅得多，但一般人對這俗語較易“明其奧妙”。

雲蓋中秋月，雨灑上元燈

這是常掛於人口的話，中秋之夜，遇了雲雨，不見月亮，就會這樣說，不但只說上句，而且加上下句。至於上元之夜遇雨，也是這樣說的。

上元節，也即是“元宵”。

自北魏開始有所謂三元：正月十五日叫上元，七月十五日叫中元，十月十五日叫下元。據清人趙翼《陔餘叢考》說：“其以正月、七月、十月之望為三元日，則自元魏始。”意思是：以正月、七月、十月的十五日作為三元日，就是從北朝魏起的。

上元節，自古就有賞燈之舉，所以又叫“燈節”。這個節日的夜裏，如果是正常的，就是“燈月交輝”之夜。但如果遇到下雨，人們就會失望地說：“雲蓋中秋月，雨灑上元燈。”

所以這俗語本來就是用來說明一種現象的，但我以為活用起來，作為“煞風景”的比喻，也可以的。凡是“煞風景”的事都可用。因為“中秋月”和“上元燈”，都是好風景，遇上了雲、雨，就是煞風景的事情了。

新屎坑都有三日香

意思是：凡是新的東西，即使是不好的，最低限度都會有三日受人歡迎的。

這話多數用來比喻新開設的商店，即使不好，最少有一個很短很短時期，會招待一些顧客的。

換湯唔換藥

意思是：表面是改換了，實際還是一樣的。

中醫藥中，有所謂“湯頭”。清人汪昂，編撰了一本《湯頭歌訣》，分二十門，歌二百首，列方三百有多，以便習醫的人熟讀。

中國的藥劑，大都是用藥材煮水來飲服的，所以藥劑說是“湯藥”。而所謂

“換湯唔換藥”，就是湯水已換過了，藥材還是一樣的。

《前漢通俗演義·第一回》說：“蕭何原是刀筆吏，叔孫通又是綿蕞生，所見所聞，無非是前秦故事，曉得甚麼體國經業的宏規？因此佐漢立法，仍舊是換湯不換藥的手段。”

蕭何是輔佐漢高粗劉邦得天下的，天下既定，功居第一，是漢朝的開國名相。他未佐劉邦之前，因為他是沛（今江蘇省沛縣）人，曾做過沛縣的吏掾，即掌管案牘的官吏，專辦理文書的。所以稱為刀筆者，因為古代沒有紙張，用簡牘來書寫，用刀，是要削書，所以，掌管文書的官員，稱為刀筆吏。

叔孫通，也是漢朝人，劉邦做了漢朝的開國皇帝，就想除去秦代繁雜的儀節、法度，變為簡易。他就勸劉邦徵集魯諸生共同製作朝儀，設置綿索（綿編成的繩索），並束茅樹地以為位置，在野外演習禮法。後來長樂宮建成，諸侯群臣朝見，見到朝廷上這樣的儀節，沒有不震驚整肅的。高祖說：“我今天才知道做皇帝的尊貴。”於是拜叔孫通為奉常，後來改任他為太子太傳。

以上所引述《演義》的幾句話，意思是：蕭何原本是掌管文書的小官，叔孫通不過是用綿繩和束茅作位置以練習朝儀的人，他們所見的、所聞的無非是前代秦朝的舊事，曉得甚麼經理國政、管治百姓的宏規？因此，輔佐漢朝設立法度，依舊是換湯不換藥的手段罷了。

三九唔識七

意思是：彼此間素不相識。

然而，“唔識”可以解為“不相識”了，又何來“三九”和“七”呢？

這話廣州話是十分慣用的。例如說：“我同佢三九唔識七，點會隨便相信佢呢？”

這俗語是從“乘數歌訣”脫胎出來的。念“乘數歌訣”，就有“三九二十七”這一句。於是，把“二十”兩字改為“唔識”，就變成這一句俗語了。

但也有時候加以簡化，說是“三唔識七”，這樣把“九”字省略了，就更難以理解。

唔理三七二十一

意思是：不顧一切，就決定這樣做了。

這俗語和上一條的來源一樣，也是從“乘數歌訣”借用而來的。

例如說：“我見勢色唔同，就唔理三七二十一，轉頭飛走。”

《清平山堂話本·藍橋記》說：“不管三七二十一，我一頓拳頭，打得你滿地爬。”

意思是：我不顧一切，一頓下拳頭打得你滿地爬行，站不起來。

屙尿遞草紙

意思是：慣於獻媚的人，如所謂“傍友”之類，過分的殷勤，徒勞而無功。

“屙”，音阿，本作病解。但是在粵語中，大便說是“屙屎”，小便說是“屙尿”。

屙屎，是需要廁紙拭抹的，從前沒有一卷卷的廁紙，因此，大便的時候，就要使用“草紙”。慣於獻媚的人，看到主人要上廁，便忙於遞上草紙。但有時候主人上廁，只是小便，不必用草紙的，而大獻殷勤的人，也忙於遞上草紙。這屬於“表錯情”之類。

死老鼠都有盲貓拖

意思是：最壞的東西，也會有不識得東西好壞的人認為有用的。

貓是捕鼠的。但是，貓捕了老鼠，不一定大吃一頓，只是咬死了，就丢棄在地上，讓主人將死老鼠抛棄。這様的貓，看見了死老鼠，不會把牠拖走的。然而，卻有一種盲目的貓，只嗅到一點老鼠的味，就以為老鼠是活生生的，把牠拖走了。

這句話，多數用來形容一個醜陋的女人，幾乎無人願意和她結婚，但也會有盲目戀愛的人，愛上了她，和她結為夫婦。

如果不講賢德，只講形貌，則三國時的諸葛亮，娶了黃承彦的醜女為妻，也可以用這俗語去形容。不過，諸葛亮不是“盲貓”，因為他重德不重貌。

冇爪蟛蜞

意思是：沒有了活動力。

蟛蜞，亦即蟚蜞，也有說是蟧蜞的，是蟹類，與紅蟹為近似種。體型較蟧蟹為小，胸甲略作方形，螯和步腳都沒有毛，棲息在淺水邊或是沙穴裏。有八足，還加上兩螯。行動也和蟹一様，是横行的。但是，假如把牠的八足兩螯折斷下來，那麼，牠雖然還活着，卻已動彈不得了。

當人喪失了活動力時，就說是“冇爪蟛蜞”。

有些人，平常自己不動手做工，甚麼事情都靠別人替他做，一旦沒有人幫助，也就變成了“冇爪蟛蜞”了。

又如一些多畜爪牙來替他横行一方的，一旦爪牙被剝除淨盡，也成了“冇爪蟛蜞”。

茨實多過薏米

意思是：說話多多，都是不切實際的。

“茨實”是俗寫，也是俗讀。正寫是“芡實”；正讀則是“欠實”。廣東以肇慶出產的為佳，所以中醫生和中藥店，都說是“肇實”。

“芡實”和“薏米”都可以作藥用，有用這兩種藥物煮糖水出賣的，叫做“茨實薏米水”。據說，可以“去濕”。也有煲“去濕粥”的，作料中少不了這兩種東西。

這俗語由來已久，和近時才流行的“口水多過茶”的意義有點相同。

所謂“口水多過茶”，是說話多而事實少的意思。不過，近二三十年才流行的俗語，特別是近幾年來才流行的，這裏從來没講過，最近的將來，也不準備講。

唔係猛龍唔過江，唔係毒蛇唔打霧

意思是：有膽量走到不是自己的地頭去的，必然是一個很有本領的人。

這裏雖然只是兩句話，實則重在上一句，而以下一句作陪襯。

龍本來是活動在江的這一邊，忽然過了江，走到那一邊去，當然有很猛的威力，才敢犯人家的地頭。

至於下一句，凡是毒蛇，必在夜裏走出洞穴，在露天的地方吸收霧水。武術界的招式，也有“毒蛇打霧”這名詞。

所謂“打霧”，就是吸收露水。

“打”字的常用義，是擊也、鬥也；但是使用起來，它的意義很廣泛。在粵語裏，汲水叫“打水”；撥電話叫“打電話”；寒天裏吃火鍋叫“打邊爐”；還有“打”解作共也，如“二打六”，如“恭喜奶奶打老爺”。所以“打霧”的“打”字，也不能用它的本義去解釋的。

過得清明唔過得夏至

意思是：過得第一關，卻過不得第二個關。

然而，第一個關為甚麼叫清明？第二個關，為甚麼叫夏至呢？就不很了了。

清明是二十四節氣之一，是新曆四月的五日或六日；夏至是六月廿一日或廿二日。

我猜想，這句話可能是由吃狗肉而來的。廣東人愛吃狗肉，有所謂“冬至魚生夏至狗”，意思是：冬至之日吃魚生，夏至之日吃狗肉。也有所謂“夏至狗，冇地（讀‘定’字語音）走”。

我童年時候，清明節隨着父母親從廣州回家鄉祭掃先祖的墳墓時，舅父早就準備小狗，烹來款待我們了。但我不知別處鄉村的風俗是否如此。

假如別處鄉村也有這樣的風俗，則我的猜想是對的，否則，頗難索解了。

芋頭點糖

這是歇後語。後頭隱藏着的是“心淡”。

所謂“心淡”，是心裏冷淡，不感興趣的意思。假如用古人的詩句來說，則唐人王昌齡《芙蓉樓送辛漸》的“一片冰心在玉壺”，也就是心裏冷淡的意思了。

“點”，實際是“舔”的轉音。“舔”字音“忝”，伸出舌頭來舐取食物也。

用毛筆蘸墨水，廣州話說是“舔墨”。把食物蘸入醬油中，就叫“舔豉油”，也有轉為“點豉油”的。

吃芋頭時，將外皮剝去，而將芋實舔取一些砂糖，或者是糖漿。那麼，吃起來外面是鮮甜，而芋頭的內心，因為舔不到糖，所以是“淡而無味”的。

“芋頭”的“頭”字，說時變調，作陽上聲，也即下上聲。

“心淡”的“淡”字，也不讀去聲，而變調為“談”上聲。

狗咬呂洞賓

這是歇後語，後頭隱藏着的是“唔知邊個是好人”。

有些人糊裏糊塗，好人當作壞人看待，壞人當作好人看待。

對於這樣的人，就叫“狗咬呂洞賓”。

呂洞賓是唐代京兆人，名喦，一作巖，洞賓是他的字，號純陽子。喜歡戴華陽巾。會昌年間，兩舉進士都不及第，年已六十四歲，因此浪遊江湖，遇到鍾離權，也即是俗傳八仙中的“漢鍾離”，受延命的法術，初居終南山，鍾離權後來又帶他到鶴嶺，把上真秘訣完全傳授給他。洞賓既得道，兼明天遁劍法，就歷江、淮、湘、潭、岳、鄂、兩浙間，大眾不曉得他是誰，他自號回道人。後世以為八仙之一，亦稱呂祖。元朝封為純陽演政警化孚佑帝君。

但是，像這樣的一個有道術的人，犬兒還要用口去咬他，真是不知好歹了。

《紅樓夢·第二十五回》：“彩霞咬着牙，向他頭上戮了一指頭，道：‘没良心的“狗咬呂洞賓”，不識好歹。’”

粵語中的“邊個”，相當於“哪個”。“邊處”，也即是“哪處”。

坑渠浸死鴨

意思是：本來是很安全的，卻會遭遇不幸。

不過，並不是所有這樣的情形，都可以這樣說。它的使用，多數在這樣的情形下：例如打注碼極小的麻將，一般人所謂“打衛生牌”，一輸一贏，都不會很大的；但是，也竟然輸起大錢來了。

再舉一個例：一些小本錢的生意，本來不想有大的作為，只想賺得一些微利，以維持生活，但其結果，竟然虧了大本。

它正面的意思是：街下的溝渠，本來是極之淺水的，而鴨子也善於游泳沈潛，在這樣淺水裏，鴨子是不可能被淹死的。

我想，普通話裏有一句“陰溝裏翻船”，這話應該和“坑渠浸死鴨”是同一用法的。但我問了兩個外省文友，一個說用法相同；另一個說是不相同的。“陰溝裏翻船”，舉例來說，是一個人不會打麻將，而勉強入局，結果輸了大錢。

我對普通話認識極其淺薄，不知哪一說是對的。但在直覺上，似乎前一說較合理。

這俗語中的“浸”字，語音是“朕”，意思是沈於水底也。據近人詹憲慈《廣州音本字》引《周禮·大宗伯》：“以貍沈祭山林川澤。”劉註：“沈，直蔭反。”因此，詹氏認為：“此沈可讀若朕之證。”

我卻懷疑就是“朕”字。因“朕”字的本義是“舟縫”也。舟的交縫處如有裂漏，是會沈在水裏的。但我還在考證中。又有人以為“人在水上為氽，人在水下為溺”，於是造出個“氼”字來。

得敕（戚）

意思和“得意洋洋”有點近似，但又未盡相同。和另外一俗語“爛醒”，就很接近。所以，有些時候會這樣說：“爛得敕。”

例如一個人顯出驕傲的、旁若無人的態度，人家就會說：“得敕喇你！”或者警告地說：“唔好咁得敕嚅！”

又或者對第三者而言：“睇佢個樣，爛得敕咁！”

一般人在口頭語上，只說是“得戚”，大家習慣用了，既懂得說，也懂得在怎樣情形下使用，但大多不知這樣的情形，何以說是“得戚”！在一般人想像中，只會想到這個“戚”字去，而不會想到這個“敕”字來。假如想到“敕”字，問題就會“迎刃而解”。

所謂“敕”者，是帝王之詔命也，如“敕令”“敕書”“手敕”“敕封”“敕授”“敕贈”等等。如《梁書·陳慶之傳》：“慶之別有密敕。”

得到皇帝詔命的人，大都會得意洋洋地顯現出一種驕傲態度來。除非是有學養的人，才不會驕傲。

上頭說到“爛醒”和“爛得敕”，“爛”字都變了調，作陰上聲，也即是“勞簡切”。

本來，“得敕”和“奉旨”是同義的。“奉旨”是奉到了“聖旨”，也即是奉到了皇帝的命令。

但是，在廣東俗語裏，“得敕”和“奉旨”的用法不同。

“奉旨”的用法有多種：

其一，是自誇的。例如要表示一定這樣做，不容許反對的，便自誇地說：

“我奉旨口喇，睇你地邊個唔服從!”

其二，是指摘的。例如：“睇你咁霸道，你唔係奉旨嘅嚅!”

其三，是批評的。例如：“睇佢個樣，要點做就點做，一的都唔理別人，好似奉旨咁。”

在這些例句中，“奉旨”不能改為“得敕”，反過來，在“得敕”的幾個例句中，也不能改為“奉旨”。

“得敕”的“敕”字，另一個字形是“勑”字。

至於“奉旨”的“奉”字，說起來變調為薪俸的“俸”。這樣說來，帶有“奉咗旨”的意思，而說快了，“咗”字不直接說出。

蛇見硫磺

意思是：惡人也會有所害怕的。

蛇本來是惡毒之物，但是硫磺卻可以治蛇。蛇一旦遇到了硫磺，就會軟弱無力。

有一種人，雖然平時是天不怕，地不怕，但當他見到一個比他更厲害的人，就會害怕起來。

例如一個公子哥兒，平常對人“作威作福”，一旦見到他嚴厲的老子，只會“低首下心”，馴服極了。

據說，那些以捕蛇為業的人，手上常常塗上一些硫磺，蛇遇到硫磺的氣味，就會馴服地讓人捕捉。

細時偷狗大偷牛

意思是：小孩子學壞了，雖然年紀小，所做的壞事是微小的。但是，由於小時候有了這樣的壞習慣，長大的時候，膽子就大了，所做的壞事，就更為重大。

這俗語用“偷狗”，比喻做微小的壞事；用“偷牛”，比喻做重大的壞事。

“狗”是小的動物，“牛”是大的動物。因此，成了強烈的對照，比喻得非常好，使人很容易得到鮮明的印象。

東家唔打打西家

意思是：只要肯努力，不愁没有工作。在東家打工（即做工）打得不愉快，就走到西家去打。又或者在東家打工，一旦被東家辭退（粵語說是“炒柔魚”，這俗語的意思從前已講過了），還是可以走到西邊的一家去。

現在香港的勞工就業機會甚高，許多工廠工人不夠用，因此，工友們常常是“擇肥而噬”，今天在東邊的一家工作，不高興了，明天可以轉過西邊一家。

假如在東邊一家被“炒柔（俗寫作‘魷’）魚”，而轉過西邊的一家去，那麼，這俗語和“此處不留人，自有留人處”（這一俗語以前也談過）的意思有相同之處。

算死草

意思是：一個精於計算的人，只顧計算自己的利益，而不會替別人打算一下，甚至連別人的利益，他也要計算到自己的範圍內。

總而言之，經他計算過，就連野草也要枯死了。

冇耳金尿壺

這是歇後語。後頭隱藏着“有錢佬使佢都要揸（zhā）頸。”

“有錢佬”，是指富有的人。“錢”字在這裏變調如“淺”。

“使”，使用也。變調如“洗”。

“揸”本作“摣”，音渣，以手持物也。“揸頸”，是忍氣的意思。人氣動，頸部會膨脹，所以當要忍氣的時候，粵語說是要“揸頸”。

這俗語中的“尿壺”，即盛尿的容器，古書裏稱為“虎子”，粵語又說是“尿鴨”，因形狀像鴨子一般，身是扁圓的，背有拱，如弓形，稱為耳，用來便於提起的，有口，仰起。放在床下，夜睡後起來小便即用之。

尿壺一般以陶製，有錢人家，也有用瓷質的。至於“金尿壺”，則只有“有錢佬”才有資格使用了。

但是，由於是“冇耳”（“冇”音“武”，即“無”字的語音），要拿起來，只有執着它的頸部，因頸部較狹小，容易執也。所以說是：“有錢佬使佢都要揸頸。”

有一種人，不甘願向富有的人低頭，假如富有的人“頤指氣使”（一說是“顧指氣使”，用眼色來指揮下人，用氣來使用下人），那些高傲的人，就會拒絕使用。而這種人，往往是有才能的，富有的人不能不求之以為助力，所以，“有錢佬”使用他，也要忍着氣去懇求。

冇耳酒壺

這也是歇後語。後頭隱藏着的是“揸頸”。

一般的酒壺，一邊有嘴，便於傾注；另一邊則有耳，便於執持。

但是，有些酒壺不設壺耳，要斟酒時，就揸着較狹小的頸部。

看過了上一條的解釋，對於這一條的意思，就容易了解了。

熟人買破鑊

意思是：當你要買東西的時候，你不可以為向平素相稔熟的人購買便是可靠的。

你向平素相稔熟的人買一隻鐵鑊，以為一定是上乘的貨色，然而，偏偏買到一隻破爛的。

這句話可以活用，不但可以就買得不好的貨色來說，還可以就買貴了的東西來說。你以為相稔熟的人不會向你開高價，不知也有專向熟人開高價的人。因此，這情形下也適用這俗語。

掘芋頭

這是歇後語。後頭隱藏着的，是“連仔帶乸”。

意思是：和一個婦人相通，也和她的女兒相通。

據明人王象晉《群芳譜》說：“南方之芋，子大如斗，旁生子甚多。皮上有微毛，如鱗次裹之，拔之，則連芋而起。”

意思是：南方的芋頭，個子大得像斗一般。它的旁邊，連着而生的小芋子很多。芋頭的皮上有疎落的毛，像魚鱗般將芋頭包裹着。拔取它，就會和芋子相連而拔起來。旁生的芋叫“子”，大的芋叫“乸”。“乸”，母也，音“尼啞切”。

現時香港的法律，娶了再婚的婦人為妻，那麼，和這婦人的女兒，就成為父女關係。後父與女兒相通，雖非親生，也視為亂了倫常，是犯法的。

芋頭的“頭”字，在這裏，變作陰上聲，即“提狗切”。

眼大睇過隆（櫳）

意思是：找東西時，就是在身邊，偏偏忽略了，卻放長了眼光，從遠處去找，自然是看不見的。

“過隆”的“隆”字，有長遠的意思。但“櫳”解作“檻”也，有限制的意思。“過隆”，可以解作“過長遠”；“過櫳”，可以解作“超越了範圍”，哪一個對，還待研究。

搓得圓，撳得扁

意思是：個性不強，可以適應各種情勢。

好比一顆粉團，可以放在掌上把它搓得圓碌碌，也可以用手掌去把它壓得扁笪笪的。

“撳”字，讀“金”去聲，忌任切，用力按下也。但在《老殘遊記·十章》中，寫作“揿”。原文是這樣的：“勝姑將小鈴取出，左手揿了四個，右手揿了三個，亦凝神看着扈姑。”

《辭海》已把“揿”字收入。

至於廣東俗寫，作“㩒”。實則“㩒”字音“禽”，亦即“擒”字，也寫作“捦”。

正確的字形是“捦”。《康熙字典》引《集韵》：“丘禁切，欽去聲，按也。”

越捦越出屎

意思是：越是要掩飾過錯，越會將過錯的事情暴露於人前。

依照字面解釋：當大便急迫之時，一時找不到洗手間，只好將肚子按着，幫助忍耐忍耐，可是越是按得緊，越是撒出屎來。

這和成語中的“欲蓋彌彰”的意思相同。

這成語出自《左傳・昭公三十一年》：“或求名而不得，或欲蓋而名章，懲不義也。”

意思是：或有想求名的，而不可以達到目的；或有想加以掩飾而不讓人知道的，但是他的惡名偏偏更為顯著。這是所以懲戒那些不義之人的。

我以為“欲蓋彌章（彰）”比不上這俗語容易使一般人明白，原因是俗語把義理形象化。

人留三分假，雨留十分真

意思是：主人留客，未必有十分誠意的，至少有三分出於假意。至於大雨留人，那就有十分的真意了。

實際說來，誠意留客，未必没有的。例如漢代陳遵，每逢大飲，賓客滿堂，便關起門來，取客人的車轄投入井裏。没有了車轄，輪子没法旋轉，車子就没法走動，客人也就不能離去。

但是，每一個人都有這樣的真真嗎？倒是未必的。有些人只不過礙於情面，不能不隨口挽留客人用晚膳、挽留客人住宿罷了。

假如大雨滂沱，至夜都不休止，那麼，主人就不能不留客了，縱使心裏不大願意，難道叫客人冒着大雨而去？當然，這俗語不是就現代都市而言的，在古代，交通工具不便，冒大雨而出門，幾乎是不可能的。

相傳有這樣的一個故事：

甲、乙二人，本是好友，但甲生性吝嗇。有一天，乙訪甲於其家，剛好遇着大雨，而且天色已晚。甲不想留客，卻不便開口，走到書房裏寫了這樣的字句：“落雨天留客，天留人不留。”然後拿了這字條放在客廳的桌上，又故意走開，好讓乙看了，自動離去，可是，乙賴着不走，待甲再回到客廳裏，拿起字條來這樣唸：“落雨天，留客天；留人不（否）？留！”甲無可奈何，只好招呼他吃晚飯，還在家裏留宿。

這故事原在說明文字標點之不同，文義就會相反，但拿來說明“雨留十分真”這俗語，真是最好不過。

人情還人情，數目要分明

意思是：雖然有很好的友情，但是彼此的錢財數目，還是要清楚分開的。

例如你到朋友的商店買東西，價錢一定要付，但是你的朋友為了要和你敍舊，請你上茶樓飲茶，所付的茶賬，會比你向他買東西所付的錢還要多。

根據這個例子來說，去買東西付賬，是數目分明；朋友收了你的賬，而用更多的錢去請你飲茶，這就是人情。

和這俗語相同的，還有一句俗語，是“數還數，路還路”。意思是：數目歸之於數目那一筆，人情另歸之於人情那一筆，不能混而為一。

未食五月粽，寒衣不入槓

意思是：在端陽節（舊曆五月初五）前，寒衣還不要收拾起來。

粽，角黍也。據《太平御覽》引《風土記》說：“俗以菰葉裹黍米，以淳濃灰汁煮之，令爛熟，於五月五日及夏至啖之。一名糉，一名角黍。”

意思是：世俗用菰葉，包裹着黍米，用淳濃的灰汁來煮，使其爛熟，五月初五和夏至（新曆六月二十一日或二十二日）那天拿來吃。這食品一個名稱是糉子（亦作粽子），一個名稱是角黍。

“槓”（同“杠”）字，在字典裏是讀“缸去聲”，也即音“降落”的“降”，是扛抬東西的桿子也。但在廣州話中，另一音是“隴”，是收藏衣服的箱子也，如樟木槓、陽江皮槓。

為甚麼“未食五月粽，寒衣不入槓”呢？這就說明了廣州的天氣，未過五月初五，還可能有涼風吹襲的。雖不會很寒，但也不是夏天的單衣可以抵禦得來的，夜間可能還要蓋上毛氈睡覺。這樣的涼風，只有偶然的一兩天，不會連續很久。

從俗語中，往往可以見得地方的風土、人情、氣象等等。

心　罨

意思是：心裏不開朗，不舒暢。

“罨”① 字，廣州音是“庵”入聲，也即是“危恰切”，掩覆也。中醫有“冷罨”“溫罨”之法，即以冷水或溫水潤布使濕，而覆蓋於患處也。

據《中華大字典》說：“罨，近時醫學家治病，有冷罨、溫罨法，謂以冷水、溫水之濕布，覆有病之局部也。”

以我所知，傷科和瘡科，都有用罨法的，這種罨法，是用濕潤的藥物，掩覆

① “罨”音 yǎn，有“掩蓋”“覆蓋”意——編者註。

着傷口或瘡口。這樣，可以療治創傷和瘡疥。

這在醫學上的罨法，當然是藉以療治傷病，使之痊愈的，所以，罨了便會消除痛苦而舒服。

然而，另有一種罨，就會使人不舒服的，那就是被雨水所淋濕，一時不方便把濕透了的衣履更換，罨在身上，很不舒服。

又或者在盛暑之下，汗流浹背，連衣服都被汗水所濕透，一時不方便更換，讓它罨在身上，也是不舒服的。

而這俗語之所謂“心罨”，就如雨水、汗水等濕了衣服，罨在身上一般。

順風屎艇

這是歇後語，後頭隱藏着的，是“又快又臭”。

有些人寫文章，快得真是“倚馬可待”的，但是看看它的內容，卻是一團糟，不堪入目。

這俗語從字面去解，船遇順風，航行得快；但是，船艇上所裝載的，卻是大糞，陣陣順風吹來，便有臭氣逼人之感。

中國內地的農業，從前是以糞便作肥料的。所以大糞也有專門收集的地方，謂之“糞埠”，也謂之“屎埠”（“埠”本音“步”，粵語說是“阜”）。農家向“糞埠”買大糞，用船艇去裝運。這些船艇，除了掩蔽船夫的地方，都沒有船篷的。船艇上也沒有木板封蓋船艙，在河道上航行時，兩岸都被臭穢氣息所污染。

脫褲屙屁

意思是：所做的是多餘而不必要的事情。

“屙”字音“柯”，本來解作病也；但廣州話中，大便、小便和放屁，都說是“屙”。

大便、小便，都要解開褲子，否則，褲子變成污穢了。放屁則不同，不過是糞門洩出臭氣來，不會把褲子弄污穢的。

脫下褲子才放屁，就是不必要的事情。有一句成語，說人所做的事情太多餘了，是“多此一舉”。而“脫褲屙屁”，就是把“多此一舉”這成語形象化，不必多作解釋，聽者自易明瞭。

寧畀人知，莫畀人見

意思是：寧願給人知道，也不要給人看到。

有一些秘密事情，不便向外顯露。不得已的時候，寧願給人家知聞，也不要給人家親眼見到。

換句話說，就是盡可能不被當眾揭露出來。

因為人家知道，已不好了；然而，只由於傳聞而有所知，人家還是没有證據證實你的秘密；但是，公開給人家見到，那就無所遁形。

“畀”字在字典裏音“庇”，粵語說是“彼”，是給與也。例如《左傳・僖公二十八年》說：“分曹、衛之田，以畀宋人。”

意思是：分割曹國和衛國的田畝，拿來給與宋國的人。

“畀”字又解作酬答也。例如《詩經・鄘風》說：“彼姝者子，何以畀之?”

意思是：那個美人，怎樣酬答她呢?

現在香港的報刊上，有些夾用粵語的，將“俾”字作給與的意義使用。實則“俾”是“使”也、“令”也。字音是對的，意義就不對了。

顧得頭來腳反筋

意思是：情況惡劣，照顧得這樣，卻不能照顧得那樣。

它表面的意思是：當頭痛的時候，就去醫治頭痛，但頭痛雖然止住了，雙腳又因抽筋而作痛。

人當困厄的時候，往往就只顧得這一樣，不能同時兼顧那一樣。

這和“扶得東來西又倒”意義相同。

還有一句俗語：“頭痛醫頭，腳痛醫腳。”似乎同義，實際有分別。後者是比喻没有整個計劃，只有局部計劃去做事。

寡母婆咁多心

意思是：又想這樣，又想那樣，心志把持不定。

寡母婆，也即是寡婦。“婆”字變調為“頗多”“頗少”的“頗”。

舊的禮教，以為女人應該“從一而終”，丈夫死了，就是青春年少，還要替丈夫守節；特別是家庭和宗族，希望她守節到老，賺得朝廷給她起一個貞節牌坊，為家族的光寵。太殘酷了吧。

唐代妓女關盼盼，嫁給大官作妾，丈夫死了，她在燕子樓上孀守了十五年，然而，詩人白居易還要寫詩諷刺她不能殉節，使她不食而死。白居易是個明事理的人，孀守已經夠了，為甚麼還要逼死她呢?我雖然很喜歡白居易的詩，也同意他寫詩的主張，但我認為他逼死了關盼盼，太迂腐，太殘忍了。

講儒學而比白居易前一輩的古文家韓愈，她的女兒不是再嫁嗎?

范仲淹（字希文）是宋朝的一代名臣，是著名的軍事家和文學家，他幼年時，母親不是也再嫁嗎?

因此，寡婦是有權抉擇守節和再嫁的。但是，由於舊禮教的束縛，就常常產生矛盾的心情：是守節呢?是改嫁呢?要是守節，便犧牲了大好青春，而自甘寂寞；要是改嫁，又怕遭遇世俗的歧視。在這種情形下，自然是會“心多多”了。

所謂“心多多”，是形容心意把持不定的。因此，心意不定的人，就會被人說是“寡母婆咁多心”。

或者自己拿不定主意，而求教於人，也會這樣說的：“我一時想咁，一時又想咁，真係‘寡母婆咁多心’，你同我揸定主意喇!”

惡人先告狀

意思是：作惡的人，既然作了惡，自己就是理虧，那麼，被他欺負的人，就要向官府告狀伸冤。然而，作惡的人，就搶先一步，先向官府告狀，反說人家的不是。

像這次釣魚島事件，日本人先在國會中提出要在島上設管治權，又說要設直升機場。然後又派十艘巡邏艇去驅逐中國的漁船，還在其中一個小島上，高高掛起一面太陽旗。

釣魚島早就屬於中國，在明代的歷史上就有了著錄，而且清代慈禧太后拿來賞賜給大臣盛宣懷，至今詔書還存在。

至於在地理上，它在台灣省的東北部相去僅百多里，也和大陸架相連，而和沖繩島的海底則隔了一道深溝。在日本霸佔我們台灣時，釣魚島也歸台灣方面管轄的。戰後日本把台灣交還中國，自然也要連台灣所管轄的釣魚島一併交還，不待細說大家都可以明白的。可是，日本卻先向中國提出抗議，一回被拒絕，又第二回提出。這情形，正好是“惡人先告狀”的例子。

在這俗語裏，“告狀”的“狀”字變了調，成陰上聲，也即是“支港切”。

雞唔知雞背脊，馬唔知馬面長

意思是：雞看不到自己的背脊是怎樣的，所以也不自知牠背脊是怎樣；馬面是長的，但牠也看不到自己的面貌，也不自知是長是短。

這是這俗語的表面解釋。其實，它是一個比喻，是說大多數人，都不知道自己的缺點。換句話說，就是沒有“自知之明”。

但是，說沒有“自知之明”，一般人不容易領悟，運用這俗語，沒有讀過書的人也易懂其道理。

說到馬面長，三國時候有一個故事，頗有趣，這里附帶講講。

據《三國誌・吳書・諸葛恪傳》說：“諸葛恪，字元遜，瑾長子也。……恪父瑾面長似驢，孫權大會群臣，使人牽一驢入，長檢其面，題曰‘諸葛子瑜’。恪跪曰：‘乞請筆益兩字。’因聽與筆，恪續其下曰：‘之驢。’舉座歡笑，乃以驢賜恪。”

意思是：諸葛恪，別字元遜，是諸葛亮哥哥諸葛瑾（為吳主孫權的長史，相當於現代秘書長的職位）的長子。他的父親諸葛瑾生得面長，好像驢（音雷，不讀盧）馬的面。有一天，孫權大會群臣宴樂，叫人牽着一頭驢子入場，用一根長的標簽放在牠的面下，標簽上寫着“諸葛子瑜”幾個字（子瑜，是諸葛瑾的別字。正如周瑜別字公瑾一般。人的名和字，往往是相應的）。諸葛恪看到孫權開他父親的玩笑，於是跪着說：“乞求給我一管筆加上兩字。”孫權聽從了他，給他一管筆。他在那標簽上，續上“之驢”兩字，變成“諸葛子瑜之驢”。座中的人看到他有這樣敏捷的才思，都歡笑了，孫權也就把驢子賜給他。

唔怕生壞命，至怕改壞名

意思是：不怕命運生壞了，最怕名字改壞了。

相信命運的人，都以為命運會支配人的一生。所以，在從前科舉的時候，有“一命二運三風水，四積陰功五讀書”這樣的話。

意思是：功名之得來，第一是講好命，第二是講好運，第三是好風水，第四是多積陰德，第五才是靠讀書。

由這樣的話，可見人們對於命運的重視。

然而，這句俗語，就以為生壞命也不要緊，最要緊的就是改壞了名字。下面，且舉一個例：

近人徐珂《清稗類鈔·考試類》說：“吳袛，字旦清，華亭諸生也。嘗夢神語曰：‘改名三省，可獲雋。’康熙乙卯鄉試揭曉。至公堂填榜，唱吳三省名，監臨愕然，乃屏去。對吳三桂方稱兵犯順也。”

意思是：吳袛，字旦清，是華亭縣（今屬甘肅省）的生員（即秀才）。曾夢見神人說：“改名三省，可以獲得出眾了。”康熙乙卯年（公元一六七五年）鄉試揭曉，到公堂填榜，唱出吳三省的名，監臨（經理鄉試的官）驚愕起來，把他的名字除去，因為當時吳三桂正在起兵造反。

有點錯狀元，冇改錯花名

意思是：有點錯了狀元的，但是，沒有改錯花名的。

舊時科舉之制，殿試一甲第一名稱為狀元。

據清人錢大昕《十駕齋養新錄》說：“進士第一人稱狀元，起於唐，至今因之；惟宋時狀元不必定第一名，第二、三人亦有此稱。”

意思是進士的第一人稱為狀元，這名稱起自唐代，直到現在仍然沿用着；只有宋代，狀元不必一定是第一名，連第二、三名，也都有這樣的稱謂。

又據清人梁章鉅《稱謂錄》說：“案《明史·選舉誌》云：‘一甲止三人：曰狀元、榜眼、探花。’制所定也。”

意思是：《明史·選舉誌》說：“第一甲只有三人：第一人稱為狀元，第二人稱為榜眼，第三人稱為探花。”這是制度所規定的。

前時的科舉，縣級考試及格的稱為生員，一般說秀才；省級考試（稱鄉試）及格的稱為舉人；考中了舉人就可以參加全國性的考試（稱會試），會試及格的稱為貢士；貢士可以參加天子親自主持的考試（稱殿試），及格的稱進士，進士的前三名為一甲，第一名是狀元，第二名是榜眼，第三名是探花。

鄉試的第一名稱為解（音戒）元，會試的第一名稱為會元，殿試的第一名稱為狀元。假如連中了解元、會元的，多數也會受皇帝點為狀元。這樣一來，謂之“三元及第”。現在打麻將一連碰出中、發、白的，說是“大三元”，也是模仿科舉的制度。

狀元也有稱為狀頭的，其實，即一榜的第一名也。

然而，這樣嚴格而鄭重的考試，也有點錯了狀元的，因往往憑皇帝一時的喜歡，不一定是全場最佳的人選。

至於“花名”，也即是諢名、綽號，每每是含有嘲笑意思的；也有稱美的，但比較少了。

例如對於計算很精密，連小小的利益也不輕易給予別人，人家就會替他起一個諢名，叫他是“算死草”。意思是給他算度過，連一根草那麼微小的也不能得到沾溉而死了。

這種諢名，是經過長期的觀察，針對其特性或特徵而起的，所以起了之後，大家都會公認它貼切。

至於“改錯花名”的“改”字，應該是原有的名字，而加以更易的意思，但在廣州俗語中，凡是命名，都叫“改”，如嬰兒出生，未有名的，給他命名，也叫“改名”。

“花名”的“名”字，變調為上聲，微井切。

賠錢送賊

意思是：寧願付出一筆錢來，送走一個惡人。

例如你有一間房子租給房客，當你要收回自用時，或他積欠了租金又賴着不肯搬走時，那麼，你不但不要他清償積欠，反而補一大筆錢給他，要他搬走就算。

還有一句俗語，和這句意義相同的，就是“牛死送牛喪”。這一句，我似乎講過了。意思是：耕牛死了，損失很大，還要用一大筆喪葬費送牠的喪，變成雙重損失。

過　骨

意思是：過了難關。

例如，做好了一件事，便說：“過咗骨。”

又例如，這事情很難過得了難關的，便說："呢件嘢幾難過得骨。"

也有許多工作，是要依賴老手的巧妙功夫，然後可以做好的，這種功夫，便叫"過骨功夫"。

其實，"過骨"和"過關"，意義極其相近：而且，在廣州話中，"骨"和"關"是同一發音的，只不過一音之轉罷了。

到底"過骨"是不是"過關"，抑或"過骨"別有意義呢？我查問了許多人，人們都懂得用"過骨"一詞，但"骨"字究竟何所指呢？卻沒有人說得出。偶然我想到《莊子・養生主》中"庖丁為文惠君解牛"這故事，剛好同事吳天任先生來電，我請問他，他也想到"養生主"裏去，兩人的推想相同，雖不敢斷其必然，但至少言之成理。

這裏，把"養生主"的一節抄錄下來："方今之時，臣以神遇，而不以目視，官知止而神欲行。依乎天理，批大郤，導大窾，因其固然；技經肯綮之未嘗，而況大軱①乎？"

意思是：現在我屠牛的時候，只用神理去悟會，不用眼睛去觀望，耳目器官都不用，只是運用心神，順着牛身上皮肉的自然構造，用刀擘開骨節連接的地方。分解骨節空虛之處，因應着自然之理，連枝脉、經脉、粘着骨頭的肉，和連着骨頭的筋，都不妨礙我的刀的行動，何況顯而易見的大骨頭呢？

根據這樣的解釋，那麼，所謂"過骨功夫"，未嘗不可說是由着這來的。

所謂俗語，雖然是"俗"，但也有不少是出自經典的。

街坊仔，步頭魚

意思是：對人慣見，不因陌生而有所羞怯或害怕。

從前城市中定居的較多，遷移的較少。因而，街坊鄰里的小孩子，平常所見的人，都是慣熟的，不會有陌生的感覺。

步頭，也即是泊船的碼頭。碼頭是船隻往來、行人上落頻繁的地方，因此，慣於在碼頭水裏活動的魚類，也不會因看到人影而有所驚懼的。

本來步頭的"步"沒有"土"旁的，現在九龍深水埗卻加上個"土"旁。

"步頭"的另一詞形，是"埠頭"。例如宋人范成大《虎牙灘》詩："步頭可艤船，安穩睡殘夜。"

但廣州話把"埠"讀作"阜"，含有商港或商市的意思。

在杜甫《南鄰》詩裏，有兩句頗與"街坊仔，步頭魚"這俗語意思相近的，原句是："慣看賓客兒童喜，得食階除鳥雀馴。"

意思是：兒童慣見了賓客，因此有客來訪，也就高興，而不會害羞。鳥雀常常在階除之間，得到主人給與的食物，也非常馴善，而不會見了人就驚懼飛走。

① "軱"音 gū，大骨也——編者註。

上一句，與“街坊仔”的意義相近。下一句，與“步頭魚”的意義相近。

佛山過城

這是歇後語。後頭隱藏着的，是“新嘢”。

“新嘢”就是新的東西，也可以說是新鮮的事物。

“嘢”字音“野”，是俗造的字，只取它的音，而不必取它的意義。凡借字音而俗造的字，多數加“口”旁。從前廣東地方，凡是英文直接音譯的，都習慣加“口”旁，如“連卡喇佛”公司，我也見過“連卡佛”三字也加“口”旁的。又“一的”，廣州語音說是“一 D”，也有報刊上使用“一啲”字樣的。“嘢”字究竟有没有本字，我還在注意追查中，希望能夠追查出結果來。

佛山，是我國四大古鎮（河南省的朱仙鎮、江西省的景德鎮、湖北省的漢口鎮、廣東省的佛山鎮）。佛山鎮在廣東省治西南四十里，本是南海縣地，向為省西孔道，商業繁盛。清朝設置防捕務同知。民國時移南海縣治於此。廣（州）三（水）鐵路經之，江（門）佛（山）公路則以此為終點。

佛山雖是大鎮，但和廣州大城比較，到底有一點村氣。因此，佛山人到廣州去，特別是初到廣州的，會穿得較講究一點，常常穿着新衣。

因此，見人穿着新製的衣服，或新的鞋子來，便會說是：“佛山過城嗜！”

有許多時候，不一定指新衣服的。凡是新的東西、新的事物，都可以說是“佛山過城”。

“城”字說時變調為上聲，和“醒”字的語音一樣。廣州話的“鏡”“井”“餅”“頸”“醒”“請”“領”“嶺”“艇”“聲”“聽”“青”等字，都是用語音的多。而這些語音，無法用本音反切出來。所以除非是熟習廣州話的人，否則，無法用反切的方法，也無法用調聲的方法向外省朋友表達。

臨急開坑

意思是：臨急臨忙的時候，才去進行他早應開始準備的工作，已經無濟於事。

從字面上解，是臨到便急的時候，才去開掘糞坑，實際已來不及了。

這俗語，和成語中的“臨渴掘井”，所比喻的完全相同。這成語出自黄帝的《素問》：“病已成而後藥之……譬猶渴而掘井，鬥而鑄錐，不亦晚乎？”

清人朱用純（號柏廬）《治家格言》裏也有說：“宜未雨而綢繆，毋臨渴而掘井。”

意思是：應該未到雨季，就剝下桑根，捆束好你的窗户；不應到了口渴的時候，才去開掘水井，以求解渴。因為井没有開成，人已先渴死了。

至於臨便急才開掘糞坑，坑没有開成功，糞便早就已經排洩出來。

當然，“臨渴掘井”是比較雅一點，“臨急開坑”是比較俗一點，但是，如果和世俗人談話，則後一個更易使人接受。

到處楊梅一樣花

意思是：每一處地方的情形都是一樣的。

這話表面没有褒貶的意思，實際上是用作貶詞的多。例如説，這裏有貪污，那裏一樣有貪污，就説是：“唔出奇呀，到處楊梅一樣花。”

據明人王象晉《群芳譜》説：“楊梅，一名朹（音求）子，生江南、嶺南山谷間，會稽（今浙江省紹興縣）產者為天下冠。”

意思是：楊梅，另一個名稱是朹子，生長在江南、廣東一帶山谷之間，會稽地方所產的勝於天下各處。

又據《本草》中説：楊梅樹葉，冬月不凋，二月開花，結實形如楮實子，肉在核上，無皮殼。五月熟。生白，熟則有白、紅、紫三色；紅勝於白，紫勝於紅。凡楊梅，顆大核細為上。

意思是：楊梅的樹葉，冬月不凋謝，二月便開放花朵，所結的果實，形狀像是楮的果實，果肉生長在核的上邊，没有皮殼。五月間果子成熟了。生的時候白色，熟的時候就有白、紅、紫三種顏色；紅色的勝於白，紫色的勝於紅。凡是楊梅，都以個子大而核子細的為好。

宋人蘇軾《四月十一日初食荔枝》詩：“南村諸楊北村盧，白花青葉冬不枯。”

意思是：南村裏有許多的楊梅，北村裏有許多的盧橘，白色的花，青色的葉，這種樹木，在冬天裏不枯謝。

現在香港市面，熟楊梅已經大量上市，個子雖然細於荔枝，但紅得像琥珀一般，纍纍然非常悦目。不過，果實見得多了，楊梅的花一般人是少見的。我也没有見過，只見得蘇軾的詩句裏描寫，它的花是白色的。

和這俗語意思相近的，還有“天下烏鴉一樣黑”一語。

意思是：天下所有的烏鴉，同樣是黑色的。前一句用楊梅花作比喻，後一句用烏鴉作比喻。雖然，植物和動物不同，但所比喻的目的是相同的，不過後一句别的地方似乎也有，前一句似乎純粹是廣州俗語。

一個酸梅兩個核，今時唔同往日

意思是：如今和過去的情形已大不同了。

它本來可以解作“今非昔比”的。但是在習慣上，“今非昔比”用於壞的方面。例如説，過去是富家子，現在是破落户。

如唐人杜甫《丹青引贈曹將軍霸》詩說："將軍魏武之子孫，於今為庶為清門。"

意思是：曹霸將軍是魏武帝曹操的子孫，而今成了平民，成了寒素的家庭了。

這情形可說是"今非昔比"。

至於"一個酸梅兩個核，今時唔同往日"，在習慣上是用於好的。例如說，過去地位低微，現在地位已高起來了。市井語是"撈起"的意思。

如唐人孟郊《登科後》詩說："昔日齷齪不足誇，今朝放蕩思無涯。春風得意馬蹄疾，一日看盡長安花。"

意思是：從前屢次考試不能登科，意氣侷促，不足誇耀；今朝不同了。既然考中了進士，心情放蕩，興致勃勃，無窮無盡地（"涯"字在這里因韵脚的關係，讀如"牙"）。所以春風滿面，得意稱心，跨在馬上，馬的四蹄似乎跑得特別輕快。那麼大的京師長安，那麼多的花草樹木，只消一天時間，就給我看完了。

這情形，才是習慣用的"今時唔同往日"。

而這俗語的上一句"一個酸梅兩個核"，似乎是用"核"字來和"日"字襯韵的。

其實一個醃酸了的梅子，只有一個核；但是，一顆梅子有兩顆核，則是怪異了。這好比一個人可能有這種遭遇：壞的日子過去，好的日子來了。

這俗語用得最多的，常常指一個貧賤的女子，甚而以色相事人的，一旦嫁得了有錢的丈夫，情形就大大不同了。從前誰都可以接近她，現在是富家的少奶奶，不可以隨便接近了。

手板又肉，手背又肉

意思是：爭執的兩方，都是與自己有密切關係的。這關係，好像手板和手背，雖然是分開兩邊，但兩邊都是自己的肉。傷害了手板，自己固然感覺肉痛；傷害了手背，自己也一樣感到肉痛。

這和另一句俗語"左右做人難"，或成語中的"難為左右袒"的意思相近。

所謂"左右袒"這故事，出自《史記·呂太后本紀》。事情是這樣的：漢高祖劉邦死了，呂后當了權，便扶植姓呂的勢力，而危害劉氏的宗族。太尉（掌管軍權，位等丞相的）周勃想安定劉氏，而誅滅呂氏，於是走進軍營裏，向部隊下達命令，說："為呂氏者右袒，為劉氏者左袒。"意思是：為呂氏的人，去衣露臂，站在右邊；為劉氏的人，去衣露臂，站在左邊。結果全都是去衣露臂而站在左邊的。

後來偏助一邊的叫"左袒"，也叫"袒護"。而難以偏助那一邊的，就叫"難為左右袒"。我以為"手板又肉，手背又肉"雖是俗語，但用來表示難以偏幫哪一邊的，則更容易使知識淺薄的人明白。凡是難明的事理，而能以形象去作比喻，就簡單易明。例如這俗語，誰都識得手板或手背任何一邊受了創傷，自己都感到疼痛的。

食飯大過皇帝

意思是：吃飯是最要緊的。甚麼重大的工作，到吃飯的時候都放下來，不再去做，吃過飯才做。

所謂“大過皇帝”，是權力之大，比皇帝更甚。

因此，許多商店在吃飯之時，都會用繩子攔阻門外，中間掛上牌子，寫着“用膳時間，暫停片刻”。這情形，和現在市面的士插上了“暫停載客”的牌子一樣。不過的士濫用這個牌子，作為“揀客”或訛索的手段，引起市民莫大的反感。

辛苦搵來自在食

意思是：辛辛苦苦地工作，賺來的錢，無非是為了生活，所以，吃的時候，就要自自在在地享用一番。

現在人們能否“自在食”呢？許多人連到食也不自在，買一個飯盒，就在寫字枱上匆忙地塞飽了肚皮便算數，連一點生活情趣也沒有。

“搵”字是“溫”上聲，讀如安穩的“穩”，在粵語中，是尋覓的意思。

幫理不幫親，幫親打死人

意思是：凡事只問其事理，而不講親情。假如只講親情，而不問事理，那麼，事態就會擴大，甚至打死人也有可能。

從這俗語中，可見民間也會講理而不講情的。中國人對於爭執的解決，往往是情、理、法三者都照顧到。特別是在鄉黨宗族之間，有甚麼問題，不暇訴之於官府，而訴之鄉親父老。因此，公正的鄉親父老，就要幫理而不幫親了。

鄉黨宗族之間，猶如一家，但這一家人，必有親疏厚薄，做鄉親父老的，實際與爭執的雙方，都有親情，故必要只問道理的長短，而不問親情的厚薄，才得其平，才可服眾，才是排難解紛的辦法。

善財難捨，冤枉甘心

意思是：做慈善的錢，極難施捨出去，冤冤枉枉損失了，反而會心甘情願。

許多富人都是這樣的，叫他施捨一些善款去救濟貧病的人，或者捐獻給公益金，就非常困難；然而一場賭博輸去數十萬，卻又心甘情願；或者給人劫掠去了，或者給人瞞騙去了，都是心甘情願的。

這俗語，是用來指摘富翁們的吝嗇，雖是寥寥八個字，卻把那些吝嗇的富翁、富婆的嘴臉，刻畫得淋漓盡致。

旒纓妹睇花街

這是歇後語。後頭隱藏着的是"顧得上唔顧得下"。"旒纓"，是古代王者冠冕下垂的絲縷，帳幕和旗幟的邊緣也有絲縷下垂以為裝飾的，都是"旒纓"之屬，也有叫"流蘇"的。

少女們把短髮覆在額前，所謂"妾髮初覆額"的，這短髮也像"旒纓"一般，因此，尊稱之說是"旒纓大姐"，普通稱之，說是"旒纓妹"。

"花街"，是盛大的節日中，街上擺設了鮮花，或者是過年和元宵時候的花市。花街、花市都是非常熱鬧、遊人擠迫的，少女們置身其間，容易被輕薄的人施以非禮，所以，又要提防這邊，又要提防那邊，很難兩者兼顧得到，常常是吃虧的。

"旒纓"字說如"褸吟"，"妹"字說上上聲。

這俗語通常用來比喻忙迫之時，不能兼顧多方面。

家有一老，猶有一寶

意思是：家中有一個老人，猶如有一個活寶貝。

老年人的思想，雖或不及兒媳們那麼新，然而，總是閱歷多、經驗足，有許多事情，不是少年人、青年人，甚或是中年人所經歷過的，特別是風俗習慣。因此，家裏有一個老年人，就可以補其不足的。

急驚風遇着慢郎中

意思是：當情勢急迫的時候，亟待救援，而救援的人，偏是慢吞吞的。

這和成語中的"緩不濟急"意思有相近之處，但是不十分相同。

"驚風"，是病名，世俗簡稱"驚"。是小兒傷食腹瀉，或腸胃有寄生蟲，或其他病（瘧痢、麻疹等）後失於調養所引起的腦神經疾患。有慢性、急性二種。急性的名"急驚風"，簡稱"急驚"，亦名"小兒急癇"。小兒期的各種痙攣發作中，最多見的，為癲癇發作。這種癲癇發作，於四五歲以下之小兒為多；過了這時期，患者很少。它的病因，除了上述的之外，精神刺激，也會引致。發作的症狀，始則眼球上竄，面部筋肉強直，口角歪斜，繼則牙關緊閉，四肢強直，且時時抽搦，呼吸停止，面色蒼白，人事不省。這等症候，若發作頻繁而且是強度的，頗為危險。

"郎中"，本為官名，也用來稱醫生。據《稱謂錄》：《夷堅誌》杜郎中一條云：杜涇郎中，河間府榮河縣人，世為醫。又劉師道一條云：劉郎中細審此病，不可醫也。然則醫稱郎中，由來久矣。

意思是，據宋人洪邁所著的《夷堅誌》裡面杜郎中一條說：“杜涇郎中，是河間府榮河縣（今屬山西省）人，世代以醫生為業。”又劉師道一條說：“劉郎中仔細審察這個病，是不可醫治的。”那麼，把醫生稱作郎中，它的由來，已很長久了。

廣東不習慣把醫生叫郎中的，這一俗語，可能從別的地方傳來。也因為“風”和“中”押韵關係，不容易改變“郎中”字樣。

這俗語表面是說：小兒急驚風病，急待救治，偏遇着一個慢吞吞的醫生。

這俗語多數用來比喻急也急不來的情況。

金縷衣的“縷”

“勸君莫惜金縷衣，勸君惜取少年時”是唐人杜秋娘《金縷曲》诗的前兩句。

“莫惜金縷衣”，是不要愛惜身上用金綫裝飾的美服鮮衣。這兩句也近於李白的“五花馬，千金裘，呼兒將出換美酒”的意思。

這和“金縷玉衣”雖然僅差一字，實在大大不同。“金縷衣”是富貴中人生時的盛服；“金縷玉衣”實則是“金縷玉柙（匣）”，是漢代帝王送葬的衣服，用細薄的玉片，用金縷聯綴而成，由頭部以至於四肢和整個軀體都包裹着，好像鎧甲一般，所以叫“金縷玉匣”，但可能是考古家為了使一般人較易於了解，才改作“金縷玉衣”。

“縷”字有些人讀“柳”。其實如《康熙字典》《辭海》等，都是“力主切”或“隴主切”，“音僂”的。如此在《廣韵》裏，“縷”“僂”“褸”“簍”都同音。在《集韵》裏，也是一樣的。現代黃錫凌的《粵音韵彙》，更和“呂”“屢”等同音。喬硯農的《廣州音、國音中文字典》和馮思禹的《廣州音、國音字典》，廣州音和國音，都是注直音為“呂”。商務印書館的《新字典》，則注直音為“屢”。舉這麼多的例，夠了吧？《康熙字典》《辭海》音“僂”。歐陽修《醉翁亭記》“傴僂提攜”，讀如“雨呂提攜”，“傴僂”是疊韵字。

舐犢情深

“舐犢情深”有些人不知怎讀，也有誤讀為“舔犢情深”的。

“舐”和“舔”意義很相近。“舐”是伸出舌頭來取食物，“舔”的意思，還是伸出舌頭來引取東西。然而，在字音上是不同的。

“舐”是“士蟹切”，即“徙”的阴上聲。“舔”就音“忝”。

在田野間常見老牛伸出舌頭來向小牛們身上“舐”，表示愛撫。

有同事問過我“舐犢”二字怎讀、怎解，我說“犢”音“讀”，是小牛。經過解釋後，他認為兩字太難懂，問我有甚麼易懂的同義詞，我説改寫為“愛子情深”就易懂了。

有人説等於“父子情深”，其實“舐犢”顯示老牛愛小牛，而没有小牛愛老牛的含義，所以不能説是“父子情深”。

這成語出自《三國誌·魏書》。楊修被曹操殺了，有一天曹操見到楊修的父親楊彪瘦得很，問他是甚麼原因，他説：“愧無日磾先見之明，猶懷老牛舐犢之愛。”（“日磾”讀如“覓低”，即金日磾）

一蹶不振

“一蹶不振”你是讀作“一厥不振”呢，還是讀作“一揆不振”呢？未讀下文之前，先測驗一下自己，會增加不少興趣。

我有時候聽到人讀“一厥不振”，也有時候聽人讀“一揆不振”。

不錯，“蹶”字是有兩個讀音的。但是，兩個讀音是各有意義的。

讀作“厥”的時候，是顛仆也，也即是跌倒也。《孟子·公孫丑篇》：“今夫蹶者趨者。”是作這一解的。

讀這個音的時候，又作“挫敗”解。例如《史記·孫子列傳》：“兵法，百里而趣利者蹶上將。”就是解作挫敗。

因此“一蹶不振”可以解作一經跌倒就不能重振，也可以解作一經挫敗就不能重振。

在這成語中，讀作“厥”是對的。

讀作“揆”的時候，是動也，行動急速的樣子也。

賁　臨

柬帖上常有這個詞語。而“賁”[①] 字則是個破音字，可以讀作“秘”，也可以讀作“墳”，也可以讀作“奔”，也可以讀作“憤”，也可以讀作“糞”，也可以讀作“班”，但是，每一個讀音都不同意義的。

在這個詞語裏，你是讀哪一個呢？以上幾個音，你可以選出個正確的讀音嗎？

告訴你：應該讀作“秘臨”，光寵蒞臨也。

冗　長

冗長，這是大眾傳播媒介上常用的詞語，如“舉行冗長的會議”“發表冗長的演說”“經過冗長的途程”。

---

① “賁”音 bì，華美、光彩貌——編者註。

細察文意，“冗長”是作“悠長”解的。

不錯，“長”字可以這樣解；但是，置“冗”字於何地呢？既然“冗長”合成一個詞，不能只顧“長”字而放棄了“冗”，不加理會。

“冗長”的正確讀音，如“涌丈”。“冗”是“閑”也。“長”是多餘也。“冗長”者，多餘而不適用也。陸機《文賦》說：“故無取乎冗長。”

記不清是白居易的，還是元稹送給白居易的詩，有“江州天下悽惶地，司馬人間冗長官”之句①。

唐代的“司馬”是有銜而無職的閑官。

因此，“冗長的會議”，不如改為“長時間的會議”；“冗長的演說”，不如改為“長篇演說”；“冗長的途程”，不如改為“悠長的途程”或“漫長的途程”。

還有一句成語“身無長物”，多數人直讀“長”字如“場”。其實這話的“長”字，也該讀如“丈”。“身無長物”，是說一身之外，別無多餘的物件了。這成語，是出自《世說新語·德行》的。白居易也有“眼前無長物，窗下有清風”之句。

鴛與萱（鴛鴦不讀“煙鴦”）

正要執筆寫稿，忽然郵政先生送來一盒錄音帶，是女兒從英國寄回來的。是九十分鐘的錄音帶，所以講的話很長，中間有一段提到“鴛鴦”的“鴛”字的讀音問題。她說，她認定讀如“冤”，而她的同學們認定讀作“煙”，於是引起爭論。

但是，大家都是“番書女”，連查中文字典都不大懂，有一位同學就提議她求斷於我。大概她們平時已知得我對字音是比較認真的。我聽了錄音帶後，感到剛剛好，我就拿這個字來講講吧。

它的正確讀音是“冤”，没有“煙”這個音的。

“萱”“宣”不同音

老朋友賴敬初兄的千金名惠萱。然而，有些親友卻叫她做“惠宣”。敬初兄向那些人更正其讀音。但是，有些人卻和他執拗，說“萱”字的下頭是個宣傳的“宣”字，所以是讀“宣”的。

本來這是很小的問題，不過敬初兄以為假如讀作“惠宣”，聽的人就會誤認為“胃酸”。在一次宴會中，他問我“暄”和“宣”兩個音哪一個對？我說喧譁的“喧”和寒暄的“暄”，一樣是用“宣”字表聲的，但都不讀“宣”。同樣“萱”字，也不讀“宣”而讀作“暄”②。

---

① 白居易《得微之到官後書》詩云：“通州海內悽惶地，司馬人間冗長官”——編者註。

② 今“萱”“暄”“宣”“喧”俱讀 xuān——編者注。

酗酒讀如“凶”酒?

醉酒鬧事的新聞，常常用“酗酒”字樣。這個詞語，我們是常見的，大概大家都不以為陌生了。

那麼，你是讀如“凶酒”嗎？許多人都以為“有邊讀邊”是最聰明的辦法；而且以為這樣的認字方法，是“十足通用”的。假如那麼容易，我們不必用字典了。雖然有一些字是可以讀半邊就讀對了的，如“鯉”字、“悻”字等，但是，這僅是少數罷了。“陳先生”不能讀作“東先生”，“馮先生”不能讀作“馬先生”，這就證明有邊讀邊的方法並非“十足通用”。酗字應該讀如“飫”，即“於”去聲，“而注切”。

荷槍不應讀“何槍”

遇到嚴重事件，警員加強戒備，記者先生常用“荷槍實彈”字樣。我聽不少人都直讀“荷”字為荷花的“荷”，這是錯誤的。

“荷”字至少兩音。一音“何”，是植物也。此外，用具中有“荷包”，國名中有譯作“荷蘭”的。

至於另一個音，則是去聲，讀如“賀”。變了動詞，是負荷也、擔負也、承受也。“荷槍”，是把槍支放置在肩膊上，不能讀如“何槍”。

我以為記者先生們，何不用“持槍實彈”呢？

糾紛應該怎樣讀

李華《弔古戰場文》：“河水縈帶，群山糾紛。”意思是河水像帶子般縈繞着，許多山脈雜亂地交錯着。

但許多人都會把下一句讀作“群山鬥紛”。也有些人把“糾”的右半邊寫作“鬥”。這樣一來，寫也錯了，讀也錯了，實則它的右半邊是“丩”，而不是“鬥”。

它的正確讀音有二，其一是“九”；另一個是“矯”。不過，兩個讀音的意義是不相同的。

讀作“九”的時候，也有幾個意義。其一，是繩三合也。將三條繩子纏作一起，就說是“九”。

其二，因為是繩三合也，所以有集合的意思。

其三，是舉發也。例如《後漢書・蔡邕傳》說：“因此欲陷臣父子，破臣門户，非復發糾奸伏，補益國家者也。”

又如漢代《曹全碑》上，有“彈枉糾邪”之句。有枉法的，彈劾之；有奸邪的，糾舉之。

又有督查的意思，例如《周禮・天官》，有“稽其功緒，糾其德性”之句。許多場所，集會時有“糾察員”的。

又有使之改正的意思，如“糾正”。

至於讀作“矯”的時候，是和“窈”字相結合成疊韵連語，《詩經・陳風》：“舒窈糾兮。”“窈糾”實亦如“窈窕”。

賺有兩音

王文治《畫菊於扇戲贈菊田》詩：“君家種菊已成田，每到秋來香滿軒。寫把一枝君手裏，賺君看畫憶鄉園。”

這首詩的意思是：你家裏栽種的菊花已經成了田畝，每逢秋天菊花的香氣就充滿了軒窗；我畫了一枝在扇子上給你執在手裏，誘導你看了圖畫便憶念家園。其中的“賺”字，音“撰”，也音“廉”，兩音的意義相同。

“賺”的意義有好幾個。第一，是誑騙也。例如《元曲・賺蒯通》裏有說：“若賺得此人來，聖人自有加官賜賞。”又如《水滸傳・第三回》裏有說：“如何使得恁地時，是我們賺你們來，捉你請賞，枉惹天下人笑。”

現在香港治安不好，常有不法之徒“賺門行劫”。所謂“賺門行劫”，是你的門本來關鎖得很嚴密的，但不法之徒用誑語使得你開了門讓他進來打劫。

有一家報紙曾用過這樣的一個標題：“四匪施詭計賺門入屋行劫”。其實，“賺門”就是施詭計使你開門，所以“施詭計”三字是多餘的。

“賺”的第二個意義作誘導解，例如開頭那首詩最後一句。

第三個意義是獲利也。我們爬格子的一個目的就是賺取稿費。實際“賺”的本義，是賣物得高價倍於常值也。

這個專欄是《唔好讀錯字》，但也包括“唔好寫錯字”的。讀錯字固然不對，寫錯字同樣不對。

煙囪錯作煙卣

酒家因“煙囪”而鬧官司已見過了。“煙囪”噴出濃煙而污染空氣也常成為新聞。

然而“煙囪”兩字出現在書報上時，常會變作“煙卣”。“囪”和“卣”字形是相似了，但字音和字義就大不相同。

“囪”字有兩音：其一粵音讀作“昌”，實際就是個“窗”字；其二讀作“聰”，語音讀作“通”，竈突也，亦即廚竈出煙之處也。

至於“卣”，音“酉”，也音“由”，盛酒的樽也。

如火如荼

“如火如荼”這個成語，是形容軍容之壯盛的。這成語出自《國語・吳語》：

吳王令萬人為方陣，一邊是白旗、白裳、素甲、白羽之矰的，望之如荼；一方是赤旗、赤裳、丹甲、朱羽之矰的，望之如火。

但是詞義常常會引申的，形容軍容之壯盛，也可以用來形容一種氣象之壯盛的。比如一個運動熱烈地推行起來，也可以說是“如火如荼”。

“荼”字音“塗”，是一種白茅，所以白色的一方叫“如荼”。但是，有些人誤讀為“如火如茶”。“茶”字是少了一畫的。

操字兩讀

“體操”的“操”字，大概小學生都會識得了。

“操”字音“粗”，是把持也，操練也，運用也，使用也。例如《左傳・襄公三十一年》：“猶未能操刀而使割也。”

意思是：好像未能運用刀刃的，而讓他去宰割肉類一樣。

假如作使用解，例如“操潮州話”“操上海話”“操普通話”。

作把持解的，例如“操生殺大權”。

這些意義，是比較易懂的，也是常用的。

但是，“操”還有一個音是“燥”。例如“德操”，是德行也。學校的考試成績，有“操行”一項。“操行”實際就是德行、品行。例如《南史・長孫儉傳》：“儉少方正，有操行。”又如《漢書・張湯傳》：“雖賈人而有賢操。”

三國時魏武帝曹操名操，俗讀是“粗”。我不反對，但正讀是“燥”，則讀書人不可不知。從他以“孟德”為字，便可以反映他以“操”（燥）為名。近人郁達夫有“天下英雄君與操”之句。又如《三國演義》第十一回目：“劉皇叔北海救孔融，呂溫侯濮陽破曹操。”第五回目：“發矯詔諸鎮應曹公，破關兵三英戰呂布。”以“孔融”對“曹操”，以“曹公”對“呂布”是平仄相對的關係。

愉與愈之不同

“愉快”，是十分常用的詞語，如說：“恭祝各位健康愉快!”“祝您旅途愉快!”

“愉”字音“如”，形容一種快樂的形象，例如《論語・鄉黨》：“愉愉如也。”

這個字雖然有多個音，但常用的是“如”，是讀平聲的，不讀去聲。而且除了平聲外，它没有讀仄聲的。不過，常聽到節目主持人，讀作“寓快”，變成去聲。所差雖然不大，但到底是錯了。

我們做大眾傳播工作的，影響大眾最大，也最快。因此我們自己稍有錯誤，也就可能使得一些識字不多的觀眾、聽眾“以訛傳訛”。

“愉”的字形，從“心”從“俞”；另外一個字，也是從“心”從“俞”

的，它是把“心”字由左旁移動到下頭成為“愈”。這個“愈”字誠然讀“寓”。它的含義是勝也，有過之也，更甚也。例如《孟子·告子下》：“丹之治水也，愈於禹。”又如成語的“每況愈下”（和“每下愈況”異義）。

其實，有些字偏旁改動了，讀音還是一樣，如“慚”字改動為“慙”；但有些字偏旁改動了，讀音不同，意義也不同，如“忠”字改動為“忡”字。同樣情形，“愉”字和“愈”字也不同。“愉園”不能説是“愈園”。

緩字的正確讀法

別的電視節目我也許不看，因為工作忙的關係，但電視新聞，我就不輕易放過，除非不在家，假如在家忙於其他工作，我也會走出書房對着熒光幕細看、細聽。

近來聽一位報告新聞的，有一個詞語聽得不大順耳，就是“緩”字。如“進度緩慢”“局勢和緩”，都讀作“進展桓慢”“局勢和桓”。

雖然“桓”和“換”只是平聲和去聲之分，但不能隨便讀的。正如“馮先生”不能讀作“鳳先生”一樣。“馮”和“鳳”也只是平聲和去聲之分。

除非因語調關係，我們會把字音在口頭上變了調，否則，廣州話九個聲之中，不能隨便讀一個。

那位新聞報告先生，為甚麼把“緩慢”讀作“桓慢”，把“和緩”讀作“和桓”呢？是因認識不夠而無心讀錯了？抑或以為這樣變了調讀得較好聽？

“緩”字音“換”，不急也，怠慢也，舒徐也。例如白居易《長恨歌》：“緩歌慢舞凝絲竹，盡日君王看不足。”又如蘇軾《陌上花》詩：“遺民幾度垂垂老，遊女長歌緩緩歸。”

如果説是變調，是有自然規律去變的，並不是可以任意變。如果把“緩”誤看作是“援”，那是粗心大意了。

古詩文評鑒

偉大詩人屈原

自風、雅寢聲，莫或抽緒，奇文鬱起，其離騷哉。

固已軒翥詩人之後，奮飛辭家之前，豈去聖之未遠，而楚人之多才乎?

——劉勰《文心雕龍·辨騷》

還有四天就是詩人節了。前幾天，接得一張請柬，是春秋詩社、健社、碩果詩社、披荊文社、清遊會、香港詩壇、國風藝苑、斌社、獅子山雅集聯名發出的，是邀集詩人節集會的。這個集會，將於本月十八日提前在紅寶石酒樓舉行，我想到時必定有一番熱鬧。

詩人節，是為了紀念偉大愛國詩人屈原的天才與氣節。民國二十八年（一九三九）全國詩人匯集重慶，共同議定這個節日。然而，我很慚愧，整整三十年，還是第一次參加詩人節集會。因此，就想到寫這篇紀念文章。

根據《歷代人物年里碑傳綜表》，屈原生於周顯王二十六年戊寅（前三四三），卒於周赧王三十八年甲申（前二七七），今年，是他逝世二千二百四十六年紀念了。但我們翻開《楚辭》的每一篇、每一章、每一句，幾乎没有一些不新鮮的，毫無“至今已覺不新鮮”的感覺。

單單是《天問》一篇，就提出了一百七十多個關於天地萬物的問題，一開頭就問到天地未開闢的時候是怎樣的，天體又是誰創造出來的，而今天，太空科學才大踏步地發展着。可見這位偉大詩人的腦袋裏所蘊藏着的，並不是陳舊的東西。

屈原在中國詩史上，是列名第一的詩人。雖然在他以前，中國已經有了一本詩的總集——《詩經》，但誰也不知道那三百篇詩的每一篇是誰創作的。劉勰《文心雕龍·辨騷》說：“自風、雅寢聲，莫或抽緒，奇文鬱起，其離騷哉。固已軒翥詩人之後，奮飛辭家之前，豈去聖之未遠，而楚人之多才乎?”說明屈原的作品，是繼“風”“雅”而起的。儘管劉勰說他的“詭異之辭”“譎怪之談”“狷狹之志”“荒淫之意”，是“異乎經典”的，但也不能不承認那“典誥之體”“規諷之旨”“比興之義”“忠怨之辭”，實實在在“同於風雅”。司馬遷《史記·屈原賈生列傳》說：“國風好色而不淫，小雅怨誹而不亂，若離騷者，可謂兼之矣。”又說：“其文約，其辭微，其志潔，其行廉。”而且說他的志，“雖與日月爭光可也”。這都不是過譽的。

我們讀過了《詩經》，再讀《楚辭》，就會有一個發現：後者與前者之間，有了很大的發展。在《詩經》中，大部分都是四言的句子，而《楚辭》的句子，就打破了這局限，假如不除去句中的“兮”字，則大多數是七言、六言及五言句，開啓了中國詩史中五七言詩的領域。假如我們讀到項羽的《垓下歌》和劉邦的《大風歌》，又會覺得那帶有“兮”字的句子，是和所謂“騷體”的句子一脉相承的。憑着這條綫索，就可以知道《楚辭》在中國詩史上所佔的重要地位，它負起了承先啓後的使命。太史公說其志可與日月爭光，實際上其偉大的詩篇，也可以與日月爭光。

屈原有豐富的創作力，也有豐富的想像力。他的作品，描寫現實生活，又充滿浪漫色彩。看他在《離騷》中寫到“為余駕飛龍兮，雜瑤象以為車。……朝發軔於天津兮，夕余至乎西極”，這種境界，絕不是一個平凡詩人所能到達的。

杜甫《戲為六絕句》說“竊攀屈宋宜方駕”，不必說方駕，就是追及前人的踵武，也不容易。今天我們寫舊詩的，似乎有一個傾向，只在追求辭藻的美麗，不很講究詩的內容，大多數詩篇，陳陳相因，甚至專以拾古人餘唾為典雅，專以運用故事為淵博，假如再不找尋新的詩材來充實內容，則作詩到底不免走上一條末路。這不是在嗤點任何人，實際包括我自己在內。

屈原為甚麼能夠寫出偉大的詩篇來呢？簡單地講，就是他的創作與他的“志”、他的“行”互相結合，不可分離。雖然說他有着無比的天才，但單靠天才，不可能有這樣偉大的成就。《離騷》從他自己的出生，寫到“吾將從彭咸之所居”，萬語千言，不外是寫其志，寫其行，他那無處不在的愛國精神，完全注入了他的作品中，使得他的作品，有無限生命。

他有偉大的政治理想。《惜往日》裏說：“惜往日之曾信兮，受命詔以昭時。奉先功以照下兮，明法度之嫌疑。國富強而法立兮，屬貞臣而日娭。”《離騷》裏說：“昔三后之純粹兮，固眾芳之所在。雜申椒與菌桂兮，豈惟紉夫蕙茝？彼堯舜之耿介兮，既遵道而得路。何桀紂之猖披兮，夫唯捷徑以窘步！”他不但希望把楚國造成一個法治而富強的國家，還希望重現堯舜的時代。

他有憂國憂民的胸懷。《離騷》裏說：“豈余身之憚殃兮？恐皇輿之敗績。”“余既不難夫離別兮，傷靈脩之數化。”又說：“長太息以掩涕兮，哀民生之多艱。”“怨靈脩之浩蕩兮，終不察夫民心。”所謂“皇輿”，所謂“靈脩”，在今天應該解釋為國家的代表。在“惟夫黨人之偷樂兮，路幽昧以險隘”“眾皆競進以貪婪兮，憑不厭乎求索”（《離騷》）的情形下，自然民生是困苦的，民意是不能上達的。儘管過去有些人對“民生”和“民心”的“民”字有不同的解釋，但尋繹文義，“民”應該就是指老百姓。他那憂國憂民的胸懷，從任何角度看去，都是無可置疑的。

他有堅強不屈的性格。他為了實現他的政治理想，遭遇到政敵嫉妒，但他無論在內政與外交上，都不屈不撓地進行鬥爭，和上官大夫、令尹子蘭和鄭袖等鬥爭。《離騷》說：“眾女嫉余之蛾眉兮，謠諑謂余以善淫。固時俗之工巧兮，偭規矩而改錯。背繩墨以追曲兮，競周容以為度。”“鷙鳥之不群兮，自前世而固然。何方圜之能周兮，夫孰異道而相安？”又在《涉江》裏說：“吾不能變心而從俗兮，固將愁苦而終窮。”他堅持他正確的政治主張，絕不肯背繩墨以追曲，即使艱難挫折不斷打擊他，他的主張也絲毫不變。

他更有置生死於度外的決心。他與政敵的鬥爭，並不為了個人利益。他那樣“屈心而抑志兮，忍尤而攘詬”（《離騷》）是為了甚麼呢？上面已經說過，為的是“恐皇輿之敗績”“哀民生之多艱”，所以在《離騷》裏他說了很多“雖九死其猶未悔”“寧溘死以流亡”“伏清白以死直”“雖體解吾猶未變”“鮌婞直以亡身”“吾將從彭咸之所居”這一類的話，他憂國憂民，忘記了個人的生死榮辱，結果他赴汨羅投水而死，以激發楚人的愛國精神，太史公所說的“與日月爭光”，是確當的。

因此，紀念屈原，還要學習屈原。學習他創作的技巧，學習他崇高的人格。元稹在《唐杜工部墓誌銘》裏說：“上薄風騷，下該沈宋。”“風”“騷”是中國詩壇上最高的典範，我們要學習前人，步武前人。

（香港《天天日報》1969 年 6 月 15 日第 8 版）

論杜牧《赤壁》

折戟沈沙鐵未銷，自將磨洗認前朝。
東風不與周郎便，銅雀春深鎖二喬。

——杜牧《赤壁》

赤壁之戰，是歷史上十分有名的一場戰爭。這一戰的結果，形成了後來魏、蜀、吳天下三分之勢，這是一場關鍵性的戰爭。以孫（權）劉（備）言，是關係着生死存亡的。

自來對這古戰場的題咏不少，佳構自多，而以杜牧這一首最勝。

詩本來宜於寫景、抒情的，不很宜於議論，一着議論，容易變得索然無味。杜牧此詩，後半實為議論，是說若周瑜不得天時之助，便無從取得勝利，反而至於敗亡。假如這樣率直寫來，還有甚麼韵味？讀者要欣賞這些議論，何不直接去讀一篇史論，史論會論述得更為精闢，更為淋漓痛快。

然而，詩人卻把這一番議論形象化，在字面上讀來不但覺其優美，而且深受其感染。這是詩人運用技巧最成功的地方。前半首本來才是就赤壁的景物着筆的，字面應該較為優美一些，而現在剛好相反。

我讀杜牧的詩，發覺他最擅於使議論形象化。如《贈別》中的“春風十里揚州路，捲上珠簾總不如”，本來就是說要離別之人的美麗，是全揚州的女人比不上的，這是十分平凡的讚美，但詩人運用了他的技巧來表達這意思，境界全不同了。誰人讀了，不覺得眼前呈現一幅十分熱鬧、十分美麗的仕女圖呢？

宋人許顗《彥周詩話》說：“牧之作《赤壁》詩云：‘折戟沈沙鐵未銷，自將磨洗認前朝。東風不與周郎便，銅雀春深鎖二喬。’意謂：赤壁不能縱火，即為曹公奪二喬，置之銅雀台上也。孫氏霸業，繫此一戰。社稷存亡，生靈塗炭不問，只恐捉了二喬，可見措大不識好惡。”

其實，赤壁是戰場，二喬則深居於後方。假如捉了二喬，則江東的存亡為如何，不問可知。這是修辭學上“以小見大”的方法。邏輯上的“以偏概全”，是不可以的；修辭上的“以小見大”，則是聰明的手法。

清人何文煥《歷代詩話考索》說：“彥周誚牧之《赤壁》詩：‘社稷存亡，生靈塗炭不問，只恐捉了二喬，可見措大不識好惡。’夫詩人之詞微以婉，不同論言直遂也。牧之之意，正謂幸而成功，幾乎國家不保。彥周未免誤會。”

清人吳喬《圍爐詩話》說：“古人咏史，但敘事而不出己意，則史也，非詩也；出己意，發議論，而斧鑿錚錚，又落宋人之病。如牧之……《赤壁》云：‘折戟沈沙鐵未銷，自將磨洗認前朝。東風不與周郎便，銅雀春深鎖二喬。’用意隱然，最為得體。”

何說，就是“以小見大”；吳說，就是“議論形象化”。

《三國誌演義》說赤壁之戰，有孔明借東風一事，把一個雍容儒雅的諸葛亮刻畫成妖道一般，殊屬可笑。實則火燒曹軍，不用東風。當地形勢，赤壁在江的南岸，是周瑜軍隊部署的地方；正正相對的北岸，地名烏林，是曹操軍隊部署的地方。由於江水之急，從赤壁是不可能直綫橫渡烏林的，以風力和人力為動力的船隻，就要在赤壁的上游，放船而下，斜過烏林才可以。所以，用不着東風。小說所說，是根據這首詩的第三句而來，並非實有其事。這一句詩，依語勢來說，應該是“假如東風不給予周瑜很大的方便”，但詩為經濟的語言，每每有所省略，在這句裏就省略了一個“如”字。

近代咏赤壁詩，袁枚有“漢家火德終燒賊，池上蛟龍竟得雲”之句，論者以為疏闊。趙翼有“烏鵲南飛無魏地，大江東去有周郎”之句，上句是曹詩，下句是蘇詞的成語，用事貼切，對仗工巧，而且襯托出戰敗者的悽惶、戰勝者的雄姿英發。這樣的名句，真是不可多得。趙翼寫詩主張要出新意，從這一聯來看，實實在在貫徹了這一主張。然而，杜牧“東風不與”之句，還是高踞上游。寫詩以煉意為主，尤貴自出新意，這可是明證。宋人胡仔《苕溪漁隱叢話後集》以為“牧之題咏，好異於人”，亦舉《赤壁》詩為例。

（香港《天文臺》報1975年5月25日第2版）

蠟燭有心還惜別

娉娉裊裊十三餘，豆蔻梢頭二月初。
春風十里揚州路，捲上珠簾總不如。
多情卻似總無情，唯覺樽前笑不成。

蠟燭有心還惜別，替人垂淚到天明。

——杜牧《贈別》

此題二首，是聯章的。今人一題數首，大都可以隨意增減，常常是每首都同一意，古人聯章，則不如此。且看小杜這兩首，如只錄前章，便覺“文不對題”。題為“贈別”，而前一章只是讚賞美人，題目中“別”字，絕無着落。必並第二首而觀之，乃足其意。

我常在選本裏看到李白《陪族叔刑部侍郎曄及中書賈舍人至遊洞庭》詩一首：“洞庭西望楚江分，水盡南天不見雲。日落長沙秋色遠，不知何處弔湘君。”覺十八字的漫長題目，詩中只寫出“遊洞庭”三字，其餘十五字，則不知踪迹何記。後檢閱全集，乃知一題之下，共有五首，題中所敍的人物，於其後點明之，令人深嘆寫詩者的巧妙，也深怪選詩者的粗忽。凡聯章的詩，如只錄其一，必須註明。

杜甫聯章之作至多，最著者為《秋興八首》，每首自有開闔，合八首則互為開闔，增一首不得，減一首不能；如將八首之次序變異，亦失去脉絡貫串。詩律之嚴，有如此者。

小杜這兩首，可去前章，但不可去後章。然前章也不是冗長之物，蓋後章有無限離情，未嘗不靠前章而增益之。簡單地說：前章是景語，後章是情語，此景此情，相得益彰。

又若以前章作後章，以後章作前章，前後倒置，則將如《出師表》最後一句，“不知所云”了。

前章總括來講，意思是，一個十三歲許的小姑娘，生得美麗而柔弱，像二月初旬的豆蔻花一般。她的美，真是全揚州的女人都比不上的。

這樣讚美佳人，本是最平常的論調。然而，透過“豆蔻梢頭”“春風”“揚州路”“珠簾”等形象，則把陳腔濫調，化為神奇，每讀此詩，腦中便涌現一幅美麗圖畫，十里揚州，夾道樓閣，捲上珠簾，無數美人爭妍簾下，鬥麗樓頭，是何等的美？何等的盛？

明人李日華《恬志堂詩話》說：“隋唐以後之揚州，秦漢以前之邯鄲，皆大賈雲集，笙歌粉黛繁麗之地。古詩云：‘騎鶴上揚州’，以騎鶴神仙事，而揚州又人間佳麗之地也。徐凝詩曰：‘天下三分明月夜，二分無賴是揚州。’其盛如此。”

小杜這兩句，寥寥十四字，把揚州的好風景，很細緻地描摹出來。宋人洪邁《容齋詩話》，亦盛稱之：“唐世鹽鐵轉運使在揚州，盡幹利權，判官多至數十人，商賈如織，故諺稱‘揚一益二’，謂天下之盛，揚為一，而蜀次之也，杜牧之有‘春風十里’‘珠簾’之句，張祜詩云：‘十里長街市井連，月明橋上看神仙。人生只合揚州死，禪智山光好墓田。’王建詩云：‘市井千燈照碧雲，高樓紅袖客紛紛。如今不似承平日，猶是笙歌徹曉聞。’徐凝詩云：‘天下三分明月夜，二分明月在揚州。’其盛可知矣。”

這些評語，既可見揚州之盛，也可見“春風十里”之句，寫得十分成功。

這首詩，第一句包含三個意思：“娉娉”描繪容顏；“裊裊”摹寫體態；“十三餘”形容嬌小。第二句，則以花比人，益增其美。何況此為豆蔻之花，二月初旬，梢頭半放，既足見佳人之美，又足見她是“初長成”的。“豆蔻梢頭”四字，是具體的表現，和上句“娉娉裊裊”的抽象勾勒有分別，也有照應。而“二月初”則以花之初放，比“十三餘”人的初長，故兩句是有生命的聯繫的，不是逐一堆砌者可比。最難得的，則是“餘”“初”兩字，也不是勉強湊韵者可比。

一、二兩句是描寫，三、四兩句是讚美。而在遣詞用字上，還是緊緊聯繫着的，第三句本來是轉筆，但句中所用的“春風”，我們不要忘記它由第二句的“二月初”而來。至於第四句的“捲上珠簾”，是由第三句的“十里揚州路”而來，則是不言而喻的了。

第一句的“十三餘”，有懷疑“三”字是為平仄所限，不是實指。予以為名家、大家之駕馭文字、聲韵，如輕車熟路，無不暢達，都能“以辭達意”，而不致“以辭害意”的。初學寫作的人，為文字所局限，為聲韵所拘束，每有“不由自主”之感，則其所呈現於筆底者，並非其所欲出於口頭者也。“我手寫我口”，是詩家的起碼條件。

實則古代的雛妓，每有十三餘的。小杜有《張好好詩》，序裏有說：“好好年十三，始以善歌來樂籍中。”至於宋時錢塘妓朝雲歸蘇軾時，年亦相若。故不需疑“十三餘”之強就平仄也。

（香港《天文臺》報1975年11月30日第2版）

王粲春來更遠遊

迢遞高城百尺樓，綠楊枝外盡汀洲。
賈生年少虛垂涕，王粲春來更遠遊。
永憶江湖歸白髮，欲迴天地入扁舟。
不知腐鼠成滋味，猜意鵷雛竟未休。

——李商隱《安定城樓》

這是一首登臨感事之作。

“安定”，是郡名，亦即涇州（在今甘肅省涇川縣北）。據《舊唐書·地理誌》說：“關內道涇州安定郡，涇原節度使治所，管涇、原、渭、武四州，在京師西北四百九十三里。”

據清人馮浩《玉溪生詩箋註》說："王茂元於太和（唐文宗年號）九年（八三五）節度涇原，至開成（仍為文宗年號）四年（八三九），猶在涇原。"開成二年（八三七），登進士第，是年冬赴詩人王茂元幕，王愛其才，以女嫁之。自此為牛黨所忌恨。第二年應博學宏詞科考試，遂不中選。而這首詩，就是他落第後，登涇州城樓，感懷身世，憂憤國事而作的。

第一句意思是：綿長繚繞而高聳的城墻上，建築起矗立百尺的高樓。這先點出了城樓。

關於"迢遞"字，晉人左思《吳都賦》說"曠瞻迢遞"，言其長遠也。

第二句意思是：在視界中，翠綠的楊枝之外，盡是水邊的平地和水中的沙洲。

也有一些版本，"外"字下註說："一作'上'。"馮浩註引《三秦記》說："涇水出開頭山，至高陵縣入渭。"又引《漢書·郊祀誌》說："湫淵祠潮那註曰：'湫淵在安定朝那縣，方四十里，停水不流。'"又引《太平廣記》說："涇州東有美女湫，廣袤數里，莫測其深淺。"並加按語說："若作'上'，謂高樓出綠楊枝上，而覽盡汀洲，似亦通。"

這是說登樓之所見。

第三句意思是：這樣迢遞的高城，這樣看不盡的汀洲，然而，國事如斯，我像漢朝賈誼一般，惆悵而流淚，也是徒然的。

這是以漢朝賈誼自比。《漢書·賈誼傳》說："於是天子議以誼任公卿之位。絳（絳侯周勃）、灌（灌嬰）、東陽侯（張相如）、馮敬（時為御史大夫）之屬盡害之，乃毀誼曰：'洛陽之人年少初學，專欲擅權，紛亂諸事。'於是天子後亦疏之，不用其議，以誼為長沙王太傅。……數上疏陳政事，多所欲匡建。其大略曰：'臣竊惟事勢，可為痛哭者一，可為流涕者二，可為長太息者六，若其他背理而傷道者，難遍以疏舉。進言者皆曰：天下已安已治矣，臣獨以為未也。曰安且治者，非愚則諛，皆非事實知治亂之體者也。夫抱火厝之積薪之下，而寢其上，火未及燃，因謂之安，方今之勢，何以異此！本末舛逆，首尾衡決，國制搶攘，非甚有紀，胡可謂治！'"

第四句意思是：王粲在春天裏更作遠遊，而登樓有感。

這是以東漢時的王粲自比。據《三國誌·魏書》，王粲，字仲宣，山陽高平（故城在今山東省鄒縣西南）人，徙居長安（在今陝西省長安縣西北十三里），後之（往也）荊州（劉表設治襄陽，即今湖北省襄陽縣治。）依劉表。作《登樓賦》，有"雖信美而非吾土兮，曾何足以少留？"之句。其所登者乃州屬當陽縣（在今湖北省當陽縣東）城樓也。

上句的"虛"字，徒然也。這句的"來"字，語助詞也，無義。而上句所謂"年少"者，則賈誼上書時僅三十三歲，而詩人應鴻博試不中選，則是二十五六歲。

第五句意思是：長時間地想着當年老之時歸隱於江湖之間。

這暗示在年少之時，應該要為國家做一番功夫，使得國勢安定。在下句裏，就有進一步的說明。

第六句意思是：想迴旋天地之後，便入一葉扁舟（小舟）之中，而遨遊於江湖裏。

這是以戰國時范蠡佐越王勾踐剿滅了吳國後，放棄官爵，乘扁舟遊於五湖（今江蘇省太湖）自比。

宋人蔡居厚《蔡寬夫詩話》說："王荆公（安石）晚年亦喜稱義山詩，以為唐人知學老杜（甫）而得其藩籬者惟義山（李商隱）一人而已。每誦其'雪嶺未歸天外使，松州猶駐殿前軍''永憶江湖歸白髮，欲迴天地入扁舟'與'池光不受月，暮氣欲沈山''江海三年客，乾坤百戰場'之類，雖老杜無以過也。"

第七句意思是：真想不到那些腐臭的死老鼠，竟會被人視為美味。

這是指那鴻詞博學之試，只不過像腐鼠一般，想不到那些有朋黨門户之見的人，也因此而排斥他。

第八句意思是：那些貓頭鷹猜忌自己是鳳凰（"鵷"音"鴛"。"鶵"乃鸞凰之屬，亦言鳳子也）。

這兩句的故事，出於《莊子・外篇・秋水》："惠子相梁，莊子往見之。或謂惠子曰：'莊子來，欲代子相。'於是惠子恐，搜於國中，三日三夜。莊子往見之，曰：'南方有鳥，其名為鵷，子知之乎？夫鵷，發於南海而飛於北海，非梧桐不止，非練實不食，非醴泉不飲。於是鴟（音雌）得腐鼠，鵷鶵過之，仰而視之，曰："嚇！今子欲以子之梁國而嚇我耶！"'"

馮浩說："下末言我志願深遠，豈戀此區區者，而俗情相猜忌哉？"

清人紀曉嵐說："刺同侶猜忌之作。"又說："五、六句王荆公所賞，四家以為逼近老杜，是也。然使老杜為之，末二句必不如此淺露。"

近人張采田說："結句言我志趣遠大，豈羨此鴻博一舉，而世情相猜忌哉？'腐鼠'指鴻博，出以比喻，使耐人尋味，似不得以淺露目之。馮氏（浩）定此詩為鴻博不中，至涇原所作，良是。"

（香港《天文臺》報 1981 年 5 月 3 日第 2 版）

華山賞楓雅集序

吳江初冷，喜江葉之輕飄；湘水方明，愛丹林之欲醉。崔信明之佳句，千古流傳；韓昌黎之清辭，幾回諷誦。莫笑秋容冷淡，亦爭春色鮮妍。一抹錦霞，染了半江之樹；幾經玉露，紅於二月之花，乃勞折簡以邀，而作賞楓之會。主人懇切，欣置酒於華山；我輩登臨，暫停車於上水。

白雲深邃，隱約人家；黃土飛時，逶迤客路。漸覺鄉關之近，頓興家園之思。隔珠海而相望，指雲山而可認。思歸無路，豈同庾信哀吟；羈旅有年，每嘆皋橋久住。既作一時之樂，莫哭新亭；且偷半日之閑，未忘故里。

於時空庭日暖，枝頭生琥珀之光；別館風飄，葉底奪胭脂之色。映晚霞而更好，帶夕照而彌嬌。狂蜂疑春到人間，癡蝶喜陽生陌上。一番眷戀，幾度徘徊，秋既盡而草木未凋，霜漸濃而楓葉始艷。物猶若是，人復何如。慣歷滄桑，不墜青雲壯志；飽經憂患，仍須白日高歌。

而況酒不論錢，詩無拘韵。對丹楓而搦管，配綠蟻以盈卮。賓主盡歡，領略山林之趣；友朋同樂，商量文字之工。不須擊鉢而催，新詩待改；何惜傾樽而醉，美酒貪嘗。皆為倚馬高才，盡是斫輪老手。必有驚人之語，能無幼婦之辭。群公醉飽之餘，宜傾陸海；此際遊觀既罷，請灑潘江。未作長吟，已慚大雅；聊成短序，自愧不才。

（香港《天天日報》1970 年 1 月 25 日第 8 版）

詩畫琴棋雅集序

五嶺北來，開爐峰之勝地；九州南盡，得香海之神山。田海百年，山河一掌。彩雲則巨機流矢，錦浪則遠舶穿梭。萬國衣冠，一時頭彥。樓台燈火，輝煌簇海國萬家；車馬水龍，喧鬧滿洋場十里。羨渤中之蓬島，疑世外之桃源。儘多南渡之英，不乏中華之秀。仁人志士，常興故國之思；墨客詞宗，每作新亭之集。

時維九月，節過重陽。秋氣一簾，檻外仍瞻翠巘；暮雲半嶺，樓前猶帶丹霞。集東西南北之人，啓詩畫琴棋之會。衣香鬢影，裙屐俱來；狂笑高談，莊諧並美。值季秋之清爽，作竟日之歡娛。絲竹共鳴，金穀之清聲猶在；燈花頓落，杜陵之逸興方生。金箋寫黃菊之姿，彩筆咏碧梧之老。盡高朋之樂，何限深情；聯勝友之歡，彌多雅趣。漪興盛矣，不亦樂乎？

況乎畫閣凌雲，雕甍懸月。樓高百尺，華燈照玳瑁之梁；酒酌三更，玉盞盛葡萄之液。觥籌交錯，山海同珍。何取玉糝之羹，宜盡金盤之露。殷殷勸酒，感東道之殷勤；數數舉杯，溯南國而酩酊。蘭亭之禊，餘韵可追；桃李之園，遺風未泯。

僕廿年作客，何堪歲月如流；一介報人，未信浮生若夢。雖乏回天之力，常懷報國之心。剩水殘山，藉文章而論世；良辰美景，憑詩酒以怡情。逢嘉會之初開，幸盛筵之忝列。三杯軟飽，敢放狂言；七絕長吟，更成短序。

（香港《天天日報》1969 年 12 月 21 日第 8 版）

《日本到何處去》序

黃篤修先生在這本書中，自認為一個賣醬油的人，但假如你以為這是一個賣醬油人所寫的書，不值一看，那將是你的損失。

中日這兩個大民族，不僅與亞洲，而且與整個世界都有着很大關係，但這兩大民族，應該為友呢，為敵呢？經過第二次世界大戰的慘痛教訓，這兩大民族今後應該如何？這是一個大問題，而這本薄薄的書，對此卻有精闢的見解。

黃先生雖然以工業家的身份到日本考察，其實，我發現他是以一個老練的記者姿態出現的。除工業外，對日本的政治、經濟、社會、文化，他都以敏銳的眼光加以注意。這一本書，有深刻的觀察，有輕快的描寫。當我看完這本書之後，我發覺黃先生就是我理想中的一個旅行通訊記者。他的報道，可使讀者如置身於三島的旅途中。

一九六八年十一月六日宋郁文序於香港。

（香港《天天日報》1970 年 1 月 25 日第 8 版）

劉少旅藏畫展覽序

世有以多財為富者，求諸香港現社會中，以萬千人計；亦有以多文為富者，以千百人計。友人劉少旅好藏畫，所藏之豐，更僕難數，是於多財多文而外，以多畫為富者矣，港中若是者，恐不過百十人，此少旅所以顧而樂之也。多財為富而不肯以其所多者用諸社會，不過守財奴；多文為富而不肯以其多者獻諸國家，不過書呆子。多畫為富而不肯以其所多者公諸同好，又何異於二者乎？此少旅所以有藏畫展覽之舉也。

抑少旅所藏，時無古今，地無南北，俱收並蓄，胥名塚精品，又摘其尤者而展之，吾知其必有可觀，故樂為之序。一九六九年十一月二十二日於香港。

（香港《天天日報》1969 年 12 月 14 日第 8 版）

千里江陵一日還

朝辭白帝彩雲間，千里江陵一日還。
兩岸猿聲啼不住，輕舟已過萬重山。

——李白《早發白帝城》

這是紀遊之作。主要是表達其從白帝城下三峽，到江陵舟行之迅速的。

詩人由白帝城到江陵去，曾經有兩次。第一次是唐玄宗開元十三年（七二五），那時他二十五歲，初次出蜀。經巴渝，出三峽，南遊洞庭。在江陵，遇司馬承禎，作《大鵬遇稀有鳥賦》。第二次是唐肅宗乾元二年（七五九），那時他已五十九歲，二月長流夜郎途中，江行上三峽，至巫山遇赦，返舟回江陵，有“千里江陵一日還”之作。這都是根據郭沫若《李白與杜甫》中附錄年表的。而這年表，則似是以詹鍈的《李白詩文繫年》為基礎的。

不過，第二次的行程，似有一些不實。其不實處，則是並非到了巫山遇赦，即返舟回江陵。他的貶竄，雖說未到貶所——夜郎，但已很接近了，至少，他已到了現在貴州省的地方。

當時詩人被貶黜到夜郎，是現在貴州省桐梓縣以東二十里，而烏江則是現在貴州遵義城之南八十里。桐梓東南就是遵義，由於詩人有《竄夜郎於烏江留別宗十六璟》詩一首，其中有說："我非東牀人，今姊忝齊眉，浪迹未出世，定名動京師。適遭雲羅解，翻謫夜郎悲。拙妻莫邪劍，及此二龍隨。慚君湍波苦，千里遠從之。白帝曉猿斷，黃牛客過遲。遙瞻明月峽，西去益相思。"這不但註明了詩人已到了貴州，而且說明妻子和妻舅也隨行。不過，妻舅到了烏江，就向西去巴蜀了。明月峽，就是現在四川地方。

照我個人推想，這可能是他第一次出巴寫的。從詩的表面看，它似乎記錄了行程的迅速，其實是依據《水經註・江水》的記載，把散文變作韵文。

那散文是這樣的："自三峽七百里中，兩岸連山，略無闕處。重岩疊嶂，隱天蔽日，自非亭午夜分，不見曦月。至於夏水襄陵，沿溯阻絕，或王命急宣，有時朝發白帝，暮宿江陵，其間千二百里，雖乘奔禦風，不以疾也。……每至晴初霜旦，林寒澗肅，常有高猿長嘯，屬引淒異。空谷傳響，哀轉久絕。故漁者歌曰：'巴東三峽巫峽長，猿鳴三聲淚沾裳。'"我以為這首詩作，就是以此作藍本的。所以初出蜀時，就已有了快感。不待第二次出峽才有此佳作也。

第一句意思是：早上辭別了白帝城，而這城頭，則高出於彩雲之間。

白帝城是在白帝山上。山在今四川省奉節縣東十三里。公孫述時，殿前井有白龍出，因號此山為白帝山，城為白帝城。《太平寰宇記》說："公孫述自以承漢土運，故號曰白帝。"

這不但說明白帝城地勢之高聳，而且以"彩雲"和"白帝"相映襯，顏色特別鮮明，很有感染力。

第二句意思是：相隔一千二百里水程那麼遙遠的江陵（即今湖北省的江陵），只需要一天的時間，便可以到達。

這裏有兩字不必解釋得太板滯。"千里"的"千"字，只帶其大數，不必畫蛇添足地言其確數。明人楊慎《升庵詩話》說："太白娶江陵許氏，以江陵為還，蓋家室所在。"不知詩人初離蜀時，還沒有娶許氏，如果說是竄夜郎遇赦而還，則許氏早就死了。上頭已經說過，"烏江留別宗十六"一時，那時他的太太已是宗氏，而且同赴貶所。故這兩句，完全由"朝發白帝，暮宿江陵"而生發的。"還"字不必解得太穿鑿，不必解作自已回家也。

《升庵詩話》又說："盛弘之《荊州記》記巫峽江水之迅云：朝發白帝，暮宿江陵，其間千二百里，雖乘奔禦風，不以疾也。杜子美詩：'朝發白帝暮江陵，頃來目擊信有徵。'李太白朝辭白帝彩雲間，……雖同用盛弘之語，而優劣自別。今人謂李、杜不可以優劣論，此語亦太憒憒。"杜之詩，題為"最能行"，是在體，以証舟子的能事。李則全在寫景，製作目的不同，體材亦各有異，何得以之相比？楊自憒憒抑或是他人憒憒呢？

第三句意思是：兩岸猿聲鳴叫不止。

清人沈德潛《唐詩別裁》說："寫出瞬息千里，若有神助。入猿聲一句，文勢不傷於直，畫家佈景設色，專於此種用意。"

又清人施補華《峴傭說詩》說："太白七絕，天才超逸而神韵隨之。如'朝辭白帝彩雲間，千里江陵一日還'，如此迅捷，則輕舟過萬山，不待言矣。中間卻用'兩岸猿聲啼不住'一句墊之，無此句則直而無味，有此句走處仍留，急語仍緩，可怪用筆之妙。"

第四句意思是：輕舟已渡過了萬重山那遙遠的水程，實則三、四句，全為一、二兩句傳神。

卧看牽牛織女星

銀燭秋光冷畫屏，輕羅小扇撲流螢。
天街夜色涼如水，卧看牽牛織女星。

——杜牧《秋夕》

讀了這首詩，好像面對一幅美人畫一般，很秀麗，很有氣韵。然而，假如欣賞力高的，則其感受當不止於此，而覺其含有很深的怨意。

這首詩題為"秋夕"，第一句就寫銀燭映照下的秋光，顯出畫屏周遭的落寞。"冷"字落筆似乎很輕細，實則有千鈞之力，全句的精神，由此逗出；全首的氣氛，藉此造成。假如換上個"映"字、"上"字、"入"字，都不會產生同樣的效果。

寫詩，一字之微，也不可輕輕放過；特別是關鍵性的字，要推敲、要錘煉。

第二句寫輕羅小扇，撲捕流螢，似乎是一派天真，十分嬌憨，但看深一層，則顯出百無聊賴也。假如是得寵的，則承歡侍宴，全無閑暇，哪裏有功夫撲螢呢？而這百無聊賴的顯出，還是上承"冷"字。如無"冷"字，則這撲螢，又安知不是宮中行樂呢？

劉禹錫《春詞》說："行到中庭數花朵，蜻蜓飛上玉搔頭。""撲螢"與"數花"，同樣是無可奈何之事。

第三句寫京師夜色，清涼似水。"涼"字和"冷"字，有呼應之妙。天街，京師的街道也，這里應解作整個京城。如此落寞，如此無聊，再加上如此夜色，其內心為何如呢？

有些版本，"天街"作"天階"，也有些版本作"瑤階"的。

第四句無聊更甚，仰卧着，癡癡地望着天上的牛、女兩星。若細味之，不止無聊，而且幽怨。

天上的牛、女，原已結為夫婦，為天帝譴責，隔以銀河，每年七夕，猶得相見，那麽，望幸之人，何年何月，才有相見之期呢？詩人在《阿房宮賦》中，曾寫下“有不得見者三十六年”之句，這即是說：終秦政之世，宮人都不得見也。秦代如此，唐代又未必不然。我們誦讀詩篇之時，想到這里，則“卧看牛女”的心情，不問可知。

“卧看”字，有些版本作“坐看”的。

清人陳婉俊《唐詩三百首杜註》說：“層層佈景，是一幅着色人物畫。只‘坐看’二字，逗出情思，便通身靈動。”

我以為：第一句是落寞，第二句是無聊，第三句是蒼涼，第四句是幽怨。實則全篇都是幽怨，而第四句更是“千里來龍，到此結穴”。

詩的妙處，在於曲折的描寫，而不在於直接的陳訴，假如此詩直接陳訴心中幽怨，則不容易引起讀者共鳴。詩人故意地把幽怨字樣撇離於二十八字之外，而止作曲折描寫，讓讀者依據所描寫的意象，去探索詩中所描寫的人物內心，經過彼此間情感的交流，自成為“驚人之語”。

前人說，“不着一字，盡得風流”。為甚麼要有這樣的要求呢？因為“不着一字”之處，便是一片空白，留下這一片空白，使讀者自己設法去填充，才容易挑動讀者的情感。

宋人釋惠洪《冷齋夜話》說：“詩有意含蓄者，如宮詞曰：‘銀燭秋光冷畫屏，輕羅小扇撲流螢。天街夜色涼如水，卧看牽牛織女星。’”有句意俱含蓄者，如“九日”詩曰：‘明年此會知誰健？醉把茱萸仔細看。’（杜甫）《宮怨》曰：‘玉顏不及寒鴉色，猶帶昭陽日影來。’（王昌齡）是也。”

宋人曾季貍《艇齋詩話》說：“小杜《秋夜》宮詞云：‘銀燭秋光冷畫屏，輕羅小扇撲流螢。天階夜色涼如水，卧看牽牛織女星。’含蓄有詩致。星象甚多，而獨言牛、女，此所以見其為宮詞也。”

以上兩處都指出這首詩的含蓄。所謂含蓄，就是不露，也即是“不着一字”。

最後有一個問題，這首詩在宋人洪邁《唐人萬首絕句》中，是杜牧寫的；在清康熙敕編《全唐詩》中，也是一樣；清人蘅塘退士《唐詩三百首》，也列為小杜的作品；然而，也有人說是王建的作品，宋人周紫芝《竹坡詩話》說：“‘紅燭秋光冷畫屏，輕羅小扇撲流螢。瑤階夜色涼如水，坐看牽牛織女星。’此一詩杜牧之、王建集中皆有之，不知其誰所作也。以余觀之，當是建詩耳。蓋二子之詩，其清婉大略相似，而牧多險側，建多平麗，此詩蓋清而平者也。”

這一首實際是宮詞，王建《宮詞一百首》，最為傳誦，杜牧寫宮詞的數量不多。王建有《秋夜曲》，和這一首頗相仿。是這樣的：

球燈向壁掩洞房，良人此夜直明光。
天河悠悠漏水長，南斗北斗兩相當。

詩材和詩的結構，很是相近。前者是誰之作，我不敢輕率斷定，只能提供這些資料，讓讀者參考。

（香港《天文臺》報1976年8月15日第2版）

長笛一聲歸島門

江上陰雲鎖夢魂，江邊深夜舞劉琨。
秋風萬里芙蓉國，暮雨千家薜荔村。
鄉思不堪悲橘柚，旅遊誰肯重王孫？
漁人相見不相問，長笛一聲歸島門。

——譚用之《秋宿湘江遇雨》

這是一首描寫夜雨情景的詩。

第一句先寫“江”字、“宿”字，還暗寫“雨”字。

意思是：江上陰雲密佈，好像羈鎖着旅客的夢魂。

其中，“江”字是明點，“陰雲”字暗點“雨”字，“夢魂”字反映“宿”字。

第二句承着上句，用“深夜”襯托出“宿”字來。同時，更藉此抒懷。

意思是：就在江邊，當深夜的時候，便好像晉代的劉琨和祖逖，是志同道合的朋友，兩人相互激勵，準備替國家效力。劉琨每當深夜，天快亮時，聽聞雞鳴，便起來舞劍。這表現了他準備為國家效命。

我常常說，有些人迷信着不能詩篇重字，即一首詩，不能用兩個同樣的字。其實古時候即使大家、名家，也不避重複的。其所以不用重字，不過是科舉時嚴格的規定罷了。唐、宋時大家和名家，每每不拘泥的。科舉時代強制性的規定不許重用二字（即一字有兩次以上使用），且不必管它了。

在一、二句裏，既說了“江上”，又說了“江邊”，而且兩個“江”字都在句首，這樣讀來，語氣比較緊湊。

第三句點出“秋”字，也點出這江，即所謂“湘江”。“秋”字是明點的，至於“芙蓉國”，則是切合“湘”字。本來此三字為四川省成都之別稱。據《事物異名錄・都邑・四川》說：“《山堂肆考》：古蠶蟲之國。”然而，湘地盛產荷花。而荷花者，即芙蓉也，故詩人以此稱之。

意思是：秋風吹遍萬里之遙，整個芙蓉國都有秋意了。這是承一、二兩句而來的。

第四句也是承一、二兩句。“暮”字承“夜”字，“雨”字固然是題面的字，而早已伏綫於“陰雲”字。因為“陰雲”濃重，然後有“雨”。“薜荔”，讀如“閉荔”，是常綠灌木，蔓生，開小花，生於囊狀之總花托，形似無花果，亦名木蓮。《植物名實圖考》說：“木蓮即薜荔，自江而南皆日木曼頭。俗以其實中子浸汁為涼粉以解暑。”粤中之所謂“白涼粉”也。屈原《離騷》說：“貫薜荔之落蕊。”王逸註，解為香草也。柳宗元《登柳州城樓寄漳汀封連四州》詩有說：“密雨斜侵薜荔牆。”而毛澤東之“千家薜荔人遺矢”，就是套用了這句中的“薜荔”。

這句的意思是：夜雨連綿，灑在千家生長了薜荔的村野之間。

這兩句完全是寫湘江夜雨的景色。

第五句因此情景而引起鄉愁，意思是：鄉思既深，禁不住對着橘柚而生悲。

橘柚成熟，已是秋天了。秋是容易引起思鄉念頭的。這一句是言情。

第六句，還是言情的。在旅途之中，誰人肯看重王孫這東西呢。

王孫，本為貴族的後裔。《史記・淮陰侯列傳》說：“吾哀王孫而進食。”《集解》說：“如言公子也。”《索隱》說：“秦末多失國，言王孫公子，尊之也。”因此，有人解王孫為詩人自稱，其實，植物中也有名王孫的。它是百合科，多年生草本，莖高自數吋至一尺內外，葉長圓形而尖，四片，輪生於莖之上部。五、六月時，莖頂着一花，色淡黄。根供藥用。還有一種植物，也叫王孫，就是黄芪。因為第五句六、七字“橘柚”是植物，因此，在這一句裏把王孫解作植物，比較好一點；若解作公子王孫，似乎欠解。

凡是律詩，中間四句兩句寫景、兩句言情，就比較有變化，假如四句都寫景，就會有臃腫之感。不過，也有前兩句言情，後兩句才寫景的，總之情、景各為一聯。

第七句是寫江上、江邊之所見。

意思是：在湘江中，遇見了漁人，但是由於遇雨的關係，彼此都不相聞問。

第八句是接着第七句而來，漁人相見而不相問，只是吹着長笛，回到小島上漁村的家門裏。

這一句，是寫景的，但是，卻在景中融情。因為漁人吹着長笛而歸漁村，多麼閑逸？而我這個旅人，卻在此秋江夜雨之中，生出了懷鄉之念，悽悽惶惶地，究竟是為了甚麼？雖然有志為了報國，但有甚成就？以漁人的閑逸，和自己的行旅相對照，更加見得自己的悽惶。

詩是言志的，所以律詩中的七、八兩句，多是言情，而這裏則是寫景，尤其是第八句全是景語，其實，詩人是否故意以漁人來反襯自己？這樣，就隱藏了情在裏面。

（香港《天文臺》報 1979 年 10 月 14 日）

步虛猶作按歌聲

顧隨仙女董雙成，王母前頭結伴行。
初戴玉冠多誤拜，欲辭金殿別稱名。
將敲碧落新齋磬，卻進昭陽舊賜箏。
旦暮焚香繞壇上，步虛猶作按歌聲。

——項斯《送宮女入道》

前幾期講述楊敬之《贈項斯》，其中有說：“平生不解藏人善，到處逢人說項斯。”他之所以如此，是為了“幾度見詩詩總好，及觀標格過於詩”。項斯的詩篇寫得總是好的，而項斯的風姿和品格，更勝於他的篇什。

有讀者要我介紹項斯的作品。在清康熙皇帝敕編的《全唐詩》裏，他的詩作共有一卷，大多數是七言律句。這一首，不是特別選擇出來講解的，只不過信手拈來罷了。

這一首是送人之作。宮女入道了，就以此送給她。

第一句的意思是：你願意隨着仙女董雙成。

所謂董雙成者，是西王母的侍女也。舊題班固撰的《漢武帝內傳》說：“王母命侍女董雙成吹雲和之笙。”白居易《長恨歌》有說：“金闕西廂叩玉扃，轉教小玉報雙成。”就是這個董雙成。

第二句的意思是：在西王母的前頭和董雙成結伴而行。

《全唐詩》裏是“王母前頭作伴行”，“作”字下註說：“一作結。”

這兩句點明了入道。唐代宮人，有不少入道的，如武則天、楊貴妃，都曾做過女道士，當時說是女冠，宋徽宗時才說是女道士。

寫詩總要切題，這兩句已點明女人入道了，只是沒有點明她的身份。

第三句的意思是：剛戴上鑲了美玉的道冠，關於道觀裏的規則還沒有熟習，所以參拜之時，多有錯誤。

這一句，是承上兩句而來的。

第四句的意思是：將要辭別皇帝的金殿時，就改稱道號，而不稱她原來的名字。

這一句，用“欲辭金殿”四字，反映出她是“宮人”的身份。同樣是承上兩句而來的。

“欲”字在這裏作“將”字解，和許渾《咸陽城東樓》“山雨欲來風滿樓”的“欲”字相同。

第五句的意思是：快要敲出天界新造的齋磬誦經了。

碧落據道教中的《度人經》註解說：“東方第一天，有碧霞遍滿，是云碧落。”《長恨歌》裏有說：“上窮碧落下黃泉。”

磬，樂石也，拜神便敲擊它。寺觀中也有銅鑄成鉢形的。

第六句的意思是：卻要進獻皇帝舊時所賜的箏。

因為入了道，就不再彈箏作歌樂。

昭陽，是漢武帝時的殿名。《長恨歌》裏有說：“昭陽殿裏恩愛絕。”

這裏第五句是由第三句轉來，第六句是由第四句轉來。以“碧落”切道教，以“新齋磬”與“初戴玉冠”相呼應，以“昭陽”切宮人，以“舊賜箏”與“辭金殿”相關鎖。

前人寫長句，無論五言的，七言的，都是一層再進一層，次第井然，不會無端生出一句來的。

我很久以前講解溫庭筠《過陳琳墓》中的“霸才無主始憐君”，是指陳琳有霸才，但袁紹並非其主，曹操憐其才而用之。近友好以為全句都是溫氏自說的，我反問他：“然則第六句‘銅雀荒涼對暮雲’為甚麼橫生出來呢?”必也，第四句說“始憐君”是指曹操憐陳琳之才，才可以和第六句的“銅雀荒涼”相結合。

求之今人長句中，其能層層聯繫，聯聯承轉的有多少呢？這是我們寫舊詩的人，不可掉以輕心的，否則縱不是散沙一盆，也必然亂石一堆。

第七句的意思是：一早一晚都在神前焚香，香煙繚繞在神壇之上。

這一句是說入道後的生活。

第八句的意思是：當誦經時，還是唱出平時在宮中慣作按着曲調而高歌的聲音。

這一聯屬於結聯，仍然結得乾淨利落。上一句寫身在道觀，下句寫心在皇宮。

其實八句之中，細意分析，都是一句切宮裏，一句切觀中的。這樣寫詩，針綫細密，和不講層次而胡說亂堆砌的，真是不可同日而語。

至於所謂“步虛”，是樂府雜曲歌名。唐人劉餗撰《樂府解題》說：“‘步虛詞’，道家曲也，備言眾仙縹渺之美。”但“步虛聲”則不同。據宋人劉敬叔《異苑》說：“陳思王（曹植）遊山，忽聞室裏誦經聲，道士效之，作者虛聲。”這又解作誦經也。

清人沈德潛《唐詩別裁》說：“此題唐人詩無佳者，此篇差勝。”又說：“本朝汪太史琬詩有云：‘顏逢鍊液重疑艷，身為持齋轉覺輕。’雙關語妙。又云：‘此生無復昭陽夢，獨為君王夜祝釐（禧）。’傳出忠愛，過於前人矣。”然這是散句，究竟全豹如何，未能窺見，未便妄從其說。

附錄青松觀追月雅集聯：

青牛追返天邊月；松鶴歸栖觀裏雲。

（香港《天文臺》報 1979 年 10 月 21 日）

紫禁仙輿詰旦來

紫禁仙輿詰旦來，青旗遥倚望春台。
不知庭霰今朝落，疑是林花昨夜開。

——宋之問《苑中遇雪應制》

這是一首應制詩。這種詩篇，都是宏麗典贍的多。凡以“應制”標題的，都是奉到皇帝詔命而作的。宋之問於此，最為擅長。如《芙蓉園應制》說：

芙蓉秦地沼，盧橘漢家園。
谷轉斜盤徑，江迴曲抱源。
風來花自舞，春入鳥能言。
侍宴瑤池夕，歸途笳吹繁。

多麼的宏麗典贍，據唐人劉餗《隋唐嘉話》說：“武后遊龍門（山名，在今河南省洛陽縣南），命賢宦賦詩，先成者賞袍，左史東方虯既拜賜，坐未安，宋之問詩復成，文理兼美，乃就奪袍，衣之。”杜甫詩說：“詩成奪錦袍。”又《寄李白》詩說：“龍舟移棹晚，獸錦奪袍新。”高啓詩說：“被澤徒深厚，慚無奪錦才。”這樣的應制詩，唐人也廣泛地推重它。

凡是應制詩，以律句為多，而絕句較少。

這一首的第一句意思是：宮禁中皇上的車駕在平明的時候便到來。

紫禁，是王宮也。南朝宋人謝莊《宋孝武宣貴妃誄》說：“掩綵瑤光，收華紫禁。”註：“王者之宮，以象紫微，故謂宮中為紫禁。”王維《敕賜百官櫻桃》詩說：“芙蓉闕下會千官，紫禁朱櫻出上蘭。”

仙輿，指天子的乘輿。鄭愔《奉和九月九日登慈恩寺浮圖（即佛塔）應制》詩說：“涌霄開寶塔，倒影駐仙輿。”

詰旦，即平旦；天平明的時候。

這一句，點明皇帝的車駕早上出宮，到上林苑來。

上林苑，本為秦時舊苑，漢武帝增而廣之，司馬相如有《上林賦》，極言其侈。故址在今陝西省長安縣西，及厔，縣界。唐武后臘月遊上林，催春放花，故明人劇曲中有“上林春”之名。

第二句意思是：皇帝已臨苑中，青色的旗遠遠倚着望春宮的樓台。

青旗，《禮記·月令》說：“孟春之月，天子居青陽左個，乘鸞路，駕蒼龍，載青旗，衣青衣，服倉玉，食麥與羊，其器疏以達。”

望春宮，據清人王堯衢《古唐詩合解》說：“望春宮在苑中。”實則上林苑在長安縣西，而望春宮則在縣東。隋開皇年間所建，大業（隋煬帝年號）改名長樂，唐時恢復舊名。《新唐書·地理誌》說："京兆萬寧縣有望春宮，臨滻水，西岸有北望春宮。"

又《中文大辭典》引《西京記》說："西京禁苑，內有望春宮，在高原之上，東臨灞滻。"

武平一《奉和立春內出綵花樹應制》詩說："鑾輅青旗下帝台，東郊上苑望春來。"

則王說所謂"宮花在苑中"，恐非其實。或則所說的苑，並非上林也。而詩題中的苑，實亦未指明為上林也。

但是句中的"遙"字，則又可解作從上林苑中，遠遠倚着望春宮的樓台。王氏似乎忽略了"遙"字也。

這兩句，可以說是點明"苑中""應制"。而"遇雪"，則在三、四兩句點明之。

第三句的意思是：不知道庭前的米雪今早剛剛降下來。

霰字，音綫。據《說文段註》說："謂雪之如稷者，俗謂米雪，或謂粒雪，皆是也。"清人朱駿聲《說文通訓定聲》說："雨已出雲，為寒氣凝諸雨中者為霰；雨未出雲，為寒氣凝諸雲中者為雪；故霰形如雨，其下必在雪前。"《詩經·小雅·頍弁》說："如彼雨雪，先集維霰。"

所以，這里是借"霰"字，點出"遇雪"。然而，它不直接說出，而含蓄地說是"不知"，用這樣的手法，轉到下句來。

其中"今朝"，是和第一句"詰旦"相呼應的。

第四句意思是：懷疑是林中的梅花昨天晚上剛好開放出花朵來。

這是表示梅林的花，為了"恭迎聖駕"而開放。然而，這不過是雪點，而不是真的梅花，故用"疑是"。而這"疑是"，實伏綫於第三句的"不知"。為了"不知"，才有此疑；假如知了，便無所疑。所以"不知"和"疑是"，是互相呼應的，寫詩要有呼應，才易顯出氣脉的流動。而這三、四兩句，不但是氣脉相連，而且成為偶句，對仗十分工整。

然而，很可惜的是，在《古唐詩合解》裏這樣說："此用截前解法，轉合對句。"

所謂"截前解法"者，是說：這是把一首七律詩，截出了前四句而成的。這一說法，是明人附會之說，貽誤後學。安有一首結構完整的詩作，而可以截其前，或截其後，或截其前後，只用中間四句，或截其中，只剩首尾四句的呢？

為此說的，實不知絕詩之成，早在律詩之前，不知詩體的源流，而作妄語，誤人子弟，清人王夫之《薑齋詩話》說："有云：絕句者，取律詩一半，或絕前四句，或絕後四句，或絕首尾各二句，或絕中兩聯。審爾，斷頭削足，為刑人而已。不知誰作此說，戕人生理。"至於奪錦原作，待有機會，再作介紹。

（香港《天文臺》報 1979 年 10 月 28 日）

嶺北歸人莫回首

趙佗西拜已登壇，馬援南征土宇寬。
越國舊無唐印綬，蠻鄉今有漢衣冠。
江雲帶日秋偏熱，海雨隨風夏亦寒。
嶺北歸人莫回首，蓼花楓葉萬重灘。

——許渾《朝台送客》

在清康熙帝敕撰《全唐詩》裏，題為“朝台送客有感”。

看題目，這是送別之詩。然而，八句之中，只有第七句點出“送客”意，若看前六句，則全就“朝台”字運筆。而第八句，則寫北歸的旅途。

朝台，據清人沈德潛《唐詩別裁》註：“台在廣州府城市，漢文帝遣陸賈使南粵，以誠感之，趙佗稱臣，因築朝台。”清《嘉慶重修一統誌》說：“朝台在番禺縣東北。《水經註》：尉佗因岡作台，北面朝漢。圓基千步，直峭百丈，頂上三畝，複道迴環，逶迤曲折，朔望升拜，名曰朝台。前後刺史郡守遷除新至，未嘗不乘車振履，於焉逍遙。《元和誌》：在縣東北二十里，尉佗初遇陸賈處。”據宋人王象之《輿地紀勝》說：“朝漢台在城西五里，地名西場硬步，台本名圓崗，高數十丈，四面為羊腸道。《南越誌》：歲時尉佗登望漢而朝拜。皇朝《郡縣誌》云：在南海縣西南六里，大江之側。高三丈。《南越誌》云：昔尉佗自稱南越王，漢遣陸賈勞問，因說以歸漢，佗留賈數月，為台以飲，後遇正朔，於此北向而朝，因以名之。唐正元中，刺史以其基建亭。”我以為《輿地紀勝》之說較可靠，予少時嘗遊之，只知其地名“泥城”，實則為陸賈城。同時又知其地名“西場”，有“西場關帝”，鄉人以為靈驗。土人又名其為“會步”，蓋“會”“硬”二字，音近故也，其地為省立第一中學以西，即廣雅書院以西，臨於大江，“會步水廠”就在其地。惜年少，未知其為有名之古迹。

這首詩第一句，先從反面說起。意思是：趙佗向西面拜，本已登壇，即其南越武帝之位了。

第二句意思是：東漢光武帝時，馬援南征，降服南荒各地，漢朝的土境就擴寬了。

這說明漢代的武功，直向南方的土境大大擴寬，加上這一句，更覺朝台對於漢室的臣服。

第三句的意思是說：本來百越之國，從來没有唐時的印綬。印是官員們的印章，綬是綰着印章的絲帶。

第四句的意思是說：這個南蠻的鄉國，現在已可見漢朝的衣冠。

第三句是頂第一句的，第四句是頂第二句的。

第一聯是泛寫朝台；第二聯則是寫這南蠻之地“舊無印綬，今有衣冠”，早已臣服於漢朝了。

那麼，第三聯還有甚麼好寫呢？把筆頭一兜轉，說到它的天時和氣象。

它的第五句意思是說：江上的濃雲，帶着烈日而來，雖然已是秋天，但偏偏還是酷熱的。

在《全唐詩》裏“偏”字下註說“一作‘應’”，“應”字沒有“偏”字那麼有力。秋本該是涼的時候，但偏偏還是炎熱，廣東俗語所謂“爭秋奪暑”，正是此時。今年多了個閏七月，所以秋來的時候不大覺得有“爭秋奪暑”之天。不然，在室外勞動工作的人，也就苦了。

第六句意思是說：海上的雨飄來，雖在夏天裏，也感覺有寒涼之意。

上一聯言此地的衣冠文物，因而接着這一聯，把筆頭兜轉回來，專寫此地的天氣。許渾頗善於寫這一類，例如他的《咸陽城東樓》說：“溪雲初起日沈閣，山雨欲來風滿樓。”到現在還是傳誦得十分普遍。

第七句的意思是：你這個向嶺北歸去的人，不要再回頭望了。

第八句的意思是：你該知道，那水蓼的花和霜楓的葉，生滿了水邊，路道遙遙，有萬重急灘那麼遙遠啊！

除了第七句點出送客意思外，其餘前六句處處都為“朝台”兩字而描寫，最後一句，是寫旅途的。這種詩格，較為少見，但是，它卻含有無限的深意，一路敍述朝台，並非強調朝台的美好，所說的，都不過是這邊遠的蠻荒，在地方來說，土宇雖然遼闊了，可是過去全無唐的印綬，到現在才有漢的衣冠，則平常所接觸者，大都是所謂“南蠻鴃舌”之人。至於秋本該寒，卻因江雲帶日仍然是酷熱的；夏應該是熱，卻因海雨隨風，卻早就寒冷了。像這樣的地方，可以久居麼？你可以北歸，就朝着北面歸去了罷，何必再回望這地方？

換言之，作者只是羨慕友人之北歸，而反映自己今天的身世，還是要遠遠羈留着，不知何年何月，才可以逾過嶺北而歸去？這樣寫來，和一般寄意於遠行的人的送別詩，就全然不同，不為人悲，而為人喜，由於為人而喜，反映自己之久留異地而悲。假如不能領悟到這一點，就以為這首詩，實有文不對題之處，只知寫“朝台”，卻把“送客”之意，只是輕輕地一筆拖過，大有奴強主弱之勢。若拘泥於此，則全非好詩了。然而，又有幾人，懂得天涯送客的深意呢？

關於第二句的平仄，馬援的“援”字，人多讀平聲，則變成仄平平平仄仄平了。但它讀作援助的“援”字，音願。這樣讀，我懷疑才是正讀，不知讀者以為然否？

（香港《天文臺》報 1979 年 11 月 4 日）

南來不得豫章書

夜郎天外怨離居，明月樓中音信疏。
北雁春歸看欲盡，南來不得豫章書。

——李白《南流夜郎寄內》

這是一首在長流途中寄給太太的詩。

李白為甚麼要被流放呢？安（祿山）史（思明）之亂時，唐玄宗從長安（在今陝西省）出走，途中以太子亨充天下兵馬元帥，領朔方、河東、河北、平盧節度都使，南取長安、洛陽（在今河南省），以御史中丞裴冕兼左庶子，隴西郡司馬劉秩試守右庶子；永王璘充山南東道、嶺南、黔中、江南西道節度都使，以少府监竇紹為之傅，長沙太守李峴為都副大使；盛王崎充廣陵大都督，領江南東路及淮南、河南等路節度都使，以前江陵都督府長史劉彙為之傅，廣陵郡長史李成式為都副大使；豐王珙充武威都督，仍領河西、隴右、安西、北庭等路節度都使，以隴西太守濟陰鄧景山為之傅，充都副大使。當時規定，盛王李琦、豐王李珙都不出閣，隨侍玄宗左右。只有太子李亨、永王李璘，分赴任所。但在“制置”下達之前，太子李亨於七月十二日已即位於靈武（屬今寧夏回族自治区），改元至德，尊玄宗為太上皇。但史官們忽略了玄宗“制置”的用意，偏袒李亨朝廷，而以李璘為叛逆。及永王失敗被殺，幾個主謀也被殺了，李白曾在他的幕僚府中，雖然没有被列為主謀，但被置之潯陽（今江西省九江縣治），更要長流夜郎（今貴州省桐梓縣一帶）。雖然肅宗乾元元年（七五八）十月，實行大赦，李白在流放途中卻没有獲得寬宥。乾元二年，他行至夔州（今四川東部奉節縣）白帝城，才得赦放還，而這首詩，就是他未獲放還前的流放途中寄給他的第三任妻子宗氏的。

第一句意思是：夜郎那地方遙遠得在天外一般，我今被流放前去，自然要怨恨和家室分離而獨居了。

第二句意思是：不要說夜郎那麼遙遠，就是現在流放途中，便會想你在樓中感到音訊稀疏了。

關於“明月樓”，曹植《七哀詩》曾這樣說：“明月照高樓，流光正徘徊。上有愁思婦，悲歎有餘哀。”所以他以明月樓中的愁思婦，來比喻自己的妻子，也有無限的愁思。

第三句意思是：本來在北方棲息的雁，由於寒冷而到南方躲避，現在是春暖的時候，鴻雁乘時北歸，而我每次見到了雁群，就舉頭去看，已經看到將要北飛淨盡了。

第四句意思是：所有從南方飛來，經此地而北歸的，都没有傳來從豫章寄來的家信。

豫章是現在的江西南昌市。

由於離居天外，以致家裏的音訊稀疏。李白這個被流放的人，望盡了從南方飛來，經此北歸的雁，也不見有從豫章寄來的家信。

杜甫《春望》詩説："烽火連三月，家書抵萬金。"這是在長安被安祿山攻陷之時，他身陷賊中所寫的。而李白此詩，則寫於平亂以後，本該較易得到家書的，無奈看盡歸雁，不得來書。內心的感受如何，不問可知了。它的第一句，雖有"怨離居"字，但是其餘的三句，不再提及"怨"字了，而其幽怨之深，越寫越甚。此時假如得到家書，又何止萬金之重呢？縱或片語隻字，也珍如拱璧了。但是，李白不直接表達得不到家書的心情，不一語道破地説出來，只從側面描寫只見歸雁，不見家書。故意保留一段空白，讓讀者去想像。如此，必然得以使讀者的情感和作者的情感結合起來，而發生共鳴。

然則為甚麼又要看歸雁呢？因為古代相傳，鴻雁是可以替人傳遞書信的。

這首詩作，除了"明月樓中"稍用典故之外，其他都是白描，但是有了真實的情感，就自然而然地深深把讀者吸引住，深深使讀者受到感動。

最後要談及李白太太的問題。有些人頗有爭論，其實，他結過三次婚。在他二十七歲時，招贅於相公許圉師，他的太太，就是許相公的孫女，這位太太，和他生了一子一女。可是，許氏不幸早死。後來又續娶，這位繼室是姓劉的。據郭沫若説，這位劉氏，可能是李白在天寶元年（七四二）遊江東時結合的，結合不久，便離異了。最後娶了宗氏。郭沫若估計當時在天寶三年（七四四），地點當在梁園（今河南省開封）。梁園是宗氏的寓居，李白也説他自己"一朝去京國，十載客梁園"（《書情贈蔡雄》）。宗璟是李白的妻弟，長流夜郎時，水程送他一千里。夜郎在今貴州省遵義附近，但李白是由長江溯流而上，到了途中遇赦，並不曾到達遵義。永王失敗時，李白逃到潯陽，即被囚禁於潯陽獄中。太太宗氏曾經為他奔走營救，這在《在潯陽非所（即獄中）寄內》一詩中，説得很清楚。宗氏和李白有相同的信仰，她也是信仰道教的人。李白《秋浦寄內》詩有句説"我今潯陽去，辭家千里餘"，這個家不是指東魯的家，而是指梁園的家。他在天寶十四年（七五五）冬季曾經回過梁園，適遇安祿山叛變，洛陽陷落，潼關失守，因而和宗氏南竄。

（香港《天文臺》報 1979 年 11 月 11 日）

月明南內更無人

雨淋鈴夜卻歸秦，猶見張徽一曲新。
長説上皇垂淚教，月明南內更無人。

——張祜《雨淋鈴》

這是一首弔古之作，也可以說是一首宮詞。詩人是以宮詞得名的。如《李夫人詞》說：

> 延年不語望三星，莫說夫人上涕零。
> 爭奈世間惆悵在，甘泉宮內看圖形。

又如《題御溝》說：

> 萬樹垂楊拂御溝，溶溶漾漾繞神州。
> 都緣濟物心無阻，從此恩波處處流。

《贈內人》說：

> 禁門宮樹月痕過，媚眼惟看宿燕窩。
> 斜拔玉釵燈影畔，剔開紅焰救飛蛾。

都是很好的宮詞。

這一首《雨淋鈴》，是傷楊玉環之死也。

"雨淋鈴"，一作"雨霖鈴"。據宋人郭茂倩《樂府詩集》說："'雨霖鈴'，《明皇雜錄》曰：'帝幸蜀，南入斜谷（在陝西省眉縣西南。褒斜谷之東口，亦為褒斜之總稱），霖雨彌旬，於棧道雨中聞鈴聲，與山相應。帝既悼念貴妃，因採其聲為'雨霖鈴曲'以寄恨焉。時梨園弟子惟張野狐一人，善篳篥，因吹之遂傳於世。洎（音冀，及也）至德（肅宗年號，七五六—七五七）年間，復幸華清宮［陝西臨潼縣南，在驪山上，驪音離，唐玄宗開元十一年（七二三）初置溫泉宮，天寶六年（玄宗年號，七四七）改華清宮］，從宦嬪御，皆非舊人。帝於望京樓命張徽奏'雨霖鈴曲'，不覺悽愴流涕。其曲後入法部（唐時有梨園法部，乃專奏法曲者）。"《樂府雜錄》說："明皇自蜀反正，樂工製'還京樂''雨霖鈴'二曲。"唐人樂史《楊太真外傳》所載，與《明皇雜錄》（唐鄭處誨撰）同。宋王灼撰《碧溪漫誌》說："考史及諸家說，明皇自陳倉（陳倉縣故城，在今陝西省寶雞縣南）入散關（在寶雞縣西南），出河池（郡名，即今陝西鳳池治），初不由斜谷路。今劍州梓潼縣地名上亭（今四川省梓潼縣北，唐為上亭驛。《中國古今地名辭典》說："即皇幸蜀闕鈴聲之地。"），有古今詩刻記明皇聞鈴之地，庶幾是也……世傳明皇宿上亭，雨中聞牛驛聲，悵然而起，問黃幡綽鈴作何語？曰：'謂陛下特郎當。'特郎當，俗稱不整治也。明皇一笑，遂作此曲。……張徽，即張野狐也。或謂祜詩言上皇出蜀時曲，與《明皇雜錄》《楊妃外傳》不同，祜意明皇入蜀時作此曲，至雨淋鈴夜卻又歸奏，猶是張野狐向來新曲，非異說也。”

這首詩的第一句，意思是：大雨淋鈴之夜，明皇卻又從西蜀返回陝西長安了。

這一句，已有無限的感慨。當郎當入蜀之時，正聞夜雨淋牛驛之聲，如白居易《長恨歌》所謂“夜雨淋鈴腸斷聲”，現在還京了，還是夜雨淋鈴，而貴妃楊玉環呢？卻已埋骨於馬嵬坡了。

第二句的意思是：依然聽到張野狐吹奏那《雨淋鈴》的新曲詞。

本來還京，尚同幸蜀時的情景一模一樣，撫今追昔，情何以堪？明皇當然撩起了當時的心事，悵然而起的迷惘，豈易淡忘？

《全唐詩》“猶見”字一作“猶是”。

第一、二兩句，是寫玄宗的，第三句，則是寫張野狐的。意思是：常常都說，這一首《雨淋鈴》的歌曲，是上皇天帝帶着眼淚來教導的。

安史之亂，安祿山攻陷長安，明皇幸蜀，太子李亨（則肅宗）尊明皇為“上皇天帝”。

第四句的意思是，可憐月明之夜，在興慶宮中，再沒有當時最寵幸的人了。

唐代諸帝，多居於大明宮，而大禮大事，則在太極宮舉行，其正殿名太極殿，位於大明宮之西，故又謂之西內。至於南內，則在長安城東南角興慶宮。玄宗為太子時，居於此。因在城南，故稱為南內，杜甫詩說：“南內開元曲，當時弟子傳。”白居易《長恨歌》說：“西宮南內多秋草，落葉滿階紅不掃。”

只白氏此兩句，已足見張祜所說的“月明南內更無人”的悲慘情緒了。雖然，名為“上皇天帝”，其實與廢帝何以異？假如楊妃尚在，則“不愛江山愛美人”，猶足以娛其晚景，現在，連“七月七日長生殿，夜半無人私語時”的龍姬，也“上窮碧落下黃泉，兩處茫茫皆不見”了。獨居南內，其心境之難過，惟詩人的佳句可見之。

試以此二十八字，和白氏的《長恨歌》如流水賬般，一一寫出，其感染力為何如呢？

讀《長恨歌》，只得詳盡二字，讀此《雨淋鈴》，及元稹的《行宮》，就有無限的餘味，留給讀者去咀嚼。因而讀者和作者的感情，就容易聯繫起來，何必貪多務得呢？

（香港《天文臺》報 1979 年 11 月 18 日）

遙指紅樓是妾家

白馬驕行踏落花，垂鞭直拂五雲車。
美人一笑搴珠箔，遙指紅樓是妾家。

——李白《贈陌上美人》

這是一首艷情詩。假如是李商隱、杜牧之的作品，大家都會不以為異；然而，這卻是詩仙李白所寫的，那就會使人認為罕見了。因為在他的集子中，這一類作品恐怕是僅有的。

他雖然是一個豪放的詩人，但只是在生活上豪放，在酒國中豪放，所謂“千金散盡還復來”，所謂“古來聖賢皆寂寞，惟有飲者留其名”。他的豪放，多在於此，而不在男女關係上，没有如李商隱、杜牧之“願得化為紅綬帶，許教雙鳳一時銜”“十年一覺揚州夢，赢得青樓薄倖名”那樣的豔麗和浪漫。

這首詩的第一句，意思是：騎着一匹白馬，驕縱地奔馳，踏着滿地的落花。

這“驕行”字，和“踏落花”字，在艷麗中，還可以顯出他的豪放。特别加上“白馬”字，使人感到好一個貴公子，正在“春風得意馬蹄疾”的時候，“踏落花”字，顯示出正是落花時節，少年行樂之際。

第二句的意思是：垂下了馬策，毫無忌憚地直向如花似玉的美人兒所乘坐的車子上揮動。

“五雲車”，是具有五色雲氣之車，顯然是仙人所乘坐的，庾信《道士步虛詞》說：“東明九芝蓋，北燭五雲車。”劉長卿《聞奉迎皇太后使沈判官至》詩說：“長樂宫人掃落花，君王正候五雲車。”所以，乘五雲車的，非富則貴。同時，也隱含了一層意思：車裹坐着的，正是個天仙般的美人。

陌上相逢，素不相識，而竟敢“垂鞭直拂五雲車”的，其舉動豈不嫌輕薄嗎？

這一句，和上一句，是一起一承，以“垂鞭”承上句的“馬”；“直拂五雲車”，而加強了上句的“驕行”，不如此，何以見得其驕？

上面所說，李白這樣豪放，簡直是個“花花公子”的模樣，說得不好聽一點，就是一個“色膽包天”的無賴子。

第三句的意思是：美人嫣然一笑地搴起了車上的珠簾。

這一句在整首詩的結構中是轉，由於乘白馬的少年郎鞭拂五雲車，不但不以“唐突西子”為嫌，反而報以良好的反應。一笑搴簾，藉以示意。

珠箔者，珠簾也。《漢武帝故事》說：“武帝起神室，以白珠織為箔。”李白《相逢行》說：“秀色誰家子，雲車珠箔開。”白居易《長恨歌》說：“攬衣推枕起徘徊，珠箔銀屏邐迤開。”權德與《雜曲歌辭・樂府》說：“綠窗珠箔繡鴛鴦。”

第四句的意思是：遥遥地指點着那邊的一座紅樓，就是我的家了。

這一句，完全是雲車美人所說的話，比之一笑搴簾的反應，更加推進了一步。她毫不隱諱地向那白馬少年郎說明自己的家在哪裏。毫無疑問，是歡迎公子的光臨。

紅樓，是富家女的住處。《幼學故事瓊林》說：“紅樓是富女之居。”白居易《秦中吟》說：“紅樓富家女，金縷繡羅襦。見人不斂手，嬌癡二八初。母兄未開口，已嫁不須臾。綠窗貧家女，寂寞二十餘。荆釵不直錢，衣上無直珠。幾回人欲聘，臨日又踟躕。”又韋莊《長安春》詩說：“長安春色本無主，古來盡屬長安女。”可見這個美人兒，不惟是美麗，而且富於家財。

這首詩，由頭到尾，一氣呵成。我初時還以為是別人的作品混入李白集裏，但是看它一氣到底，這正是李白的本領。就算是小李（商隱）吧，也少有這樣的氣勢。

從這首詩中，可以反映出唐時的男女交際，是很平常的事。筆者在一次授課中，有學生問古代的婦女是否三步不出閨門。我就說：你指的古代是哪一朝代？他說是唐、宋以上。我指出這只不過是道學家給婦女們的羈束。實際上，古代男女交際，有許多時期，非常自由，他請我舉個例，我就舉出《詩經·鄭風·褰裳》來：

子惠思我，褰裳涉溱。
子不思我，豈無他人？
狂童之狂也且！

還用語體解釋說：“你假如愛我，就應該提起衣裳，涉過了溱水來。假如你不是愛我的，難道沒有人追求我嗎？衰仔！”我故意把最後一句解作廣東俗語“衰仔”，是要使學生更加容易吸收；同時，也讓它特別傳神。

果然，“衰仔”兩字收效了，學生們哄堂大笑，聽得津津有味。那學生又問：“那麼唐朝又怎樣呢？”我先舉出杜甫的《麗人行》：“三月三日天氣新，長安水邊多麗人。”再舉出崔顥的《長干行》二首：

君家何處住？妾住在橫塘。
停船暫相問，或恐是同鄉。

家臨九江水，來去九江側。
同是長干人，生小不相識。

我本來不是教文學的，但學生聽得高興了，問我還可以舉例否，我就講述了這首《贈陌上美人》來。

（香港《天文臺》報 1979 年 11 月 25 日）

解杜詩

讀了一士先生以“官應老病休”為題的一篇文章，我也要搖搖筆桿。本來杜甫這一句詩句是不難解釋的，用不着連篇累牘去研究。但是，既然在解釋上有了問題，而為了使讀詩和學詩的人知道要了解一句詩，有時並不能只從字面着眼，因此，我也得不憚浪費一下筆墨了。

首先我們要知道，作詩的人，有時候是不想很率直地說出一句話的，杜甫自己也說他詩的風格是“沈鬱頓挫”，可見，太率直地去解一句詩，尤其是解杜詩，就會解不出其原意來，也見不到原作品的真面目。

“官應老病休”這句詩，出自杜甫很有名的作品《旅夜書懷》。這首詩，是他晚年的作品了，推斷是永泰元年（七六五）去成都，舟下渝、忠時所作。根據《杜工部年譜》，在這一年裏，他的行藏是這樣的：“正月辭幕府，歸草堂，四月嚴武卒，五月遂離蜀南下，自戎州至渝州，六月至忠州，秋至雲安，居之。”這已是他生命中將近最後的階段了。他這年已是五十四歲，雖然在上一年——廣德二年（七六四）六月，嚴武奏為節度參謀檢校尚書工部員外郎，賜緋魚袋，可算是他坎坷的生活中的一個轉變，但是不到一年，連他所依靠的嚴武節度使也死了，又要過流浪生活了。在旅夜中的舟中，焉得不興歎呢？

詩的原文是這樣的：“細草微風岸，危檣獨夜舟。星垂平野闊，月涌大江流。名豈文章著？官應老病休。飄飄何所似？天地一沙鷗。”這四十個字，被認為“通首神完氣足，氣象萬千，可當雄渾之品”。尤其是頷聯，被認為是不可多得之作。至於頸聯“名豈文章著？官應老病休”應該怎樣解釋才是呢？據沈確士說：“胸懷經濟，故云名豈以文章而著；官以論事罷，而云老病應休，立言含蓄之妙如此。”而沈氏此說，迭為詩家所引，更有詳為闡述的，也不妨併錄在這裏：“‘名豈文章著，官應老病休’，杜老精神，活現於二句。胸懷經濟，故曰名豈以文章而著乎？但言下則名終不能不以文章著。有胸中經濟，終無由展放意。深自傷其境遇也。少陵由論事觸忌罷官，但一筆不露此意，謂以老病之身，固自當休。何其溫厚如是乎？風人之旨，此為極則。”可知“官應老病休”，並不是一句率直的話。

況且，在詩裏所說的休官，似指八九年前疏救房琯的事。那時候，杜甫不過四十五歲，在他自己看來，也不認為是老病的。就是後來他真的老病了，他還是想做官的，他在寫《旅夜書懷》那首詩的同一時期裏的作品——《將曉二首》之一，其中有四句說：“壯惜名身晚，衰慚應接多。歸朝日簪笏，筋力定如何。”那時候杜甫已老病不堪了，還不減其雄心呢。更可知“官應老病休”一句，不能作率直的解釋了。

（出處不詳）

幾人相憶在江樓

暮天新雁起汀洲，紅蓼花疏水國秋。
想得故園今夜月，幾人相憶在江樓？

——杜荀鶴《題新雁》

這是懷鄉之作，其以“題新雁”為題者，特因見新雁之南飛，藉以起興罷了，等於《詩經》的《關雎》，也是以“關關雎鳩，在河之洲”起興。

假如我們讀詩的人，死纏着“新雁”不放，則這一篇作品，就變成“文不對題”了。那麼，我也不會說明它是懷鄉之作，而說它是一首咏物詩了。

它的第一句意思是：當日落的時候，新雁群起飛於水邊的平地和水中的沙洲。

新雁者，秋雁也。當秋而自北地南飛，當春而自南國北飛。水旁的平地叫汀，水中的沙洲叫洲，都是雁所棲止之處。

也許有人以為雁不會在暮夜飛翔的。其實唐人張九齡《同綦毋學士月夜聞雁聲》詩開頭就有這幾句：“棲宿豈無意？飛飛更遠尋。長途未及來，中夜有遺音。”同時，錢起《歸雁》詩也說：“瀟湘何事等閑回？水碧沙明兩岸苔。二十五弦彈夜月，不勝清怨卻飛來。”可見雁有夜飛的。錢起的一首，我以前曾經有過講述了。

在這一首中，既以新雁起興，也含有雁已南飛，我為甚麼還是羈旅異地之感。

第二句意思是：水邊的蓼草紅得鮮明，雖然花朵是疏落的，但已告訴人們：這已是水國的秋季了。

“水國”字是承着起句的“汀洲”字；“紅蓼”字和“秋”字，則是承着“新雁”字。

只是這兩句，已有秋聲、秋色，把天地間的秋意顯明地描寫出來。

所謂遊子悲秋，秋是使人思家的，晉人張翰在洛陽（在今河南省）見秋風乍起，於是想到家鄉的鱸魚膾、蓴菜羹，說人生何必為仕宦而羈旅於千里之外呢？便即命駕回鄉。所以這“水國秋”，就引出了第三句來。

第三句意思是：料想故鄉在今夜的月色之下。

這一句是轉筆，轉入懷鄉這意念來。但是，語氣還沒有說得完全。大概寫絕句和寫律詩都是如此。最後兩句，多是一氣相連。例如唐人李白《黃鶴樓送孟浩然之廣陵》的“孤帆遠影碧空盡，惟見長江天際流”。又如王昌齡的《芙蓉樓送辛漸》中的“洛陽親友如相問，一片冰心在玉壺”。律句如李白的《登金陵鳳凰台》：“只為浮雲能蔽日，長安不見使人愁。”杜甫的《秋興八首》：“同學少年多不賤，五陵衣馬自輕肥。”隨時都可以撿拾起例子來。

這裏有“今夜月”，固然由第二句轉來，也遙遠地和第一句的“暮天”相呼應。

第四句意思是：有多少人在臨江的樓閣上，憶念遠居異地的人呢？

這裏的“江樓”字，和第二句的“水國”字，互為映帶。

寫詩寫到這個地步，處處互相呼應，句句互相關鎖，才可以使得整首詩歌的氣脈相連貫，整首詩歌是一個結構緊密的整體，而不是一句句地湊合而成的。我常常都說，寫絕詩比律句更難。律句之難只在對偶，但它比絕句的字數多了一倍，有廣闊的迴旋地；而絕句比律句的字數少了一倍，字數簡單，卻要表達複雜的意思，或者新穎的、深刻的意思。那就等於畫畫一般，能有“尺幅萬里”之勢。對偶似乎是難，但假如是老手，對偶是很容易辦到的。在唐代四個時期（初唐、盛唐、中唐、晚唐）中，絕句最佳的，前人之推重李太白和王昌齡，由此可見，絕句之難於寫作。

再回頭講述這一首詩，只是詩人見了新雁，見了紅蓼，甚或遇了秋風，因而觸動懷鄉的心意，但他寫來，偏偏不從自身寫起，相反地，卻從故園方面重重地下了兩筆濃墨。換句話說，他是以故園的人憶念遠羈異地的人來反映自己是如何懷鄉。這樣的手法很巧妙。不過，這不是他的創新。王維的《九月九日憶山東兄弟》詩所謂“遙知兄弟登高處，遍插茱萸少一人”已是寫故鄉的情形了。又如杜甫的《月夜》詩有句說：“今夜鄜州月，閨中只獨看。遙憐小兒女，未解憶長安。”清人楊倫《杜詩鏡銓》引註說：“王右仲云：公本思家，反想家人思己，已進一層。至念及兒女不能思，又進一層。”又清人《李調元詩話》說：“詩有借葉襯花之法，如杜甫‘今夜鄜州月，閨中只獨看’自應說閨中之憶長安，卻接‘遙憐小兒女，未解憶長安’，此借葉襯花也。古之人善用反筆，故有伏筆、有起筆、有淡筆、有濃筆，今人曾夢見否?”可知詩人的“想得故園今夜月，幾人相憶在江樓?”就是運用同一手法。

詩人生於公元八四六年，卒於九〇七年，字彥之，號九華山人，石埭（今安徽省石埭縣）人。南宋時開始，傳說他是杜牧的兒子，這是周必大所說的，見《省齋文稿》，又見《雜著述》。他屢試不第，中進士時，已是四十五六歲了。入梁，以賦詩頌揚梁主朱全忠，得到賞識，授翰林學士，有《唐風集》。雖然他的科舉成名很晚，但在詩壇上，則早享盛名。當時的人讚美他的“壯言大語”，能使“貪夫廉，邪臣正”。希望他遠繼初唐陳子昂而為“中興詩宗”。他自己曾說：“寧為宇宙閑吟客，怕作乾坤竊祿人；詩旨未能忘救物，世情奈值不容真!”（見《自敍》）。他作品的主要方面，就是所謂“救物”，直率而勇敢地描述了民生疾苦；他對生民同情的深厚，對社會現象觀察的真切，超過了他同輩的詩人。例如他的《山中寡婦》詩說：“夫因兵死守蓬茅，麻苧衣衫鬢髮焦。桑柘廢來猶納稅，田園荒後尚徵苗。時挑野菜和根煮，旋斫生柴帶葉燒。任是深山更深處，也應無計避徵徭。”大膽地揭露民間的疾苦之甚，大力地指摘官府的徵斂之苛。

（香港《星島晚報》1980 年 11 月 4 日第 12 版）

管夫人《我儂詞》

我儂兩個，忒煞情多！譬如將一塊泥兒，捏一個你，塑一個我。
忽然喜歡呵，將他來都打破。

重新下水，再團再練再調和；再捏一個你，再塑一個我。

那其間，那其間，我身子裏也有了你，你身子裏也有了我。

——管夫人《我儂詞》

這是元代管夫人的《我儂詞》。溫柔敦厚地說明愛情的真誠，而且是彼此一致的。

許多人在熱戀途中，忽然破裂了；也有許多經歷長久婚姻生活的，終於佳偶成為怨侶。

假如有這些遭遇的人們，把這作品細心玩味一番，可能對於不幸的變故、破碎的心靈，有所補益。

《我儂詞》可貴的地方，是語言淺近而情意深厚，是比喻貼切而不激動，既不妒忌，也不驕矜。

她是趙孟頫（古“俯”字）的妻子管道升，吳興（屬今浙江省）人，字仲姬。寫得一手好詞章，也寫得一手好的行楷字體，還能畫墨竹蘭梅，筆意清逸。描寫山水和佛像，都能脫俗。封魏國夫人，世稱管夫人。

寫《我儂詞》的動機，相傳是趙孟頫要納妾，她就憑藉生花妙筆，來鞏固夫婦的愛情，終於美滿的姻緣没有被第三者介入。

她的丈夫趙孟頫，是宋太祖趙匡胤之子秦王德芳的後人。因賜第湖州（今浙江省吳興縣），故為湖州人。字子昂，號松雪道人。至元（元世祖年號，一二六四——一二九四）間程鉅夫奉詔搜訪遺逸，以孟頫入見。才氣英邁，神采煥發，如神仙中人，世祖見了歡喜，使坐右丞葉李上。仁宗即位，官至翰林學士承旨。卒贈魏國公，謚文敏。詩文清深奇逸。篆、籀、分、隸、真、行、草各種書體，無不冠絕一時，流傳至今而不衰。畫山水、木石、花竹、人馬更為精緻。中國傳統文藝家所說的“趙管風流”，就是比喻夫婦在文藝上都有高度成就。

這首《我儂詞》，有兩種格式，正如流傳的三國時魏陳思王曹植的《七步詩》，兩種格式大同小異，而句子的多少就有分別。為了節省篇幅，另一格式恕不贅述。這里要特別說明的是，美好的文學作品，不在文字的艱深，而在情感的真摯和深厚。例如這一首詞，比現代的新詩更口語化，更易理解，朗誦起來更有韵味。換言之，思想性和藝術性，都是好作品的主要條件，否則就不會有感染力和說服力。

這首詞中唯一要略加疏解的，就是“儂”字，一般人多以為是第一人稱，實則可作“你”解，也可以作“他”解。而在這裏，則是解作“你”的。

從來，趙孟頫的知名度都高於管夫人，他作品的流傳也比管夫人為多，但相傳他有一首調侃管夫人的詞，則不大為人所知，並錄如下：

我為學士，

你做夫人；
豈不聞王學士有桃葉、桃根，
蘇學士有朝雲、暮雲？
我便多娶幾個吳姬、越女無過分。
你年紀已過四旬，
只管佔住玉堂春。

同一事情的作品，一則萬人傳誦，一則幾於湮沒不彰，主要的分別在於思想性和藝術性。

趙詞中的“王學士”，是晉朝王獻之，“桃葉”“桃根”，則是他的姬妾。

“蘇學士”是宋朝蘇軾，“朝雲”就是他的幼妾。蘇軾被貶到惠州（廣東東江，距香港很近）時，隨行的姬妾就只有她，後死於貶所，而葬於惠州西湖。

而所謂“暮雲”，是根據宋玉《高唐賦》的語意，借來對偶和襯韵的。

這一作品雖用了一些典故，也用了一些辭藻，不但不能動人，更充分暴露作者的大男人主義，比不上《我儂詞》毫不矯情地揭示婚姻生活的真正意義。

根據清乾隆年間人著錄，管夫人有自寫小像手卷，顯示“面方目細，身長短停勻”。趙孟頫也有自畫像，“面圓而俊偉，豐神奕奕，微鬢，真元世祖所謂‘神仙中人’也”。今《中文大辭典》中有之。

（1984 年 3 月 4/5 日連載）

韓翃的《章台柳》

章台柳，章台柳，
往日青青今在否？
縱使長條似舊垂，
亦應攀折他人手。

——韓翃《章台柳》

這是唐詩人韓翃（音宏）寫給他妻子的詩，因為久別已三年，彼此沒有消息。

韓翃的《寒食》詩為古今傳誦，它就是“春城無處不飛花，寒食東風御柳斜。日暮漢宮傳蠟燭，輕煙散入五侯家”，選入《唐詩三百首》中。

在未講這首《章台柳》之前，先講述這《寒食》詩。在唐德宗時，韓翃的幕吏生活過得不很得意，託病辭官在家，有一位姓韋的巡官，也是知名之士，單獨和他友善。一日，夜將半，韋叩門甚急，韓出門相迎。韋賀曰：“員外除（當時得到新官職說是除）駕部郎中知制誥（是中書舍人之職，替皇帝掌管制誥的）。”韓聽了大為錯愕，曰：“必無此事，一定是搞錯了。”韋入門，就座後曰：“留邸狀報制誥闕人，中書（官署名）兩進君名，御筆不點出，又請之，且求聖旨所與。德宗批曰：‘與韓翃。’時有與翃同姓名者，為江淮刺史，又具二人同進。御筆復批曰：‘春城無處不飛花，寒食東風御柳斜。日暮漢宮傳蠟燭，輕煙散入五侯家。’又批曰：‘與此韓翃。’”韋又賀曰：“此非員外詩耶？”韓曰：“是也。”因此認為不會弄錯了。天明時，韓的舊上司李相勉和僚屬們都來慶賀。那是建中（七八〇—七八三）初年的事情。

一個詩人的作品，傳到皇宮裏去的已是難得，又為皇帝所熟讀的，就更為可貴。

因御批其詩而得官，這是奇事。在此之前，又會因御批而得妻的，也可算是特異的遭遇。而這得妻之事，就與《章台柳》詩有直接關係。

從頭說起，韓翃少年時就負有才名，天寶（唐玄宗年號，七四二—七五五）末年舉進士。孤貞靜默，所與交遊的，都是當時名士。

然而貧窮家裏四壁蕭然，別無餘物，鄰家有李將軍之妓柳氏，李每至柳家，必邀韓同飲。韓知李是豁達的大丈夫，彼此都無拘執，長久如此，更相接近。柳氏每有閑暇便從墻壁隙縫窺看韓的生活，了解他的貧困。聽聞有客人到，則必是著名人物，柳氏深為感動，便對李將軍說：“韓秀才窮極了，不過所與交遊的，都是知名人士，他必然不是長久貧賤的，應該借點錢給他。”李將軍點頭，深以為然。一日，具備酒餚，邀韓共酌，酒興大發時，對韓說：“秀才是當今名士，柳氏是當今有名的美人，以名美人匹配名士，不是很合理嗎？”就叫柳氏出座應接。大大出乎韓的意料，極力推辭。李將軍說：“大丈夫相遇於杯酒之間，不是久逢知己，還可以為知己者死，何況女人呢？”又說：“先生正在窘境，未能有所作為，柳氏有錢數百萬，可以接濟你的。柳氏是個賢淑的人，很適宜和先生相處，也一定能盡她的節操。”說罷，深深作一個揖便離去了。

韓即就柳家而居，靠她資助，一舉成名。後數年，淄青節度使（治所設青州，即今山東省益都縣治）侯希逸，表奏韓做員佐。韓因世亂未定，不敢讓柳氏隨同到任，留她在京城，約定年期才迎接她。但經過三年，還未能迎接，就買一個珍貴絲囊，題《章台柳》一詩寄給她。柳回信給韓，還和了詩給他說：

楊柳枝，芳菲節，可恨年年贈離別。一葉隨風忽報秋，縱使君來豈堪折？

柳氏由於貌美而著名，但獨個兒居住，恐怕不能避免人家的垂涎，就落髮為尼姑，居於佛寺中。後韓隨侯希逸入朝，尋訪柳氏時，她卻已被立功的藩將沙吒利所劫去。一天，韓遇一車子，車中人說：“我是柳氏，失身於沙吒利，無法逃脫，明天由此路回家，希望來此一見。”第二天應約而去，車中人投一紅巾，包着一小盒子，盛滿了香膏，哭泣着說：“終身永別了。”車子飛馳而去。

這一天，韓參加一個盛大宴會，悶悶不樂，座中人問他何故，韓具體說出，一武將許俊說："願得親筆一函，當立即取得她回來。"於是騎一馬，牽一馬到沙家，沙剛出了門，許俊進門說："將軍墜馬，命迎柳夫人。"即扶上馬，趕回酒樓。侯希逸上表唐代宗，指摘沙的罪過。代宗御批說："沙吒利宜賜絹二千匹，柳氏卻歸韓翃。"兩人就得以重合。

（1984 年 3 月 6/7 日連載）

陽台去作不歸雲

寂寞堂前日又曛，陽台去作不歸雲。
當時聞說沙吒利，今日青娥屬使君。

——趙嘏《座上獻元相公》

這是一首控訴的詩，控訴寵姬被豪門佔奪。趙嘏，字承祐，唐時山陽（今江蘇省淮安縣）人，其《長安秋望》詩中有"長笛一聲人倚樓"之句，杜牧深為愛好，時常吟咏，時人就替他起個雅號為"趙倚樓"。性豪邁爽達，大受卿相欣賞，出入台閣（尚書衙門），像是兄弟般親切。能以一名書生而令遠近見重，因而有"一日名動京師，三日傳滿天下"的稱譽。

可是，他官運不好，僅僅做到縣尉（相當於現在縣的警察局長職務）。本來唐宣宗也知其名，問宰相說："趙嘏詩人也，會為好官否?"命進呈其詩作，開卷有秦詠說："徒知六國隨斤斧，莫有群儒定是非。"宣宗看了不大喜歡，再就沒有下文了。

在此之前，趙嘏曾在浙西居住，因要到京師長安（今陝西省西安）去取功名，無人照料老母，就留寵姬在家。不料為浙帥所見，恃勢將姬奪去。過了一年，趙嘏取得功名回家，才知此事，再到長安寫成上述的詩，獻給元相公作為控訴。

詩的意思是：寂寞的廳堂前，日色已到黃昏，所愛的姬妾像是陽台（山名。約在今四川省和湖北省之間。事見宋玉《高唐賦》）的行雲一般一去不回。當時聞說韓翃的柳氏被立功的藩將沙吒利所佔奪，而為淄青節度使侯希逸的虞候將柳氏奪回，侯希逸即奏知皇帝，韓柳得以復合。但今日我的寵姬（"青娥"這名詞見江淹《江上神女賦》，作少女解）已屬於使君（奉使之官的尊稱，後為州郡之官的代稱）所有。望相公也像侯希逸一般，使我的寵姬能回家重聚。

浙帥聽聞此事恐怕鬧出大事，就派人把姬送到長安。當時趙嘏正好出關，途經橫水驛（今陝西省鳳翔東南），忽然與其馬上相遇。姬抱嘏痛哭，第二夜她就死了。

趙嘏和韓翃的遭遇大致相同，韓的《寒食》詩在《唐詩三百首》中有著錄，趙的《江樓書感》詩在《千家詩》中也有著錄，都是至今傳誦不衰的。表現手法很高，值得學習。趙詩似是為失去寵姬而寫的。一併錄下：

獨上江樓思悄然，月光如水水如天。
同來望月人何在？風景依稀似去年。

（1984 年 3 月 8 日）

人面桃花相映紅

去年今日此門中，人面桃花相映紅。
人面不知何處去？桃花依舊笑春風。

——崔護《題都城南莊》

這是普遍傳誦的詩作。由於它，產生了一個動人故事，見於唐人孟綮《本事詩》，和韓翃的故事，同列入於“情感”一類。

崔護，字殷功，博陵（今河北省定縣一帶）人。貞元十二年（七九六）進士，官至嶺南（今廣東省）節度使。年輕時資質甚美，性孤潔，少與人來往。清明日，獨遊都城（當時的長安，今陝西省西安市）南郊，到一莊園，花木叢茂，但寂寞得似無人踪。敲門，等了一會，有女子從門縫兒窺看，問道：“誰呀?”崔護直告之，還說：“尋春獨行，酒渴求飲。”女子回身入內，捧着一杯水出來，開門設牀請坐，獨倚小桃樹而立。崔以言語挑逗，不答。注視很久，崔護辭去，嗣後絕不再到。

第二年清明節日，忽起思念，再去尋訪，門牆還是一樣，但已加上了鎖。就題了上述的一首詩在左邊門上。後幾天，再去尋訪，聞其中有哭聲，敲門詢問，有老翁出門說：“你是崔護嗎?”答道：“是的。”老翁又哭着說：“你殺了我的小女。”崔護着了驚，不知怎樣回答才好。老翁說：“小女正是待嫁之年，懂得讀書，但未嫁人，由去年到現在，時常精神恍惚，像是失落了甚麼似的。今日和她出門，回來時，見左門上有字，朗誦一遍，入門後就病了，絕食了幾天終於死去。我年老了，這女兒之所以還未出嫁，是希望遇到個有賢德的人可以寄託終身的。現在不幸死了，還不是你殺害了她?”說着，又大哭。

崔護也感動，請求入內哭祭。看她像是平常人躺在牀上，便托起她的頭，一邊哭一邊說：“我崔護在這裏，我崔護在這裏。”頃刻間，女子開目而視，半日後蘇醒。老翁很高興，將女兒許配了他。

今人一提到古代，就說“禮教殺人”，未可一概而論。不論這故事的真偽，但可反映當時的風氣，男女間有相當大的自由。

第四句以艷麗之景，反襯惆悵之情，更能動人。

（1984 年 3 月 16 日）

何當共剪西窗燭

君問歸期未有期，巴山夜雨漲秋池。
何當共剪西窗燭，卻話巴山夜雨時。

——李商隱《夜雨寄北》

這是唐人李商隱寫給太太的一首情詩。晚唐詩人中，李商隱和杜牧齊名，時人稱為“李杜”。為了有別於唐初“李（白）杜（甫）”，於是稱他們為“小李杜”。

他們的詩篇都是艷麗的，私生活都是浪漫的。特別是李商隱，寫了很多“無題”詩，人們大都指為不正常的男女關係的。其實，這兩位杰出詩人，都有不平凡的政治抱負而懷才不遇。艷麗的詩篇中，有好些與政治有關，也有些是藉以發泄在政治上不得意的情感的。

李商隱這一首廣為傳誦，但也有人以為是寄給戀人的，實則是寄給太太的。宋人洪邁所輯的《唐人萬首絕句》就把題目索性改為“夜雨寄內”。李商隱集中寄內的詩作不少，但都没有明白的標題。

而所謂“寄北”者，因為太太在長安（今陝西省西安市），他則客居於巴蜀（今四川省），從地理上看，長安在北，巴山在南。洪邁改為“寄內”，本無必要。

由此，又可以窺見古人製題，不肯輕下一字。

詩的意思是：家信頻來問我何日回家，可是我自己也不能作出決定，我客居於巴山（在今四川省南江縣北），這時正在夜雨滂沱，秋季的池水也因雨水注入而高漲，孤衾冷枕，景況淒涼。哪一日（“何當”共有五解，這裏解作“何日”）和你共坐於西窗之下，夜深剪燭，再度（“卻”字在這里作“再”，解如“卻說”）講述我在此地此時孤單的情況呢?

清人紀曉嵐對李商隱的詩作多所嗤點，但對這一首則作如下的評價：“作不盡語，每不免有所作態，而此詩含蓄不露，卻如一氣說完，故為高唱。”

在這二十八字裏，第二和第四句的“巴山夜雨”重複使用，前者處於淒涼分散的境地，後者想念溫暖歡聚的情形，有人說這樣迴環運用之妙，像是“水晶如意玉連環”，它確有這樣特殊的表現藝術。

有人認為李商隱任川東節度使柳仲郢幕僚時，太太王氏已死了，但也有人認為，他未入柳幕時曾有巴蜀之遊。

這是一個懸疑，還待考證，正如有人爭議他曾否入粵。

（1984 年 3 月 12 日）

方知紅葉是良媒

一聯佳句隨流水，十載幽思滿素懷。
今日卻成鸞鳳侶，方知紅葉是良媒。

——于佑妻韓氏謝媒詩

從前結婚人家常有這樣的門聯：“詩題紅葉，玉種藍田。”上一句是取義唐代“紅葉題詩”的故事的。在辭書中關於紅葉題詩的故事有三個，據我所知，則有四個。

先講述前三個：唐德宗時（七八〇—八〇四）奉恩院王才人（宮中女官名）養女鳳兒，在紅葉上題詩，放到御苑的溝渠上流出，進士賈全虛拾得，禁衛軍奏報給皇帝，皇帝給賈以金吾衛（即禁衛軍）兵曹的官職，又把鳳兒嫁給他。這故事，見於《侍兒小名錄》。

另一故事，則是唐宣宗時（八四七—八五九），舍人（宮中近侍之職）盧渥偶然行近御溝，得一紅葉，上題絶詩一首，便收藏在衣箱裏。後來宣宗恢復宮女的自由，准許她們出嫁，盧渥所娶得的，剛巧就是葉上題詩的人，看到那片紅葉後，說：“當時偶然題上詩句，萬想不到由郎君收拾起來。”這一故事，見於《雲溪友議》。

第三個故事，見於《太平廣記》。是這樣的：唐僖宗時（八七三—八八八），宮女韓氏，在紅葉上題了一首詩，放到御溝裏，隨着流水漂出宮外，學士（唐代置學士於學士院）于佑拾了起來，也就拾起另一片紅葉，題了詩從御溝的上游投下隨水流到宮中，韓氏巧合地見到，拾起來一看，很高興，秘密收藏着。後來僖宗放出宮女三千人，于佑剛好娶得韓氏，完成婚禮後，彼此從衣箱裏取出紅葉來交換看看，正好就是彼此題上詩篇的。於是擺設酒食，歡宴親友，對大眾說：“我倆應該要酬謝媒人了。”韓氏又在筵席題了上述的這首詩。

《北夢瑣言》也著錄了這故事，不過娶得韓氏的不是于佑，而是李茵。

《中國人名大辭典》“韓夫人”條懷疑《青瑣高議》《雲溪友議》《北夢瑣言》《侍兒小名錄》所記載的本是同一故事，而有不同的傳說。至於我說故事共有四個，第四個的主人公是說“長安居，大不易”的顧況，留下另一篇再說，也一齊加以評論。

（1984 年 3 月 13 日）

上陽宮女斷腸時

花落深宮鶯亦悲，上陽宮女斷腸時。
君恩不閉東流水，葉上題詩寄與誰。

——顧況《葉上題詩從苑中流出》

未說故事，先說顧況其人。他是吳（今江蘇省）人。恃才，性詼諧，對人少所許可。白居易往見，他笑着說："長安（今陝西省西安市）百物皆貴，居大不易。"見了白的咏草詩，有"野火燒不盡，春風吹又生"一聯，便讚嘆說："有句如此，居天下亦不難，老夫前言戲之爾。"

誰又料得後世，白的詩名超越了顧況呢?

這裏要講述的是，顧況在洛陽（今河南省洛陽，是唐代的東都）時，趁着閑暇，和三詩友出遊，坐流水旁邊，看到一片大梧桐葉流出，撿起看看，上有詩說："一入深宮裏，年年不見春。聊題一片葉，寄與有情人。"第二天，顧況題詩在另一葉上（原詩見前），拿到御溝上游放入水中。後十日，有人到御苑外尋春，又看到葉上題詩，撿起來給顧況。詩作是這樣的：

一葉題詩出禁城，誰人酬和獨含情。
自嗟不及波中葉，蕩漾乘春取次行。

"取次"在這裏，作"隨便"解。紅葉可以順着流水隨便走出深宮，然而深宮裏的美人，卻長期過着冷落的生活，不像葉子自由，則是極大的不平。白居易在《長恨歌》裏說："後宮佳麗三千人。"杜牧在《阿房宮賦》裏說："有不得見者三十六年。"從前帝王的荒淫生活，使大量女性的青春消失於宮中，不知人權為何物。在這苦悶的壓抑下，"紅葉題詩"，以發泄其情緒，誰都可以理解的。

《中國人名大辭典》以為三個"紅葉題詩"故事，可能就是同為一個而誤傳。從今日極權國家人民投奔自由的情形看來，不是有許多同樣的故事嗎?

忽忙中檢查《舊唐書》宣宗和僖宗本紀，看不出"放宮女三千"的史實，賈、盧、于也無立傳。葉上題詩的故事，則在當時的筆記和《全唐詩》中紛紛出現。例如韓夫人的《題紅葉》詩說："流水何太急，深宮盡日閑。殷勤謝紅葉，好去到人間。"幽怨之深，直如潭水。

（1984 年 3 月 14 日）

宋仁宗宮人賜宋祁

畫轂雕鞍狹路逢，一聲腸斷繡簾中。
身無彩鳳雙飛翼，心有靈犀一點通。
金作屋，玉為籠，車如流水馬如龍。
劉郎已恨蓬山遠，更隔蓬山幾萬重。

——宋祁《鷓鴣天》

"紅葉題詩"，自古傳為佳話，而這首詞，傳到皇帝耳裏，得到皇帝賞賜宮女作為姬妾，在專制時代，人們都視為特別的恩遇。

宋祁，字子京，宋代安州安陸（故治在今湖北省安陸縣）人，移居於開封之雍丘（即今河南省杞縣）。宋仁宗天聖二年（一〇二四）與兄宋庠同舉進士，奏名第一，章獻太后以為弟不可先兄，擢宋庠為第一，改子京為第十，時人稱為大小宋。累遷知制誥、工部尚書、翰林學士承旨等官職。曾於夜間修《新唐書》，姬妾環立，紅燭高燒。人所共羡。因出身貧賤，宋祁做了大官還是儉樸的，但他卻多蓄姬妾。他的《玉春樓》詞，有"紅杏枝頭春意鬧"之句，博得"紅杏枝頭春意鬧尚書"的美名。

一日，子京走過繁台街，遇到內宮的車隊，其中有開了車簾的說："這就是小宋呀。"子京回家，寫成這《鷓鴣天》詞。整個汴京（今河南省開封縣治）傳唱開來，深入宮中。宋仁宗知道了，問宮人第幾車子，是誰叫小宋的。有宮人自我供認說："曾因侍奉皇上宴飲，見到宣召翰林學士，左右侍臣說：'這是小宋呀。'所以當日在車子裏偶然看到他，僅僅叫一聲罷了。"仁宗立即宣召子京，很隨便地問及此事，子京惶恐得無地自容，仁宗笑着說"蓬山不遠"，就把那宮人賜給他。

詞中"身無""心有"一聯和"劉郎""更隔"兩句，都是唐人李商隱《無題》詩中的名句，信手拈來，剛好適用。"車如流水馬如龍"一句，則是南唐李後主《望江南》詞的名句。湊合起來，遂成名作。宋時詩詞作家間有喜歡"集句"的，即是集合前人的句子，成為詩詞，集得好的，常是天衣無縫。曾見有集李商隱詩成七律四首的，如"座中醉客延醒客，君問歸期未有期""神女生涯原是夢，王孫歸路一何遙"，其工整處，如出自己胸臆。然可偶一為之，不可習以為常。子京此詞，有以為歐陽修者，明日再談之。

（1984 年 3 月 24 日）

一聲斷腸繡簾中

昨天說到，有人以為《鷓鴣天》是歐陽修的作品。原因是《花草粹編・卷五》也收入這一首詞，雖然没有標出作者姓名，但它的前一首為歐陽修的，依照《花草粹編》的體例，似曾有某書以此首為歐陽修所作。

古人作品有不少混淆的，如唐人杜甫《南鄰》，混入了宋人陸遊的《劍南詩鈔》。而歐陽修《生查子》（“去年元夜時”）《詞品·卷二》誤為朱淑真，《續選草堂詩餘·卷上》誤為秦少遊，《瀛奎律髓·卷十二》誤為李清照。而宋祁《鷓鴣天》在《花草粹編》中更題為“輦路聞車中美人呼歐九（歐陽修）醜面漢”。實則子京之作，見於宋人黃昇所輯的《唐宋諸賢絕妙詞選·十卷》，於時較近，而《花草粹編》成書於明代，恐是輾轉訛傳。

詞的意思是這樣的：華貴的車馬在狹窄路途中偶然相遇，意外地從車子的繡簾中傳出一聲，輕喚“小宋”，使我思念得牽腸掛肚。

根據《唐宋諸賢絕妙詞選》，子京所過的是“繁台街”，繁台在今河南省開封縣（當時的首都汴梁）東南，本為漢代梁孝王之吹台，後有繁姓的人居其側，遂名繁台。則所謂“狹路逢”者，就是相遇於繁台街也。

詞的三、四兩句意思是：雖然此身不如彩鳳，具有一副雙飛的翅膀，能夠一同飛舞，而一點癡心卻似靈異的犀角，溝通彼此的情緒。

李商隱的《無題》詩，有説是屬寓言的，有説是賦本事的，各持己見，而宋子京在這裏借用這兩句，直接描繪愛情，則是不爭之論。

下半闋説：然而，宮人所住的是金屋（用漢武帝金屋藏嬌故事），而在車子裏卻像玉籠一般。在這宮人車隊裏，車輛的速度像流水，馬匹的奔騰像游龍，絕塵而馳（第六字和李後主詞原句略有不同）。漢武帝劉徹已怨恨東海三神山之一蓬萊的道路遥遠，何況我更阻隔在蓬萊山以外千重萬疊？

大宋、小宋，雖屬同胞兄弟，個性卻迥不相同。大宋在政府時，上元夜在書院讀《周易》，聞小宋點華燈擁歌妓醉飲，第二天使人傳語説：“相公寄語學士：聞昨夜燒燈夜宴，窮極奢侈，不知記得某年上元同在某州州學內吃齋飯時否？”學士笑説：“卻須寄語相公：不知某年吃齋飯是為甚底？”

（1984年3月25日）

義士今無古押衙

佳人已屬沙吒利，義士今無古押衙。

——宋人王晉卿詩句

韓翃、趙嘏的詩篇和故事刊出後，引起一些朋友談論，多數着重於文學，而忽略了沙吒利、浙帥這一類倚仗暴力劫奪美色的驕橫行為。

其實，現存的名聞國際婦女中，還有與韓翃的柳氏、趙嘏的愛姬同一遭遇的。而更殘酷的，則是連她的未婚夫都被殺害了。

本篇所講述的，則是宋人王晉卿的故事。這故事的提出者，是黃作棟先生。他是愛好文學的，常不耻下問，賜函垂詢此二句是誰的作品。問題的產生，是由於《辭源》“古押衙”條目下註明：“蘇軾詩：義士今無古押衙。”我檢查了《辭源正續編修訂本》和《增修辭源》，果然。又檢查《辭源修訂本》，則引《彥周詩話》，認為是王晉卿（詵）的作品，而且兩詞都引錄出來，只是没有全首著錄。宋人許顗《彥周詩話》述王晉卿的故事是這樣的：

王晉卿（宋代河朔人，河朔就是黃河以北的地方）犯了罪，由京師汴梁（今河南省開封）貶謫到別處去。他後房裏有善於唱歌的姬妾，名叫囀春鶯，蘇東坡曾經和她會過面。王晉卿既離開京師，這位天生一副鶯喉的美人，就被密縣一户（屬開封府）姓馬的人家所佔有。及後，晉卿回京，尋訪她的踪迹，知得這事情的大略，就寫下詩句說：“佳人已屬沙吒利，義士今無古押衙。”許顗在密縣時，和馬縉輔交遊了頗長的時間，因而馬知得囀春鶯事迹最詳盡。馬縉輔在他兄長處見到她，她的艷麗，可算是全國中有數的。

《西清詩話》（宋人蔡絛所撰）裏刊錄此事，表示他經過潁昌（今河南省許昌縣治）時看見了她。這是傳說上的錯誤。

關於“古押衙”，古是姓氏，押衙是官名，其職務是主管儀仗和侍衛的。

唐人薛調所寫的《劉無雙傳》，說無雙是劉震的女兒，許婚於王仙客，遇朱泚率領軍隊反叛，自稱皇帝，國號大秦，劫奪無雙入後宮。仙客得無雙信，求救於古，古求得茅山道士葯，使人說無雙是逆黨，賜藥使自殺，贖其屍歸仙客。後三日，無雙復活，古自刎死，仙客與無雙偕老，兒女成群。

（1984 年 3 月 26 日）

陸放翁賦釵頭鳳

紅酥手，黃縢酒，滿城春色宮牆柳。
東風惡，歡情薄。一懷愁緒，幾年離索。
錯，錯，錯！
春如舊，人空瘦，淚痕紅浥鮫綃透。
桃花落，閑池閣。山盟猶在，錦書難託。
莫，莫，莫！

——陸游《釵頭鳳》

古往今來幾許好姻緣給“不自由”破壞了，且有禍害生命的。著名愛國詩人陸放翁，也是“婚姻不自由”的受害者。當我們讀到“遺民淚盡胡塵裏，南望王師又一年”“出師一表真名世，千古誰堪伯仲間”“王師北定中原日，家祭毋忘告乃翁”這些詩句時，只受到他全心全意熱愛國家民族的精神感染，哪知他會因“東風惡，歡情薄”的“一懷愁緒幾年離索”而飲恨終身呢？

他的母親夢見秦少遊（觀）而生下他，故以秦的名為字，而以秦的字為名。最近有著名學者不耻下問：“陸務觀”是讀平聲抑去聲？我說是去聲。在這裏應該再交代一下。

宋人周密《癸辛雜識》，說他初娶的唐氏和他的母親是姑侄關係，也即是以“姑表”的關係而成親。廣東習俗，“姨表”可成親，“姑表”因血緣太近，不宜結為夫婦。他們結婚後，感情很好，但身為姑母而兼家姑的陸母，卻不喜歡這個既是內侄女也是新媳婦的女子。他們不能不分居，但又不忍斷絕關係，只好讓她住到別的地方，而時常到那里去聚會。陸夫人知道了，出其不意地前去。雖然他預先曉得而帶走她，但是鑒於不能長久隱瞞，終於忍痛決絕。

唐氏後來改嫁同郡的宋朝宗室趙士程。曾因春日出遊，和陸放翁相遇於禹迹寺南的沈氏園，告知趙士程。趙使人備酒餚，相與飲宴。陸放翁對此情景，不勝惆悵，許久也不能忘懷，就填了上面的一首《釵頭鳳》，題在沈氏園的牆壁上。

“釵頭鳳”這詞名，原是“擷芳詞”，陸放翁因前人有“可憐孤似釵頭鳳”之句，故以名其詞。此詞又名“玉瓏璁”“折紅英”“惜分釵”“清商怨”。

全首詞的意思是：紅潤而又嫩滑的玉手（宋人蘇轍有“點須越女手如酥”之句），捧出了美好的黃縢酒，滿城是春天美好景色而宮牆則垂着楊柳（頗有韓翃“春城無處不飛花，寒食東風御柳斜”的意象）。東風吹來，攪壞情致，很少歡樂的意興，滿腔都是憂愁的情緒，幾年來是牽着別後的情絲（放翁二十歲夏秋間，與唐氏成婚，廿二歲婚變，與唐氏相遇時是三十一歲的春天，故說是“幾年離索”），真的不安，真的不安，真的不安！

春色還是一樣（可能暗喻唐氏的美貌），人則徒然消瘦，紅色的淚痕濕透鮫人所織的綃。桃花零落，徒然有美好的池塘樓閣。當時的山盟海誓，言猶在耳，而用錦織成的書信，則難以託人送出。不要再想！不要再想！不要再想！

明代大藏書家毛子晉指出：“放翁咏釵頭鳳一事，孝義兼摯，更有一種啼笑不敢之情，於筆墨之外，令人不能讀竟。”

這一首《釵頭鳳》，唐氏也和了一首：“世情薄，人情惡，雨送黃昏花漸落。曉風乾，淚痕殘，欲箋心事，獨倚斜欄。難！難！難！人成各，今非昨，病魂常似秋千索。角聲寒，夜闌珊，怕人尋問，咽淚妝歡。瞞！瞞！瞞！”

全首詞的意思是：世情澆薄，人情險惡，陰雨送入黃昏中，美好的花朵逐漸零落。晨風吹乾了雨水，淚痕還有殘餘而未抹去的，想寫出心事來，自言自語地斜倚欄杆。太難了！太難了！太難了！

人成為各自一方，今時已不同昨日，帶有病態的心魂，經常像秋千的繩索盪來盪去。鼓角聲送來寒意，夜將盡去了，恐怕人家查問，把淚水吞到肚裏，裝成歡笑。瞞着罷！瞞着罷！瞞着罷！

四年後，唐氏抑鬱而死。放翁對這次最後會面一直縈繞在心，四十二歲後，卜居鏡湖的三山（在今浙江省山陰縣九里），每次入城，都登禹迹寺眺望。六十八歲（宋光宗紹熙三年，一一九二）那年，重陽節後，遊沈氏園。園已三次易主，四十年前所題的《釵頭鳳》詞，主人改刻在石上，重讀起來，悵然不樂，寫了這樣的一首詩：

楓葉初丹槲葉黄，河陽鬢髮怯新霜。
林亭感舊空回首，泉路憑誰說斷腸？
壞壁醉題塵漠漠，斷魂幽夢事茫茫。
年來妄念消除盡，回向禪龕一炷香。

詩的意思是：楓葉剛紅槲樠（音解門）的葉子也枯黄。潘嶽衰殘的鬢絲禁不住新霜的侵襲（晉的潘嶽，梁的沈約在舊文學裏成為美男子的代表，李後主《破陣子》詞有"沈腰潘鬢銷磨"之句，而潘嶽曾為河陽縣令，故稱河陽鬢髮。沈氏園裏的樹林和亭榭，使人感懷舊事，徒然回顧當年。唐氏在黄泉路上，憑誰訴說我的心傷腸斷？當時乘着醉意所題《釵頭鳳》的墻壁已敗壞，也被煙塵漠漠所籠罩，受了創傷的心靈和從前的好夢，一切事迹都成過去。近年一切的想念已消除淨盡，轉過來向着安放佛像的龕（音堪）裏，上一炷清香罷。

到了七十五歲（宋寧宗慶元五年，一一九九），那時，初春裏一個黄昏，再到沈氏園憑弔遺迹。人事既改，景物全非，掉下老淚。寫了兩首絕詩：

城上斜陽畫角哀，沈園非復舊池台。
傷心橋下春波綠，曾是驚鴻照影來。

夢斷香銷四十年，沈園柳老不吹綿。
此身行作稽山土，猶弔遺踪一泫然。

詩的意思是山陰縣（在今浙江省）城上的日影已斜，傳來畫角聲音，使人哀怨。沈氏園中不再有舊池台的繁華景象。最傷感的是橋下綠色的春水，當年和唐氏相逢，好像驚鴻一瞥，而這春水就會照見她的影子。

好夢已斷，香魂已銷，到現在已四十年（指唐氏之死）。沈園的垂柳衰老，連柳絮也沒有了。這個老朽軀體快要埋在會稽山（山陰縣地）上變成塵土，還是要來憑弔唐氏遺踪，因而泫然下淚。

放翁年事漸高，但對沈氏園的心情並不受逝水般的時光沖淡。他恐怕觸景傷情，連城南地方也怕接近。在八十一歲那年（宋寧宗開禧元年，一二〇五）經常在寓所東面名為"東籬"那小園中欣賞草木或研究文學以為樂。在冬天病體較好了，雖然很窮，但也很喜歡旅行於山村間，施藥救疾，有一首《山村往行因施藥》詩：

驢肩每帶藥囊行，村巷歡欣夾道迎。
共說向來曾活我，生兒多以陸為名。

詩的意思是：在驢子的肩上，常佩戴着藥囊出行。在鄉村的黑巷裏，人們一片歡欣，分別站在道路的兩旁迎接。大家都說是從前曾經被我救活，所以生下男兒來都取名為陸，作為紀念。

十二月初二那一夜，陸遊夢遊沈氏園，又寫了兩首詩：

路近城南已怕行，沈家園裏更傷情。
香穿客袖梅花在，綠蘸寺橋春水生。

城南小陌又逢春，只見梅花不見人。
玉骨已成泉下土，墨痕猶鎖壁間塵。

第一首的意思是：接近城南的道路，已不敢去遊行。說到沈氏園中的景物，心情就更多悲傷。香氣穿過遊客的衫袖，因有梅花在；綠色浸着寺外的橋，因春水已漲滿。

在他七十五歲那年初春到沈氏園時所題的兩首詩中，就曾有過“傷心橋下春波綠”之句，後人因此在橋上題上“春波”兩字，所以這次的夢遊，還忘不了“寺橋春水”。所謂“寺”，很明顯是禹迹寺。

第二首詩的意思是：城南小路上又遇到春天的景色，可是只見到梅花的冷艷，卻不見了從前的人面。這和唐人崔護《題都城南莊》的“人面不知何處去，桃花依舊笑春風”的意思相同。但崔詩語氣似較婉轉。第三句是說：唐氏的玉骨已變成九泉下的泥土，而我所題《釵頭鳳》詞的墨迹猶是受煙塵籠罩在壞壁上。

宋寧宗嘉定元年（一二〇八），放翁八十四歲，在春天裏，最後一次遊沈氏園，寫下了這樣的詩：

沈家園裏花如錦，半是當年識放翁。
也信美人終作土，不堪幽夢太匆匆。

沈氏園裏的舊事，與此相隔已超過半個世紀，還是念念不忘，其深於情，一至於此。

（1984 年 3 月 29/30/31 日、4 月 1 日連載）

收將鳳紙寫相思

收將鳳紙寫相思，莫道人間總不知。
盡日傷心人不見，莫愁還自有愁時。

——蘇曼殊《集義山句懷金鳳》

義山，是晚唐詩人李商隱。前此介紹宋人宋子京“一聲腸斷繡簾中”一詞時，因他曾用了李商隱《無題》詩中的四句，順便寫出前人集李詩句而工整的。這一首也是集李商隱詩句而成的。不過，上次介紹的是對句，而蘇曼殊這一首，則是絕詩。不必對仗的，容易得多。

金鳳，據柳無忌指出是南京秦淮河上的伎人。秦淮河風月最盛，很多人可能都已讀過與李商隱齊名的杜牧《泊秦淮》詩，有“商女不知亡國恨，隔江猶唱後庭花”之句。

曼殊於一九〇五年在南京陸軍小學教書時，就和金鳳相識。這一首詩是何時所寫的，未見著錄。它的第一句是集李商隱《碧城三首》之三，而第二句，也取自同一首詩中。第三句則是集自李商隱《遊靈伽寺》詩，最後一句是集自《莫愁》詩的。曼殊此詩第一句的意思是：撿起美麗的紙張來，寫出詩篇，表達我相思的情緒。

本來鳳紙是道士書寫齋醮詞文的紙張。在唐代，皇帝的詔書也是用這種紙張書寫的。李商隱《夢令狐學士》詩，就有“右銀台路雪三尺，鳳詔裁成當值歸”之句，但在蘇的集句詩中，只是當是華箋。

第二句意思是：不要說人世間對這樣的相思想念之情，全是不知不覺。第三句意思是：由於想念得很，從早到晚都是傷感。旁人看不見這內心的痛苦。莫愁為湖名，在南京市水西門外，明時為徐中山園，相傳六朝時有女子盧莫愁居此，因而得名。另有記載，是梁朝的洛陽女子，梁武帝有“洛陽女兒名莫愁，十五嫁為盧家婦”之句。又一說是唐朝石城女子，石城即竟陵，在今湖北省鍾祥縣。美人雖然以莫愁為名，還是有她的愁緒的。

此外，曼殊還有《有懷》詩二首，柳無忌也說是懷念金鳳的作品。兩首分錄如下：

玉砌孤行夜有聲，美人淚眼尚分明。
莫愁此夕情何限？指點荒煙寫石城。

天生成佛我何能？幽夢無憑恨不勝。
多謝劉三問消息，尚留微命作詩僧。

看過他的《斷鴻零雁記》會更了解這多情僧人。

（1984 年 4 月 7 日）

梁啓超痛苦的戀

頗愧年來負盛名，天涯到處有逢迎。識荆說項尋常事，第一相知總讓卿。（二）

目如流電口如河，睥睨時流振法螺。不論才華論膽略，鬚眉隊裏已無多。（三）

惺惺含意惜惺惺，豈必圓時始有情？最是多歡復多惱，初相見即話來生。（八）

華服盈盈拜阿兄，相從談道復談兵。尊前恐累風雲氣，更譜軍歌作尾聲。（十七）

——梁啓超《紀事二十四首》選四

梁啓超先生在中國近代史中佔有相當突出的地位，他參加有名的“戊戌變法”，進入民國，曾倡導反帝制，倒袁（世凱）和反張勳的復辟。在文學上也有很大的貢獻，舊學甚精；辦《新民叢報》時，卻創造了新文體。他所處的時代，是需要革新的，他認為要想求得“革新”的效果，就不能不先從大的革新着手，他的新文體於是風靡一時，那些以桐城派或以八股文筆法寫文章的人，就說他是“野狐禪”。不管怎樣，他又是大眾文學的急先鋒。

中國舊社會原是多妻制的，而梁啓超堅決主張一夫一妻，曾和同志創立一夫一妻世界會。居檀香山時，有一位華僑女子何蕙珍，給他一次很大的考驗。她學問志氣都超越尋常，因慕他的才名，主動追求他。他寫給太太的信說：“余歸寓後，愈益思念蕙珍，由敬重之心，生出愛戀之念來，幾有不能自持。明知待人家閨秀，不應起如是念頭，然不能制也。酒闌人散，終夕不能寐，心頭小鹿，忽上忽落，自顧生平二十八年，未有如此可笑之事者。”

他太太得信後，想玉成其事，他急回信給太太說：“得六月十二日復書，為之大驚。此事安可以稟堂上？卿必累我捱罵矣。即不捱罵，亦累老人生氣，若未寄稟，請以後勿再提及可也。前信所言，不過感彼誠心，餘情繾綣，故為卿絮述，以一吐其胸中之結耳。以理以勢論之，豈能有此妄想？我之此身，為眾人所仰望，一舉一動，報章登之，街巷傳之，今日所為何來？君父在憂危，家國在患難，今為公事遊歷，而無端牽涉兒女之事，天下之人豈能諒我？我雖不自顧，豈能不顧新黨全幫之聲名耶?”

他這次的戀情，實在是一次痛苦的考驗。凡能堅守原則的人，必須割私愛、去私利，才可以不悖於初衷。看他紀事詩中第八首，“最是多歡復多惱”，甜蜜的滋味和苦澀的滋味一起涌上心頭，很難當機立斷。

梁啓超與何蕙珍之相遇，根據他寫給太太的信說："女郎何蕙珍者，此間一商人之女也。其父為保皇會會友。蕙珍年二十，通西文，尤善操西語，全檀埠男子無能及之者。學問見識皆甚好，善談國事，有丈夫氣。年十六，即為學校教師，今四年矣。一夕，其父請余宴於家中，座有西國縉紳名士及婦女數十人，請余演說，而蕙珍為翻譯。明晨，各西報即遍登余之名論，且兼讚蕙珍之才焉。余初見蕙珍，見其粗頭亂服如村姑，心忽略之；及其入座傳語，乃大驚。其目光炯炯，絕一好女子也。及臨行，與余握手而言曰：'我萬分敬愛梁先生，雖然，可惜僅敬愛而已，今生或不能相遇，願期諸來生，但得先生賜以小像，即遂心願。'余是時唯唯而已，不知所對。又初時有一西報為領事所口囑，誣謗余特甚，有人屢作西文報紙與之駁難，而不著其名，余遍詢諸同志皆不知。及是夕，蕙珍攜其原稿示我，乃知皆蕙珍所作也，余益感服之。雖近年以來，風雲氣多，兒女情少，然見其事，聞其言，覺得時時刻刻心中有此人，不知何故也。"信裏又說："吾因蕙仙（他太太的名字）得諳習官話，遂以馳騁於全國；若更因蕙珍得諳習英語，將來馳騁於地球，豈非絕好之事？而無如揆之天理，酌之人情，按之地位，皆萬萬有所不可也。我只得憐蕙珍而已，吾觀蕙珍磊磊落落，無一點私情，我知彼之心地，必甚潔淨安泰，必不如吾之可笑可惱。故吾亦不憐之，惟有敬愛之而已。"可見他曾有意念：既因太太而學習了官話，也想因蕙珍而學會英語。愛之之深，已很明顯。

這裏，試將選錄的四首紀事詩語譯出來：

第二首：近年負有盛名，使我有點慚愧，因為所到之處，都受歡迎，有對我仰慕的（見李白《與韓荊州書》），有為我揄揚的（見唐人楊敬之贈項斯詩），都不過是平常應酬的話，第一個彼此知心的總是你（指蕙珍）。

第三首：眼光像電火，口齒伶俐似河流，看不起當時流俗，因而大吹法螺，以振起之。不論才華和膽略，就是男子中也不多見。

第八首：大智慧的人彼此含有相憐惜的意思，何必團圓時才覺得有情呢？最歡樂時也是最苦惱的時候，只是初次相識，就說等待來生的機會。

第十七首：華麗的衣服更顯出顏容美好，來拜見哥哥，彼此談論救國之道也談論兵法。在樽酒之前恐怕累及風雲志氣，進而譜出軍歌作為相會的尾聲。

其詩的感染力，也像他的新文體。

（1984 年 4 月 12/13 日連載）

李清照人比黃花瘦

薄霧濃雲愁永晝，瑞腦銷金獸。
佳節又重陽，玉枕紗廚，半夜涼初透。

東籬把酒黄昏後，有暗香盈袖。

莫道不銷魂，簾捲西風，人比黄花瘦。

——李清照《醉花陰》

這是宋代女詞人李清照思念遠人的詞，是懷念丈夫趙明誠而寫成的。

詞壇上所謂詞家三李，就是唐李白、南唐李後主（煜）和她。也有人並稱李後主和她為詞中二聖，我對詞的認識極淺，不敢視為定論，但我感覺她的作品在若干方面超越了唐、宋很多詞人。

她生於宋神宗元豐七年（一〇八四），歲次甲子。今年剛好是一九八四，歲次甲子。因此，她的出生，是齊頭九百歲了。假如我對甲子的次數記憶不錯，今年的甲子是第七十九個，而易安（李自號為易安居士）者則是第六十四個，相隔了十五個。表面看來，時間的差別似乎很短。不知詞客們有特別為她祝誕否。我非詞人，但我此時執筆，是以誠敬的心情追思她；而以嚴謹的態度，撰述此文。清人趙翼說："江山代有才人出，各領風騷數百年。"求之這數百年間，誰在詞作上超越了易安呢？

此詞上闋的意思是這樣的：天空罩着稀薄的霧氣，鎖着濃重的雲層，使人在長日裏給愁緒困擾。龍腦香的輕煙從鑄有獸形紋飾的銅香爐散發出來。重陽這好時節又到來了。美好的瓷枕，精細的紗帳，昨天半夜裏已覺涼氣開始透入。

晉人陶淵明重陽節日曾到東籬賞菊，我也在這一天黄昏後飲酒賞花，翠袖上充滿了幽微的香氣。這樣的情景別說不會傷神。捲起簾幕引進西風，可憐菊花的消瘦，然而，我比花還要消瘦得多。它所表達的重點是：天氣愁人，氣溫低降，體格消瘦了。没有講到別離，没有講到相思如今人信札中的"套語"："別後不勝思念"這一類毫不感人的廢話。但是她的詞作已使人深受感染。唐人杜甫說："為人性僻耽佳句，語不驚人死不休。"驚字不作驚慌解，應作感動解，現代術語叫感染力。易安此詞，就有此佳妙。

永晝：長日。

瑞腦：龍腦香。宋時從廣東東莞縣經港島轉船北運的香木很多。羅香林認為香港以此得名。龍腦香是否為莞香之一，尚待考查。

金獸：香爐上鑄為狻猊之形，開其口以通煙火者。花蕊夫人《宮詞》："金猊煙穗繞觚棱。"陸遊詩"微風不動金猊香"。明人徐應秋《玉芝堂談薈》引明李東陽《懷麓堂集》："龍生九子不成龍，金猊其形似獅，性好煙火，故立於香爐上。"

玉枕：瓷製的枕頭。

紗廚：薄紗製成的方帳。

東籬：出於陶淵明《飲酒》詩"採菊東籬下，悠然見南山"。

黄花：《禮記・月令》："季秋之月，鞠（通菊）有黄華（花古字）。"

舊題元代人伊士珍撰《琅嬛記》說：“易安作此詞。明誠歡絕，苦思求勝之，乃忘寢食三日夜，得十五闋，雜易安作以示友人陸德夫，陸德夫玩之再三曰：‘只有“莫道不銷魂”三句絕佳。’政（正）易安作也。”

雖然有人說她的結句，是從“人與綠楊俱瘦”脫出的，但說者最後評定說：“但語意較工妙耳。”

說到“人與綠楊俱瘦”，其詞牌是“如夢令”。全首是這樣的：“鶯嘴啄花紅溜，燕尾點波綠皺。指冷玉笙寒，吹徹小梅春透。依舊，依舊，人與綠楊俱瘦。”《白香詞譜》裏有著錄，為宋代無名氏所作，有說是秦觀的作品，其實不然。

《弇州山人詞評》說：“詞內‘人瘦也，比梅花，瘦幾分’。又‘天還知道，和天也瘦’。又‘莫道不銷魂，簾捲西風，人比黃花瘦’。三‘瘦’字俱妙。”查“人瘦也，比梅花，瘦幾分”，乃是宋人程垓《攤破江城子》詞。“天還知道，和天也瘦”，乃是宋人秦觀《水龍吟》詞，還有毛滂《感皇恩詞》的“人共博山煙瘦”，易安於“人比黃花瘦”外，又有《如夢令》：“知否，知否？應是綠肥紅瘦。”兩“瘦”字下得非常細膩。

易安的《聲聲慢》：“尋尋覓覓，冷冷，清清，淒淒，慘慘，戚戚。”連用十四疊字，開古來未有之奇，也是詞壇上盛稱的。她傳世之作並不很多，但她在詞壇上的成就極大。這裏因篇幅所限，對《聲聲慢》和其他的詞作，等待別時再說。關於《醉花陰》一詞，可說是她前半生的代表作，而《聲聲慢》，則是後半生的代表作。

（1984 年 5 月 1/2 日連載）

《圈兒詞》情意纏綿

相思欲寄從何寄？打個圈兒替。
話在圈兒外，心在圈兒裏。
我密密加圈、你須密密知儂意：
單圈兒是我、雙圈兒是你；整圈兒是團圓、破圈兒是別離。
還有那說不盡的相思、一路把圈兒圈到底。

——無名氏《圈兒信詞》

當我童年，父親開的藥材行經常有三幾個食客。一個時期裏，有一族叔從南洋回，住在店裏，閑中就給我和哥哥講故事，有一次提到這一首詞。他說：一個妓女和一客人特別相好，後來分別得很遠，彼此都在相思。那客人正在牽腸掛肚，悶悶不樂，忽然接到一信，知是妓女寄來的，高興得跳起來。拆開一看，十分苦惱，紙上只是一連串圈兒，不明所以。一友人知他懷人心事，問起苦惱的原因來，他出示了圈兒信，友人看了，說：這很好的一首詞，向你訴衷情的。於是根據圈兒信打圈的次序和打圈的樣子，唸出上述的一首詞來。於是他由愁苦而變為快慰。

族叔所說的，我當時只是感到有趣。後來長大了，對文學有些欣賞力，覺得這首詞是溫柔而婉約的。它没有說愁，而有無限的愁緒在其中。它似有些怨，但又没有怨天尤人。它没有任何典故和美麗的辭藻去裝點，但每一語句都能扣動人的心弦。

到中年，我又想到：一個不識字的人多痛苦，幾許文盲要靠街邊“寫信佬”代為表情達意。

晚年才悟出唐人李商隱《無題》詩中“身無彩鳳雙飛翼，心有靈犀一點通”的妙處。當然我早就想到這故事是虛假的，是好事之徒的遊戲文章，但是詞的優點還是不能因此而一筆勾銷的，有值得我們吸取的地方。

有一天看清人梁晉竹（紹壬）《兩般秋雨庵隨筆》，發現圈兒信就在其中，和我心裏所記的一模一樣，只有一二字不同，真有“他鄉遇故知”的喜悅。但梁氏的按語是：“無中生有，令人忍俊不禁。”和我的感受大大不同。這樣的一首詞，没有淫邪，没有怨責，只是流露真摯的感情，非凡夫俗子所能寫出。

梁晉竹寫入書中，可能是取其趣味性。我所重視的，是它的思想性和藝術性。也許有人以為：這是寫兒女私情的，有何思想性可言？不知兒女情中難得其真。《關雎》一詩，何嘗不是說兒女情的？卻能置於三百篇之首，道學得如朱熹的，也加以讚美。唐人金昌緒《春怨》：“打起黃鶯兒，莫教枝上啼；啼時驚妾夢，不得到遼西。”也是說兒女私情，但千古來都有很好的評價。

總括來說，圈兒信詞不失其溫柔敦厚。不能以其假託妓女之口而輕之。假如是個衞道之士，那麼說是村婦寫給遠別的丈夫的，又有何不可？

這裏，且抄下梁氏書中的原文：“有妓女致書於所歡，開緘無一字，先畫一圈，次畫一套圈，次連畫數圈，次又畫一圈，次畫兩圈，次畫一圓圈，次畫半圈，末畫無數小圈。有好事者題一詞於其上，云：‘相思欲寄從何寄？畫個圈兒替；話在圈兒外，心在圈兒裏。我密密加圈、你須密密知儂意。單圈兒是我、雙圈兒是你；整圈兒是團圓，破圈兒是別離；還有那說不盡的相思，把一路圈兒圈到底。’無中生有，令人忍俊不禁。”

近年看了民初詩人劉大白《白屋詩話》，才知道圈兒信詞，另有它的來歷。劉書中也以“圈兒信”為題，先說明梁書中有此記載，然後抄錄原文，一如上述。接着就加上這樣的一段：

近來從《東方雜誌》第廿一卷第六號上瞧見有馮式權君“北方的小曲”一文中引雜曲“寄生草”一支，才知《兩般秋雨庵隨筆》中《題圈兒信》一詞，是以此曲為藍本的。原曲是：

欲寄情書，——我可不識字；

煩個人兒，——使不得；
無奈何畫個圈兒為表記。
此封書為有情人知此意：
單圈是奴家，
雙圈是你；
訴不盡的苦，
一溜圈兒圈下去——
一溜圈兒圈下去！

咱們把這兩詞一比較，知道前者比後者更工穩，更綿密。但是後者的首句“欲寄情書，——我可不識字；煩個人兒——使不得”，卻另有它的風趣，頗能委曲傳出不識字，不會寫信，而又情感迫切，不能不寫信的神情。並且，更可知道“先畫一圈，次畫一套圈……”的一段故事，也是那位好事者妝點出來的。

劉大白對古典詩的造詣很深，對新詩也寫得很好，对這圈兒信詞的評價很高。

（1984 年 5 月 3/4 日）

侯門一入深似海

公子王孫逐後塵，綠珠垂淚滴羅巾。
侯門一入深似海，從此蕭郎是路人。

——崔郊《贈婢》

這是一首表露其愛慕之情而又目的不達的詩作。古往今来有不少心愛其人，而偏不能“有情人終成眷屬”的。大概所謂“缺陷美”，說的就是這一類可歌可泣的憾事。

崔郊是唐憲宗元和年間（八〇六—八二〇）秀才。傳說他的姑母有一婢女，貌美，喜歡舞蹈。崔郊很喜愛她，但又没有直接向姑母表達對婢女的愛意。

後來姑母家裏貧窮，只好將婢女賣給節度使（唐代的地方官名，也即是所謂藩鎮，是一個地方的大員。不但有兵權，更具有財權。）于頔。崔郊萬分思念，卻又格於權勢，彼此不能相見。

也許有人以為一個秀才郎，哪可以愛上一個婢女？從前的婢女是奴隸一般，没有地位的。這是過去的階級觀念在作怪，現在人類是平等的，不應該再有此局限。

其實，現代雖無奴婢，而世俗論婚的，仍有階級之分，也有貧富之別。所謂“竹門對竹門，木門對木門”，這種門户之見還是很重的。這一種婚姻的障礙常會造成悲慘的結果。崔郊生於唐代，而不為階級觀念所拘束，這是一種進步思想。清人袁子才刻了一枚小章，印文是："錢塘蘇小是鄉親。" 和一個古代妓女攀起關係來，也可說是多情，也可說是灑脫。卻說崔郊渴念婢女之餘，偶然有一天在路上突然相遇，這一刻正是悲喜交集，於是寫成了上面的一首詩贈給她，表示其愛慕之情。

詩的意思是這樣的：豪門的子弟、貴族的後裔，追逐着你背後揚起的塵土。晉代石崇的寵姬綠珠垂着眼淚，潸潸不絕煩她濕透了輕羅的手帕。自從你身入了王侯家門，就幽深得好像沈淪於大海一般，本來是你所喜愛的人，也就變成陌路相逢、絕不相識的人了。

綠珠是今廣西省博白縣人。石崇買了她回去作姬妾，置於洛陽金穀園中，享盡繁華。但侍中中書監孫秀貪慕她的美色，要求石崇割愛。石崇拒絕了這無理的要求，孫秀就假借皇帝的詔令，要將石崇殺害。綠珠見這情形，憤然墮樓而死。崔詩的第二句，就是用這一故事。

蕭郎，原是衛將軍王儉稱呼南朝梁武帝蕭衍的，後世作為女子對其所歡的稱呼。同樣情形，男子對於所歡的女子也泛稱為蕭娘。根據詩意，崔郊在婢女未出賣之前，已經有了深厚的戀情，才有"綠珠垂淚""蕭郎路人"之句。

（1984 年 5 月 6 日）

自恨尋芳到已遲

自恨尋芳到已遲，往年曾見未開時。
如今風擺花狼藉，綠葉成陰子滿枝。

——杜牧《悵別》

這是一首無可奈何的情詩。關於杜牧，我在童年就已得到一個不大正派的印象。因為，我讀了一本題為"浪漫詩人杜牧"的小冊子，全是選錄他的艷情之作，如大眾熟讀的《遣懷》詩："落魄江湖載酒行，楚腰纖細掌中輕。十年一覺揚州夢，贏得青樓薄倖名。" 這是他自畫的供狀。實則在此之前，我已熟讀了他的《阿房宮賦》，但只能夠從他的作品中，震驚阿房宮的壯麗，並未領略到他這文章的深意，哪曉得他放縱的一面之外，還有他憂時憂國的一面呢？我寫《唐詩戲講》時，也只能欣賞他寫詩的藝術性，認識了他是晚唐寫絕詩的名手，近一年來，對他的作品進行了較深廣的再認識，才"刮目相看"，寫下了這樣一首拙作："誰識多情杜牧之？阿房一賦且凝思。秦人不暇哀三世，夜讀燈前有淚絲。" 在這裏，謹借用老杜《戲為六絕句》中的"不覺前賢畏後生"來表示我的歉意，至於這首《悵別》詩，其故事（見《唐語林》）是這樣的：

杜牧聽說吳興郡（即今浙江省吳興縣治）美女出眾，就辭去宛陵（今安徽省宣城縣）的幕府工作，到吳興去遊賞。吳興郡守是他的好友，特意款待他，一連玩了十天，未能盡興。臨走時郡守問他有無不滿，他說："以未能遍窺湖州（唐時曾以吳興為湖州）仕女為恨。"當時端陽節近，郡守示意民間舉行龍舟競渡。節日裏和杜牧同舟欣賞，也讓杜牧鑒別仕女們的美貌。直到薄暮，忽見河邊缺口處，有一婦人帶着個十幾歲的幼女，風姿綽約，麗質天生，杜牧一見傾心，邀請母女倆到船上，表示愛慕，希望討做小老婆。婦人不敢拒絕，只推說女兒年紀太小。杜牧說不妨，我現在並不要帶走她，等我回到京師，希望也能派到這兒當郡守，到時再說，請你家女兒等我十年，假如我期滿不來，任憑出嫁不遲。婦人終於答應了，杜牧給她寫了一張紙條，用一匹羅紗作為聘物，然後分別。轉眼十四年過後，杜牧才得得做吳興郡守的機會，上任第三天，便派人訪尋這美女，才知道她在三年前出嫁，已經生了兩個兒子。杜牧無可奈何，寫下了以上的一首詩。

詩的意思是這樣的：自怨尋訪美人，到得太遲了，回憶往年曾經相見，好像一朵未曾開放的嬌花；而現在，狂風吹得搖擺不定，鮮艷的花朵零落了，狼藉滿地，綠葉婆娑已成濃蔭，而且已經結了果子，纍纍然滿枝頭都是。

許多恃勢凌人的，就會爭奪起來，而杜牧還能守點規矩，不奪人之所愛，不毀人的家庭。

（1984 年 5 月 6 日）

文史掌故及考據

勸君惜取少年時

杜秋娘《金縷曲》說："勸君莫惜金縷衣，勸君惜取少年時，花開堪折直須折，莫待無花空折枝。"

少年的時光是可愛的。然而，怎樣惜取這少年的時光呢？這詩歌裏教人"花開堪折直須折"，換言之，就是少年應及時行樂。

我很不幸，十三歲時父親死了，雖然父親還剩下些餘蔭，但我十六歲就從事報業了，要折花嗎？既無此力，更無此心，在工作中，常常覺得自己的學識不夠，不能不發憤自修，做好工作的基礎。

近日到台灣去，每出門，多以的士代步，而喜與司機交談。五十多歲的，望之似退役軍人，詢之果然；聽其口音，又知為山東人或湖北人、河南人。二十多歲的，望之為台籍人，詢之，亦不誤。一夜，將十二時，偶動好奇心，一觀"××府"輝煌燈飾。乘坐的士而去，司機年二十許，交談中，詢知其高中畢業，晚上任司機，晝間則另有工作。詢之為何如此辛苦，答道："青年人要磨練自己！"

翌日，另遇一青年司機，詢之，則日夜都駕駛，究其故，也答道："青年人要磨練自己！"

我自己也是青年磨練起來的，是以深有同感。台灣青年，皆受軍訓，皆服兵役，故大都知惜取少年時光，在於磨練，而不在於享樂。香港青年又怎樣惜取少年時光呢？雖不縱情於享樂，恐怕知道磨練自己的不太多了。

（香港《星報》1978 年 5 月 28 日）

流花橋畔說滄桑

中國的風景區中，亭台、樓閣、高塔、寺院、橋樑等，都可以把地方點綴得更美麗，可是，香港居民雖然絕大多數是中國人，但所謂名勝中，這些點綴的建築物卻不多了。

廣州的流花橋，只聽名字，已生美感。據我童年所聞，是因為南漢時宮人早晨梳妝，將剩餘的花朵傾放在御溝裏，流過這橋下。我們距離南漢時候雖已千年，仍會因此而發思古的幽情。

流花橋在廣州市郊越秀山西北麓，一度成為刑場，日本南支派遣軍司令田中久一，以戰犯之身，就在那裏被槍斃的。但現在，那裏已鑿成了一個人工湖，仍以流花為名，也建成了一座龐大火車站，同樣名之為流花。早幾年我寫過一首詩，就是為了懷念流花橋而作的："五羊城郭舊繁華，何處深宮是漢家？梳罷曉鬟溪水膩，至今橋畔有流花。"

然而，流花橋之得名，是否真如我童年所聞一樣呢？友人祝秀使近著《粵海舊聞錄》所引述的就略有不同。他引《廣東通誌》說：流花橋在城北至山之背，南漢時建。橋原為木質，明時易以石，建亭其上，顏曰“民樂”。昔年夾溪南北三四里，遍植木棉、刺桐，花開殷紅，相望如火。清季以後，流花橋已非本來面目，橋欄、橋拱，與橋上之亭，均無遺迹，只見長石數板，平鋪小溝上，亦無石級，鄰近或作菜場，或作打石鋪。

（香港《星報》1978 年 5 月 29 日）

城市中應多植路樹

香港的環境，人多，高樓大廈多，車輛也多，由於這“三多”，則其他的多，自亦可以想像得到；但是缺少的，自然也指不勝屈，這里只說路樹，也可算少得可憐。在港島方面，我經常走過的，只有高士威道、黃泥涌道。在九龍方面，較多一些，先數彌敦道，由海防道口以至兵房盡頭的一段，老榕深翳，頗有可觀；次數加士居道，由漆咸道以至南九龍裁判署前，和岔出佐頓道的一段，路樹也茂盛，而且多是魚木樹，春深花樹盡開，美極了。我離港一星期回來，花疏落，仍是賞心。此外就要數九龍塘一區，蘭開夏道、喇沙道，都是魚木夾道的。但總的來說，港九路樹實在太少。

離港一星期，是到台灣去，我所說香港的“三多”，在台北亦然。而台北的路樹，比起香港來，真是“佳木蔥蘢而可閱”。有好些更用人工加以美化。這在十二年前第一次遊台時，已留下深深的印象。路樹的美化並不像西方式的剪成方形、圓形、朝向上的錐形，而是盆栽式的，枝葉一層層，樹幹則盤曲。十二年前我曾在台中見到人家的庭院，也把榕樹美化得像盆栽古樹一般。雖然一望而知為造作的，但我是喜愛盆栽、盆景的，就有特殊的感受。那時候我已經意味到，這是日治時期的遺風。但日本的盆栽，同樣是由中國流傳東去的。路樹對衛生、對市容都有益，香港新擴展的地區，實應有此。

（香港《星報》1978 年 5 月 30 日）

由人道說到獸道

美國有“人道外交”，香港有“獸道政治”。

“人道外交”的創始人卡達總統，進入白宮兩年多，成績怎樣呢？我的觀感是他專與不人道的國家打交道。舉例來說，越南最近迫害華僑，驅逐華僑，有些是死死傷傷的，河內的政府，就是個“不人道”的政權。然而，美國卻要和它打交道，試探建立邦交。這樣的所謂“人道外交”，不知一安士值多少錢，不談也罷。

且談談“獸道政治”。香港本無所謂“獸道政治”，只有“防止虐畜”，也屬於“人道”的範圍。然而，有許多人受着“不人道”的待遇，卻不見到有“防止虐人”的舉措；相反的，有許多常為人害的惡獸，就受到“防止虐畜”的條例干涉，正是“今恩足以及禽獸，而功不至於百姓”。

前些時新界西貢有猛獸為患，傷人畜，毀農作，連耕牛那龐然大物也被噬傷，盛傳之是猛虎，於是鄉人組成了獵虎隊，到山林裏搜索，終無所獲。在一個早晨，一位鄉紳駕着汽車走過公路，天色蒙矓中發現猛獸，加速衝過去，把牠撞死了。鄉民正喜除一大害，譽之為英雄，誰知抵觸了“防止虐畜”條例，吃了一場官司，原來英雄犯了罪。最近一個清潔工人捕捉了一頭碩鼠，把牠吊起來，想要吊死牠，也給告了一狀而受罰。因此，與其說是“人道”，不如說是“獸道政治”更貼切。

（香港《星報》1978 年 5 月 31 日）

中表通婚的問題

台灣近有禁止中表通婚之議。照廣東習俗，姨表可以通婚，姑表卻不可以。照我所知，姑表不可以通婚，是血統太親密的緣故。血統親密，可能生出的兒女有痴呆等毛病，或者其生不繁。假如是這樣，姨表何嘗不同呢？所謂姑表，是兄弟和姊妹之間的子女；所謂姨表，是姊妹和姊妹之間的子女。

但我想，兄弟和姊妹之間的子女血統既親密，姊妹和姊妹之間血統也一樣密。

關於結婚的典故，有成語說是“共結朱陳”。這一語，是朱陳兩姓合為一對，所以世世代代是互相通婚的。既然世代通婚，其中自然有不少是有中表關係的，但人不以為嫌，而且以之為佳話。

其實自唐代天寶年間已頒令禁止中表通婚，直到清朝，禁令還是相沿的。可是，禁者自禁，婚者自婚，一千二百多年以來，禁令幾乎等於零。經過這樣長期的實驗，還不發現有甚麼不良後果，何以民國解禁以後，忽然又有禁止之議呢？

《釵頭鳳》一詞，是文人學士所熟知的，那就是宋代大詩人陸放翁的一篇傷心史。原來他的首任妻子唐氏，就是他的中表，也即他母親的侄女，而粵俗之所謂姑表也，在那時候，姑表通婚，雖有禁令，民間都是不管的。後來他的母親不喜歡這個侄女兼媳婦，才逼他離婚。至於中表通婚是否影響子孫，就只有生理學家才曉得。

（香港《星報》1978 年 6 月 1 日）

一舉成名天下知

利是人之所好，名也是人之所趨。在社會上成了名流自是高人一等。在古代有考試，考試中試了，只是一名秀才，在鄉井中已是名流；假如是窮鄉僻壤，可能成為土皇帝。由秀才而舉人，更不得了，由舉人而成進士，入過翰林院，人家便稱為太史公。假如殿試第一的，那是新科狀元，名滿天下了。

由於這樣的緣故，人們便埋頭讀書，希望“一舉成名天下知”。現代没有科舉制度，於是，大學畢業成了學士，再修碩士、博士，也是高人一等的。假如得了個諾貝爾甚麼獎，那就成為國際知名之士，比狀元公還夠瞧。

近年來，香港出現了假博士，多者數千，少者數百，也可以買得一個“郵箱學校”的博士銜，這比之唐代人所謂“終南捷徑”，便捷多了。

頗有“玩世不恭”態度的黄篤修，本來在廈門大學、暨南大學、嶺南大學都有學位的，也買了一個博士銜，當大家宴賀他得到這名銜時，他席間一開口便説“我這個假博士”，舉座皆驚。實則篤爺富於幽默感，只不過遊戲人間罷了，他有他的真知實學，而哪里稀罕那假博士？

權威史學家錢穆，對於國際著名的大學贈給他的博士銜，他卻“受而不用”，從來不以博士自居，人家稱他為“錢先生”，或者稱“賓四先生”，他自以為足夠了。

（香港《星報》1978 年 6 月 2 日）

為何拼死食河豚

近到台灣，重遊野柳這名勝區，較前熱鬧多了。有賣鮮魚的，其中竟有河豚。古人有“拼死食河豚”之語，故有“久仰大名，如雷貫耳”之感，佇看良久，一面覺其形狀之怪，一面又懼之如毒蛇。我所懼的，不是牠能毒我，因為我没有食河豚而拼死的勇氣，只懼别的遊客購而食之，可能丟了一命。

日本人愛食河豚，據説烹製的廚師要經過嚴格考試獲得執照，才可以操刀。但近日有一位著名電影明星食河豚死了，廚師要服刑八個月。雖然有執照才可以烹製，而每年食河豚而死的有二三十人。正如電視劇的一首主題曲所唱：“何必呢！何必呢！”

香港漁民稱河豚為“雞泡魚”，偶爾也有食雞泡魚而死的新聞，多可怕呢？

河豚既是魚類，而稱之為“河豚”，則其美味可知。據明人陶宗儀《輟耕錄》説：“水之鹹淡相交處，產河豚。河豚，魚類也，無鱗頰，常怒氣滿腹，形殊不雅，然味極佳，煮治不精，則能殺人。”

宋人阮閱《詩話總龜》説：“梅聖諭河豚詩曰：‘春洲生荻芽，春岸飛楊花；河豚於此時，貴不數魚蝦。’劉原甫戲之曰：‘鄭都官有鷓鴣詩，謂之鄭鷓鴣，聖諭有河豚詩，當呼為梅河豚也。’”呼聖諭為“河豚”，然則以他多毒嗎？這樣一來，頗有語病，不知梅受之否。

（香港《星報》1978 年 6 月 3 日）

“三月紅”荔枝熟了

此時已是舊曆四月之末，過三幾天便是五月了，然而，“三月紅”荔枝才成熟，這是根據消息的報道，在香港市面，還未見上市。

北宋時候，大文學家蘇軾被貶惠州，有“日啖荔枝三百顆，不辭長做嶺南人”之句，似乎是讚美嶺南的荔枝，實際是說倒氣的話。他那時所食的，也是“三月紅”之類。何以見得呢？因為他啖荔之時是四月。那時候，所謂“糯米糍”“桂味”，還没有成熟。

“三月紅”荔枝雖是早熟，到底是下品。它的早熟，引起“初到敝境”的外省朋友錯誤的感覺。他們久聞嶺南荔枝之名，想一嘗美味，一見到“三月紅”，便急不可待地搶先嘗試，於是以為名滿天下的佳果，也“不過如此”，於是有寫文章大加非議的。

但是，廿多年來，外省朋友而久居香港的，已懂得荔枝的上品，是“增城掛綠”，是“糯米糍”，是“桂味”。甚至福建籍人，平心而論，也不再貶抑粵產荔枝了。

早幾個星期，黃篤修的老秘打了個電話來，說篤爺從星洲來電，吩咐向我搜集所有有關荔枝的詩文和史料，限三日內寄出。他誰也不找，偏要找我，我只花一個小時，就通通影印完成，他的老秘施沛兄，總算没有辱命。但我至今還不知他要那些資料何用。他来自盛產荔枝的福建，他的工廠也有罐頭荔枝出產，可能作為宣傳之用。

（香港《星報》1978 年 6 月 4 日）

足球起源於中國

世界杯足球，本屆在阿根廷舉行，香港電視以人造衛星即場轉播。開播之時，已是香港時間二日凌晨了，我工畢回家，小兒還對着熒光幕看得津津有味，我這個人嗜好極少，對這些玩意兒，只是略略一看，便又到書房裏爬格子了。到凌晨三時許，電視關閉了，小兒告訴我是打成和局。

足球這東西，大多數人都喜愛，以我家來說，五個兒女，除了第三個兒子和最小的女兒，都深所愛好的，至於在熒光幕前看球賽，以及在報上看球賽新聞，就連荆妻也有這樣的嗜好。

我家如此，我相信別的家庭，也會有同樣情形的。但是恐怕大多數人都以為這是西方輸入運動，有一個時候，英國還贏得了“足球王國”這個稱號。又怎知這遊戲起自中國，而且起自中國的古代呢?

在中國古書中，不說是足球，而名之為“蹴鞠”。用皮質做球的外殼，用雞毛實於其中，所以很有彈力。據說，是黃帝時用來練兵的。一路相傳下來，到了唐代，球場上已有龍門之設，新科進士的瓊林宴，打球就成了宴後的餘興。宋人晁無咎《打球圖》詩說：“閶闔千門萬户開，三郎沈醉打球回。九齡已老韓休死，無復明朝諫疏來。”三郎，就是指唐代風流天子玄宗李隆基，天寶年後，喜以楊貴妃姊妹酒酣打球為樂。

（香港《星報》1978 年 6 月 5 日）

雄風豪雨將春去

前兩天一場豪雨，得雨量四吋。今年的夏季，香港人可以安心用水，不必再擔心鬧水荒。

這一場雨，我得以“躬逢其盛”，原因為編輯先生催稿甚急，我不得不一連寫上幾天，既為本報寫，也為別報寫，於是淩晨二時許動筆，直到破曉時分，才把五千多個格子爬完，書房的窗外，迷迷蒙蒙的，既有晨光，又有雨色，才知雨下得很大。望着對海紅磡，若隱若現，另有一番境界。

這樣的一場雨，各報都用“豪雨”字樣作標題。這不是一個新名詞，大概在報上至少用了廿年。而在十年前，卻有人“想入非非”地寫文章指為陰陽怪氣的名詞，因為當時對於女人的大胸脯，說是“豪乳”，還有一種隆乳的“成藥”，名為“豪乳×”，而所謂陰陽怪氣者，就是因為“雨”“乳”同音之說罷。

我記得那文友還在他的大文章上說，查遍了古書，都没有用“豪”字作為“雨”的形容詞的。此文一出，果然起了若干作用，有些報紙將“豪”改為“大”了，實則元代詩人楊維楨有這樣的兩句詩：“雄風豪雨將春去，剩水殘山送客歸。”為甚麼說古書上没有呢？大概所謂古書没有，可能是辭書上没有罷。辭書不一定把古代詞語全部收入的，當時我在別的報上引出這兩句來，“豪雨”一詞的“陰陽怪氣”消散了。其實詞語常有創新，不必一字一詞都引經據典。

（香港《星報》1978 年 6 月 6 日）

龍舟競渡國際化

“初一龍船起，初二龍船忌，初三初四龍船扒崩鼻。”這是廣州的童謠。意思是：五月初一，龍船從水底撈起來了。每年端午節之後，就把龍船埋在淺窄的濠涌水底裏，到翌年五月初一，才撈起來。初二，大抵是重新修理，重新粉飾的時候，還没有開始放船。至於初三、初四，就開始作非正式的競賽了。競賽之烈，有時會撞崩了龍頭的鼻子。

鬥龍船，在廣州鬥得非常激烈，有互相配備槍枝，必要時械鬥起來的。因此，在我的童年，並不是年年有鬥龍船的。官方為了免生事端，往往就明令禁止。但命令是臨時性的，今年預覺情形不對，便下禁令；明年預知情勢緩和了，又會解禁。

大概是民國二十四五年，五月初五鬥龍船，一條名為“穗石號”的龍船沈没了。扒龍船的健兒，溺斃頗多。那一年，正是兩廣出師抗日的一年，五月初五日午時，陳濟棠正舉行兩廣抗日聯軍司令就職典禮。他沈痛地說：“濟棠不得不含淚就職！”就在這時候，電報到，“穗石號”沈没了，大家都感驚愕，有些還竊竊私語，認為是個不好的徵兆。果然，這次“出師未捷”，而西南政府垮台了。就國家來說，這卻是好的，因為兩廣重新歸於中央政府，減少了國家的內憂，可以加強攘外（抗日）的力量。

鬥龍船，我覺得香港的近年比內地的熱鬧得多，而且有國際性的比賽，意義重大多了。從前說競渡是弔屈原而起的，也有說是弔伍子胥而起的。歷史已很長遠。

（香港《星報》1978 年 6 月 8 日）

至衰幾隻塘邊鶴

台北一家報紙的副刊，新近設了《新聞詩》一欄，把新聞紀事，寫成一篇長長的新詩。對於新詩，我不很有興趣，原因是我太愚蠢了，看了一些甚麼"詩的原理"之類的新詩理論，連一點欣賞力都不能培養起來。

不過，我總覺得"新聞詩"不是太陽照耀下的新鮮事物，唐代的大詩人杜甫，早就有"詩史"之稱。由於他的詩作許多是反映當時事物的，所以後人稱之為"詩史"。比他較晚的詩人白居易、元稹，他們的文學主張，是"文章合為時而著，歌詩合為事而著"，也主張把時事寫入詩歌裏。當時雖然没有所謂"新聞"，而這些"為時而作"的詩篇，也就是"新聞詩"了。

講到現代化的報紙，喜歡以新聞寫成打油詩的，早在省港各報出現了。現在香港各報，此風猶盛。本欄文友"半夜書生"的《步步高升詩》，形式上頗為特異，因為它由一個字到九個字，每句字數逐漸加多，排列起來，就變成一個個梯級。

以粵語寫成打油詩的，清末同治年間的何淡如最有名。後來孫中山搞革命，有志之士，窮居日本，除了努力於革命工作外，胡漢民和廖仲愷的哥哥廖鳳舒，閑來讀《漢書》，把漢代人物逐個寫成打油詩，甚為風趣。廖鳳舒寫了《漢書人物》，又寫了《金陵雜咏》和《史事隨筆》，最後寫《信口開河錄》。其中有《揸牌九》一篇，末聯說"至衰幾隻塘邊鶴，未到開牌震定先"，可算得極傳神之作。所謂"栩栩如生"，足以當之無愧。

（香港《星報》1978 年 6 月 9 日）

端陽節又叫蒲節

五月節，又名端午節、端陽節、天中節，還有一個名稱是蒲節。世俗以五月五日，用菖蒲作劍，懸諸門上，說是可以辟邪的。

童年五月節，街上有賣"硃砂八卦午時符"的。這種符，用一黃紙條，上頭用硃砂寫一個八卦，八卦之下，寫着"五月五日午時天中正節，書破一切官非口舌，蛇蟲鼠蟻，一概盡消除"，兩旁則伴以對聯，寫着"艾旗迎百福""蒲劍斬千邪"。八九歲大時，老師便教我寫這種午時符，是真正用硃砂加燒酒寫成的。至於街上賣的，只用紅墨印在黃紙上，並不真正用硃砂。

廣州的風俗，菖蒲不但懸掛在門上，還插在門口土地、門官、地主、天神、祖先各神位之旁。菖蒲是綠色的，它的葉子，好像劍蘭的葉子一般，所以說是“蒲劍”。菖蒲的頭，還伴以紅色的小花朵，紅綠相映，倒也美觀。這種小花朵，名為“龍船花”，本來的名字是甚麼，那就不曉得了。菖蒲，有所謂“九節菖蒲”，頸部有九個節，據說多服之，可以輕身升仙。古代仙人鄭安期，據說就是在廣州城北的白雲山，食了九節菖蒲而升仙的。秦始皇和漢武帝，都是俗語所說的“得故皇帝想升仙”的人，一個求過鄭安期，另一個則曾服食九節菖蒲。但他們到底都逃不過鬼門關。

白雲山蒲澗，是產菖蒲最有名的地方，“蒲澗廉泉”，則是羊城八景之一。

（香港《星報》1978 年 6 月 11 日）

政治該與民方便

我没有搞過政治，但是政治是眾人的事，我是眾人中的一分子，因此，也不能不接觸到政治；而且我是一個新聞工作者，對政治的好壞我不能不關切。

我以為政治第一就要便民，而不要擾民。最近市政局檢舉一個有熟食牌照的小販賣飯，結果是敗訴了，新聞上引用法官判案時的話，大意說：中國人是要食飯的，既有熟食牌照，怎不可以賣飯？

我為法官這句話而喝彩！如果說小販無牌賣飯不潔，難道賣其他熟食就必保其清潔嗎？既有熟食牌照，則甚麼熟食都可以賣，這是必然之理。

假如一個熟食牌照，只限於賣一兩種熟食，其他的就要另行領牌，那麼，百貨公司的牌照不是要千千萬萬種嗎？這就不能便民。

還有，許多新村不許小巴駛入，這大概屬於交通處管的罷。我明白，其理極簡單，要維持有專利權的大巴的利益。這一點，我是十分贊同的。假如没有了小巴，港九的交通秩序可能較好。然而，不要小巴，大巴是否可以足夠供應？這卻是一大疑問。禁止小巴入新村，經營小巴的人是不利了；更不利不便的，則為新村的居民，他們想乘坐大巴，大巴不能及時供應，想忍痛付出更高的車資乘坐小巴，小巴卻無權駛進去。這樣一來，妨害了新村居民的利便，也剝奪了新村居民的自由。古人說“苛政猛於虎”，香港大體上無苛政，卻有不與民方便的政治。

（香港《星報》1978 年 6 月 12 日）

作詩要小心製題

古往今来研究作詩的文章多，研究製題的文章少。其實製題的重要，不下於作詩，俗語有說“文不對題”，內文和題目相應，兩者之間，關係密切。儘管有人作無題詩，也儘管有人作了對才安上題目，但如果詩不能和題目相應，就不能說是好詩。

名家的詩，處處都能照顧到題目。特別在杜集中，幾乎每一首都是，一落筆便破題。我們讀杜詩，假如掩着題目，很少有讀了半首還不知道是咏甚麼的。

看人家的詩，最先應該要看題目，題目作得好不好，差不多可以知道其內容好不好。

有人送詩集給我，我例必先看目錄。作者所下的工夫多少，大概可以在目錄中反映出來。

杜詩中如《望嶽》，劈頭便説："岱宗夫如何？齊魯青未了。"只是兩句，已知是望嶽，不是登嶽。如《登岳陽樓》，便説："昔聞洞庭水，今上岳陽樓。"如《登樓》，便説："花近高樓傷客心，萬方多難此登臨。"如《野人送朱櫻》："西蜀櫻桃也自紅，野人相贈滿筠籠。"如《客夜》："客睡何曾着？秋天不肯明。"其他的真是不勝枚舉。

詩和題目，似乎是二事，實際兩者不可分割。有題固不能無詩，有詩也不能無題。所謂"無題"詩，不過是作者有不便明言之意，並不是心中没有題目而無的放矢。楊萬里詩説："後園初夏無題目，小樹微芳也得詩。"雖是無題，還是有所感於小樹微芳而發。

作詩不能輕下一字，製題也不能輕下一字，假如題目太長，而詩不能繳足題面，那是一首不完整的詩。作詩最忌題目太長，有時候長得像序一樣，而詩的內容，不能與題目相照顧，那又何必有此題呢？

杜集目錄中，題目非常簡潔，常常只有一字兩字如"雨""愁""園""歸""夜""月""雷""雞""病馬""秋笛""除架""可惜""悲秋"等等。以"園"一首為例，起句説："仲夏流多水，清晨向小園。"先點了時，跟着便照應到題目去，頷聯説："碧溪搖艇闊，朱果爛枝繁。"第三句承水，第四句承園。上四句寫出了赴園之景。頸聯説："始為江山靜，終防市井喧。"寫園之環境。落句説："畦蔬繞茅屋，自足媚盤餐。"寫園之可愛。下四句寫出了赴園之故。一個字就有這麼多的發揮，何必累累贅贅？

杜集中也間有像序一般的標題，如"天寶初，南曹小司寇舅，於我太夫人堂下，壘土為山，一匱盈尺，以代彼朽木，承諸焚香瓷甌，甌甚安矣。旁植慈竹，蓋茲數峰，嶔岑嬋娟，宛有塵外格致，乃不知興之所至，而作是詩"。長達六十八字，而一首五言律詩，只不過四十個字，但對題意，一點没有遺漏。《杜詩詳註》目錄中嫌題目過長，只删節剩"假山"二字。這樣一來，使"惟南將獻壽"一句以無着落。

又："至德二載，甫自京金光門出間道歸鳳翔。乾元初，從左拾遺移華州掾，與親故別，因此出門，有悲往事"一題亦長達三十九字，僅差一字，即與詩同長短，但詩對題面，仍能照顧。

詩意可以就題目而發揮，但題目有的，詩裏則不能無。所以，詩題以簡潔為勝。

杜集中，有《贈李白》二首，《冬日有懷李白》《春日憶李白》各一首，《夢李白》二首，《天末懷李白》一首，幾首同是對一個人，而贈的與懷的、憶的既不同，與夢的更不同；冬日懷與春日憶不同，冬日懷與天末懷又不同。可見作詩的時候，處處都要對題目有所關照。

不善製題者的通病，是常常將很多無關宏旨的人和事寫入，而詩中卻找不出這些人和事來，這是大忌。

古人新正的詩篇

元旦是一歲之始，一月之始，也是一日之始，詩人們當此佳節，能無所感？既有所感，就會有清詞麗句。因此，我想介紹古人的元日詩，也順帶介紹一下人們在新正所寫的詩。

曹植《元會》詩："初歲元祚，吉日維良，乃為嘉會，宴此高堂。尊卑列敘，典而有章。衣裳鮮潔，黼黻元黃。清酤盈爵，中坐騰光。珍膳雜遝，充溢圓方。笙磬既設，箏瑟俱張。悲歌厲響，咀嚼清商。俯視文軒，仰瞻華梁。願保茲善，千載為常。歡笑盡娛，樂哉未央。皇室榮貴，壽考無疆。"這寫出了元日宴會的一種高貴排場，帶以善頌善禱。但曹子建雖有高才，也不見得有何深意。

隋煬帝《獻歲宴宮臣》詩："三元建上京，六佾宴吳城。朱庭容衞肅，青天春氣明。朝光動劍彩，長階分佩聲。酒闌鐘磬息，欣觀禮樂成。"雖然具有堂皇氣派，但以詩論詩，殊嫌其平鋪直敍。不過，可以見到的是，曹植的詩，還是四言的。雖然漢魏已有五言詩，曹家父子的四言詩還是不少。隋煬帝的詩，不但是五言，而且已有了五言律詩的規模，就從這兩首詩中，約略可見中國詩的演進。

顏師古《奉和正日臨朝》詩："七府璿衡始，三元寶歷新。負扆延百辟，垂旒御九賓。肅肅皆鵷鷺，濟濟盛簪紳。天涯致重譯，日域獻奇珍。"這又可見唐初的時候，五律還是不大成熟，雖然已有很諧葉的，但仍然有這情形的存在。

孟浩然《田家元日》詩："昨夜斗回北，今朝歲起東。我年已強仕，無祿尚憂農。桑野就耕父，荷鋤隨牧童。田家占氣候，共說此年豐。"這在對偶上有些不很工穩，其實這時候，不但五律已成為定型，連七律也已經形成了。

王安石《元日》詩："爆竹聲中一歲除，春風送暖入屠蘇。千門萬户瞳瞳日，總把新桃換舊符。"這首詩，最能夠寫出新年的景象，假如不是香港近年禁燒爆竹，則說這是香港新年即景詩亦無不可。實則王荊公這首詩，是比喻他初做宰相，得到皇帝的信任，得以施行新政，像大年初一一樣，除舊佈新了。其中"千門萬户"，可以說是民間户口之多；也可以當宮裏千門萬房。總之，"新桃換舊符"，就是王荊公行新政的得意杰作，他希望把舊的都除去了。假如把這首詩當做只是寫眼前之景，那就太膚淺了。古人說"深人無淺語"，不是沒有淺語，而是淺語之中帶有深語，作詩的難處，就在這裏。

林洪《宮詞》："金殿當頭紫閣重，仙人掌上玉芙蓉。太平天子朝元日，五色雲車駕六龍。"這是一首擬唐人元旦的宮詞，寫出了唐天子元旦臨朝的一種堂皇華麗的氣派。詩裏的“金殿”“紫閣”“仙人掌”“玉芙蓉”乃至於“五色雲車”都有很鮮艷的顏色。從前寫宮詞，寫應製詩，都要有此氣派。就說現在，當此萬象更新之時，也着實需要用一些美麗的辭藻來加以點染，當然，我們寫詩，第一是立意；但有了新意，再加上美麗的辭藻，就會更加有感染力。

薩都剌《都門元日》詩：“元日都門瑞氣新，層層冠蓋羽林軍。雲邊鵠立千宮曉，天上龍飛萬國春。宮殿日高騰紫靄，簫韶風細入青雲。太平天子恩如海，亦遣椒觴到小臣。”又程敏政《元日早朝》詩：“宮鴉集曙彩鞭揮，劍珮森森拱太微。日晃御床明繡袞，雲回鑾輅見青旗。鴻臚立仗傳三呼，馬監隨班控雲飛。喜值芳年叨侍從，起居長許近皇闈。”這雖是元人、明人的詩，但其氣象之華麗，亦頗有唐人風采，有岑參、杜甫等的大明宮早朝詩的遺規。

“野外堂依竹，籬邊水向城。蟻浮仍臘味，鷗泛已春聲。藥許鄰人劚，書從稚子擎。白頭趨幕府，深覺負平生。”這是杜甫《正月三日歸溪上有作簡院內諸公》詩，寫出新正時一種新的景象。“蟻浮仍臘味，鷗泛已春聲”，不但人已因春至而心境不同，連酒也帶有新正的氣氛，鷗也有一些喜悅了。最可愛的，就是“藥許鄰人劚”的一份心情。杜甫的詩篇裏，常常都流露出“仁民愛物”之心。例如“撲棗任西鄰”，與鄰翁相對飲，都是這種心情的表露，只此五字，頗有“陽春有腳”之意。

作詩與用典

至於吟咏性情，亦何貴用事？思君如流水，既是即目；高台多悲風，亦惟所見；清晨登隴首，羌無故實；明月照積雪，詎出經史？觀古今勝語，多非補假，皆由直尋。

——《詩品》

在詩人口中，常有“典雅”“典重”之說，可見詩人很喜歡用典。李商隱的詩，是用典最多的。《談苑》說：“李商隱為文，多檢閱書冊，左右鱗次，號獺祭魚。”大概後來的類書，就減少了祭魚之苦。如：《淵鑒類函》《事類統編》之類，便當多少，要甚麼材料，就翻開書來，大有“取之無盡，用之不竭”之樂。從前教人作詩的，常叫人備有這些類書。於是一個腹儉的人，變成個腹笥。

用典的好處，是可以用較少的字數，表達一個很複雜的意思。例如秋深了，作客的人，懷念家鄉，頗欲連官也不做，回家鄉去，用“蒓鱸之思”四字，便可以包舉了。又例如說一個人不自量力而輕於就敵，用“螳臂當車”四字，就可以形容得很恰當。

還有好處，就是“據事以類義，援古以證今”（《文心雕龍·事類篇》）。

不過，作詩是在創造，而詩的成功與否，又在於能感人之深淺。老杜說：

“語不驚人死不休。”可見老杜作詩的第一個要求就是動人。用現代術語來說，就是要有感染力，只有這樣的作品，才能夠引起共鳴。而這樣的作品，就在於吟咏性情，不貴於用事，因為用事是熟的典故，容易變成陳腔濫調，陳腔濫調就不新。趙翼說：“李杜詩篇萬口傳，至今已覺不新鮮。”老杜說：“清新庾開府。”人云亦云就不新了，不新就不能動人，只有吟咏性情之作，才時時可以創新。又用事假如是冷僻的，人們就不易懂，元好問說：“詩家總愛西崑好，只恨無人作鄭箋。”李商隱的“莊生曉夢”“望帝春心”，本來不算是冷僻的典故，但幾個人能夠懂得他的真意何在呢？李商隱尚且如此，而何況不及李商隱的呢？

嘗有人寫一首七律詩，一連用了四五句成語，如“毋忘在莒”“三户亡秦”“痛飲黄龍”等，這些話，人們已經耳熟能詳，幾乎每個人都會說，又怎會受到感動？而且在一首體律詩八句之中，有半數以上的句式是四三的，也没有變化，雖然，善於用典的人，是會將典故融化，如《西清詩話》說：“作詩用事，要如禪家語：水中着鹽，飲水乃知鹽味。”此詩家秘要也。如“五更鼓角聲悲壯，三峽星河影動搖”，人徒見其陵轢造化之工，不知乃用事也。《禰衡傳》：“撾漁陽摻聲悲壯。”《漢武故事》：“星辰動搖。”東方朔謂“民勞之應”。則善用事者，如“捕風捕影，豈有迹耶”？但有幾個人能夠這樣呢？事實上，杜詩中這兩句，在字面上人人可解，其動人之處是字面，而不是典故。反正，一般人也不知是用了典故。

從來的好詩，都是白描，而不是用典的，只有白描詩，才可以較多地吟咏性情，如“牀前明月光”“打起黄鶯兒”“少小離家”“朝辭白帝”“獨在異鄉”“清明時節”無一不是出於自然的。

就以七律而論，一般人喜歡在頷聯、頸聯中堆疊故實，老杜的《登高》《聞官軍收河南河北》，以及《賓至》《客至》諸作，都是大多數人傳誦的，何嘗有半句用故實呢？

鍾嶸《詩品》說：“至於吟咏性情，亦何貴用事？思君如流水，既是即目；高台多悲風，亦惟所見；清晨登隴首，羌無故實；明月照積雪，詎出經史？觀古今勝語，多非補假，皆由直尋。”這番話，可以給喜歡用典故者參考。

用典在原則上是不免的，胡適在《文學改良芻議》中反對用典，那是太過。但用典要用得自然、用得貼切，若用典以示淵博，則明眼人可以看出其淺薄的。

蘭亭序真偽商榷

（一）緣起

最近有朋友告訴我：郭沫若在《文物》六期發表一篇有關《蘭亭序》真偽的文章，也有人在報上寫文加以駁斥。可惜我没有見到，報紙固不易追查，連《文物》六期也絕市了，聽說還有人在搜購。可見這問題之引人注意。後來萬有圖書公司總經理徐炳麟兄替我找得一本，讓我能讀到郭氏的文章。其題目為："由王謝墓誌的出土論到《蘭亭序》的真偽。"

所謂"王謝墓誌"，是今年（一九六五）一月十九日出土於南京新民門外人台山的《王興之夫婦墓誌》，與一九六四年九月十日出土於南京中華門外戚家山殘墓中的《謝鯤墓誌》。

郭氏發現這兩個墓誌和另外近年同在南京近郊出土的兩個墓誌：《顏劉氏墓誌》和《劉克墓誌》的字體，"基本上還是隸書的體段，和北朝的碑刻一致，只有《顏劉氏墓誌》中有些字有後來的楷書筆意"。與傳世東晉字帖，特別是王羲之所書《蘭亭序》的字體懸異。於是，他對於"東晉字帖別是《蘭亭序》的可靠性"提出了疑問。

他認為："《蘭亭序》不但從書法上來講有問題，就是從文章上來講也有問題。"他先提出前人曾"注意到《蘭亭序》一文為梁昭明太子蕭統的《文選》所未收入，因而有人推論到未被收入的原因"，繼而說："事實上《蘭亭序》這篇文章根本就是依託的！"他舉清末廣東畫家李文田所題汪中舊藏《定武蘭亭》的跋文為證。

跋文說："鄙意以為'定武石刻'未必晉人書，以今所見晉碑，皆未能有此一種筆意；此南朝梁、陳以後之迹也。"跋文又提出三個疑點：一，"按《世說新語·企羨篇》劉孝標註引王右軍此文，稱曰：《臨河序》，今無其標題，則唐以後所見之《蘭亭》，非梁以前之《蘭亭》也"；二，"《世說》云：人以右軍《蘭亭》擬石季倫《金谷》，右軍甚有欣色。是序文本擬《金谷序》也。今者《金谷序》文甚短，與《世說》註所引《臨河序》篇幅相應。而《定武本》自'夫人之相與'以下多無數字。此必隋唐間人知晉人喜述老莊而妄增之"；三，"即謂《世說》註所引或經刪節，原不能比照右軍文集之詳，然'錄其所述'之下《世說》註多四十二字。註家有刪節右軍文集之理，無增添右軍文集之理。"於是斷定："文尚難信，何有於字！"且以為"世無右軍書則已，苟或有之，必其與《爨寶子》《爨龍顏》相近而後可。以東晉前書與漢、魏隸書相似。時代為之，不得作梁、陳以後體也"。

以李文田的意見為基礎，郭沫若認為必要進一步研究的前提，是《蘭亭序》這篇文章到底是真是偽。他除了將《臨河序》與《蘭亭序》兩文並排，以對照其繁簡外，還指出"夫人之相與"以下一段，含有悲觀氣息。他肯定史稱"以骨鯁稱"的王右軍，決不至於"為了'修短隨化，終期於盡'而'悲夫''痛哉'起來"。

那末，依託於何時呢？他以為劉孝標註《世說》已有《臨河序》，而《晉書》本傳已有《蘭亭序》，所以依託之時，應該是梁與唐之間。那末，又是誰人所依託呢？他指出陳代永興寺僧人智永，"臨書三十年，能兼諸體，尤善草書"，"隋煬帝曾經稱讚他的書法是'得右軍一臠'"，而"《蘭亭序》的'修短隨化，終期於盡'的語句很合乎'禪師'的口吻”，於是他說：“我敢肯定：《蘭亭序》的文章和墨迹，就是智永所依託。”隨後又指出：世傳墨池堂祖本智永所書的王羲之《告誓文》，“用筆結構和《蘭亭序》書法，完全是一個體系，以作為一種旁證”。

郭氏又論到“王羲之的筆迹究竟應該是怎樣”的問題。他以梁武帝《書評》中對於王羲之的評語為尺度，評語說：“王右軍書，字勢雄強，如龍跳天門，虎卧鳳闕，故歷代寶之，永以為訓。”他認為，“'字勢雄強'，和性格倔強很相一致，但《蘭亭序》的字勢卻絲毫也没有雄強的味道”。他又引述康生的話：“王羲之的字迹，具體地說來，應當是没有脱離隸書筆意。這和傳世《蘭亭序》和王羲之的某些字帖，是大有徑庭的。”他讚歎康生“這見解非常犀利”。

他和康生的見解，是基於“草隸”兩字。他說，康生曾就文獻仔細探索，結果認為：“王羲之在唐以前和唐初是以善草隸、隸書、章草著名的。”如：《世說新語・言語篇》“謝太傅語王右軍”條下註：“羲之少朗拔，為叔父廙所賞，善草隸。”他自己又找了梁代庾肩吾《書品》一文來補充：“尋隸體發源秦朝，隸人下邳程邈所作。始皇見而重之，以奏事繁多，篆字難製，遂作此法，故曰隸書。今時正書是也。草勢起於漢時，解散隸法，用以赴急。本因草創之意，故曰草書。建初中京兆杜操始以善草知名，今之草書是也。”他認為：“'今之草書'，指的是章草。”“章草有一定的規律”，保留着隸書的筆意。他更進一步解釋：“隸書的筆意究竟是怎樣的呢？具體說來，是在使用方筆，逆入平出，下筆藏鋒而落筆不收鋒，形成所謂'蠶頭'和'燕尾'。南北朝人的碑刻字或寫經書，難以收鋒，仍用方筆，凡一點一畫，一起一收，筆鋒在紙絹等上轉折如畫三角形。這樣的筆法，就是所謂隸書筆意。”所以，他認定王右軍的字迹，應該是有此筆意的。

根據這樣的說法，不但《蘭亭序》被推翻，就連世傳的東晉字帖，也一起被推翻了。這個問題，實在很大很大。大家早已公認：東晉書法，上承漢魏，下啓唐宋，所以在書史中是光輝燦爛的。但是假如郭說——也就是李文田說成立，則書史就要改寫了。對於這個大問題，就非要深入地、虛心地去仔細研究不可。

（二）古人也有疑王

一千六百多年來，王羲之一直以書法享有盛名，歷代推為“書聖”，大家都了解得到，這不是偶然的。但是，我們不能因為他享有這樣的盛譽，而對於流傳他的作品，無論墨迹與文章，都無條件地加以承認。因此，我們一遇到疑點，就有理由加以研究。

王右軍作品之被人懷疑，當然不自李文田、郭沫若始。在後有研究《蘭亭序》真偽之前，先引述一些“疑王”的資料，第一可以增加一點興趣，第二也可以知道古人並不盲目地“擁王”。

清人孫梅《四六叢話》引《考古質疑》云："王右軍《蘭亭序》不入《文選》，王勃《滕王閣序》不入《文粹》，世多疑之。……"這是古人對《蘭亭序》的懷疑，郭沫若文中也曾提到。窺郭的用意，似欲藉古人的"疑王"，而增強其對《蘭亭序》的打擊力。但是，請大家注意：這里所懷疑的，不是作品的真偽問題，只是探究昭明太子不選錄的原因何在。其實，何止《蘭亭序》不入《文選》，就是李文田曾提到的《金石序》也不入《文選》。既名為"選"，自然有很多"不能盡錄"。昭明之不選，不能影響《蘭亭序》的存在。

唐人孫過庭《書譜》云："代有筆陣圖七行，中畫執筆三手，圖貌乖舛，點畫湮訛。頃見南北流傳，疑是右軍所製。雖則未詳真偽，尚可發啓童蒙，既常俗所不傳，不藉編錄。"這是古人對《筆陣圖》的懷疑。關於《筆陣圖》的作者，有人以為王右軍，有人以為衛夫人。如宋人朱長文《墨池編》云："自三端之妙，及執筆有七種兩段，舊傳王右軍所作；後見張彥遠《要錄》，以為衛夫人之辭。然又算可考驗也。"而明人張溥編的《王右軍集》，又有《王右軍題衛夫人筆陣圖後》（以下簡稱《題後》）一文，這樣一來，則《筆陣圖》的作者是衛而不是王了。但因為王的《題後》有"及渡江，北遊名山""又之許下""又之洛下"等句，故朱長文《墨池編》指出："舊本謂：羲之嘗渡江，北遊名山，之許、洛觀碑。據東晉時，許、洛未平，逸少必不可往，故删去之。按此數語，適足證明其為後人之偽託也。"我以為朱說甚是，而且我還發現一個最大的漏洞可證明《筆陣圖》是偽託的。因為文裏有"真書"字，而晉無真書之稱。後人作偽，往往就會露出馬腳。由於《筆陣圖》本身已是晉以後的人所偽託了，則那篇所謂王右軍的《題後》自然也是偽託的。又世傳《王右軍筆勢論十二章》，孫過庭亦辨其非："代傳羲之與子敬《筆勢論十章》，文鄙理疏，意乖言拙，詳甚旨趣，殊非右軍。且右軍德重才高，調清詞雅，聲塵未泯，翰牘仍存。觀夫致一書、陳一事，造次之際，稽古斯在。豈有貽謀令嗣，道葉義方，章則頓虧，一至於此！又云：與張伯英同學，斯乃更張虛誕。若指漢末伯英，時代全不相接；必有晉人同號，史傳何其寂寥！非訓非經，宜從棄擇。"

以上的"疑王"，是文章方面的，至於就墨迹而言，則傳世的《黃庭經》與《東方朔畫讚》，也都有此問題。

宋人黃長睿伯思《東觀餘論》云："世傳《黃庭真帖》為逸少書，僕嘗考之，非也。按陶陶居《真誥翼真檢論上清真經始末》云：'晉哀帝興寧二年，南嶽魏夫人所授，弟子司徒公府長史楊君，使作隸字寫出，以傳護軍長史許君，及子上計椽，椽以付子黃民，民以傳孔默，後為王興先竊寫之，始濟浙江，遇風飄没。以《真誥》校，惟《黃庭》一篇存。蓋此經也。'……僕按甲子歲，逸少以晉穆帝升平五年卒，是年歲在辛酉，後二年即哀帝興寧二年，始降'黃庭'於世，安得逸少預書之?"這個證據本來是很有力的，但王右軍是否死在升平五年（三六一），卻是問題。姜亮夫《歷代人物年里碑傳綜表》，則以為右軍活到晉孝武帝太元四年（三七九），歲數為七十七，與《晉書》本傳所說的五十九歲卒相差頗遠。明人王世貞《法書苑》對《東觀餘論》所說，則力辨云："伯思之論，似若詳悉矣，以予考之，其說非也。蓋書《黃庭經》換鵝，與書《道德經》換鵝，自是兩事。伯思謂《黃庭》之傳，在右軍死後二年，此最失於詳審也。道家有《黃庭內景經》《黃庭外景經》及《黃庭遁甲綴身經》《黃庭玉軸經》，世俗例稱為《黃庭經》。《內景經》乃大道玉晨君所作，扶桑大帝命賜各神王，傳魏夫人，凡三十六章，即《真誥》所言者。《外景經》三篇，乃老君所作，即右軍所書者，與魏夫人所傳者不同。"

宋人董逌《廣川書跋》云："《畫讚》，世傳晉右將軍王羲之書。考其筆墨蹊徑，輒不類，知後人為之，託之逸少以傳也。昔王濛子修常術書右軍，王羲之為寫《東方朔畫讚》與之。敬仁亡，其母見平生所愛，悉內棺中，故知此書不傳久矣。（按：王僧虔以為納棺中者，乃鍾繇《宣示帖》）唐自貞觀購書，逮開元搜訪，亦既盡矣，校訂大王書二卷：《黃庭》第一，《書讚》第二，《告誓》第三。韋挺以《書讚》是偽迹。夫《書讚》已亡而更生者，可知其為偽也。今世所傳，疑不在韋挺論中；彼得存於貞觀而入錄，當亦有可亂真處。今之傳者，不能便入貞觀錄也。"

由此可見，傳世王右軍作品，不是沒有可疑的。而且這裏所舉的，只是幾個例子，其他還有不少疑問。不過，這些都不是懷疑王右軍，並不是傳世字帖所顯露的面貌的，而李文田、郭沫若則是懷疑其書法的面貌。

（三）郭文的武斷與矛盾

當然，郭沫若是有權懷疑傳世的王羲之筆法，以至整個東晉書風的，而且，任何人都有權懷疑。但是，如果一味懷疑，而不小心求證，那將會造成很大的誤解。我們讀了郭沫若那篇文章，就會發現若干武斷與矛盾的地方。

對《王興之夫婦墓誌》的寫作者身份的推測，就顯得武斷了。他說："墓誌中的稱謂是從寫作者的身份出發。如稱興之為'君'，稱興之婦為'命婦'。《王興之墓誌》中稱王彬為'先考'，可見寫作墓誌的人，是興之的胞兄弟。"不知碑、誌的稱謂，既可以從寫作者的身份出發，更可以從立石者的身份出發。子孫為先人墓立碑、寫誌，未必都懂得書法，故藉能書者寫作，而寫作者只是代筆，其文中的稱謂，仍以立石者口吻出之。這種情形，十分普通，以現代為例，尤為慣見。是以用墓誌中的稱謂，不一定可以推定寫作者是誰的。

他又說："舊說王羲之以三十三歲時寫《蘭亭序》，其實'永和九年'時，王羲之已四十七歲（據清人魯一同《右軍年譜》）。這可以作為舊說不盡可靠的一個旁證。"他所謂舊說，照我所知，是指唐人張懷瓘的《書斷》。《書斷》說："三十三書《蘭亭序》，三十七書《黃庭經》。"而他不指明《書斷》，卻籠統地指為"舊說"，企圖以一個舊說，而動搖所有均不合於他用的舊說。但他由《書後》裏卻又引證了張懷瓘《書估》《書議》《書斷》的話，來說明羲之、獻之父子書法的異同。還說"懷瓘當有所本"。對於同一個人的著述，而且是同一種的著述，高興時就說"當有所本"，不高興時就說"不盡可靠"。

然則"三十三書《蘭亭序》"，是否真的不可靠呢？也不然的。王右軍生卒年歲，尚有可疑，《晉書》本傳謂其年五十九卒，姜亮夫《歷代人物年里碑傳綜表》以為年七十七，卒於晉孝武帝太元四年（三七九），其生年為晉惠帝太安二年（三〇三），但備考欄中則註明：吳淂源《右軍年譜》作生三二一年，魯一同《右軍年譜》作生三〇七年。假如依魯一同說，則永和九年（三五三），不錯是四十七歲了，但假如依吳淂源說，三十三歲不是剛好嗎？假如依姜亮夫說，則是五十一歲了。事關疑年，郭氏未經考定，而遽以魯說否定吳說。

又如《世說新語·企羨篇》已直言《蘭亭序》，而郭硬說梁以前只稱《臨河序》，這是沒有查檢之故。此外，還有若干自相矛盾的地方，例如他承認孫綽的《蘭亭後序》，則有後必有前，卻不承認有《蘭亭序》；又如既說《臨河序》已有"歲在癸丑"之語，忽又說"癸丑"字寫小了是偽託者忘記永和九年的干支，預留空白不夠之故（這些將在後面分別加以說明）。

以上所舉的，有些只屬於枝節問題，但有些則關係到核心問題。在這裏我得聲明：我所要討論的問題是：一，《蘭亭序》是否王羲之所作；二，傳世的《蘭亭序》和其他東晉字帖，是否為王羲之書法及東晉人書法的面貌。

（四）東晉書法的面貌

上面已經說過：東晉書法，上承漢魏，下啓唐宋。書法到晉代，已經形成一個新面貌，而這個面貌，則是承前代而漸變的，不是突變的。只要看西晉時衞恒的《四體書勢》，就可以知道晉人對書法很有研究，也可以知道晉書法實要漢、魏接迹。其論隸書中有一點最值得注意的，則是："魏初有鍾、胡二家，為行書法，俱學之於劉德升，而鍾氏小異然。"所說鍾、胡，就是鍾繇與胡昭。唐張懷瓘《書斷》也說："劉德升，字君嗣，潁川人。桓、靈世以造行書擅名。既以草創，亦甚妍美，風流婉約獨步當時。胡昭、鍾繇，並師其法，世謂鍾繇善行押書是也，而胡書體肥，鍾書體瘦，亦各有君嗣之美也。"這些資料，說明漢魏時代已有行書，而王羲之自謂其書抗行鍾繇，"或謂過之"，則王之書法，是學習鍾繇，而且要追趕過之，已是無可懷疑了。漢魏已有行書，則晉代之有行書，還有疑問嗎？

然則何謂行書呢？張懷瓘《書斷》裏說得很清楚："行書即正書之小偽，務從簡易，相間流行，故謂之行書。王愔云：'晉世以來，工書者多以行書著名，昔鍾元常善行押書是也。'爾後，王羲之、獻之，並造其極焉。"所謂"行書即正書之小偽"，那當然是我們現今所說的行書了，也即是傳世的《蘭亭》的字體了。在這一文獻中，最可貴的就是引述了王愔的話，王愔是南朝宋人，他的時代，與東晉極為接近，根據他的話，可以證明晉宋時行書很流行，而張懷瓘以為羲、獻父子的書法已造行書之極，則不是没有根據的。

郭沫若附和了康生的意見，認為“王羲之在唐以前和唐初是以善草隸、隸書、章草著名的”，而偏偏把行書漏列，不知是有意抑或無意。而這一漏列，對於研究東晉書法，特別是王羲之的書法，有着極重大的關係。因為李文田、郭沫若等企圖推翻的，正是王羲之的行書（《蘭亭序》是以行書寫出的）。

假如我們再進一步研究，則會知道現在我們之所謂楷書，在晉以前已經產生。誠如張懷瓘所言“行書即正書之小僞”，行書是建築在正書的基礎上的。换言之，先有正書（楷書），然後可以演變為行書。其理亦如先有所謂隸書，然後才演變為所謂草隸。

晉衛恒《四體書勢》說：“上谷王次仲善隸書，始為楷法。”南朝宋王愔《文字誌》說：“王次仲始以古書方廣少波勢；建初（東漢章帝年號，七六年至八四年）中，以隸草作楷法，字方八分，言有楷模。”南齊僧佽《名書錄》說：“上谷王次仲，後漢人，作八分楷法。”根據這些文獻，就有人說王次仲是始作楷書的，如《宣和書譜・敍論》說：“字法之變，至隸極矣，然猶古焉，至楷法，則無古矣，在漢建初有王次仲者，始以隸字作楷法，所謂楷法者，今之正書是也。”

我們没有見過王次仲的作品，究竟他的楷法怎樣，尚不得而知，但比王次仲較後的魏鍾繇的作品《宣示表》，還有王羲之的臨本傳世，其所寫的就是我們現在之所謂楷書。假如再有人懷疑《宣示表》是否已經走樣，則吳《葛祚碑額》，已是純正的楷書，康有為《廣藝舟雙楫》，以為是正書鼻祖了。

再證以魏《景元四年木簡》、西晉《泰始五年木簡》，上面所寫的，都是行楷書，没有郭沫若所解釋隸書的草意。則楷書之產生於漢、魏，已是彰彰可考。而傳到東晉，更加普遍流行，則是很自然的發展。

康有為《廣藝舟雙楫》說：“真書之變，其在漢、魏間乎？漢以前無真書體。真書之傳於今者，自吳碑之《葛府君》及元常《力命》《戎輅》《宣示》《薦季直》諸帖，至二王則變化殆盡，以迄於今，遂為大法，莫或小易。上下百年間轉變之速如此，人事變化亦急哉。”又說：“書以晉人為最工，蓋姿制散逸，談鋒要妙，風流相扇，其俗然也。夷考其時，去漢不遠，中郎、太傅，筆迹多傳。閣帖王、謝、桓、郗及諸帝書，雖多贋雜，然當時文采，固自異人。蓋隸、楷之新變，分草之初發，適當其會，加以崇尚清虚，雅工筆札，故冠絕古今，無與抗行。王僧虔之荅孝武曰：‘陛下書帝王第一，臣書人臣第一。’其君臣相爭譽在此。右軍、大令，獨出其間，惟時為然也。”由此可見，在晉以前，楷書、行書已經出現了，到了東晉，楷書、行書更“變化殆盡”“遂為大法”。所以東晉書法的面貌，不一定如李文田所說必其與《爨寶子》《爨龍顔》相近而後可的。

誠然，晉、宋碑刻的字體，如《爨寶子》《爨龍顔》以及新出土的《王興之夫婦墓誌》等，仍然是屬於所謂隸書。但我們要知道，書札用的字體，和碑刻的字體往往不同，這是因為使用之處不同的緣故，大概碑誌要莊重一點，美化一點。郭沫若是研究甲骨文的，他會知道何以殷代金文與甲骨文不同。甲骨文是殷代的“今文”，而殷代的金文仍是“古文”。如果我們不能以殷代金文否定甲骨文，那末，我們就不能以東晉碑刻去否定東晉書札的字體了。

上面所說，既指出了東晉的行書、楷書，與漢、魏相接迹，假如我們又往下看，則會看出南齊人王僧虔、陳僧人智永的筆法，都與其先人王羲之是一脉相承的。由於郭沫若認定《蘭亭序》是智永所依託，所以這裏只由晉研究到陳就夠了。

如所周知，由晉到宋、齊、梁、陳，人們對二王的字法，正是眾目睽睽下學習着的，既然是假，而不能改變其面貌去假。因為假也要假得像樣，才會有人相信。由唐太宗至今，已歷一千三百多年，而歷代臨摹《蘭亭序》的，尚未改變其基本面貌；然則由王羲之到智永，只不過二百年時間，就失去其字體的基本面貌了嗎？郭沫若没有否認梁武帝是見過王羲之真迹的。智永與梁武帝相隔，不過四十多年，便可以面貌迥異的貨色去騙人嗎？郭沫若既引述隋煬帝的話，認為智永書法“得右軍一臠”，又指出《淳化閣法帖》曾把智帖誤認為王羲之書，“並不是毫無由來的”，不知這番話是否含有智永之書可以亂真之意，若然，就無異承認智永書法的面貌和右軍的相同。那末，何以又說右軍的書法應有隸書的筆意呢？這是郭氏自相矛盾之處。

（五）隸字的誤解

有人以為李文田寫碑，所以貶抑晉帖。我以為李氏未必有此存心。如康有為亦及對帖學的，其云：“夫紙壽不過千年，流及國朝，則不獨六朝遺墨，不可復睹，即唐人鈎本，已等鳳毛矣。故今日所傳諸帖，無論何家，無論何帖，大抵宋、明人重鈎屢翻之本，名雖羲、獻，面目全非，精神尤不待論，譬如子孫曾玄，雖出自某人而體貌則別。”子孫曾玄之譬，顯屬強詞奪理，然康氏亦只謂摹刻失真，尚不至把整個晉帖，根本推翻。

我以為李文田之所言，是出於誤解。由於許多文獻，都說王羲之善隸，或善草隸，於是認定王的書法，不能脫離隸的筆意。而郭沫若之說，亦以此為出發。當他看到新出土的《王興之夫婦墓誌》的字體與二爨相同時，更以為他的說法有生力軍作為支持了。且看他說：“有人擬議《王興之夫婦墓誌》，可能是王羲之後來所書。……看來，不是毫無根據的。”雖然他後來也不和議此說，但他受到墓誌影響，則已溢於言表了。

其實，這是對有關王羲之的文獻中的“隸”字發生誤解之故。李誤解於前，郭誤解於後。現在我們所說的“隸”字，是一個專名，實指一種字體，也即是郭沫若所指的“蠶頭燕尾”的字體。不知唐以前，“隸”是一個通稱，“秦隸”

“漢隸”，固稱為隸，連楷書也稱為隸。唐初亦復如此。如唐太宗稱王獻之的字為“餓隸”，獻之根本就沒有隸書傳世，唐太宗所指，就是王的楷書。這是很明顯的。

宋人姚寬《西溪叢語》云：“東魏大覺寺碑陰題‘銀青光祿大夫臣韓毅隸書’，蓋今楷字也。庾肩吾曰：‘隸書，今之正書也。’張懷瓘《六體書論》亦云：‘隸書，程邈造，字皆真正，亦曰真書。’自唐以前皆謂楷字為隸，歐公《集古錄》誤以八分為隸書也。”宋人王應麟《玉海》云：“自唐以前，皆謂楷書為隸，歐陽《集古錄》誤以八分為隸書，自是凡漢石刻，皆目為漢隸。東魏《大覺寺碑》題曰隸書，蓋今楷字也。”明人張紳《法書通釋》云：“古無真書之稱，後人謂之正書，楷書者，蓋即隸書也。”又云：“吾衍謂：隸有秦隸、漢隸，的是至論；今當以晉人真書，謂之晉隸，則自然易曉矣。”明人李贄“疑耀”云：“今見古帖隸書，自是今之小楷。”孫過庭《書譜》謂：“元常專工於隸書，伯英尤精於草體，彼之二美，而逸少兼之。”過庭所指元常隸書，即今所傳《力命》《宣示》二帖，是又以真行為隸矣。故蕭子雲啓：“敕旨以逸少不及元常，子敬不及逸少，因此研思，遂悟隸式。”與過庭之說相同。又查《四庫全書總目提要》云：“案字體與世為變遷，古文、籀文不可以繩小篆，小篆不可以繩八分，八分不可以繩隸，然其相承而變，則源流一也。”其中“隸”字下註云：“隸即今之楷書。”由此可見，《晉書》稱王羲之善隸書，並不是李文田、郭沫若所說的“隸”，而是今之楷書。

可是，李文田卻誤解了“隸”字，故以為右軍書法，非與二爨相近不可。又以為《定武石刻》，係南朝梁、陳以後之迹也。“以東晉前書，與漢、魏隸書相似。時代為之，不得作梁、陳以後體也。”上面已說過：吳《葛祚碑額》已是楷書鼻祖了，這裏且說梁、陳以前，齊人王僧虔《舍人帖》，不是沒有所謂隸意的行楷嗎？齊永明六年的《吳郡造維衛尊佛記》，不是純粹的楷書嗎？安得云“梁、陳以後體也”？郭沫若不察，沿襲了李文田之錯，也以為有關王右軍的文獻所稱之“隸”，是他所認定為“蠶頭燕尾”的，或如二爨的“隸”，就生出這麼大的誤會來。

郭沫若欲藉以推翻傳世的王右軍書體武器，除了“隸”字外，還有“雄強”字。他根據隋僧智果所書梁武帝《書評》中“王右軍書，字勢雄強，如龍跳天門，虎卧鳳闕，故歷代寶之，永以為訓”這評語，於是，除了以“隸的筆意”去鑒別外，又以“雄強”作標準而鑒別王家。他以為《蘭亭序》的字迹是相當“嫵媚”的，不合“雄強”的尺度。其實何為“雄強”？這是很抽象的，各人有各人的不同看法。正如杜甫自謂其詩“沈鬱頓挫”，究竟是甚麼東西，幾乎沒有人可以明確指出，但熟精杜詩的人，又自然可以心領神會。因此，郭氏說《蘭亭序》不雄強，如果我一定說是雄強，那將變成各執一詞，不如看看前人的批評較好。元人趙孟頫於其所書《蘭亭序·十三跋》中說：“右軍字勢，古法一變，其雄秀之氣，出於天然，故古今以為師法。齊、梁間人結字非不古，而乏俊氣，此又存乎其人，然古法終不可失也。”所謂“雄秀之氣”，可以相當於“雄強”了罷？且其下又謂齊、梁人結字“乏俊氣”，則當然以為右軍字有俊氣了，古人用字，“俊”與“雄強”之義亦往往相當的。以趙孟頫在書學上成就之大，則其對王字的領會，自然比於一般人透徹得多的。

康有為《廣藝舟雙楫》亦云：“南碑絕少，以帖觀之，鍾、王之書，豐強穠麗。宋、齊而後，日即纖弱；梁、陳娟好，無復雄強之氣。”既曰“豐強”，又曰“雄強”，與梁武帝所說的是一致了。

至於郭氏所引梁武帝的《書評》，是否有增添，還值得研究。我手頭上的《書評》，全沒有“字勢雄強”字樣，兹抄錄其前五條如下：“鍾繇書，如雲鵠遊天，群鴻戲海，行間茂密，實亦難過”；“王羲之書，如龍跳天門，虎卧鳳闕，故歷代寶之，永以為訓”；“張芝書，如漢武愛道，憑虛欲仙”；“蔡邕書，骨氣洞達，奕奕如有神力”；“韋挺書，如龍威虎振，劍拔弩張”。每條的文例差不多一樣，故王羲之條在“如龍跳天門”上加上“字勢雄強”或為智果書寫時增添的。

（六）臨河與蘭亭

郭沫若以李文田所提出的三個疑點為依據，論定：“《蘭亭序》是在《臨河序》的基礎上加以刪改、移易、擴大而成的。”行文時每以“臨河”與“蘭亭”對舉，意謂“臨河”是真，“蘭亭”是假。其實“臨河”與“蘭亭”是二而一的。右軍之所以有此文，是因為蘭亭修禊，於群賢賦詩之後，作序以冠其首。這樣的情形，是不必有題目的。亦正如其傳世的其他字帖，本來就没有題目的，如著名的《十七帖》，因其開首有“十七日”字，後人遂以名帖。由於題目是別人裝上，所以，《蘭亭序》的別名甚多。據《蘭渚集錄》云：“晉人謂之《臨河序》，唐人稱《蘭亭詩序》，或言《蘭亭記》，歐陽公云《修禊序》，蔡君謨云《曲水序》，東坡云《蘭亭文》，山谷云《禊飲序》，古今雅俗俱稱《蘭亭》，至高宗所御宸翰題曰《禊帖》，於是《蘭亭》有定名矣。”是則以“臨河”與“蘭亭”相對立，是可笑的。

且“臨河”之名，並不先於“蘭亭”。李文田只知引《世說》註稱為《臨河序》，而不知《世說》正文已稱“蘭亭集序”了。好在原文不長，特抄錄如下：“王右軍得人以《蘭亭集序》方《金谷詩序》，又以已敵石崇，甚有欣色。”不知李氏何以不據宋人的正文，而據梁人的註，而郭沫若不察，竟在這個題目上着了迷，以為《蘭亭序》是一篇偽託文章的偽託題目。

至謂劉孝標《世說》註《臨河序》與傳世《蘭亭序》長短不同，其實這種情形，古今著述中常有。諸葛亮《出師表》曾提到董允、向寵二人，在《葛傳》中，已將全文錄出，但在《董傳》與《向傳》中加以引述時，都不與原文有百分之百相同，同是出於陳壽手筆，尚有差異，而況不是出自一人的呢？就以《金谷詩序》為例，《世說·品藻篇》註中，與《文選》李善註中，都與《全晉文》所錄的不同，後者多了幾句。

因此，可知《世說》註中的《臨河序》顯然有刪節與移動。關於刪節的可能性，李文田也不曾加以抹殺，所以“夫人之相與”一段應無問題的。至於“錄其所述”下，《世說新語》註多四十二字，李文田認為註家有刪節之理，無增添之理。對於這個問題，最好先看看所出的字句是甚麼，那就是：“右將軍司馬太原孫承公等二十六人，賦詩如左。前餘姚令會稽謝勝等十五人不能賦詩，罰酒各三斗。”以上是據郭沫若文中引出的，實多四十字，而不是四十二字。但我檢閱了書本，則“太原孫承公”，只作“太原孫公”，並無“承”字，當然是版本不同之故。這本來不是甚麼大問題，但我們也可以見到，這小小事情，已有三種差異。李所據的版本多出四十二字，郭所據版本多出四十字，我所據版本多出三十九字。

假如我們細看文理，則會發現傳世的《蘭亭序》到“後之覽者，亦將有感於斯文”句，已是結束全文的語氣，而以下“右將軍司馬”一段，顯然是附加於文末的。既然是附加的，就有很多個可能，可以不與正文相連了。

郭沫若在《書後》裏說：“依託者在起草時留下了一個大漏洞。那就是一開始的‘永和九年，歲在癸丑’的‘癸丑’兩個字。這兩個字是填補進去的，屬文者記不起當年的干支，留下空白待填。但留的空白只能容納一個字的光景，因此填補上去的‘癸丑’二字比較扁平而緊接，‘丑’字並且經過添改。這就露出了馬腳，足以證明‘蘭亭’決不是王羲之寫的。”提到這問題，郭沫若又大大地自相矛盾了。他既然承認《臨河序》是真的，則“歲在癸丑”句，已經在《臨河序》上出現了，何必又說這一句是偽記的呢？前後矛盾，一至於此。我把這個矛盾點向友人王季友兄指出，他認為非常有力，他還補充說：“偽託的人必然是熟讀《臨河序》的，不會連開頭的第二句都記不清楚。”我以為偽託者縱不熟讀，也必然將《臨河序》擺在眼前，才可以加以改造的。這樣一來，更不會忘記永和九年的干支了。

這些矛盾，反映了郭沫若有了成見，而不惜對《蘭亭序》羅織罪證。

（七）悲觀的問題

郭沫若以為《蘭亭序》是偽託的另一理由，則是“夫人之相與”一段，是消極、悲觀的。他指出：“王羲之是和他的朋友子侄等於三月三日遊春，大家高高興興地在飲酒賦詩。”就其本人的那兩首詩看來，“絲毫也看不出悲觀的氣氛”，“和《臨河序》的情調是完全合拍的”。“但《蘭亭序》卻悲得太沒有道理。既沒有新亭對泣諸君子的‘山河之異’之感，更不適合王羲之的性格。”

他認為王羲之的性格，是“倔強自負”的，決不至於“為了‘修短隨化，終期於盡'，而'悲夫''痛哉'起來"。於是，他以為'修短隨化，終期於盡'的語句，很合乎'禪師'的口吻"，故論定是智永所僞託。

不知《王右軍集》中"悲""痛"等字常見，且多歎老傷逝之詞。其《遺殷浩書》有云："何能不痛心悲慨也？"其《與會稽王箋》有云："此封內所痛心歎悼，而莫敢吐誠。"雖然此等悲痛，蓋有感於時事，然亦足見其多感。而《問慰諸帖》，感歎更多，如云："追尋傷悼，但有痛心，當奈何奈何，得告慰之。吾昨頻哀感，便欲不自勝。舉旦，復服散，行之，益頓乏，推理皆如足下所誨。然吾老矣，餘願未盡，唯在子輩耳。"又云："忽然秋月，但有感歎。"又云："初月二日羲之頓首，忽然今年，感遠兼傷情，痛切心，念君哀窮不已。羲之惶恐。"如此之類，不勝枚舉。是則《蘭亭序》之"悲夫""痛哉"，又何足異？

《晉書·王羲之传》云："羲之雅好便服養性，不樂在京師，初渡浙江，便有終焉之志。"可見王右軍之消極。西晉由於八王之亂，而招致五胡亂華，喪亂頻仍，人們普遍產生厭世思想。王羲之"有終焉之志"，自然是感染了西晉時厭世思想之故。他諫殷浩北伐，王夫之《讀通鑒論》以為只"計及當時"，而不"計及後世"，加以痛責云："浩之才不足以制溫，迫於立功，反致潰敗，徒以沮撓人心，而貽奸雄之笑，一時之事會也。王業之不可偏安，羯胡之不可縱佚，忘自強之術，而益召其侮，偷寡弱之安，而日蹙其亡，百世之大防也。羲之言曰：'區區江左，天下寒心，固已久矣。'業已成乎區區之勢，為天下寒心，而更以陵廟邱墟，臣民左衽，為分外之求，昌言於廷，曾無疚愧，何弗自投南海，速死以延羯胡而進之乎！"又云："若晉則蔡謨、孫綽、王羲之，皆當代名流，非有懷奸誤國之心也；乃其侈敵之威，量己之弱，創朒縮退阻之說，以坐困江東。"又以"王凝之奉天師道，請鬼兵禦賊"，而責"王羲之不能辭其咎"。前者顯出王羲之是失敗主義者，後者又顯出王羲之惑於妖邪。試問這種思想的人，其"悲夫""痛哉"起來，又有何不合拍之處？

且當時同遊者，孫綽有《蘭亭後序》，其中有云："樂與時去，悲亦繫計之。往復推移，新故相換。今日之迹，明復陳矣。"郭沫若文中已加以引出，但他一方面以為"這是'俯仰之間，已為陳迹'的不勝今昔之感的藍本"，一方面又說："這倒真是兩個人的感情了，不能夠信乎地'合二而一'。"他既說過《蘭亭序》悲得太没有道理，然而《後序》之悲，何以獨有道理？郭氏以甚麽權力，給予孫綽以包辦悲的專利權？其實右軍詩中的"代謝鱗次，忽焉已周"，亦正與孫綽的"往復推移，新故相換"同一含義，可見當時兩人都有同感。不但如此，當時賦詩的，有四個人都在詩中用"俯""仰"字，這又與"夫人之相與，俯仰一世"是合拍的。

提起《後序》，又要提一提郭氏有自相矛盾之處。郭氏不承認《蘭亭序》，但又承認孫綽的《後序》，不知先要有了《蘭亭序》，然後《蘭亭後序》才可以立腳，否則只能稱為"臨河後序"而已。這一點，不知郭氏將何以自解？

我們除了將《蘭亭後序》之悲觀，以證《蘭亭序》的悲觀是有理由的之外，還可以引《金谷序》以為證。上頭已經引述過《世說》謂有人以《金谷》與《蘭亭》，那末，郭沫若是否也看過《金谷》中有“感性命之不永，懼凋落之無期”這兩句呢？假如已經看過，又何能說“《蘭亭序》卻悲得太沒有道理”呢？

這些感歎，在古人文章中往往有之。後之李白的《春夜宴桃李園序》所云“浮生若夢，為歡幾何”，是同一基調的。前有《金谷序》，後有《桃李園序》，而同時則有《蘭亭後序》，都有悲觀的氣息，何以偏偏不許《蘭亭序》亦有之？

至謂“修短隨化，終期於盡”，很合乎禪師的口吻，這真是丈八金剛，摸不着頭腦。佛說“不生不滅”，何得說“終期於盡”？且序文更云“一生死為虛誕”，一生死為佛家語，智勇為禪師，安能目之為虛誕？

（1965 年 8 月 12 日於香港）

蘇詞中的羽扇綸巾

羽扇綸巾是誰的特徵？答案幾乎一致是諸葛亮。但是蘇軾《念奴嬌・赤壁懷古》一詞裏，卻有人以為是周瑜。這樣的爭論，我平時聽過不少，本年七月二十六日，《“中央”日報・“中央”副刊》有一篇劉大中先生寫的“遙想公瑾當年”，亦持此論。

劉先生文中說：“蘇詞中又說，周郎穿着‘羽扇綸巾’，戲迷朋友覺得蘇老先生把周瑜寫成了諸葛亮。（空城計孔明上場引子中有‘羽扇綸巾’詞句，這可能也是國劇把諸葛亮幾乎扮成牛鼻子老道的原因）其實‘羽扇綸巾’不過是指家常便服而言。蘇東坡說周郎穿着便服‘在談笑間’就把曹操打敗了。”

同月三十一日《“中央”副刊》中又有一篇康華先生寫的《小簡》，略說：“劉先生指蘇東坡大江東去詞中‘羽扇綸巾’說的是周瑜，鄙意以為先生之言差矣。按蘇詞在‘羽扇綸巾’前，有‘一時多少豪杰’之句，可見蘇氏所咏者不僅周瑜一人；‘羽扇綸巾’為諸葛亮之特別標誌，所指當為孔明。借箭與借東風自屬無稽之談，但赤壁之戰，孔明為運籌人物之一，則為事實；且周公瑾為將軍，手揮羽扇，似亦不倫不類。因是‘羽扇綸巾’之句所指者，必為孔明，而非周瑜。”

在此之前，香港有一本供香港大學入學考生參考的書，其中有討論到蘇詞中羽扇綸巾的，提出四點，原文如下：

一，下半闋首句分明有遙想公瑾當年之語，以下當屬描寫想像中之周郎，何致混入諸葛？二，此語極寫周瑜之文武兼資，風流俊雅，以呼應浪淘盡風流人物一語，若寫諸葛，組織便不完密。三，資治通鑒赤壁之戰，諸葛亮說孫權發兵之後，即返樊口，火燒赤壁時，未與其盛，蘇軾何必提他？四，羽扇綸巾為古代極普通之便裝，何必定為孔明之標誌？設使為奇裝異服，相信一生謹慎之諸葛亮亦不敢穿着也。

要解決這些紛爭，應從兩點着手：一是“羽扇綸巾”一詞的起源；一是蘇詞描繪的對象。

關於羽扇，據清人張燕昌《羽扇譜》：“古今註謂其制起自殷高宗，周禮巾車為重翟，說者謂僅在儀衞。至三國時，諸葛亮捉白羽扇指揮三軍，始為今羽扇所昉。”這是說孔明以後才有羽扇。據晉人陸機《羽扇賦》：“昔楚襄王會於章台之上，山西與河右諸侯在焉。大夫宋玉、唐勒侍，皆操白鶴之羽以為扇。”這是說戰國時已有羽扇。

關於綸巾，據明人王圻《三才圖會》：“諸葛巾一名綸巾，諸葛武侯當服綸巾，執羽扇指揮軍事。”這是說，綸巾是孔明所專有，甚至以諸葛為名。但據《漢書》：“大將軍梁商歸地宴日，着綸巾，乘紫輜車。”這是說，在西漢時已有綸巾，而為大將軍所服用。不過，這是服用於歸第宴日中，不是服用於戰陣中，這一點要特別注意。

羽扇、綸巾二物並用，且成為孔明特有標誌的，《三國誌》本傳裏無可考；據晉人裴啓《語林》：“諸葛武侯與宣王（司馬懿）在渭濱將戰，宣王戎衣蒞事，使人視武侯，乘素輿，葛巾毛扇，指揮三軍，各隨其進退。宣王聞而歎曰：‘可謂名士矣！’”

據此，可知劉先生所說的緣於“空城計孔明上場引子中有‘羽扇綸巾’詞句”，完全是臆說，而港大入學考生參考書所說的“羽扇綸巾為古代極普通之便裝，何必定為孔明之標誌？”也是臆說。司馬懿與孔明同時，且為敵對的軍事對手，既然有此一歎，可以反證這種服用在戰陣上是不常見的。

以後顧榮也搖羽扇指揮軍事，謝萬也着葛巾指揮軍事，但都是晉人，是在孔明以後的。而且，或只用羽扇，或只用綸巾，非二物並用。

羽扇綸巾是孔明特有標誌，已無疑義。

留下來還有蘇詞描寫的對象一問題。我以為它完全以周瑜為主人翁，而以小喬與諸葛為陪襯的人物，所謂“小喬初嫁”，其實赤壁之戰在建安十三年（二〇八），小喬初嫁是在建安三年（一九八），相距十年，好命的子女也可以有幾個了，還說初嫁嗎？

至於諸葛亮，則是說服孫權，組織孫劉聯軍以拒曹的說客，當時“權大悅，即遣周瑜、程普、魯肅等水軍三萬，隨亮詣先主（劉備），並力拒曹公”（見《三國誌》本傳），是則孔明在這一戰役中，雖沒有像《三國誌演義》所說的智激周瑜和借箭、祭風等，但並非沒有密切關係的。蘇詞中拉孔明來陪襯一下周瑜，正如拉小喬來陪襯，在文學理論上，同樣有理的。

何況蘇詞雖說是“赤壁懷古”，只不過借題發揮其感慨，並不完全根據史實。根本上他所遊的赤壁，就不是孫劉合兵破曹的地方，所以說："人道三國周郎赤壁。"

試把蘇詞下半闋開頭幾句譯成語體："我悠然想像周瑜當年，小喬初和他結婚，更使他英姿勃發了。當他與执羽扇、服綸巾的孔明談笑間，孫劉聯軍已把曹操兵船燒毁，灰在飛揚，煙也滅了。"

這樣解釋，對全詞的組織，没有半點不妥。詩詞用字，有省略，由於"談笑間"三字，可知上頭省略了"與"字。亦如杜牧《赤壁》討論"東風不與周郎便"省略了"如"字。

（香港《天文臺》報 1974 年 8 月 20 日第 2 版）

澄清孫中山日本生女之說

孫中山先生逝世剛好六十周年，日本共同社報道："一名日本教授久保文接在横濱發現孫中山先生七十八的女兒。"

該報道指出：久保文接教授進行了一項研究，在横濱發現一名叫宮川文子的女士。

研究指出：流亡日本時，孫中山於一八九八年在横濱中國城内，遇見宮川的母親乙木香。當時乙木香只得十一歲，本姓本户。

久保的研究說：一九〇一年孫中山先生向當時只得十四歲的乙木香之父提親，但遭拒絕，原因是乙木香太年輕。第二年，三十六歲的孫中山親自向乙木香求婚，二人後來在横濱結婚，儀式一切很簡單。

後來孫中山先生以假證件到東南亞及美國，並於一九〇五年回日探望妻子。他們的女兒於一九〇六年出生。但在她出世前不久，孫中山便離開日本，此後没有回去。

該研究又說：宮川文子在出生後不久便由另一個家庭收養。她在一九六〇年首次與生母見面，那時才獲知生父是孫中山。她記錄的年歲是七十六歲，因她的母親等候孫中山回來，足足等了一年多，才替她領取出生證明。

以上的資料是美聯社於八月十七日在東京用電報發出的。翻譯部譯成中文後稿件送到我桌上。我認為是一件動人的新聞，但有很大的懷疑。

到底哪一些是由久保教授研究出來的呢？是她的出生證明，還是"後來乙木香再嫁兩次，但與孫中山保持書信來往"的書信？抑或乙木香在一九六〇年"將首次婚姻在錄音帶記錄"呢？我是個新聞工作者，也是個新聞教授。我平時教導學生在編輯工作上，"要有高度的懷疑"。但由於時間的限制，也感到即使是假的，對社會不會構成重大影響，於是製作了一個標題，主題是"日女認是孫中山所生"。這是我所能做到的最客觀而又最警醒的題目。還在同一版中寫了編餘漫筆之類的短評，表示對此說的懷疑態度。

因為病後需要充分時間去休息，一連幾天没得工夫進行研究。到二十一日，偶然從副刊中看到珠珠小姐談論此事，便在家裏調集有關資料研究起來。

我常常以數學、文學、史學的方法糅合起來研究一些問題。於是首先從宮川文子的生年一九〇六着手，立即發現“在她出世前不久，孫中山便離開日本”是無稽的。

因為那一年二月三日（光緒三十二年十二月二十一日）東京革命黨人為劉道一被捕犧牲舉行追悼會，孫先生作七律詩一首以輓之：

半壁東南三楚雄，劉郎死去霸圖空。
尚餘遺孽艱難甚，誰與斯人慷慨同？
塞上秋風嘶戰馬，神州落日泣哀鴻。
幾時痛飲黃龍酒，橫攬江流一奠公？

這是孫中山唯一的已有著錄的詩作。

事隔一月，即三月四日（正月二十日），日本政府應清廷的請求，驅逐了偉大的革命領袖出境，他在這一天和胡漢民等離東京往越南。三月十四日到香港。

這有力地證明孫中山最後離開日本是在宮川出生之後，同時，所謂宮川母親等了孫先生一年多，才替宮川領取出生證明之說是站不住腳的。

此文的撰寫，一在澄清一個問題；二在說明報學和史學的精神都要求真。

也許會刺痛宮川文子女士的自尊心和困擾久保文接教授的精神。但如果久保教授能發表他全部研究的經過，不但是我個人所歡迎的，並且是閱讀過美聯社所引述共同社上項報道的人所感興趣的。

（《星島日報》1983 年 8 月 23 日電訊版）

再澄清孫中山在日生女之說

前文見報後，只在午前已接十數電話，都是讀後有所反應的。有捧場，有質疑，更有希望更為詳盡的研究。

質疑之點，仍為年份問題，謹在此處，作出清楚交代：

久保教授研究的結果，是“宮川文子於一九〇六年出生，也即光緒三十二年生。出生前不久，孫中山便離開日本，而宮川的母親乙木香等待孫中山一年多，才替宮川領取出生證明，故宮川的記錄年齡只是七十六歲”。

本人研究的結果，孫中山離開日本之時，是在一九〇七年，也即是宮川出生一年後的三月四日，亦即光緒三十二年正月二十日。原因是日本政府應清廷之請，將其驅逐出境。同行的還有胡漢民。啓程的地點是東京，目的地是越南，而第一站則是香港，到香港之日是三月十四日，夏曆是二月初一。

在此情形下，宮川的出生證明，可即時取得，不必等待一年多之後。

抑且，一個被政府驅逐出境的人，不會在短期內回來，乙木香等待了一年多，是不可理解的。

孫中山被驅逐出境後，到一九一〇年五月三十日，也即是宣統二年四月二十二日，離開檀香山往日本，於六月十日到達横濱。以中國時間計算，則是五月初四。孫先生登岸後，即被當地警署着令離境，乃化名潛往東京。在東京召集黄興、趙聲等同盟會骨幹舉行會議，決定通告各省同志，在年內“中止一切不成熟之舉動”。

六月二十五日，即舊曆五月十九日，因日本政府與清政府相勾結，不准居留，乃於是日離開東京，經香港前往檳榔嶼。七月十一日自檳榔嶼到新加坡。

七月十九日，即舊曆六月十三日，孫母楊太夫人病逝於九龍，葬於西貢百花林。年前墳墓重修完畢，筆者曾偕孫中山之侄孫滿前去拜祭。

這些事迹，都是彰彰可考的。因此，乙木香母女和孫中山分離後，假如在日本本土要“尋根”，也有很多機會，並不如久保教授所說已成了“生離死别”的。

我本來不是治民國史的，但平日所收藏的有關史料頗足應用，這是要治報學史之故。所以，那些要求說得較詳盡一些的朋友，似乎對我要求過苛。第一為資料所限，第二為時間所限，第三為體力和才力所限。只求澄清了主要問題，我不應該離開我的崗位太遠。

不過，還有一些可以補充的，則是孫中山和乙木香“結婚”之年，是一九〇二年，即光緒二十八年，在横濱與東京的中國同志，有章炳麟、秦立山、劉成禺、馬君武、李書成、藍天蔚、黄興、陳天華、方聲洞等；日本同志有宫崎寅藏等。

故所謂“儀式一切很簡單”的結婚，料不至於簡單得僅是二人世界。

一九〇三年以至一九〇六年在横濱與東京的同志，有胡彬夏女士、劉揆一、宋教仁、楊篤生、劉道一、譚人鳳、程家檉、鄧家彥、田桐、汪精衞、廖仲愷、何香凝、馮自由、李自重等；而日本同志更是有野熊藏、和田三郎、萱野長知、平山周、吉亨吉、鈴木久五郎等。

我所以列出那麼多的中日人名，主要在於孫中山被驅逐離日本後，並非和日本一刀兩斷。乙木香要得到孫中山的資訊，還可以透過許多管道。那其間，有中國人，也有日本人，要打探消息，並不如李商隱所說：“斷無消息石榴紅。”

可是，久保文接教授似乎没有注意到這一點。

以上所列的中國同志中，喜歡寫革命逸事的有馮自由和有劉麻子之稱的劉成禺以及何香凝。馮寫的《革命逸史》、劉寫的《聽雨樓叢談》、何寫的《回憶孫中山和廖仲愷》，特别是馮、劉兩書，事無大小，一概寫入。獨未見有關宫川文子母女之事。

（《星島日報》1984 年 8 月 24 日電訊版）

屈原是半癲狂的嗎?(上)

前些時在報紙的副刊上看到有人拿《風賦》中的“此獨大王之雄風也，庶人安得而共之?”而大罵宋玉是古往今来最懂得“拍”的，看了後，只是一笑置之。《風賦》的主旨如何?那作者完全不知。雖然深覺這是香港文化之可悲，但假如不是付之一笑，我的血壓非躍升到一百或一百一十千帕（下壓）不可。

副刊文章，有些水準很高，但又有些在水準以下，就當它是遊戲文章，不必太過苛求。所謂“香港地中文”，許多時候奈何不得。

近來，也從副刊上一連兩天看到一位作者批評屈原，自稱是“從人生的意義和醫學的立場來看”的。他說：“他（指屈原）的行為，實在是不足取的，他恃才傲物，對環境不能適應，他的情緒，就鑽入了牛角尖，懊喪多慮、憤怒煩惱籠罩着他整個心境，他思想上受了重重的束縛，不能自釋，只可一死了之。”最後還拖上一條尾巴說：“他的自殺，實在是嚴重的心理病患，才造成了他一幕不可為訓的慘劇，要是他氣度寬宏，得失不介於心，無憂無慮，對世事看得隨便些，就不會走上死亡之路。”

這大概算是那文章的結論吧，回溯他開端的第二段，是這樣的：“我從醫學立場上來觀察，他的神經方面實在不健全，說得輕一些，他是一個神經衰弱患者，說得重一些，他簡直有神經病，已進入了‘半癲狂’的階段。許多作品，都可以證明他有嚴重的歇斯底里，對人對事，行事乖張，自高自大，難以服眾。脫離了許多親戚朋友，成為一個孤立者，他遺棄了大家，於是大家都敵對他。他胸懷偏狹，一點没有涵養功夫，因此他成為一個悲觀的失敗主義者。這都是他自己心理上的錯誤，神經上的不健全，因此他自己也控制不了自己，一心只想自殺，結果必然陷於悲慘的命運，投下汨羅江而死。”

假如這是一個普通人寫的，我會用“理他作甚”的態度對之，但出於一個知名度高而且站在“醫學立場”的人之手，我就要拜讀下去，看他還有甚麼高論。

原來他引《史記》上說：“‘入則與王圖議國事，以出號令；出則接遇賓客，應對諸侯。’足見楚懷王對他非常信賴，但是在同僚之間，極不相得，他每擬命令之類的文稿，預早把稿洩露出來，說是‘非我莫能為也’，但這是機密性的檔案，如何可以公諸大眾呢?因此，引起同僚的反感，楚懷王就把他解職。屈原因此鬱鬱不得志，寫出了一篇《離騷》，他始終自以為是，自高自大。”

請看看《史記·屈原賈生列傳》的原文：“入則與王圖議國事，以出號令；出則接遇賓客，應對諸侯。王甚任之。上官大夫與之同列，爭寵而心害其能。懷王使屈原造為憲令，屈原屬草稿未定，上官大夫見而欲奪之。屈平不與。因讒之曰：‘王使屈平為令，眾莫不知。每一令出，平伐其功曰：“以為非我莫能為也。”’王怒而疏屈平。屈平疾王聽之不聰也，讒陷之蔽明也，邪曲之害公也，方正之不容也；故憂愁幽思，而作《離騷》。《離騷》者，猶離憂也。”

對照之下，引文中屈原所說的話，實際就是上官大夫靳尚誣陷屈原的話。無論這是讀不通原文，抑或是故意歪曲原文，都不是讀過《屈原賈生列傳》的人所能原諒的。由於這一巨大的錯誤，一切對屈原的批評，都是不正確的。我放下了對屈原及其二十多篇作品的研究，快二十年了，許許多多的問題已模糊，但屈原的愛國精神，直到現在還是給我極大的感召。他強烈的愛國思想，激勵了古往今来不少中華兒女。他不肯與賣國主義者同流合污的剛直，永遠成為中華民族精神的主流。

太史公說：“其志潔，故其稱物芳；其行廉，故死而不容自疏。濯淖污泥之中，蟬蜕於濁穢，以浮遊塵埃之外，不獲世之滋垢，皭然泥而不滓者也。推此志也，雖與日月爭光可也。”

我傾倒於杜甫胸襟的廣闊，寫泰山則說：“岱宗夫如何？齊魯青未了。”寫洞庭則說：“吳楚東南坼，乾坤日夜浮。”寫白帝城則說：“關塞極天唯鳥道，江湖滿地一漁翁。”

然而，屈原的想像更為闊大，如“駟玉虬以乘鷖兮，溘埃風余上征。朝發軔於蒼梧兮，夕余至乎縣圃。”（《離騷》）“載營魄而登霞兮，掩浮雲而上征。命天閽其開關兮，排閶闔而望予。”（《遠遊》）簡直像現代的太空飛行，雖然帶有很濃厚的神話色彩，但從《詩經》找不到同類的作品，從漢賦中也看不出這樣的想像。

我醉心於玉溪生的絕麗，寫風露則說：“仙人掌冷三霄露，玉女窗虛五夜風。”寫身心則說：“身無彩鳳雙飛翼，心有靈犀一點通。”寫珠玉則說：“滄海月明珠有淚，藍田日暖玉生煙。”寫曉夜則說：“曉鏡但愁雲鬢改，夜吟應覺月光寒。”

然而，屈原的香絕，更非後世詩家之可企及。如：“扈江離與辟芷兮，紉秋蘭以為佩。”“雜申椒與菌桂兮，豈維紉夫蕙茝？”“余既滋蘭之九畹兮，又樹蕙之百畝。畦留夷與揭車兮，雜度蘅與方芷。”“制芰荷以為衣兮，集芙蓉以為裳。”“溘吾遊此春宮兮，折瓊枝以繼佩。及榮華之未落兮，相下女之可詒。吾令豐隆乘雲兮，求宓妃之所在。解佩纕以結言兮，吾令謇修以為理。”（《離騷》）這正如太史公所謂：“國風好色而不淫，小雅怨誹而不亂，若《離騷》者，可謂兼之矣。”

我深慕陸放翁的忠耿，寫哀郢則說：“離騷未盡靈均恨，志士千秋淚滿裳。”寫出師表則說：“橫戈上馬嗟心在，穿塹環城笑虜孱。”寫征戰則說：“樓船夜雪瓜洲渡，鐵馬秋風大散關。”寫恢復則說：“四海一家天歷數，兩河百郡宋山川。”

然而，屈原的耿介，充塞於他身上的每一個細胞。如：“彼堯舜之耿介兮，既遵道而得路。何桀紂之猖披兮，夫唯捷徑以窘步！惟夫黨人之偷樂兮，路幽昧以險隘。豈余身之憚殃兮，恐皇輿之敗績。”（《離騷》）這是失敗主義還是愛國主義？

這是不是屈原的“自高自大”？是不是“恃才傲物”？對日抗戰期間，聚在陪都重慶的一班詩人，要定出個“詩人節”來，幾經研究，才定出屈原自沈於汨羅那一天。這一群詩人中，也有些深懂醫學、心理學的；特別是大眾都有一顆熾熱的愛國心，但都不曾發覺屈原的“半癲狂”。

（香港《星島日報》1984 年 9 月 18 日星辰版）

屈原是半癲狂的嗎？（下）

至於《漁父》之作，也成為“我（那批評者自稱）探討他的作品而下的斷語”的主要依據。又說“在文學上講，他的離騷漁父，都有崇高的價值”，但是“從人生的意義和醫學來看，他的行為實在是不足取的……”

那批評屈原的以為這樣，就可以撇開文學上的問題，殊不知對楚辭荒疏像我這樣的，也覺得“厚誣古人”的人比我更荒疏，甚至流於謬誤而狂妄。

都不去說屈原於《離騷》以外的許多作品的崇高價值，而偏偏說早已成為一大疑問的《漁父》足以代表屈原，又拿來作為下斷語的論據。

雖然太史公於《漁父》未有所疑，但莊子《漁父》與楚辭《漁父》，同被近代學者認為是偽作。《文史雜誌》第六卷第一期陳則光說：“我們可以肯定地說莊子《漁父》乃後人所竄入。談到楚辭《漁父》亦犯此二弊：以文筆論，既不像《離騷》《遠遊》，復不類《九歌》《天問》；就內容論，均非屈原自道之辭。且‘寧赴湘流，葬於江魚之腹中’二句，明錄屈原沈湘後之言，斷非屈原在世時足以道此者。故明清以降，學者多疑《漁父》為偽作，今人錢穆亦主此說。是以楚辭《漁父》亦係被後人所竄入者也。”

五個月來我都在養病中，教書生活已拋棄了，寫作也盡可能減少，除了編報和撰作新聞評論外，大部分時間是躺在床上，寫文章成了不得已的事情。本文的上篇，早在八月底一鼓作氣地寫完了，直到今天九月五日，才有精神、有時間寫這下篇。

上篇的要點在指出那批屈原者以上官大夫的讒言，誤作屈原的自誇。下篇在指出做人應有的態度；特別作為一個有崇高理想，而內心迫切於救國救民的人，絕不是“對環境適應”“對世事看得隨便些，就不會走上死亡之路”的人。

屈原所處的環境，有君主的昏庸、群小的邪惡、民生的艱苦、國勢的危殆。在這樣的情形下，他可以適應環境，看得隨便些，以苟且偷生嗎？

在《離騷》中，所謂“恐皇輿之敗績”“哀民生之多艱”。看不懂古代漢語的，大可以買一本今註今譯的本子，清楚了解一下。

《離騷》中又說：“怨靈修之浩蕩兮，終不察夫民心。眾女嫉余之蛾眉兮，謠諑謂余以善淫。固時俗之工巧兮，偭規矩而改錯。背繩墨以追曲兮，競周容以為度。憂鬱邑余侘傺兮，吾獨窮困乎此時也。寧溘死以流亡兮，余不忍為此態也。”以屈原偉大的人格，高潔的思想，又怎能做一條苟且偷生的可憐蟲？

三十多年前“九一”記者節，本港同業們在跑馬地東蓮覺院舉行死難記者超度會，我寫了一對輓聯：“九死其猶未悔，一言而可興邦。”上句是取自《離騷》的，下句是取自《論語》的。《離騷》之句，是採取了直接的意義，為國家、為民眾、為理想，如有必要不惜一死，就是九死也無所恨。《論語》之句，孔子雖然說了“言不可以若是其幾也”，但作為一個大眾傳播工作者，不能不有“文章報國”的精神。以我這樣一個渺小的人，大半生處於喪亂中，三十多年前的香港還未臻於安定，而九死未悔的心情絕不動搖，然而“雖體解吾猶未變兮，豈余心之可懲？”《離騷》的屈原，又怎會為了個人的生死，而置國家存亡於不顧？

貧苦一生的杜甫，在他的《茅屋為秋風所破歌》中說：“安得廣廈千萬間，大庇天下寒士俱歡顏，風雨不動安如山。嗚呼，何時眼前突兀見此屋，吾廬獨破受凍死亦足。”這種只知有大眾，忘記了一己的精神，也就是做人應有的態度和人生崇高的理想。

屈原是一個主張內修美政、外抗強秦的強硬分子。楚懷王重用了他，他鑒於秦有吞滅諸侯、兼併天下的野心，於是東使於齊，以結強黨。秦國引以為患，就派張儀收買楚國的重臣上官大夫靳尚之屬，上及懷王之子子蘭、司馬子椒，內賄夫人鄭袖，共譖屈原。屈原就被放逐於漢北。張儀便進而使楚國與齊國相絕，許諾六百里地作為酬謝。後來楚與齊絕，秦國就欺以六里的地方。懷王大怒，舉兵伐秦，經歷了幾次大戰，秦國大大地擊敗了楚國。懷王悔不用屈原之策，重新啓用他。

屈原再度出使齊國，而秦嫁女於楚，與懷王為藍田之會。屈原以為秦不可信，反對這個會盟，群臣都持不同的意見，懷王於是赴會，便被拘囚，終於客死於秦國。

頃襄王繼位，令尹子蘭又使上官大夫短屈原於頃襄王。頃襄王怒而再放逐他到江南去，九年而不召見，及聞秦將白起破郢（楚國的首都），不忍親見亡國之痛，希望一死以悟其君，於是赴汨羅之淵而自沈。

那批評屈原“自殺是心理病患”的文章說：“任何人都愛惜自己的生命，心理正常的時候，絕不肯斷送自己的生命，只有心理不正常時，才會想到要自殺。”就一般人言之，這話是對的；就屈原來說，這簡直是不了解一個偉大愛國主義者的崇高志節。

人生的意義，不是求一己的安樂，更不是渾渾噩噩委屈求生。孔子所謂“有殺身以成仁，無求生以害仁”，孟子說：“生，亦我所欲也；義，亦我所欲也；二者不可得兼，舍生而取義者也。”中華民族每到存亡絕續的關頭，都出現不貪生不怕死的非常人物，這些人殊非心理不正常的。

大概楚辭《漁父》，容易給一般讀者錯誤的引導，以為屈原一遭放逐，便即“遊於江潭，行吟澤畔，顏色憔悴，形容枯槁”，經過與“漁父”一番對話，於是“寧赴湘流，葬於江魚之腹中”，結束了自己的生命。

其實，不是那麼簡單的，頃襄王放逐屈原於江南，是他繼立的十三年，而白起之破郢，則是頃襄王二十一年（前二七八）。由於屈原有《哀郢》一篇，而文中又有“惟郢路之遼遠兮，江與夏之不可涉。忽若不信兮，至今九年而不復”之句，由十三年的放逐，而到二十一年的哀郢，前後計算剛好是九年。

這九年中，他由郢（今湖北江陵縣）而至夏水之首（今之漢口），然後到陵陽（今安徽省青陽縣南六十里）、辰陽（今湖南省辰溪）、溆浦（今湖南溆浦縣），再入於湖湘，而葬身汨羅（今湖南長沙以北）。

《哀郢》的結語有說：“鳥飛返故鄉兮，狐死必首丘。”這有理性、有襟度，同時又有一顆熱愛國家、熱愛鄉土的丹心。假如說他是“半癲狂”的，借用一句廣州俗語：“癲得幾匀循。”

（香港《星島日報》1984 年 9 月 19 日星辰版）

曹操之操字辨

九月廿一日眾星版刊鼎康先生《曹操之操字》一文，以為操字讀去聲，作名詞用，為“近日頗有人”之主張，“但讀平聲乃千餘年來流行之讀法”。深佩作者博古通今，然鄙人亦不能無言，願就教於鼎康先生及讀者諸君。

首先要說明的，就是操字讀平、讀去兩說，都是根據“德”字而立論，即根據“德操”這個詞語而立論的。所不同者，是“德操”的操字，應作何解。如作名詞解，應為去聲，七到切；如作動詞解，應為平聲，七刀切。

鼎康先生引《荀子・勸學篇》云：“生乎由是，死乎由是，夫是謂之德操。”又引王先謙《荀子・集解》轉引郝懿行曰：“德操，謂有德而能操持也。”於是，認定德操之操字為動詞，應讀平聲。（這是該文唯一的論據）

其實，引《勸學篇》這一節，還應該多引一句，才易明白，因為下面還有“德操然後能定”，這就是說，這節書中有兩個“德操”，但是否一樣解釋呢？並不是的。例如《大學》中有“欲治其國者，先齊其家”之句，下面又有“家齊而後國治”之句，上句的“治”字讀平聲，下句的“治”字讀去聲，這是讀經的人都知道的，同一情形，《勸學篇》的兩個“德操”，也是不同的用法，鼎康先生似乎只見王先謙的《荀子・集解》，未見到梁啓雄的《荀子・柬釋》。在《荀子・柬釋》中，亦同樣引郝懿行之言，但梁氏加按語云：“操字在上句是動名詞，在下句是動詞。”是則欲以《勸學篇》而否定“德操”的操字讀去聲，是不可能了。

然則此是否為梁啓雄個人的見解呢？當然不是的。《佩文韵府》也將“德操”收入二十號韵，而不是收入四豪韵。在《佩文韵府》卷七十九二十號“德操”一條之下，也引註了《勸學篇》中“夫是謂之德操”之句，又引註了《蜀誌・諸葛亮傳註》：“劉備訪世事於司馬德操。”這是說，《佩文韵府》也將德操的操字作名詞用，讀去聲。

根據《荀子・柬釋》與《佩文韵府》，可知在郝懿行之前或之後，都有將“德操”之操字讀去聲的證據。曹操字孟德，他的胞弟名德，由此，可以推知曹操的操字應該讀去聲。

我們更可以查查《佩文韵府》四豪韵的“操”字，與二十號韵的“操”字，則豪韵中並無收“曹操”，而號韵中則有，並且收入了《北史》中的“陸操”。

陸德明《禮記音義》云：“魏武名操，陳思王詩云‘修阪造雲日’，是不諱嫌名。”可見唐人已將曹操的操字讀去聲，不但清人，近人亦然。

至於詩詞中將曹操的操字作仄用，除了范仲淹的“昨夜因看三國，笑曹操孫權劉備”之外，又有張憲的“會見擒奸操，歸來醉小喬”，近人郁達夫的“天下英雄君與操”。鼎康先生以為：“古人作詩填詞，對於有平仄兩音之字，有時可任意作平聲字，或仄聲字用，而在聲律上可以通融。”這是對的，但是這個“有時”範圍並不很寬。就“曹操”論“曹操”，不知鼎康先生能舉出古人將操字作平聲用的一二例否？

《三國演義》是一本流行小說，現在坊間流行本中，它的回目是對偶的，這本書的回目對偶所用的平仄雖不很嚴，但用於出比或對比的最後一字，則一定是平仄相對的，這裏試舉幾個例於下：第五回“發矯詔諸鎮應曹公，破關兵三英戰呂布”（因對比仄，所以出比不用曹操而用曹公）；第十一回“劉皇叔北海救孔融，呂溫侯濮陽破曹操”（因出比平，所以對比不用曹公而用曹操）；第四十四回“孔明用智激周瑜，孫權決計破曹操”；第五十回“諸葛亮智算華容，關雲長義釋曹操”；第六十八回：“甘寧百騎劫魏營，左慈擲杯戲曹操”。這亦是曹操的操字仄讀的一個旁證。

從以上所舉的例證，上可以算到陸德明的《禮記音義》，下可以算到郁達夫的詩句，都是將操字讀去聲的。由陸德明（五五六至六二七）至今，已有千年了，可見所謂“近日頗有人”之說法是武斷。而所謂“讀平聲乃千餘年來流行之讀法”，不知能舉出例證否？誰人在千餘年前將操字讀平聲？

至謂“約定俗成”我不反對。字音有正讀，有俗讀，正讀固不可不知，俗讀也不能抹殺。在拙著《三國雜談》二四二頁中，我曾經這樣說過：“由於曹操字孟德，便可反映出操字應讀去聲為正，其名字的取義，與司馬德操正復相同。不過，一般人而且久已乎都作平聲讀，我也不敢勸人一定讀去聲；但是，卻要請大家注意，不可不知其實是去聲的。尤其是寫舊詩的人，假如將操字作平聲，必為有識者所笑。”可見我個人並不反對俗讀，也並不欲“矯”一般人之“誤”，獨深致意於寫舊詩的人而已。

本文草就，偶與友輩談及，黃篤修先生指出：閩南語曹操之操讀去聲。然則鼎康先生謂:"讀平聲者有七億人之眾。"有包括閩南同胞否?

曹操之操字再辨

眾星版於十月八日刊出鼎康先生《再論曹操之操字》一文，該作者提出"真理愈辯愈明"一句話，這是好的。於是，我要寫這篇《曹操之操字再辨》。

該作者第一篇文章，說過曹操的操字讀去聲，是"近日頗有人"的主張，又說過"讀平聲乃千餘年來流行之讀法"，以及"讀平聲者有七億人之眾"。於是，我在上一篇文章中，舉出由陸德明（五五六至六二七）以至郁達夫，中間則有范仲淹、張憲、《佩文韵府》、梁啓雄都是將操字讀去聲的例證來，還列出現在流行的《三國演義》的回目作旁證，證明"千餘年來流行之讀法"是去聲，讀去聲的不止是"近日頗有人"。又引述黃篤修先生所言閩南語亦將操字讀去聲，以證明"讀平聲者有七億人之眾"之說遺漏了閩南同胞。

但是，該作者的第二篇文章，對於陸德明的《禮記音義》一點不提，對於范、張、郁等人的詩詞，又以"俱不足為憑"而加以抹殺。對於《佩文韵府》，又以"可能是一時疏誤，這雖是主觀的看法"，而論定"《佩文韵府》實不可盡信"。對於梁啓雄著《荀子・柬釋》，更多詆毀，認為梁的解釋"是誤解"，"不是權威的解釋"。對於《三國演義》回目和閩南語的讀法也一點不提。姑無論該作者對這些例證的論斷為如何，而擺在讀者眼前的許多例證，已足證明"千餘年來之讀法"是怎麼樣的，又足以證明讀平聲者是否為七億人一致的。

該作者第一篇文章舉陸放翁"詩雖苦思未名家"為例，證明"古人作詩填詞，對於平仄兩音之字，有時可任意作平聲字或仄聲字用"，於是，認定"詩詞之讀音原不足為憑"。不知所謂可平可仄者，是限於兩音的詞義相同或相近的字，如"看""過"之類，最例外的是"醉月頻中聖"和"中興"的"中"字，至於，長短的長未見作長幼的長用的，行動的行未見作品行的行用的，假如都"可任意"，則所謂聲律、詩律，又何足道?再說放翁苦思的"思"字，雖是動詞，也可讀去聲的，《廣韵》中去聲的"思"字，解釋為"念"也，《集韵》中去聲的"思"字，解釋為"慮也"。

《佩文韵府》將"德操""曹操"收入去聲的號韵，彰彰可考，不容以"可能是一時疏誤"而加以抹殺的。憑着"可能"而遽加論定，不是辨理者應有的態度。

梁書解釋《勸學篇》的兩個德操，有條有理地指出"操字在上句是動名詞，在下句是動詞"，兩個詞義，分得清清楚楚，其非妄下判斷可知，豈能以"這是誤解"判其"死罪"?

該作者以為"操"字讀平聲，其唯一的論據，就是郝懿行所言"德操，謂有德而能操持也"。殊不知所操持的心志，就謂之操（去聲）。如字書解釋平聲之"治"為"理之也"，解釋去聲的"治"為"理也"。以字音區分詞性，往往相差很微，非細意辨別不可。而且，《廣韵》中去聲的操字，是“持也，又志操，七到切”。又《集韵》中去聲的操字，是“七到切，持念也”。這可以作為郝說的註腳。換言之，郝說不能證明操字讀平聲。

最初註釋《荀子》的為楊倞，他在《勸學篇》的註解是：“生死必由於學，是乃德之操行。”操行字是名詞還是動詞，恐怕又會有爭論，我想借《辭海》《辭源》來解釋。兩書都解釋頗詳，都以為操行“猶言品行”，品行是名詞，可知是讀去聲的，楊註的操行亦是去聲的。

最後，我要引盧弼的《三國誌集解》對於曹操這名字所下的按語，來增加我的例證。盧說：“司馬德操命名，義亦同此。世俗讀平韵者，誤也。節操、負操之操讀如造（文按，即“修阪造雲日”之造）。操作之操讀平聲，例如《左傳》‘猶未能操刀而使割’之類也。”

（1979 年 10 月 16 日發表）

曹操的操字三辨

關於曹操的操字讀音問題，眾星版前後刊了六篇文章，連這篇是七篇了，其中兩篇是鼎康先生的，三篇是我的，一篇是文疊山先生的，一篇是黃孫鴻先生的。研究一個字，浪費如許筆墨，也許有些人笑作書呆子，也許有人發生興趣。在台北，最近有人對陳子昂《登幽州台歌》的“涕”字，在“中副”連篇纍牘地辯論，有遠自歐美各地寄稿的，十分熱鬧。但在香港，這種情形似乎還是僅見。

我在《曹操之操字再辨》一文中列舉的操字讀去聲的例證，計有：一，陸德明《禮記音義》；二，范仲淹、張憲和近人郁達夫的詩句；三，《佩文韵府》；四，梁啓雄的《荀子・柬釋》；五，盧弼《三國誌集解》。此外，又列舉現代流行本《三國演義》的回目作為旁證。這些例證，已足夠證明曹操的操字讀去聲，不是一時一地為然，也不是一人一書為然。因此，我已言盡於此（指《曹操的操字再辨》一文），不想再喋喋了。可是黃先生很客氣，也肯用心研究，提出問題，一再寫明要我“大加指教”，使我慚愧極了。黃先生自言“學識都非常淵博”的老師也有幾位，顯然都比我這個絕無師承的人博學得多，我倒要請指教才是。

黃先生引《先秦文學史參考資料》，證明《荀子・勸學篇》中的“夫是謂之德操”一句，德操二字是名詞，讀作德糙；“德操然後能定”一句，操是動詞，應讀作粗。他認為這是權威的註解。其實我在第一篇文章中，早就指出《勸學篇》有兩個德操，根據《荀子・柬釋》，上下句操字之讀音不同。很可惜鼎康先生對於該書諸多詆毀，更認為“這是誤解”，“不是權威的解釋”，不知《先秦文學史參考資料》一書，其中《荀子》部分的註釋初稿，是由梁啓雄先生完成的。這梁啓雄，亦正是《荀子・柬釋》的著作者。因此，黃先生無形之中已替我向鼎康先生解答了誤解不誤解、權威不權威的問題了。我要感謝他。

講到權威問題，陸德明的著作，又是歷來承認為權威的。《新唐書》本傳云："太宗常閱德明《經典釋文》，甚嘉之，賜其束帛二百段。"《四庫全書綜目提要》對《經典釋文》的評語云："所採漢魏六朝音切，凡二百三十餘家，又兼載諸儒之訓詁，證名本之異同，後來得以考見古義者，註疏以外，惟賴此書之存。真所謂殘膏賸馥，沾溉無窮者也。"又《辭海》"陸德明"條下云："高祖時為國子博士，註諸經音讀，成《經典釋文》三十卷，為後世治經學者所宗。"《中國人名大辭典》"陸德明"條亦云："著有《經典釋文》，諸經音讀，多恃以為依據。"古今書史，交相稱頌，故其在《禮記音義》中所云"魏武名操，陳思王詩云：'修阪造雲日'，是不諱嫌名"將曹操的操字讀作造詣的造音，亦當是權威的音讀了。

《佩文韵府》一書，也是權威之作，這一點，似乎黃先生也不能否認。因為黃先生的大作中，有這樣的一段："那麼為甚麼又有今日的標準？那是清代的學者，考據非常精到，過去的字音字義，經過明末清初及清代的大儒整理後，博採前人的論著，因而無形中定出一個標準，這標準為今人所採用，遂成為今日的標準。"這是說，黃先生承認明末清初以及清代大儒整理後的字音字義，可以作為今日的標準，而《佩文韵府》系清康熙敕撰，當時集翰林諸臣，"囊括古今，網羅巨細"，自四十三年（一七〇四）六月開始，迄五十年十月全書始成，康熙自以為"韵學之盛，未有過於此書者"。該書既將"德操""曹操"，收入去聲的號韵內，當亦可以視為"今日的標準"了吧。可是，鼎康先生又以為"可能是一時疏誤"而加以抹殺，黃先生又似乎只相信其"也常翻閱《佩文韵府》"的幾位老師，而不相信《韵府》對"德操""曹操"所作的決定為正確。

至於《三國誌集解》又是否權威呢？我不想以個人的意見加以批評，且引近人胡玉縉的話，以見此書的分量。胡氏以為此書"引稱浩博，辯論詳明"，"足與王（先謙）書鼎峙而三"。故其指出操字讀去聲，亦可依據。

寫到這裏，又想到朱駿聲《說文通訓定聲》，亦是權威的著作。順手翻一翻，"操"字條下註云："《漢書·張湯傳》：'雖賈人，亦有賢操。'註謂：所執持之志行也。楚辭謬諫：'夫何執操之不固。'註：志也。"該書將賢操的操、執操的操，作志行或志解。這是我所新添例證之一。

說到《三國演義》回目，黃先生以為我提出作旁證，是值得喝彩的。不過，黃先生對於回目的對句，以為是《三國演義》作者的杰作，提到該書的作者，一般人都知道是羅貫中，現在市面的流行本，也印明是羅貫中，但回目的對句，是出自毛宗崗父子之手。這一點與本題似乎無大關係，但正好說明康熙年間，有人將曹操的操字讀去聲，一如康熙年間敕撰的《韵府》一樣讀去聲。

現在，我們可以講講人的名和字了。《禮記·檀弓》云"幼名冠字"，可知人的名和字不是同一時間起的，名是幼年起的，字則是二十加冠時起的。《禮記·曲禮》云："男子二十冠而字，女子許嫁笄而字。"所以，起名的時候並不預定將來起一個甚麼表字。曹操幼年的名為操，後來才以孟德為字，可知德字是基於操字而產生的。他的弟弟名德，也是基於哥哥名操而來的。因此，我們可以推知操字讀去聲，七到切。

只要舉出例子來，大家就可以更易了解，許多人的表字，是與幼名相應的。以三國為例，周瑜字公瑾，諸葛瑾字子瑜，杜瓊字伯瑜，武瓊字德瑜，阮瑀字元瑜，潘璋字文珪，劉璋字季玉，蔣琬字公琰，陸瑀字公璋，崔琰字季珪，全琮字子璜，公孫瓚字伯珪。這些名字，都是玉字偏旁的，一望就可以知道字與名相應。然而，周瑜與諸葛瑾的表字，是不是因《楚辭·九章·懷沙》中有"懷瑾握瑜兮，窮不知所示"之句而起的呢？這似乎未必，而是因為瑜、瑾都是美玉之故。

更有許多人的表字與幼名，是同為一個詞語的。仍以三國為例，如闞澤字德潤，禰衡字正平，諸葛亮字孔明，胡昭字孔明，孫亮則字子明，魯肅字子敬，劉陶字季冶，楊俊字惠彥，黃蓋字公覆，陶謙字恭祖，陳端字子正，張嶷字伯岐，張遼字文遠，張儉字元節，殷巨字元大，孫堅字文台，孫惠字施德，法正字孝直，李嚴字正方，李衡字叔平，李通字文達，李治字君理，任安字定祖，王弼字輔嗣，王平字子均。還有蜀後主劉禪，人多知其字公嗣，而鮮知其尚有一表字是升之。升之這個表字是從何而來的呢？因為他小名阿斗，這是眾所周知的，而升之的升字，就是由斗字而來。

黃先生說：曹操的名字應該取義於《勸學篇》的"德操然後能定"一句，"斷不曾取義於""夫是謂之德操"一句，"把德操這個名詞，拆開為二，名是操（音糙），別字是孟德的"。黃先生是達人，但這個"斷不可"似乎近於武斷，不是公平的斷，這使我頗感意外。

所謂"斷不可"云云，不外以為"德操"是個名詞，而他又認定不會將一個名詞，析為一個名，一個字，所以有此一斷。

因此，我把三國人之用名詞析為名與字的，略為列舉：

嵩高是名詞，曹操的父親名嵩字巨高，又韓嵩字德高；威儀是名詞，楊儀字威公；權衡是名詞，黃權字公衡；仁慈是名詞，許慈字仁篤；禎祥是名詞，習禎字文祥；才幹是名詞，高幹字元才；淵源是名詞，徐源字德淵；權謀是名詞，孫權字仲謀；荊楚是名詞，孫楚字子荊；魴魚是名詞，周魴字子魚；仁德是名詞，李仁字德賢；旟旐是名詞，任旐字子旟；儀表是名詞，王儀字朱表；仁義是名詞，士仁字君義。

看了以上的舉例，不知黃先生會不會修正其論斷。假如答案是肯定的，那就不必再答復其所提出的兩個交替性的問題；假如答案是否定的，那麼，算我三十六度板斧出齊，再也無話可說了。

（1986 年 11 月 4 日發表）

操字四辨

關於曹操的操字讀音問題，黃孫鴻先生又有洋洋灑灑的文章，同時，漢臣先生又作出結論來。

但是，漢臣先生的結論，並不能算是結論，只能說是第三方面的意見。他說，操字讀平讀仄都不能認為有錯；又說："就今日文化遭遇到浩劫的危險邊緣，再辯論曹操的'操'字，事實没有必要了。"

我想趁這個機會說明白一點，辯論操字問題是一個甚麼問題，它是一個破音字的問題。破音字的問題又是甚麼問題呢？讓我舉一個例：

假如有小學生說："教牆放賈讓我們去旅杏。"我們聽了有甚麼感覺呢？我們會覺得其不成話，甚至不知其所說的是甚麼。其實，他所說的是"校長放假讓我們去旅行"。假如我們不承認有破音字的存在，而認為讀平讀仄都可以的，就會產生"教牆放賈讓我們去旅杏"這種現象來。

我們不能否認，破音字給我們很多麻煩，我們常常讀錯的，大多數是破音字。但我們又不能不承認破音字在日常使用的語文中大量出現，任何人都不能排除它們。在排字房的字盤中，常用字大概有六千到七千個，而破音字有多少呢？根據《標準破音辭典》這本書，它所選取的常用單字共一千四百八十二個。可知破音字在漢字中，佔有很重要的地位。

破音字主要的作用，是區分詞義，區分詞性。例如長字的本義是短的反面，讀上聲則為長輩的長；行字本來是行動的行，是動詞，讀去聲則為品行的行，是名詞。

操字的辯論，其問題就在於此，是否有辯論的必要亦在於此。

去年麗的電視舉辦學生朗誦比賽，所有的評判先生，都是本港教育界人士，他們對於破音字曾不厭其詳地當眾指出，如比鄰的比字，雨雪的雨字等。可知本港教育界對於破音字的重視，事實上也不容不重視。誠如漢臣先生所言，平仄都可讀，那才是"文化的浩劫"。

關於引證古書的問題，漢臣先生說："作為有科學頭腦的我們，二十世紀的我們，怎能夠還用符咒醫人的方法來看待問題。"又說，引證古籍"根本不適宜太空時代的我們"。不知最講究科學的美國，最能夠向太空發展的美國，現時正大量搜集中國的古籍，而且認真加以研究，漢臣先生以為研究太空的才是科學，研究古籍的不是科學，其實，也可以用科學方法研究古籍的，漢臣先生既知太空科學的成就，又知否漢學正在歐美各國和日本風起雲涌呢？

漢臣先生的大作中，兩用"頭暈眼花"字樣，是的，我們可以說這問題可能"令人頭暈眼花"，但"頭暈眼花"的人不宜作總結，讓没有這情況的人去作總結好了。眾星版的讀者很多，不能說每一個都頭暈眼花，反之，他們會頭腦清醒、眼睛雪亮地去看這問題。

以下，我們又談談黃孫鴻先生的“絕對可讀曹‘粗’”。

黃先生提到地方音與古今音的問題，其實操字讀平讀去，無關乎地方音，廣州話讀到“粗”“糙”都可以分得清楚。同時，也無關乎古音與今音問題，黃先生說：“‘遠’字在許慎撰《說文解字》一書以前，操字的古音讀平讀仄是無嚴格劃分的，名詞固可以讀粗讀糙，動詞也可以讀粗讀糙。”他說，這是朋友提供的材料，究竟這是甚麼材料？這材料有甚麼根據？假如没有根據，那是不能服人的。不如說，六書只有指事、象形、形聲、會意、轉註、假借，根本没有破音好得多。不知自後漢鄭玄、高誘、服虔、應劭等註書，常有一字兩音之後，破音字便在漢字中生了根。因此，對於曹操的操字，就不能不有所分別。

我最初和鼎康先生辯論的，是操字讀去聲是否為“近日頗有人”的讀法，又是否為“讀平聲乃千餘年來流行之讀法”等問題，所以引出若干古書來作證，以證明讀去聲不是“近日頗有人”的創見。而黃孫鴻先生也承認我所引證的“非常有價值，且也没有甚麼理由說他引證錯誤，因為有書可據的”。因此，我對於這問題本可以不再參加討論，讓黃先生去和古人辯論好了。

我們研究問題，對於前人或前輩的成就，當然不能瞎和盲從，因此，我們讀書，應該常有懷疑的態度；但是，如果要推翻前人或前輩的不爭之論，就非要深入研究不可。所謂“大膽假設，小心求證”，是每一個研究者應有的態度，假如只是假設，而不求證，而且不小心求證，那是很危險的。例如我們可以假設歷史上根本没有曹操這個人，但没有證據來支持其假設，則其假設是不能成立的。

我覺得黃先生等“假設”很膽大，例如他說德字不必加“美”德或“惡”德（他說：“惡德當然更不是德了”），不知《尚書》說命及泰誓中，就有“惡德”與“積德”這等名詞。

我又覺得黃先生有些地方，即不武斷，也是輕斷，例如他對《先秦文學史參考資料》一書所下的按語說：“縱有對《勸學篇》的權威註釋及任何善本，我以為無出此書之右者，其故何在？因此書的讀音、註釋，根本就是以過去的權威著作與善本作參考，再加以十餘教授的心血，包羅萬有之故也。”但後來又借他朋友的口，暗指梁啓雄（《先秦文學史參考資料》荀子部分的註釋者）也錯了。

黃先生解釋德操二字，始終執着於有德而能操持這一點，其實，我於《曹操之操字再辨》一文中，已指出最初註釋荀子的楊倞，解釋德操為“是乃德操行”。現在我可以再舉一個例，《中華活頁文選》對於《荀子・勸學篇》的德操一節是這樣解釋的：“生是這樣，死也是這樣——這就是一個人在追求真理上的最高道德操守。有了這樣的道德操守，就能有堅定的意志……”因此，對於曹操的名與字，不能認為意義重疊的。如果說意義重疊，則諸葛亮字孔明，張遼字文遠，亮與明，遼與遠，又是否重疊呢？

黃先生的大作相當長，我不想在小節上一一和他辯駁。本文寫來，只就大體問題，約略陳說，也没有次序，只是想到就寫。不過有幾點要聲明一下：

一，“開卷不能詳訓詁”不是對黄先生而言的，而是答那位説我們是“桃李爭春”的先生。

二，曹操名字取義於《荀子·勸學篇》，是清代學者姚範提出的。

三，黄先生對我連迭的“讚美”，愧不敢當。

四，我在這次辯論中，没有説過操字非讀糙不可。反之，我曾説過：“我也不敢勸人一定讀去聲，但是，卻要請大家注意，不可不知其實是去聲的。”這正如我不反對把“提倡”讀作“提昌”。

五，言盡於此，讀平讀仄，讓聰明的讀者去下結論，不願再多説話了。

（1968 年 12 月 3 日發表）

詩文選粹

柬胡漢輝兄

樓外先開野菊叢，華山霜葉可曾紅；
何時置酒園林下，邀我來看嶺上楓。

華山賞楓雅集呈胡漢輝兄

霜楓幾樹染華山，乘興來偷半日閑；
乍望空階紅似錦，卻疑春色到人間。
滿席酡顏映葉紅，斜陽村外襯丹楓；
主人情意濃於酒，扶醉歸來薄暮中。

附集曹全字贈陸志文兄榮休

出身同在共和報，五十年間若水流。
世上風雲仍告急，奚為潛隱早榮休。

弔屈原

滔滔孟夏入端陽，海嘯無波愛此鄉。水濯龍鱗飛有槳，魂招魚腹弔三湘。
東流不溢天虚向，西海為期路正長。最恨潛蛟豪奪食，家家瓊靡枉投糧。
江底忠魂死不休，汨羅千載泛離愁。使齊豈乏回天術？陷郢彌增破國憂。
彩鳳承旗徒翼翼，玉鸞鳴軾自啾啾。皇輿敗績將何及？時俗紛紛競逐流。
貞臣遠逝濟湘沅，曖曖猶思叩帝閽。遺恨張儀終不殺，傷心陳軫復何言。
武關雖入秦歡絕，商地難收楚患存。法立國強空有願，長吟澤畔又黃昏。
天涯騷客對黃昏，漁父相逢亦有言。繁飾繽紛被薜荔，眾芳無穢惜荃蓀。
大夫空灑秦庭淚，太傅愁招汨水魂。歲歲端陽人弔古，湘流嗚咽訴沈冤。
一身隨郢共沈淪，千古文章尚有神。三晉河山皆易主，六王宮闕盡稱臣。
忠魂不滅羅江畔，敵愾長存楚水濱。為有離騷昭日月，亡秦終竟楚遺民。

（香港《天天日報》1969 年 6 月 22 日第 8 版）

送韶兒飛美深造

晨光照徹九龍城，送汝東飛兩翼輕。
萬里壯遊從此始，四年深造冀材成。
雲端極目餘霞亂，天際昂頭旭日明。
轉瞬已離家國遠，憑欄我亦不勝情。

（香港《天天日報》1969 年 9 月 7 日第 8 版）

接韶兒途次台北郵片口占

別來三日幾重愁，似與吾兒隔九秋。
天外飛來明信片，還期站站寄空郵。

（香港《天天日報》1969 年 9 月 7 日第 8 版）

記者節

記者逢佳節，妖氛尚滿天。
文章當壽世，書卷漫窮年。
朝氣存心裏，晨光逼眼前。
佇看雲霧散，大地盡欣然。

（香港《天天日報》1969 年 9 月 7 日第 8 版）

青壁別墅文酒會賦呈主人楊志雲

山形依舊似群龍，乘興閑尋宋帝踪。
七百年來千萬劫，只今人尚說端宗。

（香港《天天日報》1969 年 9 月 7 日第 8 版）

藝文創刊週年喜逢元旦賦呈同文諸公

喜見群芳爛漫開，藝文園地一年來。
諸公詩句真名世，幼婦群章愧不才。
歲首儘多新氣象，天涯幸有好樓台。
千紅萬紫春回日，笑把屠蘇各盡杯。

（香港《天天日報》1970 年 2 月 8 日第 8 版）

宋天戴兄元旦夜過訪

去年元旦訪吾廬，今夕重來又歲初；
一歲一回能一見，燈前休嘆故人疏。

（香港《天天日報》1970 年 2 月 15 日第 8 版）

元日咏水仙

綽約豐姿似洛神，凌波仙子定前身；
春風送暖屠蘇熟，故把金卮向着人。

（香港《天天日報》1970 年 2 月 15 日第 8 版）

生朝咏木棉

木棉紅綻又生朝，明媚春光凍已消。
昨日女媧曾煉石，花開猶似火雲燒。
（俗以正月二十為天穿節，相傳女媧於是日補天）

（香港《天天日報》1970 年 3 月 1 日第 8 版）

贺潘乃光新婚

千秋文采屬君家，更喜蓮生並蒂花。
聚族西樵多拔萃，服官南越正隨槎。
赤繩初繫營金屋，紅燭高燒透綠紗。
堂上有人開口笑，痴聾作態樂榮華。

（香港《天天日報》1970 年 3 月 8 日第 8 版）

迎月雅集

高閣迎秋月，華筵作夜吟；
倍增佳節感，不盡故園心。

賞　月

可愛嫦娥即是仙，月光如水水如天；
秋宵更比春宵好，幾許詩情在酒邊。

探月（雅集詩題）

瓊樓玉宇盡堪疑，不為蟾宮折桂枝；
小艇漫遊寧靜海，頓教人世得新知。

新月（庚戌八月初六）

樓頭閑坐對嬋娟，節近中秋已上弦；
夜夜月華光漸滿，會當三五慶團圓。

對月偶題

也欲飛船到月宮，滿身香帶桂花風；
時人不識羅公遠，擲杖雲間化彩虹。

七　夕

空勞烏鵲為填橋，玉漏頻催怨未消。
耿耿星河天欲曙，佳期原是可憐宵。

花朝（辛亥）

花朝寧惜買新醅，何處尋芳遣蝶媒。
九十春光分一半，尋常酒户約三杯。
嫣紅如火金樽暖，姹紫迎風舞扇回。
遊罷名園香滿袖，歸家猶醉絳玫瑰。

生朝（辛亥）

昨宵報道冷流來，早起晴和曙色開。
花耐春寒香滿室，人欣日暖快登台。
生朝磨墨供吟咏，近歲成詩費剪裁。
五十五年吾老矣，年年都是做書呆。

辛亥重陽感事

何堪烏帽任風吹，搖落應憐草木衰；
我亦有懷同宋玉，重陽佳節苦低垂。

辛亥雙十

辛亥重逢氣象新，白雲黃鶴見精神；
滿城旗海迎雙十，再造河山大有人。

庚戌詩人節前偶感

一卷離騷靜閉門，晚來新雨洗乾坤。
明朝又是詩人節，可有微辭振國魂。
節近端陽發興新，猶聞競渡弔貞臣。
欲將蒲劍誅邪惡，不許詩家作佞人。
亘古男兒一放翁，劍南詩句楚人風。
吟壇無限光芒處，為有離騷日月同。
曾聞宋玉有微辭，神女高唐豈艷思。
秋月春花多感慨，騷壇幾個是男兒。

元日書懷

辛亥重逢歲月新，滿堂瑞氣慶芳辰。
馨香柏葉堪娛客，爛漫桃花似解人。
鉛槧昨宵繞釋手，乾坤何日不揚塵。
今年更切還鄉望，珠海雲雨最可親。

元旦雜咏（壬子）

昨夜春風入夢來，今朝曙色滿簾開；凌波仙子清芬氣，把酒猶憐盞與台。
五十年來未賣痴，如今痴絕甚兒時；賢愚畢竟吾難辨，夢醒痴人寫舊詞。
買春餘亦不論錢，萬顆金丸共水仙；翠柏黃花相映趣，名家彩筆更爭妍。
好花俱放競衝寒，麟筆書春墨未乾；整日家居貪簡便，惟憑電話祝平安。
屠蘇酒熟喜沾唇，幸有桃源可避秦；聞道歸鄉人語苦，何年九土復同春。
浮雲一片自由身，異地桃符幾度新；家本白雲山下住，廿年仍是未歸人。
棲棲長住太平山，廿二年來那日還；爆竹聲喧猶在耳，繁華空憶上西關。
半山高聳富人家，暮夜筵開祝歲華；俯瞰香江燈海壯，歸途滿眼尚麻茶。
教書編報兩勞心，煮字之餘又播音；今日諸般皆放下，如潮詩思作高吟。
何嘗辭賦動江關，一歲辛勞兩日閑；信是閑中詩興好，吟成滿案未更闌。

白玫瑰

南國何時見雪飄，玫瑰賽雪更魂消。
皎然不屑胭脂色，白也猶疑璧玉雕。
自是風流高格調，渾如霜染正晨朝。
生來品質原貞潔，莫道紅妝分外嬌。

垂　柳

垂柳斜窺宋玉牆，座前恬靜好花香。
蝶衣曬粉斑斕絕，蠶繭抽絲繚繞長。
為有柔情閑作賦，卻無佳句強成章。
小樓不覺喧車馬，向晚銜杯醉一場。

木棉遲開

春寒初退木棉紅，水秀山明耀祝融；
永憶越王台上樹，海隅猶是嶺南風。

麝香牛

來從天外麝香牛，能為人間解怨不；
一副非驢非馬樣，雄風畢竟遜驊騮。

記　夢

五羊城郭海連山，華廈渠渠十萬間。
昨夜黑甜鄉裏去，夢魂猶戀上西關。

後海灣

三千弱水隔蓬萊，只是飛仙渡得來。
苦恨皇天無老眼，偏教後海有餘哀。
風波不避千重惡，雲霧何曾一掃開。
生死鴛鴦猶比翼，貞魂誰為索泉台。

哭鄭郁郎

曲江同是少年時，風度翩翩玉樹姿；
回首卅秋如一夢，哭君垂淚輓君詩。

呈劉敬持丈

予與劉惠芬相識二十五年，近謁其尊人敬持丈於台北。相談之下，乃知為百餘年纍代世好。丈述予先世兄甚詳，且言先父曾活其命於大病中。歸而賦此。

早識劉公小女兒，百年世好不曾知。
丈人語我警奇甚，為道先君活命時。

呈李伯豪將軍

戰功早勒羅王砦，政績還銘帽子峰。
故國不堪回首日，紅棉開處喜重逢。

讀澹園隨興呈黃傑將軍

從容疆埸萬人豪，況復詩才八斗高；
我亦沙場曾橐筆，常於陣馬見風騷。

性僻常耽絕妙詞，清新雄邁兩兼之；
澹園隨興多佳句，敢乞將軍一卷詩。

贈甄德華世講

讀律成材獬豸冠，富家公子貴為官；
太平山下今多盜，裁判當思猛濟寬。

贈陳天如

黃鶴樓高瞰大江，岳陽樓接水茫茫；
願君更畫滕王閣，重換人鎮海與桑。

道逢李勵文

耶城遠隔太平山，我正思君夢寐間；
驀地相逢搓眼認，凝眸笑問幾時還。

贈周世聰

紫金才女早蜚聲，蘭竹芭蕉秀且清。
隨意揮毫成妙藝，熒光幕上寫雞鳴。

贈佘雪曼

四川名士擅才華，書畫文章並到家；
君有一言常記取：懶人身上不開花。

筵前贈劉惠芬

春宵歌管滿堂時，無奈離情入酒卮；
好趁華筵同一醉，可堪明日又天涯。

送別劉惠芬

無端卻負好花期，又向城怨龍別離；
莫問行人多少淚，春雲都為一顰眉。

讀李勵文《啼鳥曲》後

疑是無情最有情，天涯啼鳥總哀鳴；
知君無限相思淚，化作春深杜宇聲。

車過九龍咖啡屋憶故友鄭郁郎

十里飛車偶一經，咖啡屋外柳青青；
當年茗對人何在？如遇黃壚憶典型。

友人自台飛美偶成

千里相思夢已稀，何堪鳳翼更東飛；
黃鶯起處難成寐，望斷雲邊影已微。

獅子山雅集雜咏

聽李銳祖先生唱夜弔白芙蓉

回首羊城四十冬，滿街傳唱白芙蓉；
聞君一曲情何恨，座上無人不動容。

聽尤韵小姐唱琵琶江上月

歌聲嘹亮繞瓊樓，疑是天人展玉喉；
唱罷琵琶江上月，座中吾亦似江州。

聽畫人伍彝先生歌

伍生風度羨翩翩，筆底金魚圉圉然；
寫就畫圖歌一曲，多才應亦是神仙。

雅集歸來

詩書畫外更弦歌，雅集今宵逸興多；
閑裏翻成忙不了，歸來猶未罷吟哦。

淡江競渡（應台北文獻會徵詩）

淡江觀競渡，端午弔貞臣。
金鼓行雲遏，旌旗麗日新。
忠魂三楚壯，正義萬年新。
佳節空群出，還如淡水濱。

偶　成

歷亂情懷似汐潮，無花無酒負良朝。

雪痕隱隱留鴻爪，雲影悠悠憶鳳簫。
洛水至今迷綽約，蓬山從古怨迢遙。
殷勤青鳥空來去，難為春心解寂寥。

重遊勒馬洲

向晚停車勒馬洲，高崗斜照故園愁；
去年到此腸都斷，今日重來恨未休。

葉醉白畫展中賦呈

將軍畫馬馬如龍，才氣縱橫筆氣雄；
今古數來三妙手，葉公曹霸與悲鴻。

《天天日報》創刊十週年紀念

一紙風行已十年，滿城人競讀天天。
文章自有真聲價，且聽南疆萬口傳。

聽趙彤儀小姐彈琵琶古箏

趙家才女慧心生，彈罷琵琶復撫箏。
滿座掌聲雷動處，如何不見白雲行?

題古箏模型

何須金粟柱，安用玉房弦?
脉脉含情際，無聲更可憐。

深夜與兒媳越洲通話

美洲遙隔太平山，萬里雲天笑語間；
聞道明宵花燭夜，更深欹枕尚歡顏。

勉兒媳

纔慶珠婚喜作翁，開顏何必學痴聾；
吾家幸有佳兒媳，海外雙飛萬里雄。

送陳炳權伉儷飛美

鳳翼雙飛向美洲，達公年老尚風流；

他鄉人士如相問，為道中華必自由。

題曾樺世講仿石濤林泉圖

江南第一數清湘，範水模山得擅場；
喜見曾生能繼武，更從筆墨認書香。

元日室懸趙少昂張韶石司徒奇尹如天各大家牡丹圖

趙筆傳神尹筆工，司徒韶石各稱雄；
人間天上無雙艷，元日蓬廬似洛中。

宵夜食蟹同鄭郁郎譚達夫

陽澄湖蟹遠傳郵，南國新涼好個秋。
對客持螯消永夜，此生何必住蘇州。

謁慈湖

陽明山上憶深談，今日慈湖下拜三。
草木欣欣沾雨露，峰巒藹藹積雲氣。
莊嚴陵寢威儀顯，錦繡園林物象酣。
德比岱宗高萬仞，堯封終見布恩覃。

四美詩（雅集詩題）

苧蘿村裏浣紗人，誰信興亡繫一身？勾踐如何能復國？姑蘇台上捧心顰。（西施）

苦恨年年列下陳，琵琶馬上調翻新；畫圖不寫春風面，難掩丰姿施世人。（王昭君）

漢苑深居最有情，飛飛燕子正秋清；美人掌上能歌舞，始信君王覺更輕。（趙飛燕）

沈香亭水牡丹花，檻外春風拂露華；何惜馬嵬坡一死，紅綾三尺繫唐家。（楊太真）

弄　孫

弄孫之樂樂如何？一室歡娛笑語多。
六十年前常掛齒，而今猶憶唱童歌。

書　懷

少年簪筆事長征，舉國狼煙自不平。
百粵戰場春走馬，三湘帥府日談兵。
那堪皓首窮經卷，徒仰蒼穹待晏清。
腕底毛錐應未禿，長供群眾寫心聲。

從報三十年咏懷

十六許身心奮發，卅年回首夢依稀。
編排老去誇思巧，褒貶從來恨力微。
酒值佳辰飲欲醉，筆當長夜運如飛。
平生不羡加冠冕，亂世偏能辨是非。

清明憶往

少小回鄉興倍加，山邊斜出路三岔。
步沿水澗歸農舍，指點煙村是舅家。
稚子何嘗知稼穡，老人偏喜話桑麻。
匆匆三十餘年事，回味猶新似老茶。
［自註］吾鄉老茶，越宿猶甘。

記　夢

歲歲思歸未有期，紅棉落盡白棉吹。
五更喜作還鄉夢，一路愁聞野哭悲。
春暖群芳非耐冷，歲寒粒米未療飢。
醒來我尚悽惶甚，猶為蒼生不展眉！

憶鎮海樓

九州南盡有高樓，樓上名聯憶勝遊。
珠海最宜明月夜，白雲仍是漢時秋。

贈陳公達博士

作育英才五十年，門人豈但倍三千。
胸懷經濟多長策，寧勿低頭拜前席。

二十七度蘭亭花甲海上聯歡啓

年號永和，曾作蘭亭之會；歲逢癸丑，又為花甲之期。正當二十七週，已歷一千六載。讀右軍之詩序，慕前哲之風流。歲歲暮春，敍幽情於水曲；年年上巳，懷盛事於山陰。四二高人，餘風未泯；重三令節，淑氣方新。蓋修禊之古風，乃浴沂之美俗，由來已久，相沿不衰。既逢天朗氣清，應流觴而作樂；正可騁懷遊目，且結伴以聯歡。聚裙屐於水邊，羨曲江之多麗；浮樓船於獅目，且第伴以聯雙。聚裙腰於水邊，羨曲江之多麗；浮樓船於海上，集香港之群賢。盡半日之歡娛，接千秋之文采。揮毫作畫，丹青之氣韵橫生；拈韵賦詩，甫白之高才橫溢。鼓琴則高山流水，伯牙幸遇知音；對弈則清簟疏簾，子美閑看妙著。外孫幼婦，既驚庾語之奇；白雪陽春，更喜謳歌之妙。高談未已，朗誦可聽。樂事盡多，良辰毋負。不但嬉遊而已，何殊禊祓也哉！彭殤固不可齊，靜躁亦雖各異。但既欣於所遇，允宜樂以忘憂。歲月如流，難得春秋佳日；浮生若夢，同申文酒雅懷。桃花之浪初生，楊柳之風正拂。對爐峰而眺望，眼中崇山峻嶺；浮香海以遨遊，座上達人高士。不讓會稽之風雅，亦猶鄭國之水嬉。尚祈少長成來，何必相知有素；更列壺觴共酌，欣然不醉無歸。

［題解］東晉永和九年，癸丑年（三五三），杰出的書法家王羲之（世稱王右軍）和謝安、孫綽等四十一人在會稽郡山陰縣境內之蘭亭，舉行了一次大規模的文人集會。他們臨流賦詩，各抒懷抱。王羲之作《蘭亭集序》名文，把聚會的盛況作了生動的概括，並抒發了個人的感想。該文的手稿（王羲之親筆）成為千古法書（書法的經典）。自後，每逢六十年一度的癸丑歲，各地文人都會舉行紀念活動。一九七三年，是蘭亭雅集後的第二十七度癸丑歲，上距永和九年已有一千六百二十年了。本文作者宋郁文與陳荆鴻等發起並參加了在香港石香台舉行的文人雅集，寫下本文和《石香台禊集賦》。啓：書信。本文是一篇發起信。文中一些詞句從《蘭亭集序》中化出。

青城山賦

有仙都焉，隆隆然起於大江之西者，青城山也。雪峰西控，井絡南纏，北延玉壘，地接平川，襟湔帶沱，擁戈負鋋，陰辟陽闔，石走山鞭。爰有仙人跳乎斯土，陟磴穿雲，縋幽辟阻，山魈書號，巨靈擁斧。開為道場，結作禪宇。

一一奇峰，供我指數。雄者貴奇，雌者獻嫵，峭者如削，側者如俯。其東有洞，洞黝以曛，其南有泉，泉洌以芬。亭倚朝陽，溪光法法，岩響褒答，梯飛化雲。石瘦若僵，松枯欲精，雲有奇狀，峰無定名。浩浩天空，時聞鳥聲。我欲東遊峨眉雪老，我欲西去群山器饗。南抉滇雲，北若冰島。唯玆寄託，風煙夕飽。

故當晉唐之世，則有杜子光庭，長生范公，躋乎軒台，帆然仙宮，劍試裂石，藤枯作笻，石髓瀉赤，丹光流紅，大面天倉，泠然仙風。山鬼叫水，孤煙咽鍾，石筍峭立，天然芙蓉。銀杏側空，摩霄若龍。俯不見人，漾漾枯松。丈人揖我，傴僂何恭？鶴頂西飛，眺乎洪濛，悟元守默，冥冥頓空，靈采爛目，洞然胸中。歌以咏之，欣賞何窮。

歌曰：西山極天，雲漫漫兮。紅丸西傾，珠走盤兮。三十六峰，峰連攢兮。松虯藤虯，飛重淵兮。我欲叩之鈞天兮，洪崖丹丘，拍我肩兮。睡響隨風，驚飛仙兮。

［題解］青城山是蜀中名山，又是中國道教發源地之一，相傳東漢張道陵（張天師）修道於此，稱第五洞天，故為道教名山，與都江堰市一同名列世界文化遺產。山在都江堰西南十公里處，方圓一百餘公里，主峰海拔一千八百多米，為邛崍山脉的分支，北接岷山，號稱三十六峰八大洞七十二小洞一百零八景點。

青城山屬邛崍山脉南段東支，地質構造複雜，奇峰疊嶂，幽谷深潭，古洞蒼岩，縱橫其間；夏無酷暑，冬少嚴寒；雨量多，濕度大；雲籠霧罩，林木葱蘢。

新聞學術研究

編者按：宋郁文先生生前曾在香港幾所大學教授新聞學課程，對新聞標題學、新聞編輯學尤有研究。在友人的建議下，晚年曾打算撰寫一部《新聞標題學》專著。惜天不假年，未克完成，即罹患肺癌溘然長逝。下面《新聞標題學》四章內容是根據其生前手稿整理而成。此外，又撰有《實驗新聞編輯學》七章，似亦未完成，今一併整理收入本文集。雖皆屬斷章殘簡，但亦可窺先生對此兩問題深思精慮之一斑。

新聞標題學

第一章　緒論

第一節　新聞標題學之產生

新聞標題是大家讀報時最先接觸到的，所以是大家熟知的，但“新聞標題學”這名詞，恐怕大家會感到陌生。誠然，這是此前很少人提到的。

新聞標題工作，是一種看似容易、做却困難的工作。有許多下筆千言的大文豪，一旦撰起寥寥數字或十數字的新聞標題來，便會手足無措；有許多大半生從事新聞編輯工作的，撰起標題來，仍然是縮眉蹙額搔頭嚙指，怪狀百出而感到棘手。

有人以為新聞標題是新聞的要點，只要從新聞稿件中摘取要點，而排成符合一般標題形式的行列，便算盡了製作標題的能事。這是很大的錯誤。一個老練的編輯工作者，必要將整個新聞內容加以了解、消化，然後透過敏銳的思考，加以熔煉、陶鑄，才可以製作成一個標題。

這種熔煉、陶鑄，就是一種特殊技術。它不同於造舊詩，但說到高深處，這種熔煉、陶鑄的功力，頗與老練的詩家所用的功力相同。每讀到“岱宗夫如何，齊魯青未了”兩句詩，便會想到我們的偉大詩人杜甫在造這兩句詩之時，眼睛是如何凝望着泰山，腦子是如何運用其思考後陶鑄成這不朽的十個字來。

我不是說，製作新聞標題也應該如此。但是，我們不能不知道，新聞標題是需要熔煉、陶鑄的。假如我們不否認這說法，就得承認新聞標題工作有其特殊的技術性。

中國報業已有百年歷史①，“新聞學史”也有好幾十年，但新聞標題學理的

① 一八五八年，《中外新報》在香港出版，為我國日報最先之一種。

基礎，至今似乎還沒有完整地建立起來。有些人以為只要有一種“新聞標題法”，或“新聞標題術”，便可以盡其訣竅。其實這是不夠的。假如不把這種工作作學理的研究，恐怕再過一百幾十年，這種工作還是做得不好；不但不好，甚至會走上錯誤的途徑去。

大家都不會否認，這短短的一百幾十年中，中國新聞工作有了很大進步。別的不談，只就編、訪、寫的技術而言，可以說是與時俱進。然而，標題技術卻有“每況愈下”的趨勢。近十餘年，新聞標題雖有不少新的形式產生，但大都為了便利編者而產生，不是為了便利讀者而產生。而編者得到這些新形勢所給予的便利，對於標題技術，便少研究，對於學理的探討，則更少之又少。

有人以為新聞標題是技術，根本不成其為“學”，其實，編輯既有編輯學，採訪既有採訪學，廣告也有廣告學，標題這樣繁重的工作，為甚麼沒有學？

標題工作雖為編輯工作的一項，但由於它是一種特殊技術，而過去又不大為人重視，不曾有系統地加以研究，因此，我們有需要把它獨立起來，作專門研究。

我還感覺“編輯”兩字的含義，不能包括新聞編輯工作上所擔任的全部工作。

關於“編”字的意義，據《說文解字》段註：“以絲次第竹簡而排列之曰編。”關於“輯”字的意義，據《六書故》：“合材為車，咸相得謂之輯。”因此，從字面解釋“編輯”，只不過是聚集材料與編排次序，這其間，並沒有製作標題的含義。而聚集材料與編排次序，只是新聞編輯工作的一部分，而不是全部。新聞編輯工作與一般編輯工作不同，前者一定要另外做標題工作，後者就不一定要這樣做。因此，從新聞編輯學中把新聞標題學獨立起來作專門研究，就更有需要，更有理由了。

曾有學生向我詢問：“誰規定標題工作屬於編輯範圍的呢？”他的意思顯然是：“為甚麼撰稿人不可以製作標題？”不知一般新聞紀事中，每個標題不是獨立的，在表達上，在風格上，在編排上，往往是有關聯的。而撰稿人只能看到其中一點，並不能看到全部。所以，惟有控制全面的編輯，才可以定得出各個標題的製作與編排。

誰也不能否認，標題工作是編輯工作中極重要的一項。作為一個編輯工作者，如果只會取捨、剪接、編排，而不會製作一個好標題，則雖有很好的新聞材料，亦將要湮沒不彰。正如俗語說：“捉得鹿不會脫角。”

從我們的先進到我們，已有百年編報經驗，也有數十年標題經驗，這種經驗的積累，就可以作為我們研究標題技術的學理根據。三十多年前，周孝庵先生在《最新實驗新聞學》（一九二八年出版）一書中，對於標題技術就很有研究，近年也有若干先進在新聞學專著或刊物中，研究標題技術，使得標題理論逐漸充實。任何學理，都是基於實際事務而產生。世界第一部新聞學教本，是美國米蘇里新聞學院教授威廉和馬丁合著的《實驗新聞學》（一九一一年出版），也是由經驗而產生理論。因此，我們也可以憑先進們給我們的經驗，為新聞標題學建立起完整的理論基礎。到今天，新聞標題技術應該從學理上去探討了。只有這樣，才可以使這種技術發展得好；也只有這樣，才可以使這種技術的發展追得上其他新聞技術的發展。

假如此前真的沒有人創立過“新聞標題學”，那麼，這就是“新聞標題學”的呱呱墜地了。由於正在初生，自然是幼稚與脆弱的，希望愛好新聞工作的朋友，共同努力，使其成長與壯大。

第二節　新聞標題之重要

文之有題，猶龍之有首。題之作用，在使人一望而知文是談天或是談地。有些文其始沒有題，編纂者也必為之裝上。例如《論語》，是門人及再傳弟子記錄孔子言行的，每篇之前，原無題目，後來都裝上“學而第一”“為政第二”“八佾第三”等篇名，使人容易閱讀。又如諸葛亮《出師表》，是上給蜀後主的奏章，和我們寫給朋友的信札有些相類，本來不必標題，而後人編集時，就不能不標出“出師表”三字，使人知道是甚麼奏章。標題的作用，就是這樣。

“標題”本是一個名詞，但亦可以分開來解釋。“標”就是標識的標，標舉的標；“題”就是題目的題。“標”字的本意是樹木的高枝，“題”字的本意是動物的額。高枝是容易顯露的部分，額亦是容易顯露的部分。顧名思義，可知標題的作用，是使文章顯露。

然則每一標題都能夠發揮此作用麼？未必。猶之每一機械，未必皆能發揮其應有的作用。好的機械，其所發揮的作用大；不好的機械，其所發揮的作用小，甚或失去作用。新聞標題亦然。一條好標題，能夠將新聞要點標示給讀者，幫助讀者了解新聞的內容；一條不好的新聞標題，不但不能夠起標示作用，反而要讀者從新聞內容去了解標題所說的是甚麼，這就成了累贅。

我們對於新聞標題的要求，不但要它發揮提示的作用，更要它發揮吸引的作用。這一點是十分重要的。一條好的標題，能夠吸引讀者細看新聞；不好的標題，往往使讀者對新聞交臂失之。常常有讀者批評：某報多新聞，某報少新聞。其實同一類型之報紙，其新聞內容大致是相同的，尤以國際新聞為然。然則為甚麼會有不同的效果呢？這與編輯工作者之取捨固有關係，更大的原因，則是新聞標題之好壞不同。許多編輯工作者能夠把握重要的新聞，卻不能替這重要的新聞裝上好的標題。沒有好標題，自然不能吸引讀者，而讀者自然感覺這一家報紙新聞不多。

鬧市中商店門前大都設有櫥窗，有些櫥窗面積雖小，而其吸引力大；有些櫥窗雖大，而其吸引力卻很小，甚且簡直不願多看一眼。這是佈置好壞的問題。商店橱窗與新聞標題的意義不盡相同，但橱窗之吸引顧客，標題之吸引讀者，兩者都要具有吸引力，則是相同的。

佈置橱窗，已經成為專門學識，有許多商店聘請專家去設計和處理。那麽，製作新聞標題，可以視為新聞編輯工作者的餘事嗎？

新聞標題是直接影響讀者的。一九六五年四月十日美聯社發表一則電訊，引述美參議員杜德在台北評論越南問題的談話稱："詹森總統演詞之全文，對於'站在吾人方面而為報紙標題所引入歧途之人士'及共產黨宣佈人員，均為最佳之答復。"可見新聞標題，是可以左右讀者的。標題在新聞紀事之前，未有讀新聞紀事而不先讀標題的，所以，往往有先入為主之勢。更有一些讀者，習慣於只看標題而不看新聞的。我們原不希望如此，標題是不可以代替新聞的，但事實上確有一些讀者只看標題，不看新聞，這就更顯出標題的重要。

上面已經說過，有好的新聞材料而没有好的新聞標題，那等如"捉得鹿不會脱角"。新聞等如一只鹿，而新聞標題等如一只鹿的角。

第三節　新聞標題與一般標題之不同

新聞有標題，一般文章也有標題，兩者似乎没有分别，其實分别很大很大。除了特殊情形外，一般文章大都先有題，後有文，而新聞稿件則是先有文，後有題。

有一個成語"文不對題"，可見題先出，文後做。宋人楊萬里詩："後園初夏無題目，小樹微芳也得詩。"可見是先題後詩，只有偶然才是無題有詩。

至於新聞稿件，寫稿人容或先寫上題目然後寫内容，似乎也可以説是先題後文。但内行人當會了解，外勤記者寫好稿件，只算是新聞稿件之初步完成，必須經過編輯程式，才算最後完成，而製作標題的工作，則是這最後程式裏的。所以，實際上還是先文後題。

假如單看成品，則新聞與一般文章，都是有題有文，還不易看出其相異之處，但假如從製作過程上看，則一種是在題目上做文章，一種是在新聞上做題目。前者從小而擴大，從短短的題目上充之作成宏大的文章；後者由大而縮小，從長長的新聞上，約之而作成簡括的題目。這就是新聞標題與一般標題不同之點一。

一般標題是可以很抽象的，甚至一個字也是題。例如唐杜甫的詩，一個"月"字、"愁"字、"歸"字，都成其為題目。李商隱甚至有若干詩篇，是以"無題"為題目的。更有些文章的題目，連文義都不取的。如上述《論語》的篇目"學而第一"，"學而"二字，是篇首"子曰：學而時習之"的删節，根本無文義可言。但新聞標題，除了很例外之外，一個字不成其為標題，"無題"也不成其為標題，截取新聞頭一句兩個字如"學而"一般，更不成其為標題。這是新聞標題與一般標題不同之點二。

新聞標題不但不同於一般文章標題，就是同樣在報紙上發表的社論、專欄、副刊的文章的標題，有很多時候都是大異其趣的。以社論為例，如“越戰新階段”，可以成為一條社論題目了，但假如作為一條新聞標題，就非寫“越戰轉入新階段”不可。其實，作為一條新聞標題，單單這樣寫還是不夠的，因為讀者所要知的是這個新階段的面貌如何，是越戰升級還是降級。一條好的新聞標題，必要將這一點告訴讀者的。這是新聞標題與一般標題不同之點三。

為甚麼會有此分別呢？如果要追求其原因或者可以這樣說：兩種標題所負擔的任務不同。一般標題的任務，大都只求其能夠說明文章的性質就夠了，如“出師表”“陳情表”之類。至於為甚麼出師，為甚麼陳情，則標題可以不管。更有一些標題，只求其能夠分別篇章就夠了，如“學而第一”“為政第二”，至於“學而”是甚麼，“為政”又是甚麼，則標題上可以不管。而新聞標題則不同。新聞標題要負擔起提示內容的任務，要負擔起吸引讀者的任務。為了要提示，所以不能不具體；為了要吸引，所以不能不新鮮，將最新點及最重要點加以標出。假如新聞標題只是“大火記”“兇殺記”“車禍記”一類，既不能把具體事實提示讀者，又不能把讀者所認為興趣之點標出而達到吸引之目的，則這張報紙，必不能一紙風行，實可斷言。三十多年前，廣州有一個手車夫，控告一家醫院將其初出生的男嬰調換了，成為轟動一時的“換嬰案”。有一家報紙最初的標題為“換嬰案之青雲初展”，第二天的續聞標題為“換嬰案之青雲再展”，第三天為“換嬰案之青雲三展”，天天這樣“展”下去，而不將“展”的實際情形標出，焉有不使讀者厭惡之理？

第四節　新聞標題之定義

新聞標題的定義為何？有些人不了解，也有些人加以誤解。

有人說“新聞標題等於公文摘由”。公文每每“等因奉此，速備纍牘，不便查閱，所以收發時必摘敘事由”。這一說我聽了三十多年，不知誰是始作俑者。其實這一說法，已害得不少新聞工作者摸錯了路。我本人也曾從這錯誤的路走過，幸而走上不遠，便發覺不對了。但是，有些人仍然是大踏步前進，迷途未返。

其實標題與摘由，僅有一點相同，就是在作用上，彼此都是便利閱讀的。嚴格說來，這相同之點並不很大。例如標題是摘要以便閱讀，但要點未必是唯一摘取的條件，還有更重要的條件則是“新”。往往有些要點在昨天的標題上出現過，今天就要加以拋棄，或放在次要的地位。今天的標題，必要是新過昨天所標出的。這一原則，是不能變易的。不過，這裏不是討論這一問題，只欲說明標題的摘要與摘由的摘要之不同而已。

還有很大的異點在於，摘由是用一段文字去表現出公文的要點，在一段之中，聚集一群不分主副的句子，無所謂輕重；而標題在原則上則是以一個句子去表現新聞的要點。假如一句不能充分達成其任務時，才加另一句或兩三句去幫助之。而這另外加上的一句或兩三句，必與其主句是有輕重之分的；在字體上，也是有大小之分的。

我以為公文的摘由，等於新聞的冒頭，而不等於新聞的標題。

我這一大堆話，似乎與“新聞標題之定義”無關，其實非常重要。因為如果不糾正過去的謬誤，則不容易為新聞標題下一定義。實際上我們現今所積纍的經驗已經告訴我們新聞標題的定義為何，只不過為謬說所惑，有時反而迷惘起來。除了以上的誤解外，又有些人以為標題是編輯工作者發揮議論的工具。有一位負責本市新聞的編輯先生，他對社會上的自殺風氣引以為憂，於是常在自殺新聞的標題上加上“此風不可長”一句，似乎這句話一出，此風就不會再長，然而自殺新聞還是不斷出現，他自己也感到這句話已成俗套。於是，有時寫“此風真不可長”“此風確不可長”。這雖是一片婆心，奈何標題並非議論之場呢。

其實標題是不應該做批評的。報紙雖然為輿論的工具，新聞工作者雖有“為民喉舌”的神聖任務，但有意見應該以論說出之，而不應在標題上大放厥詞。我們要知道，在標題上大發議論（編者個人的議論），不但涉有鵲巢鳩佔之嫌，更有妨礙讀者對新聞判斷的嫌疑。新聞標題，應該依據新聞紀事的內容而製作，內容所無者，不應該見諸標題之上。

然則新聞標題的定義為何呢？我們可以說：新聞標題者，乃新聞與讀者間之媒介；對讀者負起提示新聞內容之責，對新聞內容負起吸引讀者之責也。

第五節　標題無一定形式

若干新聞學書籍討論標題技術時着重於標題的形式，把各種各樣的形式排列出來，可說是琳琅滿目，也可說是怪狀百出，有人以為一個完整的標題，是由主題、引題、副題所組成。這未免太過追求形式。

我們既認為標題是新聞與讀者間的媒介，則它無疑是實用的。因此，我們主要應該問其是否能達到實用目的；假如不以此為圖，而過於追求形式，則可能失去或減低實用的價值。對於一則新聞，假如單一行的標題已能勝任，那又何必再加上引題及副題？一個標題與一個戲劇不同。戲劇要生角旦角、主角配角，而標題就不一定要這樣的配搭。應用則用，不應用則不用。一行可以勝任就一行，兩行可以勝任就兩行，不必求其一定要多少行，要有主有副。

報紙之初有標題，也只是單行的，其後才有主副，再進而有多副題，又再進而有雙主題。主題、引題、副題之多，有時要十幾、二十幾秒鐘才可以看得完。這樣一來，不但不能減省讀者的目力與時間，反要讀者在這兩方面增加不必要的負擔。

現在進步的報紙，起標題又復趨向於簡化。通常一主題，一或二副題；或者是一引題，一主題，一副題；或者是雙主題，一副題；有些僅是雙主題而無副題；有些只是一行的標題。這種單一的標題，台北常見之，香港也常見之，日本則更常見。

趨向簡化的原因，主要是為了閱讀時間的節省。凡是語文，與其長而贅，不若簡而明。會說話的人，往往一針見血；不會說話的人，往往嚕嚕蘇蘇，講了大半天還是詞不達意。兩者比較，誰受歡迎呢？聽者無疑是歡迎一針見血的話。明乎此，就可知標題簡化的重要。

其實標題的簡化，除了可以節省閱讀時間之外，又可以節省報紙的篇幅。報紙篇幅太寶貴了。由四號字排內文，變成五號，由五號變成新五號，由新五號又變成六號，字體越來越小，無非為了節省篇幅。然而，辛苦節省來的篇幅，卻被累贅的標題浪費了，這是何等不合理呢。

在第一節裏說過，近十餘年來新聞標題雖有不少新的形式產生，但大都是為了便利編者而產生，不是為了便利讀者而產生。在這里，可以詳述其原因。

我曾說新聞標題與一般標題不同，其中一個不同之點，就是一種在題目上做文章，一種在新聞上做題目。一條一千幾百字的新聞，而要將之化為幾個字或十多二十個字的題目，有時候很容易，有時候很不容易。況且幾個字或十多二十個字，不可以連用，而要分成兩行或三行，每行即使不斷句，至少也要頓一頓，這就更加困難了。而編輯工作者為了省事，就不再做提要的工夫，只從新聞內容摘出其要點來交差。這樣的標題，比如字數多，文句長，就隨便利用新形式，甚至創造新形式以求適應。茲舉例如下：

警方希望家長子女考試落第
不可一味責罵

這個樣子，簡直不成其為標題。其吸引讀者的效果，實在微乎其微。因為造句太長、不講技巧，讀者非多費目力，多費時間，不易理解。除非讀者自動追尋這個新聞，否則見了這個標題，將會望然去之，没有興趣閱讀下去了。

所以，這等新形式之產生，只是便利了工作者之敷衍塞責，而不是便利讀者閱讀的。

不知誰人發表要有主題、引題、副題才構成一個完整標題的“偉論”，於是許多工作者習而不察，以為非如此不成其為標題，一定要做填字遊戲般，把主題、引題、副題填滿了，才可以對得起工作，才可以對得起讀者。有時候一條單題已經講得很完備，在內容上再也找不出更多的意思來，但工作者囿於成見，認為單題不像樣，一定挖空心思找多一條副題來湊數。這樣的太重形式，是否不切實用呢？是否可笑呢？

由於形式太多，可以迴旋的地方太大了，於是工作者的技術也退化了，讀者的麻煩也增多了。我們不要忘記，題目以簡明為貴，所以單行亦成題。勿因迴旋地方大而隨便貪懶不去提煉；又勿因形式之規定而勉強填上副題去湊數。在實用的基礎上，我不反對新形式的產生。總而言之，標題是實用重於形式的。

第二章　標題三原則

第一節　第一個原則

任何製作，假如有原則可循，那就易於進行，而且易於做得好。標題也是如此。

我們既知道新聞標題就是新聞與讀者間的媒介，負有提示與吸引的任務。根據這個定義，就可以訂定三個簡單而必要的原則來。

第一個原則就是“顯”。“顯”是顯明的意思，標題所要求的“顯”，與翻譯所要求的“達”，是同樣重要的。假如我們不否認文章是用以表達意思的，則“達”字就必要做到。古人說：“辭達而已矣。”假如詞不達意，那就是文章的最大毛病，也簡直不成其為文章，或以為此說未必盡然，假如李商隱詩專求暗晦，也不視其為好文章。其實暗晦只是在某種不得已情況下所用的手段，而其實際寫作之目的，仍然是要表達其意思的。庾信《哀江南賦・序》說：“勞者須歌其辭，行者欲達其事。”可見達意是人同此心。古今中外的語文，都是以達為目的，甚至謎語、隱語，雖有所隱，而終究是達的。報紙既以報道為目的，自然更要達了。至於新聞標題，則不僅要做到“達”，更要做到“顯”，使萬語千言的新聞紀事，能夠在最少的新聞標題字數中顯露其概要。

為了使大家對於“顯”字運用得更好，我們不妨在它的下面加些註腳，那就是：“顯其要”“顯其新”“顯其真”。

關於“顯其要”一點，相信大家都不會再有疑問了，在這不必多費筆墨。這里，且談談“顯其新”。“新”是每一個新聞所追求的，假如不新，那就沒有再報道的價值。然則甚麼是“新”，甚麼是“不新”呢？這本來是個大問題，可以作專題研究，但也可以簡單地說，未經報道的是“新”，已經報道的是“不新”。在第一章第四節中已有提到，“今天的標題，必要是新過昨天所標出的”。例如美機初次轟炸北越，昨天的標題既為“美機轟炸北越”，如果今天再炸北越的話，則今天的標題再也不能用“美機轟炸北越”了，一定改為“美機再炸北越”或“美機續炸北越”之類，否則仍用舊題，則讀者可能誤會為舊聞。總之，在“顯其要”時，必須考慮“其要”是新抑或不新。

又有一些情形是這樣的，美機轟炸北越，昨天已有報道了，今天的新聞，則為美機轟炸北越的影響或其後果。在這標題的情形下，則美機轟炸北越已是不新，其影響或後果才是新聞。

最後說到“顯其真”。新聞在原則上，以新為主，但並不是所有新的都是真實的事情。有些新聞，其真實性是有問題的。對於這類新聞，可以放棄的就放棄，就只能以存疑的語氣製作標題，而不能在標題上作為真實的事情告訴讀者。同時，新聞標題要顯揭新聞內容的真相，不能隨編者之好惡加以誇張或加以掩飾，誇張和掩飾都足以妨害新聞的“真”，站在報道立場上來說，這兩者都有虧標題之職責。

第二節　第二個原則

第二個原則是“動”。“動”是動人的意思。任何文章，亦皆以動人為勝。杜甫詩：“語不驚人死不休。”“驚”字通常作“驚駭”用，然而在這詩句裏，如果作如是解，恐怕不免於拘泥。事實上杜甫的詩也不是語語驚人的，我以為在這裏面，應該作“動人”解。大家都不會否認，杜甫的詩是富於感染力的，“朱門酒肉臭，路有凍死骨”，是何等動人的詩句，杜甫所要追求的就是動人的佳句，而不是驚世駭俗的危言。明乎此，就可以知道“動”這個原則的重要。

我們形容別人議論滔滔而能夠吸引聽眾的就謂之娓娓動聽，可知做文章要動人，講話也要動人。而標題負有吸引讀者的任務，自然就離不開一個“動”字。

如何才可以“動人”呢？這當然與修辭有關。作為一個編輯工作者，不能不講究修辭，雖然我們不一定要懂得很高深的修辭學，但也不能不熟悉一點。除了修辭技巧要另習之外，這裏想就內容方面，討論一下“動”的問題。事實上，任何有天大本領的修辭學家，都不能不顧內容，而單以修辭動聽的。然則，甚麼東西來感動讀者呢？我想援照前例，為“動”字加些註腳，那就是：“動以奇”“動以情”“動以切”。

好奇心是每一個人都有的，中國文人很早很早就能夠把握此種心理，以投聽者之所好。漢朝王充《論衡・藝增》說：“俗人好奇，不奇，言不用也。故譽人不增其美，則聞者不快其意；毀人不益其惡，則聽者不愜於心。聞一增以為十，見百益以為千，使夫純樸之事，十剖百判；審然之語，千反萬畔。”這些話仿佛為今天的新聞記者而言。香港同業中有這樣的一句話：“有火皆大，無屍不艷。”這句話是指那些專門供給報館以初步消息的記者而言的，他們一聽到有火警，便向報館報告是大火；一知道有屍骸，便報告是艷屍。諸如此類，不一而足。而王充好像於一千九百多年前便已知之。不過我所謂“動以奇”，並不是主張“聞一增以為十，見百益以為千”，而只欲說明，讀者是好奇的，假如遇有奇趣之事，就應該把握住，作為動人的工具。所以有時候龐大的數字往往在標題中揭露出來。剛才我看到台北報紙一個標題，那則新聞是報道法國通到意大利的隧道落成的，其主題為“世界最長隧道　舉行落成典禮”，這可以作為一個例。標題不標為“法意隧道”，而標為“世界最長隧道”，其原因就是以“世界最長”而打動人的好奇心。但編者又恐怕讀者認為没有地點，而不感到滿足，於是以“法意總統主持揭幕”作副題，雖然仍未明定地點，但讀者可以意味為何處了。可見那編者既以“奇”動人，又以“實”而告人，兩方面都照顧到。

人是感情動物，所以每一個人都是有同情心的。上面所引述的“朱門酒肉臭，路有凍死骨”的詩句，其所以動人，是以“酒肉臭”與“凍死骨”作強烈的對照，以激起人們的同情心。標題也可以利用讀者的同情心而加以吸引。前些時，台北有一位退休的老教授臥病，苦無醫藥之資，他的善寫字的七歲孩子張小強就到街頭賣字，籌款醫理父親。香港一家報紙就以“七歲神童張小強街頭賣字醫老父”十四個字作標題，很能使人感動。看了這個標題，誰都會關心的，由於這種關心，自然對新聞内容也很有興趣了。一般災害的新聞，純以受災的人數為標題，其原因也在於激起讀者的同情心。

談到“動以切”，所謂“切”，就是關切的“切”。人們所關切的，往往是其近身的事。有時候，一則國際的重大新聞，往往不如一則本市的次要新聞那麼能令讀者關切。美國駐聯合國首席代表史蒂文生之突然倒於倫敦街頭而死去的消息，其在香港，還遠不如騎師何偉航之死訊，獲得千千萬萬讀者之注意與追尋。

有許多人於路上看到一輛汽車失事，明知這失事是輕微的，報紙未必刊登，但由於目擊的關係，第二天也渴欲在報紙上看到有關此事的新聞。有許多人於讀報時，看到標題上標出發生事故的街道，為其本身或其親友住處，對這新聞往往也發生閱讀興趣。這也是由於關切之故。總之，其熟知之人物、地區、事件，都為其所關切的。例如，不丹是個面積僅有四萬餘平方公里、人口只有七十萬的國家，不大為人注意，但如果有人曾到過當地，則在標題上看到“不丹”字樣時，自然也感到關切的。

以上，不過是一種舉例，我們不能因為街道名稱能引起人注意，就將每一則新聞都標出其發生事故的街名。總之，所謂“動以切”，應該是多數人之“切”，而不是少數人之“切”。

第三節　第三個原則

第三個原則就是“美”。“美”是美善的意思。

“美”是就標題的外形而言的。一個標題，其内容雖好，如果其外形不好，則不容易達成吸引的任務。而所謂“美”者，就是要外形的美善。人們看了一個“美”字，可能以為是美麗的字眼。誠然，有些編者很喜歡用美麗的字眼，如提到女人的面貌，便稱之為花容，不管那女人是否美貌如花；提到女人的手臂，便稱之為玉臂，不管那女人是否肌膚如玉。我也不否認，這些字眼的使用，可能起一點吸引的作用。但是，“花容”“玉臂”用得太多了，是否會使讀者的感覺也麻木了呢？所以，在標題上，假如專門追求這樣的美，終有失其效用的一天。

和第一、第二兩個原則相同，“美”的原則也有三點，那就是“美其句”“美其形”“美其聲”。

所謂“美其句”，就是造句的美善。標題的造句，怎樣才算美善呢？不外“簡單”二字。與簡潔相反的，就是冗贅。冗贅的話語，非人們所喜聽；冗贅的文章，非人們所愛讀；冗贅的標題，則非人們所容易了解。我們既知道，標題是幫助讀者了解新聞內容的，假如標題的本身，也不容易為讀者所了解，則這一個標題，還有甚麼意義，還有甚麼價值呢？所以，冗贅是標題之大忌，簡潔是標題所必需。在原則上，用字可省則省。例如“南韓出兵援助南越”，這標題本無不妥之處，但如果簡為“韓出兵援越”，不是使讀者更易了解嗎？如以為韓有南北韓，越有南北越，如不標明，恐易誤解。其實各報紙都習慣以韓稱南韓，越稱南越了。事實上這些報紙的讀者，官場也有同樣的習慣。已是讀者習慣了的名稱，原則上都以簡稱為號。戰後的理查斯得港糾紛甚大，常常見於報端，報紙上都習慣稱為“查港”，假如把其全名標出，讀者將覺得討厭，而不以為是清楚詳盡的。又如麥克亞瑟元帥的名字，亦與此例相同。若以劇名為例，則《梁山伯與祝英台》，不及《梁祝恨史》那麼簡潔了。因為看戲的人，都已熟知梁祝的名字，若再用其全名，反而成為冗贅。不過，這裏所談只是原則，至於如何運用，在以下“標題之製作”章裏，當有詳細的討論。所謂“美其形”，就是形式的美善。目前報紙的標題有着許多新的形式，而且有更新的在繼續產生。有些頗合於實用，有些則太過花巧了。假如我們要逐個形式加以討論，恐怕會不勝其煩，實際上也無此必要。標題既以幫助讀者了解新聞內容為目的，則標題的形式，自然以整齊為美善。整齊的反面是雜亂。過於雜亂的標題，讓讀者感到眼花繚亂。就以現在主要形式的直題為例罷，如果是超過一行的，其每一行的字數都應該有互相適應的長度，過長過短都是雜亂，看起來固然不順眼，在整個版面來說，也會破壞了美觀。而多行的標題，習慣上以排成梯級形為美觀。引題高於主題，主題高於第一副題，第一副題高於第二副題。這種形式流行了數十年，恐怕還沒有充分的理由可以打破這個習慣的。為甚麼呢？因為它是整齊的。

有些標題在形式上看似是整齊了，但實際是不整齊的。例如兩個字兩個字一列的標題，無論其為橫排或直排的，最好是用雙音詞，而不應用三音詞組成句子。因為標題是兩字兩字地排列的，而其中有三音詞，則“英首相威爾遜訪美”，將會變成“英首、相威、爾遜、訪美”了。總之，這種形式的標題，遇到三音詞時，就要被截開，讀者看時就要多費目力。假如那個三音詞是讀者不太熟悉的，更易引起誤解。

站在求進步上而言，新形式的產生是需要的，但新形式不但要適應“整齊”的要求，也要適應“簡潔”的要求，才會有更好的服務的。

所謂“美其聲”，就是聲韵的美善。標題不比作詩，當然不必要像造詩一般，守着平平仄仄的聲律。但是佶屈聱牙的句子，無可否認是難讀的。這種難讀的字句，就要在標題上盡可能避免了。其實在口語上，也往往為了讀來順口，聽來順耳，而改變其音韵的。以粵語為例，許多平聲的字，有時要讀作上聲，如黃沙之“黃”讀作“枉”，沙河之“河”讀作“可”，學堂之“堂”讀作“倘”，等等。可知，在標題上雖無平平仄仄的規定，但有時也不能不講求自然聲韵，使讀者易於閱讀。或以為標題不是誦讀的，不必求其順口。其實人們看每一種文章，都是由心裏默誦的，看報紙亦如此。讀標題不順口，則對這個標題的理解的敏捷程度也會受到影響。

第三章　新聞標題學之應用

第一節　製作標題之次序

凡製作必有次序，依次進行，才易成功。例如建築屋宇，必先建好地基，然後建築上蓋。俗語說“萬丈高樓從地起”，若不先把地基弄好，則雖將上蓋建築起來，也可能傾斜或倒塌的。做文章也有其次序，舊說“起、承、轉、合”是作文的次序，雖然這是一個呆板的規則，有時寫起文章來，可以將這規則突破，但是不要忘記，先有規則才可以突破，如無規則，就沒有突破之可言。例如寫字，先寫楷書，使之企直畫平，然後可以變化為草書。所以，凡在初學之時，不能不有規則，也即是說不能不有次序。

做文章要有次序，自然做新聞標題也要有次序。然而，奇怪的是，做標題的人十有八九都不知次序為何。由於這樣的無知，所造出的標題，往往是不合標準的，甚至是可笑的。

由於新聞標題學理尚未正式建立起來，編輯工作者不懂得做標題的次序。雖然，他們是懂得有所謂“起、承、轉、合”的，但到實際做起來，似乎都把這次序忘記了。

我仿佛記起胡適說過，做律詩最難是中間兩聯對句，所以詩人們先做了中間四句，然後安頭安脚，胡氏所說確是一部分的實際情形，許多詩翁們都是這樣做律詩的。而宋人周伯弜說過：“絕句以第三句為主，須以實事寓意，則轉換有力，涵蓄無盡。”因此，做絕句詩的人，又常常先做第三、第四句，然後安上第一、第二句。其實這是錯誤的。關於律詩，我們可以舉杜甫的《聞官軍收河南河北》為例：

劍外忽傳收薊北，初聞涕淚滿衣裳。卻看妻子愁何在，漫捲詩書喜欲狂。
白日放歌須縱酒，青春作伴好還鄉。即從巴峽穿巫峽，便下襄陽向洛陽。

這首詩一氣承轉，絕非先做中間四句，然後安頭安腳的詩人可以做得出的。

關於絕句，我們可以舉金昌緒《春怨》為例：

打起黃鶯兒，莫教枝上啼。啼時驚妾夢，不得到遼西！

這首詩也是一起承轉，絕非先做第三四句，然後做第一二句的詩人所能做得出的。

我過去學造舊詩，也曾犯過不分次序的毛病，許久許久，才知道走錯了路。同樣，我過去造標題，也曾犯過不分次序的毛病，過了許久許久，當我發覺作詩走錯了路時，我就同時覺悟到造標題也走錯了路。

造標題的次序是怎樣呢?

假如是單一主題的，無論其為單主題或雙主題，都沒有所謂次序了。但假如主題之外有引題、副題的，那就不能不分開次序。

一般人以為順着排列的次序，先引題，次主題，後副題，其實，這是大錯而特錯的。

顧名思義，主題是整個標題之主，引題與副題，不過是輔助主題的，所以在次序上，應是先主題，後引題、副題。

以我個人的經驗，製作標題，必先做主題。做了主題，假如認為完備了，就不必再安引題、副題；假如認為主題來得突兀一點，那就加一條引題，作為引導，以補助其不足；又假如認為主題意猶未盡，那就裝上副題，以補足其意。這樣的做法，剛巧與做律詩的錯誤方法相同，先做中間一兩句，然後安頭安腳。其實，這是就形式而言罷了，實際是從頭做起的。

這樣做標題，其優點是甚麼呢?

第一，就代表性的標題而言，能使要點集中在主題上，不使引題、副題喧賓奪主。

第二，就概括性的標題而言，能使主題涵蓋全局，好像繪畫，先行勾出輪廓。

第三，在造句上比較簡潔有力。

第四，在效果上使讀者能一目瞭然。

第二節　主題的製作

我們已經知道，製作標題的次序，是先將主題做好，然後及其他。所以，在製作進行中，最好就假定整個標題，是只有主題而無其他的。在這樣的情形下，我們的腦裏就應該把新聞所最應該顯著標出的部分，都集中在這一起，熔煉出一個明顯精確的主題來；假如主題表達了一個意思，還有未盡之意，才加上引題或副題以說明。

但是，我們必須要記着，引題與副題雖可以幫助主題起表達其未盡之意，但它絕不是主題的一部分。這就是說，引題或副題不能代替主題而表達應屬於主題範圍的意思。

在原則上，主題的任務，是要表達一個完整的意思，使讀者看了，產生一個印象，知道是怎麼一回事，雖然有副題，掩着副題也可以明瞭。因此之故，主題應該為一個完整的句子，因為不是一個完整的句子，就不能表達一個完整的意思。像以下的一個標題，其主題就不是一個完整的句子。所以就不能表達一個完整意思。這個標題，要集合了引題、主題、副題的字句，才成為一個完整的句子，才表達一個完整的意思。

假如主題是屬於雙主題形式的，雖然可以運用兩行字構成完整的句子，但是第一行即使不能獨立，至少也應該頓一頓。

標題的第一個任務是提示。所謂提示，據心理學家解釋，是講一件事實的主要意義，以刺激、單純、有力而使人易於把握中心的方式，直接提供於人。新聞標題就是運用這一原理，將新聞內容提示給讀者。所以標題最高的理想，就是要使讀者在一瞬間，便可以全無疑義地接受標題所表達的意義，並且觸發閱讀新聞內容的興趣與注意。據生理學家的測驗，一般人每分鐘瞬目十至三十次。這即是說，每三秒鐘或二秒鐘就瞬目一次。也即是說，是要使讀者在二三秒鐘之間，可以全部接受標題所表達的意義，並且觸發閱讀新聞內容的興趣。

基於以上的理由，新聞標題就以簡明為主。有時因種種關係，引題與副題不能過簡，但主題為整個標題的主體，所以原則上不能不簡。讀者閱讀標題時假如一次能夠映入眼簾，產生印象，則其印象必清晰而有力。

因為讀者的視綫停留在標題上，字句的形象映入眼睛的中心，就發生所謂“注視”的作用，此時印象特別清晰，假如視綫不能停留，而需要移動，則移動視綫的印象，就不及不動的注視的印象強而有力了。

所以，字數少的標題，可以從注視中得到清晰印象，如五六個字的；但假如字數多到八九個字的，則必須移動視綫才可以對整行標題產生印象了。

明白了這些道理，我們可以得到一個結論，就是主題的字數，以六個字以內為最合標準。由於中國的詩慣用七個字的，所以七字句也可以。其次則是八九個字的，這種標題，視綫要移動一次，才可以全部接受。不過由於社會越來越複雜，報紙所報道的事實也越來越複雜了，有時候八九個字的標題，確實不能表達一個完整的意思。那末，就迫着要使用更多的字去完成其任務。但字數太多，所佔的空間亦太長，而視綫由上到下的移動，就太大。所以，超過九個字的標題（專就主題而言），倒不如設法使之分為兩行。因多由先一行到次一行的移動較少，比之一行直落的，由第一個字到第十個字的移動較為簡便。為了視綫的限制，同時也為了事實的需要，主題的字數最多不可超過兩行八個字，合起來一共十六個字了，讀者的視綫最少移動三次才可以看得清楚，這樣已距離最高理想相當遠了。如果是更遠一些，那就減低了價值。試想，十六個字的還不夠運用，豈不是太低能了嗎?

第三節　強化第一印象

製作主題時，不可不注意第一印象。所謂第一印象，就是標題所給予讀者最先的印象，也就是最先為讀者所接受的意義。

據心理學家測驗的結果，人類視覺反應的時間，約為0.18秒，即當眼睛看到事物之後，在0.18秒的時間內，即映入腦神經，造成印象和感覺，又過0.18秒之後，才產生另一印象和感覺。

雖然第一印象與第二印象之間，其時間之差，只是一秒的十八分之一（編者註：應為一秒的百分之十八），但是第一印象都比較深刻，這可能有先入為主的作用。因此，編輯工作者在製作標題之時，也要把握這種只是刹那之差的印象與感覺，而加以運用。

一般標題，其排列次序是引題、主題、副題，但由於用字號大小之不同，讀者的眼睛每每不依這排列次序而閱讀標題。這即是說，不是先看引題，然後看主題的。在原則上，主題所用的字型大於引題，故其所具有的吸引大於引題。所以讀者的眼光，每每是先投到主題上去，看了主題，然後回過頭來看引題。這與我們在上面本章第一節中所研究的標題次序同一道理。我們曾經說過：做標題，先要做主題，做了主題假如感覺到來得太突兀，才加上一條引題去加以引導，使得讀者更易明瞭。在這裏，我們應該重複說一次：主題為整個標題的主體，新聞內容的主要意義，應該納入主題之中。同樣，我們也需要在主題上面，強化第一印象。

例如下面的一個標題，是四行的。第一行是“一家貿易公司”，第二行是“舊冷氣機”，第三行是“一批售北越”，第四行是“被美列黑名單”。這個標題必要讀者讀到第四行，才可以知道新聞內容的主要意義是甚麼。這個標題之糟，糟在根本就沒有把新聞內容連成一個好的標題，只是摘錄了新聞內容的要點，所以，就不能使讀者第一印象之中，獲悉新聞內容的主要意義。

下面的一個標題，字號雖然很大，但也給人不清楚的印象。它的第一行是“英貨船‘莫泰號’在美出事”，這一條是引題；第二行是“移民局官員上船”，第三行是“與香港海員開片”，這是個雙主題。當讀者先看了主題之時，很容易會誤會為香港的移民局官員與海員開片。因為美國有移民局，香港也有移民局，所以這個標題，應該要將“美國”的字樣在第一印象里加以強化，才不會使人誤會，但是它偏偏就沒有做到這工夫。

再以下面的一個標題為例：第一行是“港面臨重大問題”，第二行是“不兌現支票充斥”，這是個雙主題，另外一行是“商業犯罪部勸市民不要接納”，這是個副題。當讀者閱讀了第一行，只知香港面臨一個重大問題，到底是一個甚麼問題呢？關於經濟的、政治的、軍事的、社會的、教育的？還是一無所知，一定要閱讀了第二行，才知得清楚。那末，我們何不就將第二行作為單一行的主題呢？假如這樣，讀者在第一個印象中，就可以知得新聞內容的主要意義了。

其實，第一行没有做主題的資格，它只有資格做眉題而已。如果編輯工作者認為這個新聞重要，一定要做一個雙主題，則第三行的副題很有資格升格做雙主題的第二題，為了使字數與第一題相等，我們可以改作“官方勸人勿接納”。

一連舉了幾個例，大家對於第一印象的運用，大概已明白了許多，但是，這裏還是要舉例下去，使得大家更進一步地明瞭。

下面的一個標題，第一行是“港府批准進行”，第二行是“建築海底隧道”，這也是個雙主題。這個標題，照事情發展的經過序列下去，没有不妥當的地方。但是假如要講究第一印象，那麼，當讀者閱讀了第一行時，還不知道港府批准進行了一项甚麼事情，是批准開公司呢，還是批准在大嶼山開設跑狗場呢？這兩個都是香港嗜好賭博或反對賭博的人所關切的問題。假如他們單看了第一行題目，可能聯想到這兩個問題上，而實際與這兩個問題都没有絲毫關係，而是批准建築海底隧道。假如我們將兩行題目更動一下，第二行改作第一行，第一行改作第二行，則讀者在第一印象之中，便可以獲悉新聞內容的主要意義。

雖然这将事情發展的經過倒置了，而它的效果，卻較原來的效果佳。

為了強化第一印象，編輯工作者每每不惜將次序顛倒，甚至在語法上加以顛倒的。例如：

蘇聯傳將整肅

照語法，應該是“傳蘇聯將整肅”才對的。但為了強化讀者對蘇聯的印象，所以就將“蘇聯”放在前頭，而將“傳”字調到後面。

在新聞學裏，這種強化第一印象的手法，不但施諸標題，也常常施諸新聞內容之中。例如第二十一屆聯合國大會對於中國代表席位問題，舉行投票表決，結果四十七票反對中國取得席位，二十票棄權，而根據重要事項必須三分之二票數才可通過的規定，結果，中國又被排除於聯合國之門外了。這個新聞為了強化第一印象之故，就要在開頭處說明聯大又排除中國，然後將票決的經過敍述。總之，強化第一印象的手法，是應該盡可能運用的。

第四節　四個方式

製作標題有四個方式：一是概括，二是代表，三是抽象，四是具體。這裏所說的，是側重主題而言的。

驟看起來，代表的似乎不及概括的，因為代表的只着重一點，而概括的可以顧及全面；同時，具體的又似乎勝於抽象的，因為具體是實際，而抽象則是空泛。其實這種看法並不正確，這四個方式，各有各的好處，不能說哪一個好，也不能說哪一個壞。有的標題，是適宜用概括的，但有的則適宜用代表的；同樣，有的適宜用具體的，但有的適宜用抽象的。

先講概括的。甚麼是概括呢？於思想進行中，遇有數種事物，欲得一根本概念之時，則用歸納法以概括之。所以，概括的標題，往往可以使得讀者獲悉全面。舉例言之，譬如港島大雨，同時，九龍、新界、離島也大雨，那麼，當我們為這一段大雨新聞做標題時，既因為字數所限不便於列舉港島、九龍、新界、離島四個區域，又不能以港島大雨做一個代表的標題，因此，就適宜以概括手法處之，以"全港大雨"為題，讀者看來，雖僅寥寥四字，已可以獲得一個概念，知道大雨的地方不止港島，而且及於九龍、新界、離島了。

再舉一例，譬如昨天北角有火警，中區有火警，西環有火警，九龍之旺角有火警，油麻地有火警，這麼多的火警，勢不能一一在主題中詳列出來。因此，就適宜用概括的手法，做出一條"傳港九火警五宗"的主題來，讀者一望就知道港九兩地有五處火警了。

又以國際新聞為例，如南越的北部、中部、南部都有激烈的戰事發生，這樣的新聞，也應該用"南越全面激戰"的概括的題目了。

次講代表的。代表本來是法律名詞，自己不逕自表示意見，而使人代之，謂之代表。如議員為人民代表，公使為政府代表等。在標題技術上，有若干同類的事象，選擇其重要之一點或數點而標出之，這就叫做代表的標題。如上述火警之例，假如五宗火警都不是甚麼大的災禍，那當然用概括的手法，但假如油麻地一處災害特大，那就適宜用代表的方式，標出"油麻地大火"做主題。

又如，最近美國東北部突然電流中斷，使得好幾個大城市變成漆黑一團，三千萬人陷於黑暗與交通癱瘓中。

有報紙的標題大意是"美東北部停電"，這是概括的。這樣的概括，假如遇到了了解美國地理的讀者，當然是好的，但在香港來說，大多數人對於美國地理是茫然的，對於這個標題，不會發生興趣。於是有一報紙題為"紐約一團漆黑"，紐約是眾所周知的全世界最繁榮大都市，標題告訴人們，紐約變成漆黑，人們就不必思索，很容易就會發生閱讀的興趣了。當然，這個標題也未盡善，但是該報的編輯工作者能夠就這樣嚴重的而人們一時又不易了解其嚴重性的新聞，運用代表的標題，可算是一種智慧的表現。

再講抽象的。抽象與概括，有若干相同之點，但實際是不同的。就多數事物，抽出其共同之點，綜合之而成一概念，如是之心意作用，謂之抽象。而抽象的標題，就是使讀者產生這樣的作用。以一個舊聞為例，當美國已故總統甘迺迪[①]初就職不久，曾因古巴問題，使得美蘇關係萬分緊張，世界大戰危機有一觸即發之勢，而其具體行動則多限令蘇聯撤退已在古巴安裝的長程飛彈，撤退戰略轟炸機，並且截搜蘇聯駛往古巴的輪船。當美國宣佈要採取這些行動之初，人們一時或許不會想出這些行動的後果，會嚴重到甚麼地步的。所以，假如做出具體的標題，讀者的心意中還未必感覺嚴重，假如做成一個抽象的題目，說“大戰一觸即發”（當然要新聞內容有此報道才可以），那效果就不同了。讀者的閱讀興趣自然提高了。不過，這樣的新聞，當然有其連續性的。這種抽象的標題在繼續的消息上面，就用不着了。而事實上，當讀者看最初的標題及新聞之後，其本身已可以認識那些具體行動的嚴重性，不必再用抽象的題目。

抽象的標題有時候是很好用的，例如中國猛烈譴責蘇聯的修正主義，譴責蘇聯在越南問題上與美國合作，譴責蘇聯在中蘇邊界上製造糾紛。對於這些譴責，假如因字數所限，不能具體標出時，那末，就可以用“中國譴責蘇聯”“中國炮轟蘇聯”或“中國三事責蘇”等抽象的標題了。

有時候抽象的標題是必要的，例如下面的一個標題是具體寫出一個事實來，但因字數太多，使人難於明瞭，那不如寫成“嬰兒慘死案，死因已驗出”的標題，雖然比較抽象，但讀者是容易了解這條新聞是報道甚麼的。對於這些囉唆的事實，製作標題時就有必要使其抽象化了。又如下面一個標題，主題為“一宗奇妙的官司”，這是十分抽象的，但確非如此標出不可。

又如引題“兩毫子一條人命”，是抽象的，其主題為“賣蛋小販被人刺殺”是具體的，但兩者比較，引題的吸引力強得多了，故不如舍具體而取抽象。

最後講到具體。具體是對抽象而言，又稱具象，謂事物之有實體存在者。具體的標題，不用說就是具體指明一件事實，如“美國增兵南越”“英揆訪問美國”等。大抵在正常的情況下，標題是以寫實為主的。其實，現在流行的標題形式，既然有雙主題，或主題、副題，則這四種形式是可以互相輔助的。十多年前蘇聯總理貝利亞被整肅，這是一宗大事，但是因為史太林[②]逝世後貝利亞當總理的時間不長，讀者對他的名字多感陌生，我當時寫了一行標題是“貝利亞已垮台”，這是具體的，但是就因為貝利亞的名字還不夠響亮，不能使讀者意識到這里是怎麼回事，於是在前頭再加了一行抽象的標題“蘇聯政爭爆發”。這樣一行抽象的，一行具體的，相輔而行，就可使讀者易認識新聞的重要性。在一般情形

---

① 內地一般譯作“肯尼迪”。

② 內地一般譯作“斯大林”。

來說，概括的、代表的和抽象的標題，通常是應該以副題來幫助讀者才易明瞭的。總之，這些方式的運用，並不是賣弄編輯工作者的乖巧，而是幫助讀者的閱讀。哪一方式容易使讀者明瞭，就運用哪一方式。

第五節　雙主題的運用

雙主題是一種很流行的標題形式，茲以一九六五年台北與本港的兩份報紙的新聞版為例以證明之。

台北《中央日報》：第一版共七個標題，其中一疊字題，六雙主題；第二版共十九個標題，其中一單主題，十八雙主題；第三版共十九個標題，其中二疊字題，五單題，十二雙主題；第四版共十二個標題，其中一疊字題，四單題，七雙主題；第五版共十八個標題，其中一疊字題，四單字題，十三雙主題；第七版共十七個標題，其中一疊字題，三單主題，十三雙主題。

香港《星島晚報》：第一版共六個標題，其中一疊字題，五雙主題；第二版共八個標題，其中一單主題，七雙主題；第三版共十個標題，其中一單主題，九雙主題；第四版共六個標題，全是雙主題；第十三版共三個標題，其中一疊字題，二雙主題；第十四版共八個標題，其中三單主題，五雙主題；第十五版共二十二個標題，其中八單主題，十四雙主題。

以上的統計，無論就整個言，還是就各版分別言之，雙主題都佔最多數，而且是多於單主題與疊字題的總數。

為甚麼雙主題會如此之多呢？主要是雙主題可以用較多的字數，可以講是多一倍的字數，限制較少，製作較易。只要看疊字題幾可以與單主題等量齊觀，就可以作為一個旁證。因此疊字題也可以用較多的字數，製作時有較大的範圍。

由於雙主題被廣泛採用，所以對於雙主題的運用，就有特別的研究之必要。

在視覺上，在篇幅的經濟上，雙主題本來是不及單主題的。大家已經知道，新聞標題的任務有兩個，其一為提示，其二為吸引。如果就提示方面來講，則提示的原則是：以刺激、單純、有力而使人易於把握中心的方式，直接提示一件事實的主要意義於人。所以，標題的最高理想是要使讀者在一瞬間，全部接受標題所表達的意義，並且觸發閱讀新聞內容的興趣。這些都已經在上面講過的。因此，假如是雙行的主題，便與提示的原則中的“單純”有了距離，也與標題最理想的“一瞬間”有了距離。

古語說“天無二日，民無二王”，這雖是封建時代的話，但是也有它的道理，有兩王必有所爭，而人民亦將無所適從。假如在標題上來說，有兩個主題，就會減低“主”的價值。本來，標題就是標題了，為甚麼要有主副之分呢？分別主副，就是使主題突出，不使次要之事與主題同等地位。以攝影為喻，許多攝影家故意將光圈放大，使不屬於主體的部分模糊了，其用意也是使主題能夠突出。所以，雙主題的價值比較單主題為低，假如有人製作三主題，或四主題時，那就每況愈下了。

至於在篇幅的經濟上說，很簡單，大家都知道，雙主題比單主題所佔的位置為多，亦即是所耗的篇幅為多了。

雙主題流行之原因，主要是為了放寬限制。上面曾經說過。主題留空，一行最多不可超過八個，但往往有些名詞是三、四、五個字的，如“安理會”已經是“安全理事會”的簡稱了，但仍要三個字，“裁軍會議”是四個字，還沒有人敢於縮為“裁會”，“日内瓦會議”是五個字，還沒有人敢縮為“日會”。所以製作標題時，遇到這些情況，就每每要採用雙主題這形式了。例如：

兩個四胞胎
兩地生下來

麥納馬拉命令關閉
百五十個海外基地

因為第一個例，編者已用概括手法將兩件事連在一起了，但最少都要用五個字，而這五個字不能成為完整的句，所以又需要另外一行以完成之。第二個例中“麥納馬拉”這是個人名，不可以再縮，“百五十個”最多可縮為“百五”或“百餘”，“海外基地”也不可以再縮。

所以，這種雙主題，嚴格說來只是形式上的雙，而不是意義上的雙，因為它要兩行合起來，才構成一個完整的句子，才表達一個完全的意思。這樣的雙主題，實在是不大好的，但因為需要較多的字數才可以達成任務，所以又無可奈何。

嚴格地說，雙主題應為兩個句子，也即是每一行已包含一個意思。如：

何偉航墮馬身亡
唐宏洲吊銷執照

這樣的兩個意思，是同等重要的；但有的是相得益彰的，如：

美電力突告中斷
紐約州漆黑一周

没有第二條，不知電力中斷的嚴重性；没有第一條，不知漆黑一周的原因。另行有的是加強其重要性的，如：

越戰臨緊要關頭
泰勒忽辭職不幹

没有第一條，不知泰勒辭職關係的重要。

有的是一虛一實的，如：

蘇聯政爭爆發
貝利亞已垮台

前者是虛，後者是實。没有虛的，不知貝利亞垮台是為了何事；没有實的，不知政爭爆發的實際情形。

以上所舉三例，本來第一條都屬於引題的範圍，但大家試想之，假如用作引題，而將字型大小較主題縮小了一些，是否在吸引這個方面，能夠發揮同等作用呢？當然不能夠了。所以，一行的主題雖然是突出，但當它不能夠發揮較大的吸引力時，就不能不較多地借助引題的力量，而將它變為輔助的引題，升格為雙主題中的一個了。同樣，有時候也要將副題作同樣的升格了。

其實，雙主題是用於不得已時，原則上仍以單主題為上。不過有些編輯工作者用慣了，有時候非必要也用。例如“麥納馬拉”一題，本可以縮成“美將關閉百餘海外基地”十個字的，以之作五行的疊字題，可以省去六個字。“麥納馬拉”的命令是代表美國政府行使的，所以除非有特殊情形，一般而言，可以“美”字代其名字，“百餘”較之“百五十個”，雖是籠統一些，但是一般讀者不致理會到那麼精細，只要知其大概便夠，所以連“百餘”也不必用。雖則同樣是兩字，我仍以為“百餘”勝於“百五”。又如“蘇聯射月”一題，本應編作“蘇射月失敗”的，這樣可以省了一半字數以上，不過多了顧慮標題的連貫性，在以前已有過失敗了，所以在“失敗”二字前應加上個“又”字，表明其失敗不止一次。

假如編輯工作者肯這樣下功夫，可以省讀者時間，可以省報紙篇幅，可以使版面上多一些變化，不致雙主題與單主題的比例懸殊太大。

第六節　副題的製作

何謂副題？副就是主之別，就是正之別。所以主題以外的題目，實際上都是副題。一般來說，副題是有區分的。在主題之前的稱為引題或眉題；在主題之後用以補充主題之不足的，稱為副題；同樣形式，在主題之後，用以說明主題的，稱為子題，又稱說明題；還有，在整個標題之外，而在新聞內容文內的分段題之標題，稱為分題；有些分題的編排形式是插入文內的，又稱插題。

現在我們分別說明幾種副題的製作。

（1）引題：引題是負擔引導主題的任務的。有時是敘述消息的來源，因為有些新聞來源，與新聞本身有重大關係的，所以要將來源標出，如：

北京日來盛傳
毛澤東胡志明相會
秘密商討越南問題

傳說是不大可靠的，這個“北京日來盛傳”的引題，一以表示傳說的地方是北京，關於這個新聞，北京的傳說自較其他地方的傳說可靠一些。一以表明報道的責任，也即是說，報紙本身對於這樣的傳說也不大信任，因此，標明其來源，使讀者知道這是傳說，而不是已經證實的事實。

有時候引題是敘明人的關係，與消息來源的理由相同，某人與某事有重要的關係，故有加以表明的必要。有些甚至要在主題上標明的，而且在主題上佔主事地位，例如：

阿育汗在聯大主張
印巴爭端交付仲裁

阿育汗是巴國總統，他的話是代表巴國的，如果不在主題標出此人，則讀者不知是誰的主張，假如是第三者的主張，其新聞內容的重要性又不同了。但有時候某人雖與某事關係密切，卻可以不必在主題上將之標出，而是在引題上使之出現，例如：

歐哈德對美記者強調
西德受俄火箭威脅
須參與控制核武器

這個引題，表明西德這個立場，是由總理歐哈德親自發表的，並不是一種傳說。為甚麼“歐哈德”不必在主題上出現呢？因為已有“西德”為主體。

有時候引題是敘明地點的關係，其理由亦與上述的相同，例如：

西營盤雜貨店
今晨發生火災
燒傷一名夥計

這是隨手舉出的一個例子，其實這類的標題，應將地點安排在主題中。

有時候引題是敘明時間關係的，不必再舉例了。

有時候是敘明因果關係的，例如：

向移民局提供假信息
男子領取旅行證件
被判罰款千二百元

這個引題，是敘明該男子領證的不合法原因。又如：

越共正規軍猛攻政府軍
劇戰迫近西貢

這個引題，敘明劇戰的原因。

有時候引題並非引導整個主題，只是引導主題的主語，例如：

印尼北蘇門答臘首府
棉蘭發生反華暴動

又如：

綁票案被告楊明之父
楊煥庭突復現

這兩個引題，只是替主題的主語服務，在語法上說，只是主語的附加語。

實際上，引題是幫助讀者了解主題的，例如有一個標題，其主題是“警方昨已找到楊明之父”，有時候讀者一時想不起楊明是誰，楊明之父又有甚麼事情要被警方找尋，所以，就在主題之前裝上一個引題“綁票案未有下文”，使人知道了來龍去脉。

為了幫助讀者了解主題，所以，引題與主題之間，常常是虛實相輔的。有時候主題宜用抽象式，則引題以具體式以充實之；有時候主題宜用具體式，則以引題的抽象式以使人易見其輪廓。這一手法之運用，亦可適合於主題與副題之間，即主題與副題，亦可虛實相輔。

（2）副題：副題是敘述次要於主題的事實的。有時候一個標題，要表達幾個要點，假如幾個要點都以同一字型大小並列，則不能使主題突出，所以，如非必要，就每每選最要之點作主題，而以次要之點作副題。這在上面第二節中，已說過了，可互相參考以明之。

（3）子題：子題是進一步說明主題的，例如：

中國責英助美
指為幫助擴大戰爭

這個子題，就是責英助美的內容。有時候由於內容太複雜，所以可用提要式的子題。有時候子題頗與引題的性質相似，如說明消息的來源等。例如上述的引題："歐哈德對美記者強調"，只要將"強調"字換作"談話"或"聲明"，便可以把它由引題的地位調到主題之後，成為子題的地位了。

（4）分題：分題是在長篇的新聞紀事中，按其段落，分出一個或多個標題，這樣使讀者有高潮迭起之感。這樣一來，不致使讀者因冗長的敍述而生厭，而沈悶；同時，又可以破除版面的呆板。假如文字太長，而没有分題，則版面將有一大堆小字，看來如汪洋一片，既呆滯，又沈悶。

一個以上的分題，有時候是用同一形式，以歸統一的，例如每一個分題都是兩行字的，使人一讀，就知道這一個新聞的分題了。也有時候是用多種形式的，其本身自有主題、引題、副題、子題，有的是兩欄高的，有的是三欄高的，有的是直題，有的是横題，變化多端。在版樣上，自然是活潑、美觀得多了。

不過，如果用這種變化多端的分題，就要特別注意，處處與總題及其他分題相呼應，又不可與總題及其他分題相重複。由於近年的中文報紙，大都已廢棄分段間隔綫，既無分段間隔綫，而分題又不與總題及其他分題相呼應，則很容易使讀者誤會為另一個新聞紀事而將之漏去，讀起來就不連貫了。

（5）插題：插題與分題的作用相同，不過插題往往是簡單化的，而且一個以上的插題，通常是採用同一方式的。由於簡單化的緣故，插題的字句可以不是完整的句子，只是用幾個能引起讀者注意的詞語就夠了（有時候只將內文的幾個字放大，不過這種放大內文幾個字以為分題的形式，近年已較少見）。

由於插題要將其插入內文去，排字房要多下一番功夫，因此，如非時間許可，則不可用。又因為插題佔了一定的位置，拼版時轉彎拆角常有困難，因此，制插題應顧慮到彼此的距離，拼版時應隨時指導排字房以其他稿件因應變化，否則便虛耗時間了。

第七節　標題的字與詞

古人說："杜詩無一字無來歷。"說杜甫的詩，每一個字都是有根據的，其實這是迂腐的話。我們試翻開杜甫的詩卷，就可以看到詩中有不少接近白話的詩句，哪裏是字字都有來歷呢？

不過，我卻想套用這句話："新聞標題無一字無來歷。"大家已經知道，新聞標題是根據新聞內容而製作的。新聞標題不可以離開新聞內容而產生，俗語有說"文不對題"，假如新聞標題離開了新聞內容，那就變成"題不對文"了。因此，在製作標題時，原則是應該每一個字都以新聞內容為根據。

有許多編輯工作者為了忠實於新聞內容，就重複新聞內容的字句，也就是摘取新聞內容的語句而成標題，這種風氣，在二十年前很常有。這樣一來確實可以做到"無一字無來歷"了。

那麼，何以二三十年前常有的，現在則不常有呢？這大概與新聞文體有很大關係。從前敍述新聞，多用文言，現在敍述新聞，多用白話，而標題採用白話仍然不多。大致上，仍然是採用文言的。因此之故，從文言摘標題較易，從白話摘標題較難。

不過，難與不難，還是次要問題，主要問題在於這樣的重複是否適當。我們要知道，有些標題只要摘出內容的要點便可以，遇到這種情況，用摘句方法是可以行得通的；但有些標題要概括整個新聞內容，遇到這種情形，則恐怕沒有一句適當的句子可以使用。因此，在新聞內容中，未必有一句話可以概括全文的。我常說《左傳》的標題有很多可以作為我們研究新聞標題的法則，因此，我以《左傳》中《曹劌論戰》一篇為例。《曹劌論戰》全文没有一個"論"字，只是標題生出一個"論"字來。如果一定要向內容摘句，就摘不出這樣的好標題了。

抑且事實上在內容摘句，每有斷章取義之弊，也有生硬之弊。在戰時我有一個同事，根據電訊內容說盟國為了對德對日實行加緊聯繫，他就做了一條這樣的標題：

對德對日加緊聯繫

假如讀者不看內容，單看題目，那就可能被誤解為和德國、日本加緊聯繫了。

照我的見解，我以為不必要內容有某一個字，標題才可以用某一個字的。從前專制時代，臣子對於君主有所謂"愚忠"，假如我們要從新聞內容抽出字句來製作標題，認為必如是才可以忠實於新聞內容，也可以說是"愚忠"的一類了。這樣的忠實，是十分愚蠢的。

在原則上，忠實於內容是需要的，但是，只需要忠實於內容的事實，而不必忠實於內容的字句。這裏舉一個例，如下面的一個標題：

詹森有意訪歐

其內容是一樣的："詹森總統之助手今日在此間接見記者稱：詹森總統希望

於本年內能夠實現解決越南戰爭，後又希望拔冗親自前往西歐一行，與西歐國家領袖會談，以求實現越南和平。……”根本就沒有“有意”兩字。這兩個字，是根據“希望”兩字而製作的。“有意”與“希望”，本來沒有很大的分別，但我們可以想，“詹森有意訪歐”與“詹森希望訪歐”兩個標題，究竟哪一個較易為讀者明瞭呢？當然是前者了。

又假定有這樣的一條新聞：“美國警告北越，應即舉行談判，和平解決越南問題，否則美國將加緊大規模轟炸。”根據這個內容，可以製作如下標題：

美向北越逼和　警告將予大炸

或者是如下的標題：

北越倘仍拒和　美國將予大炸

第一條的“逼和”，第二條的“拒和”，都不是內容所有的，只是根據內容事實而製作的，但如果不是這樣，而一定在內容的文句摘取，則只能製作如下的標題：

美國警告北越　應即舉行和談　否則將加緊大規模轟炸

這個標題，還算平穩，但與以上兩個比較，則上兩個用字較少而且較為簡潔有力，尤以“美向北越逼和”，僅僅六個字，已說明美國發出警告的真意何在了。而且，這六個字，可以涵蓋整個新聞的內容，再添上了“警告將予大炸”這六個字，可以使讀者更明瞭是怎樣的逼和，縱然沒有了下頭這六個字，必要時只是上頭六個字，也可以獨立了。

標題的用字，要概括、要靈活、要簡明、要新鮮、要鏗鏘。除了概括與靈活兩點外，其餘的已經在第二章“標題三原則”（原則擬改為條件，容後全部修改）的顯、動、美的幾節中講過。要言之，“簡明”是節省讀者閱讀的時間，“刺激”是觸發讀者閱讀的興趣，“新鮮”是免除讀者對陳腔濫調的厭惡，“鏗鏘”是使讀者閱讀時不覺拗口。

至於“概括”一點，在本章的第四節“四個方式”裏講過，但是所講的是側重句的概括，而這裏所要講的，卻是字與詞的概括。

本來“概括”與“間接”是有關係的，例如說蘇聯與芬蘭、捷克、匈牙利、保加利亞、東德等共產國家會議，由於字數所限，不便將六國的名稱列出，就可以加以概括，稱為“東歐共黨會議”了。又如英國首相、美國總統、法國總統會議，就可以加以概括，稱為“西方三首腦會議”或“西方三頭會議”了。“西方三”概括了英、美、法的“首腦”或“頭”，概括了首相與總統，否則要分別講首相與總統，多麼累贅。不過，概括不一定是為了簡潔，更重要的是為了使人得到一個概念，如上述“逼和”就是一例。

再說“靈活”一點，在造句時，固然要句語靈活，以求動人，但遣詞用字，也要靈活，這與造句的靈活的目的，是不同的。不是求其動人，而是求其不把語句過於肯定。有許多時候發表談話或負責發佈新聞的人，明明其目的是要說這樣了，但每每運用許多外交辭令，拐彎抹角地說。製作標題，就不能跟着拐彎抹角，所以要運用些靈活的字加以表達。編輯工作者對於將然、未然、可能然、未必然的行動，每每就要運用較多靈活的字或詞，不作太肯定的報道了。如“將”“擬”“可能”“準備”“考慮”“有意”等字與詞，都屬於這一類。

此外，做編輯工作的人，平時又要多搜集一些同義詞。在一個標題裏，原則上是不應該重複使用同一詞語的，但有時候一版之中，也不好使用同一詞語，例如有一條“魯斯克發表談話”，就不好再有一條“威爾遜發表談話”了。所以，應該運用同義詞，使之不要重同過甚，例如“威爾遜公開表示”“威爾遜強調”“威爾遜聲明”“威爾遜闡明”“威爾遜指出”等。只要平時肯留心，就有不少同義詞可供我們使用。又如“指摘”與“抨擊”“譴責”“痛責”“痛罵”，甚至“炮轟”之類，都是同義詞，雖然程度上有分別，但有時候是差不多的，可以體察情形而用。

還有，就是成語的運用。運用成語，有好有壞，如果恰到好處，寥寥數字，就會使讀者明瞭，例如說“慕尼黑會議”，慣讀國際新聞的人，就知這個會議是姑息養奸的，是會導致大戰的。又如“奠邊府重演”，慣讀國際新聞的人，就會知道是一場注定失敗而艱苦慘烈的戰爭就要開始了。“珍珠港重演”，就是世界大戰的爆發了。運用成語的好處在此。

但是運用成語的壞處，就是不一定恰當，引導讀者的思想走錯到別處；就是不一定為大眾所熟知，要使讀者忙翻辭典。更有甚者，就是根本不懂得成語的真義而加以濫用，如憂慮稱“杞憂”，餓肚稱“果腹”，說女人死亡為“壽終正寢”，說人婚禮車馬之盛為“素車白馬”，這些都有人誤用過，不是我故意砌出來說的。因此我們運用成語，就不能以意為之了。

第八節　標題之禁忌

製作標題，已經定有三個原則，既有原則可以依循，本來不必再有禁忌之研究，因為違反原則的，自然就要禁忌了。不過有些禁忌是工作時最容易犯的，所以也有特別列舉出來的必要。

所謂禁忌，這里可以舉出六種：忌冗贅，忌浮誇，忌花巧，忌兩可，忌凌亂，忌重複。

這六種禁忌中，前三種是針對三原則而說的。

三原則中的第一個原則是“顯”，但有些編輯工作者為了顯，就往往流於冗贅。他們以為從新聞內容抽出要點來多造幾條標題，就可以使事實更明顯呈現於讀者之前。在這種思想裏面，他們似乎已經認定，以標題代替內文，使讀者唯讀了標題，就不必讀內文了。其實這種思想是錯誤的。標題是為讀者就新聞內容而作提示的，它的任務就只是提示，絕不能取新聞內容之任而代之。

而且，標題太多了，也影響提示的作用。因為提示是以刺激、單純、有力而使人易於把握中心的方式，直接提供一件事實的主要意義於人的，如果標題太多，自然就不單純，不單純自然就不能使人易於把握事實的中心。現在編輯工作者已開始作新的嘗試，製作三行或四行的主題。他們以為這樣便可以更充分地達到“顯”之目的，不知主題越多，其為主的作用亦越低。這道理是十分明顯而簡單的。多行主題的嘗試，只是一種盲目的嘗試，不是根據一種理想去嘗試。明乎此，就可以認識“顯”而不贅。

三原則中第二個原則是“美”。但有些編輯工作者要追求字句的美，往往就在標題上作詩句，作對子，以為這是美了；又有些編輯工作者要追求形式的美，就選出一些新的標題花標出來。這兩條都流於花巧。又我們在美的原則上，曾提到美其聲。假如誤解了這三點，以為美其聲的程度，要美到像作詩的依平仄，或者在兩行以上的標題中作成押韵的，這都屬於花巧。顯然，這無礙於標題所應有的任務，但也無大裨益的，假如人皆以此為慕，則會耗費工作時間，也因為要就平仄就韵的關係，可能以辭害意。

這里舉出一個新形式的標題來作例子：

越共自食其言　破壞自己所定停火時限
美軍極力自製　國務院責越共未停攻擊

這個形式是一主題，一副題，又一主題，又一副題，即四行主副題相間。我已發現這種形式多次了，在香港、在台灣都有出現。從形式上看，是相當新，也相當美，但是過於花巧了。這種花巧，除了初出現時使讀者有新的感覺之外，其餘是無足取的，假如我們不曾忘記標題是需要為讀者節省時間的話，那麼，我們大可以將這個標題改成如下：

越共食言開火
美軍極力自製

這標題省去了二十個字，而其所包含的意義不少於原來幾許。由此可見，這種美也不是基於一種理想而產生的。明乎此，也就可以認識美而不巧，花巧也是一種禁忌。

三原則中的第三個原則是“動”。為了動人，有些編輯工作者往往不惜誇張。上面曾經引述王充《論衡・藝增》所指出的“譽人不增其美，則聞者不快其意；毀人不益其惡，則聽者不愜於心。聞一增以為十，見百益以為千”，這種誇張似乎是人類的通病。俗語說“詩人多大話”，中國許多舊詩，對於數字都是誇張的，如蘇軾的“日啖荔枝三百顆”，如王之渙的“一片孤城萬仞山”，如杜甫的“霜皮溜雨四十圍，黛色參天二千尺”等。因此，那些好作誇張的人，每每就以此為藉口，不知舊詩裏的誇張，是一種藝術手法，只欲形容其甚，而不欲使人深信其實數。同時，人們看了，自然也了解其目的，而不以為實有此數。但是製作新聞標題，就不能藉口而作誇張了，因為讀者看了，會認為是事實，一旦證明非事實時，對於那報紙的信心，就會逐漸消失。報紙之不顧信用，就好像一個人之不顧信用，平時好聳人聽聞，只能騙人於一時，讀者受騙多了，就會不再上當。國際上有一家很有名的通訊社，其消息每每聳人聽聞，但人們一看是××社的消息，即使是真的事實，也會大打折扣的。明乎此，就可以認識“動而不誇”的重要。浮誇也是一種大禁忌。

“兩可”也是禁忌。人們說話，模棱兩可，已經使人難解，而作為提示新聞內容給讀者的新聞標題，假如其語句模棱兩可，那就可能使得讀者產生誤解。這種“兩可”的句子，在我們製作標題時，常常是不知不覺的，我時常舉的一個例子，就是“對德對日加緊聯繫”。字面上看，係戰後盟國加緊聯繫以對付德、日兩國，也可以解釋為盟國加緊與德、日兩國聯繫。所以是一種極大的語病。又如下列的一個標題：

香港小姐選美會
莎梨麥蓮加冕

單從字面看，既可以解釋為莎梨麥蓮為香港小姐加冕，也可以解釋為名為莎梨麥蓮的香港小姐加冕。又如下列的標題：

粵籍少婦攜女
旅社服毒死亡

這到底是粵籍少婦死亡呢，還是少婦與女都死亡呢？其實這是母女雙雙死亡的慘聞。

為了避免這種禁忌，最好於選好標題時，多複看一下，或者發覺有些不妥時，請別人代複看一下。其實這三個例子稍多改動一下，便可以清楚的：

加緊聯繫對德對日

請莎梨麥蓮加冕

粵籍少婦攜女　旅社服毒雙亡

“凌亂”也是禁忌。說話時忌凌凌亂亂，賓主不別，次序不分，如是则常常使讀者印象模糊，而且可能誤解。如下面的一個標題：

美國律師
在港遭扒竊
被判入獄二年

這就是賓主不別的例子。看了這標題，不免會發笑。律師既遭扒竊，卻被判入獄二年，這是甚麼道理。又如下列的一個標題：

百德新街綁票案　警方行動實室前
陳傑在港有無合法生意
警方說不知　疑此係尋仇

引題看是一條，實際是兩條；主題看是兩條，實際是三條。第二條主題的上半截，是承第一條主題的；第二條主題的下半截，則是承第一條引題的。這樣的凌亂，幾乎亂得不成話。

至於下列的一個標題：

巴印簽約僅兩日
印總理心臟病死
內長南達宣誓繼任新總理
噩耗傳新德里聞者咸表哀悼

這使讀者看來，雖然不致引起誤解，但是假如將“噩耗傳新德里……”那條副題調到第一條副題的位置去，以緊接主題，而將“內長南達宣誓……”那條副題調到後邊，豈不是井然有條麼？

“重複”也是禁忌之一。重複會變成累贅，會使讀者生厭。就以上面所舉印總理病死一題為例，那裏面有兩個重複，一是“印”字重複，一是“總理”重複。關於“印”字的重複，似乎編者已動過了腦筋，設法改動一下，在習慣上，一般人多稱“印巴”，編輯工作者為了不使兩個“印”字在兩條題目上頭，故特改為“巴印”，但假如改為“與巴簽約僅兩日”，不是更好嗎？第一可以避免“印”字的重複，第二可以使兩行主題呼應得更緊密，因為它已顯出簽署印巴和約的不是別人，正是印度總理自己。至於“總理”的問題，本來只是“內長南達繼任”，已很清楚了，再稍贅一點，使用“遺缺由內長南達繼任”，讀者自然曉得是繼任總理了，又何必重複“總理”，還要再加一個“印”字呢？

下面的一個標題，也是重複了的：

美軍進抵東邊
突擊越共距東邊僅百尺
對越共地道網進行爆破

重複了兩個“東邊”，兩個“越共”，第二個“東邊”本可簡為“東”，第二個“越共”本可改為“共軍”，雖仍不免重複了“東”“共”二字，但總比原來的好。

最後要特別聲明，所謂忌重複，不是絕對的禁忌，總之可省則省，如上文例子中的“印”字、“總理”字；可避則避，如上一个例子中的“東邊”字、“越共”字。

單字的重複，有時候是不可避免的。古人作詩相當嚴格，必要時也有重複用字的。至於不同義的字，也不必避的，如“東南亞”與“中東”，兩個“東”，可不必避。一言以蔽之，累贅的重複則忌。

第四章　標題與版面

報紙的版面，有如戲劇的棚面（前台），一切編輯工作的成果，都表現在版面之上，好像戲劇之一切表演的成果，都在棚面上表現出來一般。

版面的要求，與標題三原則大致相同：求其“顯”、求其“美”、求其“動”。

“顯”是顯著，使每一條新聞都能因應其地位而顯露出來。這意思是說，重要的新聞，固然需要特別顯著，次要的又需要次要的顯著，再次要的，又需要再次要的顯著。總之，不大重要的新聞，也不能被最重要或次要的新聞掩蓋了。

“美”是美觀，使版面的編排有秩序。這是使讀者閱讀時感覺便利。反之，沒有秩序，則成凌亂，讀者閱讀時就感覺不順眼，或者有罷漏之處。

“動”是生動，這與美觀是有關聯的。但嚴格來說，美觀並不一定是生動，所謂生動，就是要有變化，不可變成呆板，使讀者閱讀時有沈悶的感覺。

總括言之，版面的藝術，是便利讀者，也是吸引讀者的。為了便利讀者，就要使得讀者對於他所需要的閱讀的新聞没有“踏破鐵鞋無覓處”之感；為了吸引讀者，就要使得讀者有生動、悦目的感覺。

版面的構成，是以鉛字、鉛綫、花邊、圖片等為材料的，還有就是“瓜打”，“瓜打”是構成空白的，“空白”在版面上也有相當大的吸引作用。

其實，如果從廣義來說，關於版面的問題，包括到印刷方面，如印刷設備、技術、材料等，也都直接影響版面好壞的。關於這一方面，已經不屬於編輯範圍了。

如果從狹義來說，所謂版面藝術，只是就編排方面而言，更狹義地說，只是標題的構造與排列。假如標題的構造與排列適合“顯”“美”“動”三原則的，那版面當然是好，否則，當然是壞。

本來版面工作，屬於標題製作以外的工作了，雖然這兩種工作——標題與組版都是編輯工作之一，但是如果没有必要，是不應該越出範圍去討論的。否則，這個專門研究“版面工作”，就有文不對題之嫌了。不過，這里所要研究的，是不是越出範圍了呢？其實一點也没有越出範圍。任何一個編輯工作者當其製作標題時，假如只是為標題而標題，而不顧慮到標題與版面的關係，那將會有“閉門造車，出門不能合轍”之弊。何況上面已經説過，從狹義來講，所謂版面藝術，只就標題的構造與排列而言，則我們就不能不有顧慮到版面的必要。

事實上，一個熟練的編輯工作者，每製一個標題，都應該想到它大概放在版面的甚麼位置上。

現在報紙的新聞篇幅，常常被廣告擠得太狹小了，有時候更擠得參差不齊了。假如製作標題時不先行打量一下版面的大小、寬狹和參差的樣子，則到排字房拼版之時，將會產生很大的困難。因而導致版面的雜亂，不能適合“顯”“美”“動”的原則。

本來較前一個時期的中國報紙，没有甚麼版面藝術可言的。那時候版面的欄數比較少，其每欄的高度，約等於現在的兩欄，文是一欄高，題也是一欄高，標題只是七個二號字一行，一條新聞就只有一個標題，没有主副題之分，所以，全版的新聞，只是一條銜接一條地排下去，其形式大概如下（略）。

標題上用一個方形、圓形或三角形的“嘜”作標誌。這時候製作標題，誠然是不必顧慮到版面了。

但是，這樣呆板的版面是會使得讀者感覺太單調的，所以，後來就有了所謂“花版”也即是現在的版面形式出現。當然，那時最新的花版還没有現在這樣的“花”，但其原則就是和現在一樣，標題並不限於一行，標題的長度也不一定，而內文的排列也有長短了。這樣的花版有甚麼好處呢？第一，自然是打破了沈悶與呆滯；第二，有長短行的變化刺激讀者的視力，使讀者不易於感到疲倦；第三，使除了頭條以外，其他較次要的新聞，都能因標題之不受限制而更為顯著。

然則是為了花版而“花版”呢，抑或為了“花題”而花版呢？照我推想，可能是為了花題，而將版面“花”了的。我這個推想，是有根據的，且看看現在的英文報紙，其版面是沒有中文報紙那樣“花”的，而標題的“花”（指標題所佔欄數的多寡而言），就可與中文報紙看齊了。由此推想，我相信中文報紙的花版，可能是為了因應花題而起的。假如這個推想不錯，則我們更需要知道，研究標題，不能不顧及版面方面。當我們製作標題時，刻刻都不能忘記：版面藝術，主要在於標題的構造與排列。

新聞標題研究

——在中國書院新聞系講稿

今天我的講題是“新聞標題研究”。

到去年，我從報已三十年了。本想寫成這樣的一本小冊子作為紀念，可惜太忙，没有動筆。今天有機會向各位發表謬見，十分高興。但我希望各位注意，這是我的經驗之談，不是普通書本所能見到的。

“標題”兩字怎樣解釋呢？我想咬文嚼字地同大家講講。但請大家不要以為我是八股先生。我雖然常常研究前人考試的八股文，我也以為運用作八股的技巧製作標題與寫作新聞，是無好處的；但我今天不是與各位研究八股，而是研究新聞標題。為了使大家認識標題在新聞上的重要，所以，不能不先將標題二字咬文嚼字地解釋清楚。

先說“標”字：“標”字的本義是樹木的高枝，因為是高枝，易為所見，所以引申作“標識”講。再說“題”字：“題”字的本義是額也，頭也。因為額與頭是身體中最顯明而易於辨認的部分，所以引申為文章或書籍乃至於物品的名號解。“題”字又常常與目字連用。“目”也是身體中十分明顯的標識。假如一件事情不能弄清楚眉目，是無法洞悉其真相的。

因此，大家可以知道標題在新聞上的重要了。我們學新聞學或者從事新聞事業的工作者，不能不作廣泛、深入的研究。

標題在新聞上的作用，是提示；同時，是啓示。所以，好的新聞標題，可以使讀者易於了解新聞的內容，而且可以使讀者易於知其趨勢。

但是，不好的標題，每每使人莫名其妙，反而要向新聞的內容尋求標題的解釋，這豈不是笑話嗎？

由於標題具有提示的作用，於是，有人以為新聞標題，就等如公事上的“摘由”。我見過有些新聞學書籍是這樣說的，而且加以強調的。這是誤解，累人不淺的誤解。

不錯，摘由也是具有提示作用的，但似乎不具有啓示的作用。此外，至少還有兩個最大且最明顯的分別。

第一，在形式上的分別：摘由是連續寫下去的，標題是一行一行排列着的；摘由的字是無分大小的，而標題的每一行所用鉛字字型的大小往往是不同的。

第二，在本質上的分別：摘由既然是連續寫下去的，所以不必要有突出的句子；標題是分行排列的，而且有大小字號之分，所以，標題必定要有突出的句子（這是就多行標題而言）。

所以我說，認為新聞標題等如公事摘由之說是累人不淺的誤解，就因為它使人不知標題每一行所負的任務為如何。也就是說，它使人不知標題何以要分行排，何以要分字號大小，又何以要有突出的句子。

於是，我們常見報紙上的標題，要從第一個字起讀到最後的一個字才明白其意思，或者讀兩行才可以斷句。殊不知摘由是如此，標題就萬萬不能如此。

原來標題之所以要分行排列（單主題除外），分字型大小排列（雙主題除外），又要有突出的句子，就因為每一條題目都有它們不同的任務。

我們常見的標題，是三行或三行以上的。我現在要舉出一個例來向各位講一下。請大家注意這個例子：

××××××××××××

× × × × × × × ×

××××××××××

這個例子，第一行是小字的，第二行是大字的，第三行又是小字的。術語叫第一行小字的是引題，第二行大字的是主題，第三行小字的是副題。

我們製作題目時，可以作單主題或雙主題的，不一定要用引題或副題；但加上引題或副題亦無不可。而我現在所舉這個例，是因為它可以比較容易說明每行標題的任務的缘故。

第一，引題是起引導作用的，它的任務是使重點能注入主題。它的地位是次要的，是可有可無的，所以有時一起便是主題，而不必引題。

第二，主題就是標題的主要點，就是主體。它真真正正要負起提示的任務。這就是所謂突出的句子。

第三，副題顧名思義是次要的，是補助主題之不足的。因為主題的字型太大，所以字數就比較少，因為字數少而所負的任務又最大，有時候是仍有不盡之意的，所以，就要副題去補助其不足。一條副題也許還不夠，往往有用到兩條副題的。

但是，副題雖可以多，原則上仍然以越少越好，所謂言簡而旨備。所以，如果只用一條主題已足以充分發揮其作用，那麼，引題與副題是不必要的，太多反覺蕪雜。

不過，由於字數所限，單主題有時候不能達成新聞所賦予的任務，而其未完的意思在體例上又不應該放入副題裏去，於是，我們可以用雙主題。所謂雙主題，就是用同樣大的字型大小去排印的兩行標題，俗稱為“拍拖題”。這是近二十年才有的，在我初入行時，不但没有雙主題，連引題、副題也没有的。所以現在的編輯容易多了。

但是，我要提醒大家，不要以為雙主題就可以把兩行相連作一句，而應該每行分別作一句的。我見過有人這樣寫：

蘇聯總理赫魯
曉夫發表演說

這是不對的。我又見過有人這樣寫：

蘇聯政府否認
乘機侵入美國

這也是不對的。

這裏，我們又可以說說，主題為甚麼一定要集中點於一處呢？固然，顧名思義它是主人翁的緣故。而實際上，它應該使人看第一眼的時候，便得到一個鮮明而扼要的印象，不必再看第二眼，就可以全部接受過來。這樣，才可以算是愉快地達成其任務。

然則，製作標題的程式是如何呢？

這個問題，我認為是十分重要的。我還有個感想：

許多寫舊詩的人，因為律詩中的中間兩聯，也即是頷聯與頸聯是對偶的，比較難寫，所以，就先寫了中間四句，然後加上頭兩句、末兩句，成為一首完整的律詩。其實，這是錯誤的，也不會寫得出好詩來的。正當的方法，應該由頭兩句，也即是起聯寫起，然後依次寫中間四句和結尾兩句，也即是結句。

而製標題，恰恰就與此相反。許多編輯先生就是從引題造起而至主題，而至副題。於是往往造成如下的一個例子：

老撾外長被刺身死
兇手當場被捕
行兇時是亂槍掃射

“兇手當場被捕”這個主題，能夠在讀者的第一眼中造成甚麼印象呢？如果它不能造成一個鮮明而扼要的印象，就可以說它僭竊虛位了。而引題反集中了主要之點，這就可以說它是喧賓奪主了。

所以，最好的方法，是先製作主題。把整個新聞的重點用千錘百煉的功夫，造成一句言簡而旨備的詞句，作為一條主題。假如感覺到主題因字數所限，來得太突兀，使人不知其何處來龍，就可以加上一條引題，以表明“其來有自”。假如感覺到主題因字數所限，還有不甚完備之處，那末，就可以加上一條或多條副題，以足其意。

有人會問：何以製標題與寫律詩的程式剛剛相反呢？其實，表面上是相反，骨子裏則是相同的。因為律詩的重點在起聯，而標題的重點則在中間的大字的一行（這就有引題與副題的來說），所以，造律詩不能從中間造起，造標題則要在中間造起。這就是說，無論造律詩還是標題，都要從其重要處落手。我上面說過：可以運用作八股的技巧造標題與寫作新聞，這裏單就製標題來說，八股文的破題，與新聞的標題，其形式與任務雖然不同，但破題之概括與扼要，和標題是無甚差異的。

翻譯有三個原則，是"順"（信）、"達"、"雅"，很多人知道了；造標題也有三個原則，是"顯""活""美"，我相信知道的人不會多。這三個原則不是我定的，是我們的前輩周孝庵先生所定的。希望大家作深入的研究。

思考问题

1. 標字之本義為何？
2. 題字之本義為何？
3. 怎樣才是一個完整的標題？
4. 副題的形式為何？與主題有何關係？
5. 標題的產生以何者為根據？
6. 主題的字數最長為幾個？
7. 只有主語、述語能否成為標題？
8. 副題的任務為何？
9. 標題可否加上編者的意見？
10. 疊字題有何禁忌？
11. 標題的兩大目標為何？
12. 標題的四個方式為何？
13. 製作標題時，應從何處開始？
14. 標題的最高理想為何？
15. 引題與子題分別之處為何？
16. 根據標題二字的本義，"標題"一詞應該如何解釋？
17. 標題何以要"美其聲"？
18. 子題的任務為何？
19. 標題為何不屬於寫稿者的工作範圍？
20. 標題"無一字無來歷"其故安在？

實驗新聞編輯學

（一九六七年）

一、實驗新聞編輯學之定義

新聞學是新興的一門社會科學，而編輯學就是新聞學中一个很重要的環節，所謂“實驗新聞編輯學”，就是理論與經驗相結合的新聞編輯學。換句話說，就是從經驗產生理論，同時，又將理論加以實驗的一種新聞編輯學。

假如我們以一八五八年（咸豐八年）在香港出版的名為《中外新報》的一份晚報，為我國日報最先出版的一種，則中國現代日報之產生，已經有一百〇九年歷史了。然而，中國新聞人才仍然極度缺乏，中國新聞學書籍也不足夠指導新聞事業之發展。

雖然中國新聞學書籍也不算太少，但是，初期的新聞學書籍大都以外國新聞學書籍為藍本。我們不能否認外國新聞學與中國新聞學有許多共通的地方，但是我們也不能否認外國語文與中國語文有許多不相同之處。因此，我們假如無條件地接受了外國新聞學的理論，那不但不會幫助我國新聞事業的發展，反而會妨礙我國新聞事業的發展。我們並不頑固地排除外來的理論，而事實上，現代報紙之興起，是從外國開始的；甚至中國現代報紙之產生，最初也是由外國人扶植的。所以，外來的理論，我們也需要吸收、接受，但都應該經過實驗，然後才可以作為發展我國新聞事業的依據。

有些专好模仿外國的人，看了外國報紙怎樣，就去照樣模仿，不問其有無新聞學理論的根據。比如早兩年香港有一家報紙替定户買人壽保險；更早兩年，又有香港一些報紙舉辦“填字遊戲”，以名貴獎品作號召，藉以吸引讀者。這些都是模仿外國報紙的。其實這些都不過是“噱頭”，没有新聞學理論作依據的。模仿的人以為這樣可以增加銷量，進而可以增加廣告費了，實際上這會損害報紙的信譽與地位的；這在新聞方面，是毫無價值的。而現在事實證明，這些“噱頭”僅僅是曇花一現，現在已煙消雲散了。

由此，我們可知道，發展新聞事業，不能無理論依據，而所依據理論，最好就是從實際經驗中體驗出來的，或者是先有理論然後經過實驗的。在這裏我們要研究的，就是這樣的新聞編輯學。

我可以大膽地說，在大學新聞系唸了四年書，及格畢業的學生，假如不經過實驗，一旦叫他們坐到編輯室去，將不免有手忙脚亂之感。他們學了四年专门的教育，我相信，他們一定有很多寶貴的理論。他們在理論上知道甚麼新聞有價值，甚麼新聞没有價值；甚麼新聞重要，甚麼新聞不重要。不過，到了實驗的時候，事實可能與理論不同。所以，理論是可貴的，而實驗尤其可貴。有理論没有實驗，工作不會順利進行；有實驗而没有理論，工作不會美滿完成。我又敢大膽地說，在報海中浮沈了二三十年的編輯，往往連標題的性質也分不清，何者為引題，何者為主題，何者為副題，何者為附題，他們茫然不知。由於各種標題所處的地位不同，因此，各種標題所負的任務也不相同。因此，那些只有實驗而没有理論的編輯，往往在製作標題時輕重倒置，張冠李戴，印在報紙之上，不能幫助讀者了解新聞的內容。甚至有的編輯連標題的作用是甚麼，也未有認真加以研究，編了幾十年的報，只知幾欄高的標題容納得幾號鉛字若干個。這樣就在報海中浮沈了。

很可惜的是，研究新聞學的人，未必有很豐富的實際經驗；而從事新聞工作的人，也未必有很高深的新聞學理論，遂使我國現代報紙徒有一百〇九年的歷史，卻没有足夠的新聞人才。

我以為假如我們要中國新聞事業有更好的發展，必须做到理論與實驗密切地結合。但是不知道甚麼原因，學徒出身的報人，常常看不起讀新聞學出身的；同樣，讀新聞學出身的，也常常看不起學徒出身的報人。於是，使得理論與實驗相結合這個理想，一時尚不容易實現。

不過，近年來許多大學都設有新聞系，也有很多新聞系畢業生已經參加實際工作了。在目前香港方面而言，新聞系畢業已從事新聞工作的，至少有五十人。這是一個好的現象，希望可以打破兩派報人涇渭相分的惡習。

實驗新聞編輯學，就是適應目前這種情形而產生的。

最後我要加以舉例说明的，就是理論與實際未盡相符的情形。這幾天香港正在舉行一個國際性的中文報紙研討會，有人提出一個理論，他認為解決報販對報紙的操縱，主要就是吸收直接定户。這在理論上，不失為一個好的方法，但是拿這個理論來實際應用，是不是可以行得通呢？因為一個派報差所能派送的報紙數量很有限，而派報的時間也很有限，就算一個人能派一千份報紙罷，有八萬定户的，豈不是要八十個人？這八十人每天只派三兩小時的報，是不是就讓他們多一份薪金呢？抑或還有別的工作可以分配給他們呢？所以，這個理論，在事實上是行不通的。

二、新聞與編輯的關係

凡是一種刊印出來的讀物，都需要經過編輯工作的。所以，出版社或印書館，需要編輯，特別報紙，更需要編輯。英國報人斯蒂德曾經說過："一個編輯所入，常常不及營業部的經理或是一個成功的廣告員。但缺乏了能幹的編輯人員，報紙的營業部和印刷部還有甚麼作用？報‘業’如能不用編輯，那該是高興的事了，可是辦不到。真正的新聞記者，知道他是這整個‘事業’的基礎與動力。”這番話，一点没有錯。我在戰時，就在曲江辦過一個只有編輯而沒有經理的報紙，報紙一出版銷售，便壓倒當時所有的大大小小的報紙。事實上我所辦的是一人報，我編好了，就交到一家承印的印刷廠去；印刷廠印好了，就交到承銷的總代理去；賣了報紙收了錢，就到印刷廠交第二天的印刷費，剩下來的作為生活費。當然，這樣子不是長期的；經濟情形許可，就非在編輯之外加添經理不可了。不過這一件事，可以作為斯蒂德那番話的一個註腳，那就是編輯人員在一家報館之中最為重要。斯蒂德又曾說過：“一張大報的編輯，有人比之為軍艦作戰時之指揮官。這是對的。”在我未看斯蒂德的《新聞學的理論與實際》之前，當我做隨軍記者的時候，親自看見軍隊作戰的情形，我就想起，在某一種工作環境之下，一個報紙的總編輯，就好像一個部隊的總指揮；一個報紙的編輯部，就好像一個部隊的司令部。一切參謀處、軍需處、軍法處、軍醫處以及各種兵種，都是為總指揮或司令部服務的。我有一個經驗，就是一九六三年十一月廿二日美國前總統甘迺迪被刺身死之時，那是清晨的時候（香港廿三日晨），我接到報館電話之後，馬上趕回報館去。那時報館已在鑄版的時候了，我立即通知排字房召集所有已經休息的工友，請他們準備改版，又通知压版房、澆版房，叫他們作同樣準備；同時通知車房，請他們不可開車，要等到改版後才印刷。在我過去在內地無論當總編輯還是編輯時，我這種決定大家都毫無疑问地一致依從的。但是在香港，這種習慣改變了：排字房說不見稿工友不起床，車房說，為了依時出版，只有一邊開車，一邊改版，決不等候改版才開車。第二天，有一部分已印報紙就没有這個驚天動地的消息了。社長要追究責任，試問這個責任應該誰負起呢？這裏不必討論，但可以見得編輯或編輯部在報館裏的重要性。從前我國的一張權威報紙《大公報》，它的發祥地是天津，其後在上海、香港、桂林、重慶等地都設有分版，無論總社還是分社的經理，一定要有編輯部門的經驗的。由此可見《大公報》對編輯部門的重視。

報紙有記載、言論兩部分，其他就是副刊，這是新聞的附庸，我們暫且不提；而最重要的，就是記載與言論兩部分，有人以記載為重要，有人以言論為重要。例如社會上常常給予新聞記者一種榮譽，說是“無冕帝王”，說是“輿論權威”，說是“人民喉舌”，這些似乎都側重了言論方面。其實，一張報紙的主要內容是記載，從篇幅上來說，記載的篇幅多於言論。一張報紙，可以有一天有新聞而没有評論，但是，絕少絕少，甚至可以說没有只有評論而無新聞的情形。

新聞的來源很多，主要是訪員，也就是現時所稱的外勤記者。有優秀的外勤記者，然後有好的新聞內容與寫作。但是，僅僅有好的新聞內容與寫作，而没有優秀的編輯人員，那就會把好的新聞內容與寫作埋没了，甚至加以捨棄了。因為編輯是負責新聞的發佈的，新聞的取與捨、詳與略，以及用甚麼地位、甚麼方式去加以刊載，這都屬於編輯工作的範圍。

我國報業先進戈公振曾說過："報紙材料少，固不足以饜讀者之望；有材料而不善於編輯，直如衣錦夜行，在報館尤為極大之損失。"其實，不好的編輯，何止衣錦夜行？更壞的連"錦"也不曉得"衣"，加以捨棄了。

我國報業先進周孝庵又曾說："新聞與編輯，可譬諸烹飪。編輯如廚子，新聞如菜蔬，訪員則如進購菜蔬之人。編輯員憑筆墨編发新聞，犹廚子執刀叉以宰割菜蔬。新聞編輯之得法與否，亦犹廚子烹調之是否入味，此全視其藝術之優劣而判。今有重要新聞焉，經幾許曲折始得之，在訪員一方言，固可謂為採訪上之成功，然苟入編輯之手，而忽視其中優點，一如拙廚之僅執刀叉以煮菜，而不知油鹽醬醋之如何烹調，菜蔬魚肉之如何分配，則新聞價值必等於零，是犹拙廚之雖求適口而不可得矣。"他這番話，在說明編輯對新聞之重要這一點上，比喻得相當好，但是，並不很完全。因為一般廚子之煮菜，其最高目的在適口充腸，儘管有時候他們也會想到如何補身益體，但是，補身益體只是次要的，主要還是適口充腸。由於這樣，就會造出一些"利口不利腹"的食品來。吃的時候是痛快、鮮美，吃後腸胃是否適宜，他們多數是不管的，而吃的人也只顧口福，卻不顧健康了。因此，我們要知道，新聞編輯員可不能這樣，編輯要注意到讀者思想的健康。有許多新聞，登了出來，入了讀者的眼中、腦中，會有極壞的影響。這些新聞，我們就要擯棄。假如非登不可，也不要繪聲繪色地加以刊登，只可以作簡略扼要的敍述。目前報紙上幾乎日日攻擊黃色新闻，但報紙又連篇纍牘地刊登姦淫邪盜的新聞，編輯以為這樣就可以刺激讀者而增加報紙的銷數。其實這是刺激黃色新闻與助長黃色新闻作惡的。一方面攻擊黃色新闻，一方面又製造黃色新闻，這是甚麼道理？所以，報紙的編輯員他們與新聞的關係是極其重要的，報紙的好壞固然繫於編輯的好壞，社會的好壞也與編輯的好壞不無關係。我們做編輯工作的人，或者有志於做這種工作的人，大家對此都應該特別注意。

新聞編輯，其實是無名英雄。雖然是無名，其對於報紙卻很重要。例如太空人登陸月球，他們的任務是偉大的、神聖的；但是，我們要知道，當進行登陸月球之時，太空中心裏的指揮人更重要，假如沒有太空中心裏的指揮人，登陸月球的壯舉是不會成功的，甚至可能是失敗的。

我最近在電視中看到一位電影的女編導接受訪問時說過一番話，她說，做編導要比做一個演員更辛苦、更艱巨。當她做電影演員時，她就處處留心，時時学习做電影編導了。她認為做一個電影演員時只需要顧着個人的表演就行了；但是，做一個電影編導時，她就需要顧着整個戲劇的演出，和各個演員的動作與對話。所以，兩相比較起來，做一個編導要比做一個演員更辛苦、更艱巨。我觉得她這一番話移用於新聞工作的編輯上去，也是很適用的。

陳石安在他的《新聞編輯學》中說到新聞編輯的重要性時說：

一份報紙，不論是從內容方面（刊登的新聞與其他文字），以及從形式方面（版面）來說，新聞的編輯，都可以說是最基本、最重要，也是最具表現性的工作。

報紙的效用，可以從幾個不同的角度來解說。有人以為報紙的言論，比新聞重要，而以“人民喉舌”的比喻，來稱頌報紙，提起報紙，幾乎就認為它是輿論的象徵；有的人以為報紙是傳遞和交換智識，以及許多不同的論點的工具。但是就報紙的本質來說，不論它的言論，在讀者心目中，會發生怎樣的影響，輿論是根據事實（新聞）而發的。必定先有了新聞，然後才能夠有所根據，加以詳論。一份報紙可以偶爾一兩天沒有論文，或是不刊登廣告，從來沒有過一天不刊登新聞的。鄧那（Charles A. Dana）即曾說過：“報紙如無敏速的消息，即令花團錦簇、有其他特殊的貢獻，然其作為報紙，則不能成立。”

刊登新聞既然是每一報紙的主體，新聞編輯便負擔了這種基本的工作，凡是對於報上應該刊載一些甚麼新聞，用甚麼方式刊載，如何適當地刊載，都是他們的工作範圍和研究的對象。

同時，新聞編輯的工作，是由報紙的版面上表現出來的，報紙版面，猶如一個人的耳目、儀表，版面的美與不美，最先而且直接地影響讀者對報紙的印象。新聞刊載的版面，又佔着全份報紙中，最大、最主要的地位。所以，新聞編輯的工作，又可說是報紙外形的塑造者。

這意見和我的大都相同。

李荆蓀在胡傳厚的《新聞編輯序》裏說：

對報紙而言，新聞編輯的重要性是無與倫比的。如果報紙是商品，它是吸引購買的主要原因。新聞的取捨、長度，都是編輯之事；諸如是否需要配合圖片和資料，那是調味；各人的手法不同，做出來的菜也各異其趣。同業競爭愈熾烈，新聞的共通性也愈大。譬如開設菜館，如果大家的設備是一樣的好，環境是一樣的美，價格同其貴賤，招待同其殷勤，則競爭將集中於烹調，有了好廚師，生意自然興隆了。

第一版的新聞編輯有如大百貨公司之於櫥窗，又如製造商之於廣告，都是必須苦心經營的。

這兩段話，我對於上一段全部同意；對於第二段也不否認，但還有加以保留的，這留待以後再說。

總而言之，編輯人對於新聞是十分重要的，有了編輯人，新聞是活的；沒有了編輯人，新聞是死的。

三、怎樣做一個優秀編輯

蕭伯納說："能幹的編輯是非常少的。"因為他們必須有"充分的文學才幹，故意選擇新聞學，而非以文學作為職業"。這番話說得很對，一個優秀的編輯，必然要有文學的修養，才可以勝任愉快的。

不過，文學修養只是個起碼條件。還有一件最重要的，就是工作的熱誠。斯蒂德有一番話，是有志於新聞工作者應該加以玩味的。他說："有的青年以為在學校裏成績好，或是善於舞文弄墨，一旦'入了新聞界'，便可以成為新聞記者——这是愚蠢和可憐的事。隔了幾年，他們也許發現他們找錯了職業。没有這種職業精神，新聞工作會變成没有靈魂的乏味的工作。這樣，他們還是改行的好。没有熱力的新聞記者並不缺乏，真正的新聞記者並不多。他們是具有自己的頭腦、自己的見解，蘊蓄着傳佈知識熱忱的一群男女，希望通過新聞工作，能有一天將他們認為公眾應該知道的告訴公眾。這些人，才是真正的'報人'，'新聞業'如果拋棄了這一些人，而視新聞業為一種純粹的商業，以增加老闆或股東的財富為目的，則新聞事業便不成其為公眾事業了。"斯蒂德這番話，雖然是就一般新聞記者而言，我以為對於編輯人員尤關重要。作為一個編輯，必須要有高度的職業精神。這種精神，不但要表現於他工作的時間，就是上班之前、下班之後，隨時都要保持這種精神的。有很多行業，從業員只要在其工作時發揮其工作熱忱就夠了。工作以外，熱忱就可以拋到九霄雲外。這对新聞編輯人員來說，做得是不夠的。現代的報社組織，編輯人員可以不必負責新聞來源了，這個責任，自有採訪組、通訊組、翻譯組、通訊社負擔起來，但是，編輯人員若事先没有準備，單靠以上各個來源供應消息，那會變得孤陋寡聞的。所以，一定要多留意新聞的醞釀與發展，多與別報作比較，多做準備工作，這樣一來，在工作時才易於判斷消息的真偽、價值的高低、材料的新舊。我們看報時，往往發現有些消息早已於甲報刊登過了，過了一兩天，乙報才大吹大擂，這是編輯人員没有看別報之故，這是準備工作做得不夠之故。究本窮源，就是工作熱忱不夠之故。

新聞編輯工作和別的不同，別的可以先做或者後做，而新聞編輯就不可以如此，太早了消息還没集齊，太遲了會耽誤出版，所以，其工作時間是十分匆促的。緊張的時候，要一分鐘一分鐘爭取時間，要做得快，要做得好，這實在是不容易的事。所以，事先、事後和臨事時，都要保持職業精神，才可以把一版新聞編輯得又快又好。

有人可能懷疑，事先準備好還不夠？還要事後诸多牽掛做甚麼？我上面已經說過：編輯時間是十分匆促的，在匆促中，可能有錯，有時候這些錯可能給校對先生改正或指出，但有時候校對先生未必會發覺的。因此，在工作之餘，你就要去反思。有許多时候，在回思中會發覺錯失的。雖然這些錯失或許已"鑄成"

了，但仍然可以補救的。假如已經出版才發覺，那麼，錯失雖不可以追回，而明天尚可更正；尤其重要的，則記取教訓，今後不再蹈此錯失。在香港有一位同業，很能夠充分發揮這種精神。他每於拼版之後，叫排字房打一張大樣，看了又看，以便改正錯誤。這還不夠，還要將大樣塞進袋裏，回家再看看。有時候和同事們到食物店宵夜，還是一邊吃一邊看。這種精神，真是值得效法的。在從前，編輯每有錯誤，第二天更正時，必推卸為“手民之誤”，似乎手民們注定是要代人受過的。這不但諉過於人，問心有愧，也很容易養成一種惡習，不留心的惡習，以為錯了有責任可推，於是工作時間，筆走龍蛇地亂寫一通，橫豎責任可以不必自負的。作為現代的新聞記者，再也不能這樣了。其實肯多負責，必然會少失責，何必要卸責呢？

總之，一個編輯人員，既要有文學修養，也要有職業精神。這兩點是最主要的。這兩點之外，還需要不斷地吸收新的知識。新聞以新為主，世界上隨時都有新事象出現，例如太空科學，在幾年間，人類可以發射人造衛星到太空去；跟着，可以運載動物到太空去；跟着，可以運載宇航員到太空去；再進一步，可以同時發射所謂“太空雙雄”到別的太空去；現在，宇航員可以在太空漫步了，可以在太空和別的物體會合了，可以看到距離地球八百餘萬里的太空了，同時，又可以發射無人駕駛的太空船到月球去了。這些消息，都是人們所欲知的，都是報紙所需要報道給讀者的。作為一個編輯，不可能有很高深的太空科學知識，但是對於太空知識，不能不粗略知道一點。因此之故，不斷吸收新知識，是很有必要的。

至於各種常識，也需要相當豐富，各種參考書籍，平時都要多點閱讀，以充實自己。假如常識不夠，常常會鬧笑話的。記得十數年前英國大選，那次是工黨獲勝的，但香港有一家晚報搶先出版“號外”，說“丘吉爾首相重行當選”，這是不是那家晚報有意造謠呢？不是。原來它接到一條電報，說丘吉爾在他的選區重行當選為議員，並不是說他重行當選首相。由於編輯不曉得英國的選舉制度，以為首相是由選民直接選出的，於是鬧出了大笑話。這不但是笑話而已，而且影響報紙的聲譽，因為讀者不知原因，以為報紙有意造謠。其實，亦不論有意無意，對報紙只有壞的影響，沒有好的影響。唯一的例外，就是俗語所說“錯有錯着”，剛好是保守黨獲得多數議席，那就可以瞞過一些無知的讀者，反以為它的消息快捷。

斯蒂德說：“明日的理想記者，必需參透古今哲人的智慧，融化科學家、工程師和政治經濟學者的知識，一切納於胸臆，然後視乎成千成萬讀者之所能消化而給予之。”這未免太理想了。不過，不待明日，就是今日，作為一個編輯，實在需要有廣泛的常識，雖不精博，也要粗知。而對辭書和百科全書一類的書籍，也需要有迅速檢閱的能力。特別是辭典一類的書，因為百科全書有時候會嫌其介紹得太繁，在匆忙中，不能不求助於辭典。這樣，可以補常識之不足。但是，辭典只可以作補不足之用，却不能倚賴辭典而自以為常識豐富的。

總而言之，作為一個優秀編輯，就必要具備下列條件：一，有文學修養；二，有豐富常識；三，有學習精神；四，有工作熱情；五，有冷靜頭腦；六，有敏捷才華；七，有懷疑習慣；八，有判斷能力。這些，有的在上頭已經講過了，有的將於以下擇要加以講述。

四、頭條新聞的處理

“頭條新聞”，是大衆所注意的。報紙一到手，讀者的眼睛就先與頭條新聞的大標題接觸。因此之故，編輯工作者就每每要特別小心選擇當天最重要的新聞，放在頭條的位置。我們時常可以在電訊中看到有一些報道，說某地的某報，以頭條位置刊登某一事件的消息。這就是說，該報以最重要的位置刊登某一事件的消息了。換言之，某一地區重視某一事件了。

本來，處理頭條新聞與處理一般新聞在方法上是没有不同的。但由於頭條的重要，所以，也未必完全相同。我們在前面曾經引述過：戈公振先生在《中國報學史》中這樣說：“報紙材料少，固不足以饜讀者之望；有材料而不善於編輯，直如衣錦夜行，在報館尤為極大之損失。”假如有最重要的新聞，而編輯不會將之擺在最重要的地位，那確實如衣錦夜行了。

現在，我要講述頭條新聞的處理問題，其實也一併講述次要新聞的處理問題。

首先我們要知道，甚麼是頭條新聞呢？所謂頭條新聞，就是擺在頭一個地位的新聞，在一份報紙言，它是第一版第一段；在一份報紙的每一版言，它是每一版的第一段，而且標題特大特長。這本來不必贅言的。然而，一則新聞紀事怎樣才夠資格作為頭條新聞呢？這個問題就要研究了。台北編輯人協會出版了一份名為《報學》的半年刊，顧名思義，是以研究報學為主要目的的。出版十多年來，對於標題的研究的專文，有過四五篇，其中有一篇說到頭條新聞的問題。這是一個現役的編輯先生寫的。他說：為甚麼每天都要在報紙上有一條標題特大的頭條新聞呢？假如當天没有重要的新聞，那末頭條新聞，是可以給予一條兩欄或三欄高的標題的，不必要大字標出。他還說，他的總編輯曾經警告過他，這樣做是不可以的。但是，他還是堅持他自己的意見，遇到没有重要新聞的時候，他還是以兩欄或三欄的標題給予頭條新聞。不過，甚麼是重要新聞，甚麼是不重要新聞呢？他却没有說出，更没有加以研究。

其實，要替“重要新聞”下一個定義，可不容易。當然，我們選擇重要新聞，也不是漫無標準的，標準包括：第一，新聞本身所具的價值；第二，社會環境與讀者的興趣；第三，報紙的立場。這三種因素，都可以拿來作為衡量新聞重要性的標準的。不過，我們應該知道，輕重的比較，並不是拿今日新聞與昨日新聞比較，而應當是拿今日的新聞自相比較，看看今天的新聞中，究竟哪一個最重要。在三十年前，上海有一個女影星阮玲玉自殺了。這一個新聞，在當時全國的報紙中，都連篇纍牘地刊登，我記得當時在廣州，有許多報紙，登兩個全版。但是，在第二次世界大戰的末期，美國的羅斯福總統死了，在當時，美國是四強之首，是反侵略集團的盟主，而羅斯福就是反侵略集團盟主的國家元首。他的死，其重要性比之阮玲玉之死頗有泰山與鴻毛之別。但他的死的新聞，却不能盡佔報紙所有的篇幅。何以故呢？這就是比重的緣故。阮玲玉之死，死在一個承平的時期，人們對於所謂“天下事”“國家事”，没有那麼關心。在比較之下，阮玲玉死訊便可以壓倒一切了。所以除此之外，其他可以不登。至於羅斯福之死，死在一個非常時期，人們天天都關切天下事、國家事，因此，除了羅斯福死訊之外，其他也不能盡量排除。從這一個例，大家就可以知道，新聞的重量没有一定，應該從當日的新聞中比較出來。

我當了三十多年編輯，編過社會新聞，也編過地方新聞，也編過國內新聞，也編過國際新聞。但無論編哪一種新聞，我都習慣一發稿便發頭條的。杜甫《前出塞》詩有說：“挽弓當挽強，用箭當用長；射人先射馬，擒賊先擒王。”我就是運用這個原則，去編我的稿。這也就是提綱挈領的方法。一個大魚網，千條萬縷的，怎樣把它拖起來呢？只有執着那條大绳，才容易拖起；一件衣衫也是如此，提起了衫領，整件衣衫就很像樣地提起了。當你坐到編輯枱邊時，枱面的稿件也像千條萬縷。假如是不熟練的編輯，就會如俗語所說的“老鼠拉龜，無處着手”。所以你在未編稿之前，第一要看過當天的晚報（編晚報的要看過當天的早報），要看過當天下午電台所報告的新聞，然後大略看看你枱面來自各方面的稿件，再向採訪部或翻譯部查詢一下還有甚麼新聞，那時你就可以大略知道當日新聞的概略了。除了突發事件之外，你大致上可以決定當日哪一類新聞最重要，哪一類重要，哪一類次要，哪一類可有可無。在這樣的情形下，頭條新聞，就自然而然地會產生。還有一事你當注意，就是你應該注意你當晚所編那版新聞，佔有多少位置。這好比你在吃東西之時，你先要知道自己的胃納有多大。於是，你就可以將最重要的、重要的、次要的和可有可無的新聞依次編發了。只有這樣，才不至於有“老鼠拉龜”手忙腳亂的樣子。假如中途有突發新聞，成為當天最重要的新聞時，那才將頭條新聞改變，也勝於漫無次序地編發。關於突發新聞的編輯，是需要敏捷的判斷與敏捷的處理的。這個判斷與處理，時間每每是非常之逼，所以我們也需要特別研究。這個，我準備另立一個主題。現在，我們還是繼續研究平常的頭條新聞處理法。

頭條新聞，每每使得編輯先生頭痛。有時候這一條看看，不夠分量；那一條看看，也不夠分量。雖然滿桌子上都是稿件，卻很難選得出一條頭條來。這種情形，在地方新聞版是較少出現的，若是在第一版（就香港報紙而言，第一版大都是電訊版），可就常有這種情況了。這樣一來，就有人想到假如没有重要新聞，就給頭條以兩欄或三欄的題目算了。這個想法，不但上面說過的那位編輯先生為然，我在學習編輯的初期，也曾經如是想。但是，這是幼稚的想法，因為由此想下去，假如更沒有編輯認為“重要”的新聞，豈不是可以暫停發行一天？報紙既是天天發行的，除了假期或特別故障之外，是不能一天不發行的，沒有新聞，也要發掘出新聞來；同一理由，沒有頭條，也需要發掘出頭條來。例如演一台戲，大老倌病了不能登場，就用二幫的替代，二幫老倌也不能登場，而戲又不能不演，於是三幫的也可以替代了。有許多大老倌在未成名時之躍起，都是因替代別人的機緣而致的。所以，如無重要新聞，次要的也可以做頭條；並次要的亦無之，則閑新聞也可以躍登首位的。以目前情形而言，美機轟炸北越，已超過一年多了，假如轟炸沒有升級（如炸河內與海防市區等情），則轟炸新聞，有時候只有資格做一欄新聞，有時候稿被擠得根本不要了。但如果大鬧“頭條荒”之時，這些轟炸新聞，還是要權充一下頭條新聞的。又以吃為例，以大筵席宴客，當然以鮑、翅為上菜，使貴賓食而甘之；但有時到小食館去，點一兩個小菜，也可以使貴賓食而甘之的。所以，鮑、翅可饜食客，小菜也可以饜食客，新聞亦然。在這裏我還得特別提出，就是越鬧頭條荒的時候，編輯先生越要提起精神，設法子使得版面似乎更充實。這不是說要離開事實去誇張新聞，而是依據事實去做到“虛則實之”的狀態。以地方新聞為例，假如甚麼新聞都不能夠格做頭條了，只有幾宗小火警，這就可以將幾宗合編為一段頭條新聞，未嘗不可以吸引讀者的。以電訊為例，我也常常在頭條荒的情形下合拼同類新聞為頭條，做出比較吸引讀者的大標題來。我們要知道，越鬧頭條荒，編者就越要表現其天才。假如新聞既不好，編者的精神更不好，那又叫讀者怎樣發生閱讀興趣呢？很奇怪的，你寫一篇文章在原稿紙上，不容易使讀者相信，但當你的文章刊登在報紙上時，就很容易使讀者相信了。同一理由，當你把一條重要新聞放在一個不重要的位置上，讀者可能視為不重要而不加注意，但在沒有重要新聞的情形下，而你將很平常的新聞放在重要的位置上，讀者也會對它注意起來。俗語說得好，“人醜憑衣裝，髮醜憑花行（杭音）”，不重要的新聞只要你肯抬它登位，則它穿起龍袍來，仿佛也像個太子。

以上的話，希望大家注意，這只是在全行各報都沒有重要新聞时是這樣，假如別家報紙都有重要新聞，而自家卻以閑新聞充頭條，那會相形見絀的。一言以蔽之，就是需要比較，在比較之下定其輕重。

以下，我們又要講講編輯先生對於頭條新聞的另一個頭痛問題，那就是與上述情形剛好相反的狀態。頭條新聞太多，看看這一條是重要的，那一條又是重要的，第三條也是重要的，那怎麼辦呢？兩條都重要的情形不是少有，而是常有；三條都重要的，雖不常有，但也可能碰到。別的事情大家不易記憶，我不舉例，這裏舉三條大家易於記憶的新聞來。那就是一九六四年十月十六日，蘇聯總理赫魯曉夫垮了台，中國成功地進行了第一次核子試爆，英國大選揭曉，工黨擊敗了保守黨。在別的與英國關係較小的地方，英國大選新聞不算重要，但在香港，這是人們注意的，因為這與香港有密切關係。這樣一來，三件大事一齊來，怎樣處理呢？有些聰明的編者，恐怕顧此失彼，就使用自欺欺人的手法，橫的一條頭條，直的也一條頭條，然後在版面的左邊也來一條較長的題目，以分配這三條重要新聞。我當時也奉了命，作這樣的處理。這到底是聰明呢？愚蠢呢？我不敢說是愚蠢，但我可以斷言：這是一種低能的表現，這是一種敷衍塞責的工作態度。

我們要知道，我們負責編一版稿，就應該讓讀者很有規律地在版面上去看新聞。要做到這個樣子，就要替讀者選出最重要的新聞、重要的新聞、次要的新聞來。這樣最重要的、重要的、次要的，應該在版面上安排得很有規律，各如其分，不應該像“一國三公”一樣，上一條，左右又各一條，條條都好像同等重要，讀者看起來時，不知道先看哪一條好。需知，版面上儘管有兩個以上的重要位置給你賣弄假聰明，但讀者是沒有兩雙以上的眼睛同時看兩條或三條頭條新聞的。你身為編輯，不替讀者選擇，那就只好叫讀者自己去選擇最重要的、重要的、次要的依次看了。所以，我說，這樣的安排，是編者低能的表現，是敷衍塞責的工作態度。

那末，這三條新聞應該怎樣處理呢？假如沒有特殊立場，純以新聞眼光去選擇，照我個人的意見，我肯定先否定了工黨執政為頭條的資格。其理由很簡單，因為英國大選是眾所周知之事，讀者不關心這新聞則已，假如是關心的，他自然會在版面上找尋大選的結果。所以，不必予以特殊顯著的位置。否定了這條之後，剩下來兩條，我們是需要斟酌一下的。蘇聯換首長，雖出於突然，到底是屢試的事，中國核爆卻是第一次的事，而兩者的影響，又以核爆為大，因為世界又多了個核子國家了。還有足以為我們衡量的標準，就是中國是近，蘇聯是遠。近的事往往比遠的事較使讀者關切。在這樣的比較之下，我以為中國核爆是最重要的，蘇聯換首長是重要的，英國大選揭曉是次要的。這樣決定以後，就可知哪一條應該佔有頭條位置了。

除此二處，平常的同等重要新聞的選擇，通常是拿以上所舉的三個因素作標準的，重複講講，即：一，新聞本身所具的價值；二，社會環境與讀者興趣；三，報紙的立場。還有，就是看新聞是否會繼續發展，會繼續發展的，又比沒有繼續發展的為佳。因為還會繼續發展的，它的後續新聞，可能一連繼續佔據頭條的位置好幾天。假定中國的紅衛兵與上述的英工黨執政新聞同時發生，我們可預見，前者比後者的後續新聞更多，所以，應該佔頭條位置了。

五、突發新聞的處理

“突發新聞”，就是突然發生的新聞，亦即是不曾預知的新聞。

突發新聞可以分採訪與編輯兩方面而言，名稱雖然相同，實際卻未必相同。

在採訪方面言，突發新聞是與正常新聞相對應的。所謂正常新聞，是有一定的採訪對象的，如教育新聞之以教育機關（學校）為對象，體育新聞之以體育圈為對象，審訊新聞之以審判機關為對象。至於突發新聞，就没有一定的對象了，通常是以意外事件稱為突發新聞的。這些意外事件，雖然經常有發生，但誰也不知在何時發生，何處發生的。所以，採訪部除了經常派定有社團記者、文教記者、經濟記者、體育記者、法庭記者之外，還有突發記者，專門採訪突發事件的。其實，突發事件，也不專指意外事件，如火警、劫掠、謀殺、車禍等等。除了意外事件之外，還有如警方突然破獲一宗大販毒案之類，也算是突發新聞。在這裏，不是研究採訪的範圍，我們不必加以討論。

現在我們所要討論的，就是編輯方面的突發新聞，這個突發，其含義比上一個較為狹窄一些，就是專指在截稿之後，尤其是在拼版或開始印刷之後而突如其來的、事先不曾預知的重要新聞。所以，採訪方面的突發新聞，未必盡與編輯方面的突發新聞相同。例如一家日報的外勤記者，對於日間所發生的意外事件，都稱之為突發新聞，這些突發新聞，到了編輯時間，則相差好幾个小時了，編輯在未開始編稿之時已可以預知了，所以，有充分的時間去加以處理，不必運用異乎尋常的手法。

假如新聞在截稿、拼版或開始印刷之後才送到編輯部，同時它又是特別重要的，所以就不能不用一些異乎尋常的手法去加以處理了。

以前我已經講過，一九六三年十一月廿二日美國故總統甘迺迪突然遇刺身死的事，這是一個突發新聞，因為這個消息傳到香港時，是香港時間廿三日的凌晨。當時，報館正在準備開始印刷，所有鉛版已經裝到印刷機器上了。那末，我們對於這個新聞應該怎樣處理呢?

不必衡量，大家都會知道，這個消息是一件極重要的新聞，是一件震驚世界的新聞，所以，我們應該給予最重要的位置。在這樣的情形下，原來的頭條新聞自然大大地貶值了，因為我們可以估計得到，明日整個社會都關心這一件事。既然如此，我們就可以將原來的頭條新聞加以揚棄或完全擯棄。遇到這種新聞時，又由於時間關係，有時候可能消息少，而原來的頭條新聞的位置又多出来，換言之，即新頭條的字數不能填補原來的空位時，那用甚麼方法補救呢?

第一，可以用已經製版的圖片填補之。

第二，可以以最易抄採之小史填補之。

第三，可放大字體填補之。但要注意，放大字體，可能會缺字，因為較大字體是標題用的，不是內文用的；標題字儲備較少，而遇到缺字，一時又没時間去補充。所以用這個方法，就要斟酌。

第四，加間隔綫以擴大之。

以上這幾個補救的方法，第一、三、四項，都可以增加新聞的顯著，而第二項，則可以增加新聞的詳細。

反過來，假如原來的頭條位置太少，新的字數太多，那又怎麼辦呢？我們要知道，頭條新聞，通常是放長行的，對開報紙，頭條新聞通常佔四欄高，所以調動容易。至於要調動第二條新聞，第二條通常是“走行”的，所謂“走行”，是用一欄的高度，在版面上曲折排列，其情形如蚯蚓蜿蜒而走。這樣一來，調動就較難。所以，不便把頭條和第二條一起更動。其補救的辦法有：

第一，是刪節。在不太損害新聞的詳明的情況下，可以將冗贅的地方刪節。

第二，是抽鉛片。行與行之間，是用鉛片加以間疏的，通常用四分一或五分一的鉛片，即每一條鉛片所佔的位置為一個基本鉛字之四分一或五分一。換言之，每抽了四條或五條鉛片，便可以多出一行的容量。但抽密鉛片，版面就密密麻麻的不好看了。所以，這個方法，平常都不好用，非在萬不得已的情況下不可行之。

第三，是轉入。例如頭條位置只容五百字，而全條突發新聞有一千字，則其餘的一半，可以移入其他較易於更動的別的位置去。所謂較易於更動，就是指原來放圖片的，或是放長行新聞的位置。總之，不是走行的，就易於更動了。但遇到這種情形時，必要在頭條的稿末，註明“以下轉入某處”，同時，轉入之處的稿頭，則註明“以上接頭條”。假如不是連續之稿，可以將一稿分成兩段的，則可以再後一段另起一個電頭，如“美聯社華盛頓廿二日電”，作為另一段新聞，另外起一條標題。而為了易於引起讀者注意起見，最好仍在頭條的稿末來一個說明，如“請參閱第×版”，或“請參閱本版”，或“尚有續聞在第×版”之類，讀者就會讀完頭條之後按圖索驥，去追尋其餘的新聞了。

以上的講述，是約略以甘迺迪事件為例，這事件雖極重要，到底受了空間限制，而消息來源亦頗有限，所以，發這些稿件時，是可以適可而止的。但有些新聞在本地發生，而影響亦非常重大，則以上的局部改版，還是不夠的。如戰後不久，省港輪“西安號”在天亮前大火，燒死了數以百計的搭客，這在省港兩地都很震動的，更有不少讀者，可能有親友在其中的，所以當時的《成報》，全部改版（指第一版言），重新印刷。這種情形雖然很少有，但作為一個新聞工作者，不可不知有時候是有全版改動的必要與準備的。

以我個人的經驗言，通常都會改動頭條。由於我發稿的習慣，先發了頭條（先編好了頭條留待最後才發也未嘗不可的，但這會阻礙拼版的時間），所以一個月之中，也會有三數次改換頭條的。假如尚未拼版，則只要將原來的頭條改用小一點的標題，改放別的位置就可以了。假如已經拼版，則改動頭條只在三種情況之下進行：

第一，是新的新聞極重要的。

第二，是原來的頭條在新的比較之下已貶值的。

第三，是同類的。例如最近的頭條新聞，不是關於內地的，便是關於越南的。而這些事件突然有更重要的發展，所以，就可以將原來的頭條不要，或刪短，而採用其重要發展的為主了。

我在下班之後，通常都會在家裏接到報館的電話，通知有重要新聞，這時除了改頭條之外，我每每按照同類而至少有三欄高的標題的新聞，加以改動。如非必要，以改動的字數最少為原則，但必將原來的標題改過。為了工作方便，標題的形式亦盡可能按照原來的形式，以免改動太大。假如没有同類的新聞，就將次要的新聞抽起，改排突發的新聞。

又有一種情況是，在時間上應該拼版了，而突發新聞剛傳到，還没有寫成或譯成新聞，假如要等待寫成或譯成，則需要延阻若干時間，這樣，就只好估量該新聞的字數，而通知排字房預留位置，這樣就不致阻礙拼版。

有的時候，版已開始拼了，遇到突發新聞，而原來的頭條也是相當重要的，這樣怎麼辦呢？最簡便的方法，就是將拼了一半或者是拼了大半的鉛版，推低一欄或兩欄，變成兩條頭條。這樣一來，既可使兩條重要性約略相等的新聞並存，又不妨礙拼版的時間。不過，只能在這種緊急的情形下作出這樣的處理，絕不能作為取巧安排兩條頭條的藉口。

除了這個辦法之外，就是在版面上運用強勢。所謂強勢，就是具有特殊的吸引力，可以刺激讀者的眼睛。例如版末是讀者習慣上認為不重要的地方，但上半版已拼好了，在種種情形之下不便改動，只好在版末想辦法。第一，用大字；第二，用平常在該位置不多用的長行；第三，用圍花或空白；第四，横題。不過，第三、第四兩個方法，因為在平常版面中已有，所以圍花要圍粗花，留空白要留多一點，横題要安放得特別刺眼。社會新聞頭條比較難換，所以應該多用此種手法。

有些突發新聞傳來之時，版已鑄了，時間上不便重鑄，而它又特別重要，怎樣處置呢？就用加蓋紅墨的方法，將紅墨版蓋上黑墨版去。但這以簡略的新聞為宜，假如新聞太長，紅黑相映，很不易看，而簡略的，就可以用較大的字，使紅黑版較易看清。

任何一種工作，在正常情形下，是較易處理的；在非常的情形下，是較難處理的。所以，突發新聞的處理，是新聞編輯學中很重要的一課。它與頭條新聞的處理，都是同等重要的。學好了處理頭條新聞，就是學好了提綱挈領的辦法，這樣，編起來不會忙亂而有條理。而學好了處理突發新聞，就是學好了應變的辦法，這樣才不至於埋没好的材料。

六、新聞的精編主義

一般報紙，每以“記載詳實”為標榜。大家都知道，新聞不同於小說，小說可以向壁虛構，而新聞則要基於事實。因此之故，記載要“實”，實在絕對正確的；至於記載是否一定要“詳”，這就要研究了。

在原則上，詳是需要的，所謂“略而不詳”，所謂“語焉不詳”，都是一般求知者所不滿的。因此之故，報紙每每以詳為標榜，在標題上，也常常將詳字標出，如“某某案之詳情”等，足見詳盡是可以滿足讀者的要求的。

但是，報紙是文明社會的產品，社會愈文明，人事愈複雜，新聞之發生亦愈多，以有限的篇幅，登無限的新聞，是不是事實所容許的呢？這是就報紙的篇幅而言。同樣，社會愈文明，人事愈複雜，讀者閱讀新聞的時間亦愈少，以有限的時間，看無限的新聞，又是不是事實所容許的呢？這是就讀者的時間而言。無論是報紙篇幅，與讀者時間，都是寶貴的，都是不容許浪費的。一言以蔽之，都要以經濟為原則。

詳是需要的，但不是没有限制的。凡重大事件，能夠吸引大多數讀者的事件，當其發生之初，讀者渴欲知其底細，在這個原則下，應該作適量的詳盡介紹，否則，無以饜讀者的欲望。但是，我們還要注意到“適量”二字，這個適量，不但就報紙的篇幅、讀者的時間，並且就出版時間而言。若不適可而止，還是“多而無當”的。所以，除了特殊情形之外，應以“簡明”替代“詳細”，由於有“簡明”這個要求，“精編主義”就應運而生了。這個主義，是周孝庵所提倡的。他在《最新實驗新聞學》裏說：“訪員有一重大之誤解，以為訪員之責任，在記載詳盡，故不論何種新聞，凡經其採訪者，不問事件性質如何，悉詳記之，一若‘詳記’為採訪上之榮譽，殊知不然。蓋報紙之地位有限，而有限之地位，須登有價值之新聞，若不問性質如何，一律詳記，實足浪費地位，使後到之重要新聞，無插足之餘地。即令編輯者加以刪減，然所費之時間實屬可觀。故新聞之應否詳記，應以有無詳記之價值為斷。而訪員尤應觀察新聞‘重心’之所在，若詳記瑣屑輕微之事件，殊太無謂。故精編主義之目的，一言以蔽之，則在‘不貴量而貴質’，凡質之良者，取精用宏，不厭其多；質之不良者，則毅然割棄，寧缺毋濫。”他對精編主義，已經扼要地解釋了。

其實，講話，做文章，著歷史，都要以簡潔為尚的。在二十五史中，《三國誌》被稱為良史，就是因為它簡潔，在前四史中，《史記》一百三十篇，《前漢書》一百二十卷，《後漢書》九十卷，而《三國誌》則僅得六十五卷。總而言之，語言文字，都要簡明，不要冗贅。所謂“言簡意賅”，這是十分重要的。據傳說，明末流寇張獻忠祭張飛廟，寫了篇祭文，說：“你姓張，老子也姓張，我們聯個宗罷！”雖然寥寥三兩句，但是，已經省去了很多冗贅的不必要的文句，而他心裏想說的已經表露無遺了。這未必真有其事，不過，這是“言簡意賅”的一個很好例子。

在戰時，我在曲江《大光報》有一位同事，他是桂林《大公報》駐曲江的特派員，也是《大光報》的記者。他的文筆並不好，但他很有興趣訪，也很有興趣寫，真可以說，一寫就下筆千言。他有一個怪癖，他第一喜歡他採訪的新聞排成一個“闢欄”，第二喜歡他採訪的新聞是報紙中的頭條新聞。他摸中了一般編輯的心理，為了易於拼版，較長的稿就用闢欄登載，這是編輯心理之一；另外就是編輯新聞時斟酌標題之大小，每每以新聞稿之長短為標準之一。所以，他拼命將新聞稿寫長，我是服膺精編主義的，常常將他一二千字的新聞稿，刪節成三幾百字。他的心力損耗太多，而發表欲卻不能滿足。於是他每每在稿前寫着："郁文兄，請勿去皮留骨。" 這個請求是不合理的，所以我不加理會，他告到社長去了，有時候社長為他求情，我也不加容情，為甚麼呢？因為我可以容他，廣大的讀者不能容他，報紙的篇幅也不能容他。我不能浪費讀者的時間和報紙的篇幅而去徇私。在三四十年前美國《旧金山日報》第一版就刊有標語，表明："本報刊載之新聞，均有刊載價值。" 在現代報紙中，特別要有這種精神。

我時常都會接觸到一些有興趣辦報的人，他們似乎很有魄力，以為非要每天出紙三四大張，不成其為大報，也不足與其他大報爭衡。對於這種論調，我時常都喜歡拿實例加以反駁，究竟一份三四張紙的大報，有幾段是有刊載價值的新聞呢？隨便拿起一份報紙來檢討，蕪雜多於精華。由於蕪雜之多，使得讀者眼花繚亂，精華被蕪雜掩蓋了。這好像走進一個大花園裏，面積雖大，而一叢一叢的都是不香不美的野草，只有很少數的花，那何妨走進一個小花園，面積雖小，而滿地都是奇花異卉呢？

我有一個理想，辦一份限制廣告或者不要廣告的報紙，全部採取精編主義，我相信，一張對開紙，一版新聞，一版電訊，兩版副刊（香港社會有此需要），就足夠讀者的需要了。

我們要實行精編主義，第一，論價值：選擇有價值的新聞，價值較高的新聞。總而言之，新聞的取捨，要以新聞價值為衡量；新聞的詳略，也是以新聞價值為衡量。至於甚麼是新聞價值，這在將來研究到標題時，才較詳盡地說明。而一般新聞編輯學書籍中，對此也是大都有說及，差不多大眾的要求，中外的要求，都是一樣的。

第二，除毒素：要排除有毒素的新聞。有些有毒素的新聞，使讀者看了，會危害思想健康。例如關於淫褻案件繪影繪聲的描寫，這會影響青年人的思想。又如最近有一段鬼屋的新聞，說半山區有一座大屋，荒廢已久，坊眾常聞鬼聲，一柄掃帚，會跳 "闞哥哥" 舞，有兩個西報記者因此被嚇得連忙走避。這些純粹是 "白晝見鬼"，烏有其事。登在紙上，入在人腦，會導人於迷信。

第三，併同類：如有獨立必要的新聞，則同類新聞盡可能加以歸併，如輕微的車禍，輕微的火警等，可以不登的放棄之，一定要登的，將數事歸併之。

第四，編簡報：將一些比較次要而又簡短的新聞，編成簡報，在曩時之報紙，或有稱為 "縮龍成寸" 的。現在的報紙，或有稱為 "新聞短波" 的，本來 "短波" 二字是誤解的，短波收音機正可以收較遠的無綫電；又有稱為 "瑣聞" 的，這個瑣字就是瑣屑，頗有輕視之意。我以為 "簡報" 二字，是比較適宜的。簡報所佔的位置，只是一段新聞那麼多，但可以報道十多個消息。讀者不會因其簡短而加以忽略，反之，有許多讀者喜歡看這些簡短的消息。

實行精編主義，還有一重要的事，就是新聞文句與用字要精簡，不使有冗句冗文存在。這一點，在新聞稿裏固應如此，而在新聞標題上，更應該如此。標題的用字，真是要字字精審的。例如最近紅衛兵大量燒書，有一報紙的大標題寫着“紅衛兵焚燒書籍”，這是通的，但與精字相違背，因為大家都懂得秦始皇有焚書坑儒一事，所以，只要“紅衛兵焚書”五個字，在標題上已足達成任務了，不必再用“燒”字、“籍”字，現在多用了這兩字，是不是使讀者更明瞭呢？不是，而在篇幅上則多耗了兩字的位置。假如在精編主義之下，而題目又一定要七個字的話，那麼，我們可以刪除“燒”“籍”兩字，而填入“大量”二字。這樣，可以加多一重意義了。

用兵之道，貴精不貴多。在兵法上，是貴精而不貴多的，韓信所謂“多多益善”，只是就他將兵的能幹而言，而不是指兵法而言。假如兵多而不精，那就成了烏合之眾。曹操南征，號稱八十萬眾，而竟然不敵孫劉聯軍區區五萬人，為甚麼呢？我們可以看看《孫子兵法》，它衡量勝負之道，是以“兵眾孰強？士卒孰練？”為條件之一，而不以多寡為條件。兵多而不精，反會有尾大不掉之感，曹操有八十萬兵不免於一敗塗地，主要是因為北兵而不服於南方水土，更不精於水戰之故。因此，如果我們在報紙上，只知求詳盡，而不知求精審，那將使讀者費了許多眼力和時間，而得不到更多的消息，或者是一無所獲。有些張數多的報紙，不及張數少的報紙銷量多，這也是原因之一。

現時我們淺翻開報紙看看，一大堆宣傳性質的新聞，有的甚至與廣告無異，有的刊載某人結婚或某人辦喪事，其賀客與弔客名單，長至百數人，更有連續兩三天才刊登完畢的。這種報紙，是用這個方法去吸收好出風頭的讀者，但畢竟讀者不是為了此一目的而看報，而是為了新聞而看報。當讀者需要看真正新聞時，還是要另尋別報的。

七、標題與鉛字

標題在版面上，是以鉛字堆砌而成的。因此，製作標題必先對鉛字有若干認識，然後可以容易運用。

首先，我們應該知道鉛字的大小。通常我們以號數來區分鉛字的大小，如大號、二號、三號、四號等。但由於銅模標準各異，與各地的習慣不同，所以有若干差別，而且没有統一的名稱。例如香港稱七行字為特號，台灣則稱五行字為特號，而稱七行字為超號。不過，這些差別並不怎樣難於理解，只要一講便明的。

現在為了便於講述，就按照香港的習慣，來介紹字型的大小。現時香港報紙所用的基本字是六號字，比六號字較大的為新五號，新五號在過去是曾經做過基本字的，現在許多雜誌和期刊，還是以新五號為基本字。再大一點的就是老五號，向上直推，就是新四號、四號、三號、二號、大號、新初號、老初號、特號。而新初號又名四行，老初號又名五行，特號又名七行。本來在五行與七行之間，還有一種六行，在香港方面，似乎没有人採用，所以除了稱之為六行之外，就没有別的名稱了。至於行的名稱，是過去以新五號字為基本字時的稱謂，四行就佔有四行新五號字（抽去行與行之間的鉛片計）那麼寬，五行就佔有五行新五號字那麼寬，其餘的可類推。

鉛字除了以號數區別其大小之外，又有點數區別的。六號為八點，新五號為九點，老五號為十點，新四號為十二點，四號為十四點，三號為十六點，二號為十八點，大號為二十四點，新初號為三十六點，老初號為四十五點，六行為五十四點，特號為六十三點。還有新出的七號字，是現在的鉛字中最小的，就是六點，似乎台灣方面已採用為基本字了。

拿來作標題的字，原則上比基本字大一點，例如基本字為六號的，則標題字至少為新五號或老五號，其實如果以五號字作標題，應以黑體字為佳，假如仍然採用老宋字，則與基本字相差太小，不易引人注目。

在這裏，我想說明一下幾欄高的標題，大致上用幾個幾號字。由於各報的欄數不同，其高度亦不同，如果一一加以說明，那就不勝其煩，現在只就最普遍的情形而論。最普遍的，是以十個六號字為一欄的，而欄與欄之間的橫頭綫，上下各半個字身的，即合起來等如一個字身。以下就按照這個標準加以說明：

一欄高的標題，不適宜用大號以上的鉛字，最大用到二號就好了，事實上二號字只能容納三個，所以在文法上三個字也不易成句。不過，這裏只談用鉛字，就不管這許。總之，一欄高的二號字用三個，三號字用四個，四號字用五個，老五號字用六個。

說到兩欄高的，兩欄的地位較多。所以可以用較大的鉛字。新初號用四個，大號用五個，二號用六個，三號用八個，四號用九個，老五號用十二個。

說到三欄高的，老初號用五個，新初號用六個，大號用八個，二號用十個，三號用十三個，四號用十五個。老五號可以用二十個，但因為太長，字數太多，所以三欄高的標題，就不適宜用老五號了。

四欄高的，老初號用七個，新初號用八個，大號用十個，二號用十三個。三號以下的，似乎不適用了。

五欄高的，七行用六個，老初號用九個，新初號用十個，大號用十三個，二號用十五個。其實，二號以下都不很適用了。

六欄高的，七行用七個，老初號用十一個，新初號用十三個，大號用十七個。二號以下，就不很適用了。

這裏，為了使大家易於明瞭，特將各號鉛字排列如下（略），以使易於比較，不過缺乏了六行與新四號、新五號，這是美中不足的。

明白了鉛字的大小之後，我們應了解一下字體。字體就是指鉛字的形態。字體可分為宋體、正楷、黑體、仿宋等幾種。宋體又稱老宋；正楷又稱楷書；黑體又稱方頭，又稱粗體，又有方形與長形之別；仿宋有方仿與長仿之別。

報紙用的字體，大多以宋體字為基本，所謂宋體字，就是宋代時刻版的字體，在北宋時，雕刻出版的字體，大多數是大小歐（歐陽詢、歐陽通父子）體字，因為它間架平正，穠纖得中，無跛踦肥矬之病，字體最為適觀，後世謂之宋體字。其後元代盛仿趙松雪字，明代隆庆、萬歷年間，又由書工專作方體膚廓字，歷時既久，歐體浸失，僅存今日之膚廓字樣，但仍然以宋體字名之。這就是說，現在的宋體字已非北宋時的歐體了。不過，現在翻開報紙看看，就會覺得它在各種字體中，筆畫適中，均匀齊整。比較起楷書字體來，它給人一種安穩的感覺；比較起黑體來，它不會有太重的感覺；比較起仿宋來，它又不會有太輕的感覺。我們試翻開日本報紙看看，日本報紙有以仿宋字為基本字的，但是版面太輕了，使人失去了安穩的感覺。

由於宋體字筆畫的均匀、適中、齊整，所以在標題上應該以宋體字為主，尤其是以初號以上的字作主題的，是以宋體字最為適合。在版面上，全版有一半以上的主題是用宋體字的，才可以顯出版面的安穩、莊重。

試就宋體字的結構來作細緻的觀察，它的筆畫是橫幼直粗的，這與高而窄的版面形狀相調和。所以整個版面，應以老宋的標題為主，而以其他字體的標題為副。這樣配搭，看起來才美觀。

正楷字體，筆畫輕快圓滑，它的間架，沒有老宋那麼平正，它的筆力，也沒有老宋那麼堅硬，兩欄的主題，是適合的，但假如作為三欄或四欄的主題，那就不夠分量了。假如拿來作引題或子題，那麼，與老宋的主題相配搭，就有相得益彰之妙。

黑體字是由老宋演變而成的，它的筆畫，無論橫的直的，都是一般的粗，所以比起老宋來，同樣的字號，它是較為濃重的。由於濃重，所以就較為刺眼了。比之老宋如此，比之正楷與仿宋，就更甚了。一個大號的正楷或仿宋，恐怕還不及一個二號黑體來得吸引人。

有人以為，黑體字既吸引人，何不全版都用黑體作主題呢？這種現象是有的，香港有一家晚報在一版之中，百分之七八十是用二號黑體做主題的。但是，沒有平地則不能顯得出高山，條條標題都吸引，其結果是條條都變得不夠吸引，因為其吸引力已經互相抵消了。其實黑體太多，版面就有一團黑的現狀，變成太釁糟了。同一理由，黑體字作標題，適宜大號字以下的，其實大號字也不大適宜了。

有一家彩色印刷的報紙，選用了一副七行字作標題字，而且常常用雙主題，看起來，失之太濃重，與其明亮、瑰麗的彩色相對照，頗像顧綉的裙子配起一件黑膠綢褂子來。

又有一種長身的黑體，有一家報紙採用為標題字，它的長度是七行，而其闊度僅是四行，作為一條五欄高的主題，一條不夠重，兩條就太重了。

我以為，黑體字也只是適合作為二欄以下的主題，超過二欄的，只適合作副題了。不過，作副題也要妥為搭配，否則會有喧賓奪主之弊。

仿宋字體，顧名思義，是仿照宋體字而變成的，它的用筆似宋體，但是，無論橫筆與直筆，都是一般幼小的，沒有宋體橫幼直粗那種安穩的形態，而與黑體相比較，則一是濃重，一是輕淡，它使人有一種清秀的感覺。這樣一來，除了一欄以外，如果拿來作主題，無論如何是不夠力的，所以，它根本就沒有資格作主題，但假如拿來作副題，那麼，與別種字體配搭起來，又會很美觀的。

張季鸞傳

張季鸞先生，學名熾章，陝西榆林人。生於清光緒十二年（丙戌，一八八六），逝世於民國三十年（一九四一）九月六日。畢生精神，盡瘁於新聞工作中。

幼年從學於陝西名儒劉古愚先生，為劉先生得意門生，十幾歲時就以才子之名聞於鄉里。後來兩度留學日本，學文學，治經濟，平素涉獵甚廣，記憶力甚強，對於任何學問，都有鑽研興趣。清末宣統三年（辛亥，一九一一）就投身報界，先在于右任先生所主持之《民立報》工作，後又在上海民立圖書公司服務。民國二年（一九一二）在北京《民立報》主持筆政，因宋教仁案，觸怒袁世凱，贛皖兵起，被捕於軍政執法處。三月後釋放，到上海參加胡政之（霖）先生所主持的《大共和報》任譯員，同時在上海公學授課，講西洋史。民國五年（一九一六），又去華北，一面給上海《新聞報》寫通訊、打電報，一面給國內重要雜誌寫文章，署名“一葦”。民國八年（一九一九），他再去上海，主辦《中華新報》。民國十三年（一九二四）冬，《中華新報》停刊，季鸞先生再回北方，這時胡政之先生也由上海到天津。民國十五年（一九二六）九月一日，張季鸞、胡政之、吳達銓三人聯合接辦《大公報》。從此之後，一直到他逝世，季鸞先生全副精神在主持《大公報》。他對新聞的抱負與各種主張，都在這一段時期，發揮出來。可是他一生恬淡，不但不為利，連名也不好，在他活着的日子，從來没有為自己印過一本書，寫文章也從不留底稿。

《大公報》雖是張、胡、吳三人共同創辦的新聞事業，但季鸞先生實應更充分地代表着《大公報》。《大公報》也彰明較著地孕育着季鸞先生的精神。《大公報》跟張季鸞先生實為一而二、二而一的“報與人”！所以要記季鸞先生就不能不先記《大公報》。

《大公報》創刊於光緒二十八年五月十二日，即一九〇二年六月十七日。創辦人是英斂之先生（即台大英千里教授之令尊），英氏雖係旗人，但篤信天主教，思想維新，目擊庚子之禍，痛國亡無日，才集資辦報，取名“大公”。

發刊以後，直言談論，傾動一時。所以《大公報》在最初就以言論著名於世。民國後，英氏年老，社務漸衰。民國六七年間，曾經增資加以整頓，營業一度有起色，後來又不振，到民國十四年（一九二五）冬休刊。胡政之、吳達銓兩位先生是留日同學，又是季鸞先生留日時期的好友。張、胡二氏既在上海共同主辦新聞事業有年，遂邀同吳氏以新記公司名義聯合接辦《大公報》。當時吳氏正在天津主持鹽業銀行，三人商定由吳氏籌款五萬元為接辦《大公報》的股金。張、胡二氏則分別負責編輯、經理業務，以勞力作為股款，除約定三人誰也不得擔任與政治有關的公職外，並議定四事昭告國人，同時奉為本社同人的誓約。那四事是“不黨”“不賣”“不私”“不盲”。

民國二十年（一九三一）五月二十二日，該報發行一萬號，季鸞先生撰寫《〈大公報〉一萬號紀念詞》時，對最初議定的四事，有詳細解釋：

自英君斂之創刊，以至同人接辦，本社營業，始終賴本國商股，不受政治投資，不納外人之資本。同人接辦之日，深感於中國獨立的輿論之亟待養成，故進一步決定以微資獨立經營，不為一般之募股，負責同人並相約不兼任何有酬之職務。當續刊之第一日，嘗以四事昭告國人，曰“不黨”，“純以公民之地位，發表意見，此外無成見，無背景。凡其行為利於國者，擁護之；其害國者，糾彈之”，曰“不賣”，“聲明不以言論作交易，不受一切帶有政治性質之金錢補助，且不接受政治方面之入股投資，是以吾人之言論或不免囿於知識及感情，而斷不為金錢所左右”，曰“不私”，“本社同人除願忠於報紙固有之職務外，並無他圖。易言之，對於報紙並無私用，願向全國開放，使為公眾喉舌”，曰“不盲”，“夫隨聲附和，是謂盲從。一知半解，是謂盲信。感情所動，不事詳求，是謂盲動。評詆激烈，昧於事實，是謂盲爭。吾人誠不明，而不願陷於盲”。以上四端，為在當時環境下所能表示之最大限，亦同人自守自勵之最小限，今者檢查過去，幸未背創辦人之精神，得勉盡同人公開之誓約。……

民國二十五年（一九三六）九月一日，為《大公報》復刊十週年紀念，季鸞先生檢討十年辦報得失，敬請讀者教誨：

至於十年辦報之得失，亦有願自陳述者。茲舉數端，敬承教誨。同人自念，差堪告慰於讀者，約有三點。其一，中國社會對於報紙及報人久無正確之認識，蓋於報紙使命及報人職業之重要，多未有相當之體會。然此不能盡責社會，亦應自責自勉。同人十年謹服膺職業神聖之義，以不辱報業為其消極的信條。雖技能有限，幸品行無虧。勉盡報紙應盡之職分，恪守報人應守之立場。十年來中國報業蒸蒸日上，同人廁身其間，幸未辱及同業。其二，本社為私人營業，同人為職業記者，故其所採方針，類於外國無黨派之普通營業報紙。蓋以採訪事實，紹介輿情為主。同人自信，不敢存成見，有偏私，兢兢自守，十年一日。其三，同人學識譾陋，對國家社會之重大問題，不能做良好之貢獻，惟苟有主張，悉出誠意。國難以來，憂時感事，晨夕不安，但本良知發言，不計利害毀譽，錯謬定多，欺罔倖免。

隨後又論到尚待努力的地方，他說：

第一，報紙生命，首在新聞，蓋應能反映中國之全部重要問題，以滿足救亡建國途中國民之一切需要，所志宜然，未達萬一。第二，尤缺陷者，各國報紙近年來莫不注重關於國民經濟之紀述與立場，中國亦亟需之，同人雖願努力於斯，而十年來未邁初步。第三，近代報紙本有國民外交之意義，以擁護國家利益為其主要使命。本報復刊以來，雖甚留意外交問題，然猶常憾見識不足，或主張不勇，故無曲突徙薪之功，徒感焦頭爛額之痛。第四，報紙為人民共用之工具。凡各地疾苦，各界煩悶，皆宜勉為宣達，以期政治日新。此雖同人素志，而實掛一漏萬。第五，同人篤信輿論之鍛煉，賴於知識之集中，故十年以來，祈求各界權威與之合作，辱承不棄，常得有披露專家意見之光榮。然所惜者，同人努力不足，未得普遍求教。第六，現代報業除刊行報紙外，應為社會實際服務，凡社會應倡行之事，報紙宜為其先鋒或助手。同人審知此道，然限於人力財力，未能有所發揚。此次舉辦科學獎金、文藝獎金，僅表紀念之微意耳。

季鸞先生對於記者本身，平素所發表的意見太多，如果記下來，不啻是一本一本記者最完整的手冊與座右銘，他“無我”與“無私”的見解，特別使人佩服。

他說，新聞記者於處理問題、實踐職務之時，其基本態度，宜極力盡到無我與無私。

何謂無我？是說在撰述或記載中，竭力將“我”撇開。根本上說，報紙是公眾的，不是“我”的。當然發表主張或敍述問題，離不了“我”。但是要極力盡到客觀地探討，不要把小我夾雜在內。舉淺顯之例解釋，譬如發表主張，當然是為了主張而主張，不要夾上自己的名譽心或利害心。而且要力避自己的好惡愛憎，不任自己的感情支配主張。這些事，說來容易，做起來卻不甚容易。

名譽心本來是好事，但容易轉到虛榮。以賣名為務，往往誤了報人應盡之責。

個人署名發表文章，當然是常事，也是加重個人的言責。除日刊報紙外，著作家都是署名的。這樣著作時，也務須撇開小我，方可為好的作家。特別感情衝動，最是誤事。採訪紀事，也務須力避感情衝動，譬如訪問一人，得到不愉快的印象，但作紀事時，仍當公正處理。此例太淺，餘可類推。總之，一支筆是公眾的，不應使其受自己的好惡愛憎之影響。

無私之義，其實就是無我推演出來的。根本上講，報人職責，在謀人類共同福利，不正當的自私其國家民族，也是罪惡，以中國今天論，我們抗日決非私於中國。假若中國是侵略者，日本是被侵略者，那麼，中國報人就應該反戰。

私的最露骨者，是謀私利，這是束身自好的報人都能避免的。其比較不容易泯絕者，是利於所親，利於所好；而最難避免者，為不自覺的私見。因為一個人的交際環境，學問智識，為事實所限，本來有偏，所以儘管努力無私，還誠恐不免有私。

季鸞先生又說："人們或者問：無我無私，豈不是大政治家的風度？我可以這樣答：我們報人不可妄自菲薄，報人的修養與政治家的修養實在是一樣，而報人感覺之敏銳，注意之廣泛或過之。"

對於中日關係，季鸞先生曾有過不少宏論，"九一八"前夕，對日本軍人痛陳利害，希望其能懸崖勒馬，以免貽誤全局。這番話真是高瞻遠矚，至今猶值得中日國民回味警惕，他在《再論日本大陸政策》一文中說：

現在蘇聯羽翼未豐，歐洲多事，故日俄之衝突，暫時不能想像。然蘇聯既日整軍備，且着着東進，則日本今日準備對大陸之設防，亦自為題中應有之義。雖然，中國人所最不解者，夫不言防俄則已，苟言防俄，則問題中心，全在中國。日本不與中國事實上結成鞏固的親善關係，不扶助大陸主人自維持大陸，則在吾人想像中，日本絕無法策其對大陸設防之萬全，況更採壓迫的方法以臨中國乎。中國與俄，接壤萬里，而中國有四萬萬以上之人口，其人民大多為極貧者，學生青年思想之急進化、激烈化，復為年來不可掩之事實；是以防俄禦赤之道，端賴中國為健全之發達。凡反俄國家，皆對華放棄帝國主義的策略，平等相親、正當互助；如是中國物質上趨於繁榮，思想上歸於平靜，中國之力，即足障狂瀾之東流，為遠東之保障，此中國之所希望，應亦為日本之所利也。不然，俄勢力東侵，而日本西進，赤白夾攻之下，中國現在社會之中堅部分，一旦不能抵禦實際上、思想上之各種侵略，則此茫茫大陸，甚且為時代惡潮席捲而去，誠不知日本政治家所謂大陸政策者，彼時將如何實施而獲效也？夫今日的局面，迥異於日俄戰爭之時。三十年前，日本可以獨立講大陸政策，今後則未必。蓋人心劇變，問題複雜，僅軍事上數字的計算，不能為解決一切之標準。為日本計，其國防最安全之道，在信賴中國之穩健的進步，然欲如是，則對東省問題必須尊重我主權，顧全我利益，彼此相安，提攜並進。不然，若常使中國人民感覺危權與威脅，縱目的貫徹，亦得不償失，此乃"自壞爾萬里長城"已耳，大陸政策之謂何哉？

三十多年前，季鸞先生已有此預見，可見他和眼光短小的日本軍閥，迥然不同。

關於季鸞先生的家世和他的思想，在他的《歸鄉記》裏有概括的敘述：

十月間，榆林各界給我開歡迎會之時，我大致說過這一段話：

"我對於此次回鄉謁墓，應該自己加一點說明。我對家庭的觀念，一方面說，很重，一方面說，也很輕。為甚麼很重呢？我是一個老孤兒，父母去世早，罔極之恩，無法報答，加以家運甚壞，人口單薄，自己常常感到嚴重的責任，與孤獨的悲哀，多年不能回家看看，常常不安，近年尤甚。對國家社會一點未盡力，更感到公私兩負，有背親恩。為甚麼說很輕呢？我從沒有治產求富的一套觀念。事實上我父子兩代，没有增加過財產，只有減少些。現在所住的一院舊屋，還是乾隆時代的祖產。現在是甚麼時代！中國不保，那裏說到家庭？大家不得了，一家怎樣獨樂？所以我的思想，是贊成維持中國的家族主義，但是要把它擴大起來。擴大對父母、對子弟的感情，愛大家的父母與子弟。從答報親恩，擴大而為報共同的民族祖先之恩。這種思想，是很對、很需要的。同時，應該排斥只知自私的錯誤的家族主義，不要只求自家繁榮，甚至於不惜損人利己。”

我的思想，大概就在這一段話中。我父親翹軒先生，是一位老進士，一世清廉剛直，庚子（一九〇〇）冬六十六歲上，病故在濟南。那時家眷住寧陽縣，我只十三歲。得訃之後，同先三兄大舍侄，即日奔喪。時值殘臘，在大風嚴寒中，騎驢旅行三日，趕上啓棺含殮，哭拜最後的儀容。這一幕悲劇，三十幾年來，常常憶起，常常悲痛。先母王太夫人，是繼配，是一位極慈祥平和的女性。母家住山東沂水縣，先父去世後，一貧如洗，多勸她就住在山東，先母不肯，一定要扶柩歸葬。領着我們小兄妹三人，到沂水拜別了先外祖父母。辛丑（一九〇一）冬，帶全家回榆林，一路的困難，不必說了，到家即發生生活問題。全家箱篋中，只有幾隻元寶。有一處夥開的商業，被人干没，成了訟案；先母自己上堂，而命我早出遊學，艱難家計，一身承當。又死了我一個妹妹，先母身心憔悴，遂以不壽。我最後見面，是清光緒三十年（一九〇四）正月。我又要到三原宏道學堂，臨行拜別，先母倚窗相送，面有笑容，誰知即此成了永訣！到校兩月，即接到訃聞，待我奔喪到家，只見到寺中停寄的薄棺一口！先母死年，才三十七歲，今年若在，不過六十七，這尤是我終天大恨。三十年來，時時想起，不由得感到無可如何的悲哀！我的家世，大概如此。這二三十年中，兄嫂皆故，男女兄弟共八人，現在只餘我與季妹。侄男三人，只大侄健在。家庭種種的不幸，常常使我感到對先世、對父母的重大責任。我的人生觀，很迂淺的。簡言之，可稱為報恩主義。就是報親恩，報國恩，報一切恩！我以為如此立志，一切只有責任問題，無權利問題，心安理得，省多少煩惱。不過我並無理論，不是得諸注入的智識。是從孤兒的孺慕，感到親恩應報，國恩更不可忘。全社會皆對我有恩，都應該報。現在中華民族的共同祖先，正需要我們報恩報國，免教萬代子孫作奴隸！人們若常常這樣想着，似乎易於避免墮落。這是我的思想。

抗戰期間，季鸞先生有過一次不尋常的秘密行動，至今還不曾正式公開，而這行動，關係戰局甚大。

當抗日戰爭進行至武漢會戰以後，最高統帥部已移至重慶。時日人之欲引誘中國言和者，殆分兩派：一派為軍部，另一派即為文人。軍部方面假手於在華派遣軍，而以特務人員為執行者，以汪精衛為對象。文治派則以近衛文麿為中心，頗欲藉日本的名流，以與我最高統帥部直接接觸。上海的金融巨子錢先生，被認為與國民政府有深切關係，藉錢先生之手，與國民政府的核心人物相聯繫。錢先生即以此事向陳佈雷先生報告。時我武漢新撤，前方部署，尚待整理，而後方安定，仍需相當時日。據說日方曾有表示，中國若願談和，則將使前綫日軍停止對中國軍隊的壓迫。得最高統帥的同意，我方派員相與接洽。日方所派定的代表，似為阪垣；我方代表人選，幾經研究，認為季鸞先生最為適合。商諸先生，慨然接受。雙方約定，會談地點為香港。季鸞先生在此期間，在重慶即不見踪影，那便是他銜命到香港去密談國事了。

季鸞先生在港，與日方代表會談一個多月，在此一個多月的時間中，在華日軍固然没有軍事行動，這是日方守信用嗎？還是因為武漢初下，前方尚須整理嗎？我們在戰史的觀點來看，每當一個大戰役後，雙方必有一段沈寂的時間，而同時亦必有議和談判的醞釀或接觸，這是常有的事。從這一觀點看，則武漢會戰以後的没有軍事行動與發生議和談判，原亦不足為奇。但日本文治派方面既作此項表示，而季鸞先生又以名報人而肩負國家談判的重任，若有公平合理的成議，則雙方意見可以溝通；若無法接近，則季鸞先生未在政府負有責任，亦不能視為政府的正式代表。此季鸞先生之所以被視為最適當人選之故歟？

季鸞先生在港談些甚麽？世無知之者，必待此一史料公開後，真相始可大白。但先生在港與日本代表周旋一個多月，以我最高統帥抗戰到底的決策，與日本文治派與軍閥派對華野心的一而二、二而一的基本來看，其間必無轉圜餘地，故季鸞先生的正面任務，也必無達成的可能。可是這不是他赴港的真正目的。他的赴港，那是一種策略的運用，國民政府不過因日人的動機而加以運用罷了。先生在港月餘，最後返回重慶，而雙方的戰端又復重開了。如果因季鸞先生之赴港，博得中國戰場的一個多月的平靜，則先生此行，對國家貢獻之大，也就無法可以估計了。

参考文献

张季鸞著，胡霖編：《季鸞文存》，天津：大公報館 1944 年版。

陳紀瀅：《報人張季鸞》，台北：文友出版社 1967 年版。

張季鸞：《歸鄉記》，載《季鸞文存》第二冊，天津：大公報館 1944 年版。

郭學虞：《陳佈雷與張季鸞》，《傳記文學》1972 年第 21 卷第 5 期。

附　录

附錄一

宋郁文小傳

關國煊

宋郁文，名湘，廣東鶴山人，民國六年（一九一七）一月二十一日生於廣州。民國二十二年（一九三三），年十六，任職廣州《共和報》（民國元年出版），歷任校對、採訪、編輯等職。民國二十六年（一九三七）七月，抗戰軍興；戰時兼主編《鐵血畫報》，又參加第四戰區（司令長官余漢謀）政治部攝影大隊，時日機狂炸廣州，拍攝濫炸、救災、空戰情形，輯成紀錄電影在海內外各地放映，揭發日軍侵華暴行，後兼《大公報》廣州分館記者。民國二十七年（一九三八）十月，廣州淪陷，轉任香港《大公報》戰地記者，遍歷第四、第七、第九等戰區，兩次粵北大捷及保衞潮汕之役，皆親赴前綫觀戰，尤以潮汕西湖山之役，短兵相接，仍隨特務連戰至最後，旋返粵北曲江，歷任《大光報》編輯、採訪主任、編輯主任、總編輯各職，並創辦《風采樓》小報，是為曲江有小型報之始，公餘與詩友李育中等時相唱和。民國三十年（一九四一），於“珍珠港事變”前奉派至廣州灣，任《大光報》粵南版副主任兼總經理，又創辦《立言報》；迨廣州灣陷敵，回《大光報》總社任編輯，後升總編輯，先後兼辦《西南日報》《前鋒報》。

民國三十四年（一九四五）八月，抗戰勝利；九月一日，率先返穗出版《大光報》，十六日，承第二方面軍司令官張發奎（向華）上將之邀，於是日上午十時至觀音山“中山紀念堂”參加廣州地區日軍受降儀式，日方投降代表為日本駐華派遣軍第二十三軍司令官田中久一中將、參謀長富田少將、海南島日軍指揮官代表肥後大佐，儀式歷時四十五分鐘結束；後兼辦《天行報》《原子能》雜誌。一九四九年十月，挈眷赴港，受星系報業東主胡文虎特聘赴曼谷，任《星暹日報》《星泰晚報》編輯。一九五二年，任香港《成報》（社長何文法）編輯兼主筆，後兼珠海書院編輯學教授、樹仁學院文科教授、信義宗書院新聞系主任、香港中文大學校外進修部新聞標題學講師、香港大學校外課程部新聞文憑班講師，喜集漢《曹全碑》字為詩為聯，平日喜穿唐裝唐鞋，夏日身穿白熟紗長衫，手搖詩畫紙扇，恂恂儒雅。一九六四年七月，首次赴台觀光，蒙蔣公單獨召見，慰勉有加。一九六五年秋，任“香港各界紀念孫中山先生百年誕辰籌備委員會”籌備委員（主任委員張發奎）、同會紀念徵文小組委員會委員（召集人黎晉偉)、學術演講小組委員會委員（召集人吳壽頤）、永久性紀念事物籌建委員會委員（兼召集人張發奎）。一九六六年十月，前“教育部部長”張其昀（曉峰）創辦中華學術院於台北陽明山華崗，嗣應聘為該院詩學研究所委員。一九六九年，任香港廣播電台（簡稱“港台”）《咬文嚼字》節目主持人，歷時十四載，又長期為香港無綫電視有限公司（簡稱“無綫”）《香港電視》週刊撰寫專欄《廣州俗話談》。一九七八年十月，《名流》月刊創刊，逢每月十日出版，月刊為報人業餘工作，以“數名流秘密，還看今期”為宗旨，任總編輯（總經理湯仲光）。一九八三年八月，應“全港青年學藝比賽大會”之邀，在香港大會堂高座演講廳主講“連章詩的製作”。一九八五年五月，與時任華南師範學院中文系教授之舊友李育中海隅重逢，即席賦詩一首，詩云：“戰時同客古韶州，一別無端四十秋；香海多情常憶舊，尚疑君在曲江頭!”臨別，復賦七絕一首相贈：“約略儀容半白頭，欣然相問幾春秋？市樓何幸同今夕，歸路明朝又廣州!”六月，因病退休，計任職《成報》達三十三年之久。七月三十日晚，從收音機驚悉老友香港“金王”胡漢輝因喉癌病逝，臥床搦管輓以聯云：“舉世仰賢名，人生自古誰無死；病中驚噩耗，我夢中宵有淚痕!”是聯乃其最後作品；八月十日下午六時三十分，因肺癌在香港銅鑼灣法國醫院去世，年六十八歲（訃文作“積閏享壽七十有一歲”，蓋據實足年齡六十八依粵俗加天、地、人三歲），十四日，葬於港島柴灣華人永遠墳場。

著有：《三國雜談》《杜甫詩話》《唐詩戲講》《俗語拾趣》（將前撰《廣州俗話談》撮輯而成）、《廣州常用語僻字》等書。

參考：香港《華僑日報》一九八五年“華僑年鑒”、台灣中華書局《中華民國當代名人錄》（四）。

（原載 1985 年 11 月出版之台北《傳記文學》第 47 卷第 5 期第 138 頁）

附錄二

逝世訃聞與媒體報道

宋郁文赴召條文

前本報電訊編輯主任宋郁文先生，昨日下午六時三十分，因癌症於法國醫院病逝，終年六十八歲。

其四子一女隨侍在側，遺體奉移香港殯儀館，擇日出殯。宋先生一生服務報業，一九五二年進入本報工作，期間，貢獻良多。

直到今年六月因癌病而退休。今傳噩耗，同寅等致深切哀悼。

（香港《成報》1985 年 8 月 11 日第 4 版）

宋郁文後日出殯　安葬柴灣華人永遠墳場

前本報電訊編輯主任宋郁文先生因癌症逝世。遺體已奉移香港殯儀館，訂於本月十四日（星期三）上午十一時卅分大殮，十二時辭靈，隨即出殯安葬柴灣華人永遠墳場。

宋郁文先生遺下一妻四子一女，子女皆已成才，分別任職教育界、新聞界及商界，服務社會，各有建樹。

（香港《成報》1985 年 8 月 12 日第 4 版）

宋郁文夫人登報訃聞

先夫宋公郁文（湘），痛於公（農）曆一九八五（乙丑）年八（六）月十（廿四）日下午六時三十分壽終法國醫院，積閏享壽七十有一歲。奉移香港殯儀館治喪，謹擇公（農）曆八（六）月十四（廿八）日（星期三）上午十一時卅分在該館大禮堂大殮，十二時辭靈，隨即出殯安葬柴灣華人永遠墳場。哀此訃聞。

妻　宋關白玲

孝男　偉堅

　　韶光　媳　陳妙玲

　　龍光

　　穗光　媳　馬麗霞

寶光
孝女　小玲　　婿　李榮忠
孫男　漢生
浩生
洛生
孫女　曉雪
曉微
曉冰
外孫女　李玉潔
親屬繁衍，恕未盡錄。
治喪處：香港殯儀館（英皇道六七九號；電話：六一五二二六一八）

（香港《成報》1985 年 8 月 13 日第 3 版）

宋郁文舉殯榮哀

前本報電訊編輯主任、資深新聞工作者宋郁文先生之喪禮，昨日假香港殯儀館舉行。宋氏生前親友、新聞界同業及門生逾千人蒞臨致祭，儀式備極哀榮。各傳播機構、工商機構及親友致送的花圈、花籃及祭帳，放滿靈堂。

喪禮於午間十一時半舉行大殮、公祭，十二時辭靈。由宋氏八位摯友扶柩，計為唐碧川、李子誦、陳錫餘、韓中旋、鄭賓航、王甘良、蔡伯勵及黎晉偉。靈柩隨即移送柴灣華人永遠墳場安葬。

（香港《成報》1985 年 8 月 15 日第 4 版）

報界前輩宋郁文喪禮定週三舉行

（天天訊）新聞界前輩宋郁文先生，因患癌症不幸於本月十日下午六時三十分在香港法國醫院病逝，積閏享年六十八歲，遺體已奉移香港殯儀館，定本月十四日上午十一時三十分大殮，十二時辭靈，隨即出殯安葬柴灣華人永遠墳場。宋郁文先生遺下一妻四子一女，各子女俱已成才，分別任職教育界、新聞界、醫學界及商界，服務社會，頗有建樹。

（香港《天天日報》1985 年 8 月 12 日第 5 版）

宋郁文先生喪禮　千人追悼極哀榮

（天天訊）報界前輩、資深新聞工作者宋郁文先生之喪禮，昨日假香港殯儀館舉行，宋氏生前親朋摯友、新聞界同業及門生逾千人蒞臨追悼，儀式備極哀榮。

靈堂設於該殯儀館二樓，宋氏生前親戚好友，昨晨一早絡繹到來弔唁，各傳播機構、宋氏生前好友學生致送的花圈、花籃及祭帳，放滿靈堂。

喪禮於十一時半舉行大殮、公祭，十二時辭靈，由宋氏八位摯友扶靈，計為唐碧川、李子誦、陳錫餘、韓中旋、鄭寶航、王甘良、蔡伯勵及黎晉偉。遺體下葬柴灣華人永遠墳場。

（香港《天天日報》1985 年 8 月 15 日第 2 版）

附錄三

本人回憶及故舊追念

新歲憶童年

宋郁文

除了特殊情形外，大抵每個人最快樂的時候就是童年，童年天真無邪，百憂不感其心，萬事不勞其形，所以每個人對自己的童年，都是值得回憶的。而童年最快樂的時節，要算是新年了。我生長於廣州，而且生長在一個小康之家，對於過年，就特別感覺愉快。

“臘鴨蟲”的快活

我童年讀的是私塾，廣州雖有學校，但就讀於私塾的很多。私塾一到十二月初旬，便先後解館了，解館之後，學童就閑在家中，父兄開設商店的，都走到商店做“臘鴨蟲”了。我父親開了一家西土藥行，簡稱為“西土行”，這似乎和“南北行”是對稱，南北行是辦南北藥材的，西土行是辦廣西和廣東土藥的。西土行和南北行一樣，除了本銷，還辦出口的，規模很大。那藥行是兩進深，三邊過，兩層高的大屋。所以我和哥哥，解館後也到那西土行做“臘鴨蟲”。曩時廣州大行莊，一到臘月，就買進大量的臘味，臘鴨、臘肉、臘腸等，都在當風的樓上掛滿了，每日兩餐，除例常菜式外，必有臘味，商店的小開走到商店裏住，天天都吃臘鴨，就好像“臘鴨蟲”一般，專吃臘鴨的，一般人就替此輩起一個諢號為“臘鴨蟲”。

“臘鴨蟲”在店裏，無事可做，一心就想着過年，大概十二月中旬，街上叫賣的，都是過年的物品。如藤絲、葵尾、掃把之類，這是供店户作大掃除之用的，家無論貧富，屋無論大小，都大大掃除一番，大掃除之時，家私什物都堆滿門外，家家如是。此外叫賣的，就是神紅布和新“通勝”（通書），因為大掃除後，所有陳舊的揮春（春帖子）、金花、紅布，都撤除了，然後換上新的。有叫賣慈姑、橘、柚子的，又有叫賣爆穀、黏米粉、糯米粉、片糖的，還有賣荔浦芋、賣蘿蔔的。這些東西，是用來煮煎堆、油角、芋蝦，蒸芋頭糕、蘿蔔糕，打餅的。有一句諺語，至今香港尚流行，是“年晚煎堆，人有我有”，幾乎每家都不可缺少，是作新年茶點之用，親友間也用以互相饋贈，即街坊鄰里間也有饋贈的。這表示了彼此和平共處的精神。不像現在，人們嘴裏喊着“和平共處”的口號，心裏就謀度着人家。根據明人屈大均《廣東新語》，煮煎堆、造茶泡、製糕餅的風氣，在當時已經有了，所以至少有三百年歷史。

由於這許多的叫賣聲，大部分都是過年時所特有的，在我們“臘鴨蟲”聽來，就覺得很悅耳，因為這些市聲在告訴人們：“新年快到了！”

大行莊在掃鋪（大掃除）之後，接着就收鋪了，收了鋪就不做買賣，店中陳設一新，以便過年。所忙的，就是交收。行莊收賬，有月賬，有節賬。月賬可以推延一些，節賬就不容易推了，年賬就非結了不可，商場中一時都忙於交收，有到年三十晚（除夕）深夜，還點起燈籠去收賬的，但一到除夕拜年，燒了爆仗之後，就不能再催收了。

在殘年中，不但行莊停止營業，連來往四鄉的輪渡，也歇水（停止開行）了。由於這一關係，報紙的小說版，也要完全改變，刊登中篇、短篇了。廣州的報紙，都有長篇小說的，而報紙的銷行，大多到四鄉去，輪渡停航，報紙不能向四鄉運送，四鄉讀者就會中斷了長篇小說。有此原因，就索性把長篇的暫停，臨時刊登中篇、短篇，輪渡停航的時間，有七八天。

尾牙・祀灶・團年

現時香港過年，只不過熱鬧三五天，但曩時廣州，剛好有一個月的秩序。由十二月十六尾牙，直至正月十五元宵，其間大吃大喝的，有還神、祀灶（廣州話訛為謝灶）、團年（年夜飯）、開年、人日等，連起尾牙和元宵就有六七餐之多。所以我以為廣州過年秩序，是從尾牙開始的。

牙祭之風，不知起自何時，但在宋人的筆記中就有著錄。當時節度使牙門，每逢朔望的次日，就在藏節的廳堂上祭祀，祭拜的肉，例必分與各吏員吃，現在我們通稱官署為衙門，其實“衙”字為“牙”字之訛。牙是牙旗，大旗上飾以象牙之故。軍營的門前，例必豎着高牙大纛，故稱牙門。唐朝時候風俗尚武，所以文事的官署，也稱牙門了。但不知如何，“牙”字被訛為“衙”，於是“衙門”通行了，“牙門”反而不大為人所知。

節度使的牙祭，傳入了民間，於是工商界和大的農家，都有了牙祭，稱為“做牙”，仍於初二、十六日行之。不過近年香港的工商界，也有些用新曆做牙的，在平時新舊曆做牙無大問題，但做尾牙，就不知怎樣安排了。

牙祭的酒肴比較豐富，尾牙因為是一年中最後的一個牙祭，酒肴就特別豐富，有些更大排筵席。尾牙過後，就要擇個吉日還神。還神者，酬謝神恩也。店中一年的盈餘，人口一年的平安，據說全是神的庇佑，所以到最後就要還神，有些吝嗇的老闆，把還神和祀灶合併起來舉行，所以諺語就有說：“還神兼謝灶，事頭算得到！”但由於流行這種諺語，幾乎沒有人敢於甘受這種譏諷的。

廣州祀灶，有“官三、民四、蛋家五”之說，更有說“發瘋（麻風病）六”的，就是官宦之人家是十二月二十三日，老百姓是二十四日，水上人家是二十五日，生麻風病的是二十六日祀灶的。不過，也有普通人家在二十三日舉行的。臘月祀灶之風，起於後漢陰子方，後來人們傳說灶神於二十三日升天，奏報人間善惡，也有說是二十四日升天的，在宋代是用二十四日，明代也一樣，到清代就二十三、二十四日都有。據清人的筆記．乾嘉時候，廣東有在小除夕祀灶的。

廣州祀灶，以酒、肴、活生生的鯉魚、片糖、甘蔗、橘等食品，但鯉魚例不烹，祀灶之後，蓄之水缸中。故在二十三、二十四日兩天中，又有叫賣“謝灶鯉魚仔”之聲。

祀灶以鯉魚，不知是何取意，用酒是古代“醉司令”之意，用糖是藉以膠其口，使在玉皇大帝之前不能言人之惡。還有一事，就是要填一紙“灶君疏”（是奏疏的疏），把一店或一家人口、姓名、年籍、性別等都填上去，好像填報户口一般。

祀灶那一餐，酒肴也是特別豐富的。至於團年，要一家一店團敘，大大小小，例必共吃的，只有那些“一年將盡夜，千里未歸人”，不免有些傷感。

有些富有人家，三妻四妾而不同住的，那可煩惱了，預先就要安排好幾個妻妾的團年時間，到這里吃吃，又到那裹吃吃，每一位住家，都要去吃團年飯，那種苦惱，和平時“享齊人之樂”的趣味，大大不同。

除夕花市之盛

我以為過年的最高潮，就是除夕。除夕有兩樣忙。其一是交收忙。上文已說過，有在除夕深夜還去催賬的，更有在人家店裹坐着不走，直到收了賬才走，假如收不到，就要人家子夜拜了神，燒過爆仗才走的。其二是買花忙。廣州有兩個年宵花市：一個在城裏雙門底，禺山市，規模較小；一個在城外欒欄街、打銅街，除了這兩條大街外，附近的一些横街，也都成為花市的範圍。伸展到十八甫，亦成古董肆。大概尾牙過後，花市就逐漸開始。那時，買花的人很少，到年二十八、二十九，逐漸旺盛，三十晚就人如潮涌，有時候捲入了人潮中，被人擠逼，足不履地，而可以浮行數十步的，直至凌晨四時許始散。

花市分盆花和枝頭的花，盆花以金橘、牡丹、芍藥、茶花、桂花為多；枝頭的以吊鍾、梅花為多，桃花則甚少。此外，還有水仙，水仙分企頭與蟹爪兩種：企頭是讓它自由發展的，蟹爪是經過人工雕削的，使其枝葉曲如蟹爪而不直伸。

吊鍾為灌木，嶺南處處有之，而以肇慶鼎湖（又名頂湖）為佳。高四五尺，先花後葉，未開花時，花蕾如毛筆筆頭，顆顆向上，及開花，作紅白色，顆顆如小銀鈴，每蕾约八九花，皆下垂，没有仰天的。惟鼎湖山的，每蕾開十二花，人家遇此，視為祥瑞，必為之簪花掛紅，店户多插之，以驗一年之好運。

自來詩人咏及吊鍾的不多，順德張玉峯（名琳，嘉慶貢生）《冬日即事》云：

閑烹雪水洗春芽，石葉焚香繞障紗；
讀罷楞嚴清晝淨，瓷瓶初放吊鍾花。

汪精衛亦有二絕云：

月華的皪滿樓台，照取繁花爛熳開；
想見瑤池王母宴，眾仙同覆紫霞杯。

蕊珠和露浥微馨，風味清淳似酥酲；
我與眾生同一醉，千鍾撞罷不曾醒。

我亦有句云：

鼎湖異卉舊名傳，十萬金鈴一樹懸；
歲歲春風開爛熳，屠蘇欣對秀娟娟。

現時新界和港島各處山野的吊鍾花已開得很爛熳了，但格於禁例，不許採伐。因此，香港人多插桃花過年，取“大展宏圖（紅桃）”之義，而少人插吊鍾，廣州人則以為桃花命薄。

廣東不產牡丹花，廣州的牡丹花，是由河南省運來的。《廣東新語》說：“廣州牡丹，每歲河南花估持根而至，二三月大開，多粉紅。亦有重疊樓子，惟花頭頗小，花止一年，次年則不花，必以河南之土種之，乃得歲歲有花。予詩‘由來南海上，未有雒陽花’。又云：‘香教天早煖，紅使露多華。’又云：‘花估枝來遠，兼金買幾枝。’又云：‘地煖重樓少，天晴淡粉滋。’”都是咏牡丹的。

買牡丹，以頭計，一朵為一頭，每盆最少四頭，價值不菲。我父親最喜歡，每年例買六盆，四盆陳設店中，兩盆陳設家中，有時候寧願不買新鞋過年，也要不惜重金購買牡丹。除夕買了，到人日還要到花地去再買，以供元宵擺設。有《花地竹枝詞》云：

共道今年好歲華，園林沽盡牡丹花；
嶺南自是饒春色，不數東洋日本茶。

大概那時人們憤恨日本侵華，抵制日貨，故有此語。

水仙不產於廣東，據《廣東新語》說：“水仙頭秋盡從吳門而至，以沙水種之，輒作六出花。隔歲則不再花，必歲歲買之，牡丹亦然。予詩：‘冬盡人人爭買花，水仙頭共牡丹芽。’”然水仙之鄉，原為福建漳州，不知屈大均何以說是“從吳門而至”。現在台灣也有水仙頭了，起初我還以為是從內地運至香港，又從香港轉運台灣的，但現在台灣物產公司也有出售，顯然是我所想的不對了。

水仙有單托與雙托之分，也即是單瓣和雙瓣，雙瓣也有稱為千葉者。任何花卉，都以雙瓣的為勝，但水仙則以單瓣為勝，單瓣者有“金盞銀台”之美，蓋花瓣是白色的，花心黃色，作酒杯形，很好看。雙瓣的但見花瓣結密，略如茉莉，不見花心，其香味也遜於單瓣的。

《群芳譜》裏說單瓣的為水仙，雙瓣的為玉玲瓏，我以為水仙是總名，玉玲瓏不過是類別的名稱。我自幼就不喜雙瓣的，因此，幼年就學會了從花蕾上分別雙單瓣，輕輕以指捏之，較鬆者為單瓣，較實的為雙瓣。

在新年裏，父親的西土行裏大廳，就佈置成群芳滿室。廣州屋宇廳堂的佈置，大概是這樣的：正中的牆邊，是一張八仙桌，兩邊是宮座椅，還有一張橋枱橫跨於八仙桌之上。至於左右兩邊牆壁，就是每邊四張宮座椅，兩張茶几與宮座椅相間。過年時候，椅桌都套上了顧綉的枱圍椅褡，椅上還有軟的椅墊，而父親的西土行，橋枱的一端，是一隻大瓷瓶，插上吊鍾或梅花。然後陳列幾盆牡丹，另一端則是鏡屏。八仙桌上，則放兩盆水仙，兩盆蟹爪，中間還放一隻金漆攢盒，攢盒是載瓜子、糖果用的。兩邊牆壁宮座椅間的四張茶几，就分別擺設芍藥和金橘。兩邊牆壁，都有名家字畫，正中橋枱之後，則是沈周寫的山水大中堂，伴以名家對聯。我父親雖讀書不多，但對書畫的鑒識力相當高，所以所藏的書畫都是精品，我還記得側面壁間的四幅花鳥冊頁，是居廉寫的，可惜我當時不懂欣賞。

這佈置，差不多大的行莊都大致如此。

太平更與賣懶

年三十晚除了收賬、買花一片繁忙之外，還有一些是值得一寫的，第一就是打太平更。打更一則用以警夜，一則用以報時。廣州打更有兩種方式，一種是擊鼓敲鑼的，另一種是擊柝的。前者以鼓聲報幾更，以鑼聲報幾點，如“鼕鼕，鏜鏜鏜”那是二更三點了。後者只擊柝報幾更，而不報幾點。每當年三十晚，打更的就沿街叫：“年近歲晚，小心燈燭！”然後擊鼓敲鑼以報時，這叫太平更。我家鄉鶴山，除夕村巷裏也有類似太平更之類的，由平時賣卜賣唱的盲人，沿巷叫：“謹慎火燭，謹慎門扇；孝順父母，教導子孫！”我没有在家鄉裏過過年，這是我二姊告訴我的，二姊不幸早逝了，到現在我執筆為文時，耳畔仿佛猶聞吾姊學盲人傳唱之聲，不禁淚承於睫，此情此景，何日忘之？我寫此文之日，也正是母親的忌辰，童年的回憶，本來滿腦子興奮，卻想到了姊姊，想到了父母，變得心酸酸的。

我幼年時，是父母雙全，兄弟無故，每到過年，例必特高興，尤其在髫齡之時，點起燈籠跟隨群兒沿街賣懶，口呼曰："賣懶，賣懶，賣到年三十晚，人懶我唔懶!"噫！此俗亦可怪，不自奮發，而圖賣懶於人，何其愚也？予初見清人李調元《粵東筆記》，書曰："賣冷"，不禁可笑，蓋"懶""冷"為雙聲字，而音亦相近，其殆外省人（李為四川人，來粵作考官）誤聽廣東話乎？後讀屈大均《廣東新語》，亦作"賣冷"，屈為番禺人，南（海）番（禺）人可稱作廣東骨，何以亦有此誤呢？廣東屬南疆，非寒冷之地，"冷"不必賣也。而賣懶者，亦猶賣痴呆賣懵懂耳，宋時已有此俗。《歲時雜記》云："元旦五更初，猛呼他人，他人應之，告之曰：'賣與爾懵懂'。賣口吃亦然。"胡漢民民國二十二年(一九三三)《元旦》詩說："痴呆賣盡過新年，我信兒曹自此賢。語愛吉祥誰則異，事如時序或能遷……"所謂"痴呆賣盡"與"賣懶"之意較近，與"賣冷"相去則甚遠矣，我以為古俗未必盡善，不將懶與痴呆，懵懂之類消除，而將之賣與他人，尤可惡者，則是呼人之名而賣之。雖然並不就此可以賣去，然其心術亦壞也。今人動輒謂"人心不古"，不知古人亦有心術不佳者。即此小小風俗，亦可見之。

除夕古有守歲之俗，據宋人《東京夢粱（華）錄》云："是夜，禁中爆竹山呼，聲聞於外；士庶之家，圍爐團坐，達旦不寐，謂之守歲。"在我的童年，廣州尚有此風，子夜拜神燒爆竹後，便關起門來，不再開門了，一家老少，圍爐守歲。在商店中，平時鋪規甚嚴，不許賭博，一到除夕，便開禁了。所以商店裏守歲，多作牌局，以至翌晨。

拜神後有一禁忌，就是不再掃地，掃帚也收藏起來，對於零碎廢物，都特別細心撿拾，以免弄污地方。因為直到年初二開年之後，才許掃地的。

小孩子對新年之所以最開心，就是有很多歡樂的節目，而且見了家人，說一聲"恭喜"，長輩就給以"利市"。新年利市，顧名思義，是新年才有。實則在除夕夜深之時，家長就例以"積（壓也）年利市"給兒女輩，不直接給予，而是放在兒女的枕旁，還有橘，以示吉利之意。古代就說這是壓歲錢。

所謂"桃符萬户更新"，實際上除夕已有這樣的景象，家家户户，都貼上新的對聯，住家如此，商店也如此。住家的門聯，有寫家風世德的，有寫應時吉祥語的；商店也就切合其行字，且有把店名嵌入的，一時成為春聯大觀。春聯有用紅紙寫成，也有用木刻的，商店門外，例懸燈籠，兩邊是長而圓的，寫上商店的名號，中間一支是圓的，寫上"敬神"二字，"敬"字較小，而"神"字特大，謂之"敬神燈籠"。家家户户如此，也有些用玻璃嵌紅木的宮燈的，造成一番新年氣象。

初二開始拜年

年初二是開年，開年多在凌晨天未亮的時候，擇個好的時辰拜神，拜神之後，全店的人都圍坐起來，吃開年飯。這一頓飯，有些人吃得很暢快，但亦有些人惴惴不安的，因為吃過這一頓飯之後，店老闆就宣佈店員的去留。據傳說，在開年飯中，老闆親自用箸夾一塊雞肉給店員，就表示請他另謀高就了，也有一說，上菜的時候，雞頭對着誰，誰就要另謀高就。所以開年飯的雞，俗呼為“無情雞”，但我以為雞頭對着誰人之說最不可靠，因為有時候辭退店夥，不止一人，假如辭退兩人以上，那麼，何來兩個雞頭？而且，不一定辭退店夥的，可能全體店夥都保留下來，這樣一來，雞頭又對着誰呢？

照我個人習見店中的情形是這樣：年初二吃過了開年飯，父親就進賬房去，然後把店夥逐一請進賬房，這顯然是宣佈去留的。我父親出身時，是在大行莊做事的，到他自己開店時，所開的也是有規模的行莊，所以我以為他所行的規矩，就是商場中的習慣，辭退店夥，並不是夾一塊雞肉那麼簡單。但是“無情雞”這名詞卻廣泛地流行，照我想像，所謂“無情雞”者，是吃過這開年飯之後，就要定去留之意了。

在年初一那天，是吃齋的，到初二開年才吃葷，其中有兩個菜式是不可缺少的：其一是炒蜆，用大蒜和醋、糖、醬來打糊，和蜆同炒，很美味。除夕之前，就有小販沿街叫賣“黃沙大蜆”“發財大蜆”，“蜆”和“顯”是同音，新年食蜆，大概是取這個意思。

另有一個不可缺少的菜，就是蚝豉煮髮菜，它的諧音是“好市發財”。現在香港的商店，新年也例必用這個菜。

開年所燒的爆竹，商人們是很重視的，要響亮，要長，要紅紙滿地，這是在拜神之後燃燒的，所以一到初二的凌晨，到處都是爆竹之聲。大概商人們認為燒這串爆竹和一年的好運很有關係。

吃過了開年飯，就分派若干店夥到各處去投遞賀年柬，每到一户，就從門縫中把賀柬投入。當然，投入的，都是親友，或是與商業有關的，我父親所開的西土行，每年就要派出三幾名店夥去派賀年柬，由天未亮就出發，有些要過午之後才派送完畢回來。這情形，頗有類於現在的聖誕卡。

新年來，各行莊都虛掩着大門，大門之後放一支載白銀用的竹籮，留下一條門縫，以承受各方面投來的賀年柬。這似乎是没有大用意的。其實，這在來往商號方面頂重要，假如發覺某一家店號没有賀年柬到來，就會認為那店號的存在有問題。這種投遞年柬的風氣，至少在明代就有了。文徵明有這樣的一首詩：

不求見面惟通謁，名紙朝來滿敝廬。
我亦隨人投數紙，世情嫌簡不嫌虛。

其實，這也不是完全虛偽的，一年開頭，大家通個消息，也是好的；假如一一踵門拜年，那將會不勝其煩。

拜年，也大都在年初二才開始的，原因是除夕忙了一天，而且除夕還要守歲，直到天亮才睡，初一日彼此都睡到近午的時候才起來了。

人日逢人逸興催

正月初三，據說是“赤口”，大眾都不拜年，否則恐怕會惹來口舌。初四、初五，又恢復拜年了。但從初四、初五，以至初七，人們就有遊花地之舉。

花地是在廣州珠江的西南岸，那裏有很多規模宏大的花園，一座接着一座，最著名的有“醉觀”“紉香”“群芳”等。以“醉觀”為例，走了進去，眾芳競秀，曲徑通幽，水榭樓台，極其雅緻，至少要一個小時，才可以飽覽而歸。唐人詩裏說：“春風得意馬蹄疾，一日看遍長安花。”但在花地，恐怕盡一天的時光，也看不盡萬紫千紅。

花地除了花園之外，還有許多爆竹煙花店，就在醉觀園的隔壁，一列二三十家，都是賣爆竹煙花的。

花地口外，有一個大通港，從前廣州對外通商，就是在大通港的。在那裏，有大通古寺，寺裏有一口井，雲氣從井口上騰，如煙雨一般，謂之煙雨井。“大通煙雨”，就是羊城八景之一。

當新年期間，西濠口以至大新公司這一段珠堤，就有很多珠娘（珠江的水上婦女）嬌滴滴地招攬遊客泛舟去遊花地。

遊花地的小艇有兩種：一種是孖舲艇，整只船艇的構造，都是流綫型的，好像欖核一般，船頭、船尾都是尖的，靠搖櫓而行。由於它是流綫型，不礙風，所以舟行迅速。另一種則是“四柱大艇”，是平底的船打雙槳而行，要遊覽沿海的景物，以此為佳。

大概遊花地以人日為最盛。幼年時，父親就每年都攜同我兄弟倆前去，多數僱用一隻四柱大艇，到了花地，必在醉觀園外泊船。父親除了開設西土藥行之外，還辦礦務，還辦爆竹出口的。所以，登岸之後，例必先到各爆竹店拜年，然後去遊花園，再選購牡丹花、茶花、芍藥等過新十五。當回航之時，踏下艇中，艙裏已堆滿爆竹煙花，如金錢炮、電光炮、火箭、金龍吐珠、銀龍吐珠、金盤起月、銀盤起月等，不勝其數，都是那些爆竹店送給我們兄弟玩的。這些爆竹，不但足供我兄弟倆新年之玩，而且中秋節也夠玩了。船上既有爆竹煙花，也有一盆盆的名花異卉，正是滿載而歸。

清朝嘉慶時候廣州名士張南山，就有一首《人日遊花埭》詩：

珠江新綠泛新醅，人日逢人逸興催。
世自亂離春自好，花仍開放我仍來。
烽煙慣見如無事，雲水相報似有媒。
千里鼠姑重邂逅，不妨傾國共銜杯。

花地有一座黄大仙祠，規模很大。現在九龍的黄大仙祠，也就是從花地的祠堂伸延一脉而來的；而花地的祠堂，則是從浙江金華伸延而來的。黄大仙就是黄初成，據說能叱石成羊，後來黄大仙祠改為孤兒院，收養了很多男女孤兒，每年必舉行一次展覽會，吸引看花的人去看展覽，也是新春一景。

（香港《大人》雜誌第22期第48－51页，1972年2月15日出版）

“我的朋友”劉大怪

宋郁文

我和劉大怪之間

我們香港報人有一個茶座在銅鑼灣紅寶石樓頭，每天下午大家都聚在一起，談天說地，有時候也討論到國家大事、國際問題，我有時候參加討論，口沫横飛，有時候卻靜坐下來，聽聽各人的高論，也看看各人談論時的神態，很有趣味。

黎晉偉兄在我眼中像兩個人。他的樣貌有點像梁任公，梁任公以寫政論著名，黎晉偉寫政論也是一位老手，因此我間中會呼他為梁任公。他有一點舉動卻像“我的朋友”劉大怪，吃包子的時候，把外皮撕下來，然後拿在手裏用幾個手指去捏，似乎以此為樂。劉大怪見人吃飯，也喜歡伸手到人家飯碗裏取一撮飯，也用指頭去捏。劉大怪這樣的怪態，使我印象頗深，因此，我見到黎晉偉就會想起劉大怪，我要寫這篇文章，也是由此而引起的。

劉大怪本來是一個窮記者，但一躍而為航空學校校長，更且成為空軍司令，後來又辦西南航空公司，自任總經理，實際上他未任航空學校校長之前，連一點航空經驗也没有。還有一事我漏寫了，這裏要補充一點，他不止成為航空界的前輩，而且是中國人在空中結婚的第一人。最近有一群日本青年男女從東京飛來香港，舉行空中集體結婚，人們視為盛事，其實幾十年前的劉大怪早已開其先河了。

本來我和劉大怪没甚麼關係，但算起來也不能說關係全無；我從事新聞工作，最初是在廣州《共和報》，劉大怪也曾在《共和報》工作，所以，可以說是先後同事。還有，就是《共和報》的總編輯潘抱真先生與劉大怪有郎舅關係，劉大怪的兩個胞妹，都先後嫁給潘抱真作太太和繼室，而我則是潘抱真一手提拔的。後來劉大怪協助香翰屏將軍組織廣東名勝風景建設委員會，潘抱真也叫我替這建設委員會做一點宣傳工作。羊城八景中有“石門返照”一景，當時劉大怪就想把這名勝重新建設起來，潘抱真就叫我去實地觀察一下，拍些照片，寫一本小冊子。我所乘坐的一艘電船，就是劉大怪僱給我專用的。

在《共和報》的同事中，還有梁展鵬先生，他入報界比我略早，他和潘抱真及另一同事陸文英先生，都是“報界八大仙”之一，“八仙”行列裏，潘抱真是老二，陸文英是老四，梁展鵬是老七。“八仙”中《共和報》就佔了“三仙”，都曾給我寶貴的教導；由於潘抱真很看重我，梁展鵬也把我視同手足。他曾對我說：“你縱然不把我看作哥哥，我也當你是弟弟教導的!”而梁展鵬在西南航空公司裏，做了劉大怪的文胆。那時西南航空公司業務鼎盛，梁展鵬似有意多向這方面發展，把報館裏的編務給我分担，所以和我過從甚密，我也常到航空公司裏去。

但雖有這些關係，我對劉大怪所知並不多。劉大怪的逸事，常為《共和報》同事們作為談話資料，但都是零零碎碎的，這裏我所寫的，大都是根據陳炳權博士口述的。在我的想像中，知道劉大怪比我較多的，可能是香翰屏將軍和張發奎將軍，我雖間中和張將軍見面，但都無暇談及此事。還望劉大怪的好友們，對不足處能夠補充，對錯誤處能夠指正。因為這樣的一個人，非尋常人可比，可以作為談助者正多，亦一定為讀者所樂聞的。

廣東第一次飛行

我覺得航空事業的發展，在這五十年間，真是進步得厲害，由一二人乘坐的飛機，而今，乘客的座位已數以百計了。以今天的珍寶七四七和初期的相比，真是不可同年而語。然而，別小看了初期的飛機。大概在民國三四年的時候，那時龍濟光督粵，人們根本就没有見過飛機，聽到飛機能載着人飛上天空，莫不視為新奇。其情形，就像今人對於“太陽神”太空船登陸月球一般。

那時美國有一個華僑姓譚名根的，是廣東台山人，他在美國學習駕駛飛機，學成了之後，就回家鄉廣東來表演，表演的地點就在廣州東堤的大沙頭。

這一消息傳出後，不但哄動了全城，而且附近鄉下的人都引以為奇，紛紛走到廣州去開眼界。當時廣州的警察廳長是王慶齡，譚根就特別請王慶齡去試坐他的飛機。王欣然應約，而且下令全市放假一天，好讓人們到大沙頭參觀一番。那種盛況，就好像今天美國人涌到甘迺迪角去看探月太空船出發征空一樣。果然，飛機飛到空中，無人不嘖嘖稱奇。王慶齡經過乘坐之後，也面有得色，親自在現場贈給譚根一面大金牌，以示獎勉。

當時廣州已有很多報紙，對於此一獨特新聞，自然要搶着刊登。而劉大怪當時，就在《安雅報》任外勤記者，他寫的新聞紀事，特別詳盡，特別出色，譚根看了很高興。而劉大怪這個人，不但長於寫作，更擅長的就是交際，憑他的三寸不爛之舌，很快就和譚根結交起來了。譚根久居美國，對中國文字不很熟習。而且因為他第一次在廣州駕駛飛機，所以成了空中英雄，誰不崇拜？誰不結交？書札往還，頓時多起來。應酬既忙，事務又多，自己寫起中國文字又不甚熟習，看到劉大怪寫的新聞紀事詳盡和出色，忽然動起念頭來，要請一名書記，打理往來書札，就問劉大怪是否可以屈就。

其實，在劉大怪是“固所願也，不敢請耳”。他在《安雅報》任記者，每月薪金不過二十五元，而担任譚根的書記，月薪有四十元，孰重孰輕，不必比較了。何況劉大怪“醉翁之意不在酒，在乎山水之間”，早已想到利用譚根而一展自己所長。於是，立即接受了譚根的聘任，他也果然能幹，除了替譚根辦文書之外，又幫助他交際應酬，周旋於達官貴人間，非常得體，這使得譚根更倚重他，視為不可多得的臂助。

看官們，我一路寫着劉大怪，究竟劉大怪是甚麼名字呢？照我所知，他叫劉毅夫，又叫劉沛泉，哪個是名，哪個是號，就不知道了，因為他平常做事都很怪，所以人們都稱他為劉大怪。

他的個子頗肥胖，是肥肥矮矮的，面口圓圓潤潤，前任日本首相吉田，和他的樣子有一點點相像。

他以記者起家，不但結交了許多豪富，而且結交了許多文人，如康有為、胡適之，都是他的好友。他的外國朋友也很多，尤其是日本人；有一次他招待我到從化溫泉，就用日本朋友送給他的啤酒來款客。

我在西南航空公司裏，見過胡適給他寫了一幅斗方，是一首五言絕句，句曰：“危樓高百尺，手可摘星辰；不敢高聲語，恐驚天上人。”這首詩我起初以為是胡適作的，後來才知道是前人的舊作。在我記憶中，好像胡適的《南遊雜憶》，也提到劉大怪其人，可惜在匆忙間，書堆裏撿不出這本小冊子，否則可以檢查一下，如果記憶無誤，也可以寫幾句劉大怪與胡適的故事。

航空學校任校長

“閑話少提，書歸正傳”，這裏要談談劉大怪怎樣當起航空學校校長和空軍司令來。

且說當時雲南都督唐繼堯聽說譚根在廣州表演航空，心竊慕之。據上期同文唐氏令坦趙旅生先生所紀的《唐繼堯軼事》說：“唐繼堯被清廷選拔赴日本留學時，擬學工業，抵日後深知祖國危狀，以救國莫急於練兵，乃改學陸軍，先入振武學校，後畢業於士官學校，經朝鮮回國後，即於雲南講武堂任教官，反正後，曾任校長，大加整頓，效法日本士官學校體制及訓練方式，同時加以改善，學科術科適應中國學生，以期畢業後文武兼資，通曉中國及世界大勢，造就人才不少。”可見這位青年都督，銳意整軍。他本人是陸軍出身，也就想到空軍的重要，於是立即寫了一封信給譚根，請譚根到雲南担任航空學校校長。可是，譚根覺得當時國勢未定，自己身為華僑，不想投身於政治圈裏，所以遲遲疑疑，沒有答復。但唐繼堯建軍心切，看到沒有回信，又來函敦促，劉大怪就問譚根去不去？譚根表示無意就任。劉大怪這時，正如粵諺所說“打蛇隨棍上”，笑着對譚根說：“你既無心，我頗有意。”譚根是無可無不可的，由於平時對劉大怪印象甚好，也認為他是一個人才，因此有意栽培他，就說："你既然有意，那麼你就用我的名義，寫一封信給唐都督，作為推荐吧。"劉大怪是譚根的書記，這等如自己推薦自己，自然寫得情辭懇切，唐繼堯得了回信，以為譚根介紹的人，當然可用，於是深信不疑，來函敦聘。唐繼堯是個年輕有為的軍人，而聘任一個沒有航空經驗的航空校長，豈不是傻瓜？聖人都說"君子可欺之以方"，原來劉大怪也是個聰明人，他早已在譚根處耳濡目染領教到了許多辦航空學校的計劃和怎樣延攬人才了。還有的，就是譚根把各種飛機的說明書，都一一為劉大怪講解，劉大怪既然得到指點，又有他的聰明和口才，見了唐繼堯，就把譚根指點他那一套辦航空學校的計劃向唐繼堯報告一番，也把各種飛機的說明書，都給唐繼堯看過了。唐繼堯看他人才不凡，又是譚根介紹的，自然高興，就叫他開辦航空學校。

話分兩頭，當時美國有一位華僑巫理唐手上很有資財，就資助另一位華僑黃社旺製造飛機。黃社旺也是廣東台山人，因事回到香港。譚根就認為這個人可以擔任飛行教官，所以事先已告訴劉大怪，這人可以延攬的。黃社旺在第一次世界大戰時，曾經到澳大利亞當空軍，所以飛行經驗豐富。劉大怪任航空學校校長後，就立即到香港聘請黃社旺去擔任教練，雲南省的航空學校，就這樣建立起來了。後來陳銘樞任粵督時，劉大怪就經常坐飛機來往於滇粵之間。他對人說，是他親自駕駛飛機的，所以大家都以為劉大怪了不起，其實劉大怪直到他自己辦西南航空公司之時，還不曾會駕駛，而當時飛行於滇粵間的駕駛人，實際就是黃社旺。至於資助黃社旺製造飛機的巫理唐，後來任了"中華民國僑務委員會"的委員，還開設了一家航空學校於鉢倫。

民國二十一年（一九三二），陳銘樞任"交通部"部長，就委劉大怪為中國航空公司總經理。到西南政府時代，劉大怪就創辦西南航空公司於廣州，擁有好幾架民航機，我記得有一架名"啓明"，一架名"長庚"，還有一架練習機名"天狼"。梁展鵬學習駕駛，已學成功了，有一次機航組長教他迫降，不幸"天狼"號墜毀，機航組長當場身亡，梁展鵬也燒得通體鱗傷，幸好劉大怪在雲南甚久，購備許多雲南白藥，未送入醫院前，就給梁展鵬吃了雲南白藥，入院後就較易醫治。

至於劉大怪的空中結婚，據陳炳權博士說，劉大怪結婚是在"一·二八"抗戰時期，結識了滬江大學的"校后"而成婚的，但照我的記憶，他似乎是在廣州結婚的。我曾到潘抱真家，看到他家掛有一張劉大怪結婚的長條照片，當時參加婚禮拍照的有三十多人。人的後面擺着一架雙翼飛機作背景，記不起潘抱真有沒有參加攝影，但相片懸在他家中，或許他也有參加的。

關於劉大怪在雲南的事情，黃天石先生少時曾參與唐繼堯戎幕，他是報界的名宿，也許會知道得更清楚，所傳是否屬實，希望他予以指教。

劉大怪做事之怪

陳炳權還為我憶述劉大怪一怪事。這雖然是一件微不足道之事，但頗足以顯出劉大怪做事之怪，和交際手法的高明。這事情是與中山大學前校長張雲有關，而陳炳權則是從張雲口中得知其情的。

事情的經過是這樣：

當西南政府結束，兩廣還政中央之後，余漢謀將軍任第四路軍總司令，駐節廣州，那時兩廣的情勢已轉變，劉大怪也就要重新活動一番了。

有一天，他走到余漢謀公館去，說受到張雲校長的囑託，要送幾尾黃河鯉給總司令，由飛機運來的，明天便可以運到。當時空運並不很發達，在廣州而要吃新鮮的黃河鯉，殊不容易。我還記得，由肇慶到廣州，不過一夜的水程便可到達。但是在廣州要吃肇慶的文慶塱鯉魚①，很困難。我第一次吃到文慶塱鯉魚，也就是由梁展鵬駕駛飛機從肇慶帶來的。當時一尾文慶塱鯉魚，已經名貴非常。現在香港人口福就比當時好了，每年秋天都可以買到文慶鯉。試想，在廣州吃到文慶鯉尚不容易，何況吃黃河鯉？余漢謀是肇慶人，文慶鯉當然吃過，但黃河鯉恐怕就很少吃到，所以立即表示謝意。到第二天，劉大怪果然用一隻鐵箱子載着幾尾活生生的黃河鯉送到余公館去，余漢謀當面多謝了。然後，劉大怪又立即坐汽車走到張雲公館去，也送他幾尾黃河鯉。張雲收受了之後，劉大怪才對張說，他已經借用張雲校長的名義，代送了幾尾給余總司令，余總司令很高興，還叫他代達謝意。劉大怪原本和張雲是相識的，張雲到了這時候，也不能責怪劉大怪的做事唐突，也就只好多謝他了事。過了些時，劉大怪再去找張雲，要張雲替他向余漢謀說項，張雲覺得事前既有過黃河鯉的饋贈，而且余漢謀也表示高興，況且又是朋友請託，當然不好意思拒絕他，就替他向余漢謀說項一下，後來果然如願以償。

這事情既由張雲告知陳炳權，當然不會假。但當陳炳權對我轉述時，沒有說明時間，我在上文中所說的西南政府還政中央之後，是我推斷出來的。因為我在聆聽陳炳權轉述時已有兩個疑問：第一，照我個人記憶，張雲當中大校長，是在戰時學校遷到坪石的時候，那時余漢謀雖坐鎮韶關，任第七戰區司令長官，但劉大怪不曾在韶關露過面；第二，就算劉大怪在韶關，也無從得到黃河鯉。我提出這兩個疑問後，陳炳權說可能是在廣州的時候了，但那時張雲未做中大校長。我寫這篇稿時間雖然匆促，但為了這問題，也臨時打了好幾個電話問過幾位旅港中大校友，卻巧得很，有些人不在家，有些人又記憶不清，有人說張雲在廣州當過

① 文慶鯉是肇慶名魚，以身嬌肉貴聞名於世，產於肇慶市鼎湖區沙浦鎮典三村文慶塱。這種魚的特點是黃鱗聳肩，嘴斷尾圓，魚尾金黃，魚側腰有閃閃發光的金綫，游動時金光閃動，艷麗無比；食用時無須去鱗，不用放油，都甘鮮香滑，食後留香。中秋前後是品嘗文慶鯉的最佳時節——編者註。

中大校長，有人卻說他當農學院院長，我卻以為張雲是學天文的，不會當農學院院長，不過卻給我想到了，可能那時張雲只是當院長，不是當校長。

建設了從化溫泉

最後要說到從化溫泉和劉大怪的關係。

從化溫泉是廣州附近的著名風景區。全中國溫泉最多的是廣東，據屈大均《廣東新語》說，全省有溫泉九十多處。我在廣東，幾乎走遍了全省，除了在南雄未試浴過溫泉外，在江北、東江、潮州、台山等處，試浴過十多處溫泉，而到得最早的就是從化溫泉，到得最後的也就是從化溫泉，到得最多的也是從化溫泉。

從化溫泉在廣州市北八十一公里，山環水繞，茂林修竹，飛瀑流泉，風帆小艇，有着很幽美的環境。加以劉大怪等的開拓和經驗，建築了不少別墅，大多是中國古宮殿式的，一部分是西式的，還有一部分是半中西的，所以從化溫泉的美麗，經常都縈繞我的腦際。

我第一次到從化溫泉去，就是劉大怪招待的。那時只有兩座建築物：一座是紅磚建築成的亭子，題為“環山堂”，一座是“玉壺溪館”，是臨時用茅用竹蓋搭而成的，房子是日本式的。這些建築，是由律師陳大年、藥商梁培基、縣長李務滋和劉大怪各人出銀九十圓，共三百六十元興建的。民國二十一年（一九三二）三月玉壺溪館落成，股東們都去慶祝，適值下雨，陳大年因司空圖《詩品》有“玉壺買春”之句，就以“玉壺”命名。

當我第二次到從化溫泉時，情形大大不同了，大大小小的別墅和飯店都已經建起來。而地點最適中，規模最大（指私人的別墅而言），而又最是堂皇高貴的，要算劉大怪的“若夢盧”了。屋頂用琉璃瓦，作古宮殿式，室內有泳池，直接引入山水和溫泉，所有的門窗，都是一層是紗櫥，一層是明瓦或玻璃的。屋的四邊，還有很大的草坪，比建築物大幾倍。在對岸的，好像僅有藥商梁培基的別墅和德國柯島醫生的“柯樹山房”，我住得最多的地方，要算是若夢盧和柯樹山房了。

從化八景中，最為人稱道的要算是三瀑，它們各有奇觀，那就是香粉瀑、飛虹瀑和百丈瀑。

後來日軍佔領廣州，其外圍防綫擴展至從化街口，從化溫泉就成了前綫，那時駐近溫泉的是一百四十七師，那時的師長是梁驥，政治部主任是我的另一位朋友李育培。我當戰地記者，李育培就偕同我到溫泉去，恰巧潘抱真的長公子潘襲也在李育培處當政工隊，他是劉大怪的外甥，因此，就成了若夢盧的臨時主人，我就在那裏住了好幾天。我和潘襲忝為兩代世交，就每夜都在若夢盧前的草坪品茗閑話。

後來，粵北會戰，我軍大捷，我又到從化溫泉去探訪，雖然住在柯樹山房，但常到若夢盧作溫泉浴。繼而良口大捷，我再次前去，都到若夢盧流連一番。到勝利之後，重返廣州，我和名攝影記者李能光開了吉普車去遊溫泉。到了若夢盧，已經荒涼得很，又好像没有管理人了。最使我難過的，就是劉大怪——這裏我應該稱呼他一聲劉逸夫先生了——的瓷像，安放在若夢盧的樓梯口；這建築是兩層的，好像很久没有人上香了，只見香爐已被塵封，我想去上一炷香，但連香也没有，一生活動力很強的劉大怪，就這樣冷落地收場。

（香港《大人》雜誌第21期第10－13頁，1972年1月15日出版）

宋郁文生平軼事：四十年前是沙聲仔　後來卻變為大聲公

李家園

名報人宋郁文不幸於本月（一九八五年八月——編者註）十日因患肺癌病逝，享年僅六十八歲，這把年紀雖不算輕，但他的體魄素來不錯，精神也好，想不到他去得這樣早。

提起“宋郁文”這三個字，新聞界固然認識他，就是廣大市民，尤其是香港電台的聽衆，許多也知其名，也認得他的聲音，因為他主持“港台”的《咬文嚼字》節目達十四年之久，大受聽衆歡迎。

宋氏生前，晚上返《成報》工作（他在《成報》服務了三十三年，七月從醫院出來，獲知患了肺癌，才申請退休），日間分别到珠海書院、樹仁學院、信義宗書院、港大及中大校外課程，擔任新聞系、新聞班教授、講師。除此之外，每晚寫短評，每月写二十多篇社論及寫其他稿件與著書，可以說，宋氏是相當忙的。

由於宋氏工作繁忙，為了爭取時間，於是日間到各校上課時要乘的士，而許多時候，司機一聽聞他的聲音，便會問：“先生，你是不是宋郁文先生?”宋氏一聽，初時都會感覺奇怪，便有禮貌地回答：“是，我們在哪裏見過面?”司機會說：“我們未見過面，不過，我時常收聽你的《咬文嚼字》節目，所以認得你的聲音。”

談起宋氏的聲音，也相當有趣，一九四○年左右，我們同在廣東戰時省會的韶關，他在《大光報》服務，我在另一間報社工作，時常都有碰頭。那時，他的聲音是沙啞的，俗語說是“沙聲”，但二十餘年來，他的聲音便越來越大，許多人還稱他為“大聲公”。他在珠海書院上課時，隔一條街便是已故華人黄墅（名畫人黄少強的公子）的家，黄墅生前常說：“宋郁文上課，我便知道。”蓋其聲常越街而傳到黄墅的家裏去也。

由沙聲變為大聲，連宋氏也莫名其妙。

宋氏連續服務新聞界達五十二年，對於編輯、標題學很有研究。比方：一九四五年八月十五日，他在老隆主編《大光報》，標題就是“日本無條件投降”（是年一月十八日，韶關失陷，《大光報》總社遷龍川老隆，另在興寧設分社）。他說：“單這一條題目便夠了。”他又說：“有些報章報道空戰，標題是‘××上空發生空戰’，‘上空’是多餘的，因為空戰一定是在‘上空’的呀。”

宋氏雖然連小學也没唸過，但他跟一位舉人學習達十一年之久，詩詞歌賦均佳，而且十六歲入新聞界後，繼續用心研究，所以他的中文修辭很好，做起新聞標題便簡潔有力。

香港報業公會有人促他撰寫《新聞標題學》，可惜他因事忙遲遲未動筆。退休後想寫，卻又因病去世！

（香港《星島晚報》1985 年 8 月 21 日第 13 版《香港雜談》專欄）

陳錫餘與宋郁文

李家園

一九八五年八月十日下午六時卅分，宋郁文兄因患肺癌病逝，十四日假香港殯儀館舉殯，同業及親友親臨致祭及送花圈輓聯者近千人，備極哀榮。

我和陳錫餘先生，送殯到柴灣華人永遠墳場，是日天氣忽晴忽雨，好像人生變幻無常似的，真的，誰又想到宋郁文兄會突然去世呢！

在抗戰及戰後，陳錫餘先生任《大光報》社長，宋郁文兄任《大光報》總編輯，如果照世俗人眼光，則陳先生是報老闆，宋郁文則是夥計。但就我這四十多年所見，陳宋兩人簡直情同手足。

陳先生不只視郁文兄如手足，就是對《大光報》其他同事，也視如兄弟，視同事的家人如自己的家人。記得一九四二年，香港經過十八天戰爭後淪陷，許多新聞界同業到了韶關。陳先生不只邀請他們到《大光報》工作，而且替他們解決住的問題。有位同事因為有母親同行，陳先生還特別讓了自己的住宅給他們居住，自己則遷到較小的房子去住。而且視“夥計”的母親像自己的尊長一樣。

陳先生視“夥計”如手足，這是《大光報》同寅所共知，也是新聞界同人所公認的。也因為有此關係，所以每年七月七日《大光報》報慶那天（《大光報》於一九三九年七月七日在韶關出版），留港《大光報》同人都舉行聚餐，由一九五〇年起以迄今年，三十六年來，從未間斷過，這種情形，也是罕見的。於此，也足見《大光報》同寅，對陳先生的擁戴。

郁文兄於一九四九年十月十四日午夜來港後，不久轉往曼谷《星暹日報》工作，後返港，轉在《成報》任職，歷時凡三十三年。他除了主編電訊外，還寫短評、社論及副刊稿件。除此，又替別間報紙撰稿和任珠海書院、樹仁學院、信義宗書院、港大及中大校外課程擔任新聞學課程，主講編輯學。而且，他每日凌晨兩時以後從報社收工回家，還讀書、閱報、看雜誌，往往天亮才睡。有人勸郁文兄："你這樣忙，不要再在珠海書院任教了。"郁文兄立刻說："除非陳錫餘先生不做珠海書院新聞系主任，否則，我一定要幫他手的。"

從這一句話，也可以了解到郁文兄與錫餘先生的關係。

平心而論，郁文兄的個性很強，有威武不能屈、貧賤不能移的讀書人氣質，但他對陳錫餘先生卻是心服口服，待之如兄長。這，純是陳先生平時待人好之故。

我目睹陳宋相交四十六年，他倆真真正正地做到友誼萬歲。

（香港《星島晚報》1985 年 8 月 23 日第 16 版《香港雜談》專欄）

記兩位文友重逢

王　方

接到了華南師範學院中文系教授李育中老師的來信，附有兩首七絕，那是為悼念宋郁文先生而寫的。育中師與宋前輩是抗日時期的文友，四十年前在戰時省會韶關締交，兩人在勝利後分手，直至今年五月，育中師應香港大學邀請來港講學，兩人才有重見一面的機會。

那次見面，是由《文匯報》社長李子誦先生做東主，育中師是主客，由宋前輩與幾位新聞界舊友作陪。當晚這班四十年前文友，相聚酒樓，說舊談新，興奮之情，不在話下。聚會之後，宋前輩回到編輯部，馬上將育中師來港的消息告訴我，因此，我們一班同學也有機會與育中師見上一面。

舊友相聚，宋前輩最感興奮，當晚他就即席題了一首七絕，贈與育中師，詩云："戰時同客古韶州，一別無端四十秋，香海多情常憶舊，尚疑君在曲江頭。"育中師回穗前夕，又接到宋前輩贈詩一首，詩云："約略儀容半白頭，欣然相問幾春秋，市樓何幸同今夕，歸路明朝又廣州。"

育中師回穗之後，撰好和詩，寄來給我，託我給宋前輩，這時候，宋前輩已因癌病退休。當我把這個消息告知育中師，他就寫了一信，託我問候宋前輩，不料信未寄出，就聽到宋前輩的噩耗，這才有悼詩之作。其一云："晴日驚聞溘逝身，江山依舊獨愴神，相逢彈指終須別，文陣鏗鏘少此人。"其一云："卅年別後今相見，一聚未辜隔海來，自有深深情與意，哪堪重說帽峰台。"

總算拜開放政策之賜，這雙文友，隔別四十年，又見上一面。

（原載王方：《酸甜苦辣》，香港：獲益出版事業有限公司 1995 年版，第 115－116 頁）

悼宋郁文

王　方

出殯那天，見到宋郁文前輩最後一面，就想寫篇小文，以示哀悼，但一時之間，又覺得無從下筆，一時感到可寫的事情太多，一時又感到不知從何說起，拖了一段時間，才下定決心，把所思所想，寫了出來。

我和不少人一樣，認識宋郁文前輩，是從他的《咬文嚼字》開始的。香港電台這個長達十四年的長壽節目，的確擁有不少聽眾，難得的是，每一個字，他都能講得出這麼豐富的內容，如果不是對中國文字有精深的鑽研，哪能辦得到呢。

後來與宋郁文前輩做了同事，接觸的機會多了，後期更是“比鄰而居”——我的辦公室與他的辦公室相鄰，“雞犬之聲相聞”，只是一塊屏風之隔，當然不會“老死不相往來”，而是常常交談，對於一些有疑難的字，索性懶查詞源直接詢問這位“活字典”，就可得到答案。

宋前輩常常會有“不速電話”，那是一些“不速之客”打來問字的疑難的，不論識與不識，他都非常樂意地做詳細解答，令對方滿意才收綫，這在“一板之隔”的我，都聽得清清楚楚。他每天是那麼忙碌，卻能誨人不倦，真是十分難得。

前輩對唐詩宋詞甚有研究，在這方面寫下的文章甚多，對其中典故出處，考證甚詳，是甚有價值的研究心得，自從他辭去三間專上學院的教職後，我曾勸他，把這些文章整理出來，出單行本，可惜癌症竟奪去了他的生命。

（原載王方：《酸甜苦辣》，香港：獲益出版事業有限公司 1995 年版，第 117 – 118 頁）

跳出框框：憶宋郁文

蒙妮卡

《成報》頭版編輯宋郁文身兼數職，除了編報，還在樹仁學院新聞系教授編輯學，以及在電台主持《咬文嚼字》節目。他喜歡穿着唐裝長衫，夏天純白色，冬天藍黑色；走起路來，衫腳隨風而動，像古代書生，溫文爾雅。

我是宋郁文的學生。他打扮雖守舊，教學方法卻十分靈活，是“活動教學”的先鋒。當年修讀編輯學的同學不足十人，於是宋老師將學生當作子女，逐個執手而教。上課時，他像玩遊戲“猜謎語”，派發每人報紙一份，鄰座同學各不同。例如：《成報》給甲，《文匯報》給乙，兩人各自將整版新聞剪下，然後“藏”起每條新聞的標題，僅僅交換內文。

同學根據自己手上的新聞內容，學習起標題，再從中選擇頭條和二條。最後宋老師揭開謎底，甲乙還給對方標題，對比之下，恍然大悟；宋老師再加以解釋，指出優劣。上課玩遊戲，氣氛熱鬧。我從宋老師身上學到：新聞工作應該是自由靈活的。

我畢業後去《成報》上班，宋老師不再是我的老師，是上司了；他不會跟我玩遊戲，只會板着面孔下訓示。

我記得，當年越南難民涌來香港，港府禁止他們登岸，難民船在海上漂浮，等待聯合國援助。船上難民都有一個逃亡血淚史，《成報》租了一隻“哇啦哇啦”（小艇），派我坐艇出海訪問他們。

當日天氣惡劣，風大浪急，小艇左右擺蕩，我被海浪照頭淋下，嘔吐大作，終於完成採訪工作，晚上近九點返到報館，身體一直發冷發抖，對着紙筆，久久未能下筆。這時候，宋上司來到我面前，放下一杯熱茶，語氣嚴肅地說：“快截稿了，迅速交稿。”他看似無情，他的關懷，盡在那一杯熱茶裏。

宋老師逝於一九八五年。韓中旋老總寫了一對長長的輓聯，內容記不起来了，但記得，輓聯鋪在地上，我拉起一頭，韓老總捲起衣袖，彎腰提筆疾書。

《成報》的輝煌時代，歸功於這些報業前輩的貢獻。

（香港《文匯報》2015 年 8 月 25 日 A30 副刊版）

附錄四

戰時《大光報》懷舊

重 甦

（一）

常勝將軍談勇，談起來很容易，大概是餘勇未放盡。

失敗將軍談勇，則真要有些勇氣，敗績面前，絕不躺倒，而是直起腰做人，這是失敗將軍的一勇。以成敗論英雄，其實是流俗之見。真正的有識之士，是不苟同此見的。運動場上跑在最後的運動員，只要他不氣餒，不為幾聲冷嘲熱諷所動搖，堅持跑向終點，在有見識者心目中，他就是個勇者。跌倒了爬起來，不自暴自棄，敢於正視現實，這是失敗將軍的又一勇。打了敗仗，並不可怕，只要冷靜地檢討失敗的原因，找出敗陣的根由，以為再戰的殷鑒，並以敗績來激發再戰的勇氣，就有可能再戰而勝。

“生活並不完全是成功者創造的，創造生活的還有許多失敗者。”人人都應如是觀，失敗者更應有勇氣作如是觀。因為失敗者從失敗中學到的東西，往往比從成功中學到的東西更多、更寶貴、更切實，明天再接再厲上陣去，就會有再戰而勝的希望在。

我國對日八年浴血奮戰期間，在廣東韶關復刊的《大光報》，有一群艱苦作戰的新聞鬥士，在戰鬥人生的崎嶇征途上，猶如風沙萬里行，不知歷經多少艱難困苦，但他們始終不屈不撓，永遠是一支勇往直前的鐵筆勁旅，直到如今，從他們敬業樂群的工作崗位上，仍可感受到當年“一寸山河一寸血”的抗戰精神，油然興起萬丈的豪情壯志。

《大光報》具有光榮的歷史，民國元年（一九一二）在香港創刊時，國父親筆題“與國同春”四字墨寶致賀，並譽為宣傳革命根據地之一。八週年社慶時，國父又親筆撰寫《釋光明》紀念詞，列入該報紀念專冊，此文現載《總理全集》。

《大光報》創刊後報譽日隆，直到局勢危急才被迫停刊。但它的精神版面永遠與讀者同在。

（二）

民國廿七年（一九三八）十月，日軍攻佔廣州。當時担任《大光報》廣州分館館長的陳錫餘先生，接受總社社長胡政之委託，率領分館人員，撤退到粵南法租界的廣州灣，即現在之湛江。

五個月後，陳氏以國難當頭，為發揮“筆掃千軍”之無比威力，以“紙彈”去摧毀敵人的心理防綫，鼓舞浴血抗戰之民心士氣，與一群志同道合的好友合作，將停刊中的香港《大光報》，遷移到戰時廣東省會的曲江縣韶關市，經過短時間的籌備工作，於抗戰第二週年的七月七日，在烽火漫天中與戰時的軍民同胞見面，開展另一個回合的戰鬥。

在韶關復刊的《大光報》，由陳錫餘担任社長，陸慧生任總經理，曾復明担任總編輯兼總主筆，另一位股東黃玉明（現在台，立法委員）。

當時的人事配備是這樣的：主任編輯是龍實秀，編輯陳子雋、譚達夫、陳子多、陳子龍，採訪主任王甘良，記者潘霞飛，戰地特派員宋郁文、潘中時，營業主任李文田，廣告主任陸紹勛，現任“中央通訊總社”社長潘煥昆，當年政大新聞系畢業後，曾奉派到《大光報》實習一年，同期在南京中央社任職之周培敬，兼任《大光報》南京特派員（現任“中華民國”新聞評議會秘書長）。

這個“最佳拍檔”的班底，個個都是能編能採能寫的“文武生”，加上陳社長與黨、政、軍各方面首長的良好關係，經常有獨家的頭條新聞領先其他各報，很快就建立報道權威，更以直言敢說的社論，強化軍民讀者抗戰的必勝信心，分析敵軍侵略必敗，激勵同仇敵愾鬥志，深獲廣大讀者心聲共鳴，發行數字直綫上升，廣告客户也源源而來，終能在艱難困苦的環境中，屹立不敗之地。陳錫餘認為應歸功全體同人接受抗戰精神的感召。

（三）

“太多往事值得回味了，而那些值得回味的往事，在難忘的腦海裏，都是最美麗的記憶……”

陳錫餘以無限欣慰的心情懷舊說：戰時《大光報》全班“最佳拍檔”，在艱苦抗戰的精神感召下，大家都是以報社為家，蔚成一股情逾骨肉手足，患難與共，成敗榮辱生死與共的團隊精神，凝成了一個合作無間的戰鬥體，在“政通人和”的管道上，親愛精誠，報社事業前途之外，全無個人權位名利爭奪之私念，純以“國家至上”“民族至上”“抗戰第一”“勝利第一”的革命情感道義為懷，在烽火漫天、血腥遍野的戰時，更顯得情真可貴。

回味戰時《大光報》的甜酸苦辣，得先介紹自稱是當時“管家婆”的社長陳錫餘先生，因為没有以身作則的陳社長，就没有在韶關生於苦難，也成長於苦難的兵荒馬亂中的戰時《大光報》。

陳氏出生於一九一一年，畢業於廣州法政專門學校後，轉入廣東國民大學，修政治、經濟，學有所成，獲法學學士學位，一直獻身新聞工作。因其學法而不執業律師，或穿起法衣當法官，識者笑其“不務正業”時，陳氏皆報以會心的微笑回答說：興趣使然，主要是自己對新聞工作太狂熱，實在是愛到發熱！

以超過半個世紀的時光，獻身新聞事業的陳錫餘，歷任記者、編輯、總編輯的實務工作，可說歷練豐富，更有輝煌燦爛的一頁，就是在廣東省城的廣州市，同一期間除了本身的報社專任工作外，還兼任香港、天津、上海、漢口各城市大報的駐廣州特派員，以及張季鸞、胡政之時代的《大公報》廣州分館館長，兼職有十個以上，每日發稿長途電話、電報全用上。

（四）

身兼十多個新聞單位工作，地區包括華東、華北、華中、華南各大城市，關山遠隔，交通不似今日的“現代化”，消息傳遞的困難重重，可思過半。

陳氏除以電報和長途電話，向各地兼職的報社“報料”外，還要揮筆撰寫專欄特稿、時事評論。“新、速、實、簡”四個字，三缺一都無法成局，而陳氏却揮洒自如，勝任愉快，顯見功力之深厚。

可能是當時的工作，需要接受寫得“多而快”的挑戰，使陳氏練成一手“龍飛鳳舞”的草書，內行的各報字房領班分稿時，通常安排有一位對“陳體”似曾相識的“執友”，才能配合分秒必爭的戰鬥。而“執友”亦得以先睹為快，可見陳氏撰發稿件深受歡迎。

內行人辦內行事，加上陳氏虛懷若谷，平易近人的風範，整個報社猶如一個大家庭，所謂家和萬事興，也許這就是戰時《大光報》精神建設的升華。

陳氏認為整個報社一團和氣，主要是彼此之間無私無我，沒有權位的追逐，沒有派系的傾軋，同一目標是大敵當前，傾巢之下，焉有完卵的共識。

他說，戰時那班“最佳拍檔”，的確做到同舟共濟，互勉互勵，精誠團結為勝利的明天而努力。以編採部門的和諧合作為例：外勤記者，尤其是戰地特派員，在戰區出生入死，流汗甚至流血，一段新聞或是一篇特稿的字裏行間，不知凝結有多少心力與血汗，送到編輯枱上，如果編輯欠缺一份愛心耐心來珍惜處理，對外勤士氣的打擊是非常嚴重的，更有傷感情，如不發作，也會悶成心病。

戰時《大光報》的編輯，對記者稿件絕不輕率“投籃”，只有錦上添花的潤色，遇到存疑的稿件呢？明天再談。

（五）

位於戰區的韶關，新聞採訪的競爭，和炮火連天的戰場上一樣緊張刺激，一樣要冒險而犯難。

戰區記者在分秒必爭情況下發稿，除了新、速、實、簡四項基本要素外，有時趕拍電報，有時要等接通長途電話，有時在電報局輪隊迫不及待，有時長途電話綫路繁忙，不如意事十常八九，就得各顯神通去衝刺了。

為了達成任務，“倚馬千言”的稿件，就免不了忙中有錯，掛一漏萬，漏字漏句，修辭來不及潤色，特別是“龍飛鳳舞”的字迹，送到編輯枱上，好比春夢方醒，猶未梳洗時散髮蓬鬆，來不及淡掃娥眉的少女，當然不易乍見就討人憐愛，說不定還會乞人憎。

如果編輯先生的“細心、耐心、愛心、關心”四心缺一，不勝其煩，懶得費精神，傷腦筋，隨便塞滿版面，自然將記者來稿一抛“投籃”，改用機關送來的通稿公報，慳水又慳力，這種工作態度，既打擊了前方採訪的士氣，又在編採之間種下了傷感情的後果。採訪部門不起勁，有血有淚的報道難得見報，官式公報又焉能引起讀者的共鳴？

《大光報》的編輯部，在曾老總坐鎮下，主任編輯龍實秀，台柱編輯譚達夫、陳子雋、陳子多、陳子龍等，齊心協力堅持一個原則，為了建立新聞報道的權威，處理稿件以採訪部的稿件為主。特別是隨軍採訪，戰地特派員宋郁文、潘中時兩員“前方將士”的稿件，遇到版面特別“擠擁”時，不惜抽去頭版廣告，也要加披上鮮麗奪目的華裳，像“正印花旦”或“文武生”一樣，絕不失場，以突出報社採訪的功能，建立聲譽，讓報社記者知名度遠播，使得採訪工作無往不利。權威的、有深度的消息源源而來，在讀者及新聞對象心目中，《大光報》報譽日隆，編採部門團結合作，共勉共勵，如同牡丹綠葉，互相輝映，想必是陳錫餘社長領導下，邁向成功之路的原動力。

該報另一特色，就是生死患難不渝的團隊精神。

（六）

全體員工在甘苦與共中，以報社為家，袍澤情深的團隊精神，顯然是患難建立情感道義的升華，奠定了歷久彌堅的基礎。

編採部門能夠合作無間，主要是大家對總編輯的尊重。因為總編輯掌握報社的言論立場，是報道方針的“掌舵人”，要兼顧全局，編採部門秉承總編輯意旨去執行任務，對建立報社的權威，形成風格，自然事半而功倍，因此，生於苦難，長於苦難的戰時《大光報》，能生存發展，應歸功於編採部門尊重老總的職權，能為老總分憂分勞。在工作方面做到分工合作，私下交情如手如足，一片和諧，所謂政通人和，這雖是四十多年前的往事，而留在難忘的腦海裏，仍然是最溫馨的回憶。戰時在韶關發行的《大光報》關於軍事新聞戰況的報道，可說是得天獨厚。當時最接近的第九戰區司令長官薛嶽、第四戰區司令長官張發奎，同是百粵的名將，每逢《大光報》的戰地特派員，不管是潘中時，還是宋郁文隨軍採訪時，不但可以隨同戰區最高指揮官進入“運籌帷幄，決勝千里”的指揮中心，了解全局戰況，還可以使用軍用電話，發出第一手資料的新聞報道。凡是不利戰局、影響民心士氣的戰況，皆能配合戰區當局的謀略，守信守秘，因而深得戰區司令長官的信任，在工作上給予多方面的協助與方便。

如果在前方採訪的戰地特派員，發回稿件一次兩次遭遇“投籃”的命運，該見報的不見，可見可不見的，碰上編輯先生興之所至，又來個大字標題，在前方採訪的特派員個人尷尬是小事，對報社信譽的傷害就難以彌補了。

（七）

回味戰時《大光報》全體員工親愛精誠、團結奮鬥的團隊精神，想起了歷史上，韓信“背水列陣”的一段戰鬥故事。

漢初，劉邦從漢中向東進兵，趙王和眾大將在重要據點集結大軍，嚴陣以待。劉邦的大將韓信“背水列陣”，趙軍打過來時，認定無路可退，個個奮勇向前，終於打了一個大勝仗。

事後，有人問韓信：“背水列陣”乃兵家大忌，將軍為甚麼明知故犯而大獲全勝呢？

韓信回答：兵法上也有，孫子說：“置之死地而後生，投之亡地而後存。”

韓信這個回答，從側面道出了“後無退路”，惟有奮勇向前的肯定性。

戰時在韶關，加入《大光報》行列的袍澤，十之八九是在血腥遍野中，離鄉別井的患難之交，大家都很珍惜這份同舟一命的交情，當時的陳錫餘常常和同事們共勉說：這是最後的盡地一煲，只許成功不能失敗，輸了連棺材本都沒有了。相當於韓信的“背水列陣”，所以，全體員工皆能毫無保留，肝胆相照，為報社的成敗榮辱與共在一起。

那時抗戰已進入艱苦的第三個年頭，前後方軍民同胞真是同仇敵愾，“萬眾一心”“國家至上”“抗戰至上”“軍事第一”“勝利第一”。由於整個國家正在艱苦抗敵階段，《大光報》全體員工更深切體認：個人與報社前途不可分，報社之外，已無個人。在兵荒馬亂中，不可能離群而生存。人間何來避世的孤島，任由魯濱遜去漂浮？在現實生活中，畢竟要面對現實，要群策群力去面對現實。這是該報員工人同此心的共識，所以對報社產生了濃郁的歸屬感。

（八）

追述《大光報》的人事和諧，互助合作，當時的實習記者潘煥昆先生（現任“中央通訊總社”社長），可說是最好的證人。

潘先生當年剛畢業於國立政治大學新聞系，奉派到韶關《大光報》實習一年。那時在編採部門的同事，對這位從南京坐降落傘來到戰區，從事最基層、也最艱苦工作的“青年才俊”，特別地客氣，甚至有待如上賓那樣的客氣。担任一社之長的陳錫餘先生，對其更是禮待有加。

潘先生認為既然生活在一起，工作在一起，戰鬥在一起，就應該甘苦與共，要打成一片，不能以“客卿”身份參與。因此，他主動向報社要求給予更多艱苦工作的錘煉，哪怕是出生入死也不甘後人，不但在工作方面任勞任怨，對年長過自己的不以“老朽”而歧視，對年輕的後進輔導有加。同事之間相處，無論是公情私誼，真是水乳交融。直到如今，已是四十多年的歲月消逝了，可是《大光報》的老同事，從海外回到台北時，仍然是親切不減當年，相約剪燭西窗下，傾談往事不知東方之既白，袍澤情深友愛，可說歷久而彌堅。

僑居香港的《大光報》老同事，每年的七月七日，例行聚餐聯歡。因為"七七"是抗戰紀念日，而"七七"的第二週年，是《大光報》在韶關復刊的紀念日，這一群當年的"新聞鬥士"，目前雖然多已年逾花甲，仍然念念不忘"七七"的抗戰精神，難忘《大光報》艱苦奮鬥的精神，顯見憂時憂國的情懷與時日俱增，更難得的是有許多歷盡滄桑的"老兵"，依然在工作崗位上，與紅筆、糨糊、剪刀為伍，這種敬業樂群的精神，也許就是《大光報》精神的升華！

（九）

好的開始，是成功的一半。

民國二十八年（一九三九）七月七日在韶關復刊的《大光報》，得力於人事和諧，內部安定團結，在編採方面皆有突出的表現，並形成風格，建立了輿論權威的信譽，經理部門的業務也蒸蒸日上，在短短時間內，已接近收支平衡的好景了。

報社剛剛屹立不敗之地，寒冬已屆臨。領導全國婦女同胞從事抗戰後援工作的蔣夫人宋美齡女士，特別關懷前方將士，在重慶發起捐募寒衣運動，將後方同胞的溫情送到前方去。《大光報》收到此項電訊消息後，翌日即以社論配合頭條新聞刊出，呼籲全省同胞熱烈響應，報社員工也自動自發地率先倡導，節衣縮食，捐獻一日所得，掀起百粵同胞捐募寒衣運動的浪潮，像風起雲涌似的，熱烈響應蔣夫人慈愛為懷的號召。所謂"民心鼓舞士氣，士氣激勵民心"，《大光報》全體員工在文宣的戰場上，建立了旗開得勝的第一功。

有一位高中女教師，手持着《大光報》步入課堂，將當天的社論和新聞報道，向學生們詳加講解之後，她告訴全班女生說："捐募寒衣是敬軍愛國運動，我們班上一定要在學校爭取最高的榮譽，希望大家踴躍參加婦女會縫紉工作，家中有事無法分身則不必勉強……"老師的話還沒有講完，就被全班女生的掌聲和"我第一個報名參加……"的歡呼聲打斷了。

結果是全班投入縫紉寒衣的行列，女老師親為學生燒茶送開水，在縫衣車發出的一陣陣機聲中，學生們一邊做，一邊唱出"中國一定強！中國一定強！"的愛國歌聲，那是《大光報》激發讀者共鳴的心聲，慷慨而激昂，至為情真感人。

（十）

抗戰期間，軍民同胞雖然是在艱苦中奮鬥，卻自動自發表現出先國後家的愛國精神，真是豪情千萬丈。

《大光報》設立的寒衣捐募站，每天都收到許多來自每一個階層，每一個角落，包括男女老少捐出的寒衣。有一位除下一件毛衣外套捐出的中年人，身上僅剩下一件衛生衣及背心，在寒風刺骨中面不改色。報社派在捐募站的工作人員對他說："小心受冷，讓家有多餘寒衣的同胞多捐吧！你僅有的一件還是留下自己禦寒好了！"想不到他手拍着胸膛回答說："別担心我受寒冷，我全身充滿了沸騰的熱血……國軍將士在前方殺敵，後方同胞全力支援是應該的……"

許多參加縫紉工作的女學生，待字閨中的少女，還將敬軍愛國的情意，隨着一針一綫縫在支援前方將士的寒衣上。其中有不少感人的心聲，例如："敬愛的前方將士：這件寒衣是我在課餘時間針縫的，希望能帶給您無限關懷的溫暖。""英勇的前方將士：您們在戰場上流血，我們在後方流汗，相信前方的血和後方的汗凝結在一起，一定開出抗戰勝利之花。""敬愛的將士，祝福您，手執鋼刀九十九，殺絕倭奴方罷手。""今日在刺骨的寒風中縫征衣，明日在勝利的凱旋門迎英雄！"何止是情意千萬縷！

她們除了縫上表達敬軍愛國的心聲外，還綉上自己的名字和通信地址，希望前方將士捷報頻傳，真是用心良苦。

《大光報》特別將綉在寒衣上，代表千聲萬句"為國珍重""為勝利珍重"的祝福在報上刊出，帶給英勇殺敵的前方將士，無限溫馨在心頭。

《大光報》深受軍民讀者喜愛，顯然是由於該報的人和事，永遠與軍民讀者結合在一起。

（十一）

在風起雲涌的捐募寒衣運動中，《大光報》一則戰地通訊，又掀起另一個高潮。

十一月上旬，戰地特派員從前方報道綜合戰況：

集中力量在長江北岸的敵軍，企圖向西南挺進，經我守軍英勇迎擊，斃敵盈千，仙桃鎮東側，戰事非常激烈。

鄂中方面的敵軍亦發動攻勢，連日來分兩路向我進犯……

新牆河五九嶺兩綫有寥落炮戰，洞庭湖面有敵艦率領汽艇在岳陽一帶游弋。

記者最近親赴湘北新牆河畔營田一帶戰地，眼見活躍在最前綫的國軍將士，在淒風苦雨交迫中，與敵軍周旋肉搏，天氣在華氏表三十五度之下，戰壕裏的將士，身上穿的只是一件單薄的征衣……

戰區司令長官薛嶽將軍告訴記者說："湘北天氣比廣東寒冷，前方將士在天寒地凍中，憑滿腔愛國的熱血抵抗敵人，真是艱苦作戰，希望透過《大光報》的轉達，我廣東同胞捐募寒衣支援前綫的成績，不落其他省市之後……"

《大光報》以"北風起兮將士寒"為題大字刊出，又掀起熱烈響應的高潮，有錢出錢，有力出力。"愛國藝人"關德興義演《神鞭俠》，曲江縣長薛漢光和粵劇救亡團合作，在醒群戲院義演名劇《山東響馬》。商店和小販也紛紛義賣籌款。更難得的是東堤南詞的青樓紅粉，也以"背人垂淚"的收入，捐出三百多件寒衣，誰說"商女不知亡國恨"？

捐募寒衣高潮迭起，報社同事常向宋郁文、潘中時打趣說："兩位戰地特派員的戰訊報道，不但可以呼風喚雨，還具有深厚的煽情功力哩!"而傳成佳話。

（十二）

民國廿八年（一九三九）十二月下旬，粵北點燃第一次會戰戰火。韶關採取大疏散措施，在情勢十分緊張的最後關頭，《大光報》一度撤退到更北的坪石，發行了幾天四開一張的臨時報，繼續報道戰況。

在炮火連天聲中出臨時報，在《大光報》的報史上，寫下了顧盼自豪的一頁詩篇。

疏散前夕的戰況是這樣的：十二月廿七日，犯我陣地左翼之敵軍，自從化牛背脊至新豐梅坑一帶，不斷地增援，向我崗巒重疊之山嶽地帶攻擊，我軍為利用地形爭取主動，由陣地戰轉入運動戰。午夜發生第一次爭奪戰鬥，殲滅敵軍官兵五百多人，敵軍軍官蘇阿情向我投誠，另外俘虜日兵二十多人。

翌晨，敵軍增援部隊開到，與我軍發生第二次爭奪戰鬥。我軍誘敵深入狹谷地帶，一面分兵迂迴敵後，予以夾擊。是役殲滅二千多人，毀敵汽車二百多輛，殘敵向西南方潰退到從化良口附近地區據守。

琵江口之敵軍渡江西犯，被我軍擊退回竄琵江墟。

梅坑以南敵我仍在原陣地對峙。

犯金竹園之敵與我守軍發生激戰。

犯清遠之敵軍，經我軍分頭截擊，死亡甚眾。

敵機頻頻臨空偵察及濫炸，韶關空襲警報每日接二連三，迹象顯示戰火已迫在眉睫。

戰區最高軍事當局，根據多方面的情況研判，敵軍可能進犯我戰時省會韶關，為減少無謂犧牲，特下達大疏散命令，將老弱婦孺撤離市區，一切物資亦盡量疏散以免資敵，實行堅壁清野。韶關全市青年壯丁組成遊擊隊，武裝抗敵，整個韶關披上了戰鬥的戎裝。

（十三）

由於韶關已進入全面備戰狀態，《大光報》仍維持到民國廿八年最後一天的除夕，才在十二月三十日，也就是最後出報的第一版上，向讀者表達暫別的心聲。

依稀記得，那篇題為"告別韶關!"的專欄，有這樣的幾段話：

同人等向執報業，服務於省港新聞界有年，自抗戰以還，吾人工作雖倍加艱險，然得逢此偉大時代，躬與抗戰建國之行列，實深慶幸。

去年十月間，廣州撤退，新省會設於韶關，此實為救省建國之根據地。吾人凜於倭奴未滅，乃輾轉歷險來韶，策劃出報，以發揮“筆掃千軍”之潛力，克盡文章報國職責，同為爭取最後勝利而努力。

惟創業維艱，直到今歲“七七”抗戰兩週年之日，始克面世，現已半載於兹矣，因獲廣大讀者之熱愛支持，竊喜業務日有進展。同人方期長此努力，盡其涓埃，以達必勝必成之目的。然以暴寇突然大舉北犯，戰時省會頓受威脅，據點既已轉移，業務自難繼續，迫得於明日起，暫行停版撤退……言之真有不勝創痛者。

吾人確信，敵人之力量，實至有限，縱能佔優勢於一時，必然失敗於戰久，最後勝利必屬於我。

本報業務刻下停頓，僅屬暫時，一俟轉進新的據點，誓必迅速復版，重與我患難讀者相見面，以示本報全體員工愈挫愈奮、再接再厲、永不屈服之戰鬥精神。再會吧韶關！再會吧讀者！

果然，隨着勝利新年的大捷，《大光報》又凱旋韶關，和廣大的讀者見面了。

（十四）

民國二十九年（一九四〇）元旦，百粵雄師以昂揚鬥志，在戰區黨政軍首長“運籌帷幄，決勝千里”的從容指揮下，粉碎敵軍進犯戰時省會的陰謀，贏得輝煌的勝利，民心士氣大振。

疏散到安全地區的《大光報》員工，在粵北第一次會戰大捷的勝利聲中，又重回韶關會師，繼續出版。從那時起，敵軍不敢再逾越雷池半步，西南戰局亦告穩定下來。韶關日趨繁榮，報社業務蒸蒸日上，並運用節餘，逐步自建報社社址，自設工場，安裝電燈與動力，漸漸成為規模完備的報社。日報擴版為日出一大張半，並另外發行四開一張的晚刊，晚刊內容趣味化而不低級，專欄作家皆為一時之選，叫座力強，深受廣大讀者歡迎。

翌年十二月珍珠港事變，日軍攻佔香港，舉世震動。國內人士有不少親友在香港，對香港戰況異常關懷。奈何一切交通已被切斷，無法獲悉有關香港之消息，獨《大光報》與香港方面尚有無綫電聯繫，將每天收到香港的電訊，選其戰況進展以顯著版位詳加報道，使得西南大後方的各省讀者爭相購閱，銷路急劇上升。往往每天由清晨開印以迄黃昏時分，仍有報販守候門前，在當時的戰區報紙來說，堪稱一枝獨秀。

戰時印刷設備條件差，使用的是國產四開機，每一張對開報紙要印四次，而且是用三名工人腳踏機器才能滾轉，另有一名摺紙技工同時作業，每一組要動用四個工人。由於要全天候操作，天天得採用三組換班，才可以勉強應付前綫及後方的需求。以戰訊及戰地特寫建立權威的《大光報》，當時日報印到晚報出紙的時間仍供不應求，說來有一段辛酸的故事。

（十五）

粵北第一次會戰大捷後，《大光報》的發行數字直迫兩萬份大關，晚刊也有八千多份銷路，洛陽紙貴，應該是形勢大好。可是報社負責人在笑顏逐開的背後，個中辛酸真是點滴在心頭。

戰時的發行工作，不像現代化的交通方便。以時下的香港為例，報紙出門有專車送到各中心區站，分銷處刹那之間就消化到每一個報攤去，外埠有飛機輪渡接駁，負責代理經銷的或直營的分支機構，會分秒必爭去達成發行的任務，報社只要做到準時出紙，就没有“脫班”之虞。

戰時在韶關，發行工作仍停留在“安步當車”階段，報販自備有一輛自行車已算是“有產階級”了。那時仍是沿街叫賣為主，也有在茶樓酒館門口擺設的報攤，還有就是送上門去的“訂户”。每天早晨報販、報童雲集報社門口輪隊分報，出紙正常可以按部就班去分發，遇上因戰況電訊遲到，或是機器故障，耽誤片刻就麻煩多多了。因為報攤、報童都不是“獨沽一味”，還有其他報紙要兼顧，一家報紙“脫班”，當早的時間就如倒瀉籮蟹，顧得頭來唔顧得尾，弄得不好一聲“散水”，當天報紙就要堆積如山在門前，等到晚刊出紙再“拍拖”上街了。

每逢遇到這種情況，報社的負責人員真不知要費盡多少唇舌去安撫。《大光報》由於員工克盡職守，鮮有“脫班”事情。問題是天天起紙，而印報的老爺機器拼盡老命，每小時只能趕出一千八百份，當時日銷近兩萬份，使得日報猶在趕印客户的需求時，晚刊又等着上機器了。加上戰時紙張困難，報社當局為免顧此失彼，不得不忍痛將晚刊“叫停”。辦報辦到紙張供不應求，《大光報》的成就，廣大的讀者有目共睹，而慘淡經營的辛酸，只有報社員工點滴在心頭。

（十六）

一紙風行的韶關《大光報》，廣告也相對增加了，收入開始有了盈餘。雄心勃勃的陳錫餘，為了因應抗戰形勢的需要，大展抱負，陸續發行各地分版，計有粵南版、連縣版、坪石版、粵东版、老隆臨時版。復員后總社在廣州出版，續出粵東版、粵南版、粵北版、海南版等。編採部的“創報鬥士”，順理成章地，多成為各地分版獨當一面的“掌舵人”，將創業維艱的《大光報》精神，更發揚光大。

粵南版以韶關總社投資為主，另外有一部分資金，是具有卓見的愛國人士投入，於民國三十年（一九四一）四月一日，創刊於法國前租借地的廣州灣外遂溪縣寸金橋，與租借地赤坎僅是一衣帶水之隔。

社址是借用當地僑領茅蕊的汽車廠，各項廠房設施均為報社自備，購用廣州灣的舶來品白報紙，比在韶關使用的土產紙張又勝了一籌了。

那時的粵南地區，還沒有一份稍具現代型的報紙，一向愛讀廣州報和香港報的讀者，自廣州陷敵後已無穗報可讀，香港淪陷後連香港的報紙也是“人隔萬重山”了。《大光報》粵南版正在粵南報紙荒的時候面世，正是天時地利人和，異軍突起，給予廣大讀者久旱逢甘露之感，大受歡迎。

粵南版設主任主持社務（分社社長），先後任的“掌舵人”有：鄧雪峰（曾任珠海新聞系教授）、梁展鵬（已逝世）、宋郁文（曾任珠海新聞系教授，現《成報》要聞版主編）、黃玉振（現任紐約中文聯合報總編輯）、總編輯汪玉亭（已逝世）、晚報總編輯李建白、總經理譚煥文（現在香港，已退休，潛力佛學之研究，慈愛為懷，行善為樂）。這是一個人才鼎盛的鋼鐵陣容，第一張報紙上市即先聲奪人。

（十七）

在廣州灣出版的《大光報》粵南版，其編排與內容，正合了當地讀者的胃口，很快就取代了過去省港兩地報紙的銷路市場，發展非常迅速。

那時的廣州灣因戰局的轉變，避難的人才和疏散的錢財雲集，形成了空前的繁榮。主要的精神食糧《大光報》，初出對開一大張，後應讀者的要求，在增進半張的同時，又發行晚刊。在地區報壇上，稱霸一方。

可惜好事多磨，正當報社業務蓬勃發展之際，接二連三的打擊竟不幸接踵而來。

第一個回合的打擊，是報社的社論猛烈抨擊法國親日本，理直氣壯地批評法國助紂為虐。法國惱羞成怒，由廣州灣政府禁止《大光報》進口，並不准進入廣州灣採購紙張、油墨等各項印刷材料，同時恐嚇華僑不要在《大光報》上刊登廣告。

當時還是法國租借地的廣州灣，此一毒招堪稱既狠又絕，因為禁止進口就失去發行的市場，不准進入廣州灣採購印刷器材，可造成“巧婦難為無米之炊”的困境，足使報社關門，恐嚇華僑不登廣告，又是報社財源的致命傷。

當時的《大光報》員工，面對致命打擊的沈重壓力，並不屈服，決心奮鬥到印完最後一張報紙為止，只要出一天報紙就堅持正義的立場，無畏無懼地，針對法國親日的迷夢連天筆伐。果然得道多助，除了贏得廣大僑胞讀者熱烈的聲援外，我政府當局更是全力支持，透過外交途徑向法國提出抗議性的交涉，嚇得法國政府變成縮頭烏龜，連忙取消有關《大光報》的一切禁令。大義凜然的《大光報》，贏得了這個回合的勝利，但隨後又遭遇一場寸金橋大火的浩劫。

（十八）

第二個回合的嚴重打擊是寸金橋大火。

民國三十一年（一九四二）的十一月，寸金橋發生大火災。火勢迅速蔓延，遍地茅棚木屋，頓成灰燼，《大光報》粵南版的廠房及"大本營"亦付諸一炬，真是喊都無謂矣！

幸得當地的僑胞與青年學生，以赴湯蹈火的精神，冒險犯難協力搶救，將大部分印機及鉛字搬出，才未至於完全破產。

值得一提的，就是當時擔任經理部的老總譚煥文，正是幹練有為的"青年才俊"，做事沈着而果斷，熱情充沛，幹勁十足，在火後餘燼的現場，面對着心情沈重的總社長陳錫餘先生說："您同我定！天光我有辦法繼續出報紙。"

陳氏初以為是隨口而出的安慰話，對着一片廢墟的情景，實在出不了報也是無可奈何的事。在患難中，惟有報以無奈的苦笑說：盡力吧！

出乎任何人意料之外，經理部的全體員工，在譚老總任勞任怨、以身作則的領導下，來一次總動員的"克難創造"，又搬又抬，各顯神通，連"三行"都做了，在露天裝好機器，擺起臨時排字架，試過機器之後，就拍拍胸膛，向編輯部以"挑戰"的口吻宣佈說："我哋字房同機器搞掂，可以開始作業啦！有稿就放馬過來啦！"

採編兩部門的全班拍檔，在"掌舵人"宋郁文坐鎮指揮下，當然不甘示弱，一聲"開工"的口令下，就鼓起如虹士氣。雖上無蓋頂之瓦，坐無板凳桌椅，憑着頂天立地的氣概，在露天之下，但見紅筆與稿紙齊飛，油墨共焦土一色，火神劫後的《大光報》，又寫下露天出版的一頁奇迹。

陳氏回憶當年露天出版的往事，歸功於全體員工的團隊精神，特別是當地華僑和學生的搶救。可說是自助而後人助、得道多助的寫照！

（十九）

火劫過后，永不屈服的《大光報》鬥志更昂揚，不惜由韶關總社籌撥一筆款項，甚至舉債，自建社址五座，其中之一為"大光書店"，準備兼營圖書文具業務，在廣州灣大展宏圖。

奈何人算不如天算，社址落成未久，日晚報規模亦初復舊觀之際，戰禍又洶涌而來。

民國三十二年（一九四三）二月中旬，日軍獸蹄在雷州半島登陸，十八日就進佔廣州灣和遂溪了。

報社於是於十七日情況危急時撤退，大部分財產均無法運出，全體員工慘過到"快活谷"洗袋，難得的是大家生死患難與共，永不分離。

在窮途末路中，最難能可貴的，就是當地僑胞對《大光報》的熱愛。遂溪雖已淪陷，在僑胞協助下，仍能陸陸續續，將排印設備化整為零地偷運出口，連客户積欠的報費、廣告費，亦能暗中清收，作為後來在信宜復刊的本錢。當地僑胞愛國及愛《大光報》的濃情厚誼，令人感動。這就是"中國不會亡，中國一定強"的引證。

遂溪撤退之後，最初計劃在高州首府茂名縣城復刊。但根據戰局研判，茂名可能已被敵軍列為進攻目標之一。為免一再疏散或撤退太傷元氣，最後決定深入信宜縣之鎮隆圩，該地雖缺乏養報條件，但可保安全。因而不惜作出艱阻涉遠的遷移，到是年六月一日，始在鎮隆圩復刊。日出四開一張，銷流仍可及整個粵南與桂南地區。廣州灣方面，每天也有六百多人潛入，曾有兩名報販被敵偽所害。

在信宜復刊兩年有多，因廣告少，難以自足。好在有韶關總社的補助支持，全體員工在慘淡經營中，吃苦克難，終於支撐到抗戰勝利，在勝利之光照耀下凱旋廣州灣。

（二十）

《大光報》的連縣版，誕生於民國三十三年（一九四四）的七月十七日。

民國三十三年五月，戰局一度吃緊，韶關又一次大疏散，廣東省政府一部分遷到連縣，成為過渡時期的“指揮中心”。

韶關市及粵北各地的人口、商店、物資也緊隨遷移，因而形成日益興旺的縣城之一。

《大光報》為適應環境需求，不容戰地軍民的精神食糧中斷，在困難重重的處境下，將疏散運到連縣的排印器材，以及安全抵步的員工，重整陣容，經過兩個月密鑼緊鼓的籌備，第一張連縣版《大光報》，終於七月十七日面世。

限於物資的條件，日出四開一張紙，分早晚刊兩次發行，暢銷廣東、廣西、湖南三省邊區地帶，由於一紙風行，不但可以自給維持，而且有盈餘的存款。

連縣版《大光報》分社社長，是由總社編輯陳子雋出任，陳氏筆名萬人杰，在香港“六七”暴動期間，揮舞鐵筆棒打牛鬼蛇神，以渾身是膽見稱。左派爪牙曾以“子彈信”威脅，老萬始終無畏無懼。兩年前因身體不適退休，現已移民美國安度晚年。民國三十四年（一九四五）一月，敵軍企圖犯小北江，情勢緊張時，曾準備疏散印刷器材，但鑒於新聞報道不能一日中斷，又以克難方式改出油印版，不久情勢和緩，再復出鉛印八開一張，直到日本無條件投降，韶關版恢復，連縣版已無存在必要，才於是年雙十節出版特刊後停刊。全部員工及器材復員廣州，盈餘國幣達百萬圓，成為《大光報》戰後復員的一大助力。

（廿一）

民國三十三年（一九四四）五月，韶關大疏散時，《大光報》有一部分員工和器材，疏散到樂昌縣的坪石圩。

那時的坪石，已成為粵、湘、贛、桂四省的交通樞紐，可直達陪都重慶，廣州中山大學也設在坪石。

陳錫餘感於坪石位於要衝，為了適應當時該地區及鄰近幾省邊區的讀者需要，又絞盡腦汁發行坪石版，由陸慧生、龍實秀負責坪石分社的社務。

幾經艱辛的籌備后，於是年七月廿八日，開始發行比四開一張大的一中張坪石版，銷數雖然不少，只是缺少廣告來源，收入不足支出。虧負之數全由韶關總社大力支援，在慘淡經營中維持。幸得中山大學工科電機系與文科英語系的教授，義務協助收電訊、聽廣播，新聞迅速而充實，深受軍民讀者的歡迎，員工物質生活雖艱苦，精神生活卻有無限的欣慰。

坪石版一直維持到民國三十四年（一九四五）一月十七日，敵軍自北而南攻陷坪石，全體員工乘夜轉進到樂昌縣城，又和當地的印刷店合作，發行了兩天八開一張的臨時版，直到敵迫樂昌城才停刊。抗戰勝利時，坪石分社只剩下兩麻袋鉛字，一部不齊全的四開印機，其餘設備物資，全部在戰火中“壯烈犧牲”了。

坪石分社的全體員工，從坪石連夜撤退到樂昌的那天晚上，正是樹梢月冷，天上星稀，在隆隆的槍炮聲中，猶不知明朝此身在何處，甚至前路茫茫，吉凶未卜，任你鐵石心腸，也難免有無限蒼涼的感受。

可是《大光報》的精神竟是一股永不屈服的精神，全體員工到了樂昌，皆將個人的安危生死置諸度外，以出報為懷。雖然是大敵當前，仍然排除萬難，出了兩天臨時版，直到城陷方休手。這種敬業的戰鬥精神，真是人生難得幾回見！

（廿二）

戰時《大光報》，是一家百折不撓、愈戰愈勇的報紙。

韶關大疏散，將人才及器材疏散到哪裏，就在哪裏重張旗鼓，披甲上陣，絕不氣餒。

疏散到興寧縣的員工，行裝甫卸，又重新整頓，將由總社疏散到步的器材安裝起來，於是年“八一四”光輝的空軍節日，創刊《大光報》的粵東版。

粵東分社由沈之教（現任立法委員）擔任社長、總編輯陳子龍（現任香港《成報》副總編輯）、經理葉乃堅（勝利後任《工商日報》總經理，現在香港從事金融貿易）、營業主任李偉良。採編部門皆為一時之選。

粵東版每日出紙對開一大張，初期還加印小型畫報一張附送。當時興寧及其周邊地區，如梅縣、五華、龍川、連平、平遠等縣，人物薈萃，日趨繁榮。《大光報》以有別於地方報紙的新姿態出現，受到廣大讀者的歡迎，且經常以國內各重要戰訊及輝煌戰果發行號外，以鼓舞民心士氣為職責，極獲當地黨、政、軍各方面的好評。在粵東報壇，很快建立權威的地位，業務迅速發展，員工士氣如虹。

隨着韶關的陷落，興寧繁榮有加，廣東軍政重心東移，總社的班底亦撤退到興寧與粵東分社會師了。這時的粵東版等於是韶關版的替身，人才、器材、錢財更加充實，步步向前，邁進佳境。當時對抗戰勝利已指日可期，因此，報社早做好將粵東版移設汕頭之準備，派員秘密進入汕頭暗中部署。當日本宣佈投降，應用器材立即由興寧兼程運汕頭，社址已由先遣人員佈置妥當，人馬到齊，就於三十四年（一九四五）九月十八日在汕頭以勝利的姿態出現了。直到三十五年一月底，當地報紙已恢復戰前舊觀，粵東版才卸了肩，全體員工復員廣州。

（廿三）

《大光報》在龍川，也曾出過老隆臨時版。

那是民國三十四年（一九四五）的一月，韶關淪陷后，廣東省政府初遷粵東的龍川縣城，當地簡樸蕭條，而東行十多里的老隆鎮，則是該縣商業與交通的中心。

該報粵東版發行后，興猶未盡，認為在老隆也可以一展拳腳，於是又設立老隆分館，辦理發行廣告業務。不久，韶關方面撤退的員工先來後到地會師在一起，又從興寧粵東版抽調部分印機和鉛字，於是年三月三日發行老隆臨時版，兼營承印業務，並代印《中山日報》。

老隆分社由陳錫餘親自主持，宋郁文擔任總編輯，王甘良任經理，宋郁文夫人關白玲女士，一向主持報紙排印部之黎健生等，皆為老隆分社的得力台柱，可說是“最佳拍檔”的“班霸”。

初出四開一張，兩月後擴為一中張，當時歐戰已結束，盟軍的主力東移，抗戰最後勝利在望，軍民同胞每天爭閱報紙興趣更濃，老隆版業務更是蓬勃發展，充分自給尚有盈餘，總算守得雲開見月明。

五月底到六月初，日軍企圖最後掙扎，揚言要打通興寧梅縣綫，由韶關、河源兩地擺出東犯姿態，省府為策萬全，又從龍川轉進平遠，報社亦作好疏散器材之萬一準備。可是日軍大勢已去，不敢輕舉妄動，老隆又恢復安定。自此之後，國內和遠征軍及太平洋上的捷報頻頻，人心無限興奮。當原子彈投落廣島、長崎，日本宣佈無條件投降，老隆版以第一時間發出勝利的號外，民間爆竹歡呼聲震撼長空，男女老少成群結隊涌上街頭，心花怒放地遊行慶祝，日以繼夜，到處一片歡騰。

勝利年的十月，老隆版的全班鬥士凱旋廣州。

（廿四）

在抗戰勝利之光照耀下，《大光報》的奮鬥歷程又邁向一個新的里程。

日本天皇未正式宣佈無條件投降之前，由於歐洲戰局已急轉直下，有識之士對亞洲戰區的勝利可以屈指計數了，大家已着手復員的準備。

民國三十四年（一九四五）八月十二日，《大光報》總編輯宋郁文、經理王甘泉、工場主任黎健生組成先遣隊伍，自老隆出發，爬山涉水，歷時十個晝夜兼程，於是月廿二日安抵廣州，即開始籌備出報事宜。

當時政府已命令陳策將軍出任重光後的第一任廣州市長，對陳錫餘主持的

《大光報》在廣州復刊，全力支持，給予多方面的助力，使得籌備工作更事半而功倍。

當時幹勁十足的宋郁文老總、王甘泉經理、黎健生工場主任，為了在勝利的歡騰中“先聲奪人”，日以繼夜，任勞任怨地投入復刊的出版工作，在短短的幾天內，第一張披紅帶彩的《大光報》，於是年“九一”記者節那天，以勝利的姿態，與曾經八年離亂、受盡痛苦的廣州讀者見面。久別重逢，特別是凱旋的喜相逢，倍感親切。

勝利狂歡猶在高潮迭起的同時，粵東版已由分社社長沈之敬率隊，自興寧移版汕頭，粵南版由分社社長汪玉亭自鎮隆率領重回廣州灣，連縣版歸併韶關粵北版。總社總主筆曾德明、總經理陸慧生亦分途返廣州會師。陳錫餘則由老隆至興寧到汕頭，再折返韶關，視察各分社業務，是年十一月才回到廣州市。

勝利復員的廣州《大光報》，初出一大張，發行及業務迅速開展。不久，總社由東江遷回廣州，連縣、老隆等處分版先後結束，人力物力集中到總社來，隨即逐步擴版為張半、兩張、兩張半，後因配合政府節約紙張的措施，回縮為兩大張。民國三十六年（一九四七）四月四日兒童節，又增加日出對開一大張的晚刊，報譽遠播，在報壇上南面稱王，盛極一時。

（廿五）

勝利後的《大光報》，除設總社在廣州，出日報及晚刊外，另外還有粵東、粵南、粵北、海南四個分社。香港分社則因時局影響，停留在難產階段。

粵東版是抗戰勝利復員那年的“九一八”紀念日在汕頭出版，日出一大張，行銷東江及閩南、贛東各地。初期業務平穩，勉可自給。後因當地報紙家數太多，供過於求，報業同行為避免惡性競爭，提出合版聯營計劃而加入，停止個別出版。聯合版一直發行到汕頭政权更替前夕才停刊。

粵南版在廣州時遭受打擊最多，撤退到信宜後支持亦最苦，幸有兩地讀者的熱心支持，故能屢仆屢起，度過了兵荒馬亂的艱辛歲月。

勝利後先遣員工進入廣州灣籌備出報，營業部設在市內的赤坎。編輯部與工場則仍設在赤坎外之寸金橋。一切佈置就緒後，九月中旬在鎮隆停刊，將全部器材分裝幾艘船隻，自信宜之竇江順流而下，經茂名、化縣、梅茂、吳川而抵達廣州灣。

十月一日，在我國收回法租界的“廣州灣”易名“湛江市”後復刊。由於是抗戰勝利之後，又是收回法租界使得國土重光，堪稱是雙喜臨門的喜慶日，此時與熱愛《大光報》的廣大讀者見面，真是喜氣洋洋，賀客盈門，員工竟有喜極而泣者，至為情真感人。

在赤坎除發行日報及晚刊外，兼營印刷業，經理譚煥文大展宏圖，廣告及發行迅速開展，業務步步向前。直到民國卅七年（一九四八），已有盈餘在寸金橋興建社址新廈，準備作長遠經營。後於一九四九年十一月被共產黨接管。

(廿六)

韶關分社的粵北版，於勝利年的九月三日復刊。

日本宣佈無條件投降後，國軍於九月二日凱旋韶關，政府同時跟進接收。報社員工像隨軍記者一樣，在旌旗千里勢如虹的行列中，回到韶關舊社址。在黨政軍首長的全力支援下，只經過一個晝夜的努力，就在九月三日出版，此一近似奇迹的工作效率，令韶關讀者無不同聲稱讚《大光報》“好嘢”！

在韶關初出四開一張，後擴版一大張。限於戰後的韶關，已非戰時省會可比，加諸粵漢鐵路恢復通車後，廣州報紙朝發夕至，韶關地方報紙的銷路與廣告，俱受影響。業務雖可以勉強維持，但無發展遠景，維持至民国三十六年（一九四七）十二月十六日停刊，改設為韶關分館，辦理廣州版在粵北地區的發行及廣告業務。

“海南版”於民國三十五年（一九四六）六月一日，在海口市創刊。

海南島遠在戰前的西南時代，便有劃為行政特區，甚至設立省治之議。《大光報》一向重視海南島的開發，為配合政府建設海南的發展需要，勝利復員初期，即積極籌備在海南出版的計劃。由於早已“未雨綢繆”，而且總社在廣州已屹立不敗之地，人才、錢財、器材可作出充裕的調配，勝利翌年的六月一日便在海口臨盆誕生，社長是鄧雪峰先生。

初期出報對開一大張，編採陣容鼎盛，內容充實，版面新穎活潑，新聞報道獨具風格，出紙未久即躍登當地報紙首位，收支平衡足以自給自足，深受讀者歡迎。

隨着軍事局勢的逆轉，廣東軍政重心轉進海口。國民政府由大陸撤退往台灣時，亦多以海南島為中站，而內地逃亡港澳之各界人士，謀向海南發展者亦日漸增多，使海南島成為繁要之地，海口市更成為繁要的中心。

(廿七)

海口成為繁要中心的時期……海南分版總編輯羅君實（現任珠海新聞系教授）、總經理李一丹（現在香港服務於中華旅行社）、編輯主任兼“揸數”會計主任潘耀章（現任《香港時報》體育版主編），在最後一座橋頭堡壘上，組成戰鬥到最後五分鐘的鐵三角，結合分社全體員工，滿懷豪情壯志，為海南版奉獻出心力與腦汁，凝結在日報、晚刊版面上的字裏行間，深印在廣大讀者腦海裏，成為島上軍民一日不可或缺的精神食糧，贏得叫好又叫座的盛譽，島上報業堪稱一枝獨秀。

……

（廿八）（廿九）（卅）（略）

（卅一）

……

《大光報》在內地全盛時期，總社、分社、各地辦事處及分支機構，擁有內外職工總數近一千人，在南方報壇上，光華四射。陳錫餘與北方報業巨頭成捨我，被稱為報界“雙杰”，享有“南陳北成”盛譽，蜚聲海內外，深受廣大讀者推崇。

……

（卅二）（略）

（原載 1985 年 1 月 15 日《香港時報》副刊）

後　記

這部《宋郁文詩文選集》斷斷續續，歷時兩載始告蕆事。

在文集殺青付梓之際，首先對宋郁文先生的家人宋陳妙玲女士的傾力支持，表示衷心的感謝。在文集編輯過程中，陳女士提供了大量第一手原始的剪報資料及豐富珍貴的圖片。鄧小璋老師為文集編輯工作“穿針引綫”，居中聯絡溝通，不辭辛勞。身在香港的吳靜老師，為了文集廣泛搜集資料、查找文獻、校核文章，利用節假日，幾乎跑遍了“香港中央圖書館”及香港中文大學圖書館。碩士生孫佳麗、陳彤、周鵬程、李茂黔、宋亞南等同學為文稿的文字輸入，付出了不少心力。在此一併鳴謝。

最後，特別對中國新聞史學界泰斗、年近九旬高齡的方漢奇教授為本文集題簽書名，表示無比深摯的謝意。

劉家林

2016 年 10 月